首都圖書館古籍普查登記目録（三）

全國古籍普查登記目録

國家圖書館出版社
National Library of China Publishing House

110000－0102－0018993　丁/2666　集部/詞類/詞別集

小山詞鈔一卷補鈔一卷　（宋）晏幾道撰　清光緒十一年(1885)刻本　二冊

110000－0102－0018994　丁/2668　集部/俗文學類/民歌民謠

農歌　（□）□□撰　清宣統三年(1911)抄本　一冊

110000－0102－0018995　丁/2672　集部/俗文學類/雜曲

江湖海底　（□）□□撰　清刻本　一冊

110000－0102－0018996　丁/2676　子部/醫家類/外科方論

皮膚新編　（美國）嘉約翰口譯　林湘東筆述　清光緒二十五年(1899)刻本　一冊

110000－0102－0018997　丁/2678　集部/別集類/清

秋槎政本　（清）鄭兆龍撰　清道光十五年(1835)刻本　一冊

110000－0102－0018998　丁/2679　集部/別集類/清

敝帚集詩稿二卷　（清）毓孚撰　清同治五年(1866)刻本　二冊

110000－0102－0018999　丁/2680　集部/曲類/曲別集/傳奇

居官鑑二卷　（清）黃燮清撰　清刻本　二冊

110000－0102－0019000　丁/2681　子部/農家類/畜牧水產

豬經大全一卷　（□）□□撰　清刻本　一冊

110000－0102－0019001　丁/2682　子部/醫家類/雜病方論

普濟良方八卷　（清）祝寶森輯　清同治六年(1867)刻本　一冊

110000－0102－0019002　丁/2686　子部/雜家類/雜纂

瘦石山房筆記　（清）陸向榮撰　清道光十六年(1836)刻本　一冊

110000－0102－0019003　丁/2687　集部/總集類/文/雜錄/格言、語錄、楹聯

梡鞠錄二卷　朱祖謀編　清宣統元年(1909)鉛印本　一冊

110000－0102－0019004　丁/2688　子部/醫家類/總錄

醫法圓通四卷　（清）鄭壽全撰　清同治十三年(1874)刻本　四冊

110000－0102－0019005　丁/2690　集部/別集類/清

寄萍小草詩集　（清）余廷治撰　清咸豐十一年(1861)刻本　一冊

110000－0102－0019006　丁/2696　史部/政書類/詔令奏議/奏議

光緒奏議草稿　（□）□□撰　清末抄本　一冊

110000－0102－0019007　丁/2698　集部/別集類/清

錢牧齋先生尺牘三卷　（清）錢謙益撰　清刻本　二冊

110000－0102－0019008　丁/2699　集部/戲曲類/昆曲類

崑曲粹存初集　昆山國樂保存會編　清宣統三年(1911)石印本　六冊

110000－0102－0019009　丁/2700　集部/曲類/曲譜、曲韻

紫釵記(折柳曲譜)　（□）□□撰　清末民國抄本　一冊

110000－0102－0019010　丁/2705　集部/別集類/民國

訒盦詩存　李大防撰　清宣統元年(1909)鉛印本　一冊

110000－0102－0019011　丁/2707　集部/總集類/詩/雜錄/唱和

墨癡唱和集二卷　（清）章鍾亮　（清）張之純撰　清光緒二十七年(1901)刻本　一冊

110000－0102－0019012　丁/2710　集部/別

集類/清

愧菴遺集七卷 （清）楊甲仁撰　清同治二年
（1863）刻本　七冊

110000－0102－0019013　丁/2712　史部/地
理類/雜記

福寯紀事二卷首一卷 （清）程榮春撰　清同
治四年（1865）刻本　二冊

110000－0102－0019014　丁/2719　子部/醫
家類/雜病方論

至寶丸散集十卷 （□）□□撰　清刻本
一冊

110000－0102－0019015　丁/2720　史部/地
理類/方志

[乾隆]西陲總統事略十二卷 （清）程振甲撰
　清嘉慶十六年（1811）刻本　八冊

110000－0102－0019016　丁/2721　集部/小
說類/筆記小說

郭氏玄中記 葉德輝輯　清光緒十九年
（1893）刻本　一冊

110000－0102－0019017　丁/2722　集部/別
集類/清

思無邪室遺集四卷 （清）顧蓴撰　清咸豐六
年（1856）刻本　二冊

110000－0102－0019018　丁/2725　集部/俗
文學類/彈詞

蝴蝶盃 （□）□□撰　清抄本　二冊

110000－0102－0019019　丁/2728　子部/藝
術類/雜技

怡怡堂圍棋新譜 （清）唐滏　（清）唐淦同輯
　清道光刻本　三冊

110000－0102－0019020　丁/2729　史部/政
書類/邦交/雜錄

許竹篔先生出使函稿十四卷 （清）許景澄撰
　清光緒鉛印本　四冊

110000－0102－0019021　丁/2730　集部/別
集類/清

笠東草堂文稿二卷 （清）俞嶽撰　清光緒十

九年（1893）刻本　二冊

110000－0102－0019022　丁/2731　集部/別
集類/清

介軒文集二十卷 （清）張振夔撰　清同治九
年（1870）刻本　八冊

110000－0102－0019023　丁/2735　子部/雜
家類/雜纂

消暑隨筆四卷 （清）潘世恩輯　清道光二十
年（1840）刻本　四冊

110000－0102－0019024　丁/2737　子部/醫
家類/本草

草藥三字經時用良方 （□）□□撰　清刻本
一冊

110000－0102－0019025　丁/2740　史部/傳
記類/人表

癸丑大挑十八省年譜 （□）□□編　清咸豐
三年（1853）刻本　二冊

110000－0102－0019026　丁/2743　史部/傳
記類/年譜

繩其武齋自纂年譜 （清）黃贊湯撰　清咸豐
十一年（1861）刻本　一冊

110000－0102－0019027　丁/2744　史部/傳
記類/別傳

編年自記 （清）丁守存撰　清刻本　一冊

110000－0102－0019028　丁/2745　史部/史
料類

金陵兵事彙略四卷 （清）李圭撰　清抄本
二冊

110000－0102－0019029　丁/2746　集部/曲
類/曲譜、曲韻

曲譜雜鈔 （□）□□撰　清抄本　二冊

110000－0102－0019030　丁/2752　史部/傳
記類/別傳

蹇氏忠勤錄 （清）黎�等撰　清光緒十六年
（1890）刻本　一冊

110000－0102－0019031　丁/2753　史部/地
理類/外紀

奥稽朝鮮三種 （清）周家祿撰 清光緒刻本
一冊

110000－0102－0019032 丁/2755 子部/雜
家類/雜述
山居瑣言 （清）王晉之撰 清光緒十年
(1884)刻本 一冊

110000－0102－0019033 丁/2756 集部/別
集類/清
薛仁齋先生遺集八卷末一卷 （清）薛子瑛撰
清光緒十四年(1888)刻本 八冊

110000－0102－0019034 丁/2757 集部/別
集類/清
擬兩晉南北朝史樂府二卷首一卷 （清）洪禮
吉撰 清乾隆三十六年(1771)刻本 一冊

110000－0102－0019035 丁/2759 史部/目
錄類/著錄/藝文類
山陽藝文志八卷首一卷 （□）□□撰 清刻
本 八冊

110000－0102－0019036 丁/2761 史部/傳
記類/人表
國朝六科漢給事中題名錄 （清）王家相輯
清光緒刻本 二冊

110000－0102－0019037 丁/2768 史部/地
理類/方志/地方志
[光緒]銅梁縣志十六卷 （清）韓清桂修 清
光緒元年(1875)刻本 八冊

110000－0102－0019038 丁/2771 史部/傳
記類/別傳
楊時齋勤勞錄 （清）楊芳撰 清刻本 一冊

110000－0102－0019039 丁/2773 史部/地
理類/地圖、圖志
新疆圖志一百十六卷首一卷 王樹枏 王學
曾纂 清宣統三年(1911)刻本 六十四冊

110000－0102－0019040 丁/2774 史部/地
理類/山川/山
新疆山脈圖志六卷 王樹枏［撰］ 清宣統元
年(1909)刻本 六冊

110000－0102－0019041 丁/2775 史部/地
理類/方志
[乾隆]皇輿西域圖志四十八卷首四卷 （清）
傅恆等修 （清）褚廷璋等纂 清乾隆四十七
年(1782)木活字印本 十二冊

110000－0102－0019042 丁/2780 史部/傳
記類/人表
直省同年齒錄 （清）□□編 清光緒五年
(1879)刻本 六冊

110000－0102－0019043 丁/2782 史部/政
書類/法令/律例
欽定工部則例九十八卷 （清）福長安等輯
清嘉慶十三年(1808)刻本 十六冊

110000－0102－0019044 丁/2783 史部/地
理類/雜記
漢口叢談六卷 （清）范鍇撰 清道光二年
(1822)刻本 六冊

110000－0102－0019045 丁/2785 史部/傳
記類/人表
直省同年錄 （清）□□編 清道光二十四年
(1844)刻本 四冊

110000－0102－0019046 丁/2791 史部/傳
記類/人表
爵秩全覽(庚戌冬季) （清）□□編 清道光
三十年(1850)刻本 四冊

110000－0102－0019047 丁/2792 史部/傳
記類/人表
爵秩全覽(同治辛未冬季) （清）□□編 清
同治十年(1871)刻本 四冊

110000－0102－0019048 丁/2793 史部/傳
記類/人表
大清搢紳全書(辛未秋季) （清）□□編 清
同治十年(1871)刻本 四冊

110000－0102－0019049 丁/2794 史部/傳
記類/人表
大清搢紳全書(乙亥春季) （清）□□編 清
光緒元年(1875)刻本 四冊

110000－0102－0019050　丁/2795　史部/傳記類/人表

大清搢紳全書(乙亥秋季) （清)□□編　清光緒元年(1875)刻本　六冊

110000－0102－0019051　丁/2796　史部/傳記類/人表

大清搢紳全書 （清)□□編　清光緒元年(1875)刻本　六冊

110000－0102－0019052　丁/2797　史部/傳記類/人表

大清搢紳全書(丙子春季) （清)□□編　清光緒三年(1877)刻本　六冊

110000－0102－0019053　丁/2798　史部/傳記類/人表

大清搢紳全書(丙子秋季) （清)□□編　清光緒二年(1876)刻本　六冊

110000－0102－0019054　丁/2799　史部/傳記類/人表

大清搢紳全書(丁丑秋季) （清)□□編　清光緒三年(1877)刻本　四冊

110000－0102－0019055　丁/2800　史部/傳記類/人表

大清搢紳全書(戊寅秋季) （清)□□編　清光緒四年(1878)刻本　四冊

110000－0102－0019056　丁/2801　史部/傳記類/人表

大清搢紳全書 （清)□□編　清光緒四年(1878)刻本　四冊

110000－0102－0019057　丁/2802　史部/傳記類/人表

大清搢紳全書(己卯夏季) （清)□□編　清光緒五年(1879)刻本　四冊

110000－0102－0019058　丁/2803　史部/傳記類/人表

大清搢紳全錄(己卯秋季) （清)□□編　清光緒五年(1879)刻本　四冊

110000－0102－0019059　丁/2804　史部/傳記類/人表

大清搢紳全書(己卯冬季) （清)□□編　清光緒五年(1879)刻本　四冊

110000－0102－0019060　丁/2805　史部/傳記類/人表

大清搢紳全書(庚辰春季) （清)□□編　清光緒六年(1880)刻本　六冊

110000－0102－0019061　丁/2806　史部/傳記類/人表

大清搢紳全書(庚辰夏季) （清)□□編　清光緒六年(1880)刻本　六冊

110000－0102－0019062　丁/2807　史部/傳記類/人表

大清搢紳全書(庚辰秋季) （清)□□編　清光緒六年(1880)刻本　四冊

110000－0102－0019063　丁/2808　史部/傳記類/人表

大清搢紳全書 （清)□□編　清光緒六年(1880)刻本　四冊

110000－0102－0019064　丁/2809　史部/傳記類/人表

大清搢紳全書 （清)□□編　清光緒七年(1881)刻本　四冊

110000－0102－0019065　丁/2810　史部/傳記類/人表

大清搢紳全書 （清)□□編　清光緒七年(1881)刻本　四冊

110000－0102－0019066　丁/2811　史部/傳記類/人表

大清搢紳全書(辛巳冬季) （清)□□編　清光緒七年(1881)刻本　六冊

110000－0102－0019067　丁/2812　史部/傳記類/人表

大清搢紳全書(壬午春季) （清)□□編　清光緒八年(1882)刻本　四冊

110000－0102－0019068　丁/2813　史部/傳記類/人表

大清搢紳全書(壬午夏季)　(清)□□編　清光緒八年(1882)刻本　四冊

110000－0102－0019069　丁/2814　史部/傳記類/人表

爵秩全覽(壬午秋季)　(清)□□編　清光緒八年(1882)刻本　四冊

110000－0102－0019070　丁/2815　史部/傳記類/人表

大清搢紳全書(壬午冬季)　(清)□□編　清光緒八年(1882)刻本　六冊

110000－0102－0019071　丁/2816　史部/傳記類/人表

大清搢紳全書(癸未春季)　(清)□□編　清光緒九年(1883)刻本　四冊

110000－0102－0019072　丁/2817　史部/傳記類/人表

大清搢紳全書(癸未夏季)　(清)□□編　清光緒九年(1883)刻本　四冊

110000－0102－0019073　丁/2818　史部/傳記類/人表

大清搢紳全書(癸未秋季)　(清)□□編　清光緒九年(1883)刻本　四冊

110000－0102－0019074　丁/2819　史部/傳記類/人表

大清搢紳全書(甲申秋季)　(清)□□編　清光緒十年(1884)刻本　六冊

110000－0102－0019075　丁/2820　史部/傳記類/人表

大清搢紳全書(乙酉冬季)　(清)□□編　清光緒十一年(1885)刻本　四冊

110000－0102－0019076　丁/2821　史部/傳記類/人表

大清搢紳全書(丙戌春季)　(清)□□編　清光緒十二年(1886)刻本　四冊

110000－0102－0019077　丁/2822　史部/傳記類/人表

大清搢紳全書(丙戌夏季)　(清)□□編　清光緒十二年(1886)刻本　四冊

110000－0102－0019078　丁/2823　史部/傳記類/人表

大清搢紳全書(丙戌冬季)　(清)□□編　清光緒十二年(1886)刻本　四冊

110000－0102－0019079　丁/2824　史部/傳記類/人表

大清搢紳全書(戊子春季)　(清)□□編　清光緒十四年(1888)刻本　四冊

110000－0102－0019080　丁/2825　史部/傳記類/人表

大清搢紳全書(戊子冬季)　(清)□□編　清光緒十四年(1888)刻本　四冊

110000－0102－0019081　丁/2826　史部/傳記類/人表

大清搢紳全書(己丑冬季)　(清)□□編　清光緒十五年(1889)刻本　四冊

110000－0102－0019082　丁/2827　史部/傳記類/人表

大清搢紳全書(庚寅春季)　(清)□□編　清光緒十六年(1890)刻本　四冊

110000－0102－0019083　丁/2828　史部/傳記類/人表

大清搢紳全書(壬辰夏季)　(清)□□編　清光緒十八年(1892)刻本　六冊

110000－0102－0019084　丁/2829　史部/傳記類/人表

大清搢紳全書(癸巳春季)　(清)□□編　清光緒十九年(1893)刻本　六冊

110000－0102－0019085　丁/2830　史部/傳記類/人表

大清搢紳全書(甲午秋季)　(清)□□編　清光緒二十年(1894)刻本　四冊

110000－0102－0019086　丁/2831　史部/傳記類/人表

大清搢紳全書(丙申夏季)　(清)□□編　清光緒二十二年(1896)刻本　六冊

110000－0102－0019087　丁/2832　史部/傳記類/人表

大清搢紳全書（丙申冬季） （清）□□編　清光緒二十二年（1896）刻本　四冊

110000－0102－0019088　丁/2833　史部/傳記類/人表

大清搢紳全書（丁酉春季） （清）□□編　清光緒二十三年（1897）刻本　六冊

110000－0102－0019089　丁/2834　史部/傳記類/人表

大清搢紳全書（戊戌春季） （清）□□編　清光緒二十四年（1898）刻本　六冊

110000－0102－0019090　丁/2835　史部/傳記類/人表

大清搢紳全書（己亥夏季） （清）□□編　清光緒二十五年（1899）刻本　四冊

110000－0102－0019091　丁/2836　史部/傳記類/人表

大清搢紳全書（己亥冬季） （清）□□編　清光緒二十五年（1899）刻本　六冊

110000－0102－0019092　丁/2837　史部/傳記類/人表

大清搢紳全書（庚子夏季） （清）□□編　清光緒二十六年（1900）刻本　六冊

110000－0102－0019093　丁/2838　史部/傳記類/人表

大清搢紳全書（辛丑夏季） （清）□□編　清光緒二十七年（1901）刻本　六冊

110000－0102－0019094　丁/2839　史部/傳記類/人表

大清搢紳全書（辛丑夏季） （清）□□編　清光緒二十七年（1901）刻本　四冊

110000－0102－0019095　丁/2840　史部/傳記類/人表

大清搢紳全書（癸卯春季） （清）□□編　清光緒二十九年（1903）刻本　四冊

110000－0102－0019096　丁/2841　史部/傳

記類/人表

大清搢紳全書（戊申冬季） （清）□□編　清光緒三十四年（1908）刻本　四冊

110000－0102－0019097　丁/2858　史部/傳記類/人表

中州同官錄（乙巳秋季）四卷 （清）□□編　清光緒三十一年（1905）刻本　四冊

110000－0102－0019098　丁/2859　史部/傳記類/人表

中州同官錄（甲辰秋季）三卷 （清）□□編　清光緒三十年（1904）刻本　三冊

110000－0102－0019099　丁/2860　史部/傳記類/人表

中州同官錄（庚辰）六卷 （清）□□編　清光緒五年（1879）刻本　六冊

110000－0102－0019100　丁/2861　叢部/彙編叢書

通學彙編三期 （清）通學齋編印　清光緒二十四年（1898）鉛印本　三冊

110000－0102－0019101　丁/2863　史部/傳記類/日記

從軍日記 （清）丁守存撰　清刻本　一冊

110000－0102－0019102　丁/2865　史部/政書類/文牘檔冊

前後守寶錄二十五卷 （清）魁聯撰　清咸豐三年（1853）刻本　六冊

110000－0102－0019103　丁/2866　史部/傳記類/總傳/專錄/事蹟

滄城殉難錄四卷首一卷 （清）王國均等纂　清同治二年（1863）刻本　二冊

110000－0102－0019104　丁/2867　史部/傳記類/人表

中州同官錄（辛丑） （清）□□編　清光緒二十七年（1901）刻本　五冊

110000－0102－0019105　丁/2868　史部/傳記類/人表

中州同官錄（丙午冬季）四卷 （清）□□編

清光緒三十二年(1906)刻本　四冊

110000－0102－0019106　丁/2869　史部/傳記類/人表

中州同官錄(乙未)四卷　（清）□□編　清光緒二十一年(1895)刻本　四冊

110000－0102－0019107　丁/2871　史部/傳記類/人表

蘇省同官錄　（清）□□編　清同治五年(1866)刻本　六冊

110000－0102－0019108　丁/2872　史部/傳記類/總傳/專錄/事蹟

中興蘇浙表忠錄四十四卷　（清）王希曾輯　清光緒二十九年(1903)刻本　八冊

110000－0102－0019109　丁/2873　史部/傳記類/人表

拔貢同年全錄　（清）□□編　清道光二十九年(1849)刻本　二冊

110000－0102－0019110　丁/2874　史部/傳記類/人表

江蘇同官錄　（清）□□編　清光緒六年(1880)刻本　六冊

110000－0102－0019111　丁/2876　史部/傳記類/總傳/專錄/事蹟

忠義紀聞錄三十卷　（清）陳繼聰輯　清光緒八年(1882)刻本　八冊

110000－0102－0019112　丁/2877　史部/別史、雜史類

堂匪總錄　（清）□□撰　清光緒十五年(1889)刻本　二冊

110000－0102－0019113　丁/2878　史部/傳記類/人表

江南鄉試錄　（清）□□編　清光緒十九年(1893)刻本　一冊

110000－0102－0019114　丁/2881　集部/別集類/清

香草齋詩註六卷首一卷　（清）黃任撰　清嘉慶十九年(1814)刻本　六冊

110000－0102－0019115　丁/2882　史部/別史、雜史類

剿匪事實　（清）駱秉章等撰　清光緒三十二年(1906)抄本　四冊

110000－0102－0019116　丁/2883　史部/傳記類/人表

國朝御史題名錄　（清）蘇樹蕃編　清光緒刻本　五冊

110000－0102－0019117　丁/2884　史部/地理類/方志/地方志

[光緒]綏遠旗志十卷　高賡恩等纂　清光緒三十四年(1908)刻本　六冊

110000－0102－0019118　丁/2885　史部/傳記類/別傳

宰湘節錄　（清）劉錫鴻輯　清光緒二年(1876)刻本　一冊

110000－0102－0019119　丁/2886　史部/傳記類/人表

四川鄉試同年齒錄(光緒八年)　（清）□□編　清光緒刻本　二冊

110000－0102－0019120　丁/2887　史部/傳記類/別傳

李剛介傳忠錄　（清）嚴樹森撰　清同治七年(1868)刻本　一冊

110000－0102－0019121　丁/2888　史部/傳記類/別傳

吳氏言行錄二卷　（清）吳蔭培撰　清宣統二年(1910)刻本　一冊

110000－0102－0019122　丁/2889　集部/詞類/詞別集

雙魚詞　（清）葉以佲撰　清道光刻本　一冊

110000－0102－0019123　丁/2890　史部/傳記類/別傳

郝太僕褒忠錄六卷　（明）郝明龍輯　清道光十八年(1838)刻本　一冊

110000－0102－0019124　丁/2892　史部/傳記類/總傳/專錄/事蹟

江西忠義錄六十卷首一卷　（清）何應祺等撰
清同治十二年(1873)刻本　四冊

110000－0102－0019125　丁/2893　史部/政書類/邦交/各國

中日會議錄（光緒三十一年）　（清）□□編
清末抄本　三冊

110000－0102－0019126　丁/2894　史部/傳記類/總傳/專錄/事蹟

桑梓潛德錄六卷　（清）張惠言編　清光緒六年(1880)活字本　四冊

110000－0102－0019127　丁/2895　史部/傳記類/總傳/專錄/事蹟

忠孝錄　（清）□□編　清同治七年(1868)刻本　二冊

110000－0102－0019128　丁/2896　史部/傳記類/別傳

張忠武公事錄　（清）陳虔年編　清光緒三十二年(1906)刻本　四冊

110000－0102－0019129　丁/2897　集部/總集類/文/雜錄/書牘表啟

思貽堂書簡八卷　（清）文琛撰　清同治十二年(1873)刻本　三冊

110000－0102－0019130　丁/2898　子部/兵家類

見聞輯要　（清）剛毅撰　清光緒六年(1880)刻本　一冊

110000－0102－0019131　丁/2899　集部/別集類/清

鉛刀集四卷首一卷　（清）徐台英撰　清光緒十年(1884)刻本　三冊

110000－0102－0019132　丁/2900　集部/別集類/清

夢園公牘文集八卷　（清）劉曾騄撰　清光緒十七年(1891)刻本　二冊

110000－0102－0019133　丁/2901　史部/傳記類/總傳/專錄/仕宦

金學士國史循吏傳三卷　（清）朱錦等輯　清

同治八年(1869)刻本　一冊

110000－0102－0019134　丁/2903　集部/別集類/清

金壇圍城紀事詩　（清）于桓撰　清光緒二十四年(1898)刻本　一冊

110000－0102－0019135　丁/2904　史部/傳記類/總傳/專錄/事蹟

忠貞錄　（清）程先甲輯　清光緒二十二年(1896)刻本　一冊

110000－0102－0019136　丁/2905　史部/別史、雜史類

股匪總錄三卷　（清）□□撰　清光緒十五年(1889)刻本　一冊

110000－0102－0019137　丁/2906　史部/傳記類/人表

會試同年齒錄（光緒庚辰）　（清）□□編　清光緒六年(1880)刻本　四冊

110000－0102－0019138　丁/2907　史部/傳記類/別傳

江忠烈公行狀　（清）鄧瑤撰　清咸豐刻本　一冊

110000－0102－0019139　丁/2908　史部/傳記類/年譜

鮑公年譜　（清）李叔璠輯　清同治十二年(1873)刻本　一冊

110000－0102－0019140　丁/2909　史部/地理類/雜記

戍疆瑣記　（清）榮恩撰　清光緒十二年(1886)刻本　一冊

110000－0102－0019141　丁/2910　史部/政書類/文牘檔冊

麻陽平匪自治文書　（清）王兆涵撰　清光緒二十八年(1902)刻本　一冊

110000－0102－0019142　丁/2911　史部/傳記類/日記

南征日記　（清）謝舲撰　清刻本　一冊

110000－0102－0019143　丁/2912　集部/總

集類/文/雜錄/雜纂

存齋偶編 （清）胡宗藩輯　清同治十年(1871)刻本　一冊

110000－0102－0019144　丁/2913　史部/政書類/軍政

皖南軍務紀略 （清）陳鍾秀撰　清光緒二年(1876)刻本　一冊

110000－0102－0019145　丁/2914　史部/地理類/方志/地方志

皖志便覽六卷首一卷 李應珏撰　清光緒二十八年(1902)刻本　二冊

110000－0102－0019146　丁/2917　史部/傳記類/人表

會試同年齒錄(光緒甲辰) （清）□□編　清光緒三十年(1904)刻本　四冊

110000－0102－0019147　丁/2918　史部/地理類/雜記

粵西筆述 （清）張祥河輯　清光緒二十二年(1896)刻本　一冊

110000－0102－0019148　丁/2919　史部/政書類/文牘檔冊

軍牘彙存四卷 （清）方德驥撰　清光緒九年(1883)刻本　四冊

110000－0102－0019149　丁/2922　史部/別史、雜史類

行軍紀略 樹屏撰　清同治十三年(1874)刻本　一冊

110000－0102－0019150　丁/2923　子部/雜家類/學說

借箸雜俎二卷 （清）沈清旭撰　清光緒十二年(1886)刻本　四冊

110000－0102－0019151　丁/2924　史部/別史、雜史類

膠西辛酉殉難事略四卷 （清）徐宗勉輯　清光緒二十年(1894)刻本　一冊

110000－0102－0019152　丁/2926　史部/別史、雜史類

吳中平寇記八卷 （清）錢勖輯　清同治刻本　二冊

110000－0102－0019153　丁/2928　史部/別史、雜史類

刦火紀焚 （清）何桂笙撰　清光緒十一年(1885)刻本　一冊

110000－0102－0019154　丁/2929　史部/地理類/地圖、圖志

險畧圖略 （清）錫之撰　清光緒十四年(1888)石印本　二冊

110000－0102－0019155　丁/2930　史部/傳記類/別傳

曹太僕列傳 （清）翁同書等撰　清刻本　一冊

110000－0102－0019156　丁/2931　史部/別史、雜史類

雅安圍城防河記 （清）何鼎勳撰　清咸豐十一年(1861)刻本　一冊

110000－0102－0019157　丁/2932　史部/別史、雜史類

戰功紀畧 （清）金國均等撰　清同治六年(1867)刻本　一冊

110000－0102－0019158　丁/2934　史部/別史、雜史類

國朝遺事紀聞 湯殿三撰　清宣統三年(1911)鉛印本　一冊　存一冊(一)

110000－0102－0019159　丁/2935　史部/傳記類/人表

會試同年全錄(庚辰) （清）□□編　清光緒六年(1880)刻本　一冊

110000－0102－0019160　丁/2936　史部/傳記類/總傳/專錄/事蹟

辛里表忠錄四卷 （清）瑪佳恆稔撰　清同治八年(1869)刻本　二冊

110000－0102－0019161　丁/2937　史部/傳記類/人表

會試同年全錄(光緒丙子) （清）□□編　清

光緒二年(1876)刻本　一冊

110000－0102－0019162　丁/2938　史部/傳記類/人表

十八省鄉試同年全錄(咸豐乙卯)　(清)□□編　清咸豐五年(1855)刻本　一冊

110000－0102－0019163　丁/2939　史部/傳記類/人表

十八省同年全錄　(清)□□編　清光緒二十九年(1903)刻本　二冊

110000－0102－0019164　丁/2940　史部/傳記類/人表

十八省正副榜同年全錄(甲午)　(清)□□編　清光緒二十年(1894)刻本　二冊

110000－0102－0019165　丁/2941　史部/傳記類/人表

十八省選拔同年全錄(己酉)　(清)□□編　清宣統元年(1909)刻本　二冊

110000－0102－0019166　丁/2942　史部/傳記類/人表

會試同年全錄(戊戌)　(清)□□編　清光緒二十四年(1898)刻本　一冊

110000－0102－0019167　丁/2943　史部/傳記類/人表

恩科各省鄉試同年全錄(辛丑補行)　(清)□□編　清光緒二十七年(1901)刻本　二冊

110000－0102－0019168　丁/2944　史部/傳記類/人表

十八省鄉試同年全錄(光緒丙子)　(清)□□編　清光緒二年(1876)刻本　一冊

110000－0102－0019169　丁/2945　史部/傳記類/人表

補行同年錄(甲子補行辛酉)　(清)□□編　清同治三年(1864)刻本　一冊

110000－0102－0019170　丁/2946　史部/傳記類/人表

會試同年錄(光緒癸未)　(清)□□編　清光緒九年(1883)刻本　一冊

110000－0102－0019171　丁/2947　史部/傳記類/人表

會試同年全錄(光緒丁丑)　(清)□□編　清光緒三年(1877)刻本　一冊

110000－0102－0019172　丁/2948　史部/傳記類/人表

恩正併科各省鄉試同年全錄(光緒壬寅補行庚子辛丑)　(清)□□編　清光緒二十八年(1902)刻本　二冊

110000－0102－0019173　丁/2949　集部/別集類/清

東湖集五卷　(明)吳廷舉撰　清光緒二年(1876)刻本　六冊

110000－0102－0019174　丁/2951　史部/地理類/遊記/遊各國

俄遊彙編十二卷　(清)繆祐孫撰　清光緒抄本　四冊

110000－0102－0019175　丁/2953　集部/別集類/清

琵琶行分句吟草　(清)熊峩撰　清光緒二十七年(1901)刻本　一冊

110000－0102－0019176　丁/2955　集部/總集類/詩/雜錄/題詠

八甎吟館刻燭集三卷　(清)阮元輯　清刻本　二冊

110000－0102－0019177　丁/2958　史部/傳記類/人表

山東武鄉試同年齒錄　(清)□□編　清道光二十九年(1849)刻本　一冊

110000－0102－0019178　丁/2959　史部/傳記類/人表

陝西鄉試題名錄　(清)□□編　清光緒二十八年(1902)刻本　一冊

110000－0102－0019179　丁/2960　史部/傳記類/總傳/專錄/仕宦

殉節錄　(清)祝沾恩編　清光緒三十一年(1905)刻本　一冊

110000－0102－0019180　丁/2961　史部/地理類/水道/地方

海寧澉河徵信錄　（清）姚壽祺等撰　清光緒二十一年(1895)刻本　二冊

110000－0102－0019181　丁/2962　史部/傳記類/總傳/專錄/藝術

菊部群英　（清）小遊仙客撰　清同治十二年(1873)鉛印本　二冊

110000－0102－0019182　丁/2964　史部/傳記類/別傳

劉忠誠事略　（清）□□編　清光緒二十九年(1903)鉛印本　一冊

110000－0102－0019183　丁/2966　史部/政書類/詔令奏議/奏議

奏摺　（清）□□編　清末鉛印本　二冊

110000－0102－0019184　丁/2967　史部/政書類/法令

定例彙編（清光緒三十一年）　（清）□□編　清末鉛印本　十冊

110000－0102－0019185　丁/2968　史部/政書類/法令

定例彙編（清光緒三十二年）　（清）□□編　清末鉛印本　六冊

110000－0102－0019186　丁/2969　史部/政書類/法令

定例彙編（清光緒三十四年）　（清）□□編　清末鉛印本　五冊

110000－0102－0019187　丁/2970　史部/政書類/法令

定例彙編（清宣統元年）　（清）□□編　清末鉛印本　七冊

110000－0102－0019188　丁/2971　史部/政書類/法令

定例彙編（清宣統二年）　（清）□□編　清末鉛印本　八冊

110000－0102－0019189　丁/2972　子部/醫家類/諸專科方論/其它

救偏瑣言五卷　（清）費啟泰撰　清道光二十一年(1841)刻本　四冊

110000－0102－0019190　丁/2973　集部/別集類/清

補學軒詩集八卷　（清）鄭獻甫撰　清咸豐十一年(1861)刻本　四冊

110000－0102－0019191　丁/2975　集部/詞類/詞總集/地方

金陵詞鈔八卷　（清）陳伯雨輯　清光緒二十八年(1902)刻本　四冊

110000－0102－0019192　丁/2976　史部/政書類/詔令奏議/奏議

節錄奏疏　（清）駱秉章等撰　清同治十二年(1873)刻本　一冊

110000－0102－0019193　丁/2977　史部/別史、雜史類

太和縣禦寇始末二卷　（清）吳世濟撰　清道光刻本　一冊

110000－0102－0019194　丁/2978　史部/雜史類

盾鼻隨聞錄八卷　（清）樗園退叟編　清咸豐刻本　二冊

110000－0102－0019195　丁/2979　史部/傳記類/年譜

周甲錄　（清）柳堂撰　清光緒三十年(1904)刻本　二冊

110000－0102－0019196　丁/2980　史部/傳記類/別傳

李剛烈公碧血錄　（清）□□撰　清刻本　一冊

110000－0102－0019197　丁/2981　史部/地理類/雜記

瀛寰瑣記　（清）□□撰　清同治十三年(1874)刻本　三冊

110000－0102－0019198　丁/2984　經部/小學類/訓詁/方言

蜀方言二卷　（清）張慎儀撰　清刻本　一冊

110000－0102－0019199　丁/2987　集部/別集類/清

粟香室文稿　（清）金武祥撰　清光緒刻本　一冊

110000－0102－0019200　丁/2991　集部/別集類/清

移芝室全集文十三卷詩三卷　（清）楊彝珍撰　清光緒二十二年(1896)刻本　九冊

110000－0102－0019201　丁/2995　史部/傳記類/別傳

金剛澉公表忠錄　（清）□□撰　清光緒二十一年(1895)刻本　一冊

110000－0102－0019202　丁/3001　史部/地理類/方志/地方志

[嘉慶]東臺縣志四十卷　（清）周古等修　清嘉慶二十二年(1817)刻本　十冊

110000－0102－0019203　丁/3005　史部/傳記類/圖贊

水流雲在圖記　（清）□□撰　清宣統三年(1911)石印本　二冊

110000－0102－0019204　丁/3010　史部/別史、雜史類

見聞隨筆二十六卷　（清）齊學裘撰　清同治十年(1871)刻本　六冊

110000－0102－0019205　丁/3011　子部/雜家類/雜考

咀華錄四卷　（清）凝瑞堂主人輯　清道光二十年(1840)刻本　四冊

110000－0102－0019206　丁/3012　史部/史表類

中外紀年通表　上海著易堂輯　清光緒二十三年(1897)石印本　八冊

110000－0102－0019207　丁/3015　史部/傳記類/人表

中州同官錄四卷　（清）□□編　清光緒三十四年(1908)刻本　四冊

110000－0102－0019208　丁/3017　史部/傳

記類/人表

關中同官錄　（清）覺羅樂斌等撰　清咸豐十年(1860)刻本　三冊

110000－0102－0019209　丁/3018　史部/傳記類/人表

山東同官錄　（清）明新等撰　清咸豐九年(1859)刻本　四冊

110000－0102－0019210　丁/3020　史部/傳記類/人表

會試同年齒錄　（清）□□編　清光緒十八年(1892)刻本　四冊

110000－0102－0019211　丁/3021　史部/傳記類/人表

國朝歷科館選錄　（清）沈廷芳撰　清光緒刻本　二冊

110000－0102－0019212　丁/3022　史部/傳記類/人表

直省同年齒錄　（清）□□編　清咸豐七年(1857)刻本　四冊

110000－0102－0019213　丁/3023　集部/詞類/詞選/地方

四明近體樂府　（清）袁鈞撰輯　清嘉慶五年(1800)刻本　四冊

110000－0102－0019214　丁/3026　集部/別集類/清

拙修集十卷　（清）吳廷棟撰　清同治十年(1871)六安求我齋刻本　四冊

110000－0102－0019215　丁/3027　集部/別集類/清

頤情館聞過集十二卷　（清）宗源瀚撰　清光緒三年(1877)刻本　八冊

110000－0102－0019216　丁/3028　集部/別集類/清

中復堂全書九十八卷　（清）姚瑩撰　清同治六年(1867)安福縣署刻本　二十二冊

110000－0102－0019217　丁/3034　子部/醫家類/明堂經脈

經脈圖考四卷 （清）陳惠疇撰 清刻本
四冊

110000－0102－0019218 丁/3036 子部/藝
術類/音樂舞蹈
歌舞台 （清）□□撰 清抄本 一冊

110000－0102－0019219 丁/3038 子部/醫
家類/傷寒方論
類證增註傷寒百問歌四卷 （清）□□撰 清
抄本 一冊

110000－0102－0019220 丁/3043 子部/醫
家類/諸專科方論/其它
疫痧草三卷 （清）陳耕道撰 清光緒十四年
（1888）刻本 一冊

110000－0102－0019221 丁/3046 子部/藝
術類/音樂舞蹈
綠綺清韻 （清）徐臚先撰 清末刻本 一冊

110000－0102－0019222 丁/3047 集部/別
集類/清
梨園娛老集 胡禮垣撰 清宣統元年（1909）
鉛印本 二冊

110000－0102－0019223 丁/3048 子部/醫
家類/總錄
李仕材先生三書八卷 （清）李中梓撰 清光
緒十三年（1887）刻本 六冊

110000－0102－0019224 丁/3049 集部/總
集類/詩/雜錄/唱和
橘中人語 （清）賴蘊山輯 清咸豐十年
（1860）刻本 一冊

110000－0102－0019225 丁/3050 史部/傳
記類/總傳/專錄/事蹟
忠貞錄 （清）□□撰 清光緒刻本 一冊

110000－0102－0019226 丁/3051 叢部/彙
編叢書
晨風閣叢書三十二種 沈宗畸輯 清光緒三
十四年至宣統三年（1908－1911）鉛印本 二
十冊

110000－0102－0019227 丁/3054 史部/政

書類/軍政/防務
防海紀略二卷 芍唐居士撰 清光緒六年
（1880）刻本 二冊

110000－0102－0019228 丁/3055 史部/別
史、雜史類
僧忠親王盪寇述畧 （清）牛林撰 清光緒二
十二年（1896）刻本 一冊

110000－0102－0019229 丁/3056 史部/傳
記類/別傳
劉靜臣制軍武功紀畧 （清）劉肇元撰 清同
治六年（1867）刻本 一冊

110000－0102－0019230 丁/3057 史部/地
理類/方志/地方志
[道光]欽定新疆識略十二卷 （清）松筠纂
清道光元年（1821）刻本 十冊

110000－0102－0019231 丁/3058 史部/傳
記類/別傳
方柏堂先生事實考略 （清）陳澹然撰 清光
緒十五年（1889）刻本 四冊

110000－0102－0019232 丁/3059 史部/政
書類/邦計/捐稅
度支部稅課司奏案輯要三卷 （清）宋壽征撰
清宣統三年（1911）鉛印本 三冊

110000－0102－0019233 丁/3060 叢部/彙
編叢書
振綺堂叢書二集 汪康年輯 清光緒二十年
（1894）刻本 二十冊

110000－0102－0019234 丁/3061 史部/地
理類/雜記
黑龍江述畧六卷 （清）徐宗亮撰 清光緒十
七年（1891）刻本 一冊

110000－0102－0019235 丁/3063 史部/別
史、雜史類
守衢紀略 （清）陶壽祺撰 清光緒十三年
（1887）刻本 一冊

110000－0102－0019236 丁/3064 史部/政
書類/軍政

蘭舫仲公行軍紀畧　（清）程克昌撰　清刻本
一冊

110000－0102－0019237　丁/3066　史部/政
書類/邦計/雜錄
吉林東寗廳屯墾報告　富寗屯墾公司編　清
宣統鉛印本　一冊

110000－0102－0019238　丁/3068　史部/政
書類/邦計/雜錄
奉天全省農業調查書　奉天農業試驗場撰
清宣統元年(1909)奉天農業試驗場鉛印本
四冊

110000－0102－0019239　丁/3073　史部/別
史、雜史類
江陰寇變紀畧　（清）□□撰　清刻本　一冊

110000－0102－0019240　丁/3074　集部/總
集類/詩/雜錄/酬贈慶吊
冠縣殉難詩彙載　（清）□□撰　清刻本
一冊

110000－0102－0019241　丁/3075　史部/地
理類/雜記
東槎紀畧五卷　（清）姚瑩撰　清道光十二年
(1832)刻本　四冊

110000－0102－0019242　丁/3076　史部/政
書類/軍政
征剿紀畧四卷　（清）尹嘉賓撰　清光緒二十
六年(1900)刻本　五冊

110000－0102－0019243　丁/3077　史部/政
書類/邦計/交通運輸
東道紀畧　（清）□□撰　清道光刻光緒十六
年(1890)重印本　一冊

110000－0102－0019244　丁/3079　史部/政
書類/軍政
練軍紀畧　（清）陸汝成撰　清光緒十六年
(1890)刻本　二冊

110000－0102－0019245　丁/3080　史部/傳
記類/別傳
半隱先生花甲紀畧　（清）鍾毓撰　清光緒二

十五年(1899)刻本　一冊

110000－0102－0019246　丁/3081　史部/別
史、雜史類
平桂紀畧四卷　（清）□□撰　清光緒十五年
(1889)刻本　一冊

110000－0102－0019247　丁/3082　史部/別
史、雜史類
平定粵匪紀畧十八卷附記四卷　（清）杜文瀾
等撰　清同治四年(1865)刻本　十冊

110000－0102－0019248　丁/3083　史部/政
書類/邦計/雜錄
江西農工商礦紀畧　（清）□□撰　清光緒刻
本　四冊

110000－0102－0019249　丁/3085　史部/政
書類/雜錄
樞垣記畧二十四卷　（清）梁章鉅撰　清道光
三年(1823)刻本　六冊

110000－0102－0019250　丁/3088　史部/政
書類/軍政
彝軍紀畧　（清）彭洵撰　清光緒十二年
(1886)刻本　一冊

110000－0102－0019251　丁/3089　史部/傳
記類/總傳/專錄/事蹟
忠孝節義見聞紀畧　（清）趙嘉肇撰　清光緒
十六年(1890)刻本　一冊

110000－0102－0019252　丁/3090　史部/別
史、雜史類
從戎紀畧　（清）朱洪章撰　清光緒十九年
(1893)刻本　一冊

110000－0102－0019253　丁/3092　史部/政
書類/軍政/防務
延吉邊務報告四卷　吳祿貞撰　清光緒三十
三年(1907)鉛印本　四冊

110000－0102－0019254　丁/3093　集部/俗
文學類/迷語及其他
玉荷隱語二卷　（清）費源撰　清乾隆三十六
年(1771)刻本　四冊

110000－0102－0019255　丁/3094　集部/俗文學類/迷語及其他

擬猜隱迷六卷　（清）費源撰　清乾隆四十五年(1780)刻本　六冊

110000－0102－0019256　丁/3096　史部/別史、雜史類

嘉應平寇紀略　（清）謝國珍撰　清光緒五年(1879)刻本　一冊

110000－0102－0019257　丁/3097　史部/別史、雜史類

金陵癸甲紀事略　（清）謝介鶴撰　清咸豐七年(1857)刻本　二冊

110000－0102－0019258　丁/3100　史部/紀事本末類

粵匪紀略　（清）姚憲之撰　清末刻本　一冊

110000－0102－0019259　丁/3101　集部/俗文學類/彈詞

玉連環八卷　（清）朱素仙撰　清嘉慶十年(1805)刻本　八冊

110000－0102－0019260　丁/3102　史部/傳記類/日記

出使英法義比四國日記　（清）薛福成撰　清光緒十七年(1891)鉛印本　四冊

110000－0102－0019261　丁/3110　子部/雜誌類

學部官報一百二十五期　（清）學部編　清光緒三十二年(1906)鉛印本　一百二十五冊

110000－0102－0019262　丁/3111　史部/政書類/詔令奏議/奏議

鄧鐵香奏稿六卷　（清）鄧承修撰　清光緒三十二年(1906)鉛印本　四冊

110000－0102－0019263　丁/3112　史部/政書類/文牘檔冊

軍牘集要十二卷　（清）張卿雲撰　清光緒二十一年(1895)鉛印本　六冊

110000－0102－0019264　丁/3113　史部/政書類/詔令奏議/奏議

王侍郎奏議十卷　（清）王茂蔭撰　清光緒二十五年(1899)刻本　四冊

110000－0102－0019265　丁/3114　史部/政書類/法令

槐卿政蹟六卷　（清）沈衍慶撰　清同治元年(1862)刻本　四冊

110000－0102－0019266　丁/3116　子部/雜誌類

官書局彙報　（清）官書局編　清光緒二十二年(1896)活字本　二十二冊

110000－0102－0019267　丁/3117　史部/地理類/雜記

雲南勘界籌邊記二卷　姚文棟撰　清光緒十八年(1892)刻本　二冊

110000－0102－0019268　丁/3119　史部/政書類/邦交

中俄國際約注四卷　（清）施紹常撰　清光緒三十一年(1905)鉛印本　二冊

110000－0102－0019269　丁/3122　集部/別集類/清

薖園文鈔　（清）楊金監撰　清光緒十六年(1890)木活字印本　一冊

110000－0102－0019270　丁/3124　史部/傳記類/總傳/通錄/斷代

馮氏傳志二卷　（清）傅新德撰　清乾隆刻本　二冊

110000－0102－0019271　丁/3125　史部/地理類/地圖、圖志

中俄陸路自塔爾巴幹達呼至阿巴該圖邊界及額爾古納河邊界圖說　宋小濂撰　清宣統元年(1909)油印本　一冊

110000－0102－0019272　丁/3126　史部/政書類/邦交

中俄界務歷次會勘案　（□）□□撰　清宣統油印本　一冊

110000－0102－0019273　丁/3131　叢部/彙編叢書

海嶽軒叢刻　杜俞撰　清光緒二十六年
(1900)鉛印本　七冊

110000－0102－0019274　丁/3132　史部/別
史、雜史類

拳教析疑說及其書後　（□）□□撰　清光緒
刻本　一冊

110000－0102－0019275　丁/3134　子部/兵
家類

練勇芻言　（清）王鑫撰　清咸豐七年(1857)
抄本　一冊

110000－0102－0019276　丁/3136　史部/政
書類/詔令奏議/奏議

星使呈遞國書摺　（□）□□撰　清光緒抄本
　一冊

110000－0102－0019277　丁/3140　史部/地
理類/遊記/遊各國

東遊日記　郭鍾芳撰　清光緒鉛印本　一冊

110000－0102－0019278　丁/3142　史部/別
史、雜史類

藏輶隨記　陶思曾撰　清宣統三年(1911)鉛
印本　一冊

110000－0102－0019279　丁/3143　史部/傳
記類/人表

國朝春曹題名　（□）□□編　清咸豐八年
(1858)刻本　二冊

110000－0102－0019280　丁/3144　史部/政
書類/文牘檔冊

東三省蒙務公牘彙編四卷附編一卷　朱啟鈐
編　清宣統元年(1909)鉛印本　二冊

110000－0102－0019281　丁/3145　集部/別
集類/清

頤情館聞過集十二卷　（清）宗源瀚撰　清光
緒三年(1877)刻本　六冊

110000－0102－0019282　丁/3147　史部/政
書類/文牘檔冊

農安戊己政治報告書四卷　壽鵬飛撰　清宣
統二年(1910)鉛印本　四冊

110000－0102－0019283　丁/3149　史部/地
理類/遊記

北山草堂遊覽詩記三卷首一卷　楊昌邠撰
清宣統元年(1909)刻本　一冊

110000－0102－0019284　丁/3153　集部/別
集類

蝸居草　（□）□□撰　清光緒抄本　一冊

110000－0102－0019285　丁/3154　史部/政
書類/詔令奏議/奏議

經畧額威勇侯奏議　（清）額勒登保撰　清抄
本　一冊

110000－0102－0019286　丁/3156　史部/傳
記類/年譜

雪泥鴻爪　（清）邵松年撰　清光緒刻本
三冊

110000－0102－0019287　丁/3157　史部/地
理類/遊記/遊各國

越南遊記　恩慶撰　清光緒三十一年(1905)
鉛印本　一冊

110000－0102－0019288　丁/3159　史部/傳
記類/人表

各直省拔貢錄鄉試錄　（□）□□編　清道光
五年(1825)刻本　二冊

110000－0102－0019289　丁/3160　史部/政
書類/考工

鄭工新例　（清）周天霖撰　清刻本　一冊

110000－0102－0019290　丁/3162　史部/傳
記類/人表

十八省鄉試同年錄　（□）□□編　清光緒刻
本　一冊

110000－0102－0019291　丁/3163　集部/別
集類/宋

木鍾集十一卷　（宋）陳埴撰　清同治六年
(1867)刻本　四冊

110000－0102－0019292　丁/3164　史部/傳
記類/人表

舉貢考職同年齒錄　（□）□□編　清光緒三

十三年(1907)刻本　四冊

110000 - 0102 - 0019293　丁/3165　史部/傳記類/人表

會試同年齒錄　(□)□□編　清嘉慶十九年(1814)刻本　二冊

110000 - 0102 - 0019294　丁/3166　史部/地理類/外紀

海國公餘輯錄　(清)張煜南撰　清光緒二十六年(1900)刻本　十冊

110000 - 0102 - 0019295　丁/3167　史部/傳記類/人表

進士登科錄　(□)□□編　清光緒刻本　一冊

110000 - 0102 - 0019296　丁/3168　史部/傳記類/人表

會試同年全錄　(□)□□編　清光緒三十二年(1906)刻本　一冊

110000 - 0102 - 0019297　丁/3169　史部/地理類/雜記

藏事舉要　胡炳熊撰　清鉛印本　二冊

110000 - 0102 - 0019298　丁/3170　史部/地理類/總錄

西域輿地三種彙刻　徐崇立輯　清光緒三十二年(1906)刻本　一冊

110000 - 0102 - 0019299　丁/3171　史部/傳記類/人表

會試同年齒錄　(□)□□編　清光緒刻本　一冊

110000 - 0102 - 0019300　丁/3173　史部/政書類/邦交/雜錄

西電輯要　陳鈺撰　清光緒二十九年(1903)鉛印本　一冊

110000 - 0102 - 0019301　丁/3174　史部/政書類/邦交

中俄約章匯要　(清)總理衙門編　清光緒八年(1882)鉛印本　一冊

110000 - 0102 - 0019302　丁/3175　史部/別

史、雜史類

東牟守城紀略　(清)戴燮元撰　清同治八年(1869)刻本　一冊

110000 - 0102 - 0019303　丁/3176　史部/別史、雜史類

思痛記二卷　(清)李圭撰　清光緒六年(1880)刻本　一冊

110000 - 0102 - 0019304　丁/3179　史部/政書類/軍政/防務

長江礮臺芻議　(清)姚錫光撰　清光緒二十五年(1899)鉛印本　一冊

110000 - 0102 - 0019305　丁/3180　史部/別史、雜史類

行素齋雜記　(清)李佳撰　清光緒三十一年(1905)刻本　二冊

110000 - 0102 - 0019306　丁/3181　史部/別史、雜史類

海東逸史十八卷　(清)楊泰亨撰　清光緒十年(1884)刻本　二冊

110000 - 0102 - 0019307　丁/3184　史部/政書類/邦交/各國

和約彙抄六卷　(□)□□編　清光緒四年(1878)鉛印本　四冊

110000 - 0102 - 0019308　丁/3185　史部/傳記類/人表

十八省鄉試同年錄　(□)□□編　清咸豐刻本　一冊

110000 - 0102 - 0019309　丁/3187　史部/傳記類/人表

會試同年全錄　(□)□□編　清光緒二十年(1894)刻本　一冊

110000 - 0102 - 0019310　丁/3188　史部/傳記類/人表

會試同年全錄　(□)□□編　清光緒二十二年(1896)刻本　一冊

110000 - 0102 - 0019311　丁/3189　史部/傳記類/人表

會試同年全錄 （□）□□編 清光緒三十年(1904)刻本 一冊

110000－0102－0019312 丁/3190 史部/政書類/軍政

湘軍水陸戰記十六卷 （□）□□編 清光緒十一年(1885)鉛印本 二冊

110000－0102－0019313 丁/3191 史部/傳記類/人表

會試同年全錄 （□）□□編 清光緒十六年(1890)刻本 一冊

110000－0102－0019314 丁/3192 史部/政書類/詔令奏議/奏議

光緒奏議 （清）吳師祈撰 清抄本 三冊

110000－0102－0019315 丁/3193 集部

知不足齋紀事 （清）蕭錫齡撰 清光緒三十四年(1908)刻本 一冊

110000－0102－0019316 丁/3194 史部/別史、雜史類

古今戰事圖說平定粵匪之部六卷 陳曾壽撰 清光緒二十六年(1900)鉛印本 五冊

110000－0102－0019317 丁/3195 史部/傳記類/人表

江南鄉試題名錄 （□）□□編 清光緒刻本 一冊

110000－0102－0019318 丁/3196 子部/藝術類/雜技

韜略元機八卷 題(清)三樂居士撰 清末刻本 二冊

110000－0102－0019319 丁/3198 叢部/彙編叢書

西政叢書三十一種 梁啟超輯 清光緒二十三年(1897)慎記書莊石印本 三十二冊

110000－0102－0019320 丁/3200 史部/政書類/儀制

山左會館設祭儀節 山左會館撰 清光緒三十二年(1906)刻本 一冊

110000－0102－0019321 丁/3204 集部/別

集類/清

慎宜軒文十二卷 （清）姚永概撰 清刻本 二冊

110000－0102－0019322 丁/3209 集部/詞類/詞選/通代

宋元名家詞十五種 （清）江標輯 清光緒二十一年(1895)湖南思賢書局刻本 四冊

110000－0102－0019323 丁/3210 集部/別集類/清

清芬閣集十二卷 （清）朱采撰 清光緒三十四年(1908)刻本 八冊

110000－0102－0019324 丁/3212 史部/政書類/詔令奏議/奏議

滇黔奏議十卷 （清）劉嶽昭撰 清光緒十四年(1888)刻本 八冊

110000－0102－0019325 丁/3213 史部/政書類/詔令奏議/奏議

楊勇愨公奏議十六卷首一卷 （清）楊岳斌撰 清光緒二十一年(1895)刻本 十七冊

110000－0102－0019326 丁/3215 史部/政書類/文牘檔冊

嶺西公牘彙存十卷 （清）方濬師撰 清光緒四年(1878)刻本 十冊

110000－0102－0019327 丁/3216 叢部/自著叢書/清中晚期

藤花亭十種十八卷 （清）梁廷枏輯 清道光十年(1830)刻本 十四冊

110000－0102－0019328 丁/3217 史部/地理類/雜記

西疆雜述詩 （清）蕭雄撰 清光緒二十一年(1895)刻本 四冊

110000－0102－0019329 丁/3218 史部/政書類/詔令奏議/奏議

毛尚書奏稿十六卷首一卷總目一卷 （清）毛鴻賓撰 清宣統二年(1910)刻本 十六冊

110000－0102－0019330 丁/3220 史部/政書類/法令/律例

江蘇省例四編　（□）□□編　清同治、光緒
刻本　十二冊

110000－0102－0019331　丁/3221　史部/地
理類/方志/地方志
[嘉慶]衛藏通志十六卷首一卷　（清）袁昶撰
　清光緒二十二年(1896)刻本　八冊

110000－0102－0019332　丁/3226　史部/政
書類/邦交/各國
各國立約始末記　陸元鼎撰　清光緒三十二
年(1906)鉛印本　二十二冊

110000－0102－0019333　丁/3227　史部/政
書類/邦計
橫橋堰水利記　徐用福撰　清光緒二十四年
(1898)鉛印本　一冊

110000－0102－0019334　丁/3229　史部/政
書類/邦計/鹽政
六櫃運道冊　（清）兩廣鹽運使司編　清咸豐
七年(1857)刻本　四冊

110000－0102－0019335　丁/3230　史部/地
理類/方志/地方志
[光緒]浙志便覽十卷　（清）李應珏撰　清光
緒刻本　四冊

110000－0102－0019336　丁/3231　史部/政
書類/邦計/鹽政
兩廣鹽價成本冊　（□）□□編　清刻本
六冊

110000－0102－0019337　丁/3232　史部/政
書類/詔令奏議
繩其武齋摺稿偶存　（清）黃贊湯撰　清同治
三年(1864)刻本　八冊

110000－0102－0019338　丁/3234　史部/政
書類/邦計/交通運輸
江蘇海運全案十二卷　（清）賀長齡撰　清道
光六年(1826)刻本　十二冊

110000－0102－0019339　丁/3236　史部/政
書類/詔令奏議/奏議
湘輶叢刻十三卷　（清）吳樹梅撰　清光緒二

十六年(1900)湖南長沙節署刻本　六冊

110000－0102－0019340　丁/3237　史部/傳
記類/總傳/專錄/事蹟
忠烈備考八部　（清）高德泰撰　清光緒二年
(1876)刻本　八冊

110000－0102－0019341　丁/3238　史部/傳
記類/年譜
張制軍年譜二卷　（清）林紹年撰　清光緒三
十一年(1905)刻本　二冊

110000－0102－0019342　丁/3239　集部/別
集類/清
唐中丞遺集　（清）唐葆吾撰　清光緒十七年
(1891)刻本　七冊

110000－0102－0019343　丁/3240　史部/政
書類/詔令奏議
吳宮保公奏議六卷　（清）吳其濬撰　清光緒
十年(1884)刻本　四冊

110000－0102－0019344　丁/3242　史部/政
書類/詔令奏議/奏議
張文毅公奏稿八卷　（清）張芾撰　清光緒二
年(1876)刻本　四冊

110000－0102－0019345　丁/3243　史部/政
書類/文牘檔冊
潮牘偶存二卷　（清）冒澄撰　清光緒五年
(1879)刻本　六冊

110000－0102－0019346　丁/3245　史部/政
書類/詔令奏議/奏議
戶部陝西司會議奏稿十二卷　（清）戶部陝西
司撰　清光緒十三年(1887)鉛印本　十二冊

110000－0102－0019347　丁/3246　史部/政
書類/法令
鄉守輯要合鈔十卷　（清）許乃釗輯　清咸豐
刻本　二冊

110000－0102－0019348　丁/3247　史部/傳
記類/人表
國朝湖州府科第表　（清）錢振常撰　清光緒
七年(1881)刻本　二冊

110000－0102－0019349　丁/3248　史部/地理類/外紀

海外紀事六卷　李維格等撰　清刻本　十二冊

110000－0102－0019350　丁/3250　史部/雜史類

粵氛紀事十三卷　(清)謝山居士輯　清同治八年(1869)刻本　六冊

110000－0102－0019351　丁/3251　史部/地理類/方志/地方志

周莊鎮志六卷首一卷　(清)陶照撰　清光緒六年(1880)刻本　六冊

110000－0102－0019352　丁/3252　史部/政書類/法令

槐卿政蹟六卷首一卷　(清)沈衍慶撰　清同治元年(1862)刻本　二冊

110000－0102－0019353　丁/3256　史部/傳記類/圖贊

高氏闔門殉難十二圖說　(□)□□撰　清光緒十一年(1885)刻本　一冊

110000－0102－0019354　丁/3257　子部/雜家類/學說

止園筆談八卷　(清)史夢蘭撰　清光緒四年(1878)刻本　五冊

110000－0102－0019355　丁/3258　史部/地理類/水道/地方

山東運河備覽十二卷　(清)陸燿撰　清同治十年(1871)刻本　六冊

110000－0102－0019356　丁/3261　史部/傳記類/年譜

仲升自訂年譜　(清)徐廣縉撰　清宣統二年(1910)鉛印本　一冊

110000－0102－0019357　丁/3262　史部/傳記類/別傳

沈文節公事實　(清)沈拱樞撰　清光緒八年(1882)刻本　一冊

110000－0102－0019358　丁/3268　集部/別集類/清

龍岡山人文鈔　(清)洪良品撰　清光緒刻本　二冊

110000－0102－0019359　丁/3270　史部/傳記類/人表

毘陵科第考八卷　(清)趙充之撰　清同治七年(1868)刻本　四冊

110000－0102－0019360　丁/3271　史部/傳記類/人表

蘇州長元吳三邑科第譜　(清)陸懋修撰　清光緒三十二年(1906)刻本　二冊

110000－0102－0019361　丁/3272　史部/政書類/考工

荊楚修疏指要三卷首一卷　(清)胡祖翩撰　清同治十一年(1872)刻本　二冊

110000－0102－0019362　丁/3274　集部/別集類/清

知止齋遺編三卷　(清)任重光撰　清光緒二十八年(1902)刻本　四冊

110000－0102－0019363　丁/3276　史部/傳記類/人表

各省選拔同年明經通譜四卷　(□)□□撰　清同治十二年(1873)刻本　四冊

110000－0102－0019364　丁/3277　史部/政書類/文牘檔冊

停琴餘牘　(清)羅迪楚輯　清光緒二十六年(1900)刻本　一冊

110000－0102－0019365　丁/3278　集部/總集類/文/雜錄/酬贈慶吊

采白仙子殉難哀辭　(清)朱和義撰　清光緒三年(1877)刻本　一冊

110000－0102－0019366　丁/3279　史部/傳記類/別傳

楊忠勤公征粵匪戰功事蹟　(□)□□撰　清抄本　二冊

110000－0102－0019367　丁/3280　集部/總集類/文/家族

王氏家集 （清）王家璧等撰 清刻本 一冊

110000－0102－0019368 丁/3281 史部/別史、雜史類

續禦寇略二卷 （清）楊積中撰 清光緒三年（1877）刻本 一冊

110000－0102－0019369 丁/3285 子部/雜家類/雜考

餐芳華館隨筆二卷 （清）周騰虎撰 清光緒三十一年（1905）刻本 一冊

110000－0102－0019370 丁/3286 集部/別集類/清

餐芳華館遺文三卷 （清）周騰虎撰 清光緒二十五年（1899）刻本 一冊

110000－0102－0019371 丁/3287 史部/傳記類/總傳/專錄/事蹟

浙江八旗殉難錄 （清）徐圓成撰 清光緒刻本 一冊

110000－0102－0019372 丁/3288 史部/別史、雜史類

逆黨禍蜀記 （□）□□撰 清同治五年（1866）刻本 二冊

110000－0102－0019373 丁/3290 史部/別史、雜史類

直東從戎雜記四卷 （□）□□撰 清抄本 一冊

110000－0102－0019374 丁/3291 史部/地理類/水道/河

河防芻議 （清）劉子恕撰 清同治十三年（1874）刻本 一冊

110000－0102－0019375 丁/3292 史部/政書類/詔令奏議/奏議

堅正堂摺稿三卷 （清）褚成博撰 清光緒三十一年（1905）刻本 二冊

110000－0102－0019376 丁/3293 集部/別集類/清

劬盦文稿四編 （清）羅正鈞撰 清咸豐十一年（1861）刻本 五冊

110000－0102－0019377 丁/3295 史部/別史、雜史類

畿南濟變紀畧 （清）劉春堂撰 清光緒二十七年（1901）鉛印本 一冊

110000－0102－0019378 丁/3296 史部/政書類/軍政

西寗軍務節略 （□）□□撰 清抄本 一冊

110000－0102－0019379 丁/3297 史部/政書類/軍政

江南北大營紀事本末 （清）杜文瀾撰 清同治八年（1869）刻本 一冊

110000－0102－0019380 丁/3298 史部/政書類/考工

河工案牘 （□）□□撰 清光緒二十九年（1903）鉛印本 二冊

110000－0102－0019381 丁/3299 史部/別史、雜史類

國事節鈔 （□）□□撰 清抄本 一冊

110000－0102－0019382 丁/3300 集部/別集類/清

槃薖紀事初稿四卷 （清）湯紀尚撰 清光緒十一年（1885）刻本 二冊

110000－0102－0019383 丁/3303 史部/別史、雜史類

金陵被難記 （□）□□撰 清刻本 一冊

110000－0102－0019384 丁/3304 史部/別史、雜史類

守岐彙紀 （清）張兆棟撰 清光緒四年（1878）刻本 四冊

110000－0102－0019385 丁/3305 史部/政書類/文牘檔冊

守岐公牘彙存鳳翔紀事詩存 （清）張兆棟撰 清光緒四年（1878）刻本 二冊

110000－0102－0019386 丁/3306 子部/雜家類/雜纂

薑露庵雜記六卷 施山撰 清宣統三年（1911）刻本 二冊

110000－0102－0019387　丁/3307　史部/政書類/邦計

農安墾礦　（□）□□撰　清光緒抄本　一冊

110000－0102－0019388　丁/3310　史部/政書類/軍政

湖防紀略　（清）吳思藻撰　清刻本　一冊

110000－0102－0019389　丁/3311　史部/傳記類/總傳/專錄/事蹟

雙忠紀烈　（清）胡恩榮撰　清同治二年（1863）刻本　一冊

110000－0102－0019390　丁/3314　史部/政書類/邦計/交通運輸

津鎮鐵路事袁制台來電　袁世凱撰　清抄本　二冊

110000－0102－0019391　丁/3316　史部/政書類/職官/官箴

出山草譜八卷　（清）湯肇熙撰　清光緒十一年（1885）刻本　四冊

110000－0102－0019392　丁/3320　子部/雜家類/學說

吾廬筆談八卷　（清）李佐賢撰　清光緒元年（1875）刻本　二冊

110000－0102－0019393　丁/3321　集部/別集類/清

鐵瓶雜存二卷詩存七卷　（清）張岳齡撰　清光緒刻本　四冊

110000－0102－0019394　丁/3322　集部/總集類/詩/雜錄/酬贈慶吊

憫忠草　（清）嚴正基輯　清同治四年（1865）刻本　一冊

110000－0102－0019395　丁/3323　史部/傳記類/別傳

豐漢文將軍武功記　（清）王定安撰　清光緒二十年（1894）刻本　一冊

110000－0102－0019396　丁/3324　史部/地理類/水道

淡災蠡述　（清）范鳴龢撰　清光緒五年

（1879）刻本　四冊

110000－0102－0019397　丁/3326　史部/傳記類/日記

行軍日記二卷　（清）余虎恩撰　清光緒二十年（1894）刻本　二冊

110000－0102－0019398　丁/3327　史部/政書類/軍政

長江水師全案三卷　（清）曾國藩撰　清末刻本　二冊

110000－0102－0019399　丁/3332　史部/傳記類/圖贊

平定粵匪功臣戰蹟圖　（清）吳嘉猷撰　清光緒二十年（1894）石印本　一冊

110000－0102－0019400　丁/3333　史部/傳記類/圖贊

紫光閣功臣小像湘軍平定粵匪戰圖　（□）□□撰　清光緒二十七年（1901）石印本　一冊

110000－0102－0019401　丁/3352　史部/政書類/儀制

聖廟祀典圖考五卷　（清）顧沅撰　清道光六年至十年（1826－1830）刻本　六冊

110000－0102－0019402　丁/3353　史部/傳記類/別傳

熊枚等傳狀　（清）熊壽籛撰　清光緒二十年（1894）刻本　一冊

110000－0102－0019403　丁/3354　史部/別史、雜史類

梓潼守城記　（清）李榕撰　清光緒元年（1875）刻本　一冊

110000－0102－0019404　丁/3355　史部/政書類/詔令奏議/奏議

籌瞻疏稿三卷　（清）鹿傳霖撰　清光緒二十六年（1900）刻本　二冊

110000－0102－0019405　丁/3356　史部/政書類/詔令奏議/奏議

電政奏議類編　（清）□□編　清光緒抄本　一冊

110000－0102－0019406　丁/3357　史部/政書類/詔令奏議/奏議

龔端毅公奏疏八卷　（清）龔鼎孳撰　清光緒九年（1883）刻本　五冊

110000－0102－0019407　丁/3358　史部/別史、雜史類

從征圖記　（清）唐訓方撰　清同治六年（1867）刻本　二冊

110000－0102－0019408　丁/3359　史部/政書類/詔令奏議/奏議

潘文勤公奏疏　（清）潘祖蔭撰　清刻本　一冊

110000－0102－0019409　丁/3361　集部/別集類/清

讀書延年堂詩鈔三十卷首一卷續集十二卷（清）熊少牧撰　清咸豐七年（1857）刻本　十三冊

110000－0102－0019410　丁/3362　集部/別集類/清

讀書延年堂文鈔十卷　（清）熊少牧［撰］　清同治五年（1866）刻本　十一冊

110000－0102－0019411　丁/3363　史部/傳記類/別傳

英果敏公四種　（清）□□編　清刻本　五冊

110000－0102－0019412　丁/3364　史部/傳記類/日記

虎口日記　（清）魯叔客撰　清同治元年（1862）刻本　一冊

110000－0102－0019413　丁/3365　史部/傳記類/別傳

劉松齋先生傳　（清）劉熾昌撰　清同治十二年（1873）刻本　一冊

110000－0102－0019414　丁/3366　史部/傳記類/別傳

敖公紀述二卷　（清）陳翼亮撰　清光緒二十年（1894）刻本　二冊

110000－0102－0019415　丁/3369　史部/政書類/法令

粵東成案初編三十八卷補遺一卷　（清）朱樝撰　清道光十二年（1832）刻本　四十冊

110000－0102－0019416　丁/3371　子部/雜家類

寄蝸殘贅十六卷　（清）葵愚道人撰　清同治十一年（1872）刻本　八冊

110000－0102－0019417　丁/3372　集部/小說類/筆記小說

翼駉稗編八卷　（清）湯用中撰　清道光二十九年（1849）刻本　四冊

110000－0102－0019418　丁/3373　史部/政書類/通制

戊申大政記七卷　（清）□□撰　清宣統鉛印本　六冊

110000－0102－0019419　丁/3374　叢部/彙編叢書

小方壺齋輿地叢鈔補編十二帙再補編十二帙　（清）王錫祺輯　清光緒二十年（1894）上海著易堂鉛印本　二十冊　缺二帙（五至六）

110000－0102－0019420　丁/3376　史部/別史、雜史類

六合紀事四卷附記一卷　（清）周長森撰　清宣統三年（1911）刻本　一冊

110000－0102－0019421　丁/3377　史部/政書類/軍政

武陽團練紀實二卷　（清）莊毓鋐撰　清光緒十二年（1886）刻本　一冊

110000－0102－0019422　丁/3378　史部/傳記類/日記

金壇守城日記　（清）李淮撰　清光緒十二年（1886）刻本　一冊

110000－0102－0019423　丁/3379　子部/兵家類

海外火攻神器圖說　（明）焦玉撰　清咸豐三年（1853）刻本　一冊

110000－0102－0019424　丁/3383　子部/醫

家類/雜病方論

文堂集驗方四卷　（清）何京撰　清乾隆四十年(1775)刻本　四冊

110000－0102－0019425　丁/3384　集部/總集類/詩/斷代/清

竹園集紀詩　（清）阮復祖輯　清道光三十一年(1851)刻本　八冊

110000－0102－0019426　丁/3387　史部/政書類/軍政

戰功敘略　（清）□□撰　清光緒九年(1883)刻本　一冊

110000－0102－0019427　丁/3388　史部/傳記類/年譜

唐公年譜　（清）許涵度撰　清光緒三十四年(1908)石印本　一冊

110000－0102－0019428　丁/3394　史部/政書類/邦計/理財

戶部彙奏光緒二十九年各直省耗羨冊　（清）戶部撰　清光緒抄本　一冊

110000－0102－0019429　丁/3397　史部/地理類/遊記/遊各國

西征紀程　（清）鄒代鈞撰　清光緒十七年(1891)石印本　二冊

110000－0102－0019430　丁/3398　集部/小說類/筆記小說

遯窟讕言十二卷　（清）王韜撰　清光緒元年(1875)鉛印本　四冊

110000－0102－0019431　丁/3400　史部/別史、雜史類

平定猺匪述略二卷　（清）周存義撰　清道光十三年(1833)刻本　一冊

110000－0102－0019432　丁/3401　史部/別史、雜史類

滇事述聞二卷　（清）李玉振撰　清光緒二十八年(1902)鉛印本　一冊

110000－0102－0019433　丁/3403　集部/別集類/清

胡文忠公手翰二卷　（清）胡林翼撰　清光緒十九年(1893)刻本　二冊

110000－0102－0019434　丁/3405　史部/別史、雜史類

蜀燹述略六卷　（清）余鴻觀撰　清光緒二十年(1894)鉛印本　四冊

110000－0102－0019435　丁/3406　史部/政書類/軍政/防務

籌邊記三卷　姚文棟撰　清光緒二十三年(1897)刻本　一冊

110000－0102－0019436　丁/3407　史部/政書類/詔令奏議/奏議

袁侍郎奏稿　（清）段福昌撰　清同治十一年(1872)刻本　一冊

110000－0102－0019437　丁/3408　史部/別史、雜史類

中西紀事二十四卷　（清）夏燮撰　清光緒十一年(1885)鉛印本　六冊

110000－0102－0019438　丁/3409　集部/小說類/章回

繪圖花月姻緣十六卷　（清）魏秀仁撰　清光緒十九年(1893)鉛印本　六冊

110000－0102－0019439　丁/3411　集部/小說類/筆記小說

鏡花水月八卷　（清）羽衣客撰　清嘉慶六年(1801)刻本　四冊

110000－0102－0019440　丁/3413　集部/小說類/筆記小說

續消夏錄八卷　（清）無悶居士編　清乾隆五十七年(1792)刻本　四冊

110000－0102－0019441　丁/3414　子部/道家類

神仙通鑑摘錄十四卷　春帆老人撰　清宣統元年(1909)刻本　十冊

110000－0102－0019442　丁/3415　史部/傳記類/人表

山東現任候補同官表二卷　（清）□□編　清

光緒三十一年(1905)石印本　二冊

110000－0102－0019443　丁/3416　史部/別史、雜史類

金陵述略　金陵難士撰　清刻本　一冊

110000－0102－0019444　丁/3418　史部/政書類/文牘檔冊

宦桂稟牘　(清)周紹濂撰　清光緒刻本　一冊

110000－0102－0019445　丁/3421　集部/集評類/文評

餘師錄三十二卷　(清)楊希閔撰　清光緒四年(1878)刻本　十六冊

110000－0102－0019446　丁/3422　集部/別集類/清

歸盦文稿八卷　(清)葉裕仁撰　清光緒八年(1882)刻本　四冊

110000－0102－0019447　丁/3423　集部/別集類/清

妙吉祥室詩鈔十三卷附錄二卷　(清)宋葵之撰　清光緒十年(1884)刻本　六冊

110000－0102－0019448　丁/3424　集部/別集類/清

靜廉齋詩集二十四卷　(清)金甡撰　清刻本　六冊

110000－0102－0019449　丁/3425　史部/政書類/詔令奏議/奏議

蔣無爲史館奏牘　(清)蔣師轍撰　清刻本　一冊

110000－0102－0019450　丁/3426　集部/總集類/詩/地方

石城七子詩鈔　(清)翁長森撰　清光緒十六年(1890)刻本　三冊

110000－0102－0019451　丁/3429　集部/總集類/詩/家族

紫陽家塾詩鈔二十四卷　(清)朱琦輯　清光緒十八年(1892)刻本　六冊

110000－0102－0019452　丁/3430　集部/別

集類/清

星湖詩集十六卷　(清)曹龍樹撰　清嘉慶刻本　六冊

110000－0102－0019453　丁/3431　史部/地理類/方志/地方志

[光緒]餘姚縣志二十七卷首一卷末一卷　(清)周炳麟撰　清光緒二十五年(1899)刻本　十六冊

110000－0102－0019454　丁/3436　集部/別集類/明

高陽詩集十卷年譜五卷　(明)孫承宗撰　清嘉慶十二年(1807)刻本　十四冊

110000－0102－0019455　丁/3437　史部/別史、雜史類

先撥志始二卷　(明)文秉撰　清同治二年(1863)刻本　二冊

110000－0102－0019456　丁/3440　集部/別集類/清

霜紅龕集四十卷附錄三卷年譜一卷　(清)傅山撰　清宣統三年(1911)刻本　十二冊

110000－0102－0019457　丁/3448　經部/書類/傳說

禹貢易知編十二卷　(清)李慎儒撰　清光緒二十五年(1899)刻本　四冊

110000－0102－0019458　丁/3449　史部/傳記類/別傳

雷塘庵主弟子記八卷　(清)張鑒撰　清刻本　二冊

110000－0102－0019459　丁/3451　集部/別集類/明

忠介遺集　(明)周順昌撰　清光緒二十九年(1903)刻本　三冊

110000－0102－0019460　丁/3454　史部/地理類/山川/山

錫山景物略十卷　(清)王永積撰　清光緒二十四年(1898)刻本　五冊

110000－0102－0019461　丁/3457　子部/類

書類/類編/通錄

蕘苑零珠六卷首一卷末一卷 （清）李象梓撰
清光緒十五年(1889)刻本　四冊

110000－0102－0019462　丁/3459　集部/詞
類/詞總集

詞林片玉八卷 （□）□□撰　清道光八年
(1828)序抄本　二冊

110000－0102－0019463　丁/3462　集部/別
集類/清

潭月山房唫草 （清）金人紀撰　清抄本
一冊

110000－0102－0019464　丁/3464　集部/別
集類/清

雅安書屋詩集四卷 （清）汪鎣撰　清道光二
十四年(1844)刻本　二冊

110000－0102－0019465　丁/3465　集部/別
集類/民國

城北草堂詩鈔四卷 （清）顧夔撰　清光緒十
四年(1888)刻本　二冊

110000－0102－0019466　丁/3472　集部/別
集類/明

查毅齋先生闡道集十卷末一卷 （明）查鐸撰
清光緒十六年(1890)和悅州楊集文齋刻本
四冊

110000－0102－0019467　丁/3474　叢部/自
著叢書/清中晚期

亦園亭全集 （清）孟超然輯　清嘉慶二十年
(1815)刻本　二十冊

110000－0102－0019468　丁/3475　集部/詞
類/詞總集/通代

麝塵蓮寸集四卷 （清）王淵輯　清光緒十七
年(1891)刻本　二冊

110000－0102－0019469　丁/3477　集部/別
集類/清

麻山遺集二卷 （清）孫學顏撰　清同治、光
緒刻民國十九年(1930)重印本　一冊

110000－0102－0019470　丁/3478　集部/別

集類/民國

楚望閣集六卷 程頌萬撰　清光緒二十一年
(1895)刻本　二冊

110000－0102－0019471　丁/3479　子部/術
數類/雜占

燒餅歌 （清）□□撰　清抄本　一冊

110000－0102－0019472　丁/3480　集部/別
集類/宋

本堂先生文集九十六卷 （宋）陳著撰　清光
緒十九年(1893)刻本　十二冊

110000－0102－0019473　丁/3486　集部/俗
文學類/雜曲

梅花落三百段 枕雲軒主人錄　清抄本
七冊

110000－0102－0019474　丁/3488　集部/別
集類/清

大竹山樵詩草八卷 （清）吳賀模撰　清同治
五年(1866)刻本　四冊

110000－0102－0019475　丁/3489　史部/政
書類/邦計/理財

中國度支攷 （美國）哲美森撰　清光緒二十
三年(1897)鉛印本　一冊

110000－0102－0019476　丁/3491　史部/地
理類/雜記

繪圖上海雜記八卷 藜床臥讀生撰　清光緒
三十一年(1905)上海文寶書局石印本　四冊

110000－0102－0019477　丁/3495　集部/小
說類/筆記小說

自怡軒卮言四卷 （清）李承銜撰　清光緒十
二年(1886)刻本　二冊

110000－0102－0019478　丁/3498　子部/醫
家類/醫案

寓意草 （清）喻昌撰　清光緒刻本　二冊

110000－0102－0019479　丁/3499　子部/醫
家類/傷寒方論

尚論篇四卷後篇四卷 （清）喻昌撰　清光緒
二十五年(1899)刻本　八冊

110000－0102－0019480　丁/3500　子部/醫家類/總錄

醫門法律六卷　（清）喻昌撰　清光緒二十五年(1899)刻本　六冊

110000－0102－0019481　丁/3504　史部/外國史類

十九世紀外交史十七章　（日本）平田久撰　張相譯　清光緒二十八年(1902)史學齋刻本　四冊

110000－0102－0019482　丁/3505　集部/總集類/詩/雜錄/其它

淨名軒驂鸞錄二卷　江田生輯　清刻本　一冊

110000－0102－0019483　丁/3506　集部/總集類/詩/雜錄/其它

淨名軒驂鸞錄二卷　江田生輯　清刻本　一冊

110000－0102－0019484　丁/3515　集部/別集類/清

小言集十卷　（清）王敬之撰　清道光刻本　一冊

110000－0102－0019485　丁/3517　集部/別集類/清

嶺草偶存四卷　（清）王福堃撰　清咸豐五年(1855)刻本　四冊

110000－0102－0019486　丁/3522　集部/別集類/清

丹魁堂詩集七卷外集四卷　（清）李芝昌撰　清同治四年(1865)刻本　五冊

110000－0102－0019487　丁/3523　子部/雜家類/雜纂

雨堂偶筆四卷　（清）蔣慶籛撰　清光緒二十三年(1897)刻本　二冊

110000－0102－0019488　丁/3525　集部/別集類/民國

漪香山館文集　吳曾祺撰　清宣統二年(1910)鉛印本　一冊

110000－0102－0019489　丁/3529　史部/傳記類/總傳/專錄/儒林

學案小識十四卷首一卷末一卷　（清）唐鑑撰　清光緒十年(1884)刻本　十二冊

110000－0102－0019490　丁/3530　史部/地理類/方志/地方志

[光緒]全滇紀要　雲南課吏館編　清光緒三十一年(1905)鉛印本　十冊

110000－0102－0019491　丁/3534　子部/藝術類/書畫

薦董思報感蓼廢吟兩圖題辭　任錫汾等撰　清光緒二十一年(1895)刻本　二冊

110000－0102－0019492　丁/3535　史部/地理類/方志/地方志

[道光]太原縣志十八卷續二卷　（清）員佩蘭修　（清）楊國泰纂　清道光六年(1826)刻本　八冊

110000－0102－0019493　丁/3537　集部/別集類/清

懷雅堂詩存四卷　（清）鄭鴻撰　清光緒三十一年(1905)刻本　四冊

110000－0102－0019494　丁/3538　史部/別史、雜史類

蜀亂　（清）歐陽直撰　清末鉛印本　一冊

110000－0102－0019495　丁/3543　子部/雜家類

長興學記　康有為撰　清光緒十八年(1892)鉛印本　一冊

110000－0102－0019496　丁/3544　子部/雜家類/學說

辟邪紀實三卷　（清）天下第一傷心人撰　清咸豐十一年(1861)刻本　一冊

110000－0102－0019497　丁/3545　經部/小學類/音韻/其它

空谷傳聲一卷　（清）汪鎏撰　清光緒八年(1882)刻本　一冊

110000－0102－0019498　丁/3551　史部/政

書類/詔令奏議/奏議

會議禁革買賣人口舊習酌擬辦法摺 （清）□□撰　清宣統鉛印本　一冊

110000－0102－0019499　丁/3556　史部/傳記類/總傳/通錄/地方

鴛湖求舊錄四卷 （清）朱福清撰　清咸豐九年(1859)刻本　二冊

110000－0102－0019500　丁/3558　集部/別集類/清

夢甦齋詩集六卷 （清）江國霖撰　清咸豐十年(1860)刻本　二冊

110000－0102－0019501　丁/3560　集部/總集類/詩/雜錄/酬贈慶吊

齊召南移居倡酬集四卷首一卷末一卷 （清）齊毓川輯　清宣統二年(1910)上海國學扶輪社鉛印本　一冊

110000－0102－0019502　丁/3561　集部/詞類/詞別集

聊齋詞 （清）蒲松齡撰　清宣統二年(1910)上海國學扶輪社鉛印本　一冊

110000－0102－0019503　丁/3563　叢部/彙編叢書

玉簡齋叢書二集 羅振玉輯　清宣統二年(1910)刻本　二十冊

110000－0102－0019504　丁/3565　史部/地理類/雜記

江西考古錄十卷 （清）王謨撰　清光緒十七年(1891)賦梅書屋刻本　四冊

110000－0102－0019505　丁/3570　子部/醫家類/總錄

賽金丹 蘊真子撰　清光緒二年(1876)刻本　二冊

110000－0102－0019506　丁/3572　子部/藝術類/書畫史

無聲詩史七卷 （明）姜紹書撰　清宣統二年(1910)杭州雲林閣刻本　六冊

110000－0102－0019507　丁/3574　集部/小

說類/其它

海陬冶遊錄三卷 （清）玉魷生撰　清光緒四年(1878)鉛印本　二冊

110000－0102－0019508　丁/3579　集部/俗文學類/民歌民謠

粵謳 （清）□□撰　清道光八年(1828)右經堂刻本　一冊

110000－0102－0019509　丁/3581　子部/雜家類/雜纂

隨園瑣記 （清）袁祖志撰　清光緒五年(1879)刻本　一冊

110000－0102－0019510　丁/3584　集部/別集類/清

松巖自怡稿 （清）陳世傳撰　清咸豐四年(1854)刻本　一冊

110000－0102－0019511　丁/3586　集部/別集類/清

浣花堂詩稿二卷 （清）□□撰　清抄本　二冊

110000－0102－0019512　丁/3592　集部/俗文學類/變文

何文秀報冤傳 （清）□□撰　清刻本　一冊

110000－0102－0019513　丁/3594　集部/曲類/曲別集/傳奇

二奇合傳十六卷 （清）芝香館居士編　清光緒四年(1878)刻本　八冊

110000－0102－0019514　丁/3595　集部/俗文學類/鼓詞

繡像賣花記 （清）□□撰　清末聚元堂刻本　一冊

110000－0102－0019515　丁/3596　集部/俗文學類/變文

回郎寶卷二卷 （清）□□撰　清末民國杭州聚元堂刻本　一冊　缺一冊

110000－0102－0019516　丁/3597　集部/俗文學類/鼓詞

繡像劉二姐全本 （清）□□撰　清末刻本　二冊

110000－0102－0019517　丁/3606　子部/藝術類/書畫/畫法、畫帖/清

論畫四種　(清)張祥河輯　清末刻本　一冊

110000－0102－0019518　丁/3607　史部/政書類/法令/其它

蕭曹遺筆四卷　閑閑子輯　清刻本　二冊

110000－0102－0019519　丁/3610　集部/小說類/筆記小說

十洲春語三卷　(清)二石升撰　清光緒三年(1877)上海申報館鉛印本　一冊

110000－0102－0019520　丁/3611　集部/小說類/筆記小說

壺天錄二卷　(清)百一居士撰　清光緒七年(1881)上海申報館鉛印本　二冊

110000－0102－0019521　丁/3612　集部/曲類/曲別集/傳奇

西樓記傳奇　(□)□□撰　清抄本　二冊

110000－0102－0019522　丁/3613　集部/小說類/筆記小說

異聞錄十二卷　(清)孫洙輯　清道光十八年(1838)述古堂刻本　八冊

110000－0102－0019523　丁/3615　集部/小說類/筆記小說

北東園筆錄初編六卷續編六卷三編六卷四編六卷　(清)梁恭辰輯　清同治五年(1866)汴城許義文齋刻本　八冊

110000－0102－0019524　丁/3616　集部/俗文學類/彈詞

馬如飛先生南詞小引初集二卷　(清)馬如飛撰　清刻本　二冊

110000－0102－0019525　丁/3617　子部/雜家類

三岡識略十卷　(清)董含撰　清光緒上海申報館鉛印本　六冊

110000－0102－0019526　丁/3618　子部/類書類

靈櫝碎金六十八卷　(清)郎玉銘輯　清光緒上海申報館鉛印本　十冊

110000－0102－0019527　丁/3619　集部/別集類/清

榕村家書　(清)李光地輯　清抄本　一冊

110000－0102－0019528　丁/3620　集部/總集類/詩/地方

二南遺音續集四卷　(清)袁文蔚等撰　清道光十二年(1832)刻本　四冊

110000－0102－0019529　丁/3621　集部/別集類/清

寄簃文存二編二卷　沈家本撰　清宣統三年(1911)鉛印本　一冊

110000－0102－0019530　丁/3622　史部/政書類/邦計/理財

光緒三十四年部庫出入款目表　(清)□□編　清光緒三十四年(1908)鉛印本　一冊

110000－0102－0019531　丁/3623　集部/總集類/文/地方

莆陽詩輯五卷莆陽文輯　(清)涂慶瀾編　清光緒二十五年(1899)莆田荔隱山房刻本　七冊

110000－0102－0019532　丁/3625　集部/別集類/清

朔風吟略十一卷　(清)劉秉琳撰　清光緒十年(1884)刻本　一冊

110000－0102－0019533　丁/3626　集部/別集類/清

浣花居詩鈔十卷　(清)嚴昌鈺撰　清光緒三十四年(1908)鉛印本　二冊

110000－0102－0019534　丁/3627　集部/別集類/明

熊魚山文集二卷　(明)熊開元撰　清光緒十年(1884)聚珍仿宋鉛印本　二冊

110000－0102－0019535　丁/3631　集部/詞類/詞別集

消寒詞　(清)孫原湘等撰　清刻本　一冊

110000－0102－0019536　丁/3632　集部/集

評類/詩評/詩話

閨川閨秀詩話四卷 （清）梁章鉅撰　清道光二十九年（1849）刻本　二冊

110000－0102－0019537　丁/3633　史部/傳記類/人表

毘陵科第考八卷 （清）趙允之等編　清同治七年（1868）刻本　二冊

110000－0102－0019538　丁/3634　子部/醫家類/兒婦科方論

産科心法二卷 （清）汪喆撰　清同治九年（1870）刻本　一冊

110000－0102－0019539　丁/3637　經部/詩類/傳說

毛詩傳疏 （清）陳奐撰　清刻本　十二冊

110000－0102－0019540　丁/3640　集部/別集類/民國

楚望閣詩集十卷 程頌萬撰　清光緒二十七年（1901）長沙刻本　六冊

110000－0102－0019541　丁/3642　集部/總集類/詩/雜錄/會社

湘社集 易順鼎　程頌萬合編　清光緒十七年（1891）長沙刻本　三冊

110000－0102－0019542　丁/3643　集部/詞類/詞別集

美人長壽盦詞六卷 程頌萬撰　清光緒二十六年（1900）武昌刻本　四冊

110000－0102－0019543　丁/3645　集部/曲類/曲別集/傳奇

芝盦記六十一出 （清）繁露樓居士撰　清光緒十五年（1889）資中刻本　六冊

110000－0102－0019544　丁/3647　集部/別集類/清

留餘堂詩鈔八卷 （清）夏之盛撰　清道光二十六年（1846）刻本　二冊

110000－0102－0019545　丁/3651　集部/別集類/清

晦木軒稿 （清）桂壇撰　清光緒二十三年

（1897）刻本　一冊

110000－0102－0019546　丁/3652　子部/儒家類/宋以前

明德錄 （宋）張繹撰　（清）孫奇逢輯　清同治刻本　一冊

110000－0102－0019547　丁/3655　史部/政書類/邦計/錢法

錢制紀略一卷 （清）王正綏輯　清光緒二十年（1894）刻本　一冊

110000－0102－0019548　丁/3657　集部/詞類/詞別集

夢春廬詞早花集 （清）李貽德　（清）吳筠撰　清同治六年（1867）刻本　一冊

110000－0102－0019549　丁/3658　集部/別集類/明

熊魚山文集二卷 （明）熊開元撰　清光緒十年（1884）鉛印本　二冊

110000－0102－0019550　丁/3660　史部/別史、雜史類

野記四卷 （明）祝允明撰　清同治十三年（1874）刻本　二冊

110000－0102－0019551　丁/3663　史部/傳記類/年譜

敝帚齋主人年譜一卷補一卷 （清）徐鼒編（清）徐承禧等補注　清同治十三年（1874）福州刻本　一冊

110000－0102－0019552　丁/3666　集部/別集類/清

漁洋先生詩錄 （清）王士禛撰　清抄本　一冊

110000－0102－0019553　丁/3669　子部/雜家類/雜考

習學記言五十卷 （宋）葉適撰　清光緒十年（1884）刻本　十冊

110000－0102－0019554　丁/3672　集部/別集類/清

來青園全集文集一卷詩集一卷 （清）張三異

撰　清末刻本　二冊

110000－0102－0019555　丁/3673　集部/別集類/清

剹嘯詩集十卷文集二卷　(清)張叔珽撰　清康熙刻本　四冊

110000－0102－0019556　丁/3674　史部/地理類/方志/地方志

[光緒]利津縣志十卷　(清)盛讚熙纂修　清光緒九年(1883)刻本　八冊

110000－0102－0019557　丁/3676　集部/別集類/清

清籟文集二十三卷行狀日記五卷首一卷(清)賀瑞麟撰　清刻本　二十二冊

110000－0102－0019558　丁/3679　子部/醫家類/外科方論

解圍元藪四卷　(明)沈之問輯　清嘉慶二十一年(1816)無錫孫敬德堂刻本　二冊

110000－0102－0019559　丁/3681　集部/別集類/清

簣山堂詩鈔八卷　(清)王廣言撰　清道光刻本　四冊

110000－0102－0019560　丁/3682　集部/別集類/清

通雅堂詩鈔十卷　(清)施山撰　清光緒元年(1875)荆州刻本　二冊

110000－0102－0019561　丁/3683　集部/別集類/清

尺雲軒詩集四卷文集一卷外集一卷　(清)朱實發撰　清道光十四年(1834)刻本　四冊

110000－0102－0019562　丁/3684　集部/別集類/清

不慊齋漫存九卷　(清)徐廣陛撰　清光緒八年(1882)南海刻本　八冊

110000－0102－0019563　丁/3688　子部/宗教類/釋教

佛爾雅八卷　(清)周春撰　清宣統二年(1910)國學扶輪社鉛印本　二冊

110000－0102－0019564　丁/3689　史部/別史、雜史類

南天痕二十六卷　(清)凌雪撰　清宣統二年(1910)復古社鉛印本　六冊

110000－0102－0019565　丁/3691　史部/史評類/史法

史通削繁四卷　(唐)劉知幾撰　(清)紀昀刪節　清道光十三年(1833)兩廣節署刻朱墨印本　四冊

110000－0102－0019566　丁/3692　集部/別集類/宋

蘇文忠公詩集五十卷　(宋)蘇軾撰　(清)紀昀評點　清道光十四年(1834)羊城芸香閣刻朱墨套印本　十二冊

110000－0102－0019567　丁/3693　集部/別集類/清

存悔齋集二十八卷外集四卷　(清)劉鳳誥撰　清刻本　八冊

110000－0102－0019568　丁/3694　集部/別集類/明

馮少墟集二十二卷續集四卷　(明)馮從吾撰　清光緒二十二年(1896)刻本　十八冊

110000－0102－0019569　丁/3695　史部/地理類/方志/地方志

[光緒]潼川府志三十卷　(清)阿麟等纂修　清光緒二十三年(1897)刻本　十六冊

110000－0102－0019570　丁/3696　史部/地理類/方志/地方志

[道光]遵義府志四十八卷　(清)鄭珍等纂輯　清道光二十一年(1841)刻本　二十冊

110000－0102－0019571　丁/3698　子部/雜家類/雜考

慎宜軒筆記十卷　(清)姚永概撰　清同治五年(1866)木活字印本　二冊

110000－0102－0019572　丁/3699　集部/別集類/民國

慎宜軒文十二卷　(清)姚永概撰　清同治刻本　二冊

110000 – 0102 – 0019573　丁/3700　史部/地理類/方志/地方志

[道光]泰州志三十六卷　（清）陳世鎔等輯　清光緒十年(1884)刻本　十二冊

110000 – 0102 – 0019574　丁/3702　史部/地理類/方志/地方志

[宣統]聊城縣志十二卷首一卷　葉錫麟纂　清宣統二年(1910)刻本　八冊

110000 – 0102 – 0019575　丁/3703　史部/政書類

胡文忠公政書十四卷　（清）胡林翼撰　清光緒二十五年(1899)湖南糧儲道署刻本　十五冊

110000 – 0102 – 0019576　丁/3704　史部/地理類/方志/地方志

[嘉慶]湘潭縣志四十卷　（清）張雲璈修（清）周系英纂　清嘉慶二十三年(1818)刻本　十八冊

110000 – 0102 – 0019577　丁/3707　子部/儒家類

欽定承華事略補圖提要六卷　（元）王惲撰（清）徐郙等校補　清末影印本　一冊

110000 – 0102 – 0019578　丁/3713　史部/地理類/外紀

瀛環志略十卷　（清）徐繼畬輯　清道光三十年(1850)紅杏山房刻本　六冊

110000 – 0102 – 0019579　丁/3715　史部/地理類/方志/地方志/河北

[康熙]永平府志二十四卷　（清）王金英等纂修　清康熙五十年(1711)刻本　十二冊

110000 – 0102 – 0019580　丁/3716　史部/地理類/方志/地方志

[光緒]續修曲沃縣志三十二卷首一卷　（清）張鴻逵（清）茅丕熙修　清光緒六年(1880)曲沃縣衙刻本　六冊

110000 – 0102 – 0019581　丁/3717　史部/地理類/方志/地方志

[光緒]增修祁縣志十六卷首一卷　（清）劉發

崏修　清光緒八年(1882)刻本　十冊

110000 – 0102 – 0019582　丁/3718　史部/地理類/總錄

今古地理述十八卷首一卷末一卷　（清）王子音撰　清嘉慶十二年(1807)京師文會堂刻本　二十二冊

110000 – 0102 – 0019583　丁/3719　集部/別集類/清

思伯子堂詩三十二卷　（清）張際亮撰　（清）姚濬昌輯　清同治八年(1869)刻本　十冊

110000 – 0102 – 0019584　丁/3726　史部/地理類/方志/地方志

[乾道]四明圖經十二卷首一卷　（宋）張津等撰　清咸豐四年(1854)徐氏甬上煙嶼樓刻本　四冊

110000 – 0102 – 0019585　丁/3727　史部/地理類/方志/地方志

[寶慶]四明志二十一卷首一卷　（宋）羅濬等撰　清咸豐四年(1854)徐氏甬上煙嶼樓刻本　十冊

110000 – 0102 – 0019586　丁/3728　史部/地理類/方志/地方志

[開慶]四明續志十二卷　（宋）梅應發等撰　清咸豐四年(1854)徐氏甬上煙嶼樓刻本　四冊

110000 – 0102 – 0019587　丁/3729　史部/地理類/方志/地方志

[大德]昌國圖志七卷首一卷末一卷　（元）馮福京等撰　清咸豐四年(1854)徐氏甬上煙嶼樓刻本　二冊

110000 – 0102 – 0019588　丁/3730　史部/地理類/方志/地方志

[延祐]四明志二十卷首二卷　（元）袁桷等撰　清咸豐四年(1854)徐氏甬上煙嶼樓刻本　十冊

110000 – 0102 – 0019589　丁/3731　史部/地理類/方志/地方志

[咸豐]四明志校勘記九卷　（清）徐時棟撰

清咸豐四年（1854）徐氏甬上煙嶼樓刻本
三冊

110000－0102－0019590　丁/3732　史部/地理類/方志/地方志

[至正]四明續志十二卷　（元）王元恭撰　清咸豐四年（1854）徐氏甬上煙嶼樓刻本　六冊

110000－0102－0019591　丁/3733　史部/地理類/水道/地方

四明它山水利備覽二卷首一卷　（宋）魏峴撰　清咸豐四年（1854）徐氏甬上煙嶼樓刻本　一冊

110000－0102－0019592　丁/3735　史部/傳記類/總傳/專錄/科舉

明經通譜[光緒丁酉科]　（清）□□編　清光緒二十三年（1897）京都文奎齋等刻本　四冊

110000－0102－0019593　丁/3738　史部/政書類/職官/官制

皇朝詞林典故六十四卷　（清）陳希曾等撰　清宣統元年（1909）石印本　三十四冊

110000－0102－0019594　丁/3742　集部/詞類/詞總集/通代

篋中詞六卷續四卷　（清）譚獻撰　清光緒八年（1882）刻本　四冊

110000－0102－0019595　丁/3745　史部/政書類/法令/其它

館議類鈔八卷　（清）□□編　清抄本　六冊

110000－0102－0019596　丁/3750　集部/別集類/清

定山堂詩集四十三卷詩餘四卷　（清）龔鼎孳撰　清光緒九年（1883）刻本　十六冊

110000－0102－0019597　丁/3753　經部/小學類/文字/字典詞典等

御製增訂清文鑑三十二卷　（清）□□編　清刻本　四十八冊

110000－0102－0019598　丁/3763　史部/外國史類

越南輯略　（清）徐延旭編　清光緒三年

（1877）梧州郡署刻本　二冊

110000－0102－0019599　丁/3765　集部/別集類/清

會稽山齋全集　（清）謝應芝撰　清光緒十四年（1888）刻本　六冊

110000－0102－0019600　丁/3768　史部/政書類/法令/其它

三邑治略六卷　（清）熊賓撰　清光緒三十一年（1905）刻本　六冊

110000－0102－0019601　丁/3769　史部/別史、雜史類

武昌紀事二卷　（清）陳徽言撰　清咸豐七年（1857）刻本　一冊

110000－0102－0019602　丁/3771　史部/別史、雜史類

陽穀殉難事實　趙爾巽撰　清光緒十九年（1893）刻本　一冊

110000－0102－0019603　丁/3772　史部/別史、雜史類

灕山守禦志二卷　（清）孫振銓輯　清同治四年（1865）刻本　二冊

110000－0102－0019604　丁/3773　集部/別集類/清

裴光祿遺集　（清）裴蔭森撰　清宣統三年（1911）刻本　六冊

110000－0102－0019605　丁/3774　史部/別史、雜史類

平苗紀事二卷　（清）翟誥撰　清刻本　一冊

110000－0102－0019606　丁/3776　史部/政書類/邦計/理財

銀價駁議　劉世珩撰　清光緒三十年（1904）南洋官報總局鉛印本　一冊

110000－0102－0019607　丁/3779　史部/史料類

河南忠節成案備覽　（清）王家勤編　清同治五年（1866）刻本　一冊

110000－0102－0019608　丁/3780　史部/紀

傳類/斷代

大清一統史 （日本）佐藤楚材編　清光緒二十八年(1902)石印本　十六冊

110000－0102－0019609　丁/3781　子部/雜誌類

官書局彙報（光緒二十二年） （清）官書局編印　清光緒二十二年(1896)刻本　二十三冊

110000－0102－0019610　丁/3784　史部/別史、雜史類

豫軍紀略十二卷 （清）尹耕雲纂　清光緒三年(1877)申報館鉛印本　六冊

110000－0102－0019611　丁/3785　子部/醫家類/養生

衛生直訣 （明）朱神仙撰　清抄本　一冊

110000－0102－0019612　丁/3786　史部/地理類/方志/地方志/山東

[康熙]茌平縣志四卷首一卷 （清）王國弼等纂　清康熙四十九年(1710)刻本　五冊

110000－0102－0019613　丁/3787　集部/總集類/詩/雜錄/其它

詩抄 （清）□□撰　清抄本　一冊

110000－0102－0019614　丁/3788　集部/總集類/文/雜錄/課藝

尊經書院初集十二卷 （清）程作等撰　清光緒十一年(1885)刻本　十二冊

110000－0102－0019615　丁/3789　史部/地理類/水道/江、淮、海

吳江水攷增輯五卷附編二卷 （明）沈啓輯　清光緒二十年(1894)刻本　四冊

110000－0102－0019616　丁/3790　子部/雜家類/雜述

逸在堂述古錄八卷 （清）崔熙春輯　清道光抄本　四冊

110000－0102－0019617　丁/3794　集部/別集類/清

古伴柳亭初稿四卷 （清）田秌撰　清道光二十二年(1842)刻本　四冊

110000－0102－0019618　丁/3795　史部/紀傳類/斷代

漢書西域傳補注二卷 （清）徐學松注　清光緒六年(1880)刻本　二冊

110000－0102－0019619　丁/3796　集部/集評類/總評

文心雕龍十卷 （南朝梁）劉勰撰　清道光十三年(1833)兩廣節署刻朱墨套印本　四冊

110000－0102－0019620　丁/3799　集部/別集類/宋

增廣箋注簡齋詩集二十九卷 （宋）陳與義撰　（宋）胡穉箋　清咸豐九年(1859)蘇伯仁抄本　四冊

110000－0102－0019621　丁/3800　集部/曲類/曲別集/傳奇

清容外集九種 （清）蔣士銓撰　清乾隆刻本　十三冊

110000－0102－0019622　丁/3801　集部/別集類/清

久菜室詩集六卷 （清）鄭襄撰　清光緒二十一年(1895)刻本　二冊

110000－0102－0019623　丁/3803　集部/別集類/清

慎盒詩文鈔二卷 （清）左宗植撰　清光緒元年(1875)刻本　二冊

110000－0102－0019624　丁/3806　集部/別集類/清

詩義堂後集六卷 （清）彭泰來撰　清同治刻本　三冊

110000－0102－0019625　丁/3807　集部/別集類/清

艾廬遺稿 （清）邵曾鑒撰　清光緒二十二年(1896)刻本　二冊

110000－0102－0019626　丁/3811　集部/總集類/文/雜錄/課藝

江西校士錄六卷首一卷 廖世經等撰　清光緒二十年(1894)江西督學使署刻本　六冊

110000－0102－0019627　丁/3816　集部/別集類/清

璧沼集四卷　（清）胡元玉撰　清光緒刻本　一冊

110000－0102－0019628　丁/3819　史部/紀傳類/斷代

三國志補義十三卷　（清）康發祥撰　清咸豐十年(1860)刻本　四冊

110000－0102－0019629　丁/3824　集部/別集類/清

秋塍書屋文鈔九卷　（清）王斯年撰　清道光十四年(1834)刻本　四冊

110000－0102－0019630　丁/3827　集部/別集類/清

陳文肅公遺集　（清）陳大受撰　清光緒十六年(1890)鉛印本　四冊

110000－0102－0019631　丁/3830　叢部/自著叢書/清中晚期

汪龍莊先生遺書　（清）汪輝祖纂　清同治元年(1862)刻本　六冊

110000－0102－0019632　丁/3834　經部/小學類/音韻

經史動靜字音　（元）劉鑒撰　清光緒十四年(1888)石印本　一冊

110000－0102－0019633　丁/3835　史部/傳記類/人表

中州同官錄四卷　（清）陳星輯　清宣統元年(1909)刻本　四冊

110000－0102－0019634　丁/3850　子部/術數類/陰陽五行

陰陽寶海三元玉鏡奇書三卷　（元）釋幕講集　清刻本　一冊

110000－0102－0019635　丁/3852　集部/戲曲類/昆曲類

昆曲摘錦　（清）□□輯　清抄本　二冊

110000－0102－0019636　丁/3853　集部/小說類/章回

費娥劍圖畫小說　蔣景緘撰　清光緒、宣統上海時事報石印本　二冊

110000－0102－0019637　丁/3854　子部/藝術類/書畫/畫法、畫帖

圖畫新聞　輿論時事報繪印　清宣統二年(1910)石印本　四冊

110000－0102－0019638　丁/3855　集部/小說類/章回

啼猩淚圖畫小說　蔣景緘譯　清宣統上海時事報石印本　一冊

110000－0102－0019639　丁/3856　子部/雜誌類

彤管清芬錄海外奇談　時事報編印　清光緒三十四年(1908)石印本　一冊

110000－0102－0019640　丁/3857　集部/別集類/清

紅橋老屋遺稿文四卷詩五卷　（清）秦緗業撰　清光緒十五年(1889)刻本　三冊

110000－0102－0019641　丁/3860　史部/政書類/邦交/各國

各國約章纂要七卷附錄一卷　勞乃宣輯　清光緒十七年(1891)鉛印本　四冊

110000－0102－0019642　丁/3866　集部/總集類/文/雜錄/課藝

大題文府　（清）□□撰　清光緒十一年(1885)同文書局石印本　三十冊

110000－0102－0019643　丁/3867　集部/總集類/文/雜錄/課藝

試帖三芙蓉四卷　（清）□□撰　清光緒銅版印本　四冊

110000－0102－0019644　丁/3868　集部/小說類/筆記小說

更豈有此理四卷　（清）□□撰　清嘉慶五年(1800)刻本　四冊

110000－0102－0019645　丁/3869　集部/小說類/筆記小說

二關指迷　（清）抱一子撰　清光緒十五年

（1889）刻本　四冊

110000－0102－0019646　丁/3870　集部/小說類/筆記小說

異談可信錄八卷　（清）鄧晅輯　清嘉慶元年（1796）京都樂真堂刻本　十二冊

110000－0102－0019647　丁/3873　集部/俗文學類/雜曲

重訂九度文公　（清）□□撰　清聚威堂刻本　三冊

110000－0102－0019648　丁/3874　叢部/地方叢書

海南雜著　（清）蔡廷蘭撰　清道光十七年（1837）刻本　一冊

110000－0102－0019649　丁/3883　史部/政書類/儀制

乾隆萬壽慶典成案　（清）□□撰　清刻本　五冊

110000－0102－0019650　丁/3884　子部/儒家類/清

庶幾錄　（清）于斌撰　清咸豐三年（1853）刻本　一冊

110000－0102－0019651　丁/3885　集部/別集類/清

怡志堂詩初編八卷文鈔六卷　（清）朱琦撰　清咸豐七年（1857）代州刻本　四冊

110000－0102－0019652　丁/3888　集部/別集類/清

勉行堂文集六卷　（清）程晉芳撰　清嘉慶二十五年（1820）刻本　四冊

110000－0102－0019653　丁/3891　史部/政書類/邦交

中俄界約斠注七卷首一卷　（清）錢恂撰　清光緒二十年（1894）上海醉六堂刻本　二冊

110000－0102－0019654　丁/3893　集部/別集類/清

黛方山莊詩集六卷詩餘一卷　（清）黎吉雲撰　清同治五年（1866）刻本　二冊

110000－0102－0019655　丁/3897　史部/史評類/詠史

二三家宮詞　（明）毛晉輯　清同治十二年（1873）刻本　一冊

110000－0102－0019656　丁/3898　子部/天文地理類/曆法

大清光緒三十年時憲書　（清）□□撰　清光緒三十年（1904）刻本　一冊

110000－0102－0019657　丁/3902　集部/別集類/明

小山類稿選二十卷附張襄惠公輯略一卷　（明）張岳撰　清中後期刻本　六冊

110000－0102－0019658　丁/3909　集部/曲類/曲別集/傳奇

義俠記二卷　（□）□□撰　清刻本　四冊

110000－0102－0019659　丁/3910　子部/雜家類/雜纂

桑榆夕照錄四卷　（清）蕭震萬撰　清光緒十三年（1887）刻本　二冊

110000－0102－0019660　丁/3911　集部/別集類/清

質盫集二卷　（清）白作霖撰　清光緒二十四年（1898）刻本　二冊

110000－0102－0019661　丁/3912　史部/政書類/詔令奏議

藏瞻奏稿三卷　（清）鹿傳霖撰　清抄本　二冊

110000－0102－0019662　丁/3916　集部/別集類/清

李石亭詩集六卷文集六卷　（清）李化楠撰　清刻本　三冊

110000－0102－0019663　丁/3922　集部/別集類/清

有正味齋詩集十二卷外集五卷詞集八卷駢文二十四卷　（清）吳錫麒撰　清嘉慶十三年（1808）刻本　十二冊

110000－0102－0019664　丁/3923　史部/史表類

歷代政要表二卷 （清）胡子清編 清光緒二十九年（1903）長沙刻本 二冊

110000－0102－0019665 丁/3929 集部/戲曲類/昆曲類

昆曲雜鈔二十五種 （清）□□撰 清抄本 七冊

110000－0102－0019666 丁/3930 集部/戲曲類

鬧天宮 （□）□□撰 清抄本 一冊

110000－0102－0019667 丁/3931 集部/曲類/曲別集/傳奇

麒麟閣 （□）□□撰 清抄本 一冊

110000－0102－0019668 丁/3932 集部/戲曲類/京劇

京劇四出總綱京劇一二出角本 （清）□□撰 清抄本 一冊

110000－0102－0019669 丁/3933 集部/戲曲類/昆曲類

昆曲 （□）□□撰 清抄本 一冊

110000－0102－0019670 丁/3936 史部/外國史類

續琉球國志畧二卷首一卷 （清）趙新輯 清光緒八年（1882）刻本 一冊

110000－0102－0019671 丁/3938 子部/宗教類/道教/經論著作

道藏粹編二卷 （清）□□編 清成都二仙庵刻本 一冊

110000－0102－0019672 丁/3939 子部/宗教類/道教/經論著作

上清太上開天龍蹻經五卷 （清）□□撰 清刻本 一冊

110000－0102－0019673 丁/3940 集部/詞類/詞別集

玉泉詞 （清）潘曾瑋撰 清咸豐四年（1854）刻本 一冊

110000－0102－0019674 丁/3942 集部/別集類/清

種樹軒遺集四卷 （清）郭長清撰 清光緒二十三年（1897）刻本 二冊

110000－0102－0019675 丁/3954 集部/別集類/清

十經齋文集二卷 （清）沈濤撰 清抄本 一冊

110000－0102－0019676 丁/3956 集部/總集類/詩/雜錄/其它

雜詩 （□）□□撰 清抄本 一冊

110000－0102－0019677 丁/3957 史部/政書類/邦計/雜錄

庚辰叢鈔 （□）□□編 清抄本 一冊

110000－0102－0019678 丁/3958 集部/總集類/詩/雜錄/題詠

可作集八卷 （清）王慶勳輯 清道光二十八年（1848）上海王氏刻本 八冊

110000－0102－0019679 丁/3959 集部/別集類/清

謙受堂全集四卷 （清）陳廷慶撰 清刻本 四冊

110000－0102－0019680 丁/3962 史部/地理類/總錄

歷代定域史綱四卷 （清）張印西撰 清光緒二十九年（1903）刻本 一冊

110000－0102－0019681 丁/3969 集部/曲類/曲譜、曲韻

曲譜四種 （□）□□撰 清抄本 四冊

110000－0102－0019682 丁/3971 集部/俗文學類/彈詞

落帽風十卷 （□）□□撰 清刻本 一冊

110000－0102－0019683 丁/3972 史部/別史、雜史類

拳匪紀事六卷 （日本）佐原篤介 （清）浙西漚隱同輯 清光緒二十七年（1901）鉛印本 六冊

110000－0102－0019684 丁/3974 史部/政書類/考工

考工記圖二卷 （清）戴震撰 清聚奎樓刻本 二冊

110000－0102－0019685 丁/3975 集部/別集類/清

韻芳閣吟稿 （清）潘煥榮撰 浣芳閣吟稿 （清）潘煥吉撰 碧筠樓吟稿 （清）楊清材撰 清道光十二年（1832）刻本 一冊

110000－0102－0019686 丁/3979 子部/天文地理類/曆法

大清宣統三年時憲書 （□）□□撰 清宣統二年（1910）刻本 一冊

110000－0102－0019687 丁/3980 史部/傳記類/總傳/專錄/科舉

明狀元圖考二卷 （明）萬曆朝厘訂 清光緒六年（1880）上海點石齋石印本二版 二冊

110000－0102－0019688 丁/3991 集部/俗文學類/鼓詞

繪圖密建遊宮四卷四十八回 （□）□□撰 清宣統二年（1910）上海茂記書莊石印本 四冊

110000－0102－0019689 丁/3994 集部/小說類/筆記小說

醉茶誌怪四卷 （清）李慶辰撰 清光緒二十三年（1897）石印本 四冊

110000－0102－0019690 丁/3996 子部/雜家類/雜纂

解愁醒心錄八卷 （清）胡澹庵重輯 清光緒二十三年（1897）石印本 六冊

110000－0102－0019691 丁/3998 集部/小說類/筆記小說

海上群芳譜 （清）鄒弢編 清光緒十年（1884）刻本 四冊

110000－0102－0019692 丁/3999 集部/小說類/筆記小說

花笑䫜雜筆 （清）范鍇輯 清道光二十四年（1844）刻本 四冊

110000－0102－0019693 丁/4000 史部/政書類/文牘檔冊

轅門抄［咸豐、同治、光緒］ （清）□□撰 清光緒活字本 七冊

110000－0102－0019694 丁/4005 集部/小說類/筆記小說

客窗閒錄三卷 芷汀撰 清抄本 五冊

110000－0102－0019695 丁/4010 集部/別集類/清

思不辱齋文集四卷詩集四卷外集三卷虞颿集四卷 （清）萬承風撰 清嘉慶二十一年（1816）刻本 十二冊

110000－0102－0019696 丁/4012 史部/紀事本末類/通代

歸方評點史記合筆六卷 （清）王拯纂 清光緒元年（1875）錦城節署刻本 四冊

110000－0102－0019697 丁/4013 子部/醫家類/諸專科方論

述古齋醫書三種 張振鋆輯 清光緒十五年（1889）刻本 六冊

110000－0102－0019698 丁/4014 史部/傳記類/別傳

洪廬江祀典徵實二卷 （清）章世溶等編 清同治八年（1869）涇縣鄉賢祠刻本 一冊

110000－0102－0019699 丁/4016 集部/別集類/明

徧行堂集一卷 （清）釋澹歸撰 清宣統三年（1911）鉛印本 八冊

110000－0102－0019700 丁/4017 集部/總集類/文/斷代/宋

九宋人集 （宋）曾協等撰 清宣統三年（1911）南昌退廬刻本 五冊

110000－0102－0019701 丁/4018 集部/別集類/清

砥齋集十二卷 （清）王弘撰 清光緒二十年（1894）刻本 六冊

110000－0102－0019702 丁/4024 集部/詞類/詞別集

蒼梧詞十二卷　（清）董元愷撰　清抄本精抄
四冊

110000－0102－0019703　丁/4027　經部/經
總類/群經總義/文字音義

蜀石經殘字　（□）□□撰　清道光六年
（1826）三山陳氏刻本　一冊

110000－0102－0019704　丁/4029　子部/藝
術類/書畫/書法、碑帖

宋拓王大令洛神賦　鄧秋枚輯　清宣統元年
（1909）上海神州國光社珂羅版印本　一冊

110000－0102－0019705　丁/4041　史部/地
理類

圖開勝蹟六卷　（清）劉厚基撰　清光緒二年
（1876）石印本　八冊

110000－0102－0019706　丁/4043　子部/雜
誌類

點石齋畫報　（清）□□編　清宣統二年
（1910）上海集成圖書公司石印本　八十二冊

110000－0102－0019707　丁/4045　史部/編
年類/通代

資治通鑑補　（明）嚴衍補　清光緒二年
（1876）思補樓刻本　八十冊

110000－0102－0019708　丁/4052　史部/傳
記類/總傳/通錄/地方

桐城耆舊傳十二卷　馬其昶撰　清宣統三年
（1911）刻本　六冊

110000－0102－0019709　丁/4059　集部/別
集類/清

袁遺草堂詩鈔十二卷　（清）楊翰撰　清同治
十年（1871）刻本　十二冊

110000－0102－0019710　丁/4064　子部/雜
家類/雜述

粟香隨筆　（清）金武祥撰　清光緒七年
（1881）廣州刻本　十二冊

110000－0102－0019711　丁/4065　史部/政
書類/詔令奏議/奏議

陳寶琛奏稿　陳寶琛撰　清末刻本　一冊

110000－0102－0019712　丁/4066　史部/政
書類/詔令奏議/奏議

奏稿彙鈔　（□）□□編　清末抄本　一冊

110000－0102－0019713　丁/4068　集部/詞
類/詞總集

五人詞合刻　（清）劉嗣綰撰　清末刻本
一冊

110000－0102－0019714　丁/4069　集部/詞
類/詞別集

碧梧山館詞二卷　（清）王世泰撰　清嘉慶刻
本　一冊

110000－0102－0019715　丁/4070　集部/詞
類/詞別集

龍洲詞　（宋）劉過撰　清末油印本　一冊

110000－0102－0019716　丁/4072　集部/總
集類/文/雜錄/酬贈慶吊

陳寶琛夫婦慶壽詩文　陳壽彭等撰　清末抄
本　一冊

110000－0102－0019717　丁/4073　史部/目
錄類/著錄/刊行書目

湖北官書處書目　湖北官書處編　清光緒十
二年（1886）刻本　一冊

110000－0102－0019718　丁/4074　集部/別
集類/清

虛白亭詩鈔二卷　（清）淳穎撰　清嘉慶二十
一年（1816）刻本　二冊

110000－0102－0019719　丁/4077　集部/俗
文學類/彈詞

子虛記五十二卷　都梁女史撰　清光緒九年
（1883）刻本　五十冊

110000－0102－0019720　丁/4079　經部/詩
類/三家詩

三家詩遺說考　（清）陳壽祺撰　清道光、同
治刻本　十五冊

110000－0102－0019721　丁/4080　史部/傳
記類/總傳/專錄/其它

正續劍俠傳　鄭官應輯　清光緒刻本　三冊

110000－0102－0019722　丁/4086　集部/別集類/民國

挹竹詞館詩詞草二卷　黃文瀚撰　清末鉛印本　一冊

110000－0102－0019723　丁/4105　集部/別集類/清

雙桂堂稿　（清）紀大奎撰　清嘉慶十三年（1808）刻本　三十六冊

110000－0102－0019724　丁/4107　集部/總集類/詩/通代

歷朝詩約選九十三卷　（清）劉大櫆輯　清光緒二十一年（1895）刻本　二十六冊

110000－0102－0019725　丁/4110　史部/政書類/詔令奏議/奏議

岑襄勤公奏稿三十卷　（清）岑毓英撰　清光緒二十三年（1897）刻本　三十二冊

110000－0102－0019726　丁/4112　子部/藝術類/書畫/畫法、畫帖/清

晚笑堂竹莊畫傳　（清）上官周編繪　清末石印本　二冊

110000－0102－0019727　丁/4114　集部/小說類/章回

續金瓶梅　（清）紫陽道人撰　清刻本　三冊　存四卷（八至十、十二）

110000－0102－0019728　丁/4116　子部/醫家類/傷寒方論

金匱要略淺註補正九卷　（漢）張機撰　清光緒十九年（1893）千頃堂石印本　三冊

110000－0102－0019729　丁/4118　集部/小說類

廣新聞八卷　（清）無悶居士撰　清乾隆五十七年（1792）刻本　四冊

110000－0102－0019730　丁/4119　集部/俗文學類/雜曲

雜曲十二種　（清）□□編　清抄本　十二折

110000－0102－0019731　丁/4122　史部/傳記類/總傳/專錄/仕宦

歷代奸庸殷鑒錄　（清）李漱蘭等輯　清光緒三十年（1904）刻本　八冊

110000－0102－0019732　丁/4125　史部/別史、雜史類

轉徙餘生記一卷　（清）方濬頤撰　清刻本　一冊

110000－0102－0019733　丁/4131　子部/醫家類/兒婦科方論

活幼心法九卷　（清）□□撰　清道光二十七年（1847）刻本　一冊

110000－0102－0019734　丁/4148　史部/別史、雜史類

嘯亭雜錄十卷　（清）昭槤撰　清刻本　四冊

110000－0102－0019735　丁/4165　集部/小說類/章回

海上花列傳　（清）韓邦慶撰　清光緒二十年（1894）石印本　十六冊

110000－0102－0019736　丁/4166　集部/小說類/章回

繡像繪圖遇仙奇緣賽桃源　（清）□□撰　清光緒二十一年（1895）上海書局石印本　四冊

110000－0102－0019737　丁/4167　集部/小說類/章回

全像通俗演義隋煬帝豔史　（清）齊東野人編　清光緒二十一年（1895）上海書局石印本　五冊　缺七回（二十八至三十四）

110000－0102－0019738　丁/4169　集部/小說類/章回

紅樓夢一百二十回　（清）曹霑撰　清光緒三十四年（1908）求不負齋石印本　十六冊

110000－0102－0019739　丁/4170　集部/別集類/清

恥不逮齋集五卷　（清）熊其英撰　清光緒十六年至十七年（1890－1891）刻本　四冊

110000－0102－0019740　丁/4171　集部/別集類/清

棣垞集四卷外集三卷　（清）朱啟連撰　清刻

本 二冊

110000－0102－0019741 丁/4174 集部/別集類/清

馮孟文冊二卷 （清）馮龍官撰 清道光十三年(1833)刻本 一冊

110000－0102－0019742 丁/4175 集部/別集類/清

筍花詩草二卷 （清）鄭家蘭撰 清道光三年(1823)刻本 二冊

110000－0102－0019743 丁/4176 集部/別集類/清

柏香書屋詩鈔二十四卷 （清）張鳳孫撰 清道光二十年(1840)廣州刻本 六冊

110000－0102－0019744 丁/4178 集部/別集類/清

松厓詩錄二卷 （清）吳鎮撰 清乾隆五十七年(1792)刻本 二冊

110000－0102－0019745 丁/4182 集部/小說類/短篇小說

十二樓十二卷 （清）李漁撰 清末石印本 四冊

110000－0102－0019746 丁/4187 集部/別集類/清

繼雅堂詩集三十四卷 （清）陳僅撰 清道光二十七年(1847)刻本 六冊

110000－0102－0019747 丁/4189 集部/小說類/章回

雲中雁三俠傳 （□）□□撰 清光緒二十三年(1897)石印本 八冊

110000－0102－0019748 丁/4192 子部/雜誌類

壬寅新民叢報全編 梁啟超編 清光緒二十九年(1903)維新室石印本 十六冊

110000－0102－0019749 丁/4196 集部/小說類/章回

燕山外史註釋八卷 （清）陳球撰 清光緒五年(1879)刻本 四冊

110000－0102－0019750 丁/4205 史部/政書類/軍政

臺灣戰紀二卷 （清）洪棄父纂 清光緒三十二年(1906)鉛印本 二冊

110000－0102－0019751 丁/4207 子部/醫家類/診法

望診遵經二卷 （清）王洪撰 清光緒元年(1875)刻本 二冊

110000－0102－0019752 丁/4210 史部/別史、雜史類

松漠紀聞 （宋）洪皓撰 清同治十二年(1873)洪氏三瑞堂刻本 一冊

110000－0102－0019753 丁/4211 史部/別史、雜史類

勝國文徵四卷 （清）楊家麟撰 清光緒刻本 一冊

110000－0102－0019754 丁/4212 集部/別集類/民國

陶廬雜憶一卷續詠一卷續憶詠一卷後憶一卷五憶一卷六憶一卷七憶一卷 金武祥撰 清光緒至民國刻本 六冊

110000－0102－0019755 丁/4213 子部/雜誌類

湘報類纂六集 （清）覺睡齋主人編 清光緒二十八年(1902)上海中華編譯印書館鉛印本 八冊

110000－0102－0019756 丁/4214 集部/總集類/詩/婦女

湖南女士詩鈔所見初集十二卷 （清）毛國姬編 清道光二十年(1840)刻本 六冊

110000－0102－0019757 丁/4215 集部/別集類/清

文誠公集六卷 （清）袁保恆撰 清宣統三年(1911)清芬閣鉛印本 六冊

110000－0102－0019758 丁/4228 集部/別集類/清

借葊詩鈔 （清）釋清恆撰 清道光六年(1826)刻本 四冊

110000－0102－0019759　丁/4234　集部/別集類/明

悟秋草堂詩集十卷　(明)顧杲撰　清光緒元年(1875)刻本　二冊

110000－0102－0019760　丁/4239　集部/別集類/清

寶德堂詩鈔十卷　(清)周衡撰　清光緒二年(1876)刻本　三冊

110000－0102－0019761　丁/4241　集部/別集類/清

水西詠雪齋詩稿六卷　(清)趙炳文撰　清道光二十四年(1844)小鏂萬軸書窟刻本　二冊

110000－0102－0019762　丁/4242　集部/別集類/清

香杜草二卷　(清)任昌運撰　清光緒二十一年(1895)刻本　四冊

110000－0102－0019763　丁/4244　集部/總集類/詩/地方

繡水詩鈔八卷　(清)吳連周輯　清道光十七年(1837)刻本　四冊

110000－0102－0019764　丁/4248　集部/總集類/文/地方

東莞三逸合稿　蘇澤東等撰　清宣統三年(1911)粵東編譯公司鉛印本　一冊

110000－0102－0019765　丁/4250　集部/詞類/詞別集

姜白石集四卷　(宋)姜夔撰　清乾隆八年(1743)刻本　二冊

110000－0102－0019766　丁/4251　集部/別集類/清

古柏軒遺稿四卷　(清)沈才清撰　清道光十八年(1838)凝瑞堂刻本　一冊

110000－0102－0019767　丁/4257　史部/史評類/詠史

宫詞四種　(明)王臮輯　清刻本　一冊

110000－0102－0019768　丁/4259　集部/別集類/民國

來雲閣詩六卷　(清)金和撰　清光緒十八年(1892)丹陽東氏刻本　二冊

110000－0102－0019769　丁/4260　集部/別集類/漢至隋

沈隱侯集二卷　(南朝梁)沈約撰　清刻本　四冊

110000－0102－0019770　丁/4261　集部/別集類/清

楚頌齋詩集八卷　(清)胡焯撰　清光緒十五年(1889)刻本　四冊

110000－0102－0019771　丁/4262　集部/俗文學類/彈詞

六美圖四集　(□)□□撰　清光緒二十一年(1895)上海書局刻本　十二冊

110000－0102－0019772　丁/4263　集部/俗文學類/鼓詞

五毒傳十二卷　(□)□□撰　清光緒三十一年(1905)上海石印書局石印本　八冊

110000－0102－0019773　丁/4271　集部/總集類

普天忠憤集十四卷　(清)魯陽生孔氏編　清光緒二十一年(1895)石印本　十二冊

110000－0102－0019774　丁/4272　集部/俗文學類/鼓詞

五毒傳十二卷　(□)□□撰　清泰山堂刻本　十二冊

110000－0102－0019775　丁/4273　子部/藝術類/音樂舞蹈

改良正粵謳　(□)□□撰　清刻本　一冊

110000－0102－0019776　丁/4275　史部/政書類/考工

魯班經二卷　(明)午榮編　清咸豐十年(1860)刻本　二冊

110000－0102－0019777　丁/4276　集部/小說類/筆記小說

皆大歡喜四卷　(□)□□撰　清道光元年(1821)鉛印本　四冊

110000－0102－0019778　丁/4277　集部/小說類/章回

萃忠全傳十卷　（清）孫高亮編　清光緒三年(1877)鉛印本　五冊

110000－0102－0019779　丁/4278　集部/小說類/章回

睢陽忠毅錄十六回　（清）素庵主人編　清光緒十九年(1893)鉛印本　四冊

110000－0102－0019780　丁/4279　集部/小說類/章回

續金瓶梅六十四回　紫陽道人編　清刻本　十冊

110000－0102－0019781　丁/4280　集部/小說類/章回

蘊香丸二十回　（□）□□撰　清嘉慶刻本　四冊

110000－0102－0019782　丁/4281　集部/小說類/章回

聽月樓二十回　（□）□□撰　清嘉慶刻本　四冊

110000－0102－0019783　丁/4282　集部/別集類/明

桂坡集十六卷　（明）李琛等輯　清道光三年(1823)刻本　八冊

110000－0102－0019784　丁/4283　集部/小說類/短篇小說

拍案驚奇十八卷　（明）凌濛初撰　清刻本　十冊

110000－0102－0019785　丁/4296　集部/小說類/章回

繪圖續四才子　（□）□□撰　清光緒二十年(1894)上海崇文書局石印本　四冊

110000－0102－0019786　丁/4297　集部/小說類/筆記小說

繪圖澆愁集八卷　（清）瀟湘館侍者撰　清光緒二十五年(1899)石印本　四冊

110000－0102－0019787　丁/4298　集部/小說類/話本

繪圖包公奇案十卷　（□）□□撰　清光緒二十一年(1895)石印本　二冊

110000－0102－0019788　丁/4299　集部/俗文學類/鼓詞

郭秀下兩廣八卷　（□）□□撰　清刻本　八冊

110000－0102－0019789　丁/4300　集部/小說類/筆記小說

無稽讕語五卷　（清）蘭皋居士撰　清刻本　五冊

110000－0102－0019790　丁/4301　集部/小說類/章回

夢中緣十五回　（清）李子乾撰　清光緒十一年(1885)刻本　四冊

110000－0102－0019791　丁/4302　集部/小說類/章回

繡像麟兒報十六回　（清）隨山樵者編　清咸豐二年(1852)刻本　四冊

110000－0102－0019792　丁/4303　集部/小說類/章回

繪圖續四才子十八回　（□）□□撰　清光緒二十年(1894)鉛印本　四冊

110000－0102－0019793　丁/4305　集部/小說類/章回

綠牡丹全傳　（清）二如亭主人撰　清道光二十七年(1847)經綸堂刻本　六冊

110000－0102－0019794　丁/4306　集部/小說類/筆記小說

國朝科場異聞錄五卷　（清）呂相燮輯　清光緒五年(1879)刻本　四冊

110000－0102－0019795　丁/4319　集部/小說類/筆記小說

墨餘書異八卷　（清）蔣知白撰　清嘉慶刻本　四冊

110000－0102－0019796　丁/4320　子部/雜誌類

獨立閣叢報　獨立報館編　清光緒二十六年(1900)獨立報館鉛印本　八冊

110000－0102－0019797　丁/4322　集部/總集類/詩/地方
梅水詩傳十卷　(清)張芝田等編　清光緒二十七年(1901)刻本　十冊

110000－0102－0019798　丁/4323　集部/別集類/清
篋山詩草二卷　(清)劉曰尊撰　清光緒十七年(1891)刻本　一冊

110000－0102－0019799　丁/4324　集部/別集類/清
小芋香館遺集十二卷　(清)李杭撰　清光緒刻本　四冊

110000－0102－0019800　丁/4325　史部/地理類/雜記
淞南夢影錄四卷　(清)畹香留夢室編　清光緒九年(1883)上海申報館仿聚珍鉛印本　一冊

110000－0102－0019801　丁/4328　集部/別集類/明
晚聞堂集十六卷　(明)余紹祉撰　清道光十七年(1837)刻本　五冊

110000－0102－0019802　丁/4330　史部/別史、雜史類
三垣筆記二卷　(明)李清撰　清刻本　二冊

110000－0102－0019803　丁/4331　集部/詞類/詞別集
飲水詞鈔二卷　(清)納蘭性德撰　清刻本　一冊

110000－0102－0019804　丁/4336　集部/總集類/詩/地方
聞湖詩三鈔八卷　(清)李道悠輯　清光緒十八年(1892)刻本　二冊

110000－0102－0019805　丁/4343　集部/總集類/文/雜錄/課藝
江漢炳靈集二卷　(清)張之洞編選　清同治

刻本　四冊

110000－0102－0019806　丁/4344　集部/別集類/清
煙嶼樓詩集十八卷　(清)徐時棟撰　清同治六年(1867)刻本　四冊

110000－0102－0019807　丁/4345　集部/別集類/清
煙嶼樓文集四十卷　(清)徐時棟撰　清光緒元年(1875)刻本　八冊

110000－0102－0019808　丁/4346　史部/傳記類/年譜
陳獨漉先生年譜十六卷　(清)溫肅編　清刻本　一冊

110000－0102－0019809　丁/4347　集部/別集類/清
獨漉堂詩集十六卷　(清)陳恭尹撰　清刻本　六冊

110000－0102－0019810　丁/4348　集部/別集類/清
獨漉堂文集十五卷　(清)陳恭尹撰　清刻本　三冊

110000－0102－0019811　丁/4349　集部/俗文學類/變文
香山寶卷二卷　(宋)普明禪師撰　清同治七年(1868)刻本　一冊

110000－0102－0019812　丁/4352　子部/雜家類/雜述
茶香室叢鈔二十三卷　(清)俞樾撰　清光緒九年(1883)刻本　四冊

110000－0102－0019813　丁/4353　子部/雜家類/雜述
茶香室續鈔二十三卷　(清)俞樾撰　清光緒九年(1883)刻本　四冊

110000－0102－0019814　丁/4354　子部/雜家類/雜述
茶香室三鈔二十九卷　(清)俞樾撰　清光緒刻本　四冊

110000-0102-0019815 丁/4355 子部/雜家類/雜述

茶香室四鈔二十九卷 （清）俞樾撰 清光緒二十四年(1898)刻本 四冊

110000-0102-0019816 丁/4356 集部/詞類/詞別集

秋佳軒詩餘十二卷 （明）易震吉撰 清光緒九年(1883)刻本 四冊

110000-0102-0019817 丁/4359 集部/小說類/筆記小說

劇談錄二卷 （唐）康駢撰 清光緒三十年(1904)刻本 一冊

110000-0102-0019818 丁/4363 子部/雜家類/學說

麗漊漊薈錄十四卷 （清）蔣超伯撰 清同治五年(1866)刻本 十冊

110000-0102-0019819 丁/4364 集部/別集類/明

秫坡先生詩集八卷 （明）黎貞撰 清光緒元年(1875)刻本 四冊

110000-0102-0019820 丁/4367 集部/總集類/詩/地方

端人集四冊 （清）彭泰來輯 清同治六年(1867)刻本 四冊

110000-0102-0019821 丁/4368 集部/總集類/詩/雜錄/題詠

薦菫感蓼兩圖題辭 （清）沈祥龍編 清光緒二十一年(1895)刻本 二冊

110000-0102-0019822 丁/4369 集部/別集類/清

虛一齋集五卷 （清）莊培因撰 清光緒九年(1883)刻本 二冊

110000-0102-0019823 丁/4370 集部/俗文學類/變文

趙氏賢孝寶卷二卷 （□）□□撰 清刻本 二冊

110000-0102-0019824 丁/4371 集部/別

集類/清

常惺惺齋詩集十一卷 （清）李炳奎撰 清宣統二年(1910)刻本 四冊

110000-0102-0019825 丁/4372 集部/別集類/清

定盦文集補編四卷 （清）龔自珍撰 清光緒十二年(1886)刻本 二冊

110000-0102-0019826 丁/4373 集部/別集類/清

計樹園詩鈔四卷 （清）王廷蘭撰 清嘉慶十一年(1806)刻本 六冊

110000-0102-0019827 丁/4377 集部/別集類/清

蓉湖詩鈔二卷附續存一卷 （清）汪璸撰 清道光刻本 二冊

110000-0102-0019828 丁/4378 子部/儒家類/清

求艾錄十卷 （清）楊以貞撰 清光緒二十七年(1901)刻本 二冊

110000-0102-0019829 丁/4382 集部/曲類/曲別集/傳奇

梨花雪 （清）徐鄂撰 清光緒二十一年(1895)石印本 六冊

110000-0102-0019830 丁/4383 集部/小說類/筆記小說

秋燈叢話十八卷 （清）王椷撰 清同治十年(1871)刻本 六冊

110000-0102-0019831 丁/4384 集部/小說類/筆記小說

剪燈新話二卷 （明）瞿祐撰 清同治十年(1871)刻本 一冊

110000-0102-0019832 丁/4385 集部/小說類/筆記小說

剪燈餘話三卷 （明）李禎撰 清同治十年(1871)刻本 二冊

110000-0102-0019833 丁/4386 集部/小說類/筆記小說

覓燈因話二卷 （明）邵景詹撰　清同治十年（1871）刻本　一冊

110000－0102－0019834　丁/4387　集部/小說類/筆記小說

莊諧選錄十二卷 （清）醉醒生撰　清光緒三十年（1904）鉛印本　十二冊

110000－0102－0019835　丁/4390　集部/俗文學類/變文

達摩寶卷 （□）□□撰　清光緒三十一年（1905）刻本　一冊

110000－0102－0019836　丁/4400　集部/總集類/詩/地方

青山詩選六卷 （清）桂超萬輯　清同治十三年（1874）桐城徐宗亮刻本　二冊

110000－0102－0019837　丁/4401　子部/宗教類/其它

辟邪紀實三卷 （清）第一傷心人撰　清同治十年（1871）刻本　一冊

110000－0102－0019838　丁/4402　集部/俗文學類/變文

梅氏花翎寶卷二卷 （□）□□撰　清刻本　二冊

110000－0102－0019839　丁/4403　集部/詞類/詞別集

苾芻詞二卷 （清）胡延撰　清光緒十三年（1887）刻本　二冊

110000－0102－0019840　丁/4404　集部/別集類/清

誦芬詩略三卷 （清）黃炳垕撰　清同治九年（1870）刻本　一冊

110000－0102－0019841　丁/4405　集部/別集類/清

欹花居詩文遺稿十卷 （清）程炘撰　清光緒四年（1878）刻本　四冊

110000－0102－0019842　丁/4411　集部/別集類/明

橫戈集二卷 （明）鄧子龍撰　清刻本　一冊

110000－0102－0019843　丁/4412　集部/別集類/清

蟻餘偶筆蟻餘附筆讕言瑣記 （清）劉因之撰　清光緒十二年（1886）刻本　二冊

110000－0102－0019844　丁/4413　史部/傳記類/別傳

惠耆錄 （清）俞樾撰　清光緒二十九年（1903）刻本　一冊

110000－0102－0019845　丁/4414　集部/戲曲類/昆曲類

崑曲詞本 （□）□□撰　清抄本　一冊

110000－0102－0019846　丁/4417　集部/別集類/唐至五代

元英先生詩集十卷 （唐）方幹撰　清同治七年（1868）刻本　一冊

110000－0102－0019847　丁/4418　史部/政書類/文牘檔冊

案事編 （清）沈祖燕撰　清光緒三十三年（1907）刻本　一冊

110000－0102－0019848　丁/4419　集部/別集類/清

梅莊遺草六卷 （清）翁白撰　清嘉慶十七年（1812）留香室刻本　一冊

110000－0102－0019849　丁/4421　集部/別集類/民國

魂西集五卷 易順鼎撰　清光緒二十七年（1901）長沙刻本　三冊

110000－0102－0019850　丁/4422　集部/別集類/清

蒼卜花館詩二卷 徐鴻謨撰　清光緒十一年（1885）刻本　二冊

110000－0102－0019851　丁/4427　集部/別集類/清

屈翁山詩集 （清）屈大均撰　清刻本　四冊

110000－0102－0019852　丁/4434　集部/別集類/清

武林草一卷附刻一卷 （清）趙士麟撰　清光

緒刻本　二冊

110000－0102－0019853　丁/4435　集部/小說類/筆記小說

閒漁閒閒錄九卷　（清）蔡顯撰　清吳興劉氏嘉業堂刻本　一冊

110000－0102－0019854　丁/4438　集部/別集類/清

黃鵠山人詩初鈔　（清）林壽圖撰　清光緒刻本　六冊

110000－0102－0019855　丁/4439　集部/別集類/清

雅歌堂全集　（清）徐經撰　清光緒二年（1876）刻本　十六冊

110000－0102－0019856　丁/4442　集部/別集類/清

蔡文莊公集　（明）察清撰　清光緒二十三年（1897）刻本　六冊

110000－0102－0019857　丁/4443　子部/雜家類/學說

五百石洞天揮麈十二卷　（清）邱煒萲著　清光緒二十五年（1899）刻本　六冊

110000－0102－0019858　丁/4444　子部/雜家類/雜述

芻論二卷　（清）孫鼎臣撰　清咸豐十年（1860）刻本　二冊

110000－0102－0019859　丁/4446　集部/詞類/詞總集/地方

國朝常州詞錄三十一卷　繆荃孫輯　清光緒二十二年（1896）刻本　十一冊

110000－0102－0019860　丁/4447　集部/別集類/清

扶荔生覆瓿集十卷　（清）王濟撰　清同治十二年（1873）刻本　五冊

110000－0102－0019861　丁/4448　集部/別集類/清

頤綵堂文集十六卷　（清）沈叔埏撰　清光緒九年（1883）刻本　九冊

110000－0102－0019862　丁/4449　集部/別集類/明

瓊臺會稿文　（明）丘濬撰　清刻本　十六冊

110000－0102－0019863　丁/4451　集部/別集類/清

蘇庵詩稿十四卷　（清）任昌詩撰　清刻本　六冊

110000－0102－0019864　丁/4452　集部/小說類/筆記小說

雲仙雜記　（唐）馮贄撰　清刻本　二冊

110000－0102－0019865　丁/4453　叢部/彙編叢書

二十世紀奇書快覩七種十卷　陳琰編　清宣統三年（1911）上海六藝書局石印本　四冊

110000－0102－0019866　丁/4454　史部/地理類/雜記

沮江隨筆二卷　（清）朱錫綬撰　清光緒十六年（1890）刻本　一冊

110000－0102－0019867　丁/4455　集部/別集類/清

盋山文錄八卷　（清）顧雲撰　清光緒十五年（1889）刻本　四冊

110000－0102－0019868　丁/4456　集部/別集類/清

衍石齋記事稿十卷　（清）錢儀吉撰　清光緒六年（1880）刻本　十二冊

110000－0102－0019869　丁/4457　集部/別集類/清

花宜館詩鈔十五卷　（清）吳振棫撰　清咸豐十一年（1861）刻本　六冊

110000－0102－0019870　丁/4459　集部/別集類/宋

屏山全集二十卷　（宋）劉子翬撰　清刻本　六冊

110000－0102－0019871　丁/4461　集部/別集類/明

區太史詩集　（明）區大相撰　清刻本　五冊

110000－0102－0019872　丁/4462　史部/政書類/詔令奏議/奏議

郭侍郎奏疏十二卷　（清）郭嵩燾撰　清光緒十八年（1892）刻本　十二冊

110000－0102－0019873　丁/4467　集部/別集類/清

虹玉堂文集十一卷　（清）鄭相如撰　清道光十三年（1833）刻本　四冊

110000－0102－0019874　丁/4468　集部/別集類/清

無盡意齋詩鈔四卷　（清）許乃椿撰　清嘉慶刻本　四冊

110000－0102－0019875　丁/4469　集部/別集類/清

友石齋詩集八卷　（清）高錫恩撰　清光緒十年（1884）刻本　五冊

110000－0102－0019876　丁/4470　集部/別集類/清

聽香閣詩集八卷　（清）胡醇撰　清同治四年（1865）安仁縣署刻本　四冊

110000－0102－0019877　丁/4473　集部/別集類/清

休園詩草一卷　（清）吳球撰　清道光二十四年（1844）刻本　一冊

110000－0102－0019878　丁/4474　集部/別集類/清

雲樵詩箋二卷　（清）吳芳培撰　（清）戴昶(清)邵鈞注　清嘉慶刻本　一冊

110000－0102－0019879　丁/4475　集部/曲類/曲別集/傳奇

鴛鴦鏡傳奇十出　（清）黃憲清撰　清道光十五年（1835）刻本　一冊

110000－0102－0019880　丁/4476　集部/別集類/清

鋤月山房文鈔二卷　（清）何仁山撰　清光緒十六年（1890）刻本　二冊

110000－0102－0019881　丁/4477　集部/別集類/清

引流小榭吟草二卷附補遺一卷　（清）高鉞撰　清嘉慶二十一年（1816）刻本　一冊

110000－0102－0019882　丁/4478　集部/別集類/清

白雲文集五卷　（清）陳斌撰　清嘉慶十二年（1807）刻本　二冊

110000－0102－0019883　丁/4479　集部/別集類/清

醒心軒詩草四卷　（清）江東散平山氏撰　清光緒十二年（1886）刻本　一冊

110000－0102－0019884　丁/4480　集部/別集類/清

程雪門遺詩二卷　（清）程耀堃撰　清刻本　一冊

110000－0102－0019885　丁/4481　史部/地理類/雜記

汴宋竹枝詞二卷　（清）李于潢撰　清同治元年（1862）刻本　一冊

110000－0102－0019886　丁/4486　集部/別集類/清

旅逸小稿二卷　（清）錢儀吉撰　清光緒十三年（1887）刻本　一冊

110000－0102－0019887　丁/4488　集部/總集類/文/地方

南菁文鈔二集　（清）黃以周選訂　清光緒二十年（1894）刻本　八冊

110000－0102－0019888　丁/4489　集部/總集類/文/地方

南菁文鈔三集　（清）丁立鈞編　清光緒二十七年（1901）刻本　八冊

110000－0102－0019889　丁/4490　集部/別集類/清

自春堂詩集十二卷　（清）楊鑄撰　清道光九年（1829）刻本　四冊

110000－0102－0019890　丁/4494　集部/別集類/清

頤素堂詩鈔八卷　（清）顧祿撰　清道光刻本
二冊

110000－0102－0019891　丁/4496　集部/別
集類/明

歐陽南野先生文選五卷　（明）歐陽德撰　清
道光十五年（1835）刻本　四冊

110000－0102－0019892　丁/4497　集部/別
集類/清

疏蘭仙館詩集四卷　（清）朱錫綬撰　清光緒
十六年（1890）刻本　三冊

110000－0102－0019893　丁/4498　集部/別
集類/清

平盦遺稿　（清）陶大鈞撰　清宣統二年
（1910）石印本　一冊

110000－0102－0019894　丁/4503　集部/別
集類/清

雨香書屋詩鈔二卷續鈔四卷　（清）雷以諴撰
清同治七年（1868）刻本　六冊

110000－0102－0019895　丁/4504　集部/別
集類/清

西隃山房集四卷續集二卷微尚齋詩初集二卷
適齋文集二卷　（清）馮志沂撰　清咸豐十一
年（1861）刻本　五冊

110000－0102－0019896　丁/4505　集部/別
集類/清

向湖邨舍詩初集十二卷　（清）趙藩撰　清光
緒十四年（1888）刻本　四冊

110000－0102－0019897　丁/4509　集部/集
評類/詩評/詩話

海山詩屋詩話十卷　（清）李文泰輯　清光緒
四年（1878）活字本　五冊

110000－0102－0019898　丁/4511　子部/雜
家類

天則百話　（日本）加藤弘之撰　清光緒二十
八年（1902）鉛印本　一冊

110000－0102－0019899　丁/4519　集部/別
集類/明

況靖安集八卷首一卷末一卷　（明）況鍾撰
清光緒十七年（1891）刻本　四冊

110000－0102－0019900　丁/4520　集部/別
集類/民國

雲川閣文萃　鎮公撰　清抄本　二冊

110000－0102－0019901　丁/4524　集部/俗
文學類/鼓詞

紫霞杯四卷　（□）□□撰　清末刻本　二冊

110000－0102－0019902　丁/4525　集部/俗
文學類/彈詞

再生緣摘錦　（□）□□撰　清末刻本　一冊

110000－0102－0019903　丁/4526　集部/俗
文學類/彈詞

再生緣摘錦　（□）□□撰　清末刻本　一冊

110000－0102－0019904　丁/4527　集部/俗
文學類/鼓詞

超群摘錦　（□）□□撰　清刻本　一冊

110000－0102－0019905　丁/4528　集部/俗
文學類/鼓詞

超群摘錦　（□）□□撰　清刻本　一冊

110000－0102－0019906　丁/4529　集部/俗
文學類/鼓詞

宋太祖下南唐二集八卷　（□）□□撰　清刻
本　一冊

110000－0102－0019907　丁/4530　集部/俗
文學類/鼓詞

金絲蚨蝶二集十卷　（□）□□撰　清刻本
六冊

110000－0102－0019908　丁/4531　集部/俗
文學類/鼓詞

金絲蚨蝶接續　（□）□□撰　清刻本　二冊

110000－0102－0019909　丁/4532　集部/俗
文學類/鼓詞

二度梅四卷　（□）□□撰　清刻本　一冊

110000－0102－0019910　丁/4534　集部/俗
文學類/鼓詞

五虎平南二、三集八卷　（□）□□撰　清刻

本　四册

110000－0102－0019911　丁/4538　集部/俗文學類/鼓詞

五虎平西五集二十卷　（□）□□撰　清刻本　五册

110000－0102－0019912　丁/4539　集部/俗文學類/鼓詞

十二寡婦征西五至九集三十卷　（□）□□撰　清刻本　三十册

110000－0102－0019913　丁/4540　集部/俗文學類/彈詞

接續再生緣新選再造天南音全本八卷十六回　（清）侯香葉撰　清末刻本　八册

110000－0102－0019914　丁/4541　集部/俗文學類/彈詞

六美圖第四集六卷　（□）□□撰　清刻本　六册

110000－0102－0019915　丁/4546　集部/俗文學類/鼓詞

西藩碧玉帶四卷　（□）□□撰　清刻本　四册

110000－0102－0019916　丁/4548　史部/傳記類/總傳/通錄/地方

晉陵先賢傳　（清）歐陽東鳳編　清同治七年(1868)刻本　二册

110000－0102－0019917　丁/4550　集部/別集類/清

卜硯齋集　（清）方洞撰　清嘉慶二十年(1815)刻本　一册

110000－0102－0019918　丁/4551　史部/地理類/方志/鄉土志

[光緒]西石城風俗志　陳慶年撰　清光緒三十四年(1908)鉛印本　一册

110000－0102－0019919　丁/4553　集部/別集類/清

海康陳清瑞公詩集十卷　（清）陳璸撰　清道光六年(1826)刻本　四册

110000－0102－0019920　丁/4555　集部/楚辭類/楚辭

楚辭釋十一卷　（漢）王逸章句　王闓運注　清光緒十二年(1886)刻本　二册

110000－0102－0019921　丁/4556　史部/地理類/雜記

越詠二卷　（清）周調梅撰　清咸豐四年(1854)刻本　二册

110000－0102－0019922　丁/4559　集部/俗文學類/雜曲

雜曲　（□）□□撰　清刻本　一册

110000－0102－0019923　丁/4560　集部/曲類/曲別集

仙鶴配三出盤天河三出　（□）□□撰　清刻本　一册

110000－0102－0019924　丁/4561　子部/雜家類/雜纂

談古偶錄二卷首一卷　（清）陳星瑞撰　清光緒二年(1876)鉛印本　一册

110000－0102－0019925　丁/4562　集部/俗文學類/彈詞

還金鐲八卷　（清）吹竽先生撰　清道光元年(1821)刻本　八册

110000－0102－0019926　丁/4563　子部/儒家類

孝弟養正　（□）□□撰　清抄本　一册

110000－0102－0019927　丁/4564　子部/兵家類

秘授弓譜　（□）□□撰　清道光十一年(1831)抄本　一册

110000－0102－0019928　丁/4565　子部/宗教類/道教

道術真傳　（□）□□撰　清抄本　一册

110000－0102－0019929　丁/4566　集部/戲曲類/地方戲

馬房放奎新罵雞三巧挂畫　三慶會編　清刻本　一册

110000－0102－0019930　丁/4567　集部/俗
文學類/民歌民謠

八仙神歌別妻神歌結義神歌 （□）□□撰
清刻本　一冊

110000－0102－0019931　丁/4568　集部/曲
類/曲別集

醉仙丹 （□）□□撰　清刻本　一冊

110000－0102－0019932　丁/4570　史部/地
理類/雜記

新安景物約編 （清）江忠僑　（清）江正心纂
清同治四年(1865)刻本　二冊

110000－0102－0019933　丁/4572　集部/曲
類/曲別集/雜劇

續離騷四種 （清）嵇永仁撰　清抄本　合訂
一冊

110000－0102－0019934　丁/4574　集部/曲
類/曲別集/傳奇

風雲會 玉泉樵子撰　清抄本　一冊

110000－0102－0019935　丁/4575　集部/曲
類/曲別集/散曲

散曲及其它 老蒪填詞　清抄本　一冊

110000－0102－0019936　丁/4577　集部/俗
文學類/鼓詞

金刀記十一、十二續八卷 （□）□□撰　清
道光十九年(1839)刻本　一冊

110000－0102－0019937　丁/4578　集部/俗
文學類/鼓詞

金刀記五、六續 （□）□□撰　清道光十五
年(1835)刻本　一冊

110000－0102－0019938　丁/4579　集部/俗
文學類/鼓詞

瑞蘭分別搶傘全本四卷 （□）□□撰　清刻
本　一冊

110000－0102－0019939　丁/4580　集部/俗
文學類/鼓詞

三棄梨花四卷 （□）□□撰　清刻本　一冊

110000－0102－0019940　丁/4581　集部/俗

文學類/鼓詞

哪吒收妲己二卷　題靜觀主人訂　清刻本
一冊

110000－0102－0019941　丁/4582　集部/俗
文學類/鼓詞

柳希雲第二集六卷 （□）□□撰　清刻本
二冊

110000－0102－0019942　丁/4583　集部/俗
文學類/鼓詞

連城金玉四卷 （□）□□撰　清刻本　一冊

110000－0102－0019943　丁/4585　集部/俗
文學類/鼓詞

五虎平南四集十六卷 （□）□□撰　清刻本
四冊

110000－0102－0019944　丁/4586　集部/俗
文學類/鼓詞

碧玉帶四卷 （□）□□撰　清刻本　四冊

110000－0102－0019945　丁/4587　集部/俗
文學類/鼓詞

玉龍太子走國八集八十卷 （清）梁紹仁撰
清末刻本　十六冊

110000－0102－0019946　丁/4588　集部/俗
文學類/鼓詞

黑虎緣 （□）□□撰　清刻本　一冊

110000－0102－0019947　丁/4589　集部/俗
文學類/鼓詞

八仙全圖 （□）□□撰　清刻本　一冊

110000－0102－0019948　丁/4590　集部/俗
文學類/鼓詞

八仙全圖 （□）□□撰　清刻本　二冊

110000－0102－0019949　丁/4591　集部/俗
文學類/鼓詞

安安送米 （□）□□撰　清刻本　一冊

110000－0102－0019950　丁/4592　集部/俗
文學類/鼓詞

翠花記前後集 （□）□□撰　清刻本　二冊

110000－0102－0019951　丁/4594　集部/俗

文學類/鼓詞

煙花陰告　摘葡萄　(□)□□撰　清刻本
一冊

110000－0102－0019952　丁/4595　集部/俗
文學類/鼓詞

耗子伸冤　(□)□□撰　清刻本　一冊

110000－0102－0019953　丁/4597　集部/戲
曲類

玉蜻蜓三集　(□)□□撰　清刻本　三冊

110000－0102－0019954　丁/4598　集部/俗
文學類/鼓詞

沙燈記第四集　(□)□□撰　清刻本　四冊

110000－0102－0019955　丁/4599　集部/俗
文學類/鼓詞

拷打哭墓等　(□)□□撰　清刻本　一冊

110000－0102－0019956　丁/4600　集部/俗
文學類/鼓詞

斬單童殺場勸友醒悟人心　(□)□□撰　清
刻本　一冊

110000－0102－0019957　丁/4601　子部/術
數類/雜占

燒餅歌　(□)□□撰　清刻本　一冊

110000－0102－0019958　丁/4602　集部/俗
文學類/鼓詞

滴水珠　(□)□□撰　清刻本　一冊

110000－0102－0019959　丁/4603　集部/俗
文學類/鼓詞

十度林英　(□)□□撰　清刻本　一冊

110000－0102－0019960　丁/4604　集部/俗
文學類/鼓詞

新度妻及其他　(□)□□撰　清刻本　一冊

110000－0102－0019961　丁/4605　集部/俗
文學類/鼓詞

仙姬送子　(□)□□撰　清刻本　一冊

110000－0102－0019962　丁/4606　集部/俗
文學類/鼓詞

鮑超新文　(□)□□撰　清刻本　一冊

110000－0102－0019963　丁/4607　集部/俗
文學類/鼓詞

孝琵琶　(□)□□撰　清刻本　二冊

110000－0102－0019964　丁/4608　集部/俗
文學類/鼓詞

鈹羅當五初　(□)□□撰　清刻本　一冊

110000－0102－0019965　丁/4609　集部/俗
文學類/鼓詞

三元記四卷　(□)□□撰　清刻本　二冊

110000－0102－0019966　丁/4610　子部/術
數類/雜占

孔聖枕中記　(□)□□撰　清同治二年
(1863)刻本　一冊

110000－0102－0019967　丁/4611　史部/政
書類/雜錄

幫會歌詞　(□)□□撰　清抄本　一冊

110000－0102－0019968　丁/4612　集部/別
集類/清

藤香館小品二卷　(清)長夏醉歌叟撰　清光
緒刻本　一冊

110000－0102－0019969　丁/4615　集部/俗
文學類/鼓詞

十二圓覺全卷　(□)□□撰　清光緒五年
(1879)刻本　一冊

110000－0102－0019970　丁/4618　集部/俗
文學類/彈詞

接續再生緣新選再造天南音全本八卷十六回
(清)侯香葉撰　清末刻本　四冊

110000－0102－0019971　丁/4619　集部/小
說類/章回

第十才子駐春園六卷二十四回　題(清)吳航
野客編　清乾隆五十三年(1788)刻本　二冊

110000－0102－0019972　丁/4620　集部/小
說類/筆記小說

閒談消夏錄十二卷　(清)朱翊清撰　清同治
十三年(1874)刻本　八冊

110000－0102－0019973　丁/4622　集部/小

說類/筆記小說

城南草堂筆記三卷 （清）許幼園撰　清光緒
二十七年(1901)鉛印本　二冊

110000－0102－0019974　丁/4623　集部/小
說類/筆記小說

聊齋續編八卷 （清）楊柳撰　清道光十年
(1830)刻本　八冊

110000－0102－0019975　丁/4624　集部/小
說類/筆記小說

雲香樓記事略 （□）□□撰　清抄本　一冊

110000－0102－0019976　丁/4625　集部/俗
文學類/鼓詞

三孝記四卷 （□）□□撰　清刻本　四冊

110000－0102－0019977　丁/4626　集部/俗
文學類/鼓詞

仁貴征東紅衣記四卷 （□）□□撰　清刻本
三冊

110000－0102－0019978　丁/4627　集部/俗
文學類/鼓詞

慈雲走國五集三十卷 （清）閑悟居士撰　清
刻本　五冊

110000－0102－0019979　丁/4628　集部/俗
文學類/鼓詞

慈雲走國初集 （清）閑悟居士撰　清刻本
一冊

110000－0102－0019980　丁/4629　集部/俗
文學類/鼓詞

慈雲走國四集 （清）閑悟居士撰　清刻本
一冊

110000－0102－0019981　丁/4630　集部/小
說類/筆記小說

珠邨談怪十卷續集二卷 （清）朱翊清撰　清
光緒二十年(1894)石印本　四冊

110000－0102－0019982　丁/4631　集部/曲
類/曲別集/傳奇

奈何天二卷 （清）李漁撰　清石印本　二冊

110000－0102－0019983　丁/4633　子部/醫

家類/明堂經脈

增補士材三書四種 （清）李中梓撰　清康熙
六年(1667)刻本　二冊　存四卷(診家正眼
二卷、壽世青編二卷)

110000－0102－0019984　丁/4635　集部/小
說類/筆記小說

笑笑錄六卷 （清）獨逸窩退士編　清光緒五
年(1879)聚珍仿宋鉛印本　四冊

110000－0102－0019985　丁/4636　集部/小
說類/章回

英烈全傳十卷 （明）徐渭編　清光緒十九年
(1893)刻本　十冊

110000－0102－0019986　丁/4637　集部/小
說類/筆記小說

今世說八卷 （清）王晫著　清康熙二十二年
(1683)刻本　二冊

110000－0102－0019987　丁/4638　集部/別
集類/清

鈍翁文錄十六卷 （清）汪琬撰　清光緒十三
年(1887)活字本　六冊

110000－0102－0019988　丁/4640　史部/傳
記類/總傳/專錄/列女

宮閨聯名譜二十二卷 （清）董恂撰　（清）陸
纘補輯　清光緒鉛印本　十冊

110000－0102－0019989　丁/4641　史部/別
史、雜史類

臺灣外記三十卷 （清）江日昇撰　清光緒鉛
印本　六冊

110000－0102－0019990　丁/4648　史部/傳
記類/人表

國朝兩浙科名錄[順治丙戌至咸豐己卯科]
（清）黃安綏撰　清咸豐七年(1857)刻本
四冊

110000－0102－0019991　丁/4649　集部/別
集類/明

秫坡先生詩集八卷 （明）黎貞撰　清光緒元
年(1875)刻本　四冊

110000－0102－0019992　丁/4650　集部/別集類/清

儀宋堂詩集十卷外集一卷詞集二卷文外集三卷　（清）吳嘉洤撰　清宣統三年(1911)刻本　四冊

110000－0102－0019993　丁/4652　集部/別集類/清

尚絅堂詩集五十二卷文集二卷詞集二卷（清）劉嗣綰撰　清道光六年(1826)刻本　十冊

110000－0102－0019994　丁/4653　集部/俗文學類/鼓詞

雙鳳山四卷　（□）□□撰　清光緒二十四年(1898)刻本　一冊

110000－0102－0019995　丁/4654　集部/俗文學類/鼓詞

紅霞征北六卷　（□）□□撰　清光緒十八年(1892)刻本　六冊

110000－0102－0019996　丁/4655　子部/雜家類/雜纂

談古偶錄二卷　（清）陳星瑞撰　清光緒二年(1876)鉛印本　二冊

110000－0102－0019997　丁/4657　集部/小說類/筆記小說

閒居新編四卷　（清）忘憂草堂輯　清光緒十一年(1885)刻本　二冊

110000－0102－0019998　丁/4660　集部/小說類/筆記小說

風流自賞十六卷　（清）李鳳儀撰　清光緒三十四年(1908)鉛印本　八冊

110000－0102－0019999　丁/4671　集部/別集類/清

心香室詩鈔五卷　（清）范金鏞撰　清光緒十一年(1885)刻本　五冊

110000－0102－0020000　丁/4672　集部/別集類/清

西園瓣香集三卷　（清）王元常撰　清刻本　三冊

110000－0102－0020001　丁/4673　集部/別集類/清

峰青館詩鈔七卷　（清）錢國珍撰　清同治四年(1865)刻本　二冊

110000－0102－0020002　丁/4674　集部/別集類/清

西磧山房詩文錄四卷　（清）蔡復午撰　清光緒二十八年(1902)石印本　一冊

110000－0102－0020003　丁/4676　集部/別集類/清

鏡真山房詩鈔六卷　（清）張鳳翥撰　清同治二年(1863)刻本　一冊

110000－0102－0020004　丁/4677　集部/別集類/清

寶堂詩鈔十卷附存二卷　（清）周衡撰　清光緒二年(1876)刻本　三冊

110000－0102－0020005　丁/4679　史部/傳記類/年譜

曾文正公大事記　（清）王定安撰　清光緒二年(1876)聚珍仿宋鉛印本　二冊

110000－0102－0020006　丁/4680　集部/俗文學類/迷語及其它

寄傲山房隱語　（清）冬芳氏撰　清光緒刻本　二冊

110000－0102－0020007　丁/4683　集部/別集類/清

一規八棱硯齋詩鈔六卷文鈔一卷詞鈔一卷（清）徐廷華撰　清光緒九年(1883)刻本　三冊

110000－0102－0020008　丁/4685　集部/別集類/清

一經堂詩錄八卷　（清）楊廷撰　清咸豐七年(1857)刻本　六冊

110000－0102－0020009　丁/4686　集部/小說類/筆記小說

池上草堂筆記六卷　（清）梁恭辰撰　清咸豐刻本　八冊

110000－0102－0020010　丁/4687　集部/小說類/筆記小說

異談可信錄二十三卷　（清）鄧晅輯　清乾隆五十九年（1794）刻本　十冊

110000－0102－0020011　丁/4692　集部/小說類/章回

英雄譜　（清）金聖嘆批點　清刻本　二十四冊

110000－0102－0020012　丁/4693　集部/俗文學類/彈詞

換空箱　（□）□□撰　清光緒十三年（1887）刻本　六冊

110000－0102－0020013　丁/4695　集部/別集類/清

閟門集六卷　（清）小浮山人撰　清光緒五年（1879）刻本　二冊

110000－0102－0020014　丁/4696　集部/別集類/清

船庵集十二卷　（清）小浮山人撰　清光緒五年（1879）刻本　二冊

110000－0102－0020015　丁/4703　集部/別集類/清

桂留山房詩集十二卷詞一卷　（清）沈學淵撰　清道光二十四年（1844）刻本　四冊

110000－0102－0020016　丁/4704　集部/別集類/清

樂余靜廉齋詩稿二卷文稿一卷　（清）顧棟高撰　清同治六年（1867）刻本　二冊

110000－0102－0020017　丁/4709　子部/醫家類/醫經

靈素集註節要十二卷　（清）陳念祖集註　清光緒十八年（1892）鉛印本　二冊

110000－0102－0020018　丁/4721　集部/詞類/詞選/通代

詞選二卷續詞選二卷附錄一卷　（清）張惠言編　清道光十年（1830）刻本　三冊

110000－0102－0020019　丁/4726　集部/別

集類/清

容安齋詩集八卷　（清）汪應銓撰　清刻本二冊

110000－0102－0020020　丁/4727　史部/傳記類/別傳

南山佳話　（清）鄔慶時編　清光緒三十四年（1908）刻本　一冊

110000－0102－0020021　丁/4731　集部/別集類/清

小重山房詩續鈔　（清）張祥河撰　清光緒元年（1875）刻本　四冊

110000－0102－0020022　丁/4734　集部/別集類/清

學古齋詩草二卷　（清）蔡增澍撰　清宣統二年（1910）刻本　二冊

110000－0102－0020023　丁/4735　子部/醫家類/獸醫

元亨療牛集二卷　（明）喻本元　（明）喻本亨合編　清刻本　二冊

110000－0102－0020024　丁/4736　集部/別集類/清

憶園詩鈔六卷　（清）陳燮撰　清嘉慶三年（1798）刻本　二冊

110000－0102－0020025　丁/4737　集部/別集類/清

亦有生齋集樂府二卷　（清）趙懷玉撰　清乾隆三十六年（1771）刻本　一冊

110000－0102－0020026　丁/4739　史部/別史、雜史類

湖防私記三卷餘事一卷　（清）宋韻初撰　清光緒十三年（1887）刻本　一冊

110000－0102－0020027　丁/4740　集部/別集類/清

梅花鐵石山房詩鈔二卷　（清）宋彥成撰　清光緒二十六年（1900）刻本　一冊

110000－0102－0020028　丁/4742　集部/別集類/清

履綏堂詩稿八卷　（清）海鍾撰　清同治七年（1868）刻本　四冊

110000－0102－0020029　丁/4743　集部/別集類/清

澹餘詩略三卷　（清）汪暕撰　清咸豐八年（1858）刻本　一冊

110000－0102－0020030　丁/4747　集部/別集類/清

三十六灣草廬稿十卷　（清）黃本騏撰　清道光刻本　二冊

110000－0102－0020031　丁/4749　集部/別集類/清

岳容齋詩集四卷　（清）岳鍾琪撰　清刻本　一冊

110000－0102－0020032　丁/4750　集部/別集類/清

十華小築詩鈔四卷　（清）余本愚撰　清光緒十二年（1886）刻本　四冊

110000－0102－0020033　丁/4752　集部/別集類/清

歎夫詩文稿十一卷　（清）李夢松撰　清嘉慶二年（1797）刻本　四冊

110000－0102－0020034　丁/4755　集部/別集類/清

麥有堂詩初集四卷二集四卷雜著一卷　（清）熊頤撰　清光緒二十年（1894）刻本　二冊

110000－0102－0020035　丁/4757　集部/別集類/清

借閒生詩三卷詞一卷　（清）汪遠孫撰　清道光二十年（1840）刻本　一冊

110000－0102－0020036　丁/4759　史部/傳記類/雜錄

日記故事　（□）□□撰　清刻本　一冊

110000－0102－0020037　丁/4760　子部/醫家類/雜錄

鵁鶄會約一卷　（清）漢溪翁撰　清咸豐五年（1855）刻本　一冊

110000－0102－0020038　丁/4762　集部/別集類/清

繼雅堂詩集三十四卷　（清）陳僅撰　清道光二十七年（1847）刻本　六冊

110000－0102－0020039　丁/4763　集部/別集類/清

問鸝山館詩鈔　（清）楊炳勳撰　清光緒二十年（1894）刻本　一冊

110000－0102－0020040　丁/4764　集部/別集類/清

尚絅堂詩存二卷　（清）吳嘉賓撰　清同治五年（1866）刻本　一冊

110000－0102－0020041　丁/4768　集部/別集類/清

後湘詩集九卷二集五卷　（清）姚瑩撰　清道光十三年（1833）刻本　二冊

110000－0102－0020042　丁/4770　集部/別集類/清

詩存四卷附觀劇絕句一卷　（清）金德英撰　清末刻本　二冊

110000－0102－0020043　丁/4771　集部/別集類/清

鼇山存真集詩鈔　（清）鄧章撰　清同治孫家珍刻本　二冊

110000－0102－0020044　丁/4772　集部/總集類/文/家族

西橋王氏家集十卷　（清）王舟瑤編　清光緒三十三年（1907）刻本　五冊

110000－0102－0020045　丁/4773　集部/總集類/詩/斷代/唐至五代

唐詩諧律二卷　（清）沈寶青輯　清光緒十四年（1888）刻本　二冊

110000－0102－0020046　丁/4775　集部/別集類/清

湘轂初稿八卷吟稿四卷　（清）謝庭蘭撰　清光緒刻本　四冊

110000－0102－0020047　丁/4778　集部/別

集類/清

亦樂堂詩稿六卷 （清）陶自悅撰　清乾隆二十七年（1762）刻本　二冊

110000－0102－0020048　丁/4779　集部/別集類/清

琴源山房詩六卷 （清）言友恂撰　清同治七年（1868）刻本　三冊

110000－0102－0020049　丁/4781　集部/別集類/明

藍澗詩集六卷 （明）藍智撰　清光緒十年（1884）刻本　二冊

110000－0102－0020050　丁/4782　集部/別集類/明

藍山集六卷 （明）藍仁撰　清光緒刻本　二冊

110000－0102－0020051　丁/4785　集部/別集類/民國

餘癡初稿 毓朗撰　清宣統三年（1911）鉛印本　一冊

110000－0102－0020052　丁/4790　子部/雜家類/雜纂

省心集 怡庵居輯　清抄本　三冊

110000－0102－0020053　丁/4791　集部/別集類/清

行藏園雜存十卷 （清）馮寰頌撰　清宣統二年（1910）刻本　四冊

110000－0102－0020054　丁/4794　集部/別集類/明

瞿忠宣公集十卷 （明）瞿式耜撰　清光緒三十三年（1907）刻本　四冊

110000－0102－0020055　丁/4797　集部/總集類/詩/地方

當湖詩文逸二十二卷 （清）張憲和編　清光緒二十年（1894）刻本　八冊

110000－0102－0020056　丁/4799　子部/雜家類/雜述

珊瑚舌雕談初筆二卷 （清）許起撰　清

刻本　一冊

110000－0102－0020057　丁/4802　集部/小說類/筆記小說

碧聲吟館談塵四卷 （清）許善長撰　清光緒四年（1878）刻本　三冊

110000－0102－0020058　丁/4804　集部/小說類/筆記小說

明齋小識 （清）諸聯撰　清道光刻本　二冊

110000－0102－0020059　丁/4806　集部/詞類/詞別集

影事詞存稿 （清）劉荃等撰　清刻本　一冊

110000－0102－0020060　丁/4809　集部/別集類/清

龍湫嗣音集十二卷 （清）盛坰撰　清道光二十五年（1845）刻本　四冊

110000－0102－0020061　丁/4812　集部/別集類/清

蘋香書屋文鈔三卷 （清）鄒文柏撰　清光緒三十四年（1908）刻本　一冊

110000－0102－0020062　丁/4813　史部/政書類/邦計

籌世芻議四卷 （清）鄒文柏撰　清光緒三十四年（1908）刻本　二冊

110000－0102－0020063　丁/4814　子部/雜家類/雜述

蘋香書屋紀略七卷 （清）鄒文柏撰　清光緒三十四年（1908）刻本　三冊

110000－0102－0020064　丁/4815　集部/別集類/清

顯志堂集十二卷 （清）馮桂芬撰　清光緒二年（1876）刻本　八冊

110000－0102－0020065　丁/4819　集部/別集類/清

知白軒遺稿二卷 （清）楊景程撰　清光緒九年（1883）刻本　一冊

110000－0102－0020066　丁/4821　集部/別集類/清

松風閣詩鈔二十六卷　（清）彭蘊章撰　清同
治三年(1864)刻本　八冊

110000－0102－0020067　丁/4822　集部/別
集類/清

簡公文鈔六卷續二卷詩鈔一卷　（清）陳鱣撰
清光緒十四年(1888)刻本　二冊

110000－0102－0020068　丁/4833　集部/別
集類/清

滑疑集八卷　（清）韓錫胙撰　清咸豐四年
(1854)刻本　四冊

110000－0102－0020069　丁/4836　子部/醫
家類/傷寒方論

傷寒論淺註補正七卷首一卷　（漢）張機撰
清光緒三十四年(1908)刻本　四冊

110000－0102－0020070　丁/4837　子部/醫
家類/雜病方論

醫碥七卷　（清）何夢瑤輯　清乾隆十六年
(1751)刻本　六冊

110000－0102－0020071　丁/4840　子部/醫
家類/兒婦科方論

幼幼集成六卷　（清）陳復正撰　清宣統三年
(1911)石印本　五冊

110000－0102－0020072　丁/4842　集部/詞
類/詞別集

舊月簃詞　陳曾壽撰　清抄本　一冊

110000－0102－0020073　丁/4843　子部/藝
術類/雜技

襄陽本義　（□）□□撰　清抄本　一冊

110000－0102－0020074　丁/4851　集部/別
集類/清

自然好學齋詩鈔十卷　（清）汪端撰　清同治
十三年(1874)刻本　三冊

110000－0102－0020075　丁/4852　集部/別
集類/清

思退堂詩鈔十二卷　（清）陳祖望撰　清咸豐
刻本　二冊

110000－0102－0020076　丁/4856　史部/史
評類/詠史

詠史詩　（清）慶祿等撰　清道光十五年
(1835)刻本　一冊

110000－0102－0020077　丁/4860　集部/別
集類/清

缶廬詩四卷別存一卷　（清）吳俊卿撰　清光
緒十九年(1893)刻本　一冊

110000－0102－0020078　丁/4862　子部/雜
家類

群書劄記十六卷　（清）朱亦棟撰　清光緒四
年(1878)刻本　二冊　存四卷(一至四)

110000－0102－0020079　丁/4863　集部/別
集類/清

靈石山房詩草　（清）貴成撰　清同治刻本
一冊

110000－0102－0020080　丁/4864　集部/別
集類/清

樗巢詩選五卷　（清）李必恆撰　清嘉慶十四
年(1809)刻本　二冊

110000－0102－0020081　丁/4865　集部/別
集類/清

冬暄草堂遺詩二卷　（清）陳豪撰　清宣統三
年(1911)刻本　二冊

110000－0102－0020082　丁/4866　集部/別
集類/清

烏石山詩存十二卷　（清）龔易圖撰　清光緒
九年(1883)刻本　四冊

110000－0102－0020083　丁/4871　集部/別
集類/明

西溪百詠　（明）釋大善撰　清刻本　二冊

110000－0102－0020084　丁/4872　集部/別
集類/清

覺生詠史詩鈔三卷　（清）鮑桂星撰　清刻本
一冊

110000－0102－0020085　丁/4882　集部/別
集類/清

秋濤閣吟草三卷　（清）朱詒泰撰　清光緒三

十一年(1905)刻本　一冊

110000－0102－0020086　丁/4886　集部/集
評類/詩評/詩話

春秋詩話四卷　(清)勞孝興撰　清道光二十
五年(1845)南海伍氏粵雅堂刻嶺南叢書本
一冊

110000－0102－0020087　丁/4891　集部/別
集類/清

煙霞萬古樓詩選二卷　(清)王曇撰　清道光
二十年(1840)刻本　一冊

110000－0102－0020088　丁/4894　集部/別
集類/明

史忠正公文集四卷附錄二卷　(明)史可法撰
清光緒四年(1878)刻本　四冊

110000－0102－0020089　丁/4896　集部/別
集類/清

芝庭先生集十八卷　(清)彭啟豐撰　清光緒
二年(1876)刻本　六冊

110000－0102－0020090　丁/4897　集部/別
集類/清

**南畇詩稿四卷續稿十卷文稿十二卷小題文稿
一卷**　(清)彭定求撰　清光緒七年(1881)刻
本　十三冊

110000－0102－0020091　丁/4898　集部/別
集類/清

許松滮集四十三卷　(清)許錫祺撰　清光緒
十七年(1891)刻本　八冊

110000－0102－0020092　丁/4900　集部/別
集類/清

容安小室詩鈔二卷　(清)楊福申撰　清光緒
二十三年(1897)鉛印本　一冊

110000－0102－0020093　丁/4902　集部/總
集類/詩/地方

滄州明詩鈔　(清)王國均輯　清道光二十六
年(1846)刻本　一冊

110000－0102－0020094　丁/4903　集部/總
集類/詩/地方

國朝滄州詩補鈔二卷續鈔四卷　(清)王國均
撰　清咸豐八年(1858)刻本　三冊

110000－0102－0020095　丁/4904　集部/別
集類/明

太古堂雜著　(明)高宏圖撰　清道光五年
(1825)抄本　一冊

110000－0102－0020096　丁/4908　集部/別
集類/清

古微堂內集二卷外集八卷　(清)魏源撰　清
宣統元年(1909)鉛印本　六冊

110000－0102－0020097　丁/4911　集部/總
集類/文/雜錄/書牘表啟

曹李尺牘二卷　(清)曹溶　(清)李良撰　清
刻本　二冊

110000－0102－0020098　丁/4912　集部/別
集類/清

木庵居士詩四卷　(清)陳書撰　清光緒三十
二年(1906)刻本　二冊

110000－0102－0020099　丁/4913　集部/別
集類/宋

鐔津文集十九卷首一卷　(宋)釋契嵩撰　清
光緒二十八年(1902)刻本　四冊

110000－0102－0020100　丁/4915　集部/別
集類/明

方孩未先生集十六卷　(明)方震孺撰　清同
治七年(1868)刻本　六冊

110000－0102－0020101　丁/4922　集部/別
集類/清

問園遺稿一卷　(清)范元亨撰　清咸豐七年
(1857)鉛印本　一冊

110000－0102－0020102　丁/4924　集部/別
集類/清

繡餘小草六卷　(清)扈斯哈里氏撰　清光緒
二十二年(1896)石印本　四冊

110000－0102－0020103　丁/4925　集部/別
集類/清

二林居集二卷　(清)彭紹升撰　清光緒六年

（1880）刻本　二册

110000－0102－0020104　丁/4930　集部/别集类/宋

指南後錄二卷　（宋）文天祥撰　清刻本一册

110000－0102－0020105　丁/4932　集部/别集类/清

濂亭文集八卷　（清）張裕釗撰　清宣統三年（1911）石印本　二册

110000－0102－0020106　丁/4933　集部/别集类/清

九宮山人詩選二卷　（清）閻介年撰　清刻本一册

110000－0102－0020107　丁/4938　史部/傳記類/總傳/通錄/斷代

懷舊雜記二卷　（清）張文虎撰　清光緒十九年（1893）刻本　二册

110000－0102－0020108　丁/4941　集部/别集类/清

松夢寮詩稿六卷　（清）丁丙撰　清光緒二十五年（1899）刻本　二册

110000－0102－0020109　丁/4961　集部/别集类/清

丁文誠公遺稿　（清）丁寶楨撰　清光緒二十年（1894）刻本　一册

110000－0102－0020110　丁/4962　子部/雜家類/學說

蘆浦筆記十卷　（宋）劉昌詩撰　清抄本二册

110000－0102－0020111　丁/4963　集部/别集类/清

瓻祖齋詩鈔　（清）劉銓福撰　清同治十年（1871）刻本　一册

110000－0102－0020112　丁/4964　史部/地理類/山川/山

重刊宋本南嶽摠勝集三卷　（宋）陳田夫撰清光緒三十二年（1906）刻本　三册

110000－0102－0020113　丁/4966　史部/地理類/外紀

日本雜事詩二卷　（清）黃遵憲撰　清光緒五年（1879）活字本　二册

110000－0102－0020114　丁/4967　集部/别集类/清

樂余靜廉齋文稿　（清）顧棟高撰　清同治六年（1867）刻本　一册

110000－0102－0020115　丁/4968　集部/别集类/清

有真意齋文集　（清）潘世恩撰　清道光十三年（1833）刻本　一册

110000－0102－0020116　丁/4969　集部/詞類/詞選/斷代

宋四家詞選　（清）周濟輯　清同治十二年（1873）刻本　一册

110000－0102－0020117　丁/4971　子部/雜家類/雜述

薔菴隨筆二卷　（清）陸文衡撰　清光緒二十三年（1897）石印本　一册

110000－0102－0020118　丁/4973　集部/總集類/詩/雜錄/唱和

癸酉消夏詩　（清）潘祖蔭等撰　清刻本一册

110000－0102－0020119　丁/4974　集部/别集类/清

秋盦遺稿　（清）黃易撰　清宣統二年（1910）石印本　一册

110000－0102－0020120　丁/4977　集部/别集类/民國

悟園詩文存　朱羲冑撰　清宣統三年至民國三年（1911－1914）鉛印本　二册

110000－0102－0020121　丁/4980　集部/别集类/清

意園文略二卷事略一卷　（清）楊鍾羲撰　清宣統元年（1909）刻本　一册

110000－0102－0020122　丁/4984　集部/别

集類/清

芸香館遺集 （清）那遜蘭保撰　清同治十三年(1874)刻本　一冊

110000－0102－0020123　丁/4990　集部/別集類/清

聽松樓遺稿四卷附錄一卷 （清）陳爾士撰　清道光刻本　一冊

110000－0102－0020124　丁/4992　集部/別集類/清

松聲池館詩存四卷 （清）汪璐撰　清光緒十五年(1889)刻本　一冊

110000－0102－0020125　丁/4993　集部/別集類/清

耐軒古今體詩存二卷 （清）張守誠撰　清光緒三十四年(1908)鉛印本　二冊

110000－0102－0020126　丁/4994　集部/別集類/清

耐軒古今體詩存二卷 （清）張守誠撰　清光緒三十四年(1908)鉛印本　二冊

110000－0102－0020127　丁/4998　集部/總集類/文/婦女

漢魏六朝女子文選二卷　張維輯　清宣統三年(1911)刻本　一冊

110000－0102－0020128　丁/5003　子部/雜家類/雜考

讀書雜釋十四卷 （清）徐鼒撰　清咸豐十一年(1861)刻本　四冊

110000－0102－0020129　丁/5013　集部/別集類/清

艾廬遺稿四卷 （清）邵曾鑒撰　清光緒二十三年(1897)刻本　二冊

110000－0102－0020130　丁/5014　集部/別集類/清

振綺堂詩存 （清）汪憲撰　清光緒十五年(1889)刻本　一冊

110000－0102－0020131　丁/5016　集部/別集類/清

四松草堂詩略四卷 （清）宗韶撰　清光緒鉛印本　二冊

110000－0102－0020132　丁/5017　集部/別集類/清

西崑山居殘草 （清）王星誠撰　清同治十年(1871)刻本　一冊

110000－0102－0020133　丁/5019　集部/詞類/詞譜、詞律、詞韻/詞韻

詞林正韻 （清）戈載撰　清光緒七年(1881)刻本　二冊

110000－0102－0020134　丁/5022　集部/別集類/清

張文節公遺集三卷 （清）張洵撰　清同治十一年(1872)刻本　一冊

110000－0102－0020135　丁/5027　集部/別集類/清

陔南池館遺集二卷 （清）喬重禧撰　清咸豐元年(1851)刻本　一冊

110000－0102－0020136　丁/5029　集部/別集類/清

易水往還稿 （清）石琴道人撰　清道光十一年(1831)刻本　一冊

110000－0102－0020137　丁/5031　集部/別集類/清

縵雅堂駢體文八卷 （清）王詒壽撰　清光緒六年(1880)刻本　二冊

110000－0102－0020138　丁/5034　集部/別集類/清

妙香館文鈔二卷 （清）岳東屏撰　清道光五年(1825)刻本　一冊

110000－0102－0020139　丁/5035　集部/別集類/清

夢奈詩稿一卷 （清）馮桂芬撰　清光緒二年(1876)刻本　一冊

110000－0102－0020140　丁/5036　集部/別集類/清

沈四山人詩錄五卷附錄一卷 （清）沈謹學撰

清光緒三年(1877)刻本　一冊

110000－0102－0020141　丁/5038　集部/別集類/清

湖山雜詠　（清）王緯撰　清光緒二十年(1894)刻本　一冊

110000－0102－0020142　丁/5040　集部/別集類/清

梅湖吟稿四卷　林棟撰　清宣統二年(1910)鉛印本　一冊

110000－0102－0020143　丁/5041　集部/別集類/清

梅湖吟稿四卷　林棟撰　清宣統二年(1910)鉛印本　一冊

110000－0102－0020144　丁/5044　集部/總集類/詩/通代

方外詩選八卷　（清）釋含澈編　清光緒三年(1877)刻本　六冊

110000－0102－0020145　丁/5045　集部/別集類/清

敬儀堂經進詩文稿一卷詩存一卷　（清）桂芳撰　清道光十三年(1833)刻本　一冊

110000－0102－0020146　丁/5048　集部/別集類/宋

倚松老人文集二卷　（宋）饒節撰　清宣統三年(1911)刻本　一冊

110000－0102－0020147　丁/5049　集部/別集類/宋

陵陽先生詩集四卷　（宋）韓駒撰　清宣統三年(1911)刻本　一冊

110000－0102－0020148　丁/5052　集部/別集類/宋

放翁題跋六卷放翁家訓一卷　（宋）陸游撰　清光緒四年(1878)仁和葛氏刻本　二冊

110000－0102－0020149　丁/5062　集部/俗文學類/變文

河南開封府花栁良願龍圖寶卷二卷　（□）□□撰　清光緒刻本　二冊

110000－0102－0020150　丁/5063　集部/俗文學類/變文

浙江杭州府錢塘縣雷峰寶卷二卷　（□）□□撰　清刻本　二冊

110000－0102－0020151　丁/5064　集部/俗文學類/變文

湖廣荆州府永慶縣修行梅氏花鸝寶卷二卷　（□）□□撰　清刻本　二冊

110000－0102－0020152　丁/5065　集部/俗文學類/變文

楊公寶卷　（□）□□撰　清光緒三十三年(1907)刻本　一冊

110000－0102－0020153　丁/5066　集部/俗文學類/變文

鸚兒寶卷　（□）□□撰　清光緒七年(1881)刻本　一冊

110000－0102－0020154　丁/5067　集部/俗文學類/變文

鳥窠禪師度白侍郎寶卷　（□）□□撰　清刻本　一冊

110000－0102－0020155　丁/5068　集部/俗文學類/變文

達摩寶卷　（□）□□撰　清光緒三十年(1904)刻本　一冊

110000－0102－0020156　丁/5069　集部/俗文學類/變文

呂祖師度何仙姑因果寶卷　（□）□□撰　清光緒三十年(1904)刻本　一冊

110000－0102－0020157　丁/5070　集部/俗文學類/變文

潘公免災救難寶卷　（□）□□撰　清光緒九年(1883)刻本　一冊

110000－0102－0020158　丁/5071　集部/俗文學類/變文

三茅應化真君寶卷　（□）□□撰　清光緒十八年(1892)刻本　一冊

110000－0102－0020159　丁/5072　集部/俗

文學類/變文

三世化生寶卷二卷 （□）□□撰　清光緒五年(1879)刻本　一冊

110000－0102－0020160　丁/5073　集部/俗文學類/變文

山西平陽府平陽邨秀女寶卷 （□）□□撰清光緒三十四年(1908)刻本　一冊

110000－0102－0020161　丁/5074　集部/俗文學類/變文

杏花寶卷 （□）□□撰　清光緒五年(1879)刻本　一冊

110000－0102－0020162　丁/5075　集部/俗文學類/變文

趙氏賢孝寶卷二卷 （□）□□撰　清光緒五年(1879)刻本　二冊

110000－0102－0020163　丁/5076　集部/俗文學類/變文

妙英寶卷 （□）□□撰　清光緒刻本　一冊

110000－0102－0020164　丁/5077　集部/俗文學類/變文

香山寶卷二卷 （□）□□撰　清道光十一年(1831)刻本　二冊

110000－0102－0020165　丁/5078　集部/俗文學類/變文

太華山紫金頂兩世修行劉香寶卷全集二卷 （□）□□撰　清刻本　二冊

110000－0102－0020166　丁/5079　集部/俗文學類/變文

純陽祖師說三世因果寶卷 （□）□□撰　清光緒元年(1875)刻本　一冊

110000－0102－0020167　丁/5080　集部/俗文學類/變文

翠蓮寶卷 （□）□□撰　清宣統元年(1909)抄本　一冊

110000－0102－0020168　丁/5081　集部/俗文學類/變文

馬力寶卷 （□）□□撰　清抄本　一冊

110000－0102－0020169　丁/5082　集部/俗文學類/變文

贈珠寶卷 （□）□□撰　清宣統元年(1909)抄本　一冊

110000－0102－0020170　丁/5083　集部/俗文學類/變文

雌雄盃寶卷 （□）□□撰　清抄本　一冊

110000－0102－0020171　丁/5084　集部/俗文學類/變文

雙富寶卷 （□）□□撰　清抄本　一冊

110000－0102－0020172　丁/5085　集部/俗文學類/變文

山陽縣寶卷 （□）□□撰　清抄本　一冊

110000－0102－0020173　丁/5086　集部/俗文學類/變文

百花廳寶卷 （□）□□撰　清抄本　一冊

110000－0102－0020174　丁/5087　集部/俗文學類/變文

白玉燕寶卷 （□）□□撰　清同治四年(1865)抄本　一冊

110000－0102－0020175　丁/5088　集部/俗文學類/變文

昆仲賢良寶卷 （□）□□撰　清宣統二年(1910)抄本　一冊

110000－0102－0020176　丁/5089　集部/俗文學類/變文

唧金環寶卷 （□）□□撰　清抄本　一冊

110000－0102－0020177　丁/5090　集部/俗文學類/變文

金牌寶卷 （□）□□撰　清抄本　一冊

110000－0102－0020178　丁/5091　集部/俗文學類/變文

姑嫂雙修寶卷 （□）□□撰　清抄本　一冊

110000－0102－0020179　丁/5092　集部/俗文學類/變文

龍燈寶卷 （□）□□撰　清抄本　一冊

110000－0102－0020180　丁/5093　集部/俗

文學類/變文

公案寶卷 （□）□□撰　清抄本　一冊

110000－0102－0020181　丁/5094　集部/俗
文學類/變文

家堂竈君寶卷 （□）□□撰　清抄本　一冊

110000－0102－0020182　丁/5095　集部/俗
文學類/變文

四喜寶卷 （□）□□撰　清抄本　一冊

110000－0102－0020183　丁/5096　集部/俗
文學類/變文

妙英寶卷 （□）□□撰　清抄本　一冊

110000－0102－0020184　丁/5097　集部/俗
文學類/變文

逆兒孝媳寶卷 （□）□□撰　清抄本　一冊

110000－0102－0020185　丁/5098　集部/俗
文學類/變文

鳳麟寶卷 （□）□□撰　清抄本　一冊

110000－0102－0020186　丁/5099　集部/俗
文學類/變文

劉金達寶卷 （□）□□撰　清抄本　一冊

110000－0102－0020187　丁/5100　集部/俗
文學類/變文

義妖傳寶卷 （□）□□撰　清抄本　一冊

110000－0102－0020188　丁/5101　集部/俗
文學類/變文

雙花寶卷 （□）□□撰　清抄本　一冊

110000－0102－0020189　丁/5102　集部/俗
文學類/變文

百花台寶卷 （□）□□撰　清抄本　一冊

110000－0102－0020190　丁/5103　集部/俗
文學類/變文

麒麟寶卷 （□）□□撰　清抄本　一冊

110000－0102－0020191　丁/5104　集部/俗
文學類/變文

天曹寶卷 （□）□□撰　清抄本　一冊

110000－0102－0020192　丁/5105　集部/俗

文學類/變文

解辰寶卷 （□）□□撰　清抄本　一冊

110000－0102－0020193　丁/5106　集部/俗
文學類/變文

觀音得道寶卷 （□）□□撰　清抄本　一冊

110000－0102－0020194　丁/5107　集部/俗
文學類/變文

金開寶卷 （□）□□撰　清抄本　一冊

110000－0102－0020195　丁/5108　集部/俗
文學類/變文

黃金印寶卷 （□）□□撰　清抄本　一冊

110000－0102－0020196　丁/5109　集部/俗
文學類/變文

獻龍袍寶卷 （□）□□撰　清抄本　一冊

110000－0102－0020197　丁/5110　集部/俗
文學類/變文

買臣莊子寶卷 （□）□□撰　清抄本　一冊

110000－0102－0020198　丁/5111　集部/俗
文學類/變文

蘭香閣寶卷 （□）□□撰　清抄本　一冊

110000－0102－0020199　丁/5112　集部/俗
文學類/變文

三景圖寶卷 （□）□□撰　清抄本　一冊

110000－0102－0020200　丁/5113　集部/俗
文學類/變文

梁山伯寶卷 （□）□□撰　清抄本　一冊

110000－0102－0020201　丁/5114　集部/俗
文學類/變文

顯應橋寶卷 （□）□□撰　清抄本　一冊

110000－0102－0020202　丁/5115　集部/俗
文學類/變文

合義通財寶卷 （□）□□撰　清抄本　一冊

110000－0102－0020203　丁/5116　集部/俗
文學類/變文

文秀寶卷 （□）□□撰　清抄本　一冊

110000－0102－0020204　丁/5117　集部/俗

文學類/變文

鶴圖寶卷 (□)□□撰　清抄本　一冊

110000－0102－0020205　丁/5118　集部/俗
文學類/變文

祖師寶卷 (□)□□撰　清抄本　一冊

110000－0102－0020206　丁/5119　集部/俗
文學類/變文

妙音寶卷 (□)□□撰　清抄本　一冊

110000－0102－0020207　丁/5120　集部/俗
文學類/變文

六神寶卷 (□)□□撰　清光緒五年(1879)
抄本　一冊

110000－0102－0020208　丁/5121　集部/俗
文學類/變文

荒年賣子寶卷 (□)□□撰　清抄本　一冊

110000－0102－0020209　丁/5122　集部/俗
文學類/變文

桃花延壽寶卷 (□)□□撰　清光緒三十二
年(1906)抄本　一冊

110000－0102－0020210　丁/5123　集部/俗
文學類/變文

何文秀寶卷 (□)□□撰　清抄本　一冊

110000－0102－0020211　丁/5124　集部/俗
文學類/變文

雙義寶卷 (□)□□撰　清抄本　一冊

110000－0102－0020212　丁/5125　集部/俗
文學類/變文

花辛寶卷 (□)□□撰　清抄本　一冊

110000－0102－0020213　丁/5126　集部/俗
文學類/變文

甄氏寶卷 (□)□□撰　清抄本　一冊

110000－0102－0020214　丁/5127　集部/俗
文學類/變文

解順星寶卷 (□)□□撰　清抄本　一冊

110000－0102－0020215　丁/5128　集部/俗
文學類/變文

雙包記寶卷 (□)□□撰　清抄本　一冊

110000－0102－0020216　丁/5129　集部/俗
文學類/變文

三鼎甲寶卷 (□)□□撰　清光緒三十年
(1904)抄本　一冊

110000－0102－0020217　丁/5130　集部/俗
文學類/變文

紅羅寶卷 (□)□□撰　清抄本　一冊

110000－0102－0020218　丁/5131　集部/俗
文學類/變文

香蝴蝶寶卷 (□)□□撰　清宣統二年
(1910)抄本　一冊

110000－0102－0020219　丁/5132　集部/俗
文學類/變文

還金鐲寶卷 (□)□□撰　清宣統三年
(1911)抄本　一冊

110000－0102－0020220　丁/5133　集部/俗
文學類/變文

三鼎甲寶卷 (□)□□撰　清光緒三十四年
(1908)抄本　一冊

110000－0102－0020221　丁/5134　集部/俗
文學類/變文

巧姻緣寶卷 (□)□□撰　清光緒三十四年
(1908)抄本　一冊

110000－0102－0020222　丁/5135　集部/俗
文學類/變文

珍珠塔寶卷 (□)□□撰　清光緒三十四年
(1908)抄本　一冊

110000－0102－0020223　丁/5136　集部/俗
文學類/變文

盜令寶卷 (□)□□撰　清光緒三十四年
(1908)抄本　一冊

110000－0102－0020224　丁/5137　集部/俗
文學類/變文

白兔記寶卷 (□)□□撰　清宣統元年
(1909)抄本　一冊

110000－0102－0020225　丁/5138　集部/俗
文學類/變文

四喜寶卷 （□）□□撰　清宣統元年(1909)
抄本　一冊

110000－0102－0020226　丁/5139　集部/俗
文學類/變文

白玉燕寶卷 （□）□□撰　清宣統元年
(1909)抄本　一冊

110000－0102－0020227　丁/5140　集部/俗
文學類/變文

龍燈寶卷 （□）□□撰　清宣統元年(1909)
抄本　一冊

110000－0102－0020228　丁/5141　集部/俗
文學類/變文

雙花寶卷 （□）□□撰　清宣統元年(1909)
抄本　一冊

110000－0102－0020229　丁/5142　集部/俗
文學類/變文

劉金達寶卷 （□）□□撰　清宣統元年
(1909)抄本　一冊

110000－0102－0020230　丁/5143　集部/俗
文學類/變文

九美圖寶卷 （□）□□撰　清宣統元年
(1909)抄本　一冊

110000－0102－0020231　丁/5144　集部/俗
文學類/變文

賣花寶卷 （□）□□撰　清宣統元年(1909)
抄本　一冊

110000－0102－0020232　丁/5145　集部/俗
文學類/變文

一飡飯寶卷 （□）□□撰　清光緒元年
(1875)抄本　一冊

110000－0102－0020233　丁/5146　集部/俗
文學類/變文

雕龍扇寶卷 （□）□□撰　清宣統元年
(1909)抄本　一冊

110000－0102－0020234　丁/5147　集部/俗
文學類/變文

五美圖寶卷 （□）□□撰　清宣統元年

(1909)抄本　一冊

110000－0102－0020235　丁/5148　集部/俗
文學類/變文

雙雲百花台寶卷 （□）□□撰　清宣統二年
(1910)抄本　一冊

110000－0102－0020236　丁/5149　集部/俗
文學類/變文

黃金印寶卷 （□）□□撰　清宣統二年
(1910)抄本　一冊

110000－0102－0020237　丁/5150　集部/俗
文學類/變文

顯映橋寶卷 （□）□□撰　清宣統二年
(1910)抄本　一冊

110000－0102－0020238　丁/5151　集部/俗
文學類/變文

遇聖投親寶卷 （□）□□撰　清宣統二年
(1910)抄本　一冊

110000－0102－0020239　丁/5152　集部/俗
文學類/變文

謀族寶卷 （□）□□撰　清宣統二年(1910)
抄本　二冊

110000－0102－0020240　丁/5153　集部/俗
文學類/變文

百花莊寶卷 （□）□□撰　清宣統二年
(1910)抄本　一冊

110000－0102－0020241　丁/5154　集部/俗
文學類/變文

蘭香閣寶卷 （□）□□撰　清宣統二年
(1910)抄本　一冊

110000－0102－0020242　丁/5155　集部/俗
文學類/變文

贈珠害夫寶卷 （□）□□撰　清宣統三年
(1911)抄本　一冊

110000－0102－0020243　丁/5156　集部/俗
文學類/變文

龍鳳珠球寶卷 （□）□□撰　清抄本　二冊

110000－0102－0020244　丁/5157　集部/俗

文學類/變文

雙印寶卷　（□）□□撰　清抄本　一冊

110000－0102－0020245　丁/5158－1　集部/俗文學類/變文

碧玉簪寶卷　（□）□□撰　清抄本　一冊

110000－0102－0020246　丁/5158　集部/俗文學類/變文

雙奇寃寶卷　（□）□□撰　清抄本　二冊

110000－0102－0020247　丁/5159　集部/俗文學類/變文

受生寶卷　（□）□□撰　清抄本　一冊

110000－0102－0020248　丁/5160　集部/俗文學類/變文

雌雄盞寶卷　（□）□□撰　清抄本　一冊

110000－0102－0020249　丁/5161　集部/俗文學類/變文

義盟親知寶卷　（□）□□撰　清宣統元年（1909）抄本　一冊

110000－0102－0020250　丁/5162　集部/俗文學類/變文

白鶴圖寶卷　（□）□□撰　清抄本　一冊

110000－0102－0020251　丁/5163　集部/俗文學類/變文

玉芙蓉寶卷　（□）□□撰　清抄本　一冊

110000－0102－0020252　丁/5164　集部/俗文學類/變文

絲縧寶卷　（□）□□撰　清宣統元年（1909）抄本　一冊

110000－0102－0020253　丁/5165　集部/俗文學類/變文

王君榮寶卷　（□）□□撰　清同治十二年（1873）抄本　一冊

110000－0102－0020254　丁/5166　集部/俗文學類/變文

三神寶卷　（□）□□撰　清光緒三十四年（1908）抄本　一冊

110000－0102－0020255　丁/5167　集部/俗

文學類/變文

鸎兒寶卷　（□）□□撰　清抄本　一冊

110000－0102－0020256　丁/5168　集部/俗文學類/變文

普陀觀音寶卷　（□）□□撰　清抄本　一冊

110000－0102－0020257　丁/5169　集部/俗文學類/變文

晱閔寶卷　（□）□□撰　清抄本　一冊

110000－0102－0020258　丁/5170　集部/俗文學類/變文

張仙延嗣寶卷　（□）□□撰　清抄本　一冊

110000－0102－0020259　丁/5171　集部/俗文學類/變文

張氏三娘賣花寶卷　（□）□□撰　清抄本　一冊

110000－0102－0020260　丁/5172　集部/俗文學類/變文

雙鼠奇寃寶卷　（□）□□撰　清抄本　一冊

110000－0102－0020261　丁/5173　集部/俗文學類/變文

大忠寶卷　（□）□□撰　清抄本　一冊

110000－0102－0020262　丁/5174　集部/俗文學類/變文

雙珠鳳奇緣寶卷　（□）□□撰　清抄本　一冊

110000－0102－0020263　丁/5175　集部/俗文學類/變文

三元寶卷　（□）□□撰　清抄本　一冊

110000－0102－0020264　丁/5176　集部/俗文學類/變文

王花寶卷　（□）□□撰　清抄本　一冊

110000－0102－0020265　丁/5177　集部/俗文學類/變文

三官寶卷　（□）□□撰　清抄本　一冊

110000－0102－0020266　丁/5178　集部/俗文學類/變文

三茅應化真君寶卷　（□）□□撰　清抄

本　一冊

110000－0102－0020267　丁/5179　集部/俗
文學類/變文

南無地藏菩薩寶卷　（□)□□撰　清抄本
一冊

110000－0102－0020268　丁/5180　集部/俗
文學類/變文

普陀寶卷　（□)□□撰　清抄本　一冊

110000－0102－0020269　丁/5181　集部/俗
文學類/變文

黃糠寶卷　（□)□□撰　清抄本　一冊

110000－0102－0020270　丁/5182　集部/俗
文學類/變文

西瓜寶卷　（□)□□撰　清抄本　一冊

110000－0102－0020271　丁/5183　集部/俗
文學類/變文

五聖寶卷　（□)□□撰　清抄本　一冊

110000－0102－0020272　丁/5184　集部/俗
文學類/變文

金鎖寶卷　（□)□□撰　清抄本　一冊

110000－0102－0020273　丁/5185　集部/俗
文學類/變文

孟姜女寶卷　（□)□□撰　清抄本　一冊

110000－0102－0020274　丁/5186　集部/俗
文學類/變文

孟姜女寶卷　（□)□□撰　清抄本　一冊

110000－0102－0020275　丁/5188　集部/俗
文學類/變文

女延壽寶卷　（□)□□撰　清抄本　一冊

110000－0102－0020276　丁/5189　集部/俗
文學類/變文

藏神寶卷　（□)□□撰　清光緒十一年
(1885)抄本　一冊

110000－0102－0020277　丁/5190　集部/俗
文學類/變文

八字寶卷　（□)□□撰　清抄本　一冊

110000－0102－0020278　丁/5191　集部/俗
文學類/變文

太姥寶卷　（□)□□撰　清抄本　一冊

110000－0102－0020279　丁/5192　集部/俗
文學類/變文

英臺寶卷　（□)□□撰　清道光二十九年
(1849)抄本　一冊

110000－0102－0020280　丁/5193　集部/俗
文學類/變文

水灑紅袍寶卷　（□)□□撰　清抄本　一冊

110000－0102－0020281　丁/5194　集部/俗
文學類/變文

南華寶卷　（□)□□撰　清抄本　一冊

110000－0102－0020282　丁/5195　集部/俗
文學類/變文

公案寶卷　（□)□□撰　清抄本　一冊

110000－0102－0020283　丁/5196　集部/俗
文學類/變文

奇冤寶卷　（□)□□撰　清抄本　一冊

110000－0102－0020284　丁/5197　集部/俗
文學類/變文

白玉燕寶卷　（□)□□撰　清抄本　一冊

110000－0102－0020285　丁/5198　集部/俗
文學類/變文

奴僕欺主寶卷　（□)□□撰　清抄本　一冊

110000－0102－0020286　丁/5199　集部/俗
文學類/變文

吉義高陞寶卷　（□)□□撰　清抄本　一冊

110000－0102－0020287　丁/5200　集部/俗
文學類/變文

三教九流寶卷　（□)□□撰　清抄本　一冊

110000－0102－0020288　丁/5201　集部/俗
文學類/變文

天曹寶卷　（□)□□撰　清抄本　一冊

110000－0102－0020289　丁/5202　集部/俗
文學類/變文

延壽寶卷　（□)□□撰　清抄本　一冊

110000－0102－0020290　丁/5203　集部/俗文學類/變文

八字寶卷　（□）□□撰　清抄本　一冊

110000－0102－0020291　丁/5204　集部/俗文學類/變文

解辰星寶卷　（□）□□撰　清抄本　一冊

110000－0102－0020292　丁/5205　集部/俗文學類/變文

金福寶卷　（□）□□撰　清抄本　一冊

110000－0102－0020293　丁/5206　集部/俗文學類/變文

山陽縣寶卷　（□）□□撰　清抄本　一冊

110000－0102－0020294　丁/5207　集部/俗文學類/變文

陶氏女寶卷　（□）□□撰　清抄本　一冊

110000－0102－0020295　丁/5208　集部/俗文學類/變文

妙善寶卷　（□）□□撰　清抄本　一冊

110000－0102－0020296　丁/5209　集部/俗文學類/變文

葫蘆寶卷　（□）□□撰　清抄本　一冊

110000－0102－0020297　丁/5210　集部/俗文學類/變文

拋綵球寶卷　（□）□□撰　清抄本　一冊

110000－0102－0020298　丁/5211　集部/俗文學類/變文

審涼床寶卷　（□）□□撰　清抄本　一冊

110000－0102－0020299　丁/5212　集部/俗文學類/變文

蜈蚣寶卷　（□）□□撰　清抄本　一冊

110000－0102－0020300　丁/5213　集部/俗文學類/變文

家堂寶卷　（□）□□撰　清抄本　一冊

110000－0102－0020301　丁/5214　集部/俗文學類/變文

解神寶卷　（□）□□撰　清抄本　一冊

110000－0102－0020302　丁/5215　集部/俗文學類/變文

百鳥圖寶卷上下　（□）□□撰　清同治七年(1868)抄本　二冊

110000－0102－0020303　丁/5216　集部/俗文學類/變文

陽縣寶卷二卷　（□）□□撰　清抄本　二冊

110000－0102－0020304　丁/5217　集部/俗文學類/變文

結義寶卷二卷　（□）□□撰　清抄本　二冊

110000－0102－0020305　丁/5218　集部/俗文學類/變文

雙賢賴婚寶卷　（□）□□撰　清抄本　一冊

110000－0102－0020306　丁/5219　集部/俗文學類/變文

癡夢寶卷　（□）□□撰　清抄本　一冊

110000－0102－0020307　丁/5220　集部/俗文學類/變文

節義寶卷　（□）□□撰　清光緒七年(1881)抄本　一冊

110000－0102－0020308　丁/5221　集部/俗文學類/變文

巧姻緣寶卷　（□）□□撰　清咸豐七年(1857)抄本　一冊

110000－0102－0020309　丁/5223　集部/俗文學類/變文

五福財神寶卷　（□）□□撰　清抄本　一冊

110000－0102－0020310　丁/5224　集部/俗文學類/變文

時運司寶卷　（□）□□撰　清抄本　一冊

110000－0102－0020311　丁/5225　集部/俗文學類/變文

田家樂寶卷　（□）□□撰　清光緒二十四年(1898)抄本　一冊

110000－0102－0020312　丁/5226　集部/俗文學類/變文

漁家樂寶卷　（□）□□撰　清抄本　一冊

110000－0102－0020313　丁/5227　集部/俗文學類/變文

雙蝴蝶寶卷　（□）□□撰　清抄本　一冊

110000－0102－0020314　丁/5228　集部/俗文學類/變文

雙義寶卷　（□）□□撰　清抄本　一冊

110000－0102－0020315　丁/5229　集部/俗文學類/變文

白鶴圖寶卷　（□）□□撰　清抄本　一冊

110000－0102－0020316　丁/5230　集部/俗文學類/變文

玉連環寶卷　（□）□□撰　清抄本　一冊

110000－0102－0020317　丁/5231　集部/俗文學類/變文

盜金牌寶卷　（□）□□撰　清同治十二年（1873）抄本　一冊

110000－0102－0020318　丁/5232　集部/俗文學類/變文

蘭香閣寶卷　（□）□□撰　清光緒五年（1879）抄本　一冊

110000－0102－0020319　丁/5233　集部/俗文學類/變文

小路頭寶卷　（□）□□撰　清同治九年（1870）抄本　一冊

110000－0102－0020320　丁/5234　集部/俗文學類/變文

雕龍寶卷　（□）□□撰　清抄本　一冊

110000－0102－0020321　丁/5235　集部/俗文學類/變文

青陽地景寶卷　（□）□□撰　清抄本　一冊

110000－0102－0020322　丁/5236　集部/俗文學類/變文

蓮船寶卷　（□）□□撰　清抄本　一冊

110000－0102－0020323　丁/5237　集部/俗文學類/變文

蓮船寶卷　（□）□□撰　清抄本　一冊

110000－0102－0020324　丁/5238　集部/俗文學類/變文

男女延壽寶卷　（□）□□撰　清抄本　一冊

110000－0102－0020325　丁/5239　集部/俗文學類/變文

六神寶卷　（□）□□撰　清抄本　一冊

110000－0102－0020326　丁/5240　集部/俗文學類/變文

醒世佛偈寶卷　（□）□□撰　清光緒十五年（1889）抄本　一冊

110000－0102－0020327　丁/5241　集部/俗文學類/變文

水跡紅袍寶卷　（□）□□撰　清抄本　一冊

110000－0102－0020328　丁/5242　集部/俗文學類/變文

鳴雞寶卷　（□）□□撰　清抄本　一冊

110000－0102－0020329　丁/5243　集部/俗文學類/變文

結緣寶卷　（□）□□撰　清抄本　一冊

110000－0102－0020330　丁/5244　集部/俗文學類/變文

唐僧寶卷二卷　（□）□□撰　清抄本　二冊

110000－0102－0020331　丁/5245　集部/俗文學類/變文

苦菜金牌寶卷上下　（□）□□撰　清抄本　二冊

110000－0102－0020332　丁/5246　集部/俗文學類/變文

白鶴圖寶卷上下　（□）□□撰　清抄本　二冊

110000－0102－0020333　丁/5247　集部/俗文學類/變文

苦菜寶卷　（□）□□撰　清抄本　一冊

110000－0102－0020334　丁/5248　集部/俗文學類/變文

秀英寶卷　（□）□□撰　清抄本　一冊

110000－0102－0020335　丁/5249　集部/俗文學類/變文

妻財傷夫記寶卷　（□）□□撰　清抄本
一冊

110000－0102－0020336　丁/5250　集部/俗
文學類/變文
謀夫害妾寶卷　（□）□□撰　清抄本　一冊

110000－0102－0020337　丁/5251　集部/俗
文學類/變文
要貨歡樂寶卷　（□）□□撰　清抄本　一冊

110000－0102－0020338　丁/5252　集部/俗
文學類/變文
浙江嘉興府秀水縣刺心寶卷　（□）□□撰
清抄本　一冊

110000－0102－0020339　丁/5253　集部/俗
文學類/變文
地獄寶卷　（□）□□撰　清抄本　二冊

110000－0102－0020340　丁/5254　集部/俗
文學類/變文
華山寶卷　（□）□□撰　清抄本　一冊

110000－0102－0020341　丁/5255　集部/俗
文學類/變文
當檀寶卷　（□）□□撰　清抄本　一冊

110000－0102－0020342　丁/5256　集部/俗
文學類/變文
目連寶卷　（□）□□撰　清抄本　一冊

110000－0102－0020343　丁/5257　集部/俗
文學類/變文
唐僧寶卷　（□）□□撰　清抄本　一冊

110000－0102－0020344　丁/5258　集部/俗
文學類/變文
唐僧寶卷　（□）□□撰　清抄本　二冊

110000－0102－0020345　丁/5259　集部/俗
文學類/變文
唐僧寶卷　（□）□□撰　清抄本　一冊

110000－0102－0020346　丁/5260　集部/俗
文學類/變文
觀世音菩薩本行經簡集二卷　（□）□□撰
清抄本　二冊

110000－0102－0020347　丁/5261　集部/俗
文學類/變文
昔積陰隲孩兒寶卷　（□）□□撰　清抄本
一冊

110000－0102－0020348　丁/5262　集部/俗
文學類/變文
賣魚觀音寶卷　（□）□□撰　清抄本　一冊

110000－0102－0020349　丁/5263　集部/俗
文學類/變文
薛窮寶卷　（□）□□撰　清抄本　一冊

110000－0102－0020350　丁/5264　集部/俗
文學類/變文
增福延壽寶卷　（□）□□撰　清抄本　一冊

110000－0102－0020351　丁/5265　集部/俗
文學類/變文
破扇記寶卷　（□）□□撰　清抄本　一冊

110000－0102－0020352　丁/5266　集部/俗
文學類/變文
庚申寶卷　（□）□□撰　清抄本　一冊

110000－0102－0020353　丁/5267　集部/俗
文學類/變文
殺狗勸夫寶卷　（□）□□撰　清抄本　一冊

110000－0102－0020354　丁/5268　集部/俗
文學類/變文
猛將寶卷　（□）□□撰　清抄本　一冊

110000－0102－0020355　丁/5269　集部/俗
文學類/變文
麻子認女寶卷　（□）□□撰　清抄本　一冊

110000－0102－0020356　丁/5270　集部/俗
文學類/變文
齋僧寶卷　（□）□□撰　清抄本　一冊

110000－0102－0020357　丁/5271　集部/俗
文學類/變文
時運寶卷　（□）□□撰　清抄本　一冊

110000－0102－0020358　丁/5272　集部/俗
文學類/變文
偈文寶卷　（□）□□撰　清抄本　一冊

110000－0102－0020359　丁/5273　集部/俗文學類/變文

金本忠寶卷　（□）□□撰　清抄本　一冊

110000－0102－0020360　丁/5274　集部/俗文學類/變文

劉智遠寶卷　（□）□□撰　清抄本　一冊

110000－0102－0020361　丁/5275　集部/俗文學類/變文

王德飄洋寶卷　（□）□□撰　清抄本　一冊

110000－0102－0020362　丁/5276　集部/俗文學類/變文

家堂寶卷　（□）□□撰　清抄本　一冊

110000－0102－0020363　丁/5277　集部/俗文學類/變文

謀族寶卷　（□）□□撰　清抄本　一冊

110000－0102－0020364　丁/5278　集部/俗文學類/變文

欺貧重富寶卷　（□）□□撰　清抄本　一冊

110000－0102－0020365　丁/5279　集部/俗文學類/變文

金開寶卷　（□）□□撰　清抄本　一冊

110000－0102－0020366　丁/5280　集部/俗文學類/變文

金如意寶卷　（□）□□撰　清抄本　一冊

110000－0102－0020367　丁/5281　集部/俗文學類/變文

拾遺彙錄寶卷　（□）□□撰　清抄本　一冊

110000－0102－0020368　丁/5282　集部/俗文學類/變文

見新錄寶卷　（□）□□撰　清光緒二十七年（1901）抄本　一冊

110000－0102－0020369　丁/5283　集部/俗文學類/變文

卜芙蓉寶卷　（□）□□撰　清抄本　一冊

110000－0102－0020370　丁/5284　集部/俗文學類/變文

賢良寶卷　（□）□□撰　清抄本　一冊

110000－0102－0020371　丁/5285　集部/俗文學類/變文

三錦圖寶卷　（□）□□撰　清抄本　一冊

110000－0102－0020372　丁/5286　集部/俗文學類/變文

白衣寶卷　（□）□□撰　清抄本　一冊

110000－0102－0020373　丁/5287　集部/俗文學類/變文

虎吞寶卷　（□）□□撰　清抄本　一冊

110000－0102－0020374　丁/5288　集部/俗文學類/變文

蘭香閣寶卷　（□）□□撰　清抄本　一冊

110000－0102－0020375　丁/5289　集部/俗文學類/變文

開家寶卷　（□）□□撰　清抄本　一冊

110000－0102－0020376　丁/5290　集部/俗文學類/變文

開橋寶卷　（□）□□撰　清咸豐四年（1854）抄本　一冊

110000－0102－0020377　丁/5291　集部/俗文學類/變文

漁家樂寶卷　（□）□□撰　清同治十三年（1874）抄本　一冊

110000－0102－0020378　丁/5292　集部/俗文學類/變文

絲綠寶卷　（□）□□撰　清抄本　一冊

110000－0102－0020379　丁/5293　集部/俗文學類/變文

雙金花寶卷上下　（□）□□撰　清抄本　二冊

110000－0102－0020380　丁/5297　集部/別集類/清

通藝閣詩錄八卷　（清）姚椿撰　清道光十三年（1833）刻本　二冊

110000－0102－0020381　丁/5298　集部/別集類/清

悔生文集八卷　（清）王灼撰　清刻本　二冊

110000－0102－0020382　丁/5299　集部/總集類/詩/斷代/明

明三十家詩選初集　（清）汪端撰　清同治十二年(1873)刻本　八冊

110000－0102－0020383　丁/5301　集部/別集類/明

荔蘡集六卷　（明）周是撰修　清道光八年(1828)刻本　六冊

110000－0102－0020384　丁/5302　史部/傳記類/總傳

錦里新編十六卷首一卷　（清）張邦伸編　清嘉慶五年(1800)刻本　八冊

110000－0102－0020385　丁/5303　集部/別集類/清

雙池文集十卷　（清）汪紱撰　清乾隆三十八年(1773)刻本　六冊

110000－0102－0020386　丁/5305　集部/別集類/清

聽松廬詩鈔十六卷　（清）張維屏撰　清嘉慶十八年(1813)刻本　四冊

110000－0102－0020387　丁/5308　集部/別集類/清

訥盦叢稿　（清）顧鳴鳳撰　清宣統三年(1911)刻本　六冊

110000－0102－0020388　丁/5311　集部/別集類/清

香草齋詩註六卷　（清）黃任撰　（清）陳應魁注　清嘉慶十九年(1814)刻本　六冊

110000－0102－0020389　丁/5312　集部/別集類/清

徧行堂集十六卷　（清）釋澹歸撰　清宣統三年(1911)鉛印本　八冊

110000－0102－0020390　丁/5313　集部/別集類/清

滄粹軒詩草二卷　（清）王志瀜撰　清光緒六年(1880)刻本　二冊

110000－0102－0020391　丁/5314　集部/別集類/清

空山堂文集十二卷　（清）牛運震撰　清嘉慶六年(1801)刻本　六冊

110000－0102－0020392　丁/5316　子部/類書類/類編/通錄

精選黃眉故事十卷　（明）鄧百拙生編　清刻本　四冊

110000－0102－0020393　丁/5317　集部/別集類/清

玉笙樓詩錄十二卷　（清）沈壽榕撰　清光緒九年(1883)刻本　六冊

110000－0102－0020394　丁/5318　集部/總集類

京江張氏家集十卷　（清）張學華編　清刻本　六冊

110000－0102－0020395　丁/5319　集部/別集類/明

醉紅樓集六卷附刻一卷　（明）唐伯元撰　清光緒二年(1876)刻本　三冊

110000－0102－0020396　丁/5321　集部/別集類/遼金元

湛然居士文集十四卷　（元）耶律楚材撰　清光緒元年(1875)刻本　四冊

110000－0102－0020397　丁/5322　集部/別集類/清

賜綺堂詩集二卷續集二卷　（清）蘇于沛撰　清道光二十年(1840)刻二十六年(1846)續刻本　四冊

110000－0102－0020398　丁/5323　集部/別集類/清

棟垞集三卷　（清）朱啟連撰　清光緒二十六年(1900)刻本　二冊

110000－0102－0020399　丁/5324　集部/別集類/清

古漁詩概六卷　（清）陳毅直撰　清光緒二十四年(1898)木活字印本　二冊

110000－0102－0020400　丁/5325　集部/別

集類/清

逃虛閣詩集六卷 （清）張錦芳撰　清光緒十年(1884)刻本　二冊

110000－0102－0020401　丁/5326　集部/別集類/清

一經堂詩錄一卷賦錄一卷 （清）楊廷撰　清咸豐三年至四年(1853－1854)刻本　二冊

110000－0102－0020402　丁/5327　集部/集評類/詩評

藝談錄 （清）張維屏撰　清刻本　二冊

110000－0102－0020403　丁/5328　集部/別集類/清

欠泉菴文集二卷 （清）周煥樞撰　清刻本　二冊

110000－0102－0020404　丁/5329　集部/別集類/清

萃齋文鈔四卷詩鈔七卷詩餘一卷 （清）宮懋庸撰　清光緒二十年(1894)刻本　三冊

110000－0102－0020405　丁/5332　集部/別集類/唐至五代

李義山詩集三卷 （唐）李商隱撰　清同治九年(1870)刻三色套印本　四冊

110000－0102－0020406　丁/5334　集部/別集類/宋

陵陽先生詩集 （宋）韓駒撰　清宣統二年(1910)刻本　一冊

110000－0102－0020407　丁/5335　集部/別集類/宋

倚松老人詩集二卷 （宋）饒節撰　清宣統二年(1910)鉛印本　一冊

110000－0102－0020408　丁/5336　集部/集評類/詩評/詩話

北江詩話四卷 （清）洪亮吉撰　清刻本　一冊

110000－0102－0020409　丁/5337　集部/別集類/清

述德堂詩稿 （清）慕甲榮撰　清道光刻本　一冊

110000－0102－0020410　丁/5337　子部/宗教類/道教

文昌帝君陰陽文詩箋 （□）□□撰　清道光四年(1824)刻本　一冊

110000－0102－0020411　丁/5338　集部/小說類/筆記小說

啖影集四卷 （清）三一溪漁人撰　清道光二十七年(1847)刻本　四冊

110000－0102－0020412　丁/5339　集部/別集類/清

離垢集二卷 （清）華嵒撰　清道光十五年(1835)刻本　二冊

110000－0102－0020413　丁/5340　史部/傳記類/總傳/通錄/地方

鴛湖求舊錄四卷 （清）朱福清撰　清刻本　二冊

110000－0102－0020414　丁/5341　集部/別集類/清

學古集四卷附詩論一卷 （清）宋大樽撰　清嘉慶九年至十年(1804－1805)刻本　一冊

110000－0102－0020415　丁/5344　集部/別集類/清

獻花山房詩存二卷 （清）洪吉撰　清道光七年(1827)刻本　二冊

110000－0102－0020416　丁/5345　集部/別集類/清

望山草堂詩鈔八卷 （清）林鶚撰　清咸豐八年(1858)刻本　二冊

110000－0102－0020417　丁/5346　集部/總集類/詩/雜錄/唱和

有秋唱和 （清）賈槐等撰　清乾隆五十二年(1787)刻本　一冊

110000－0102－0020418　丁/5348　集部/別集類/清

迂存遺文二卷 （清）倪模撰　清光緒四年(1878)刻本　一冊

110000－0102－0020419　丁/5349　集部/別集類/清

澄懷書屋詩鈔四卷　（清）穆彰阿撰　清道光二十七年(1847)刻本　二冊

110000－0102－0020420　丁/5350　集部/別集類/清

秋士先生遺集　（清）彭績撰　清光緒七年(1881)刻本　一冊

110000－0102－0020421　丁/5353　史部/別史、雜史類

眉山詩案廣證六卷　（清）張鑒撰　清光緒十年(1884)江蘇書局刻本　二冊

110000－0102－0020422　丁/5357　史部/地理類/雜記

南詔野史二卷　（明）楊慎編　（清）胡蔚訂清光緒六年(1880)刻本　一冊

110000－0102－0020423　丁/5358　集部/小說類/筆記小說

仁恕堂筆記　（清）黎士宏撰　清道光十六年(1836)活字本　一冊

110000－0102－0020424　丁/5359　集部/別集類/宋

葦碧軒集　（宋）翁卷撰　清刻本　二冊

110000－0102－0020425　丁/5360　集部/別集類/清

澹餘詩集四卷　（清）曹甲吉撰　清刻本二冊

110000－0102－0020426　丁/5361　集部/別集類/清

甘白齋詩三卷　（清）曹鑣撰　清嘉慶十一年(1806)刻本　一冊

110000－0102－0020427　丁/5362　集部/總集類/詩/家族

京江鮑氏課選樓合稿四種　（清）鮑之蘭等撰　清光緒八年(1882)刻本　二冊

110000－0102－0020428　丁/5363　集部/別集類/清

復莊駢儷文榷二編　（清）姚燮撰　清咸豐四年(1854)刻本　二冊

110000－0102－0020429　丁/5364　集部/別集類/清

聊閒緣軒詩鈔　（清）譚玉撰　清同治十一年(1872)刻本　三冊

110000－0102－0020430　丁/5366　集部/總集類/詩/婦女

郭氏閨秀集　（清）郭潤玉輯　清道光十七年(1837)刻本　四冊

110000－0102－0020431　丁/5368　集部/詞類/詞別集

藕絲詞四卷　（清）汪淵撰　清光緒七年(1881)刻本　一冊

110000－0102－0020432　丁/5372　子部/類書類/韻編

韻藻集　（□）□□撰　清抄本　一冊

110000－0102－0020433　丁/5373　史部/傳記類/總傳/專錄/儒林

東越儒林傳一卷　（清）陳壽祺撰　清刻本一冊

110000－0102－0020434　丁/5375　集部/別集類/清

玄白詩稿八卷　（清）張向安撰　清光緒七年(1881)刻本　四冊

110000－0102－0020435　丁/5378　集部/別集類/清

動忍集二卷　（清）楊從相撰　清光緒六年(1880)刻本　二冊

110000－0102－0020436　丁/5380　集部/別集類/清

思亭詩五種　（清）吳修撰　清乾隆六十年(1795)刻本　二冊

110000－0102－0020437　丁/5382　集部/別集類/清

鶴麓山房詩稿六卷　（清）葉煒撰　清嘉慶二十五年(1820)刻本　二冊

110000－0102－0020438　丁/5384　集部/別集類/清

大小雅堂詩鈔十卷　（清）邵堂撰　清道光十年（1830）刻本　三冊

110000－0102－0020439　丁/5387　集部/別集類/清

荻訓堂詩鈔十卷　（清）鄧琛撰　清光緒十七年（1891）刻本　二冊

110000－0102－0020440　丁/5388　集部/別集類/清

鐵堂詩鈔二卷　（清）許珌撰　清道光十四年（1834）刻本　一冊

110000－0102－0020441　丁/5390　子部/譜錄類/器物

奇器圖說三卷諸器圖說一卷　（德國）鄧玉函口授　（明）王徵譯繪　清道光十年（1830）刻本　四冊

110000－0102－0020442　丁/5391　集部/別集類/清

清足居集蕉窗詞　（清）鄧瑜撰　清光緒二十二年（1896）刻本　一冊

110000－0102－0020443　丁/5393　史部/金石類/金/文字

積古齋鐘鼎彝器款識十卷首一卷　（清）阮元撰　清嘉慶九年（1804）刻本　六冊

110000－0102－0020444　丁/5394　集部/別集類/清

璞齋集詩六卷詞一卷　（清）諸可寶撰　清光緒二十二年（1896）刻本　三冊

110000－0102－0020445　丁/5395　史部/金石類/金/文字

積古齋鐘鼎彝器款識十卷　（清）阮元撰　清光緒十年（1884）刻本　四冊

110000－0102－0020446　丁/5401　集部/總集類/詩/通代

歷朝古體四言詩箋評自知集十三卷首一卷　（清）柴友池選　清刻本　八冊

110000－0102－0020447　丁/5402　集部/別集類/清

涵村詩集十卷　（清）秦文超撰　清光緒六年（1880）刻本　五冊

110000－0102－0020448　丁/5405　集部/總集類/詩/雜錄/酬贈慶吊

鸞簫集　沈同芳輯　清光緒刻本　一冊

110000－0102－0020449　丁/5406　集部/別集類/明

黃陶菴先生全稿　（明）黃淳耀撰　（清）呂留良評點　清刻本　三冊

110000－0102－0020450　丁/5407　集部/別集類/清

十友草堂詩集二卷　（清）劉永滇撰　清刻本　一冊

110000－0102－0020451　丁/5408　集部/別集類/清

琳齋詩稿六卷　（清）王景彝撰　清光緒十六年（1890）刻本　六冊

110000－0102－0020452　丁/5409　集部/別集類/清

空青水碧齋詩集十三卷首一卷補遺一卷　（清）蔣奇齡撰　清光緒刻本　四冊

110000－0102－0020453　丁/5413　集部/別集類/清

石桐先生詩鈔　（清）李憲噩撰　清刻本　二冊

110000－0102－0020454　丁/5416　史部/史料類

國朝掌故輯要二十四卷　（清）林熙春編　清光緒二十九年（1903）鉛印本　五冊　缺四卷（十三至十六）

110000－0102－0020455　丁/5419　史部/傳記類/家傳、宗譜

閩中郭氏支派大畧　（清）郭柏蒼撰　清光緒十四年（1888）刻本　一冊

110000－0102－0020456　丁/5420　集部/別

集類/清

消憂詩草一卷首末二卷　（清）吳誏恆撰　清
嘉慶二年（1797）刻本　一冊

110000－0102－0020457　丁/5422　集部/總
集類/文/通代/編選

東萊集注類編觀瀾文集三集七十卷　（宋）林
之奇編　清刻本　十二冊

110000－0102－0020458　丁/5423　集部/詞
類/詞別集

心安隱室詞集四卷　（清）詹肇堂撰　清光緒
十年（1884）刻本　一冊

110000－0102－0020459　丁/5424　集部/別
集類/清

柳湄小榭詩上卷葭榭堂集續卷　（清）郭柏蒼
撰　清光緒十一年（1885）刻本　一冊

110000－0102－0020460　丁/5430　集部/總
集類/詩/雜錄/其它

集字四種　（□）南溪竹中人等撰　清刻本
一冊

110000－0102－0020461　丁/5431　子部/儒
家類/宋以前

賈子新書十卷　（漢）賈誼撰　清光緒三年
（1877）刻本　二冊

110000－0102－0020462　丁/5432　集部/總
集類/文/通代

屈賈文合編　（宋）朱熹集注　清光緒三年
（1877）刻本　四冊

110000－0102－0020463　丁/5435　集部/別
集類/清

古春軒詩鈔二卷　（清）梁德繩撰　清咸豐二
年（1852）刻本　二冊

110000－0102－0020464　丁/5436　集部/別
集類/清

讀選樓詩稿十卷　（清）王采蘋撰　清光緒二
十年（1894）刻本　二冊

110000－0102－0020465　丁/5440　史部/編
年類/斷代

三唐傳國編年五卷首一卷　（清）吳非撰　清
宣統元年（1909）刻本　一冊

110000－0102－0020466　丁/5441　集部/總
集類/文/雜錄/課藝

同館律賦精萃六卷附刻一卷　（清）彭孫遹等
撰　（清）蔣攸銛輯　清道光七年（1827）刻本
六冊

110000－0102－0020467　丁/5442　集部/詞
類/詞別集

清真集二卷補遺一卷　（宋）周邦彥撰　清光
緒二十六年（1900）刻本　二冊

110000－0102－0020468　丁/5445　史部/傳
記類/總傳/專錄/其它

百美新詠圖傳　（清）顏希源撰　清刻本
四冊

110000－0102－0020469　丁/5447　集部/別
集類/清

思補齋文集四卷　（清）劉星煒撰　清刻本
四冊

110000－0102－0020470　丁/5448　史部/傳
記類/別傳

鹿門再頌　（清）沈奐章等撰　清道光二十七
年（1847）刻本　四冊

110000－0102－0020471　丁/5450　集部/別
集類/清

潑墨軒集六卷　（清）戴鑒撰　清道光二十三
年（1843）刻本　二冊

110000－0102－0020472　丁/5451　集部/曲
類/曲別集/雜劇

西廂記十六出　（元）王實甫撰　（清）吳蘭修
編訂　清刻本　二冊

110000－0102－0020473　丁/5452　子部/雜
家類/雜纂

物猶如此十四卷　（清）徐謙輯　清刻本
四冊

110000－0102－0020474　丁/5456　史部/別
史、雜史類

皇朝事略八卷　金陵江楚編譯官書局編輯
清光緒三十二年(1906)石印本　一冊

110000－0102－0020475　丁/5457　史部/政
書類/邦計/理財

會議銀價說帖　清政府編　清末鉛印本
一冊

110000－0102－0020476　丁/5458　史部/政
書類/邦計/理財

會議銀價大臣精琪續送銀價條議　(美國)精
琪撰　清末鉛印本　一冊

110000－0102－0020477　丁/5463　集部/曲
類/曲別集/傳奇

慎鸞交傳奇三十五出　(清)李漁撰　清刻本
二冊

110000－0102－0020478　丁/5464　集部/總
集類/詩/家族

壞篋集十卷　清咸豐二年(1852)刻本　四冊

110000－0102－0020479　丁/5466　集部/小
說類/筆記小說

竹隱廬隨筆四卷　(清)瘦竹詞人輯　清光緒
十四年(1888)刻本　四冊

110000－0102－0020480　丁/5470　集部/別
集類/清

沁泉山館詩二卷　(清)郭柏蒼撰　清光緒十
年(1884)刻本　一冊

110000－0102－0020481　丁/5471　集部/別
集類/清

補蕉山館詩二卷　(清)郭柏蒼撰　清中晚期
刻本　一冊

110000－0102－0020482　丁/5472　集部/別
集類/清

三峰草廬詩二卷　(清)郭柏蒼撰　清光緒九
年(1883)刻本　一冊

110000－0102－0020483　丁/5473　集部/別
集類/清

鄂跗草堂詩二卷　(清)郭柏蒼撰　清光緒八
年(1882)刻本　一冊

110000－0102－0020484　丁/5474　史部/地
理類/雜記

竹間十日話六卷　(清)郭柏蒼撰　清光緒十
二年(1886)刻本　三冊

110000－0102－0020485　丁/5475　經部/詩
類/文字音義

七月漫錄二卷左傳臆說十九條　(清)郭柏蒼
撰　清光緒十三年(1887)刻本　一冊

110000－0102－0020486　丁/5476　集部/俗
文學類/民歌民謠

古歌謠二卷　題(清)亦可齋主人輯　清光緒
三十一年(1905)刻本　二冊

110000－0102－0020487　丁/5477　集部/總
集類/詩/地方

師山詩存十卷首一卷　(清)倪朱等撰　(清)
茅炳文輯　清咸豐十年(1860)刻本　二冊

110000－0102－0020488　丁/5478　集部/別
集類/清

臥樟書屋集十卷　(清)周發藻撰　清刻本
二冊

110000－0102－0020489　丁/5479　集部/別
集類/清

觀香室遺稿四卷　(清)李星漁撰　清同治十
三年(1874)刻本　二冊

110000－0102－0020490　丁/5482　集部/詞
類/詞別集

新蔚詞九卷外集一卷　(清)張景祁撰　清光
緒九年(1883)刻本　二冊

110000－0102－0020491　丁/5484　子部/宗
教類/道教

張三丰先生全集八卷　(明)張三丰撰　(清)
李西月重編　清刻本　十二冊

110000－0102－0020492　丁/5485　集部/別
集類/清

樹齋詩錄　(清)黃爵滋撰　清中晚期刻本
一冊

110000－0102－0020493　丁/5486　集部/別

集類/清

退思粗定稿二卷 （清）朱文翰撰　（清）潘紹曾重編　清刻本　二冊

110000－0102－0020494　丁/5487　史部/政書類/詔令奏議/奏議

留垣疏草 （明）徐憲卿撰　清光緒八年(1882)刻本　二冊

110000－0102－0020495　丁/5490　集部/別集類/清

容膝軒文稿七卷 （清）王榮商撰　清光緒二十一年(1895)刻本　一冊

110000－0102－0020496　丁/5491　集部/別集類/清

怡志堂文初編六卷 （清）朱琦撰　清光緒十八年(1892)刻本　一冊

110000－0102－0020497　丁/5492　集部/別集類/清

儀衛軒文集十二卷外集一卷附錄一卷 （清）方東樹撰　清同治七年(1868)刻本　六冊

110000－0102－0020498　丁/5495　集部/別集類/清

古稀集 （清）龔鎮湘撰　清光緒三十四年(1908)鉛印本　一冊

110000－0102－0020499　丁/5497　集部/別集類/明

谷簾先生遺書八卷首一卷 （明）黃淵耀撰　清刻本　二冊

110000－0102－0020500　丁/5500　集部/總集類

餘園叢稿先集一卷附稿一卷墓圖題辭一卷詩稿一卷 （清）汪世元等撰　清刻本　二冊

110000－0102－0020501　丁/5502　集部/別集類/明

藍山詩集六卷首一卷 （明）藍靜之撰　清咸豐七年(1857)刻本　六冊

110000－0102－0020502　丁/5503　子部/藝術類/雜技

酒令叢鈔四卷首一卷 （清）俞敦培輯　清光緒四年(1878)刻本　二冊

110000－0102－0020503　丁/5504　子部/雜家類/雜考

濼源問答十二卷 （清）沈可培撰　清嘉慶二十年(1815)刻本　四冊

110000－0102－0020504　丁/5506　集部/總集類/文/斷代

四家賦鈔 （清）吳錫麒輯　清咸豐三年(1853)刻本　四冊

110000－0102－0020505　丁/5507　集部/別集類/清

蜨庵詩鈔八卷賦鈔二卷 （清）楊棨撰　清同治二年(1863)刻本　四冊

110000－0102－0020506　丁/5511　集部/集評類/詩評/詩話

吟林綴語 （清）戴文選撰　清光緒三年(1877)刻本　四冊

110000－0102－0020507　丁/5512　集部/小說類/話本

宣和遺事 清刻本　二冊

110000－0102－0020508　丁/5513　史部/史評類/詠史

十國雜事詩十七卷敘目二卷 （清）饒智元撰　清光緒十七年(1891)刻本　四冊

110000－0102－0020509　丁/5514　史部/政書類/職官/官制

歷代職官表六卷 （清）黃本驥編　清光緒八年(1882)刻本　三冊

110000－0102－0020510　丁/5516　集部/曲類

三家曲 （清）朱靜編　清刻本　一冊

110000－0102－0020511　丁/5523　集部/別集類/清

木蘭書齋詩鈔 （清）王治撰　清咸豐八年(1858)刻本　一冊

110000－0102－0020512　丁/5526　集部/別

集類/清

十友草堂詩集四卷跋一卷 （清）劉永滇撰
清光緒三十四年（1908）刻本 二冊

110000－0102－0020513 丁/5527 集部/別
集類/清

唐確慎公集十卷首末二卷 （清）唐鑑撰 清
光緒元年（1875）刻本 六冊

110000－0102－0020514 丁/5528 集部/別
集類/清

懷白軒詩文集十九卷 （清）陸初望撰 清同
治五年（1866）刻本 四冊

110000－0102－0020515 丁/5529 史部/史
評類/詠史

明宮雜詠四卷 （清）毛遇順撰 清道光十九
年（1839）刻本 二冊

110000－0102－0020516 丁/5534 集部/小
說類/筆記小說

篋外錄 （清）謝鑰撰 清咸豐八年（1858）刻
本 一冊

110000－0102－0020517 丁/5535 集部/總
集類/詩/斷代/唐至五代

唐詩諧律二卷 （清）沈寶青選 清光緒十六
年（1890）刻本 二冊

110000－0102－0020518 丁/5536 集部/別
集類/清

三湖漁人全集八卷 （清）劉士璋撰 清道光
二年（1822）刻本 三冊

110000－0102－0020519 丁/5538 集部/小
說類/筆記小說

左庵瑣語 （清）李佳撰 清光緒二十七年
（1901）刻本 一冊

110000－0102－0020520 丁/5539 集部/總
集類/詩/家族

浚儀世集六卷外集一卷 （清）趙希文編輯
清光緒二十四年（1898）刻本 四冊

110000－0102－0020521 丁/5541 集部/別
集類/清

張文襄公手劄 （清）張之洞撰 清宣統二年
（1910）影印本 二冊

110000－0102－0020522 丁/5548 集部/小
說類/筆記小說

橋西雜記 （清）葉名灃撰 清宣統三年
（1911）鉛印本 一冊

110000－0102－0020523 丁/5551 集部/總
集類/詩/地方

國朝山左詩續鈔三十二卷首一卷 （清）張鵬
展輯 清嘉慶十八年（1813）刻本 十六冊

110000－0102－0020524 丁/5553 集部/別
集類/清

冷唫儒館詩稿八卷首一卷 （清）左錫嘉撰
清光緒十七年（1891）刻本 六冊

110000－0102－0020525 丁/5554 集部/別
集類/清

飛香圃詩集四卷 （清）安詩撰 清嘉慶二十
四年（1819）刻本 一冊

110000－0102－0020526 丁/5557 集部/別
集類/清

悔餘菴集二十八卷 （清）何栻撰 清同治四
年（1865）刻本 七冊

110000－0102－0020527 丁/5558 集部/別
集類/清

寄思齋藏稿十一卷 （清）辛從益撰 清咸豐
元年（1851）刻本 六冊

110000－0102－0020528 丁/5560 集部/別
集類/清

初桄齋詩集二卷 （清）程梯功撰 清同治二
年（1863）刻本 二冊

110000－0102－0020529 丁/5562 集部/別
集類/清

餘力吟草四卷 （清）林鈞撰 清光緒刻本
一冊

110000－0102－0020530 丁/5563 集部/別
集類/清

扶荔生覆瓿集十卷首一卷 （清）王濟撰 清

同治十二年(1873)刻本　五冊

110000－0102－0020531　丁/5564　集部/別集類/清

閩中新樂府　林紓撰　清光緒二十三年(1897)刻本　一冊

110000－0102－0020532　丁/5565　集部/別集類/清

閩中新樂府　林紓撰　清光緒二十三年(1897)刻本　一冊

110000－0102－0020533　丁/5566　集部/小說類/筆記小說

巾經纂二十卷首一卷　(清)宋宗元撰　清同治十年(1871)刻本　五冊

110000－0102－0020534　丁/5569　集部/總集類/文/雜錄/唱和

三山同聲集四卷續編一卷三編一卷　(清)王凱泰輯　清同治十二年至十三年(1873－1874)儆明簡齋刻本　四冊

110000－0102－0020535　丁/5570　集部/總集類/詩/通代

新繁詩略六卷續編二卷　(宋)梅摯輯　清光緒二十一年(1895)刻本　四冊

110000－0102－0020536　丁/5571　集部/別集類/清

存吾春齋詩鈔十二卷文鈔十卷　(清)劉繹撰　清同治刻本　十冊

110000－0102－0020537　丁/5574　集部/集評類/文評/專評

紅樓夢偶說二卷　(清)晶三蘆月草舍撰　清光緒二年(1876)刻本　四冊

110000－0102－0020538　丁/5576　集部/別集類/清

時齋文集十卷　(清)李元春撰　清刻本　十冊

110000－0102－0020539　丁/5577　集部/別集類/清

在山小草詩四卷　(清)許懋和撰　清同治刻本　二冊

110000－0102－0020540　丁/5580　集部/別集類/清

青埵山人詩十卷　(清)洪飴孫撰　清光緒十年(1884)刻本　二冊

110000－0102－0020541　丁/5581　集部/別集類/清

蓮因室詩詞集二卷首一卷　(清)鄭蘭孫撰　清光緒元年(1875)刻本　一冊

110000－0102－0020542　丁/5582　集部/別集類/清

順德堂詩鈔五卷　(清)王斯颺撰　清刻本　三冊

110000－0102－0020543　丁/5583　集部/別集類/清

寶鐵齋詩錄　(清)韓崇撰　清光緒七年(1881)刻本　二冊

110000－0102－0020544　丁/5585　集部/別集類/清

白鶴山房詩鈔十四卷　(清)葉紹本撰　清道光二年(1822)刻本　四冊

110000－0102－0020545　丁/5586　子部/雜家類/學說

有不爲齋隨筆十卷　(清)光聰諧撰　清光緒十三年(1887)刻本　二冊

110000－0102－0020546　丁/5589　集部/總集類/詩/地方

金陵詩徵四十四卷首一卷　(清)朱緒曾輯　清光緒十八年(1892)刻本　十冊

110000－0102－0020547　丁/5590　集部/別集類/清

蟋蟀軒草　(清)劉士驥撰　清嘉慶七年(1802)刻本　四冊

110000－0102－0020548　丁/5592　集部/別集類/清

四十賢人集　(清)華長卿撰　清道光刻本　一冊

110000－0102－0020549　丁/5593　集部/別集類/清

瑞穀山人遺集詩鈔一卷文鈔一卷首一卷
（清）黃芝撰　清同治十一年（1872）刻本
一冊

110000－0102－0020550　丁/5602　集部/別集類/清

曉瀛遺稿二卷　（清）蔣繼伯撰　清刻本
一冊

110000－0102－0020551　丁/5603　集部/別集類/清

松齋憶存草　（清）王誠撰　清光緒十二年
（1886）刻本　一冊

110000－0102－0020552　丁/5606　集部/別集類/清

真意齋詩存　（清）許楣撰　清同治五年
（1866）刻本　一冊

110000－0102－0020553　丁/5607　集部/別集類/清

練香詩草二卷　（清）楊鍾寶撰　清道光十年
（1830）刻本　一冊

110000－0102－0020554　丁/5608　集部/別集類/清

思誤齋詩鈔二卷　（清）章簡撰　清光緒二十
六年（1900）刻本　一冊

110000－0102－0020555　丁/5609　集部/別集類/民國

墨井集五卷　（清）吳曆撰　清宣統元年
（1909）鉛印本　一冊

110000－0102－0020556　丁/5610　集部/別集類/清

洗蕉吟館詩鈔一卷詞鈔一卷　（清）惲戴青撰
清宣統二年（1910）石印本　一冊

110000－0102－0020557　丁/5611　集部/別集類/清

綺霞江館聯語偶存一卷　吳熙撰　清宣統二
年（1910）刻本　二冊

110000－0102－0020558　丁/5613　集部/別集類/清

侶石山房詩草四卷　（清）蘇鴻撰　清道光刻
本　一冊

110000－0102－0020559　丁/5615　集部/別集類/清

綠雪館詩鈔　（清）張鴻卓撰　清同治八年
（1869）刻本　一冊

110000－0102－0020560　丁/5620　集部/別集類/清

拙娛軒詩鈔二卷　（清）盛朝彥撰　清宣統元
年（1909）鉛印本　一冊

110000－0102－0020561　丁/5623　集部/別集類/明

龔安節公野古集三卷　（明）龔詡撰　清光緒
二十八年（1902）刻本　一冊

110000－0102－0020562　丁/5626　集部/別集類/民國

順所然齋詩四卷補遺一卷　張雲錦撰　清光
緒三十二年（1906）刻本　一冊

110000－0102－0020563　丁/5627　史部/傳記類/總傳/專錄/列女

奇烈編　（清）張起麟原輯　（清）吳履剛重編
清光緒十五年（1889）刻本　一冊

110000－0102－0020564　丁/5629　集部/別集類/清

蛻學翁遺集七卷　（清）徐元潤撰　清光緒二
十四年（1898）刻本　二冊

110000－0102－0020565　丁/5630　集部/別集類/清

三徑草堂詩鈔四卷　（清）蔣師軾撰　清光緒
十六年（1890）刻本　一冊

110000－0102－0020566　丁/5632　集部/曲類/曲別集/傳奇

譜定紅香傳十齣　（清）戴鴻恩撰　清抄本
二冊

110000－0102－0020567　丁/5633　集部/集

閨秀詩評初集二卷　（清）棣華園主人編　清咸豐二年（1852）刻本　一冊

110000－0102－0020568　丁/5634　集部/別集類/清

白華樓詩鈔四卷　（清）薩玉衡撰　清嘉慶十八年（1813）刻本　一冊

110000－0102－0020569　丁/5637　集部/別集類/清

慧福樓幸草外四種合刊　（清）俞繡孫等撰　清光緒九年至二十五年（1883－1899）刻本　一冊

110000－0102－0020570　丁/5639　集部/別集類/清

紅杏樓詩賸稿梅笛盦詞賸稿　（清）宋志沂撰　清同治十年（1871）刻本　一冊

110000－0102－0020571　丁/5640　集部/別集類/清

翠微仙館詩稿二卷詞稿一卷　（清）孫瑩培撰　清光緒二十四年（1898）刻本　一冊

110000－0102－0020572　丁/5643　集部/別集類/清

滋蘭室遺稿　（清）王嗣暉撰　清宣統元年（1909）鉛印本　一冊

110000－0102－0020573　丁/5645　集部/別集類/清

銅劍堂續稿　（清）王佑曾撰　清光緒刻本　一冊

110000－0102－0020574　丁/5647　史部/傳記類/別傳

李文忠公事略　周玉山撰　清光緒二十八年（1902）鉛印本　一冊

110000－0102－0020575　丁/5651　集部/別集類/民國

漪香山館文集　吳曾祺撰　清宣統二年（1910）鉛印本　一冊

110000－0102－0020576　丁/5653　集部/別

僅存詩鈔三卷　（清）鄭兆龍撰　清道光二十年（1840）刻本　一冊

110000－0102－0020577　丁/5658　集部/別集類/清

嗣雅堂詩存五卷　（清）王嘉祿撰　清刻本　一冊

110000－0102－0020578　丁/5659　集部/別集類/明

春暉堂詩文集二卷　（明）葉樹人撰　清鉛印本　一冊

110000－0102－0020579　丁/5663　集部/總集類/詩/地方

河間詩集十五稿　（清）張藻輯　清刻本　一冊

110000－0102－0020580　丁/5666　集部/別集類/清

秋士先生遺集六卷　（清）彭績撰　清光緒七年（1881）刻本　一冊

110000－0102－0020581　丁/5668　集部/詞類/詞別集

藝香詞鈔四卷首一卷　（清）吳綺撰　清乾隆四十一年（1776）刻本　二冊

110000－0102－0020582　丁/5669　集部/詞類/詞別集

悔翁詩餘五卷　（清）汪士鐸撰　清光緒九年（1883）刻本　一冊

110000－0102－0020583　丁/5671　集部/總集類/詩/斷代

吾炙集　（清）錢謙益輯　清光緒三十三年（1907）鉛印本　一冊

110000－0102－0020584　丁/5672　集部/別集類/清

燕臺鴻爪集　（清）粟海庵居士著　清刻本　一冊

110000－0102－0020585　丁/5673　集部/小說類/筆記小說

金臺殘淚記三卷　（清）華胥大夫撰　清刻本
一冊

110000－0102－0020586　丁/5674　集部/小
說類/筆記小說

南浦秋波錄三卷　（清）華胥大夫撰　清刻本
二冊

110000－0102－0020587　丁/5675　集部/總
集類/詩/雜錄/唱和

花萼唱和集　（清）馬文園輯　清咸豐八年
(1858)刻本　一冊

110000－0102－0020588　丁/5676　集部/詞
類/詞別集

紅蕉詞　（清）江標撰　清刻本　一冊

110000－0102－0020589　丁/5678　集部/別
集類/清

綠梅影樓詩存一卷詞存一卷首一卷　（清）顧
翎撰　清光緒十四年(1888)刻本　一冊

110000－0102－0020590　丁/5679　集部/別
集類/清

雙清閣袖中詩本一卷　（清）朱福清撰　清光
緒十九年(1893)刻本　一冊

110000－0102－0020591　丁/5680　集部/總
集類/詩/地方

白田風雅二十四卷首一卷　（清）朱彬輯　清
光緒十二年(1886)刻本　四冊

110000－0102－0020592　丁/5681　集部/總
集類/詩/地方

聞湖詩續鈔七卷　（清）李王猷輯　清刻本
四冊

110000－0102－0020593　丁/5682　集部/別
集類/清

塵遠齋賦騰十五首　（清）顧瓚撰　清光緒二
十一年(1895)刻本　一冊

110000－0102－0020594　丁/5683　集部/詞
類/詞別集

曼廬詞　（清）許頌鼎撰　清光緒三十三年
(1907)刻本　一冊

110000－0102－0020595　丁/5686　集部/詞
類/詞總集/地方

滄江樂府　（清）程庭鷺輯　清咸豐八年至九
年(1858－1859)刻本　二冊

110000－0102－0020596　丁/5695　集部/別
集類/清

慧文閣詩集二卷　（清）畢熙曾撰　清刻本
一冊

110000－0102－0020597　丁/5701　史部/外
國史類

西美戰史二卷　（法國）勃利德氏撰　清光緒
三十年(1904)鉛印本　二冊

110000－0102－0020598　丁/5704　集部/別
集類/清

花隱盦遺稿　（清）潘希甫撰　清光緒九年
(1883)刻本　一冊

110000－0102－0020599　丁/5706　集部/總
集類/詩/雜錄/酬贈慶吊

峯泖去思集　顧鍾泰輯　清光緒二十六年
(1900)刻本　一冊

110000－0102－0020600　丁/5714　集部/別
集類/民國

藝芳老人詩存二卷　郭筠撰　清宣統二年
(1910)鉛印本　一冊

110000－0102－0020601　丁/5716　集部/別
集類/清

怡秋軒初稿　（清）李掌珠撰　清光緒三十年
(1904)刻本　一冊

110000－0102－0020602　丁/5717　集部/別
集類/清

清凉山房詩槩二卷　（清）王至淳撰　清道光
二十二年(1842)刻本　一冊

110000－0102－0020603　丁/5720　集部/別
集類/清

古椿軒詩鈔二卷首一卷　（清）莊善孫撰　清
光緒二十六年(1900)鉛印本　一冊

110000－0102－0020604　丁/5721　集部/別

集類/清

榆蔭樓詩存 （清）奚疑撰 清中晚期木活字印本 一冊

110000－0102－0020605 丁/5722 集部/別集類/遼金元

靜軒集六卷 （元）閻復撰 清光緒二十一年（1895）刻本 一冊

110000－0102－0020606 丁/5727 集部/別集類/清

偷閒小草二卷 （清）亢樹枌撰 清刻本 一冊

110000－0102－0020607 丁/5733 集部/別集類/清

又希齋集四卷 （清）沈範孫撰 清咸豐三年（1853）刻本 一冊

110000－0102－0020608 丁/5736 集部/別集類/清

且飲樓詩四卷續集一卷 （清）顧晞元撰 清光緒六年（1880）刻本 一冊

110000－0102－0020609 丁/5737 集部/別集類/宋

竹所吟稿 （宋）徐集孫撰 清刻本 一冊

110000－0102－0020610 丁/5738 經部/樂類/律呂

詞原斠律二卷 （清）鄭文焯撰 清刻本 一冊

110000－0102－0020611 丁/5739 集部/總集類/詩/雜錄/題詠

鄧尉探梅詩四卷 （清）凌泗輯 清光緒二十年（1894）刻本 一冊

110000－0102－0020612 丁/5740 集部/別集類/清

明德先生文集二十二卷 （明）呂維祺撰 清乾隆四十八年（1783）刻本 六冊

110000－0102－0020613 丁/5741 集部/集評類/詩評/詩話

伯山詩話續集四卷後集二卷再續集二卷三續

集二卷 （清）康發祥撰 清道光二十七年（1847）刻本咸豐元年（1851）刻再續集咸豐十年（1860）刻三續集本 五冊

110000－0102－0020614 丁/5742 集部/別集類/清

伯山詩鈔癸巳集七卷庚申集全卷 （清）康發祥撰 清咸豐十年（1860）刻本 三冊

110000－0102－0020615 丁/5743 集部/總集類

清暉贈言十卷首一卷附錄一卷 （清）徐永宣輯 清道光十六年（1836）刻本 二冊

110000－0102－0020616 丁/5744 史部/政書類/邦計/交通運輸

路政彙鈔四卷 陸天池編 清光緒三十年（1904）鉛印本 四冊

110000－0102－0020617 丁/5746 集部/別集類/清

通隱堂詩存卷四 （清）張京度撰 清同治六年（1867）刻本 一冊

110000－0102－0020618 丁/5747 集部/別集類/清

職思居姑存草 （清）吳蘭澤撰 清光緒二十五年（1899）鉛印本 一冊

110000－0102－0020619 丁/5753 集部/別集類/清

夢薌樓詩草 （清）傅霖撰 清同治四年（1865）刻本 一冊

110000－0102－0020620 丁/5754 集部/總集類/詩/家族

余氏五稿十一卷 （清）余希嬰輯 清咸豐九年（1859）刻本 一冊

110000－0102－0020621 丁/5758 集部/別集類/清

小松石齋詩集五卷 （清）趙允懷撰 清光緒十五年（1889）刻本 四冊

110000－0102－0020622 丁/5760 集部/別集類/清

小海山房詩集 （清）康發祥撰 清咸豐十一年(1861)刻本 一冊

110000－0102－0020623 丁/5761 集部/別集類/清

伯山文鈔 （清）康發祥撰 清中晚期刻本 二冊

110000－0102－0020624 丁/5762 集部/集評類/詩評/詩話

伯山詩話四續集 （清）康發祥撰 清中晚期刻本 一冊

110000－0102－0020625 丁/5763 集部/別集類/漢至隋

支遁集二卷首一卷補遺一卷 （晉）釋支遁撰 清光緒十年(1884)邵武徐氏刻本 一冊

110000－0102－0020626 丁/5764 集部/別集類/清

捫腹齋詩鈔三卷 （清）張宗松撰 清宣統三年(1911)鉛印本 一冊

110000－0102－0020627 丁/5766 集部/別集類/民國

閩川綴舊詩二卷 唐佩金撰 清宣統三年(1911)鉛印本 一冊

110000－0102－0020628 丁/5768 集部/別集類/宋

夾漈遺稿二卷 （宋）鄭樵撰 清刻本 一冊

110000－0102－0020629 丁/5769 集部/總集類/詩/雜錄/題詠

鸞簫集 沈同芳輯 清光緒二十二年(1896)刻本 一冊

110000－0102－0020630 丁/5770 集部/總集類/詩/雜錄/唱和

同譜唱和集 （清）覃方仁輯 清光緒四年(1878)刻本 一冊

110000－0102－0020631 丁/5771 集部/別集類/清

湖東第一山詩鈔五卷 （清）宋棠撰 清同治八年(1869)刻本 一冊

110000－0102－0020632 丁/5773 集部/別集類/宋

蒙川先生遺稿四卷補遺一卷 （宋）劉黻撰 清光緒元年(1875)刻本 一冊

110000－0102－0020633 丁/5775 集部/別集類/清

耕野遺詩二卷 （清）王新撰 清道光十二年(1832)刻本 一冊

110000－0102－0020634 丁/5776 集部/別集類/宋

春卿遺稿一卷補遺一卷附錄一卷 （宋）蔣堂撰 清光緒二十一年(1895)刻朱墨套印本 一冊

110000－0102－0020635 丁/5777 集部/總集類/文/家族

南張賸稿 （清）張懋輯 清光緒七年(1881)刻本 一冊

110000－0102－0020636 丁/5781 集部/別集類/清

天韻堂賦鈔 （清）徐維城撰 清光緒四年(1878)刻本 一冊

110000－0102－0020637 丁/5782 集部/別集類/清

後甲集二卷 （清）章大來撰 清刻本 一冊

110000－0102－0020638 丁/5786 集部/別集類/清

斂齋詩稿四卷 （清）陸元文撰 清刻本 一冊

110000－0102－0020639 丁/5787 集部/別集類/宋

陵陽先生詩四卷 （宋）韓駒撰 清宣統三年(1911)刻本 一冊

110000－0102－0020640 丁/5789 集部/別集類/清

畫中九友歌松陵畫友詩 （清）趙彥修撰 清咸豐七年(1857)刻本 一冊

110000－0102－0020641 丁/5791 集部/別

集類/清

髯仙詩舫遺稿二卷 （清）李鴻裔撰　清光緒十四年（1888）刻本　一冊

110000－0102－0020642　丁/5793　集部/總集類/詩/家族

一家詩詞鈔五種 （清）滕元鑒輯　清光緒二十六年（1900）刻本　一冊

110000－0102－0020643　丁/5794　集部/別集類/清

崦餘吟稿 （清）丁蘊琛撰　清同治七年（1868）刻本　一冊

110000－0102－0020644　丁/5795　集部/總集類/詩/斷代/唐至五代

河嶽英靈集二卷 （唐）殷璠輯　清光緒四年（1878）刻本　一冊

110000－0102－0020645　丁/5796　集部/別集類/明

陳剩夫集四卷 （明）陳真晟撰　清康熙四十八年（1709）刻本　一冊

110000－0102－0020646　丁/5798　集部/別集類/清

悔生詩鈔六卷首一卷文八卷 （清）王灼撰　清刻本　四冊

110000－0102－0020647　丁/5800　集部/別集類/清

榴南山房詩存 （清）王蕙滋撰　清同治十三年（1874）刻本　一冊

110000－0102－0020648　丁/5801　集部/別集類/清

歸硯山房遺詩 （清）劉徵撰　清光緒三年（1877）鉛印本　一冊

110000－0102－0020649　丁/5804　子部/藝術類/書畫/書法、碑帖

淳化帖釋文 （清）徐朝弼集釋　清嘉慶十七年（1812）刻本　一冊

110000－0102－0020650　丁/5806　集部/別集類/清

蘧盦文鈔 （清）柳商賢撰　清光緒十五年（1889）刻本　一冊

110000－0102－0020651　丁/5808　史部/傳記類/家傳、宗譜

牧齋晚年家乘文 （清）錢謙益撰　清宣統三年（1911）鉛印本　一冊

110000－0102－0020652　丁/5812　集部/別集類/清

玉山閣集 （清）徐鑠慶撰　清刻本　一冊

110000－0102－0020653　丁/5814　集部/別集類/清

餐霞樓詩軼稿 （清）左白玉撰　清光緒三十四年（1908）鉛印本　一冊

110000－0102－0020654　丁/5818　集部/別集類/清

謫麐堂遺集 （清）戴望撰　清宣統三年（1911）鉛印本　一冊

110000－0102－0020655　丁/5819　集部/別集類/清

乾初先生文鈔二卷詩鈔一卷 （清）陳確撰　清光緒十三年（1887）刻本　一冊

110000－0102－0020656　丁/5820　集部/別集類/清

未篩集 （清）釋超源輯　清宣統元年（1909）刻本　一冊

110000－0102－0020657　丁/5825　集部/別集類/清

長離閣集一卷 （清）王采薇撰　清光緒八年（1882）刻本　一冊

110000－0102－0020658　丁/5826　集部/別集類/清

芷香閣詩鈔 清光緒二十五年（1899）刻本　一冊

110000－0102－0020659　丁/5827　集部/別集類/清

損窠詩鈔二卷 （清）凌煥撰　清光緒十八年（1892）刻本　一冊

110000－0102－0020660　丁/5828　集部/總集類/詩/雜錄/唱和

鴻雪聯吟　（清）林昌彝輯　清同治七年（1868）刻本　一冊

110000－0102－0020661　丁/5829　集部/詞類/詞總集/斷代

樽酒消寒詞二卷續錄一卷　（清）邵廣銓等撰　清光緒十一年（1885）刻本　一冊

110000－0102－0020662　丁/5832　集部/總集類/詩/家族

浚儀世集六卷　（清）趙希文編輯　清光緒二十四年（1898）刻本　三冊

110000－0102－0020663　丁/5834　集部/總集類/詩/斷代/清

留爪集　（清）仲湘校選　清刻本　三冊

110000－0102－0020664　丁/5835　集部/別集類/清

繡墨軒詩稿　（清）俞慶曾撰　清光緒二十三年（1897）刻本　一冊

110000－0102－0020665　丁/5837　集部/別集類/清

雙節詩　（清）李壽淳撰　清雍正二年（1724）刻本　一冊

110000－0102－0020666　丁/5838　集部/別集類/明

雙槐文集四卷首一卷　（明）黃瑜撰　清刻本　一冊

110000－0102－0020667　丁/5840　集部/小說類/筆記小說

扶風許氏仙音集二卷　（清）許可觀撰　清光緒二十五年（1899）刻本　二冊

110000－0102－0020668　丁/5841　子部/藝術類/書畫/畫法、畫帖

圖畫新聞　時事報館編　清宣統元年至二年（1909－1910）石印本　四冊

110000－0102－0020669　丁/5842　子部/雜誌類

彤管清芬錄海外奇談　時事報館編　清宣統二年（1910）石印本　一冊

110000－0102－0020670　丁/5843　集部/小說類/章回

蘆花棒喝記十八章　蔣景緘撰　清宣統二年（1910）石印本　一冊

110000－0102－0020671　丁/5844　集部/小說類/章回

自由鏡三十四章　蔣景緘撰　清宣統二年（1910）石印本　二冊

110000－0102－0020672　丁/5845　集部/小說類/章回

啼猩淚下卷二十一回　蔣景緘撰　清宣統元年（1909）石印本　一冊

110000－0102－0020673　丁/5847　集部/詞類/詞別集

可做堂詞集四卷　（清）汪鴻瑾撰　清刻本　一冊

110000－0102－0020674　丁/5848　集部/總集類/詩/雜錄/唱和

華屏倡和集二卷　（清）楊鏡清輯　清道光九年（1829）刻本　一冊

110000－0102－0020675　丁/5849　叢部/自著叢書/清中晚期

東海騫冥氏三十以前舊學四種　（清）譚嗣同撰　清光緒二十三年（1897）刻本　四冊

110000－0102－0020676　丁/5851　集部/總集類/詩/雜錄/酬贈慶吊

曲江淚痕一卷　（清）宗喬唐輯　清光緒三十二年（1906）上海著易堂鉛印本　一冊

110000－0102－0020677　丁/5852　集部/別集類/清

檗隝詩存詞存　（清）王以敏撰　清末刻本　一冊

110000－0102－0020678　丁/5853　集部/別集類/清

陳比部遺集　（清）陳壽祺撰　清同治八年

(1869)刻本　一冊

110000－0102－0020679　丁/5855　集部/別集類/清

王孟調明經西鳧草一卷　（清）王星誠撰　咱敢覽館稿一卷　（清）曹應鐘撰　壬申消夏詩一卷　（清）潘祖蔭輯　清咸豐同治間刻本　一冊

110000－0102－0020680　丁/5856　集部/總集類/詩/雜錄/唱和

癸酉消夏詩　（清）潘祖蔭等撰　清末刻本　一冊

110000－0102－0020681　丁/5857　集部/詞類/詞別集

萬善花室詞一卷　（清）方履籛撰　清刻本　一冊

110000－0102－0020682　丁/5858　史部/傳記類/家傳、宗譜

勾吳華氏本書五十四卷前卷一卷後卷一卷首一卷補編二十一卷　華渚纂述　清光緒三十一年(1905)存裕堂義莊重刻本　八冊

110000－0102－0020683　丁/5859　集部/別集類/清

遊道堂集四卷　（清）朱彬撰　清同治七年(1868)刻本　二冊

110000－0102－0020684　丁/5860　經部/詩類/文字音義

山中學詩記五卷　（清）徐時棟撰　清光緒四年(1878)刻本　二冊

110000－0102－0020685　丁/5862　集部/詞類/詞選/地方

粵東三家詞鈔　沈世良輯　清光緒二十一年(1895)刻本　一冊

110000－0102－0020686　丁/5863　集部/詞類/詞總集/通代

陽春集一卷補遺一卷　（南唐）馮延己撰　東山寓聲樂譜一卷補鈔一卷　（宋）賀鑄撰　清光緒王氏四印齋刻本　一冊

110000－0102－0020687　丁/5864　集部/詞類/詞別集

蕭閑老人明秀集注六卷　（金）蔡松年撰　清光緒二十一年(1895)刻本　一冊　原缺三卷

110000－0102－0020688　丁/5865　史部/政書類/學制

奏請設立閩省大學堂摺　（清）許應騤撰　清刻本　一冊

110000－0102－0020689　丁/5867　集部/別集類/清

簡緣詩草　（清）彭希洛撰　清道光刻本　一冊

110000－0102－0020690　丁/5868　集部/別集類/清

青溪詩選二卷　（清）蔣師轍撰　清光緒十六年(1890)活字印本　一冊

110000－0102－0020691　丁/5871　史部/地理類/雜記

華原風土詞　（清）顧曾烜撰　清光緒十九年(1893)刻本　一冊

110000－0102－0020692　丁/5872　集部/詞類/詞別集

第一生修梅花館詞六種　況周頤撰　清刻本　一冊

110000－0102－0020693　丁/5876　史部/史料類

慷慨悲歌錄　（清）康炳麟撰　清咸豐刻本　一冊

110000－0102－0020694　丁/5879　集部/詞類/詞別集

柳邊詞　壽鈵撰　清刻朱印本　一冊

110000－0102－0020695　丁/5880　子部/雜家類/雜述

西齋偶得三卷附錄一卷　（清）博明撰　清光緒二十六年(1900)刻本　一冊

110000－0102－0020696　丁/5882　史部/史料類

史�二卷　　（清）周金壇撰　　清雍正三年
(1725)刻本　　二冊

110000－0102－0020697　　丁/5883　　叢部/彙
編叢書/清中晚期
塵談拾雅　　（清）劉節卿輯　　清刻本　　一冊

110000－0102－0020698　　丁/5884　　集部/曲
類/曲別集/傳奇
東郭記二卷四十四出　　（明）孫仁儒撰　　清同
治十一年(1872)刻本　　四冊

110000－0102－0020699　　丁/5886　　集部/小
說類/筆記小說
科場異聞錄二十一卷　　（清）呂相燮撰　　清光
緒二十四年(1898)石印本　　四冊

110000－0102－0020700　　丁/5889　　子部/醫
家類/總錄
醫門初學萬金一統要訣賦八卷首一卷末一卷
　李象春撰　　清光緒三十年(1904)刻本
二冊

110000－0102－0020701　　丁/5890　　史部/傳
記類/總傳/專錄/文苑
國朝名家詩鈔小傳四卷　　（清）鄭方坤撰　　清
光緒十二年(1886)刻本　　一冊

110000－0102－0020702　　丁/5891　　集部/別
集類/清
晚學集八卷　　（清）桂馥撰　　清道光二十一年
(1841)刻本　　二冊

110000－0102－0020703　　丁/5893　　集部/別
集類/清
安般簃集　　（清）袁昶撰　　清刻本　　二冊

110000－0102－0020704　　丁/5894　　集部/別
集類/民國
詞苑珠塵　　何震彝撰　　清光緒三十四年
(1908)鉛印本　　一冊

110000－0102－0020705　　丁/5895　　集部/別
集類/清
松溪集　　（清）汪梧鳳撰　　清同治十二年
(1873)刻本　　一冊

110000－0102－0020706　　丁/5897　　史部/傳
記類/總傳/通錄/地方
四明忠孝節義傳圖　　（清）虞琴繪　　清石印本
四冊

110000－0102－0020707　　丁/5899　　史部/地
理類/山川/山
影宋刊南嶽揔勝集三卷　　（宋）陳田夫撰　　清
光緒三十二年(1906)刻本　　三冊

110000－0102－0020708　　丁/5901　　集部/別
集類/清
味諫果齋集六卷首一卷　　（清）王汝金撰　　清
光緒八年(1882)刻本　　六冊

110000－0102－0020709　　丁/5903　　集部/別
集類/清
縠盦燹賸　　（清）張鴻猷撰　　清光緒二十年
(1894)刻本　　一冊

110000－0102－0020710　　丁/5913　　史部/目
錄類/收藏/私藏/清
雪泥屋遺書目錄　　（清）牟庭輯　　清道光二十
三年(1843)刻本　　二冊

110000－0102－0020711　　丁/5914　　集部/別
集類/清
薑齋文集十卷　　（清）王夫之撰　　清同治四年
(1865)刻本　　一冊

110000－0102－0020712　　丁/5919　　集部/別
集類/清
閩中攬勝集　　（清）曾省撰　　清光緒十年
(1884)刻本　　一冊

110000－0102－0020713　　丁/5920　　集部/別
集類/明
偶然雲二卷　　（明）湯之錡撰　　清刻本　　一冊

110000－0102－0020714　　丁/5921　　集部/別
集類/清
秋影樓詩集九卷　　（清）汪繹撰　　清光緒二十
三年(1897)刻本　　一冊

110000－0102－0020715　　丁/5926　　集部/別
集類/清

霞蔭堂詩文集　（清）康基淵撰　清光緒十三年(1887)刻本　一冊

110000－0102－0020716　丁/5927　集部/別集類/清

香雪詩存六卷　（清）劉侃撰　清光緒四年(1878)刻本　一冊

110000－0102－0020717　丁/5933　集部/別集類/清

鶴巢詩存　（清）顧淳慶撰　清光緒十二年(1886)刻本　一冊

110000－0102－0020718　丁/5934　集部/別集類/清

石樵詩稿十二卷　（清）嚴允肇撰　清光緒三十四年(1908)鉛印本　一冊

110000－0102－0020719　丁/5936　子部/道家類

仙蹟遺編　（清）晏德尊撰　清光緒二十六年(1900)刻本　一冊

110000－0102－0020720　丁/5938　集部/別集類/清

小山泉閣詩存八卷　（清）汪為霖撰　清道光十三年(1833)刻本　四冊

110000－0102－0020721　丁/5940　集部/別集類/清

梵隱堂詩存十卷　（清）釋祖觀覺阿撰　清同治五年(1866)刻本　四冊

110000－0102－0020722　丁/5941　子部/雜家類/雜述

訟過齋日記六卷首一卷　（清）毛輝鳳撰　清同治十一年(1872)成都刻本　二冊

110000－0102－0020723　丁/5942　集部/別集類/清

養雲山莊文集　（清）劉瑞芬撰　清光緒十九年(1893)刻本　二冊

110000－0102－0020724　丁/5944　集部/總集類/詩/雜錄/唱和

漸源唱和集四卷　（清）王詠霓等撰　清刻

本　二冊

110000－0102－0020725　丁/5947　集部/戲曲類/昆曲類

昆曲四出　清抄本　一冊

110000－0102－0020726　丁/5948　集部/戲曲類/昆曲類

昆曲零碎唱詞　清抄本　一冊

110000－0102－0020727　丁/5952　集部/別集類/清

海珊詩鈔一卷　（清）嚴遂成撰　清同治十三年(1874)刻本　一冊

110000－0102－0020728　丁/5953　集部/別集類/清

二知軒詩續鈔八卷　（清）方濬頤撰　清刻本　六冊

110000－0102－0020729　丁/5954　集部/俗文學類/民歌民謠

山歌　清抄本　四冊

110000－0102－0020730　丁/5956　子部/農家類/總錄

撫群農產考略二卷　何剛德編　清光緒二十九年(1903)鉛印本　二冊

110000－0102－0020731　丁/5957　子部/農家類/各錄

蠶桑實濟六卷　（清）陳光熙撰　清同治十一年(1872)刻本　二冊

110000－0102－0020732　丁/5963　集部/總集類/詩/斷代/唐至五代

唐詩諧律二卷　（清）沈寶青選　清光緒十六年(1890)刻本　一冊

110000－0102－0020733　丁/5964　經部/詩類/三家詩

齊詩翼氏學四卷　（清）迮鶴壽撰　清嘉慶十七年(1812)刻本　一冊

110000－0102－0020734　丁/5968　集部/別集類/清

半行庵詩存稿八卷　（清）貝青喬撰　清同治

五年（1866）刻本　四冊

110000－0102－0020735　丁/5969　集部/總集類

鷗堂賸稿一卷東鷗草堂詞二卷　（清）周星譽撰　**窊樽詩質二卷**　（清）周星詒撰　清光緒二十二年（1896）刻本　一冊

110000－0102－0020736　丁/5976　集部/別集類/清

二竹齋詩　（清）張井撰　清道光十五年（1835）刻本　四冊

110000－0102－0020737　丁/5977　集部/別集類/清

梧竹軒詩鈔十卷　（清）徐兆英撰　清光緒二十七年（1901）刻本　四冊

110000－0102－0020738　丁/5978　集部/楚辭類

屈原賦戴氏注　（清）戴震撰　清乾隆二十五年（1760）刻本　一冊

110000－0102－0020739　丁/5979　集部/別集類/清

止足齋詩存四卷　（清）葉赫銘安撰　清光緒三十一年（1905）刻本　一冊

110000－0102－0020740　丁/5981　集部/別集類/清

懺花盦詩鈔十卷　（清）宋澤元撰　清光緒八年（1882）刻本　二冊

110000－0102－0020741　丁/5984　集部/別集類/清

聲玉山齋詩集十卷　（清）鄒熊撰　清嘉慶刻本　四冊

110000－0102－0020742　丁/5986　集部/別集類/宋

箕窗集九卷　（宋）陳耆卿撰　清光緒二十年（1894）臨海葉氏木活字印本　一冊

110000－0102－0020743　丁/5988　史部/傳記類/總傳/專錄/科舉

錫金遊庠錄　清光緒刻本　一冊

110000－0102－0020744　丁/5989　集部/別集類/清

笠杖集四卷　（清）張盛藻撰　清光緒七年（1881）刻本　一冊

110000－0102－0020745　丁/5995　集部/別集類/清

信芳閣詩草四卷　（清）陳蘊蓮撰　清咸豐元年（1851）刻本　四冊

110000－0102－0020746　丁/5996　集部/別集類/清

齊莊中正堂詩鈔十五卷　（清）殷兆鏞撰　清光緒五年（1879）刻本　四冊

110000－0102－0020747　丁/5998　史部/傳記類/年譜

厲樊榭先生年譜　繆荃孫撰　清刻本　一冊

110000－0102－0020748　丁/5999　集部/總集類/詩/斷代/唐至五代

讀雪山房唐詩　（清）管世銘輯　清光緒元年（1875）刻本　十二冊

110000－0102－0020749　丁/6001　史部/傳記類/年譜

吳梅村先生年譜四卷　（清）顧師軾纂　清光緒三年（1877）刻本　一冊

110000－0102－0020750　丁/6002　子部/天文地理類/其它

遠西奇器圖說錄最三卷　（德國）鄧玉函口授　（明）王徵譯繪　清嘉慶二十一年（1816）刻本　四冊

110000－0102－0020751　丁/6004　史部/傳記類/家傳、宗譜

實錄尊藏　王冠冕撰　清宣統三年（1911）抄本　一冊

110000－0102－0020752　丁/6006　史部/別史、雜史類

清朝紀略　清抄本　一冊

110000－0102－0020753　丁/6009　集部/別集類/清

六儀齋詩集四卷 （清）施朝幹撰 清刻本
一冊

110000－0102－0020755 丁/6012 集部/別
集類/清

靈石山房詩草 （清）貴成撰 清同治刻本
一冊

110000－0102－0020756 丁/6014 集部/曲
類/曲譜、曲韻

留春室曲譜 清抄本 二冊

110000－0102－0020757 丁/6016 集部/戲
曲類/地方戲

贛劇曲詞譜 清抄本 一冊

110000－0102－0020758 丁/6017 集部/戲
曲類/昆曲類

昆曲十出 清抄本 一冊

110000－0102－0020759 丁/6018 集部/別
集類/明

涇皋藏稿二十二卷顧端文公年譜四卷 （明）
顧憲成撰 清道光二十六年（1846）刻本
六冊

110000－0102－0020760 丁/6019 集部/總
集類/文/通代/編選

四忠遺集 清光緒二十三年（1897）湘南書局
刻本 十二冊

110000－0102－0020761 丁/6026 集部/別
集類/清

桐埜詩集四卷首一卷 （清）周起渭撰 清咸
豐二年（1852）刻本 二冊

110000－0102－0020762 丁/6027 集部/別
集類/清

節盦集五卷 （清）梁鼎芬撰 清光緒二十年
（1894）刻本 二冊

110000－0102－0020763 丁/6028 集部/別
集類/清

筱榭詩鈔十卷訓子筆記 （清）謝灃恩撰 清
道光十九年（1839）刻本 五冊

110000－0102－0020764 丁/6029 集部/別

集類/宋

釣磯詩集四卷首一卷 （宋）邱葵撰 清同治
十三年（1874）刻本 二冊

110000－0102－0020765 丁/6031 集部/別
集類/清

讀雪齋詩集九卷首一卷 （清）孫文川撰 清
光緒刻本 二冊

110000－0102－0020766 丁/6032 集部/別
集類/明

周忠介公燼餘集三卷 （明）周順昌撰 清光
緒二十九年（1903）刻本 二冊

110000－0102－0020767 丁/6033 集部/總
集類/詩/雜錄/唱和

四郡驪唱集 陳燦等著 清光緒二十年
（1894）滇南正經書院刻本 四冊

110000－0102－0020768 丁/6034 集部/別
集類/漢至隋

陶靖節集十卷首一卷 （晉）陶潛撰 清刻本
四冊

110000－0102－0020769 丁/6035 集部/總
集類/文/雜錄/課藝

爐唱先聲七卷首一卷 知不足書室主人編
清光緒十五年（1889）刻本 七冊

110000－0102－0020770 丁/6037 集部/俗
文學類/謎語及其它

隱語萃菁 吳鈺輯 清光緒三十四年（1908）
刻本 二冊

110000－0102－0020771 丁/6039 集部/別
集類/清

述菴詩零 （清）林崧祁撰 清宣統鉛印本
一冊

110000－0102－0020772 丁/6040 叢部/彙
編叢書

茂雪堂叢書 清抄本 一冊

110000－0102－0020773 丁/6041 集部/俗
文學類/迷語及其它

燈謎偶存 （清）又一邨居士編 清嘉慶二十

三年(1818)刻本　一冊

110000－0102－0020774　丁/6042　集部/別集類/清

蒓齋文集　（清）劉辰慶撰　清同治六年(1867)刻本　四冊

110000－0102－0020775　丁/6043　集部/集評類/詩評

吟詩義法錄四卷　（清）聶封渚輯　清光緒三年(1877)刻本　二冊

110000－0102－0020776　丁/6044　集部/別集類/清

飽齋遺稿五卷　（清）李齡壽撰　清光緒二十二年(1896)刻本　二冊

110000－0102－0020777　丁/6045　集部/別集類/清

晼蘭齋文集四卷　（清）李楨撰　清光緒二十八年(1902)刻本　二冊

110000－0102－0020778　丁/6046　集部/別集類/清

逃禪閣集八卷　（清）張崟撰　清道光刻本　四冊

110000－0102－0020779　丁/6047　集部/別集類/清

松心詩十集三十五卷　（清）張維屏撰　清道光刻本　六冊

110000－0102－0020780　丁/6049　經部/小學類/音韻/韻典

詩韻全璧五卷　（清）惜陰主人輯　清光緒十七年(1891)上海錦章圖書局石印本　六冊

110000－0102－0020781　丁/6050　史部/傳記類/總傳/專錄/事蹟

古今孝子所見錄十二卷　（清）李燕昌輯　清道光十四年(1834)刻本　四冊

110000－0102－0020782　丁/6051　子部/藝術類/書畫/畫法、畫帖/清

畫耕偶錄四卷　（清）邵梅臣撰　清刻本　四冊

110000－0102－0020783　丁/6052　集部/別集類/清

聽雨仙館儷體文詩詞集十一卷　（清）湯戌彥撰　清同治九年(1870)刻本　五冊

110000－0102－0020784　丁/6055　子部/雜家類/雜述

庶齋老學叢談三卷　（宋）盛如梓撰　清刻本　一冊

110000－0102－0020785　丁/6056　集部/別集類/宋

白石道人四種　（宋）姜夔撰　清同治十年(1871)刻本　一冊

110000－0102－0020786　丁/6057　集部/總集類

歷朝名媛詩詞十二卷　（清）陸昶評選　清宣統三年(1911)上海掃葉山房石印本　四冊

110000－0102－0020787　丁/6059　集部/別集類/清

淮流一勺二卷　（清）范以煦撰　清刻本　一冊

110000－0102－0020788　丁/6061　集部/總集類/詩/雜錄/其它

字字香　（清）梁瑛集　清刻本　一冊

110000－0102－0020789　丁/6071　集部/俗文學類/鼓詞

千里駒二十三卷　清刻本　六冊

110000－0102－0020790　丁/6072　集部/小說類/短篇小說

光亞新稗史　時敏新報編　清末鉛印本　二冊

110000－0102－0020791　丁/6073　集部/俗文學類/彈詞

馬如飛開篇二卷　（清）馬如飛撰　清光緒十二年(1886)刻本　二冊

110000－0102－0020792　丁/6074　史部/紀事本末類/斷代

續編綏寇紀略五卷　（清）葉夢珠撰　清光緒

申報館鉛印本　二冊

110000－0102－0020793　丁/6075　子部/藝術類/音樂舞蹈

弔譜集成六卷附一卷　（清）退庵居士輯　清乾隆五十八年(1793)刻本　二冊

110000－0102－0020794　丁/6076　集部/小說類/筆記小說

談徵　（清）外方山人輯　清道光元年(1821)刻本　十冊

110000－0102－0020795　丁/6077　集部/小說類/筆記小說

吹影編四卷　（清）垣赤道人撰　清嘉慶二年(1797)刻本　四冊

110000－0102－0020796　丁/6078　集部/俗文學類/彈詞

燈月緣二十回　（清）戴定相編　清同治三年(1864)刻本　六冊

110000－0102－0020797　丁/6082　集部/小說類/筆記小說

影梅庵憶語　（清）冒襄撰　清刻本　一冊

110000－0102－0020798　丁/6083　集部/總集類/詩/雜錄/題詠

影梅庵悼亡題詠集　（清）顏光祚等撰　清宣統元年(1909)刻本　一冊

110000－0102－0020799　丁/6084　史部/傳記類/總傳/專錄/其它

海鷗小譜　（清）趙執信撰　清刻本　一冊

110000－0102－0020800　丁/6085　集部/小說類/筆記小說

板橋雜記　（清）余懷撰　清刻本　一冊

110000－0102－0020801　丁/6086　集部/別集類/清

欠愁集　（清）史震林撰　清光緒二十七年(1901)刻本　一冊

110000－0102－0020802　丁/6091　集部/別集類/民國

芝峰後集四卷　釋世昭撰　清光緒二十三年(1897)木活字印本　二冊

110000－0102－0020803　丁/6092　集部/別集類/民國

芝峰後集四卷　釋世昭撰　清光緒二十三年(1897)木活字印本　二冊

110000－0102－0020804　丁/6097　集部/別集類/漢至隋

傅鶉觚集五卷首一卷校勘記一卷　（晉）傅玄撰　（清）方濬師校　清光緒二年(1876)廣州書局刻本　一冊

110000－0102－0020805　丁/6104　集部/戲曲類/昆曲類

昆曲十五出　清咸豐四年(1854)抄本　二冊

110000－0102－0020806　丁/6107　集部/俗文學類/鼓詞

木皮詞　（清）賈鳧西撰　清光緒十四年(1888)抄本　一冊

110000－0102－0020807　丁/6108　集部/總集類/詩/斷代/清

吾炙集　（清）錢謙益輯　清末民國抄本　一冊

110000－0102－0020808　丁/6109　史部/傳記類/總傳/專錄/其它

聖賢高士傳贊　（三國魏）嵇康撰　（清）程嚴均校輯　清光緒二十八年(1902)唐氏抄本　一冊

110000－0102－0020809　丁/6110　史部/政書類/詔令奏議/奏議

邸鈔　時敏新報編　清光緒鉛印本　一冊

110000－0102－0020810　丁/6111　子部/雜家類/雜述

群言錄　時敏新報編　清光緒鉛印本　一冊

110000－0102－0020811　丁/6112　集部/俗文學類/民歌民謠

最新醒世歌謠　痛國遺民著　清光緒三十年(1904)上海新學會社鉛印本　一冊

110000－0102－0020812　丁/6114　史部/地理類/專志/園林

山陽河下園亭記 （清）李元庚撰 清光緒十八年（1892）鉛印本 一冊

110000－0102－0020813 丁/6115 集部/俗文學類/彈詞

海公奇案玉蜻龍全傳續傳七種五十六卷 清光緒十八年（1892）上海紫雲軒刻本 十冊

110000－0102－0020814 丁/6117 集部/戲曲類/昆曲類

昆曲十三出唱詞及宮詞 清抄本 一冊

110000－0102－0020815 丁/6118 集部/俗文學類/彈詞

韓湘子九度文公全本三卷 清刻本 三冊

110000－0102－0020816 丁/6120 集部/戲曲類/昆曲類

昆曲一八出唱詞及宮譜 清抄本 一冊

110000－0102－0020817 丁/6121 集部/戲曲類/昆曲類

昆曲七齣 清抄本 一冊

110000－0102－0020818 丁/6122 集部/戲曲類/昆曲類

昆曲五齣 清抄本 一冊

110000－0102－0020819 丁/6124 集部/戲曲類

硃砂痣文昭關 清抄本 一冊

110000－0102－0020820 丁/6125 集部/戲曲類/昆曲類

昆曲唱詞及宮譜 清抄本 六冊

110000－0102－0020821 丁/6126 集部/別集類/清

翠螺閣詩詞稿 （清）凌祉媛撰 清咸豐四年（1854）刻本 二冊

110000－0102－0020822 丁/6129 集部/別集類/清

瑤草珠華閣詩鈔五卷 （清）席慧文撰 清道光元年（1821）刻本 三冊

110000－0102－0020823 丁/6131 子部/醫家類/諸專科方論

格致餘論 （元）朱震亨撰 清刻本 一冊

110000－0102－0020824 丁/6132 集部/別集類/清

介石山房遺文二卷首一卷 （清）朱培源撰 清宣統二年（1910）刻本 二冊

110000－0102－0020825 丁/6133 集部/別集類/唐至五代

昌谷集四卷首一卷 （唐）李賀撰 清刻本 四冊

110000－0102－0020826 丁/6138 集部/別集類/清

壯悔堂文集十卷首一卷 （清）侯方域撰 清同治十一年（1872）刻本 四冊

110000－0102－0020827 丁/6140 集部/別集類/明

周文忠公遺集七卷 （明）周鳳翔撰 清嘉慶十八年（1813）刻本 二冊

110000－0102－0020828 丁/6141 集部/別集類/清

西澗舊廬詩稿四卷 （清）劉樞撰 清同治十一年（1872）刻本 二冊

110000－0102－0020829 丁/6142 集部/別集類/清

達齋遺文正續 （清）王廷材撰 清光緒二十九年（1903）刻本 二冊

110000－0102－0020830 丁/6143 集部/別集類/清

超然抒情集二卷 （清）于先之撰 清光緒二十七年（1901）木活字印本 一冊

110000－0102－0020831 丁/6144 集部/別集類/清

字雲巢文稿二十卷 （清）盛大謨撰 清同治二年（1863）刻本 四冊

110000－0102－0020832 丁/6145 集部/總集類/詩/家族

三盛詩鈔四卷 （清）盛大謨等撰 清同治五年（1866）刻本 二冊 缺二卷（二至三）

110000－0102－0020833　丁/6146　經部/春秋類/左傳/評論

于埜左氏錄二卷　（清）盛大謨批　清同治五年(1866)刻本　二冊

110000－0102－0020834　丁/6147　集部/別集類/清

侍雪堂詩鈔八卷　（清）黎兆勳撰　清刻本　二冊

110000－0102－0020835　丁/6148　集部/別集類/宋

舒文靖集二卷附錄三卷　（宋）舒璘撰　清光緒二十二年(1896)七千卷樓刻本　四冊

110000－0102－0020836　丁/6149　集部/別集類/清

穀詒堂集十卷　（清）李壽萱撰　清光緒八年(1882)刻本　四冊

110000－0102－0020837　丁/6150　史部/傳記類/別傳

李鴻章　梁啟超撰　清光緒二十七年(1901)鉛印本　一冊

110000－0102－0020838　丁/6152　集部/別集類/清

挹翠樓詩鈔四卷　（清）朱紹頤撰　清咸豐六年(1856)刻本　二冊

110000－0102－0020839　丁/6153　集部/別集類/清

悔生詩鈔六卷　（清）王灼撰　清刻本　二冊

110000－0102－0020840　丁/6154　集部/別集類/清

說雲詩鈔五卷首一卷　（清）袁守定撰　清光緒十三年(1887)刻本　二冊

110000－0102－0020841　丁/6155　集部/別集類/清

寄曠廬詩集八卷　（清）陳大謨撰　清嘉慶十四年(1809)刻本　四冊

110000－0102－0020842　丁/6156　集部/別集類/清

秋樹讀書樓十六卷　（清）史善長撰　清道光十六年(1836)刻本　四冊

110000－0102－0020843　丁/6157　集部/別集類/清

冬巢詩集四卷　（清）汪潮生撰　清道光十七年(1837)刻本　二冊

110000－0102－0020844　丁/6158　集部/別集類/清

雪門詩草十四卷　（清）許瑤光撰　清同治十三年(1874)刻本　六冊

110000－0102－0020845　丁/6159　子部/雜家類/雜述

清賢紀六卷　（明）尤長鑣撰　清宣統三年(1911)上海國學扶輪社鉛印本　二冊

110000－0102－0020846　丁/6164　集部/別集類/清

江上草堂前稿四卷代耕堂中稿二十五卷　（清）李嘉積撰　清光緒二十六年至二十七年(1900－1901)刻本　六冊

110000－0102－0020847　丁/6165　集部/別集類/清

曬書堂文集十二卷外集二卷別集一卷　（清）郝懿行撰　清光緒十年(1884)刻本　十六冊

110000－0102－0020848　丁/6166　集部/別集類/清

鶴侶齋文稿四卷　（清）孫勷撰　清咸豐元年(1851)刻本　二冊

110000－0102－0020849　丁/6167　集部/詞類/詞總集/斷代

聚紅榭雅集詞六卷　（清）高思齊等撰　清咸豐六年(1856)刻本　三冊

110000－0102－0020850　丁/6169　集部/別集類/清

德芬堂詩鈔十二卷　（清）邱岡昆撰　清嘉慶十年(1805)刻本　四冊

110000－0102－0020851　丁/6171　集部/別集類/民國

枯生松齋集詩存四卷　倪在田撰　清宣統二年(1910)刻本　四冊

110000－0102－0020852　丁/6173　集部/總集類/文/斷代/清

國朝古文所見集十三卷　(清)顧炎武等撰(清)陳兆祺編選　清道光二年(1822)刻本　四冊

110000－0102－0020853　丁/6175　集部/總集類/詩/地方

硤川詩續鈔十六卷　(清)朱泰茹等撰　(清)許仁沐　(清)蔣學堅合輯　清光緒二十一年(1895)刻本　六冊

110000－0102－0020854　丁/6178　集部/曲類/曲譜、曲韻

梨園譜　清抄本　四冊

110000－0102－0020855　丁/6179　集部/曲類/曲譜、曲韻

偷詩曲譜　清抄本　一冊

110000－0102－0020856　丁/6184　集部/別集類/清

王氏餘慶集十一卷首一卷　(清)王恕撰　清嘉慶十五年(1810)刻本　六冊

110000－0102－0020857　丁/6185　集部/總集類/詩/雜錄/題詠

五湖漁莊圖題詞四卷太湖竹枝詞二卷　(清)葉承桂等撰　清咸豐三年(1853)刻本　三冊

110000－0102－0020858　丁/6186　集部/總集類/詩/雜錄/酬贈慶吊

贈言集二卷後集三卷首一卷　(清)李化龍等撰　清道光十一年(1831)刻本　三冊

110000－0102－0020859　丁/6187　集部/總集類/詩/雜錄/唱和

邗上題襟集選二卷　(清)孫星衍選　清嘉慶六年(1801)刻本　一冊

110000－0102－0020860　丁/6188　叢部/彙編叢書/清中晚期

屑玉叢譚二集六卷　(清)錢徵　(清)蔡爾康

合編　清光緒四年(1878)申報館鉛印本六冊

110000－0102－0020861　丁/6189　叢部/彙編叢書/清中晚期

屑玉叢譚四集六卷　(清)錢徵　(清)蔡爾康合編　清光緒上海申報館鉛印本　六冊

110000－0102－0020862　丁/6190　集部/俗文學類/謎語及其它

師竹齋謎稿　(清)吳毓春撰　亦囂囂堂謎稿　(清)古階平撰　清光緒二年(1876)刻十五家妙契同岑集謎選本　一冊

110000－0102－0020863　丁/6191　集部/俗文學類/謎語及其它

滄如菊室謎稿　(清)俞培元撰　還讀書屋謎稿　(清)上穀媯川紫玖氏集　清光緒二年(1876)刻十五家妙契同岑集謎選本　一冊

110000－0102－0020864　丁/6202　叢部/彙編叢書

國朝名人著述叢編十三種　(清)顧炎武等撰　清光緒刻本　六冊

110000－0102－0020865　丁/6204　集部/俗文學類/迷語及其它

存吾真齋謎稿　(清)鮑恩綬輯　清光緒二年(1876)刻十五家謎稿本　二冊

110000－0102－0020866　丁/6205　集部/俗文學類/迷語及其它

十五家謎稿　(清)倪子欽等撰集　清刻本一冊

110000－0102－0020867　丁/6206　集部/俗文學類/迷語及其它

二十四家隱語　折杏主人等撰　清光緒十年(1884)刻本　一冊

110000－0102－0020868　丁/6211　集部/俗文學類/變文

驚夢雷四卷　清順慶博古齋刻本　四冊

110000－0102－0020869　丁/6212　集部/俗文學類/鼓詞

王小姐烏金記四卷　清刻本　一冊

110000－0102－0020870　丁/6217　集部/小說類/筆記小說

紀氏嘉言四卷　（清）紀昀撰　（清）徐珂摘錄　清道光二十六年（1846）刻本　四冊

110000－0102－0020871　丁/6218　集部/俗文學類/迷語及其它

謎拾　（清）南注生撰　清光緒十九年（1893）刻本　一冊

110000－0102－0020872　丁/6221　集部/別集類/清

惕甫未定稿十六卷　（清）王芑孫撰　清嘉慶九年（1804）刻本　八冊

110000－0102－0020873　丁/6222　集部/俗文學類/變文

惜穀免災寶卷　清刻本　一冊

110000－0102－0020874　丁/6224　集部/別集類/清

如許齋詩稿　（清）如許齋主人撰　清光緒如許齋鉛印本　一冊

110000－0102－0020875　丁/6229　集部/總集類/詩/雜錄/其它

詩畸八卷　（清）南注生輯　清光緒十九年（1893）刻本　四冊

110000－0102－0020876　丁/6232　集部/總集類/詩/斷代/清

焦山六上人詩十九卷首一卷　（清）釋清恆等撰　清光緒三十二年（1906）刻本　六冊

110000－0102－0020877　丁/6233　集部/別集類/清

通藝閣詩續錄八卷　（清）姚椿撰　清咸豐四年（1854）刻本　二冊

110000－0102－0020878　丁/6234　集部/別集類/明

寒碧孤吟集美人名詩　（明）冒襄撰　清活字印本　一冊

110000－0102－0020879　丁/6238　集部/別集類/清

劍懷堂詩草二編　（清）宋謙撰　清宣統二年（1910）鉛印本　二冊

110000－0102－0020880　丁/6239　集部/詞類/詞別集

燈昏鏡曉詞四卷附錄聚紅榭雅集詞一卷　（清）宋謙撰　清宣統侯官宋氏鉛印本　二冊

110000－0102－0020881　丁/6242　集部/詞類/詞別集

海風簫詞　（清）顧棟高撰　清同治四年（1865）刻本　一冊

110000－0102－0020882　丁/6244　集部/詞類/詞別集

享帚齋詞鈔二卷　（清）周恩綬撰　清刻本　一冊

110000－0102－0020883　丁/6246　集部/別集類/清

醉吟草　（清）劉大容撰　清咸豐元年（1851）刻本　一冊

110000－0102－0020884　丁/6247　集部/別集類/清

亥白詩草八卷　（清）張問安撰　清光緒七年（1881）刻本　四冊

110000－0102－0020885　丁/6249　集部/別集類/宋

待清軒遺稿　（宋）潘音撰　（明）徐雲卿錄　清嘉慶三年（1798）知不足齋抄本　一冊

110000－0102－0020886　丁/6250　集部/別集類/清

受恆受漸齋集十二卷　（清）沈曰富撰　清光緒十三年（1887）刻本　四冊

110000－0102－0020887　丁/6251　集部/別集類/清

樗經廬詩集初編八卷續編十三卷　（清）王軒撰　清同治十三年（1874）刻本　八冊

110000－0102－0020888　丁/6252　集部/別集類/清

直木齋全集十三卷首一卷　（清）任繩隗撰
清光緒十四年(1888)刻本　三冊

110000－0102－0020889　丁/6253　史部/政
書類/邦計/雜錄

煙海迴瀾　清光緒二十六年(1900)刻本
一冊

110000－0102－0020890　丁/6255　史部/地
理類/雜記

瀛壖雜志六卷　（清）王韜撰　清光緒元年
(1875)刻本　二冊

110000－0102－0020891　丁/6257　集部/別
集類/清

顯志堂稿十二卷首一卷　（清）馮桂芬撰　清
光緒二年(1876)刻本　六冊

110000－0102－0020892　丁/6260　集部/別
集類/清

止所齋古文偶鈔八卷　（清）辜堂撰　清光緒
二十四年(1898)刻本　四冊

110000－0102－0020893　丁/6261　集部/別
集類/清

日慎齋詩草六卷　（清）李嗣元撰　清同治十
年(1871)刻本　一冊

110000－0102－0020894　丁/6262　集部/詞
類/詞選/通代

詞選二卷附錄一卷　（清）張惠言選　清同治
六年(1867)刻本　一冊

110000－0102－0020895　丁/6263　集部/別
集類/清

讀海外奇書室雜著　姚文棟撰　清光緒十一
年(1885)鉛印本　一冊

110000－0102－0020896　丁/6267　集部/別
集類/清

理堂詩集四卷首一卷　（清）韓夢周撰　清道
光四年(1824)刻本　二冊

110000－0102－0020897　丁/6269　集部/別
集類/清

玉山朱氏遺書二種附錄一卷　（清）諸可寶輯

清光緒二十六年（1900）及民國十六年
(1927)刻本　三冊

110000－0102－0020898　丁/6270　集部/別
集類/清

瓶山草堂集六卷首一卷　（清）姚光晉撰　清
同治十年(1871)刻本　一冊

110000－0102－0020899　丁/6271　史部/傳
記類/總傳/專錄/事蹟

西漢節義傳論二卷　（清）李鄴嗣撰　清光緒
十一年(1885)刻本　一冊

110000－0102－0020900　丁/6272　集部/別
集類/清

三十二蘭亭室詩存八卷續刻二卷　（清）劉淮
年撰　清光緒元年(1875)刻本　六冊

110000－0102－0020901　丁/6273　集部/別
集類/清

味燈書屋詩集八卷首一卷　（清）沈業富撰
清道光九年(1829)刻本　二冊

110000－0102－0020902　丁/6274　集部/總
集類/文/地方

原故文錄一卷　（清）賀瑞麟輯　清光緒五年
(1879)刻本　一冊

110000－0102－0020903　丁/6275　集部/總
集類/詩/地方

原獻詩錄三卷　（清）賀瑞麟輯　清光緒五年
(1879)刻本　三冊

110000－0102－0020904　丁/6276　集部/總
集類/文/地方

原獻文錄四卷　（清）賀瑞麟輯　清光緒五年
(1879)刻本　四冊

110000－0102－0020905　丁/6278　集部/總
集類/詩/地方

白田風雅二十四卷　（清）朱彬輯　清光緒十
二年(1886)金陵刻本　四冊

110000－0102－0020906　丁/6282　集部/
曲類

舊鈔本曲詞　清抄本　一冊

110000－0102－0020907　丁/6283　集部/俗文學類/鼓詞

唐誌後中集十卷　清抄本　六冊

110000－0102－0020908　丁/6285　集部/總集類/詩/雜錄/唱和

殊恩恭紀唱和集　（清）卓秉恬等撰　清道光二十六年(1846)刻本　四冊

110000－0102－0020909　丁/6289　史部/地理類/遊記/清

花甲閒談十六卷　（清）張維屏撰　（清）葉夢草繪圖　清光緒十年(1884)上海同文書局石印本　四冊

110000－0102－0020910　丁/6290　史部/地理類/雜記

滬城備考六卷　（清）褚華撰　清光緒四年(1878)申報館鉛印本　二冊

110000－0102－0020911　丁/6291　子部/藝術類/雜技

秘本百局象棋全譜八卷　（清）張惠春編　清嘉慶刻本　四冊

110000－0102－0020912　丁/6296　史部/傳記類/總傳/專錄/列女

蘭閨寶錄五卷　（清）惲珠輯　清道光十一年(1831)刻本　六冊

110000－0102－0020913　丁/6299　子部/雜家類/雜考

九九銷夏錄十四卷　（清）俞樾撰　清光緒十八年(1892)刻本　四冊

110000－0102－0020914　丁/6300　叢部/彙編叢書

代耕堂叢刊　（清）李嘉績撰輯　清光緒十二年至十五年(1886－1889)西安李氏代耕堂刻本　六冊

110000－0102－0020915　丁/6301　集部/別集類/清

吟雲仙館詩稿一卷　（清）曾詠撰　**冷吟仙館詩稿八卷**　（清）左錫嘉撰　清光緒十七年(1891)刻本　八冊

110000－0102－0020916　丁/6304　集部/別集類/清

孟亭居士文稿五卷　（清）馮浩撰　清嘉慶七年(1802)刻本　六冊

110000－0102－0020917　丁/6307　集部/總集類/文/雜錄/書牘表啟

賴古堂尺牘新鈔二選藏弆集十六卷首一卷　（明）趙南星等撰　（清）周在浚等輯　清宣統三年(1911)上海國學扶輪社石印本　三冊

110000－0102－0020918　丁/6308　集部/總集類/文/雜錄/書牘表啟

重刻賴古堂尺牘新鈔三選結鄰集十五卷首一卷　（明）劉宗周等撰　（清）周在浚等輯　清宣統二年(1910)上海國學扶輪社石印本　五冊

110000－0102－0020919　丁/6309　集部/總集類

湘鄉輿頌　李端紀等撰　清宣統二年(1910)鉛印本　一冊

110000－0102－0020920　丁/6311　子部/藝術類/雜技

酒令注　（清）榮仲華等選　清光緒十三年(1887)抄本　一冊

110000－0102－0020921　丁/6314　集部/別集類/清

種松園集十二卷首一卷　（清）湯大坊撰　清道光二十二年(1842)刻本　十二冊

110000－0102－0020922　丁/6316　集部/別集類/清

自知齋詩九卷詞一卷　（清）黃長森撰　清同治十二年(1873)刻本　二冊

110000－0102－0020923　丁/6317　集部/別集類/清

盤洲文集三卷詩集一卷　（清）周璠撰　清光緒刻本　四冊

110000－0102－0020924　丁/6318　集部/別集類/清

抱守草堂詩文存　（清）楊寶彝撰　清光緒二

年(1876)刻本　一冊

110000－0102－0020925　丁/6319　集部/別集類/清

南行吟草　（清）王應垣撰　清道光十六年(1836)刻本　一冊

110000－0102－0020926　丁/6320　集部/別集類/漢至隋

陶靖節先生詩註四卷　（晉）陶潛撰　（宋）湯漢註　清光緒十一年(1885)刻本　一冊

110000－0102－0020927　丁/6322　集部/別集類/清

少鶴內集十卷　（清）李憲喬撰　清光緒十二年(1886)刻本　一冊

110000－0102－0020928　丁/6325　集部/別集類/清

志隱齋詩鈔八卷　（清）王文瑋撰　清咸豐六年(1856)刻本　二冊

110000－0102－0020929　丁/6327　集部/俗文學類/變文

烏窠禪師度白侍郎　（□）□□撰　清光緒十一年(1885)步雲閣刻本　一冊

110000－0102－0020930　丁/6328　集部/俗文學類/變文

烏窠禪師度白侍郎　（□）□□撰　清光緒十一年(1885)步雲閣刻本　一冊

110000－0102－0020931　丁/6330　集部/戲曲類

警變　（□）□□撰　清抄本　一冊

110000－0102－0020932　丁/6331　集部/戲曲類/昆曲類

昆曲五齣　（□）□□撰　清抄本　一冊

110000－0102－0020933　丁/6332　集部/曲類/曲別集/傳奇

玉鴛鴦六卷　（□）□□撰　清抄本　六冊

110000－0102－0020934　丁/6334　集部/戲曲類

兒女英雄傳總本八本　（□）□□撰　清抄本

七冊　缺第一本

110000－0102－0020935　丁/6335　集部/俗文學類/變文

解神星　（□）□□撰　清抄本　一冊

110000－0102－0020936　丁/6336　集部/俗文學類/變文

雕龍扇　（□）□□撰　清抄本　一冊

110000－0102－0020937　丁/6337　集部/俗文學類/變文

忠烈何文秀　（□）□□撰　清抄本　一冊

110000－0102－0020938　丁/6338　集部/俗文學類/變文

八仙緣　（□）□□撰　清抄本　一冊

110000－0102－0020939　丁/6339　集部/俗文學類/變文

龍鳳釵　（□）□□撰　清抄本　一冊

110000－0102－0020940　丁/6340　集部/俗文學類/變文

蝴蝶卷　（□）□□撰　清抄本　一冊

110000－0102－0020941　丁/6341　集部/俗文學類/變文

四香緣　（□）□□撰　清抄本　一冊

110000－0102－0020942　丁/6342　集部/俗文學類/變文

盜金牌　（□）□□撰　清抄本　一冊

110000－0102－0020943　丁/6343　集部/俗文學類/變文

殺子報　（□）□□撰　清抄本　一冊

110000－0102－0020944　丁/6344　集部/俗文學類/變文

點秋香　（□）□□撰　清抄本　一冊

110000－0102－0020945　丁/6345　集部/俗文學類/變文

黃金印二集　（□）□□撰　清抄本　一冊

110000－0102－0020946　丁/6346　集部/俗文學類/變文

寶卷六種 （□）□□撰 清抄本 一冊

110000－0102－0020947 丁/6347 集部/俗
文學類/變文

採總僂偈 （□）□□撰 清抄本 一冊

110000－0102－0020948 丁/6348 集部/俗
文學類/變文

沉香卷 （□）□□撰 清抄本 一冊

110000－0102－0020949 丁/6351 集部/別
集類/清

省香齋詩集六卷 （清）孔慶鏐撰 清光緒十
七年(1891)刻本 二冊

110000－0102－0020950 丁/6352 集部/別
集類/清

十峯集二卷首一卷 （清）徐基撰 清嘉慶刻
本 二冊

110000－0102－0020951 丁/6354 集部/別
集類/清

望眉草堂詩集八卷 （清）顏嗣徽撰 清光緒
十九年(1893)刻本 五冊

110000－0102－0020952 丁/6355 集部/曲
類/曲別集/雜劇

東廂記四卷十六出首一卷 （清）湯世潾撰
清光緒申報館鉛印本 四冊

110000－0102－0020953 丁/6356 集部/俗
文學類/彈詞

九美圖十二卷七十五回 （清）曹春江編 清
道光二十三年(1843)刻本 十二冊

110000－0102－0020954 丁/6358 集部/別
集類/清

紫筠軒詩略八卷 （清）湯清玉撰 清道光十
七年(1837)抄本 一冊

110000－0102－0020955 丁/6359 集部/俗
文學類/彈詞

娛萱草彈詞三十二篇 （清）橘道人撰 清光
緒二十年(1894)刻本 六冊

110000－0102－0020956 丁/6362 集部/戲
曲類

二進士 （□）□□撰 清抄本 二冊

110000－0102－0020957 丁/6363 集部/別
集類/清

小雅樓詩文集詩八卷文二卷首一卷 （清）鄧
方撰 清光緒二十六年(1900)刻本 五冊

110000－0102－0020958 丁/6364 集部/俗
文學類/變文

三茅真君宣化度世寶卷二卷 （□）□□撰
清光緒三年(1877)蘇州刻本 二冊

110000－0102－0020959 丁/6366 集部/俗
文學類/變文

太華山紫金鎮兩世修行劉香寶卷上卷 （□）
□□撰 清刻本 一冊

110000－0102－0020960 丁/6367 集部/別
集類/清

佩弦齋文存內集四卷首一卷外集二卷 （清）
朱一新撰 清光緒二十二年(1896)刻本
二冊

110000－0102－0020961 丁/6372 集部/別
集類/清

補園賸稿二卷 （清）包履吉撰 清光緒三十
一年(1905)刻本 二冊

110000－0102－0020962 丁/6374 集部/詞
類/詞別集

碧雲秋露詞二卷 （清）黃衡撰 清光緒元年
(1875)刻本 一冊

110000－0102－0020963 丁/6380 史部/傳
記類/年譜

張楊園先生年譜四卷附錄一卷 （清）姚夏輯
（清）陳梓訂 清道光十四年(1834)刻本
一冊

110000－0102－0020964 丁/6381 子部/雜
家類/學說

慮得集四卷 （明）華悰韡撰 清同治十一年
(1872)刻本 一冊

110000－0102－0020965 丁/6382 子部/雜
家類/學說

慮得集四卷　（明）華悰韡撰　清同治十一年
(1872)刻本　一冊

110000－0102－0020966　丁/6384　史部/傳
記類/年譜

楊國楨海梁氏自敘年譜　（清）楊國楨撰　清
刻本　一冊

110000－0102－0020967　丁/6388　集部/別
集類/清

高陶唐遺集詩五卷文一卷恤誦一卷碑趹一卷
　（清）高心夔編　清光緒八年(1882)刻本
四冊

110000－0102－0020968　丁/6392　集部/總
集類/家集

陽湖錢氏家集十六卷乩詩錄一卷摘星文三編
名山文改二卷　（清）錢鈞等撰　清刻本
四冊

110000－0102－0020969　丁/6393　集部/別
集類/清

寒支初集十卷首一卷二集四卷　（清）李世熊
撰　清同治十三年(1874)刻本　十四冊

110000－0102－0020970　丁/6394　集部/別
集類/清

謙齋初、二、三集　（清）王尚辰撰　清光緒二
十三年(1897)刻本　八冊

110000－0102－0020971　丁/6398　集部/總
集類/詩/斷代/清

篤舊集十八卷　（清）劉存仁輯　清咸豐九年
(1859)蘭州刻本　八冊

110000－0102－0020972　丁/6401　經部/詩
類/其它

葩經儷語　（清）凌雲撰　清刻本　一冊

110000－0102－0020973　丁/6402　集部/別
集類/明

李空同詩集三十二卷序目一卷　（明）李夢陽
撰　清宣統二年(1910)上海掃葉山房石印本
　十冊

110000－0102－0020974　丁/6407　集部/總

集類/詩/地方

續金陵詩徵六卷首一卷　（清）朱紹亭等輯
清光緒二十年(1894)刻本　六冊

110000－0102－0020975　丁/6408　集部/別
集類/明

匏廬詩話二卷　（清）沈濤撰　清道光二十八
年(1848)刻本　一冊

110000－0102－0020976　丁/6410　集部/別
集類/清

梵隱堂詩存十卷　（清）釋覺阿撰　清同治六
年(1867)刻本　二冊

110000－0102－0020977　丁/6411　集部/別
集類/清

顧雙溪集詩八卷詞一卷　（清）顧奎光撰　清
光緒二十一年(1895)鉛印本　二冊

110000－0102－0020978　丁/6412　集部/別
集類/清

青溪舊屋文集十卷詩集一卷　（清）劉文淇撰
　清光緒九年(1883)刻本　二冊

110000－0102－0020979　丁/6415　子部/農
家類

區田編　（清）張起鵬編　清同治九年(1870)
刻本　一冊

110000－0102－0020980　丁/6420　集部/別
集類/清

進修堂詩集十四卷　（清）白恩佑撰　清光緒
十九年(1893)刻本　四冊

110000－0102－0020981　丁/6421　集部/別
集類/清

桐華詩鈔八卷續鈔八卷褒忠詩鈔一卷　（清）
鮑瑞駿撰　清同治五年(1866)刻本　十冊

110000－0102－0020982　丁/6424　集部/別
集類/清

宛湄書屋文鈔八卷遺詩二卷詩後集二卷
(清)李光廷撰　清光緒四年(1878)刻本
六冊

110000－0102－0020983　丁/6426　集部/別

集類/明

過庵遺稿八卷 （明）陳卜撰　清同治二年
(1863)南官書局刻本　四冊

110000－0102－0020984　丁/6428　集部/別
集類/清

小不其山房集六卷 （清）徐有珂撰　清光緒
六年(1880)刻本　四冊

110000－0102－0020985　丁/6429　集部/別
集類/清

十華小築詩鈔四卷 （清）余本愚撰　清光緒
五年(1879)刻本　二冊

110000－0102－0020986　丁/6430　集部/俗
文學類/變文

佛曲佛歌佛詩詞 清抄本　一冊

110000－0102－0020987　丁/6431　集部/別
集類/清

瓿餘集 （清）李書吉撰　清嘉慶刻本　一冊

110000－0102－0020988　丁/6432　集部/別
集類/清

漱芳閣集十卷 （清）徐士芬撰　清同治十一
年(1872)刻本　二冊

110000－0102－0020989　丁/6434　集部/曲
類/曲別集/傳奇

打車 清抄本　一冊

110000－0102－0020990　丁/6437　史部/傳
記類/總傳/專錄/列女

西洞庭節孝貞烈志略 （清）蔡九齡編　清道
光二年(1822)刻本　三冊

110000－0102－0020991　丁/6438　集部/總
集類/詩/地方

國朝天台詩存十四卷 （清）金文田輯　清光
緒三十四年(1908)鉛印本　四冊

110000－0102－0020992　丁/6439　集部/總
集類/詩/雜錄/題詠

文溪頌言十一卷首一卷 （清）葉元塏輯　清
道光二十五年(1845)刻本　二冊

110000－0102－0020993　丁/6440　集部/別

集類/明

晚聞堂集十六卷首一卷 （明）余紹祉撰　清
道光十七年(1837)刻本　五冊

110000－0102－0020994　丁/6447　集部/別
集類/清

慎其餘齋文集二十卷 （清）王贈芳撰　清咸
豐九年(1859)刻本　二冊

110000－0102－0020995　丁/6448　集部/別
集類/清

滑疑集八卷 （清）韓錫胙撰　清咸豐五年
(1855)刻本　四冊

110000－0102－0020996　丁/6449　集部/別
集類/清

印雪軒詩鈔十六卷 （清）俞鴻漸撰　清同治
十三年(1874)刻本　四冊

110000－0102－0020997　丁/6451　集部/別
集類/清

點蒼山人詩鈔八卷 （清）沙琛撰　清嘉慶二
十三年(1818)刻本　五冊

110000－0102－0020998　丁/6452　叢部/自
著叢書

名山叢刊九種 錢振鍠撰　清刻本　八冊

110000－0102－0020999　丁/6453　集部/別
集類/清

**魯山木先生文集十二卷首一卷外編二卷魯賓
之文鈔一卷** （清）魯九皋撰　清道光十一年
(1831)刻本　八冊

110000－0102－0021000　丁/6458　集部/別
集類/清

聽秋書屋稿五卷 （清）喻懷仁撰　清道光二
十七年(1847)刻本　一冊

110000－0102－0021001　丁/6459　集部/別
集類/明

夢墨稿十卷首一卷 （明）時銘撰　清光緒十
八年(1892)刻本　二冊

110000－0102－0021002　丁/6460　集部/總
集類/詩/雜錄/酬贈慶吊

金仙韶護　（清）趙席珍等撰　清道光十四年
(1834)刻本　一冊

110000－0102－0021003　丁/6464　集部/別
集類/清

小蓬亭詩草六卷首一卷　（清）陳學典撰　清
道光二十九年(1849)刻本　二冊

110000－0102－0021004　丁/6469　集部/別
集類/清

筠齋詩錄十卷首一卷　（清）吳振勃撰　清道
光二十八年(1848)刻本　四冊

110000－0102－0021005　丁/6473　集部/曲
類/曲別集/傳奇

瑤臺　（□）□□撰　清抄本　一冊

110000－0102－0021006　丁/6474　集部/戲
曲類

雁鳴霜八齣唱詞　（清）歙嵐道人撰　清抄本
　一冊

110000－0102－0021007　丁/6475　集部/戲
曲類/昆曲類

昆曲三齣　（□）□□撰　清抄本　一冊

110000－0102－0021008　丁/6476　集部/戲
曲類/昆曲類

昆曲雜抄　（□）□□撰　清抄本　一冊

110000－0102－0021009　丁/6477　集部/曲
類/曲譜、曲韻

霓裳雅韻　（□）□□撰　清抄本　一冊

110000－0102－0021010　丁/6478　集部/曲
類/曲譜、曲韻

陶情室譜稿卷二　（□）□□撰　清抄本
一冊

110000－0102－0021011　丁/6480　集部/別
集類/清

退宜堂詩集六卷　（清）孫垓撰　清光緒十五
年(1889)刻本　二冊

110000－0102－0021012　丁/6482　集部/別
集類/清

初堂遺稿　（清）洪榜撰　清刻本　二冊

110000－0102－0021013　丁/6485　集部/詞
類/詞別集

衍波詞二卷　（清）王士正撰　清光緒十五年
(1889)榆園刻本　一冊

110000－0102－0021014　丁/6489　集部/曲
類/曲別集/傳奇

茯苓仙傳奇十四出　（清）許善長撰　清光緒
十九年(1893)碧聲唫館刻本　一冊

110000－0102－0021015　丁/6490　集部/曲
類/曲別集/傳奇

神山引傳奇十八出　（清）許善長撰　清光緒
十一年(1885)碧聲唫館刻本　一冊

110000－0102－0021016　丁/6491　集部/曲
類/曲別集/傳奇

風雲會二卷二十二出　（清）許善長撰　清刻
本　二冊

110000－0102－0021017　丁/6492　集部/曲
類/曲別集/傳奇

臙脂獄十六出提綱一出　（清）許善長撰　清
光緒十年(1884)刻本　一冊

110000－0102－0021018　丁/6493　集部/詞
類/詞別集

香消酒醒詞　（清）趙慶熺撰　清光緒十一年
(1885)碧聲唫館刻本　一冊

110000－0102－0021019　丁/6494　集部/曲
類/曲別集/傳奇

瘞雲巖傳奇二卷首一卷十二出傳概一出
(清)許善長撰　清光緒三年(1877)碧聲唫館
刻本　一冊

110000－0102－0021020　丁/6495　集部/曲
類/曲別集/傳奇

靈娲石單折十出附二出　（清）許善長撰　清
光緒十一年(1885)碧聲唫館刻本　一冊

110000－0102－0021021　丁/6496　集部/小
說類/筆記小說

碧聲吟館談麈四卷　（清）許善長撰　清光緒
四年(1878)碧聲吟館刻本　四冊

110000－0102－0021022　丁/6498　集部/俗文學類/變文

賽金聲　（清）石成金撰　清刻本　一冊

110000－0102－0021023　丁/6499　集部/總集類/詩/雜錄/其它

梅花詩　（清）張吳曼輯　清刻本　一冊

110000－0102－0021024　丁/6500　集部/別集類/清

對雪亭文集十卷詩鈔二卷　（清）張洲撰　清乾隆五十八年(1793)刻本　詩鈔嘉慶二年(1797)刻本　五冊

110000－0102－0021025　丁/6502　集部/別集類/清

南阜山人詩集七卷　（清）高鳳翰撰　清同治元年(1862)刻本　二冊

110000－0102－0021026　丁/6503　集部/別集類/清

白華絳柎閣詩　（清）李慈銘撰　清光緒十六年(1890)刻本　二冊

110000－0102－0021027　丁/6506　集部/別集類/清

嚴東有詩集十卷　（清）嚴長明撰　清宣統三年(1911)刻本　二冊

110000－0102－0021028　丁/6507　集部/俗文學類/鼓詞

秘本碧玉簪　（□）□□撰　清同治十三年(1874)抄本　二冊

110000－0102－0021029　丁/6516　集部/別集類/宋

姑溪居士文集五十卷　（宋）李之儀撰　清宣統三年(1911)刻本　八冊

110000－0102－0021030　丁/6517　集部/總集類/文/地方

粵西五家文鈔　（清）呂璜撰　清光緒二十四年(1898)刻本　八冊

110000－0102－0021031　丁/6518　史部/政書類/職官/官箴

出山草譜四卷　（清）湯肇熙撰　清光緒十年(1884)刻本　二冊

110000－0102－0021032　丁/6521　集部/別集類/清

南征集　（清）舒夢蘭撰　清嘉慶六年(1801)刻本　一冊

110000－0102－0021033　丁/6522　集部/別集類/清

書帶草堂文集　（清）鄭溱撰　清光緒十八年(1892)刻本　一冊

110000－0102－0021034　丁/6524　集部/別集類/民國

夷牢溪廬文鈔六卷　黎汝謙撰　清光緒二十七年(1901)刻本　二冊

110000－0102－0021035　丁/6528　集部/別集類/清

養泉遺詩六卷　（清）朱鑽撰　清嘉慶刻本　一冊

110000－0102－0021036　丁/6529　集部/別集類/明

青村遺稿一卷　（明）劉涓撰　清刻本　一冊

110000－0102－0021037　丁/6531　集部/總集類/詩/地方

支溪詩錄　（清）趙允懷輯　清道光二十年(1840)刻本　二冊

110000－0102－0021038　丁/6533　史部/地理類/專志/園林

五畝園小志　（清）楊家福輯　清光緒十六年(1890)刻本　二冊

110000－0102－0021039　丁/6534　集部/別集類/漢至隋

支遁集二卷　（晉）釋支遁撰　清嘉慶十四年(1809)刻本　一冊

110000－0102－0021040　丁/6536　集部/別集類/清

白華山人詩集十六卷　（清）厲志撰　清光緒九年(1883)刻本　二冊

110000－0102－0021041　丁/6537　集部/別集類/民國

微尚齋詩二卷　汪兆鏞撰　清宣統三年(1911)刻本　一冊

110000－0102－0021042　丁/6538　集部/別集類/清

隨山館詩簡編四卷　(清)汪瑔撰　清光緒十八年(1892)刻本　二冊

110000－0102－0021043　丁/6542　史部/別史、雜史類

揚州劫餘小誌　(清)臧穀撰　清末抄本　一冊

110000－0102－0021044　丁/6545　集部/別集類/遼金元

江月松風集十二卷　(元)錢惟善撰　清光緒八年(1882)刻本　一冊

110000－0102－0021045　丁/6549　集部/俗文學類/彈詞

穩笠緣十六回　清光緒三十年(1904)抄本　一冊

110000－0102－0021046　丁/6553　集部/別集類/清

自怡軒隨筆偶存二卷　(清)李承銜撰　清光緒十年(1884)刻本　一冊

110000－0102－0021047　丁/6556　集部/別集類/清

菜根軒詩鈔十四卷　(清)王省山撰　清咸豐四年(1854)刻本　四冊

110000－0102－0021048　丁/6562　史部/目錄類

觀古堂書目叢刻十五種　葉德輝編　清光緒二十八年至民國十年(1902－1921)湘潭葉氏刻本　二十冊

110000－0102－0021049　丁/6563　集部/別集類/清

張靖達公雜著　(清)張樹聲撰　清宣統二年(1910)刻本　一冊

110000－0102－0021050　丁/6564　集部/總集類/文/通代/編選

紗籠文選八卷　(清)釋含澈纂　清光緒十年(1884)刻本　八冊

110000－0102－0021051　丁/6565　集部/總集類/詩/雜錄/唱和

百老吟　錢溯耆輯　清宣統二年(1910)太倉錢氏聽邠館刻本　一冊

110000－0102－0021052　丁/6569　集部/別集類/清

才茲文　(清)王兆芳撰　清光緒二十四年(1898)刻本　二冊

110000－0102－0021053　丁/6571　集部/別集類/清

詒安堂詩初稿　(清)王慶勳撰　清咸豐三年(1853)刻本　四冊

110000－0102－0021054　丁/6574　集部/別集類/清

陶晚聞先生集十卷　(清)陶正靖撰　清光緒七年(1881)刻本　二冊

110000－0102－0021055　丁/6575　集部/別集類/清

陶子師先生南崖集　(清)陶元淳撰　清刻本　一冊

110000－0102－0021056　丁/6576　集部/別集類/清

陶退菴先生集二卷　(清)陶貞一撰　清光緒六年(1880)刻本　二冊

110000－0102－0021057　丁/6585　集部/詞類/詞總集/地方

吳氏石蓮菴刻山左人詞　繆荃孫校　清光緒二十七年(1901)刻本　十冊

110000－0102－0021058　丁/6586　集部/別集類/清

希古軒外集二卷　(清)周鈞鏊撰　清光緒十年(1884)刻本　二冊

110000－0102－0021059　丁/6588　集部/總

集類/詩/家族

瑞芝山房詩鈔八卷 （清）戴緝等撰　清光緒元年(1875)刻本　四冊

110000－0102－0021060　丁/6589　集部/別集類/清

畹香齋吟稿八卷 （清）官懋弼撰　清嘉慶十五年(1810)刻本　四冊

110000－0102－0021061　丁/6591　史部/地理類/雜記

西藏小識四卷 單毓年撰　清稿本　四冊

110000－0102－0021062　丁/6592　集部/別集類/清

通藝閣詩錄八卷 （清）姚椿撰　清道光十三年(1833)刻本　八冊

110000－0102－0021063　丁/6593　集部/總集類/詩/地方

浦陽歷朝詩錄二十三卷 （清）董學豐等輯　清咸豐六年(1856)刻本　四冊

110000－0102－0021064　丁/6594　史部/別史、雜史類

鎮江剿平粵匪記二卷 （清）橫山鄉人撰　清抄本　二冊

110000－0102－0021065　丁/6595　史部/別史、雜史類

六合紀事四卷 （清）周長森撰　清抄本　二冊

110000－0102－0021066　丁/6596　史部/別史、雜史類

庚子天津一月記 茅少笙撰　清末抄本　一冊

110000－0102－0021067　丁/6597　集部/別集類/清

抱山堂集十四卷 （清）朱彭撰　清刻本　二冊

110000－0102－0021068　丁/6598　史部/史評類/詠史

謙受軒史學質疑十四卷 （清）翟玉瓏撰　清

嘉慶刻本　六冊

110000－0102－0021069　丁/6599　集部/別集類/清

濾月軒詩集 （清）趙菜撰　清同治十二年(1873)刻本　二冊

110000－0102－0021070　丁/6600　集部/總集類/詩/斷代/唐至五代

唐詩析類集訓二十八卷 （清）曹錫彤輯注　清光緒八年(1882)刻本　六冊

110000－0102－0021071　丁/6601　集部/別集類/清

印雪軒詩鈔十六卷 （清）俞鴻漸撰　清道光二十七年(1847)刻本　四冊

110000－0102－0021072　丁/6602　集部/小說類/筆記小說

程氏即得方二卷 （清）程林輯　清康熙刻本　一冊

110000－0102－0021073　丁/6603　集部/小說類/筆記小說

公餘鈔八卷 （清）羅文思編　清刻本　五冊

110000－0102－0021074　丁/6604　集部/別集類/清

西垣詩鈔二卷 （清）毛貴銘撰　清咸豐十年(1860)刻本　二冊

110000－0102－0021075　丁/6605　子部/醫家類/雜病方論

醫理匯精二卷 （清）李培鬱編　清同治十二年(1873)刻本　二冊

110000－0102－0021076　丁/6610　史部/目錄類/著錄/學科專目/藝術

高腔戲目錄 （清）百本張編　清抄本　一冊

110000－0102－0021077　丁/6611　集部/俗文學類/彈詞

三笑新編 （清）周均評　清光緒四年(1878)刻本　十二冊

110000－0102－0021078　丁/6613　集部/小說類/章回

續西遊記四十九回　（清）悟真子批評　清刻本　六冊

110000－0102－0021079　丁/6614　子部/雜家類/雜纂

四溟瑣記十二卷　陳裴之等撰　清光緒申報館鉛印本　十二冊

110000－0102－0021080　丁/6616　史部/地理類/外紀

海外竹枝詞　寄所托齋戲編　清光緒二十一年(1895)石印本　一冊

110000－0102－0021081　丁/6620　集部/總集類/文/雜錄/唱和

庚寅禊集三編　孫點編　清光緒十六年(1890)鉛印本　三冊

110000－0102－0021082　丁/6626　集部/總集類/文/雜錄/雜纂

蝶仙小史彙編二卷首一卷　（清）延清編　清光緒二十五年(1899)刻本　一冊

110000－0102－0021083　丁/6627　史部/傳記類/總傳/專錄/儒林

師友雜志　（宋）呂本中撰　清光緒三年(1877)刻本　一冊

110000－0102－0021084　丁/6628　集部/別集類/明

傳太虛集蝶仙小史彙編十四卷宗　（明）傳汝舟撰　清光緒七年(1881)刻本　三冊

110000－0102－0021085　丁/6629　集部/別集類/清

藤香館詩鈔四卷　（清）薛時雨撰　清同治七年(1868)刻本　四冊

110000－0102－0021086　丁/6630　集部/別集類/民國

味菜堂詩四卷　汪淵撰　清光緒二十三年(1897)刻本　二冊

110000－0102－0021087　丁/6634　集部/別集類/清

馮侍御遺藁六卷　（清）馬元錫撰　清道光二十年(1840)刻本　二冊

110000－0102－0021088　丁/6636　集部/總集類/詩/地方

遵化詩存十卷　（清）孫贊元編輯　清光緒十三年(1887)刻本　四冊

110000－0102－0021089　丁/6637　子部/兵家類

鹿洲公案二卷　（清）藍鼎玉撰　清雍正七年(1729)刻本　二冊

110000－0102－0021090　丁/6639　集部/別集類/清

清寧合撰　（清）仁宗顒琰撰　清刻本　二冊

110000－0102－0021091　丁/6642　集部/別集類/民國

養源山房詩鈔六卷西泠集一卷附錄一卷　徐士霖撰　清光緒三十四年(1908)刻本　二冊

110000－0102－0021092　丁/6644　集部/別集類/清

荷莊檢存稿六卷　（清）李大成撰　清嘉慶二十四年(1819)刻本　三冊

110000－0102－0021093　丁/6647　集部/總集類/詩/家族

新安先集二十卷　（清）朱昌周等撰　清同治十三年(1874)蘇州刻本　六冊

110000－0102－0021094　丁/6648　集部/別集類/清

樂道堂文鈔五卷　（清）奕訢撰　清同治六年(1867)刻本　五冊

110000－0102－0021095　丁/6653　集部/俗文學類/變文

小窗清紀　（明）吳從先撰　明萬曆刻本　四冊

110000－0102－0021096　丁/6656　集部/俗文學類/變文

延壽寶卷　李東庭抄　清宣統二年(1910)抄本　一冊

110000－0102－0021097　丁/6657　集部/俗

文學類/變文

龍圖案寶卷 （□）□□撰　清抄本　一冊

110000－0102－0021098　丁/6659　集部/俗
文學類/變文

義盟親知寶卷 （□）□□撰　清抄本　一冊

110000－0102－0021099　丁/6661　集部/俗
文學類/變文

琵琶寶卷 （□）□□撰　清光緒三十四年
（1908）抄本　一冊

110000－0102－0021100　丁/6663　集部/俗
文學類/變文

蝴蝶寶卷　朱秋記抄　清光緒二十六年
（1900）抄本　一冊

110000－0102－0021101　丁/6664　集部/俗
文學類/變文

觀音開卷偈文寶卷 （□）□□撰　清抄本
一冊

110000－0102－0021102　丁/6665　集部/俗
文學類/變文

观音寶卷 （□）□□撰　清抄本　一冊

110000－0102－0021103　丁/6666　集部/俗
文學類/變文

開家孝義全傳寶卷　南陽潤抄　清咸豐五年
（1855）抄本　一冊

110000－0102－0021104　丁/6667　集部/俗
文學類/變文

地獄寶卷 （□）□□撰　清抄本　一冊

110000－0102－0021105　丁/6671　集部/俗
文學類/變文

五路天神寶卷 （□）□□撰　清光緒六年
（1880）抄本　一冊

110000－0102－0021106　丁/6672　集部/俗
文學類/變文

壽生寶卷 （□）□□撰　清光緒十五年
（1889）抄本　一冊

110000－0102－0021107　丁/6673　集部/俗
文學類/變文

妙英寶卷 （□）□□撰　清抄本　一冊

110000－0102－0021108　丁/6674　集部/俗
文學類/變文

紅羅寶卷 （□）□□撰　清同治五年（1866）
抄本　一冊

110000－0102－0021109　丁/6675　集部/俗
文學類/變文

孝子逆婚寶卷　宋馥生抄　清抄本　一冊

110000－0102－0021110　丁/6676　集部/俗
文學類/變文

灶皇寶卷 （□）□□撰　清抄本　一冊

110000－0102－0021111　丁/6678　集部/俗
文學類/變文

財神寶卷 （□）□□撰　清抄本　一冊

110000－0102－0021112　丁/6679　集部/俗
文學類/變文

財神寶卷　朱春寶抄　清光緒十七年（1891）
抄本　一冊

110000－0102－0021113　丁/6681　集部/俗
文學類/變文

蓮船寶卷 （□）□□撰　清抄本　一冊

110000－0102－0021114　丁/6691　集部/俗
文學類/變文

偈文寶卷　顧志達抄　清光緒十五年（1889）
抄本　一冊

110000－0102－0021115　丁/6695　集部/俗
文學類/變文

紅羅寶卷　楊曉抄　清光緒二十五年（1899）
抄本　一冊

110000－0102－0021116　丁/6702　集部/俗
文學類/變文

妙英寶卷　王聚泰抄　清光緒十三年（1887）
抄本　一冊

110000－0102－0021117　丁/6704　集部/俗
文學類/變文

鳳麟寶卷　范陽雲記抄　清光緒四年（1878）
抄本　二冊

111

110000－0102－0021118　丁/6721　集部/俗文學類/變文

西瓜寶卷　楊曉亭抄　清光緒二十八年（1902）抄本　一冊

110000－0102－0021119　丁/6732　集部/俗文學類/變文

金珠寶卷　華錦泉抄　清光緒三年（1877）抄本　二冊

110000－0102－0021120　丁/6741　集部/俗文學類/變文

絲線寶卷　龔雲龍抄　清末抄本　二冊

110000－0102－0021121　丁/6744　集部/俗文學類/變文

竈皇寶懺寶卷　（□）□□撰　清抄本　一冊

110000－0102－0021122　丁/6745　集部/俗文學類/變文

龍圖案寶卷　（□）□□撰　清抄本　一冊

110000－0102－0021123　丁/6748　集部/俗文學類/變文

八仙寶卷　吳惠卿抄　清光緒十八年（1892）抄本　一冊

110000－0102－0021124　丁/6756　集部/俗文學類/變文

碧玉簪寶卷　文成氏抄　清光緒十五年（1889）抄本　一冊

110000－0102－0021125　丁/6759　集部/俗文學類/變文

散花小偈寶卷　（□）□□撰　清光緒二十三年（1897）抄本　一冊

110000－0102－0021126　丁/6766　集部/俗文學類/變文

黃金印寶卷　吳惠卿抄　清光緒二十年（1894）抄本　一冊

110000－0102－0021127　丁/6773　集部/俗文學類/變文

雙修寶卷　（清）浦鈺亭抄　清同治十三年（1874）抄本　一冊

110000－0102－0021128　丁/6776　集部/俗文學類/變文

百花檯寶卷　（清）應鍾抄　清光緒抄本　一冊

110000－0102－0021129　丁/6780　集部/俗文學類/變文

一飡飯寶卷　（清）蠡記抄　清道光二十五年（1845）抄本　一冊

110000－0102－0021130　丁/6790　集部/俗文學類/變文

逆子孝媳寶卷　何良征抄　清光緒二十四年（1898）抄本　一冊

110000－0102－0021131　丁/6794　集部/俗文學類/變文

六神寶卷　謝鳳昌抄　清宣統二年（1910）抄本　一冊

110000－0102－0021132　丁/6798　集部/俗文學類/變文

時運寶卷　陳月培抄　清宣統二年（1910）抄本　一冊

110000－0102－0021133　丁/6799　集部/俗文學類/變文

延壽寶卷　陳桓抄　清光緒三年（1877）抄本　一冊

110000－0102－0021134　丁/6807　集部/俗文學類/變文

最好聽寶卷　（□）□□撰　清刻本　一冊

110000－0102－0021135　丁/6808　集部/俗文學類/變文

十勸賢良詞寶卷　（□）□□撰　清光緒二十一年（1895）刻本　一冊

110000－0102－0021136　丁/6809　集部/俗文學類/變文

潘公免災救難寶卷三卷　（□）□□撰　清咸豐五年（1855）刻本　一冊

110000－0102－0021137　丁/6810　集部/俗文學類/變文

趙聖關　（□）□□撰　清抄本　一冊

110000－0102－0021138　丁/6811　集部/俗
文學類/變文

採桑　（□）□□撰　清抄本　一冊

110000－0102－0021139　丁/6812　集部/俗
文學類/雜曲

時調雜曲　（□）□□撰　清抄本　一冊

110000－0102－0021140　丁/6813　集部/俗
文學類/變文

奄堂相會　（□）□□撰　清抄本　一冊

110000－0102－0021141　丁/6814　集部/俗
文學類/變文

天仙運　（□）□□撰　清抄本　一冊

110000－0102－0021142　丁/6815　集部/俗
文學類/變文

惜穀寶卷　（□）□□撰　清刻本　一冊

110000－0102－0021143　丁/6816　集部/俗
文學類/變文

如如寶卷　（□）□□撰　清刻本　一冊

110000－0102－0021144　丁/6817　集部/俗
文學類/變文

還鄉寶卷　（□）□□撰　清光緒二十五年
(1899)刻本　一冊

110000－0102－0021145　丁/6819　集部/俗
文學類/變文

醒心寶卷上卷　（□）□□撰　清光緒十九年
(1893)刻本　一冊

110000－0102－0021146　丁/6820　集部/俗
文學類/變文

錢孝子寶卷　（□）□□撰　清光緒十三年
(1887)刻本　一冊

110000－0102－0021147　丁/6821　集部/俗
文學類/變文

指真寶卷　（□）□□撰　清光緒二十六年
(1900)刻本　一冊

110000－0102－0021148　丁/6822　集部/俗
文學類/變文

太上祖師三世因由總錄寶卷　（□）□□撰
清刻本　一冊

110000－0102－0021149　丁/6823　集部/俗
文學類/變文

鸚兒寶卷　（□）□□撰　清光緒七年(1881)
刻本　一冊

110000－0102－0021150　丁/6824　集部/俗
文學類/變文

立願寶卷　（□）□□撰　清同治十三年
(1874)刻本　一冊

110000－0102－0021151　丁/6825　集部/俗
文學類/變文

五祖黃梅寶卷二卷　（□）□□撰　清刻本
一冊

110000－0102－0021152　丁/6826　集部/俗
文學類/變文

淨土寶卷二卷　（清）釋佛禪編　清光緒十四
年(1888)刻本　二冊

110000－0102－0021153　丁/6827　集部/俗
文學類/變文

雷峰寶卷二卷　（□）□□撰　清刻本　二冊

110000－0102－0021154　丁/6828　集部/俗
文學類/變文

梁皇寶卷　（□）□□撰　清刻本　一冊

110000－0102－0021155　丁/6829　集部/俗
文學類/變文

玉英寶卷　（□）□□撰　清光緒三年(1877)
刻本　一冊

110000－0102－0021156　丁/6831　經部/經
總類/群經總義

會稽山齋經義　謝應芝撰　清光緒十四年
(1888)刻本　四冊

110000－0102－0021157　丁/6832　子部/醫
家類/雜病方論

異治濟世法　（□）□□撰　清抄本　一冊

110000－0102－0021158　丁/6833　集部/總
集類/文/雜錄/課藝

蘇州府試文鈔　（清）桂超萬等編　清咸豐二年(1852)刻本　一冊

110000－0102－0021159　丁/6834　史部/傳記類/總傳/專錄/科舉

己未詞科錄十二卷　（清）秦瀛輯　清光緒十四年(1888)刻本　十二冊

110000－0102－0021160　丁/6835　史部/傳記類/總傳/專錄/科舉

國朝虞陽科名錄四卷　（清）王元鍾編　清道光三十年(1850)刻本　四冊

110000－0102－0021161　丁/6836　集部/別集類/清

式古訓齋文集二卷　（清）閔頤生撰　清光緒三十四年(1908)刻本　三冊

110000－0102－0021162　丁/6837　集部/別集類/清

東齋就正草五卷　（清）馬毓華撰　清光緒元年(1875)刻本　二冊

110000－0102－0021163　丁/6839　集部/別集類/清

霜傑齋詩二卷補遺一卷附錄一卷　（清）秦寶璣撰　清光緒十二年(1886)刻本　二冊

110000－0102－0021164　丁/6840　集部/別集類/清

倖存求定稿十二卷　（清）姚慕庭撰　清刻本　二冊

110000－0102－0021165　丁/6841　集部/總集類/詩/雜錄/酬贈慶吊

闈貞集四卷　（清）王懿修等撰　清嘉慶二十年(1815)刻本　一冊

110000－0102－0021166　丁/6842　集部/別集類/清

玉磬山房文集二卷　（清）劉大觀撰　清嘉慶十六年(1811)刻本　二冊

110000－0102－0021167　丁/6843　集部/別集類/清

雲左山房詩鈔四卷　（清）林則徐撰　清光緒

十二年(1886)刻本　二冊

110000－0102－0021168　丁/6844　集部/別集類/清

也儂遺稿四卷　（清）王慶善撰　清光緒二十八年(1902)鉛印本　四冊

110000－0102－0021169　丁/6845　集部/總集類/詩/地方

滇詩重光集　（清）許印芳輯　清光緒十四年(1888)刻本　四冊

110000－0102－0021170　丁/6846　集部/總集類/詩/地方

滇詩拾遺五卷　（清）陳榮昌輯　清宣統元年(1909)刻本　五冊

110000－0102－0021171　丁/6847　集部/別集類/清

穆清堂詩鈔三卷　（清）朱庭珍撰　清刻本　三冊

110000－0102－0021172　丁/6848　集部/別集類/清

蛾術齋古今體詩十卷　（清）李如筠撰　清嘉慶二十二年(1817)刻本　二冊

110000－0102－0021173　丁/6850　集部/別集類/清

味諫果齋集六卷　（清）王汝金撰　清光緒八年(1882)刻本　七冊

110000－0102－0021174　丁/6851　集部/別集類/清

對床聽雨詩屋詩鈔　（清）戴粟珍撰　清道光二十八年(1848)刻本　一冊

110000－0102－0021175　丁/6852　集部/別集類/清

秋鐙畫荻草堂詩鈔　（清）史勝書撰　清道光刻本　一冊

110000－0102－0021176　丁/6854　集部/別集類/清

紅茗山房詩存十卷　（清）嚴烺撰　清嘉慶十九年(1814)刻本　二冊

110000－0102－0021177　丁/6856　集部/別集類/清

粲花佩葉山房詩稿六卷　（清）陳鼎雯撰　清光緒十七年(1891)刻本　四冊

110000－0102－0021178　丁/6857　集部/戲曲類/京劇

京調戲書十一卷　清末石印本　十一冊

110000－0102－0021179　丁/6862　集部/小說類/章回

繪圖陰陽鬥異桃花女傳奇十六回　夢花主人撰　清光緒二十年(1894)上海鑄記書局石印本　四冊

110000－0102－0021180　丁/6871　集部/小說類/筆記小說

希奇古怪四卷　（清）醉茶子撰　清光緒十八年(1892)石印本　四冊

110000－0102－0021181　丁/6872　集部/小說類/章回

梅花韻十卷四十二回　清道光元年(1821)刻本　十冊

110000－0102－0021182　丁/6873　集部/小說類/筆記小說

三公奇案二十卷　鳴松居士輯　清光緒十七年(1891)鉛印本　六冊

110000－0102－0021183　丁/6874　集部/小說類/章回

正德遊江南七卷四十五回　（清）何夢梅撰　清道光十二年(1832)刻本　六冊

110000－0102－0021184　丁/6875　集部/別集類/清

小元池仙館詩一卷　（清）李嶽生撰　清光緒三十一年(1905)石印本　一冊

110000－0102－0021185　丁/6876　集部/小說類/翻譯小說

巴黎茶花女遺事　（法國）小仲馬撰　林紓譯　清光緒二十七年(1901)鉛印本　一冊

110000－0102－0021186　丁/6880　子部/醫家類/兒婦科方論

孩童衛生編　（英國）傅蘭雅譯　清光緒十九年(1893)鉛印本　一冊

110000－0102－0021187　丁/6881　子部/醫家類/兒婦科方論

驚風辨誤　馮汝玖輯　清宣統三年(1911)刻本　一冊

110000－0102－0021188　丁/6884　集部/別集類/明

擔公遺詩　（明）釋普荷撰　清宣統二年(1910)鉛印本　一冊

110000－0102－0021189　丁/6886　子部/醫家類/雜病方論

急救應驗良方　費山壽輯　清宣統元年(1909)刻本　一冊

110000－0102－0021190　丁/6889　集部/別集類/清

歷代閨媛小樂府　（清）許敦鄴撰　清同治十年(1871)刻本　一冊

110000－0102－0021191　丁/6893　集部/總集類/詩/地方

嶺南群雅二集　（清）劉彬華輯　清嘉慶十八年(1813)刻本　七冊

110000－0102－0021192　丁/6898　史部/傳記類/總傳/專錄/仕宦

兩浙令長考二卷　（清）董沛撰　清光緒七年(1881)刻本　一冊

110000－0102－0021193　丁/6899　集部/總集類/文/斷代/遼金元

遼文存　繆荃孫輯　清末來青閣影印本　二冊

110000－0102－0021194　丁/6904　史部/政書類/雜錄

敬學堂志八卷　（清）邱慶篇等撰　清光緒十八年(1892)刻本　二冊

110000－0102－0021195　丁/6906　集部/別集類/清

銅梁山人詩集二十五卷首一卷　（清）王汝璧撰　清光緒二十年（1894）刻本　四冊

110000－0102－0021196　丁/6907　集部/別集類/清

借間生詩三卷詞一卷　（清）汪遠孫撰　清道光二十年（1840）刻本　二冊

110000－0102－0021197　丁/6908　集部/別集類/清

潛穎文二卷潛穎詩十卷　（清）何維棣撰　清光緒二十七年（1901）刻本　四冊

110000－0102－0021198　丁/6909　集部/別集類/清

晚聞居士遺集八卷　（清）王宗炎撰　清道光十年（1830）刻本　五冊

110000－0102－0021199　丁/6911　集部/小說類/筆記小說

雨窗寄所記四卷　（清）謝堃撰　清光緒六年（1880）刻本　四冊

110000－0102－0021200　丁/6912　史部/傳記類/總傳/專錄/其它

蓉湖春色四卷　（清）安拙生撰　清光緒十五年（1889）刻本　二冊

110000－0102－0021201　丁/6913　集部/總集類/詩/雜錄/題詠

吳門百豔圖五卷　花下解人撰　清光緒六年（1880）刻本　一冊

110000－0102－0021202　丁/6918　集部/集評類/總評/文學史

中國文學史　林傳甲編　清光緒三十年（1904）石印本　一冊　缺下冊

110000－0102－0021203　丁/6919　集部/別集類/清

秋羅曲一卷月華山館本事詩一卷　（清）華諟撰　清光緒三十一年（1905）刻本　一冊

110000－0102－0021204　丁/6921　史部/地理類/專志/祠廟

龍井見聞錄十卷首一卷　（清）汪孟鋗纂　清

光緒十年（1884）刻本　四冊

110000－0102－0021205　丁/6922　集部/別集類/清

嚼梅吟二卷首一卷　（清）釋寄禪撰　清光緒七年（1881）刻本　一冊

110000－0102－0021206　丁/6923　集部/別集類/唐至五代

王無功集三卷補遺二卷校勘記一卷　（唐）王績撰　清光緒三十二年（1906）刻本　二冊

110000－0102－0021207　丁/6924　集部/別集類/清

巢雲閣詩鈔二卷　（清）何綸錦撰　清嘉慶十年（1805）刻本　二冊

110000－0102－0021208　丁/6926　集部/別集類/清

百梅新詠　（清）饒歐寧撰　清刻本　一冊

110000－0102－0021209　丁/6930　子部/醫家類/總錄

四時病機十四卷女科歌訣六卷　（清）邵登瀛撰　清光緒六年（1880）刻本　六冊

110000－0102－0021210　丁/6932　經部/詩類/傳說

讀詩傳譌三十卷　（清）韓怡撰　清嘉慶二十年（1815）刻本　八冊

110000－0102－0021211　丁/6935　集部/詞類/詞別集

蘇庵詩餘五卷　（清）唐塤撰　清同治十二年（1873）刻本　二冊

110000－0102－0021212　丁/6937　集部/別集類/清

咸陟堂詩集十七卷二集六卷文二集八卷賦一卷　（清）釋東樵山人跡刪成鷟撰　清道光二十五年（1845）刻本　十四冊

110000－0102－0021213　丁/6941　集部/別集類/清

四百三十二峰草堂詩　（清）黃璟撰　清光緒刻本　二冊

110000 - 0102 - 0021214　丁/6942　集部/別集類/清

鶴泉文鈔二卷首一卷續選八卷　（清）戚學標撰　清刻本　六冊

110000 - 0102 - 0021215　丁/6943　集部/別集類/清

素菴吟稿二卷序及目錄一卷　（清）鄔熊卜撰　清嘉慶八年(1803)刻本　二冊

110000 - 0102 - 0021216　丁/6945　集部/別集類/清

竹素園詩鈔二卷首一卷竹素園集句二卷首一卷　（清）陳淑英撰　清同治刻本　四冊

110000 - 0102 - 0021217　丁/6949　集部/別集類/清

江泠閣文集四卷　（清）冷士嵋撰　清咸豐十年(1860)刻本　二冊

110000 - 0102 - 0021218　丁/6950　集部/別集類/清

涵村詩集十卷　（清）秦文超撰　清光緒六年(1880)刻本　五冊

110000 - 0102 - 0021219　丁/6951　集部/別集類/清

筠樓雜詠及賦　（清）翁霆霖撰　清乾隆六十年(1795)刻本　二冊

110000 - 0102 - 0021220　丁/6953　集部/別集類/清

少悟齋詩集二卷　（清）方振撰　清道光十四年(1834)刻本　二冊

110000 - 0102 - 0021221　丁/6954　集部/總集類/文/婦女

名媛文萃二十四卷　武仲遊編　清末民國抄本　六冊

110000 - 0102 - 0021222　丁/6956　集部/小說類/章回

鋒劍春秋十卷六十回　清同治九年(1870)刻本　十冊

110000 - 0102 - 0021223　丁/6957　集部/別集類/清

碧城詩髓八卷補二卷首一卷　（清）陳頤道撰　清道光二十二年(1842)刻本　十四冊

110000 - 0102 - 0021224　丁/6959　集部/詞類/詞總集/地方

粵東詞鈔三編　（清）許玉彬等輯　清道光二十九年至光緒十八年(1849 - 1892)刻本　十冊

110000 - 0102 - 0021225　丁/6960　集部/別集類/清

自然好學齋詩鈔十卷　（清）汪端撰　清道光六年(1826)刻本　三冊

110000 - 0102 - 0021226　丁/6961　集部/別集類/清

七錄齋詩選八卷序及目錄一卷　（清）阮葵生撰　清嘉慶十九年(1814)刻本　六冊

110000 - 0102 - 0021227　丁/6962　集部/別集類/清

雅安書屋詩集四卷　（清）汪瑩撰　清道光二十四年(1844)刻本　三冊

110000 - 0102 - 0021228　丁/6964　集部/小說類/章回

鳳雙飛全傳五十二回　程蕙英撰　清抄本　五十二冊

110000 - 0102 - 0021229　丁/6967　集部/戲曲類/昆曲類

昆曲唱譜二十四種總目一種　（清）吳文龍抄　清同治十二年至光緒十九年(1873 - 1893)抄本　四十二冊

110000 - 0102 - 0021230　丁/6968　集部/別集類/清

繼雅堂詩集三十四卷序目一卷　（清）陳僅撰　清道光二十七年(1847)刻本　十冊

110000 - 0102 - 0021231　丁/6971　子部/農家類/各錄

蠶桑實濟六卷首一卷　（清）易星撰　清光緒十七年(1891)桂林刻本　二冊

110000－0102－0021232　丁/6973　集部/別集類/清

翠螺閣詩稿　（清）凌祉媛撰　清咸豐四年（1854）刻本　一冊

110000－0102－0021233　丁/6975　集部/別集類/清

古榆軒詩七卷　（清）馬鍾祺撰　清宣統元年（1909）刻朱印本　四冊

110000－0102－0021234　丁/6980　史部/傳記類/年譜

白苧山人年譜一卷　（清）魯一同編輯　清刻本　一冊

110000－0102－0021235　丁/6983　集部/小說類/筆記小說

四夢彙談四卷　（清）吳紹箕撰　清光緒五年（1879）鉛印本　四冊

110000－0102－0021236　丁/6984　集部/小說類/章回

天門陣演義傳四卷十九回　（□）□□撰　清光緒十六年（1890）刻本　二冊

110000－0102－0021237　丁/6985　集部/小說類/章回

落金扇八卷五十回　（清）吹竽先生撰　清同治十二年（1873）刻本　八冊

110000－0102－0021238　丁/6986　集部/俗文學類/彈詞

金臺全傳十二卷六十回　（□）□□撰　清光緒七年（1881）刻本　十二冊

110000－0102－0021239　丁/6988　子部/雜家類/雜述

客窗閒話四卷續四卷　（清）吳昌熾撰　清光緒三十年（1904）石印本　四冊

110000－0102－0021240　丁/6990　集部/小說類/章回

英烈全傳四卷八十回　（明）徐渭撰　清光緒石印本　四冊

110000－0102－0021241　丁/6991　集部/小說類/章回

開闢演義四卷八十回　（明）周遊撰　清光緒二十九年（1903）石印本　四冊

110000－0102－0021242　丁/6992　集部/小說類/短篇小說

西湖佳話十六卷　（清）墨浪子輯　清光緒十八年（1892）石印本　四冊

110000－0102－0021243　丁/6993　集部/小說類/章回

南宋志傳五十回　（清）研石山樵訂正　清光緒石印本　四冊

110000－0102－0021244　丁/6994　集部/小說類/章回

繡像玉麞龍全傳六卷五十七回　（清）□□撰　清光緒十九年（1893）石印本　六冊

110000－0102－0021245　丁/6996　集部/小說類/章回

北宋楊家將四卷五十回　（清）研石山樵訂正　清光緒石印本　四冊

110000－0102－0021246　丁/6997　集部/小說類/章回

五虎平南狄青演傳四卷四十二回　（清）□□撰　清光緒二十九年（1903）日新書局石印本　八冊

110000－0102－0021247　丁/6999　集部/小說類/章回

花柳深情傳二十二回　綠意軒主人撰　清光緒石印本　四冊

110000－0102－0021248　丁/7000　子部/雜家類/雜述

客窗閒話正續集八卷　吳生撰　清末民國石印本　四冊

110000－0102－0021249　丁/7004　子部/雜家類/雜考

讀書雜志八十二卷　（清）王念孫撰　清刻本　二十四冊

110000－0102－0021250　丁/7006　集部/集

評類/總評/文學史

中國文學指南二卷　邵伯康撰　清宣統二年(1910)石印本　二冊

110000－0102－0021251　丁/7012　集部/別集類/清

香圃遺編三卷　（清）翟佩蘭撰　清嘉慶十九年(1814)刻本　一冊

110000－0102－0021252　丁/7013　集部/別集類/清

儀鄭堂文集二卷　（清）孔廣森撰　清刻本　一冊

110000－0102－0021253　丁/7019　子部/術數類/占卜

牙牌神數　（清）何汝樫撰　清咸豐刻本　一冊

110000－0102－0021254　丁/7021　集部/俗文學類/彈詞

義俠九絲縧全傳十二卷　（□）□□撰　清光緒二十三年(1897)石印本　十二冊

110000－0102－0021255　丁/7022　集部/俗文學類/彈詞

後笑中緣二十四回　（□）□□撰　清光緒二十七年(1901)石印本　四冊

110000－0102－0021256　丁/7023　集部/俗文學類/彈詞

文武香球四卷七十二回　（清）二樂軒主人撰　清光緒二十六年(1900)石印本　六冊

110000－0102－0021257　丁/7027　集部/小說類/章回

五劍十八義前傳四卷四十回　（□）□□撰　清光緒三十年(1904)石印本　四冊

110000－0102－0021258　丁/7028　集部/小說類/章回

五劍十八義後傳四卷三十二回　（□）□□撰　清光緒三十年(1904)石印本　四冊

110000－0102－0021259　丁/7029　集部/小說類/章回

粉粧樓全傳六卷八十回　（□）□□撰　清光緒二十六年(1900)石印本　六冊

110000－0102－0021260　丁/7032　經部/小學類/音韻/韻典

字類標韻六卷　（清）華綱輯　（清）范多珏重訂　清光緒九年(1883)刻本　二冊

110000－0102－0021261　丁/7033　經部/小學類/文字

金壺字攷　（清）郝普霖增訂　清光緒九年(1883)刻本　二冊

110000－0102－0021262　丁/7034　集部/小說類/章回

北宋志傳五十回　熊大木撰　清光緒十八年(1892)序石印本　三冊

110000－0102－0021263　丁/7035　子部/類書類/專編

詩料十四卷　（清）劉豹君撰　清乾隆六十年(1795)刻本　四冊

110000－0102－0021264　丁/7036　集部/曲類/曲別集/傳奇

小蓬萊傳奇十種　（清）劉清韻撰　清光緒二十六年(1900)石印本　六冊

110000－0102－0021265　丁/7038　子部/雜家類/雜纂

燕下鄉脞錄四卷　（清）陳康祺撰　清光緒二十九年(1903)石印本　二冊

110000－0102－0021266　丁/7039　集部/小說類/筆記小說

香奩集二卷　（唐）韓偓撰　清光緒上海珍藝書局木活字印本　一冊

110000－0102－0021267　丁/7040　集部/小說類/筆記小說

郎潛紀聞四卷　（清）陳康祺撰　清光緒二十九年(1903)石印本　二冊

110000－0102－0021268　丁/7041　集部/總集類/文/雜錄

賦學正鵠集釋十一卷　（清）李元度編　清光

緒二十年(1894)濟南文德堂刻本　八冊

110000－0102－0021269　丁/7042　集部/總集類/詩/斷代/清

試律青雲集四卷　(清)楊逢春輯　清咸豐九年(1859)刻本　四冊

110000－0102－0021270　丁/7043　集部/小說類/筆記小說

質直耳談八卷　(清)錢肇鼇撰　清刻本　八冊

110000－0102－0021271　丁/7044　史部/政書類/通制

九通序錄四卷　(□)□□撰　清光緒二十八年(1902)石印本　四冊

110000－0102－0021272　丁/7046　集部/別集類/清

我法集　(清)紀昀撰　清乾隆六十年(1795)刻本　一冊

110000－0102－0021273　丁/7047　集部/總集類/詩/雜錄/其它

增廣試帖玉芙蓉五卷目錄一卷續集二卷三集四卷　(清)鴻寶齋主人編　清光緒十四年至十五年(1888－1889)鴻寶齋書局石印本　十二冊

110000－0102－0021274　丁/7048　集部/總集類/文/雜錄/課藝

關中書院詩賦課　(清)路德評選　清光緒六年(1880)刻本　四冊

110000－0102－0021275　丁/7049　集部/小說類/筆記小說

三借廬贅譚十二卷　(清)鄒弢纂　清光緒鉛印本　六冊

110000－0102－0021276　丁/7051　集部/詞類/詞別集

張子野詞二卷補遺二卷　(宋)張先撰　貞居詞一卷　(元)張天雨撰　清刻本　一冊

110000－0102－0021277　丁/7052　子部/藝術類/總錄

韻石齋筆談二卷　(明)姜紹書撰　清刻本　一冊

110000－0102－0021278　丁/7053　集部/別集類/清

周犢山稿四卷　(清)周鎬撰　清光緒文成堂刻本　四冊

110000－0102－0021279　丁/7055　集部/別集類/明

疑雨集四卷題辭一卷　(明)王彥泓撰　清宣統元年(1909)鉛印本　一冊

110000－0102－0021280　丁/7056　集部/小說類/章回

繪圖繪芳錄八卷八十回　(清)西泠野樵撰　清光緒二十年(1894)石印本　十冊

110000－0102－0021281　丁/7057　子部/天文地理類/曆法

御纂三元甲子編年一卷御定萬年歷二卷　(清)鍾之模撰　清光緒刻本　四冊

110000－0102－0021282　丁/7058　集部/小說類/筆記小說

驚喜集二卷　(清)程畹撰　清光緒三年(1877)鉛印本　一冊

110000－0102－0021283　丁/7059　集部/小說類/筆記小說

續世說十二卷　(宋)孔平仲撰　清咸豐十年(1860)刻本　四冊

110000－0102－0021284　丁/7060　集部/小說類/筆記小說

醒睡錄初集十卷　(清)鄧文濱撰　清同治七年(1868)鉛印本　六冊

110000－0102－0021285　丁/7061　集部/別集類/清

少嵒賦草四卷　(清)夏思沺撰　清光緒四年(1878)刻本　二冊

110000－0102－0021286　丁/7062　集部/別集類/唐至五代

麟角集　(唐)王棨撰　清刻本　一冊

110000－0102－0021287　丁/7063　集部/別集類/清

揅經室詩錄五卷　（清）阮元撰　清咸豐五年(1855)刻本　一冊

110000－0102－0021288　丁/7064　經部/春秋類/穀梁傳

春秋穀梁傳時月日書法釋例四卷　（清）許桂林撰　清道光二十四年(1844)刻本　一冊

110000－0102－0021289　丁/7065　集部/別集類/清

玉山草堂續集六卷　（清）錢林撰　清道光二十九年(1849)刻本　一冊

110000－0102－0021290　丁/7066　集部/別集類/宋

蘇詩補註八卷　（宋）蘇軾撰　（清）翁方綱補注　清咸豐元年(1851)刻本　二冊

110000－0102－0021291　丁/7067　史部/傳記類/年譜

柳先生年譜一卷韓文類譜七卷　（宋）文安禮撰　清雍正八年(1730)刻本　二冊

110000－0102－0021292　丁/7068　集部/總集類/詩/斷代/清

國朝瀛海探驪集八卷　（清）朱埏之輯　清道光九年(1829)刻本　四冊

110000－0102－0021293　丁/7069　集部/小說類/短篇小說

西湖佳話二卷　（清）墨浪子撰　清乾隆五十一年(1786)刻本　八冊

110000－0102－0021294　丁/7070　集部/小說類/章回

青樓夢六十四回　（清）俞達撰　清光緒四年(1878)上海申報館鉛印本　十冊

110000－0102－0021295　丁/7072　集部/總集類/文/雜錄/課藝

急惘齋庚子壬辛癸卯鄉墨選　常堉璋撰　清光緒二十八年至二十九年(1902－1903)鉛印本　十二冊

110000－0102－0021296　丁/7073　經部/小學類/音韻/韻典

古韻標準四卷　（清）江永撰　清咸豐二年(1852)刻本　二冊

110000－0102－0021297　丁/7074　史部/政書類/詔令奏議/奏議

奏議初編十二卷　（清）張之洞撰　清光緒二十七年(1901)鉛印本　四冊

110000－0102－0021298　丁/7076　集部/別集類/清

壯悔堂文集十一卷四憶堂詩集六卷　（清）侯方域撰　清宣統元年(1909)鉛印本　四冊

110000－0102－0021299　丁/7081　子部/雜家類/雜纂

寶字錄六卷勸戒詩話八卷　（清）黃坤元撰　清道光十三年(1833)刻本　八冊

110000－0102－0021300　丁/7082　集部/詞類/詞選/斷代

詞壇妙品十卷　（清）張淵懿選定　清宣統三年(1911)石印本　五冊

110000－0102－0021301　丁/7083　史部/別史、雜史類

九朝野記四卷　（明）祝允明撰　清宣統三年(1911)鉛印本　二冊

110000－0102－0021302　丁/7086　集部/曲類/曲選

綴白裘十二集　（清）玩花主人編　清光緒二十一年(1895)石印本　十二冊

110000－0102－0021303　丁/7087　集部/集評類/詩評

蘭言詩鈔四卷　（清）李瑞輯　清光緒七年(1881)刻本　四冊

110000－0102－0021304　丁/7090　史部/地理類

地球韻言四卷　張一鵬編　清光緒三十年(1904)石印本　二冊

110000－0102－0021305　丁/7093　集部/集評類

山房隨筆　（元）蔣子正撰　**西塘集耆舊續聞十卷**　（宋）陳鵠撰　清乾隆五十八年(1793)刻知不足齋叢書本　二冊

110000－0102－0021306　丁/7094　集部/別集類/清

青雲堂詩草二卷　（清）張壽庭撰　清抄本　二冊

110000－0102－0021307　丁/7096　史部/傳記類/總傳/專錄/其它

青樓小名錄八卷　（清）趙慶楨輯　清宣統二年(1910)鉛印本　四冊

110000－0102－0021308　丁/7097　集部/小說類/筆記小說

繪圖後聊齋志異十二卷　（清）王韜撰　清光緒十七年(1891)石印本　八冊

110000－0102－0021309　丁/7098　子部/儒家類/元

程氏家塾讀書分年日程綱領二卷　（元）程端禮撰　清光緒十八年(1892)刻本　一冊

110000－0102－0021310　丁/7100　集部/詞類/詞別集

醉芙詩餘　（清）王汝純撰　清光緒十九年(1893)刻本　一冊

110000－0102－0021311　丁/7101　子部/醫家類/諸專科方論

喉科秘旨二卷　吳張氏撰　清光緒十九年(1893)刻本　二冊

110000－0102－0021312　丁/7105　集部/別集類/清

養雲山館試帖四卷　（清）許球撰　（清）王榮紱注釋　清道光二十七年(1847)刻本　四冊

110000－0102－0021313　丁/7106　集部/總集類/文/通代

賦學正鵠十卷　（清）李元度輯　清光緒十一年(1885)刻本　六冊

110000－0102－0021314　丁/7108　集部/總集類/詩/雜錄/其它

館律分韻初編六卷　延清輯　清光緒十八年(1892)石印本　六冊

110000－0102－0021315　丁/7109　集部/總集類/詩/雜錄/其它

館律分韻初編六卷　延清輯　清光緒十八年(1892)石印本　六冊

110000－0102－0021316　丁/7111　子部/醫家類/兒婦科方論

胎産集要三卷附幼科摘要　（清）黃惕齋輯　清同治七年(1868)刻本　一冊

110000－0102－0021317　丁/7112　子部/儒家類/清

輶軒語　（清）張之洞撰　清光緒二年(1876)刻本　二冊

110000－0102－0021318　丁/7113　子部/雜家類/學說

平旦鐘聲二卷　（清）好德書齋編　清道光十年(1830)刻本　二冊

110000－0102－0021319　丁/7127　史部/別史、雜史類

江南鐵淚圖及附編　（清）寄雲山人編　清同治九年(1870)刻本　二冊

110000－0102－0021320　丁/7129　集部/總集類/文/雜錄/課藝

江南闈墨光緒辛卯科　（清）□□編　清光緒十七年(1891)刻本　一冊

110000－0102－0021321　丁/7130　集部/別集類/明

堵文忠公集十卷年譜一卷　（明）堵允錫撰　清光緒十三年(1887)刻本　六冊

110000－0102－0021322　丁/7131　史部/傳記類/總傳/通錄/斷代

熙朝人鑒二集八卷　（清）丁承祜編　清光緒二十三年(1897)刻本　四冊

110000－0102－0021323　丁/7132　史部/傳記類/家傳、宗譜/譜錄

鵝湖查氏世表　（清）查繼尹撰　清康熙四十

五年(1706)刻本　一冊

110000－0102－0021324　丁/7133　集部/別集類/清

滿唐詩集十四卷　（清）王瑋慶撰　清嘉慶二十五年(1820)刻本　四冊

110000－0102－0021325　丁/7135　子部/儒家類/宋

北溪字義二卷補遺一卷首一卷　（宋）陳淳撰　清刻本　四冊

110000－0102－0021326　丁/7139　經部/小學類/文字/說文

說文佚字考四卷　（清）張鳴珂撰　清光緒十三年(1887)刻本　一冊

110000－0102－0021327　丁/7140　子部/儒家類/清

勸學篇　（清）張之洞撰　清光緒二十四年(1898)刻本　一冊

110000－0102－0021328　丁/7143　子部/醫家類/外科方論

外科證治全生集四卷　（清）王維德撰　清鉛印本　一冊

110000－0102－0021329　丁/7146　集部/別集類/清

亦吾廬詩草八卷　（清）歐陽雲撰　清光緒二年(1876)刻本　二冊

110000－0102－0021330　丁/7147　集部/別集類/清

展峰詩草六卷　（清）伍兆鼇撰　清光緒二十四年(1898)刻本　二冊

110000－0102－0021331　丁/7148　集部/曲類/曲別集/傳奇

胭脂獄十六出　（清）許善長撰　清光緒十年(1884)刻本　二冊

110000－0102－0021332　丁/7149　集部/別集類/清

韞山詩稿六卷　（清）朱鳳森撰　清咸豐七年(1857)刻本　二冊

110000－0102－0021333　丁/7151　經部/小學類/文字/訓蒙

十三經集字　（清）李鴻藻編　清光緒六年(1880)刻本　一冊

110000－0102－0021334　丁/7152　經部/小學類/文字/訓蒙

十三經集字　（清）李鴻藻編　清光緒六年(1880)刻本　一冊

110000－0102－0021335　丁/7153　子部/儒家類/清

悔言附記詩序辨　（清）夏鼎武撰　清光緒刻本　一冊

110000－0102－0021336　丁/7154　子部/儒家類/清

庭聞憶畧二卷　（清）寶廷撰　清光緒二十二年(1896)刻本　一冊

110000－0102－0021337　丁/7155　子部/儒家類/清

衰說考誤寱言質疑　（清）夏震武撰　清光緒十三年(1887)刻本　一冊

110000－0102－0021338　丁/7156　集部/總集類/文/雜錄/課藝

會試硃卷　（清）丁惟魯撰　清光緒二十四年(1898)刻本　一冊

110000－0102－0021339　丁/7157　集部/總集類/文/雜錄/課藝

四川鄉試闈墨光緒辛卯科　（清）李□□編　清光緒十七年(1891)刻本　一冊

110000－0102－0021340　丁/7158　集部/總集類/文/雜錄/課藝

山東闈墨光緒壬午科　（清）貴□□編　清光緒八年(1882)刻本　一冊

110000－0102－0021341　丁/7160　集部/別集類/清

幽芳草堂詩集八卷　（清）常麟撰　清刻本　二冊

110000－0102－0021342　丁/7164　集部/總

集類/詩/斷代

新選同館詩二卷首一卷 （清）史悠銓輯　清光緒十二年（1886）刻本　二冊

110000－0102－0021343　丁/7166　子部/儒家類/宋

朱子性理吟集說二卷 （宋）朱熹撰　清嘉慶二十三年（1818）刻本　一冊

110000－0102－0021344　丁/7167　集部/別集類/清

鶴舫主人詩 （清）鄒本撰　清道光九年（1829）抄本　一冊

110000－0102－0021345　丁/7168　集部/總集類/詩/通代

五言詩十三卷 （清）王士禛輯　清刻本　三冊

110000－0102－0021346　丁/7169　集部/曲類/曲別集/傳奇

冬青樹二卷三十八出 （清）蔣士銓撰　清乾隆四十六年（1781）刻本　一冊

110000－0102－0021347　丁/7171　集部/曲類/曲別集/傳奇

臨川夢二卷二十出 （清）蔣士銓撰　清刻本　二冊

110000－0102－0021348　丁/7172　集部/總集類/文/雜錄/課藝

目耕齋全集 （清）沈叔眉輯　清光緒十四年（1888）刻本　八冊

110000－0102－0021349　丁/7175　子部/儒家類/清

輶軒語 （清）張之洞撰　清光緒六年（1880）刻本　一冊

110000－0102－0021350　丁/7179　集部/總集類/文/雜錄/課藝

欽定殿試策 清光緒刻本　二冊

110000－0102－0021351　丁/7181　集部/別集類/清

微尚齋詩集初編四卷 （清）馮志沂撰　清咸

豐十年（1860）刻本　一冊

110000－0102－0021352　丁/7182　集部/別集類/清

誰與菴文鈔二卷 （清）孫世均撰　清光緒十五年（1889）刻本　一冊

110000－0102－0021353　丁/7183　集部/別集類/清

翠螺閣詩詞稿 （清）凌祉媛撰　清咸豐四年（1854）刻本　一冊

110000－0102－0021354　丁/7185　集部/別集類/清

簡學齋詩存四卷詩刪四卷館課賦存一卷館課賦續鈔一卷試律續鈔一卷 （清）陳沆撰　清咸豐二年（1852）刻本　六冊

110000－0102－0021355　丁/7188　集部/別集類/清

計樹園詩存賸稿 （清）萬廷蘭撰　清光緒五年（1879）刻本　六冊

110000－0102－0021356　丁/7191　集部/總集類/文/通代/編選

古文講授談二編 尚秉和輯　清宣統二年（1910）京師京華印書局鉛印本　二冊

110000－0102－0021357　丁/7192　集部/總集類/文/雜錄/課藝

三山合編 清光緒十三年（1887）鉛印本　二冊

110000－0102－0021358　丁/7193　集部/總集類/文/通代/編選

陳太僕評選唐宋八家文讀本 （清）陳兆崙輯　清光緒二十八年（1902）石印本　六冊

110000－0102－0021359　丁/7194　史部/政書類/詔令奏議/奏議

曾文正公疏奏二卷文鈔四卷 （清）曾國藩撰　清同治十二年（1873）刻本　四冊

110000－0102－0021360　丁/7195　集部/別集類/清

浣玉軒集四卷 （清）夏敬渠撰　清光緒十六

年(1890)刻本　二冊

110000－0102－0021361　丁/7197　集部/別集類/清

華潭居士詩稿二卷首一卷　（清）白英撰　清光緒十年（1884）刻本　一冊

110000－0102－0021362　丁/7199　集部/別集類/清

南江詩鈔四卷　（清）邵晉涵撰　清刻本二冊

110000－0102－0021363　丁/7201　集部/俗文學類/謎語及其它

燈虎　清抄本　一冊

110000－0102－0021364　丁/7202　集部/別集類/清

容川詩鈔二卷　（清）蔣澤沄撰　清刻本一冊

110000－0102－0021365　丁/7203　史部/政書類/職官/官箴

牧令書約及其它　（清）蔣凝學撰　清光緒十二年（1886）刻本　一冊

110000－0102－0021366　丁/7205　史部/傳記類/別傳

合肥相國七十賜壽圖　清光緒石印本　六冊

110000－0102－0021367　丁/7206　集部/總集類/詩/家族

三盛詩鈔四卷　（清）盛大謨等撰　清同治五年（1866）刻本　四冊

110000－0102－0021368　丁/7207　集部/別集類/清

字雲巢文稿二十卷　（清）盛大謨撰　清同治二年（1863）刻本　四冊

110000－0102－0021369　丁/7208　史部/傳記類/別傳

姚延著傳　（清）嚴允肇撰　清刻本　一冊

110000－0102－0021370　丁/7214　子部/藝術類/雜技

打馬圖經　（宋）李清照撰　清光緒三十二年（1906）刻本　一冊

110000－0102－0021371　丁/7215　集部/別集類/清

曾文正公詩集四卷　（清）曾國藩撰　清同治十三年（1874）刻本　一冊

110000－0102－0021372　丁/7216　集部/別集類/清

敬脩堂重訂文稿　（清）楊擷藻撰　清刻本一冊

110000－0102－0021373　丁/7217　集部/總集類/文/通代/編選

策對名文約選　清刻本　一冊

110000－0102－0021374　丁/7218　集部/別集類/清

心盦詩外　（清）何兆瀛撰　清光緒二年（1876）刻本　一冊

110000－0102－0021375　丁/7219　史部/地理類/總錄

讀史方輿紀要州域形勢編二編　（清）顧祖禹撰　清刻本　二冊

110000－0102－0021376　丁/7220　集部/別集類/清

宛南書院課讀經義策論三種　（清）孫葆田撰　清光緒二十七年（1901）刻本　四冊

110000－0102－0021377　丁/7222　子部/儒家類/清

三魚堂賸言十二卷首一卷　（清）陸隴其撰　清同治七年（1868）刻本　四冊

110000－0102－0021378　丁/7223　史部/史評類/詠史

南唐雜事詩　（清）孫榕撰　清光緒二十二年（1896）刻本　一冊

110000－0102－0021379　丁/7224　集部/別集類/清

在陸草堂文集六卷首一卷　（清）儲欣撰　清光緒十七年（1891）刻本　六冊

110000－0102－0021380　丁/7225　集部/別

集類/清

在陸草堂文集六卷首一卷 （清）儲欣撰 清同治十三年(1874)刻本 六冊

110000－0102－0021381 丁/7226 集部/別集類/清

雪門詩草十四卷 （清）許瑤光撰 清同治十三年(1874)刻本 六冊

110000－0102－0021382 丁/7227 集部/別集類/清

雪門詩草十四卷 （清）許瑤光撰 清同治十三年(1874)刻本 六冊

110000－0102－0021383 丁/7228 集部/總集類/文/雜錄/課藝

目耕齋小題 （清）沈叔眉編 清刻本 一冊

110000－0102－0021384 丁/7230 集部/別集類/清

隨園駢體文註十六卷 （清）袁枚撰 清光緒五年(1879)刻本 八冊

110000－0102－0021385 丁/7231 子部/儒家類

儒門法語輯要 （清）彭定求編 清光緒七年(1881)刻本 一冊

110000－0102－0021386 丁/7232 經部/小學類/文字/訓蒙

六藝綱目二卷 （元）舒天民撰 清光緒十七年(1891)刻本 二冊

110000－0102－0021387 丁/7234 集部/別集類/清

韞山堂時文三集 （清）管世銘撰 清光緒六年(1880)刻本 三冊

110000－0102－0021388 丁/7238 集部/曲類/曲別集/傳奇

桃谿雪二卷二十出 （清）黃燮清撰 清道光二十七年(1847)刻本 二冊

110000－0102－0021389 丁/7239 集部/曲類/曲別集/傳奇

帝女花二卷二十出 （清）黃燮清撰 清同治

四年(1865)刻本 二冊

110000－0102－0021390 丁/7242 子部/類書類/類編/專錄

表異錄十二卷 （明）王志堅撰 清刻本 二冊

110000－0102－0021391 丁/7243 子部/類書類/類編/專錄

清異錄二卷 （宋）陶穀撰 清刻本 二冊

110000－0102－0021392 丁/7244 集部/總集類/文/通代/編選

類纂古文雲蒸六卷 （清）燕毅輯 清光緒三年(1877)刻本 六冊

110000－0102－0021393 丁/7245 子部/儒家類/清

父師善誘法二卷讀書作文譜十二卷 （清）唐彪撰 清刻本 四冊

110000－0102－0021394 丁/7247 史部/政書類/學制

科名金鍼 （清）丁心齋撰 清光緒元年(1875)刻本 一冊

110000－0102－0021395 丁/7248 子部/儒家類/清

訓俗遺規二卷補鈔一卷補編二卷 （清）陳弘謀編 清同治五年(1866)刻本 四冊

110000－0102－0021396 丁/7252 集部/總集類/文/雜錄/課藝

順天鄉試墨卷 朱邦偉撰 清光緒刻本 一冊

110000－0102－0021397 丁/7253 子部/雜家類/雜述

三才略三卷 （清）劉雨田著 清光緒十四年(1888)刻本 一冊

110000－0102－0021398 丁/7255 史部/傳記類/年譜

魏貞菴先生年譜 （清）魏荔彤編 清刻本 一冊

110000－0102－0021399 丁/7256 集部/曲

類/曲別集/傳奇

義俠記二卷三十六出 （明）沈璟撰　清刻本
二冊

110000－0102－0021400　丁/7257　史部/地
理類

地球韻言四卷 （清）張士瀛編　清光緒二十
五年(1899)刻本　二冊

110000－0102－0021401　丁/7258　史部/紀
事本末類/斷代

皇朝武功紀盛二卷 （清）趙翼撰　清刻本
一冊

110000－0102－0021402　丁/7259　子部/儒
家類/清

梅叟閑評四卷 （清）郝培元撰　清光緒十年
(1884)刻本　二冊

110000－0102－0021403　丁/7263　集部/集
評類

三元秘授六卷 （明）張溥撰　清道光十二年
(1832)朱墨套印本　六冊

110000－0102－0021404　丁/7264　經部/小
學類/文字/訓蒙

養蒙針度五卷 （清）潘子聲撰　清光緒十一
年(1885)刻本　二冊

110000－0102－0021405　丁/7265　史部/傳
記類/別傳

曾文正公大事記四卷 （清）王定安撰　清刻
本　二冊

110000－0102－0021406　丁/7266　集部/總
集類/文/通代/編選

古文雅正十四卷 （清）蔡世遠評選　清道光
八年(1828)刻本　八冊

110000－0102－0021407　丁/7267　集部/別
集類/清

**簡學齋詩存四卷試律存一卷續鈔一卷賦一卷
賦續鈔** （清）陳沆撰　清咸豐二年(1852)刻
本　三冊

110000－0102－0021408　丁/7268　集部/別

集類/清

曾文正公雜著四卷求闕齋讀書錄十卷 （清）
曾國藩撰　清同治十三年(1874)及光緒二年
(1876)刻本　八冊

110000－0102－0021409　丁/7269　集部/總
集類/文/通代/編選

論策約選 （清）朱顯廷編　清光緒二十八年
(1902)刻本　五冊

110000－0102－0021410　丁/7271　集部/總
集類/文/雜錄/課藝

觀善堂時文 （清）吳鴻恩輯　清同治十三年
(1874)刻本　六冊

110000－0102－0021411　丁/7272　子部/儒
家類

篤素堂集鈔三卷 （清）張英撰　清光緒十四
年(1888)刻本　一冊

110000－0102－0021412　丁/7273　集部/別
集類/清

曾文正公雜著鈔 （清）曾國藩撰　清光緒十
五年(1889)刻本　一冊

110000－0102－0021413　丁/7274　史部/政
書類/軍政/防務

海防錄要二卷 （清）沈葆楨輯　清光緒刻本
二冊

110000－0102－0021414　丁/7275　子部/宗
教類/釋教/經

金剛般若波羅經二卷太上感應篇纘義二卷
（清）俞樾撰　清光緒二十年(1894)刻本
二冊

110000－0102－0021415　丁/7276　經部/小
學類/文字

**轉注古義考聲調譜前譜一卷後譜一卷續譜一
卷** （清）曹仁虎撰　（清）趙執信撰　清光緒
十五年(1889)刻本　一冊

110000－0102－0021416　丁/7277　子部/雜
家類/雜纂

群書治要子鈔二卷 （唐）魏徵撰　（清）蔣德
鈞輯　清光緒刻本　一冊

110000－0102－0021417　丁/7278　史部/史評類/詠史

四家詠史樂府　（清）宋澤元輯　清光緒三十二年(1906)刻本　六冊

110000－0102－0021418　丁/7279　集部/別集類/清

宮恕堂詩鈔五卷　（清）宮鴻廠撰　清嘉慶二十一年(1816)刻本　二冊

110000－0102－0021419　丁/7280　集部/總集類/詩/家族

趙氏淵源集十卷　（清）趙紹祖編　清光緒十三年(1887)刻本　六冊

110000－0102－0021420　丁/7282　集部/總集類/文/雜錄/課藝

宋人經義約鈔三卷　（清）孫葆田輯　清光緒二十七年(1901)刻本　一冊

110000－0102－0021421　丁/7287　子部/醫家類/外科方論

王洪緒先生外科證治全生　（清）王維德撰　清同治十二年(1873)刻本　二冊

110000－0102－0021422　丁/7290　子部/儒家類/明

人譜正篇一卷續篇二卷人譜類記六卷　（明）劉宗周撰　清同治七年(1868)刻本　二冊

110000－0102－0021423　丁/7291　經部/四書類/總義/傳說

松陽講義十二卷　（清）陸隴其撰　清同治十年(1871)刻本　四冊

110000－0102－0021424　丁/7292　叢部/自著叢書/清初期

尤著九種　（清）尤侗撰　清刻本　十二冊

110000－0102－0021425　丁/7294　集部/曲類/曲別集/傳奇

紅樓夢傳奇八卷八十出　（清）陳鍾麟撰　清道光十五年(1835)刻本　八冊

110000－0102－0021426　丁/7295　史部/傳記類/總傳/專錄/事蹟

古品節錄六卷　（清）松筠撰　清嘉慶四年(1799)刻本　六冊

110000－0102－0021427　丁/7296　子部/天文地理類/曆法

三元甲子萬年書　清宣統刻本　二冊

110000－0102－0021428　丁/7297　集部/總集類/詩/通代

三十家詩鈔六卷　（清）曾國藩編　清同治十三年(1874)刻本　六冊

110000－0102－0021429　丁/7300　史部/史評類/詠史

五家宮詞　（明）毛晉輯　清光緒五年(1879)刻本　二冊

110000－0102－0021430　丁/7303　集部/集評類/文評

文章指南　（明）歸有光選　清光緒二年(1876)刻本　五冊

110000－0102－0021431　丁/7304　集部/別集類/清

頻羅庵遺集十六卷　（清）梁同書撰　清嘉慶二十二年(1817)刻本　六冊

110000－0102－0021432　丁/7305　子部/宗教類/釋教

貪瞋癡註淨土直說　（清）釋法化撰　清光緒元年(1875)刻本　一冊

110000－0102－0021433　丁/7306　集部/總集類/文/通代/編選

古文詞略二十四卷目錄一卷　（清）梅曾亮編　清同治六年(1867)刻本　六冊

110000－0102－0021434　丁/7307　史部/傳記類/別傳

漢丞相諸葛忠武侯傳　（宋）張栻撰　清刻本　一冊

110000－0102－0021435　丁/7308　子部/天文地理類/曆法

大清光緒十二年時憲書　（清）欽天監編　清光緒十二年(1886)刻朱墨套印本　一冊

110000－0102－0021436　丁/7309　經部/小學類/音韻/韻典

佩文詩韻釋要五卷　陸潤庠校　清光緒十二年(1886)刻本　二冊

110000－0102－0021437　丁/7310　集部/總集類/文/雜錄/課藝

拔優貢朝考卷　(清)扈于高等撰　清光緒刻本　一冊

110000－0102－0021438　丁/7312　集部/總集類/文/雜錄/課藝

陳太僕課孫草　(清)陳兆崙撰　(清)王墉注　清嘉慶刻本　一冊

110000－0102－0021439　丁/7314　集部/總集類/文/斷代/清

同館經進賦鈔　(清)邵松年等撰　清光緒十五年(1889)刻本　一冊

110000－0102－0021440　丁/7315　集部/總集類/文/雜錄/課藝

同館經進賦鈔　(清)邵松年等撰　清光緒十五年(1889)刻本　一冊

110000－0102－0021441　丁/7317　子部/儒家類/清

增訂安樂銘箴二卷　(清)錢珊編　清光緒八年(1882)刻本　一冊

110000－0102－0021442　丁/7320　子部/儒家類/清

御製勸善要言　(清)世祖福臨輯　清刻本　一冊

110000－0102－0021443　丁/7321　子部/儒家類/清

御製勸善要言　(清)世祖福臨輯　清刻本　一冊

110000－0102－0021444　丁/7324　集部/小說類/章回

小五義傳二十五卷一百二十四回　清光緒十六年(1890)刻本　六冊

110000－0102－0021445　丁/7326　集部/別集類/明

陳臥子先生安雅堂稿十五卷　(明)陳子龍撰　清宣統元年(1909)活字印本　六冊

110000－0102－0021446　丁/7327　集部/別集類/清

船山詩草二十卷補遺三卷　(清)張問陶撰　清嘉慶二十年(1815)刻本　七冊

110000－0102－0021447　丁/7328　集部/總集類/詩/雜錄/會社

南園前五先生集六卷後五先生集二十六卷　(明)趙介等撰　清同治九年(1870)刻本　八冊

110000－0102－0021448　丁/7329　子部/宗教類/釋教

御錄經海一滴八卷　(清)世宗胤禛錄　清雍正十三年(1735)刻本　六冊

110000－0102－0021449　丁/7330　集部/曲類/曲別集/雜劇

成裕堂繪像第六才子書西廂記八卷　(元)王實甫撰　清雍正十一年(1733)刻本　六冊

110000－0102－0021450　丁/7337　集部/小說類/章回

續小五義一百二十四回　(清)□□撰　清光緒十六年(1890)鉛印本　十冊

110000－0102－0021451　丁/7338　史部/傳記類/總傳/專錄/列女

宮閨聯名譜二十二卷　(清)董恂輯　(清)陸纘補輯　清光緒二年(1876)申報館鉛印本　五冊

110000－0102－0021452　丁/7348　經部/經總類/群經總義

群經評議三十五卷　(清)俞樾撰　清同治十年(1871)刻本　十四冊

110000－0102－0021453　丁/7352　史部/金石類/金

集古虎符魚符考　(清)瞿中溶輯　清刻本　一冊

110000－0102－0021454　丁/7353　集部/詞類/詞總集/斷代/清

國朝詞宗續編二十四卷 （清）黄燮清編　清同治十二年(1873)刻本　八冊

110000－0102－0021455　丁/7354　史部/傳記類/總傳/專錄/儒林

鼎甲徵信錄八卷 （清）閣湘蕙撰 （清）張椿齡增訂　清同治三年(1864)刻本　四冊

110000－0102－0021456　丁/7355　史部/金石類/地方

江甯金石記八卷待訪目二卷 （清）嚴觀撰　清宣統二年(1910)刻本　二冊

110000－0102－0021457　丁/7362　集部/詞類/詞別集

裁雲閣詞鈔六卷 （清）秦雲撰　清同治七年(1868)刻本　二冊

110000－0102－0021458　丁/7369　集部/總集類/文/家族

潘氏科名草二卷 （清）潘世恩輯　清道光十八年(1838)燕翼堂刻本　二冊

110000－0102－0021459　丁/7370　集部/別集類/清

午風堂詩集六卷 （清）鄒炳泰撰　清嘉慶刻本　一冊

110000－0102－0021460　丁/7371　子部/儒家類

明夷待訪錄糾謬 李滋然撰　清宣統元年(1909)鉛印本　一冊

110000－0102－0021461　丁/7372　集部/總集類/詩/雜錄

表潔揚芬集 （清）華英等撰　清刻本　一冊

110000－0102－0021462　丁/7373　子部/農家類

廣蠶桑說輯補二卷 （清）沈清渠撰 （清）仲昂庭補　清光緒三年(1877)刻本　一冊

110000－0102－0021463　丁/7374　集部/總集類/詩/雜錄/會社

西泠消寒集 （清）梅振宗等撰　清同治十三年(1874)刻本　一冊

110000－0102－0021464　丁/7375　集部/總集類/詩/雜錄/唱和

醉墨軒別編續刊六卷 （清）鄭枺輯　清道光刻本　一冊

110000－0102－0021465　丁/7376　集部/詞類/詞別集

紅燕詞鈔二卷 （清）鍾景撰　清刻本　一冊

110000－0102－0021466　丁/7377　集部/詞類/詞別集

蕉窗詞存一卷賣魚灣詞三卷 （清）齊學裘撰　清同治十年(1871)刻本　一冊

110000－0102－0021467　丁/7378　集部/詞類/詞別集

蘇台攬勝詞二卷 （清）袁學瀾撰　清同治四年(1865)刻本　一冊

110000－0102－0021468　丁/7379　史部/傳記類/總傳/專錄/其它

花仙小志 （清）舒香輯　清嘉慶十二年(1807)刻本　一冊

110000－0102－0021469　丁/7380　集部/總集類/詩/雜錄/酬贈慶吊

感發集五卷 （清）黄振均等撰　清光緒元年(1875)刻本　二冊

110000－0102－0021470　丁/7381　集部/別集類/清

七頌堂詩集十卷首一卷 （清）劉體仁撰　清同治九年(1870)刻本　二冊

110000－0102－0021471　丁/7383　集部/別集類/清

雲樵詩賸 （清）施峻撰　清光緒十二年(1886)刻本　一冊

110000－0102－0021472　丁/7385　集部/集評類/文評

文筆考一卷 清刻本　一冊

110000－0102－0021473　丁/7386　集部/總

集類/詩/雜錄/酬贈慶吊

自怡菊圃哀詞　（清）楊懌銓等撰　清道光刻本　一冊

110000－0102－0021474　丁/7387　集部/別集類/清

赤菫遺稿詩六卷　（清）葉元堦撰　清道光二十五年(1845)刻本　二冊

110000－0102－0021475　丁/7389　集部/別集類/清

繞竹山房續詩稿十四卷　（清）朱文治撰　清咸豐五年(1855)刻本　四冊

110000－0102－0021476　丁/7390　集部/別集類/清

水西閒館詩二十卷　（清）程虞卿撰　清嘉慶二十五年(1820)刻本　四冊

110000－0102－0021477　丁/7391　集部/詞類/詞別集

芬陀利室詞一卷　（清）潘祖蔭撰　清光緒二十四年(1898)刻本　一冊

110000－0102－0021478　丁/7392　集部/別集類/清

叢筆軒遺稿三卷附錄一卷　（清）孫采芙撰　清光緒十三年(1887)刻本　一冊

110000－0102－0021479　丁/7393　集部/別集類/清

頤園詩存二卷　（清）徐煥藻撰　清光緒二十五年(1899)刻本　一冊

110000－0102－0021480　丁/7394　集部/別集類/清

冷紅館賸稿四卷詩補鈔二卷　（清）秦臻撰　清光緒十一年(1885)刻本　三冊

110000－0102－0021481　丁/7395　集部/總集類/詩/婦女

京江鮑氏課選合稿十三卷　（清）鮑之惠等撰　清光緒八年(1882)刻本　二冊

110000－0102－0021482　丁/7396　史部/傳記類/日記

棧雲峽雨二卷　（日本）熊本撰　清光緒二年(1876)抄本　二冊

110000－0102－0021483　丁/7397　集部/總集類/詩/雜錄/唱和

碧蘿吟館唱和詩詞五刻　（清）馬錦輯　清道光三年至八年(1823－1828)刻本　八冊

110000－0102－0021484　丁/7402　集部/別集類/清

慎余書屋文集五卷　（清）陳池養撰　清同治九年(1870)刻本　五冊

110000－0102－0021485　丁/7403　集部/別集類/清

夢峰王先生語錄文集合編十六卷　（明）王安器撰　清嘉慶八年(1803)刻本　四冊

110000－0102－0021486　丁/7404　集部/別集類/清

華潭居士詩稿二卷首一卷　（清）白英撰　清光緒十年(1884)刻本　一冊

110000－0102－0021487　丁/7405　集部/別集類/清

禮堂遺集四卷補遺一卷附詩一卷　（清）陳喬樅撰　清同治十二年(1873)刻本　一冊

110000－0102－0021488　丁/7409　集部/別集類/清

壎箎集十卷　（清）劉源等撰　清咸豐二年(1852)刻本　四冊

110000－0102－0021489　丁/7415　集部/小說類/話本

今古奇觀四十回　（明）抱甕老人輯　清光緒十二年(1886)刻本　十冊

110000－0102－0021490　丁/7416　史部/傳記類/日記

求闕齋日記類鈔二卷　（清）曾國藩撰　（清）王啟原編　清光緒二年(1876)鉛印本　一冊

110000－0102－0021491　丁/7417　集部/別集類/清

麗濩蕽錄十四卷　（清）蔣超伯撰　清同治五

年(1866)刻本　六冊　缺四卷(三至四、十三至十四)

110000－0102－0021492　丁/7418　史部/地理類/專志/寺觀

南朝寺考六卷　（清）劉世珩撰　清光緒三十三年(1907)刻本　二冊

110000－0102－0021493　丁/7420　經部/經總類/群經總義/傳說

吳氏遺著五卷附錄一卷　（清）吳烺雲撰　清光緒十七年(1891)刻本　四冊

110000－0102－0021494　丁/7421　集部/集評類/詩評

詩品二卷　（南朝梁）鍾嶸撰　清刻本　一冊

110000－0102－0021495　丁/7426　史部/地理類/總錄

太平寰宇記六卷　（宋）樂史撰　清光緒九年(1883)影印本　一冊

110000－0102－0021496　丁/7430　集部/別集類/清

鷗堂賸稿一卷東鷗草堂詞二卷　（清）周星譽撰　**窳櫎詩質二卷**　（清）周星詒撰　清光緒二十二年(1896)刻本　一冊

110000－0102－0021497　丁/7432　叢部/自著叢書/清中晚期

東海褰冥氏三十以前舊學四種八卷　（清）譚嗣同撰　清光緒二十三年(1897)刻本　四冊

110000－0102－0021498　丁/7433　集部/別集類/清

屬山詩鈔不分卷補遺一卷　（清）張盛典撰　清光緒刻本　二冊

110000－0102－0021499　丁/7435　集部/別集類/清

謫麐堂遺集　（清）戴望撰　清宣統三年(1911)刻本　二冊

110000－0102－0021500　丁/7436　集部/別集類/清

雲臥山莊詩集八卷首一卷末一卷　（清）郭崑

燾撰　清光緒十一年(1885)刻本　三冊

110000－0102－0021501　丁/7437　集部/別集類/清

通藝閣詩續錄八卷　（清）姚椿撰　清咸豐五年(1855)刻本　一冊

110000－0102－0021502　丁/7438　集部/別集類/清

六一山房詩集十卷　（清）董沛撰　清同治十一年(1872)刻本　四冊

110000－0102－0021503　丁/7445　史部/傳記類/總傳/專錄/科舉

國朝館選錄　（清）沈世煒等編　清光緒三十年(1904)刻本　一冊

110000－0102－0021504　丁/7446　集部/集評類/詩評/詩話

篠園詩話四卷　（清）朱庭珍撰　清刻本　二冊

110000－0102－0021505　丁/7447　集部/別集類/清

擔當遺詩八卷　（清）釋普荷撰　清刻本　二冊

110000－0102－0021506　丁/7449　集部/總集類/文/雜錄/課藝

葉蔭眆會試硃卷　葉蔭眆撰　清同治七年(1868)刻本　一冊

110000－0102－0021507　丁/7452　集部/別集類/清

如許齋詩稿　（清）如許齋主人撰　清光緒如許齋鉛印本　一冊

110000－0102－0021508　丁/7458　史部/金石類/地方

中州金石記第四卷　（清）畢沅撰　清刻本　一冊

110000－0102－0021509　丁/7461　史部/地理類/總錄

南漢地理志一卷南漢金石志二卷　（清）吳蘭修撰　清道光三十年(1850)刻本　一冊

110000 – 0102 – 0021510　丁/7462　集部/別集類/清

鬱華閣遺集詩三卷詞一卷　（清）盛昱撰　清光緒二十八年(1902)留垞刻本　一冊

110000 – 0102 – 0021511　丁/7464　集部/別集類/清

四松草堂詩略二卷　（清）宗韶撰　清光緒三十年(1904)鉛印本　二冊

110000 – 0102 – 0021512　丁/7466　集部/別集類/清

留硯堂詩選六卷　（清）張漢撰　清刻本　四冊

110000 – 0102 – 0021513　丁/7467　集部/別集類/漢至隋

陶詩彙注四卷首一卷末一卷　（晉）陶潛撰（清）吳瞻泰輯　清刻本　二冊

110000 – 0102 – 0021514　丁/7469　經部/經總類/群經總義/傳說

溉亭述古錄二卷　（清）錢塘撰　（清）阮元敘錄　清刻本　二冊

110000 – 0102 – 0021515　丁/7470　集部/別集類/清

芸籬偶存二卷　（清）王汝璧撰　清刻本　一冊

110000 – 0102 – 0021516　丁/7471　集部/別集類/清

樓山詩集六卷　（清）王恕撰　清光緒二十年(1894)刻本　二冊

110000 – 0102 – 0021517　丁/7472　集部/別集類/清

銅梁山人詩集二十五卷　（清）王汝璧撰　清光緒二十年(1894)刻本　五冊

110000 – 0102 – 0021518　丁/7476　集部/別集類/清

茶夢庵詩稿十二卷　（清）高望曾撰　清光緒十六年(1890)刻本　二冊

110000 – 0102 – 0021519　丁/7480　子部/藝術類/書畫

墨園彙觀四卷　（清）安麓村撰　清光緒二十六年(1900)鉛印本　六冊

110000 – 0102 – 0021520　丁/7483　史部/地理類/方志/地方志/陝西

[嘉慶]中部縣志四卷首一卷　（清）丁瀚等修（清）張永清等撰　清刻本　四冊

110000 – 0102 – 0021521　丁/7487　史部/政書類/職官/官箴

作吏要言　（清）葉鎮撰　清光緒十五年(1889)刻本　一冊

110000 – 0102 – 0021522　丁/7488　集部/別集類/清

生香書屋文集四卷詩集七卷思光集一卷　（清）陳浩撰　清刻本　六冊

110000 – 0102 – 0021523　丁/7495　史部/傳記類/日記

鴻泥日錄八卷續錄四卷續吟一卷　（清）王定柱撰　清道光七年(1827)刻本　五冊

110000 – 0102 – 0021524　丁/7496　史部/傳記類/年譜

雪泥鴻爪　（清）邵亨豫撰　清光緒刻本　三冊

110000 – 0102 – 0021525　丁/7498　集部/別集類/清

萬山草堂詩集六卷　李登雲撰　清光緒三十三年(1907)刻本　二冊

110000 – 0102 – 0021526　丁/7501　史部/地理類/遊記/清

鴻雪因緣圖記三集　（清）麟慶撰　清道光二十七年(1847)刻本　六冊

110000 – 0102 – 0021527　丁/7502　集部/楚辭類/離騷

離騷彙訂六帙　（戰國）屈原撰　清光緒二十六年(1900)刻本　二冊

110000 – 0102 – 0021528　丁/7503　子部/雜家類/雜考

蘿藦亭劄記八卷　（清）喬松年撰　清同治十二年(1873)刻本　八冊

110000－0102－0021529　丁/7504　子部/醫家類/醫經

華氏中藏經三卷　（漢）華陀撰　清嘉慶十三年(1808)刻本　一冊

110000－0102－0021530　丁/7505　子部/醫家類/雜錄

串雅内編四卷　（清）趙學敏輯　清光緒十四年(1888)刻本　二冊

110000－0102－0021531　丁/7506　子部/醫家類/總錄

士材三書三種六卷附壽世青編二卷　（明）李中梓撰　（清）尤乘增補　清末刻本　四冊

110000－0102－0021532　丁/7510　史部/金石類/地方

湖北金石詩一卷　（清）嚴觀撰　清嘉慶衢西張氏二銘草堂刻本　二冊

110000－0102－0021533　丁/7511　子部/藝術類/音樂舞蹈

立雪齋琴譜二卷　（清）汪紱撰　清光緒二十二年(1896)刻本　二冊

110000－0102－0021534　丁/7513　集部/總集類/詩/雜錄/題詠

滄香樓詩鈔題辭七卷續刻一卷　（清）秦鰲輯　清乾隆五十八年(1793)刻本　六冊

110000－0102－0021535　丁/7514　集部/別集類/唐至五代

李衛公會昌一品集三十五卷　（唐）李德裕撰　清光緒五年(1879)刻本　六冊

110000－0102－0021536　丁/7515　子部/兵家類

金湯借箸十二籌十二卷　（明）李盤撰　清抄本　五冊

110000－0102－0021537　丁/7516　子部/醫家類/明堂經脈

奇經八脈考脈訣附方脈學　（明）李時珍撰

清刻本　二冊

110000－0102－0021538　丁/7517　集部/別集類/清

尺五堂詩刪近刻四卷　（清）嚴我思撰　清抄本　四冊

110000－0102－0021539　丁/7519　集部/別集類/清

戎旃遣興草二卷　（清）紅梨主人撰　清道光五年(1825)刻本　二冊

110000－0102－0021540　丁/7521　集部/詞類/詞別集

剪紅詞草　（清）惲毓巽撰　清宣統二年(1910)刻本　一冊

110000－0102－0021541　丁/7530　集部/別集類/清

秋影樓詩集九卷　（清）汪繹撰　清光緒二十三年(1897)刻本　一冊

110000－0102－0021542　丁/7531　集部/別集類/民國

顗顔室詩稿四卷　李瀚昌撰　清宣統元年(1909)石印本　二冊

110000－0102－0021543　丁/7532　集部/別集類/清

鐵山園詩稿四卷　（清）孔慶鎔撰　清道光元年(1821)刻本　四冊

110000－0102－0021544　丁/7536　集部/別集類/唐至五代

唐李習之文集二卷　（唐）李翱撰　清刻本　二冊

110000－0102－0021545　丁/7537　集部/總集類/詩/斷代/清

五言排律依永集八卷　（清）張九鉞箋釋　清刻本　四冊

110000－0102－0021546　丁/7540　集部/別集類/清

缶廬詩四卷別存一卷　（清）吳俊卿撰　清光緒十九年(1893)刻本　一冊

110000－0102－0021547　丁/7544　集部/曲類/曲別集/傳奇

憐香伴傳奇二卷三十六出　（清）李漁撰　清刻本　二冊

110000－0102－0021548　丁/7545　子部/儒家類/清

味道集　（清）段楨齡撰　清光緒十七年(1891)刻本　一冊

110000－0102－0021549　丁/7546　集部/詞類/詞別集

燈昏鏡曉詞四卷　宋謙撰　清宣統二年(1910)鉛印本　二冊

110000－0102－0021550　丁/7547　集部/別集類/清

四中閣詩鈔二卷　（清）黃立世撰　清刻本　二冊

110000－0102－0021551　丁/7548　集部/別集類/清

保閒堂集二十六卷　（清）趙士春撰　清光緒九年(1883)木活字印本　四冊

110000－0102－0021552　丁/7550　史部/傳記類/家傳、宗譜

趨庭紀述二卷首一卷　（清）經元善輯　清光緒二十三年(1897)刻本　二冊

110000－0102－0021553　丁/7557　子部/藝術類/雜技

過百齡先生四子譜　（清）過文年撰　清道光二年(1822)刻本　二冊

110000－0102－0021554　丁/7558　集部/別集類/清

復莊詩問三十四卷駢儷文榷八卷　（清）姚燮撰　清道光二十六年(1846)刻本　十一冊

110000－0102－0021555　丁/7561　子部/類書類/韻編

記事珠十卷　（清）張以謙撰　清刻本　五冊

110000－0102－0021556　丁/7562　集部/別集類/清

寸心知室詩文集六卷　（清）湯金釗撰　清刻本　四冊

110000－0102－0021557　丁/7563　集部/別集類/清

橋東詩草二十四卷　（清）邵葆祺撰　清同治十二年(1873)刻本　六冊

110000－0102－0021558　丁/7564　子部/醫家類/雜錄

蘭臺軌範八卷　（清）徐大椿撰　清乾隆刻本　八冊

110000－0102－0021559　丁/7566　史部/傳記類/總傳/專錄/儒林

歷代名儒傳八卷　（清）朱軾輯　清光緒二十三年(1897)刻本　四冊

110000－0102－0021560　丁/7567　史部/傳記類/總傳/專錄/仕宦

歷代名臣傳三十五卷首一卷續編五卷　（清）朱軾輯　清光緒二十三年(1897)刻本　十八冊

110000－0102－0021561　丁/7568　史部/傳記類/總傳/專錄/仕宦

歷代循吏傳八卷　（清）朱軾輯　清光緒二十三年(1897)刻本　四冊

110000－0102－0021562　丁/7571　集部/總集類/詩/雜錄/會社

湘社集四卷　易順鼎編　清光緒十七年(1891)刻本　一冊

110000－0102－0021563　丁/7572　集部/別集類/漢至隋

晉郭弘農集二卷　（晉）郭璞撰　清刻本　二冊

110000－0102－0021564　丁/7573　集部/別集類/清

寶綸堂續集十一卷　（清）齊召南撰　清刻本　五冊

110000－0102－0021565　丁/7574　集部/別集類/唐至五代

李元賓文集六卷 （唐）李觀撰 清嘉慶二十三年（1818）刻本 二冊

110000－0102－0021566 丁/7575 集部/別集類/清

許松濱先生全集四十三卷首一卷末一卷 （清）許錫祺撰 清光緒十七年（1891）刻本 八冊

110000－0102－0021567 丁/7576 集部/總集類/文/雜錄/課藝

辨志文會課藝初集 （清）宗源瀚輯 清光緒六年（1880）刻本 六冊

110000－0102－0021568 丁/7580 子部/儒家類/清

筆諫八卷首一卷末一卷附百孝圖 （清）馬萬選撰 清光緒九年（1883）刻本 三冊 存二卷（一至二）

110000－0102－0021569 丁/7582 集部/別集類/清

退食槐聲留餘集 （清）艾元徵撰 清光緒三年（1877）刻本 一冊

110000－0102－0021570 丁/7586 集部/總集類/詩/雜錄/其它

詩畸八卷外編二卷 （□）□□撰 清刻本 二冊

110000－0102－0021571 丁/7589 集部/總集類/詩/地方

禊湖詩拾八卷首一卷 （清）徐達源輯 清嘉慶十年（1805）刻本 二冊

110000－0102－0021572 丁/7590 集部/別集類/明

蘇平仲集十六卷首一卷 （明）蘇伯衡撰 清光緒元年（1875）刻本 八冊

110000－0102－0021573 丁/7591 集部/別集類/遼金元

剡源佚文二卷佚詩六卷 （元）戴表元撰 清光緒二十一年（1895）刻本 一冊

110000－0102－0021574 丁/7594 集部/別

集類/清

飲雪軒詩集四卷 （清）楊泰亨撰 清宣統二年（1910）刻本 一冊

110000－0102－0021575 丁/7595 集部/小說類/筆記小說

斯陶說林十二卷 （清）王用臣輯 清光緒十八年（1892）刻本 十二冊

110000－0102－0021576 丁/7598 集部/別集類/清

種蘭居詩稿一卷登岱草一卷歷下草一卷附刊一卷 （清）譚尚适撰 清嘉慶刻本 二冊

110000－0102－0021577 丁/7599 集部/別集類/清

退遂齋詩鈔六卷 （清）倪鴻撰 清光緒七年（1881）刻本 三冊

110000－0102－0021578 丁/7600 集部/別集類/清

展峰詩草六卷 （清）伍兆鼇撰 清光緒二十四年（1898）刻本 二冊

110000－0102－0021579 丁/7601 集部/別集類/清

好深湛思室詩存二十二卷 （清）孫義鈞撰 清同治六年（1867）刻本 十冊

110000－0102－0021580 丁/7602 集部/別集類/清

龍圖詩集六卷 （清）范正脈撰 清咸豐四年（1854）刻本 二冊

110000－0102－0021581 丁/7603 子部/兵家類

紀效新書十八卷練兵實紀九卷 （明）戚繼光撰 清道光十四年（1834）及咸豐五年（1855）刻本 十冊

110000－0102－0021582 丁/7604 史部/傳記類/總傳/專錄/仕宦

全史吏鑑十卷 （清）張祥雲輯 清嘉慶八年（1803）刻本 四冊

110000－0102－0021583 丁/7605 集部/別

集類/清

青芙蓉閣詩鈔六卷 （清）陸元鋐撰　清刻本　二冊

110000－0102－0021584　丁/7607　史部/地理類/方志/地方志/雲南

滇雲歷年傳十二卷 （清）倪蛻輯　清刻本　八冊

110000－0102－0021585　丁/7608　集部/別集類/清

茶夢盦劫後詩稿十二卷 （清）高望曾撰　清光緒十六年(1890)刻本　四冊

110000－0102－0021586　丁/7609　集部/別集類/清

香南居士集六卷 （清）崇恩撰　清道光二十二年(1842)刻本　四冊

110000－0102－0021587　丁/7611　集部/別集類/宋

宋張南軒先生詩集七卷 （宋）張栻撰　清道光十六年(1836)刻本　二冊

110000－0102－0021588　丁/7612　集部/別集類/宋

南軒文集八卷 （宋）張栻撰　清道光十六年(1836)刻本　二冊

110000－0102－0021589　丁/7613　集部/別集類/清

梵隱堂詩存十卷 （清）釋阿覺撰　清同治五年(1866)刻本　二冊

110000－0102－0021590　丁/7615　集部/詞類/詞別集

留雲借月盦詞八卷 （清）劉炳照撰　清光緒十九年(1893)刻本　四冊

110000－0102－0021591　丁/7616　集部/詞類/詞別集

第一生修梅花館詞八種附錄一種 況周頤撰　清刻本　二冊

110000－0102－0021592　丁/7618　集部/別集類/清

舍是集八卷 （清）王翼鳳撰　清道光二十一年(1841)刻本　二冊

110000－0102－0021593　丁/7622　子部/藝術類/音樂舞蹈

蕉庵琴譜四卷 （清）秦維瀚編　清光緒三年(1877)刻本　四冊

110000－0102－0021594　丁/7623　集部/別集類/清

小南海集詩鈔二卷 （清）徐同善撰　清同治五年(1866)刻本　二冊

110000－0102－0021595　丁/7624　集部/別集類/清

扁善齋文存三卷詩存二卷 （清）鄧嘉緝撰　清光緒二十七年(1901)刻本　四冊

110000－0102－0021596　丁/7628　集部/總集類/文

七種古文 （清）儲欣評選　清嘉慶十八年(1813)刻本　三十一冊　第四函缺第一冊

110000－0102－0021597　丁/7629　史部/史總類

正續廣治平畧四十六卷 （清）蔡方炳撰　清刻本　十冊

110000－0102－0021598　丁/7632　集部/小說類/筆記小說

秋坪新語十二卷首一卷 （清）浮槎散人撰　清乾隆五十七年(1792)刻本　八冊

110000－0102－0021599　丁/7633　集部/小說類/章回

開闢演義六卷八十回 （明）周遊撰　清道光三年(1823)刻本　六冊

110000－0102－0021600　丁/7634　經部/小學類/文字/訓蒙

幼學求源三十三卷首一卷 （清）程允升撰　清道光二十二年(1842)刻本　十冊

110000－0102－0021601　丁/7635　經部/小學類/文字

臨文便覽 （清）怡雲儷館主人輯　清光緒二

年(1876)石印本　四册

110000－0102－0021602　丁/7638　子部/類書類/類編/通錄

千金裘二十七卷二集二十六卷　（清）蔣義彬纂　清同治六年(1867)刻本　八册

110000－0102－0021603　丁/7640　集部/總集類/文/通代/編選

古文翼讀本八卷　（清）唐德宜編　清光緒三十四年(1908)石印本　八册

110000－0102－0021604　丁/7642　子部/醫家類/雜錄

穴譜大全圖　（□）□□撰　清抄繪本　一册

110000－0102－0021605　丁/7643　子部/天文地理類/曆法

春牛經　（□）□□撰　清抄本　一册

110000－0102－0021606　丁/7644　集部/別集類/清

湧翠山房文集四卷首一卷　（清）高延第撰　清光緒十四年(1888)刻本　二册

110000－0102－0021607　丁/7645　子部/儒家類/清

孝友圖說　（清）程少蓉撰　清同治十年(1871)刻本　一册

110000－0102－0021608　丁/7648　集部/詞類/詞選/通代

作如是觀四卷　（清）喻師顏纂輯　清嘉慶十年(1805)刻本　四册

110000－0102－0021609　丁/7651　集部/別集類/清

不自慊齋漫存十二卷　（清）徐賡陛撰　清刻本　十二册

110000－0102－0021610　丁/7653　集部/別集類/清

甌香館集十二卷首一卷末一卷　（清）惲格撰　清光緒七年(1881)刻本　四册

110000－0102－0021611　丁/7654　集部/別集類/清

守意龕詩六卷古今體詩一卷　（清）百齡撰　清嘉慶十六年(1811)刻本　四册

110000－0102－0021612　丁/7655　集部/別集類/清

蘿藦亭遺詩四卷　（清）喬松年撰　清光緒七年(1881)刻本　四册

110000－0102－0021613　丁/7656　史部/傳記類/總傳/專錄/藝術

古今楹聯彙刻小傳十二卷首集一卷跋一卷　（清）吳隱輯　清光緒三十二年(1906)刻本　二册

110000－0102－0021614　丁/7657　集部/別集類/清

二坨詩稿四卷詞一卷　（清）朱棟撰　清嘉慶十一年(1806)刻本　二册

110000－0102－0021615　丁/7658　集部/總集類/詩/家族

東嵐謝氏明詩畧四卷　（清）謝世南編纂　清光緒十九年(1893)刻本　四册

110000－0102－0021616　丁/7659　經部/小學類/音韻/韻典

韻徵十六卷　（清）安吉纂輯　清道光十八年(1838)刻本　四册

110000－0102－0021617　丁/7660　集部/別集類/宋

北溪先生全集五門五十卷　（宋）陳淳撰　清光緒七年(1881)刻本　十二册

110000－0102－0021618　丁/7661　集部/詞類/詞別集

拜石山房詞鈔四卷　（清）顧翰撰　清光緒二年(1876)刻本　一册

110000－0102－0021619　丁/7662　集部/別集類/清

梅垞詩鈔四卷　（清）蔣燮撰　清道光七年(1827)刻本　二册

110000－0102－0021620　丁/7663　集部/別集類/清

蘇園仲詩集六卷文集二卷文集補遺一卷
(清)蘇去疾撰　清嘉慶六年(1801)雙檜軒刻
十六年(1811)續刻本　二冊

110000－0102－0021621　丁/7668　集部/小
說類/筆記小說

秋坪新語十二卷首一卷　(清)浮槎散人撰
清乾隆五十七年(1792)刻本　六冊

110000－0102－0021622　丁/7670　集部/別
集類/清

秋蓼山房詩稿二卷補遺一卷秋蓼山房詞稿一
卷　(清)孔廣根撰　清道光二十六年(1846)
刻本　二冊

110000－0102－0021623　丁/7671　集部/別
集類/清

豹斑集四卷　(清)楊國泰撰　清咸豐二年
(1852)刻本　四冊

110000－0102－0021624　丁/7672　集部/別
集類/宋

橫塘集二十卷　(宋)許景衡撰　清刻本
四冊

110000－0102－0021625　丁/7678　集部/別
集類/清

東山老人詩賸　(清)莊兆洙撰　清光緒刻本
四冊

110000－0102－0021626　丁/7679　集部/別
集類/清

松花菴全集十二卷　(清)吳鎮撰　清刻本
十二冊

110000－0102－0021627　丁/7680　集部/別
集類/清

餘集二卷　(清)楊廷璋撰　清道光二十五年
(1845)楊霈刻本　二冊

110000－0102－0021628　丁/7681　史部/傳
記類/別傳

張蒼水傳記彙鈔　(清)全祖望編　清抄本
一冊

110000－0102－0021629　丁/7684　集部/詞
類/詞別集

竹簾館詞　(清)王樹藩撰　清宣統元年
(1909)刻本　一冊

110000－0102－0021630　丁/7689　史部/地
理類/方志

[同治]鄢陵文獻志四十卷　(清)蘇源生纂修
清同治元年(1862)刻本　二十冊

110000－0102－0021631　丁/7698　史部/地
理類/方志/地方志/山東

[咸豐]金鄉縣志畧十二卷首一卷　(清)李疊
纂修　清同治元年(1862)刻本　四冊

110000－0102－0021632　丁/7700　史部/地
理類/方志/地方志/四川

灌縣鄉土志　(清)徐昱纂　清光緒三十三年
(1907)刻本　二冊

110000－0102－0021633　丁/7706　史部/地
理類/方志/地方志/四川

[嘉慶]華陽縣志四十四卷首一卷　(清)潘時
彤等纂修　清嘉慶二十一年(1816)刻本　十
六冊

110000－0102－0021634　丁/7707　史部/地
理類/方志/地方志/四川

[光緒]彭縣志十三卷首一卷末一卷　(清)張
龍甲等纂修　清光緒四年(1878)刻本　十冊

110000－0102－0021635　丁/7712　史部/地
理類/方志/地方志/湖北

[光緒]應城縣志十四卷首一卷　(清)王承禧
等纂修　清光緒八年(1882)刻本　八冊

110000－0102－0021636　丁/7716　史部/地
理類/總錄

皇朝輿地略　清咸豐十年(1860)長沙刻本
一冊

110000－0102－0021637　丁/7726　史部/地
理類/方志/地方志/河北

[光緒]元氏縣志十四卷首一卷末一卷　(清)
趙文濂等纂修　清光緒元年(1875)刻本
八冊

110000－0102－0021638　丁/7728　史部/地理類/方志/地方志/浙江

[光緒]上虞縣志校續五十卷首一卷末一卷（清）儲家藻　（清）徐致靖等纂修　清光緒二十四年(1898)刻本　二十冊

110000－0102－0021639　丁/7731　史部/地理類/方志/地方志/浙江

[光緒]諸暨縣志六十卷　清宣統元年(1909)刻本　十六冊

110000－0102－0021640　丁/7733　史部/地理類/方志/地方志/四川

[嘉慶]羅江縣志三十六卷首一卷　（清）李桂林等纂　清同治四年(1865)刻本　六冊

110000－0102－0021641　丁/7734　史部/地理類/方志/地方志/廣東

[咸豐]順德縣志三十二卷　（清）郭汝誠等纂修　清咸豐三年(1853)刻本　十六冊

110000－0102－0021642　丁/7737　史部/地理類/方志/地方志/浙江

[道光]金華縣志十二卷首一卷　（清）李林松等纂修　清道光四年(1824)刻本　六冊

110000－0102－0021643　丁/7738　史部/地理類/方志/地方志/江西

[道光]玉山縣志十卷首一卷　（清）吳華辰等纂修　清同治十二年(1873)刻本　十冊

110000－0102－0021644　丁/7740　史部/地理類/方志/地方志/廣東

[乾隆]潮州府志四十二卷首一卷　（清）周碩勳輯　清光緒十九年(1893)刻本　二十五冊

110000－0102－0021645　丁/7741　史部/地理類/方志/鄉土志

[光緒]雄縣鄉土志　（清）劉崇本編　清光緒三十一年(1905)鉛印本　一冊

110000－0102－0021646　丁/7743　史部/地理類/方志/地方志/浙江

[光緒]黃巖志四十卷首一卷附一卷　（清）姜文衡等纂　清光緒三年(1877)刻本　十六冊

110000－0102－0021647　丁/7745　史部/地理類/方志/地方志/浙江

[光緒]分水縣志十卷首一卷末一卷　（清）臧承宣等纂修　清光緒三十二年(1906)刻本　六冊

110000－0102－0021648　丁/7746　史部/地理類/方志/地方志

[乾隆]孟縣志十卷　（清）馮敏昌等纂修　清乾隆五十五年(1790)刻本　十冊

110000－0102－0021649　丁/7747　史部/地理類/方志/地方志/河北

[康熙]雄縣志書十二卷首一卷　（清）姚文燮等纂修　清鉛印本　三冊

110000－0102－0021650　丁/7757　史部/地理類/方志/地方志/安徽

[道光]徽州府志十六卷首一卷　（清）馬步蟾等纂修　清道光七年(1827)刻本　二十九冊

110000－0102－0021651　丁/7759　史部/地理類/方志/地方志/浙江

[光緒]僊居縣志二十四卷首一卷僊居集二十四卷　（清）王棻等纂修　清光緒二十年(1894)鉛印本　十八冊

110000－0102－0021652　丁/7763　史部/地理類/方志/地方志/浙江

[光緒]永嘉縣志三十八卷首一卷　（清）王棻等纂修　清光緒八年(1882)刻本　三十冊

110000－0102－0021653　丁/7768　史部/地理類/方志/地方志/安徽

[光緒]重修安徽通志補十卷　（清）沈葆禎等纂修　清光緒四年(1878)刻本　四冊

110000－0102－0021654　丁/7769　史部/地理類/方志/地方志

[道光]薊州志十卷首一卷　（清）章過等纂修　清道光十一年(1831)刻本　十六冊

110000－0102－0021655　丁/7773　史部/地理類/方志/地方志/江蘇

[同治]上元江寧兩縣志二十九卷首一卷（清）莫祥芝　（清）甘紹盤等纂修　清同治十

三年(1874)刻本　十二冊

110000－0102－0021656　丁/7774　史部/地理類/方志/地方志/江蘇

[同治]續纂揚州府志二十四卷　(清)晏端書等纂修　清同治十三年(1874)刻本　八冊

110000－0102－0021657　丁/7775　史部/地理類/方志/地方志/江蘇

[咸豐]興化縣志十卷　(清)梁園棣等纂修　清咸豐二年(1852)刻本　八冊

110000－0102－0021658　丁/7776　史部/地理類/方志/地方志

北湖小志六卷首一卷　(清)焦循撰　清嘉慶十三年(1808)刻本　二冊

110000－0102－0021659　丁/7777　史部/地理類/方志/地方志/貴州

[光緒]黔西州志八卷續志六卷　(清)劉永安(清)諶煥謨等纂修　清光緒十年(1884)刻本　十冊

110000－0102－0021660　丁/7779　史部/地理類/方志/地方志/江西

[光緒]長寧縣志四卷首一卷末一卷　(清)黃光祥等纂修　清光緒七年(1881)刻本　十冊

110000－0102－0021661　丁/7781　史部/地理類/方志/地方志/陝西

[光緒]米脂縣志十二卷　(清)高照煦編纂　清光緒三十三年(1907)鉛印本　四冊

110000－0102－0021662　丁/7783　史部/地理類/方志/地方志/江蘇

[光緒]通州直隸州志十六卷首一卷末一卷　(清)季念詒等纂修　清光緒二年(1876)鉛印本　十六冊

110000－0102－0021663　丁/7796　史部/地理類/方志/鄉土志

[光緒]錫金鄉土歷史二卷　(清)侯鴻鑒編　清光緒三十二年(1906)刻本　二冊

110000－0102－0021664　丁/7798　史部/地理類/方志/地方志/浙江

[光緒]富陽縣志二十四卷首一卷　(清)汪文炳等纂修　清光緒三十二年(1906)刻本　十六冊

110000－0102－0021665　丁/7799　史部/地理類/方志/地方志/江蘇

[光緒]南匯縣志二十二卷首一卷末一卷　(清)全福曾　(清)張文虎等纂修　清光緒五年(1879)刻民國十八年(1929)重印本　十二冊

110000－0102－0021666　丁/7802　史部/地理類/方志/地方志/山西

[光緒]清水河廳志二十卷　(清)文秀(清)盧夢蘭等纂修　清光緒九年(1883)抄本　四冊

110000－0102－0021667　丁/7807　史部/地理類/方志/地方志/湖南

[同治]瀏陽縣志二十四卷　(清)王汝惺(清)鄒燉傑等纂修　清同治十二年(1873)刻本　十三冊

110000－0102－0021668　丁/7810　史部/地理類/方志/地方志/江蘇

[道光]蘇州府志十五卷首一卷　(清)石韞玉等纂修　清道光四年(1824)刻本　六十四冊

110000－0102－0021669　丁/7812　史部/地理類/方志/地方志/山東

[道光]濟南府志七十二卷首一卷　(清)王贈芳等纂修　清道光二十年(1840)刻本　四十冊

110000－0102－0021670　丁/7815　史部/地理類/地圖、圖志

金匱縣七區十三扇輿地全圖　(清)華湛恩撰　清光緒三十四年(1908)石印本　六冊

110000－0102－0021671　丁/7816　史部/地理類/方志/地方志/河南

[光緒]光州志十二卷首一卷　(清)楊修田等纂修　清光緒十三年(1887)刻本　十八冊

110000－0102－0021672　丁/7821　史部/地理類/方志/地方志/安徽

[嘉慶]涇縣志三十二卷首一卷 （清）李德淦 （清）洪亮吉纂修 清嘉慶十一年(1806)刻本 十六冊

110000－0102－0021673 丁/7830 史部/地理類/雜記

浙程備覽 （清）于敏中編 清光緒十四年(1888)鉛印本 二冊

110000－0102－0021674 丁/7836 史部/地理類/方志/地方志/安徽

[光緒]安徽通志三百五十卷 （清）沈葆楨 （清）何紹基等纂修 清光緒三年(1877)刻本 一百二十冊

110000－0102－0021675 丁/7838 史部/地理類/方志/地方志/安徽

[同治]六安州志六十卷首一卷 （清）吳康霖等纂修 清同治十一年(1872)刻本 二十四冊

110000－0102－0021676 丁/7843 史部/地理類/方志/地方志/雲南

[道光]昆明縣志十卷 （清）戴絅孫輯 清刻本 六冊

110000－0102－0021677 丁/7846 史部/地理類/方志/地方志/湖北

[同治]宣恩縣志二十卷 （清）張金瀾等纂修 清同治二年(1863)刻本 六冊

110000－0102－0021678 丁/7847 史部/地理類/方志/地方志/浙江

[光緒]蘭谿縣志八卷首一卷 （清）唐壬森等纂 清光緒十三年(1887)刻本 十冊

110000－0102－0021679 丁/7848 史部/地理類/方志/地方志/湖南

[光緒]華容縣志十五卷 （清）孫炳煜等修 (清)熊紹庚 （清）劉乙燃纂 清光緒刻紫色印本 八冊

110000－0102－0021680 丁/7849 史部/地理類/方志/地方志/湖北

[光緒]武昌縣志二十六卷首一卷末一卷 (清)柯逢時纂修 清光緒十一年(1885)

刻本 十冊

110000－0102－0021681 丁/7852 史部/地理類/方志/地方志/山西

[道光]汾陽縣志十四卷首一卷 （清）周貽綮等纂修 清咸豐元年(1851)刻本 八冊

110000－0102－0021682 丁/7853 史部/地理類/方志/地方志/山西

[光緒]山西通志五卷山西疆域沿革圖譜 (清)張煦修輯 清光緒十三年(1887)朱墨套印本 四冊

110000－0102－0021683 丁/7854 史部/地理類/方志/地方志/河北

[光緒]蔚州志二十卷首一卷 （清）慶之金等纂修 清光緒三年(1877)刻本 八冊

110000－0102－0021684 丁/7865 史部/地理類/方志/地方志/浙江

[光緒]慈谿縣志五十六卷 （清）馮可鏞等纂修 清光緒二十五年(1899)刻本 二十四冊

110000－0102－0021685 丁/7866 史部/地理類/方志/地方志/湖北

[同治]恩施縣志十二卷首一卷 （清）多壽等纂修 清同治七年(1868)刻本 六冊

110000－0102－0021686 丁/7867 史部/地理類/方志/地方志/湖北

[光緒]歸州志十七卷 （清）黃世崇編 清光緒二十七年(1901)刻本 四冊

110000－0102－0021687 丁/7870 史部/地理類/方志/地方志/四川

[光緒]遂甯縣志六卷首一卷 （清）孫海等修 （清）李星根纂 清光緒五年(1879)刻本 六冊

110000－0102－0021688 丁/7871 史部/地理類/方志/地方志/安徽

[光緒]續修盧州府志一百卷首一卷末一卷 (清)黃雲等纂修 清光緒十一年(1885)刻本 四十八冊

110000－0102－0021689 丁/7875 史部/地

理類/方志/地方志/四川

[嘉慶]洪雅縣志二十五卷首一卷 （清）王好音等纂修 清嘉慶十八年(1813)刻本 六冊

110000－0102－0021690 丁/7876 史部/地理類/方志/地方志/四川

[道光]石泉縣志十卷 （清）張沆纂輯 清道光十四年(1834)刻本 六冊

110000－0102－0021691 丁/7877 史部/地理類/方志/地方志

[同治]羅江縣志二十四卷 （清）馬傳業等纂修 清同治四年(1865)刻本 三冊

110000－0102－0021692 丁/7878 史部/地理類/方志/地方志/四川

[嘉慶]漢州志四十卷首一卷 （清）侯肇元等纂修 清嘉慶二十二年(1817)刻本 二十冊

110000－0102－0021693 丁/7881 史部/地理類/方志/地方志/四川

[光緒]黔江縣志五卷首一卷 （清）張九章等纂修 清光緒二十年(1894)刻本 五冊

110000－0102－0021694 丁/7882 史部/地理類/方志/地方志

[同治]江山縣志十二卷首一卷末一卷 （清）王彬等纂修 清同治十二年(1873)刻本 八冊

110000－0102－0021695 丁/7883 史部/地理類/方志/地方志/浙江

[光緒]鎮海縣志四十卷 （清）俞樾等纂修 清光緒五年(1879)刻本 十六冊

110000－0102－0021696 丁/7884 史部/地理類/方志/地方志/四川

[光緒]簡州續志二卷 （清）傅為霖等纂修 清光緒二十三年(1897)刻本 二冊

110000－0102－0021697 丁/7885 史部/地理類/方志/地方志/四川

[咸豐]簡州志十四卷首一卷 （清）陳治安等纂修 清咸豐三年(1853)刻本 十冊

110000－0102－0021698 丁/7887 史部/地

理類/方志/地方志/浙江

[同治]嵊縣志二十六卷首一卷末一卷 （清）蔡以瑺等纂修 清同治九年(1870)刻本 十二冊

110000－0102－0021699 丁/7890 史部/地理類/方志/地方志/四川

[嘉慶]羅江縣志十卷 （清）李調元編 清光緒七年(1881)刻本 一冊

110000－0102－0021700 丁/7898 史部/地理類/方志/地方志/四川

[同治]萬縣志三十六卷首一卷 （清）范泰衡等纂修 清同治五年(1866)刻本 八冊

110000－0102－0021701 丁/7900 集部/詞類/詞選/斷代

白山詞介五卷 （清）蘊端等撰 清宣統二年(1910)刻本 二冊

110000－0102－0021702 丁/7903 子部/譜錄類/器物

墨法集要 （明）沈繼孫撰 清抄本 一冊

110000－0102－0021703 丁/7906 集部/別集類/民國

飲冰室自由書 梁啟超撰 清光緒至宣統鉛印本 一冊

110000－0102－0021704 丁/7909 集部/小說類/筆記小說

寫情集四卷 （清）錢問濠輯 清嘉慶八年(1803)刻本 四冊

110000－0102－0021705 丁/7910 集部/總集類

合刻四家詩詞四卷 （清）王叔釗等撰 清光緒十年(1884)刻本 二冊

110000－0102－0021706 丁/7912 集部/別集類/清

寄盦試律賸二卷首一卷末一卷 王祖光撰 清光緒二十六年(1900)刻朱印本 二冊

110000－0102－0021707 丁/7913 叢部/自著叢書/清初期

李厚岡集 （清）李榮陞撰 清嘉慶二十年
(1815)刻本 四冊

110000－0102－0021708 丁/7914 集部/別
集類/清

角山樓詩鈔十五卷 （清）趙克宜撰 清道光
二十五年(1845)刻本 四冊

110000－0102－0021709 丁/7916 集部/別
集類/清

溪庸詩槁 （清）龔理身撰 清刻本 一冊

110000－0102－0021710 丁/7918 集部/別
集類/清

鈍吟集二卷 （清）馮斑撰 清光緒三十四年
(1908)北京鉛印本 一冊

110000－0102－0021711 丁/7924 集部/小
說類/筆記小說

拾遺記十卷 （晉）王嘉撰 （南朝梁）蕭綺編
　　清光緒元年(1875)湖北崇文書局刻本
　　一冊

110000－0102－0021712 丁/7926 集部/別
集類/明

返生香 （明）葉紹袁等撰 清刻本 一冊

110000－0102－0021713 丁/7928 集部/詞
類/詞別集

半塘丁稿鶩翁集 （清）王鵬運撰 清刻本
　　一冊

110000－0102－0021714 丁/7930 史部/政
書類/邦計

奉天全省農業試驗場報告第三冊 馬維垣等
編 清宣統二年(1910)鉛印本 三冊

110000－0102－0021715 丁/7933 子部/醫
家類/諸專科方論/其它

鄭氏瘄略 （清）鄭卜年撰 清刻本 一冊

110000－0102－0021716 丁/7935 集部/總
集類/文/雜錄/格言、語錄、楹聯

師竹廬聯話十二卷 （清）竇鎮輯 清刻本
六冊

110000－0102－0021717 丁/7938 集部/別

集類/清

藤香館詩鈔四卷 （清）薛時雨撰 清同治七
年(1868)刻本 四冊

110000－0102－0021718 丁/7939 集部/曲
類/曲別集

訪素 （□）□□撰 清抄本 一冊

110000－0102－0021719 丁/7940 史部/政
書類/軍政/兵制

營伍約編 （□）□□撰 清抄本 一冊

110000－0102－0021720 丁/7941 集部/總
集類/文

天下同文前甲集五十卷 （元）周南瑞編輯
清抄本 二冊

110000－0102－0021721 丁/7942 集部/小
說類/筆記小說

劇談錄二卷 （唐）康駢撰 清光緒三十年
(1904)刻本 一冊

110000－0102－0021722 丁/7945 集部/別
集類/漢至隋

晉張司空集 （晉）張華撰 清刻本 一冊

110000－0102－0021723 丁/7946 史部/目
錄類/圖書學/考證

佖宋樓藏書源流考 （日本）島田翰撰 清光
緒三十三年(1907)武進董氏刻本 一冊

110000－0102－0021724 丁/7948 史部/金
石類/石/目錄

至聖林廟碑目六卷 （清）孔昭薰 （清）孔憲
庚撰 清光緒二十二年(1896)刻本 一冊

110000－0102－0021725 丁/7950 史部/地
理類/專志/陵墓

橋山盛記 （清）那蘇圖等撰 清抄本 一冊

110000－0102－0021726 丁/7952 集部/俗
文學類/鼓詞

鍾無豔娘娘全本六集六十四卷 守拙主人訂
　　清璧經堂刻本 二十冊

110000－0102－0021727 丁/7953 子部/藝
術類/書畫/畫法、畫帖/清

卅三劍客圖　（清）任渭長繪　（清）蔡容莊雕
清咸豐六年(1856)刻本　二冊

110000－0102－0021728　丁/7954　子部/藝
術類/書畫/書法、畫帖/清

列仙冊　（清）任渭長繪　（清）蔡容莊雕　清
咸豐四年(1854)刻本　二冊

110000－0102－0021729　丁/7955　史部/傳
記類/總傳/專錄/科舉

國朝崑新青衿錄　（清）王直湘等編　清光緒
二十六年(1900)刻本　一冊

110000－0102－0021730　丁/7956　集部/總
集類/詩/雜錄/地方

慎疾芻言不謝方合輯　（清）徐大椿等撰　清
宣統二年(1910)鉛印本　一冊

110000－0102－0021731　丁/7958　集部/總
集類/文/雜錄/課藝

斠士館課存　（□）□□撰　清抄本　一冊

110000－0102－0021732　丁/7959　集部/別
集類/清

芬響閣存稿十卷　（清）王裦之撰　清同治七
年(1868)刻本　二冊

110000－0102－0021733　丁/7960　集部/別
集類/清

意苕山館詩稿十六卷　（清）陸嵩撰　清光緒
十八年(1892)刻本　四冊

110000－0102－0021734　丁/7963　子部/藝
術類/篆刻

印譜　（□）□□編　清刻朱印本　三冊

110000－0102－0021735　丁/7964　集部/別
集類/清

珠溪存槀四卷　（清）馬丕瑤撰　清光緒十六
年(1890)刻本　二冊

110000－0102－0021736　丁/7967　子部/類
書類/專編

方輿類聚十六卷　（清）福申撰　清道光十二
年(1832)刻本　四冊

110000－0102－0021737　丁/7968　史部/政

書類/邦計

大美國欽命會議銀價大臣條議中國新圜法覺
書　（清）精琪等撰　清光緒二十九年(1903)
上海商務印書館鉛印本　一冊

110000－0102－0021738　丁/7970　史部/傳
記類/人表

八旗奉直官豫同鄉錄　（清）王夢熊編　清宣
統元年(1909)石印本　一冊

110000－0102－0021739　丁/7971　集部/別
集類/清

真息齋詩鈔四卷續鈔一卷　（清）陸費瑔撰
清同治九年(1870)刻本　二冊

110000－0102－0021740　丁/7973　經部/小
學類/訓詁/方言

續方言又補二卷後漢儒林傳補遺一卷　徐萬
昌撰　清光緒二十一年(1895)刻本　一冊

110000－0102－0021741　丁/7976　史部/政
書類/詔令奏議/詔令

清季硃批　清抄本　一冊

110000－0102－0021742　丁/7980　集部/別
集類/清

嘯雲軒詩集四卷　（清）程畹撰　清同治十一
年(1872)刻本　一冊

110000－0102－0021743　丁/7981　集部/別
集類/清

笠雲槐里遺文　（清）王心如撰　清宣統二年
(1910)刻本　一冊

110000－0102－0021744　丁/7982　子部/藝
術類/篆刻

棗花軒印存　清朱墨套印本　一冊

110000－0102－0021745　丁/7983　集部/總
集類/文/雜錄/格言、語錄、楹聯

楹聯集錦七卷　（□）□□編　清光緒五年
(1879)刻本　一冊

110000－0102－0021746　丁/7984　集部/別
集類/明

無欲齋詩草七卷附尋聲譜　（明）鹿善繼撰

清光緒刻本　一冊

110000－0102－0021747　丁/7986　集部/詞
類/詞譜、詞律、詞韻

碎金詞譜六卷附錄一卷　（清）謝元淮撰　清
道光朱墨套印本　四冊

110000－0102－0021748　丁/7987　集部/別
集類/清

張廉卿先生文集八卷　（清）張裕釗撰　清宣
統元年（1909）刻本　一冊

110000－0102－0021749　丁/7989　集部/別
集類/清

朱秋厓詩集四卷　（清）朱克生撰　清刻本
二冊

110000－0102－0021750　丁/7990　集部/別
集類/民國

觀堂別集　王國維撰　清刻本　一冊

110000－0102－0021751　丁/8000　史部/政
書類/儀制

慈禧六旬壽典奏稿　清禮部撰　清光緒十九
年（1893）鉛印本　一冊

110000－0102－0021752　丁/8001　集部/總
集類/詩/斷代/唐至五代

唐詩三百首續選　（清）于慶元編　清刻本
一冊

110000－0102－0021753　丁/8002　集部/別
集類/清

楊樹椿先生文集雜錄　（清）楊樹椿撰　清抄
本　一冊

110000－0102－0021754　丁/8003　集部/別
集類/清

鬥懷堂詩集　（清）懷隱撰　清光緒三十年
（1904）鉛印本　一冊

110000－0102－0021755　丁/8004　集部/總
集類/詩

小學千家詩二卷　（清）浙西心齋氏選　清光
緒十六年（1890）刻本　一冊

110000－0102－0021756　丁/8005　史部/政

書類/法令/其它

告示　清抄本　一冊

110000－0102－0021757　丁/8007　集部/別
集類/清

欲自得齋詩草　（清）楊覆晉撰　清宣統二年
（1910）石印本　一冊

110000－0102－0021758　丁/8014　集部/別
集類/明

周忠介公燼餘集　（明）周順昌撰　清光緒二
十九年（1903）刻本　二冊

110000－0102－0021759　丁/8023　經部/四
書類/總義

四書反身錄八卷　（清）李顒撰　清光緒二十
五年（1899）石印本　四冊

110000－0102－0021760　丁/8025　子部/雜
家類/雜纂

格言聯璧　（清）金纓輯　清光緒十九年
（1893）刻本　一冊

110000－0102－0021761　丁/8036　集部/曲
類/曲譜、曲韻

曲錄六卷　王國維撰　清宣統元年（1909）刻
本　三冊

110000－0102－0021762　丁/8045　集部/別
集類/唐至五代

陳伯玉文集　（唐）陳子昂撰　清道光十七年
（1837）刻本　四冊

110000－0102－0021763　丁/8049　子部/雜
家類/雜述

海南日鈔三十卷　（清）張眉大撰　清嘉慶元
年（1796）刻本　四冊

110000－0102－0021764　丁/8050　集部/別
集類/清

聽松廬詩存　（清）趙廷楨撰　清刻本　一冊

110000－0102－0021765　丁/8051　叢部/自
著叢書/清中晚期

不礙軒讀律六種附一種　（清）王有孚輯　清
嘉慶十二年（1807）刻本　五冊

110000－0102－0021766　丁/8057　集部/別集類/清

嵩菴閒話二卷　（清）張爾岐撰　清刻本　一冊

110000－0102－0021767　丁/8058　集部/別集類/唐至五代

顧華陽集三卷補遺一卷　（唐）顧況撰　清咸豐五年(1855)刻本　二冊

110000－0102－0021768　丁/8060　集部/別集類/清

波餘遺稿　（清）王翼孫撰　清嘉慶九年(1804)刻本　四冊

110000－0102－0021769　丁/8065　史部/傳記類/人表

同治以來督撫譜二卷　（清）吳廷燮輯　清光緒三十年(1904)鉛印本　一冊

110000－0102－0021770　丁/8067　史部/政書類/考工

河工簡要四卷　（清）邱步洲輯　清光緒十三年(1887)刻本　二冊

110000－0102－0021771　丁/8070　史部/政書類/學制

經世學引初編　（清）陳聯元編　清光緒二十四年(1898)刻本　一冊

110000－0102－0021772　丁/8074　史部/別史、雜史類

北狩見聞錄　（宋）曹勳等撰　清刻本　一冊

110000－0102－0021773　丁/8081　史部/編年類

增纂世統紀年四卷　（清）劉子銓編　清光緒二十二年(1896)刻本　四冊

110000－0102－0021774　丁/8084　史部/傳記類/人表

八旗奉直同鄉齒錄　清光緒三十一年(1905)刻本　一冊

110000－0102－0021775　丁/8085　集部/詞類/詞別集

小庚詞存一卷　葉申薌撰　清道光十四年(1834)刻本　一冊

110000－0102－0021776　丁/8089　史部/金石類/石/文字

瘞鶴銘考一卷　（清）汪士鋐撰　清咸豐二年(1852)刻本　一冊

110000－0102－0021777　丁/8090　史部/別史、雜史類

遷民圖說　（清）黃璣撰　清光緒二十二年(1896)石印本　一冊

110000－0102－0021778　丁/8093　史部/政書類/邦計/捐稅

浙省重訂釐捐比額清冊　清抄本　一冊

110000－0102－0021779　丁/8096　集部/別集類/遼金元

清河集七卷附錄一卷　（元）元明善撰　清光緒二十一年(1895)刻本　三冊

110000－0102－0021780　丁/8098　集部/別集類/清

崔翰林遺集二卷　（清）崔舜球撰　清光緒十四年(1888)刻本　一冊

110000－0102－0021781　丁/8100　集部/別集類/明

史忠正公集四卷首一卷末一卷　（明）史可法撰　清咸豐六年(1856)刻本　二冊

110000－0102－0021782　丁/8104　史部/別史、雜史類

海東逸史十八卷　（清）翁洲老民撰　清邵武徐氏刻本　一冊

110000－0102－0021783　丁/8105　史部/政書類/儀制

文廟祀位一卷　清光緒二十五年(1899)刻本　一冊

110000－0102－0021784　丁/8107　集部/小說類/章回

新中國之偉人　蒼園撰　清光緒三十四年(1908)時事報石印本　一冊

110000－0102－0021785　丁/8108　集部/總集類/文/雜錄/格言、語錄、楹聯

梡鞠錄二卷　朱祖謀編　清宣統元年(1909)鉛印本　一冊

110000－0102－0021786　丁/8118　集部/總集類/文/雜錄/格言、語錄、楹聯

惠園詩鍾錄　樂泰等撰　清光緒三十一年(1905)鉛印本　一冊

110000－0102－0021787　丁/8120　集部/總集類/詩/雜錄/酬贈慶吊

齊太史移居倡酬集四卷首一卷末一卷　（清）齊毓川輯　清宣統二年(1910)石印本　一冊

110000－0102－0021788　丁/8122　子部/藝術類/篆刻

受齋印存　（清）白采刻　清嘉慶鈐印本四冊

110000－0102－0021789　丁/8123　集部/別集類/清

樹堂詩鈔五卷文鈔一卷　（清）朱滋年撰　清嘉慶十年(1805)江寧顧晴崖刻本　四冊

110000－0102－0021790　丁/8125　集部/總集類/詩/斷代/清

同岑五家詩鈔　（清）趙函等撰　清道光九年(1829)刻本　六冊

110000－0102－0021791　丁/8127　集部/別集類/清

白鷺灣草堂詩存十二卷　（清）羅信南撰　清同治十一年(1872)刻本　四冊

110000－0102－0021792　丁/8128　集部/別集類/清

未灰齋文集八卷　（清）徐鼒撰　清咸豐十一年(1861)刻本　四冊

110000－0102－0021793　丁/8129　集部/別集類/清

芸香館遺詩二卷　（清）那遜蘭保撰　清同治十三年(1874)刻本　二冊

110000－0102－0021794　丁/8132　集部/別集類/清

天根文鈔正集四卷　（清）何家琪撰　清光緒三十二年(1906)刻本　四冊

110000－0102－0021795　丁/8133　集部/總集類/詩/斷代/清

古月軒集　（清）朱伸林等撰　清刻本　四冊

110000－0102－0021796　丁/8135　集部/別集類/清

息養廬文集十一卷　（清）徐錦華撰　清光緒二十五年(1899)刻本　四冊

110000－0102－0021797　丁/8137　集部/別集類/清

秋盦遺稿　（清）黃易撰　清宣統二年(1910)石印本　一冊

110000－0102－0021798　丁/8138　經部/小學類/文字/訓蒙

三續千字文註　（宋）葛剛正撰註　清刻本一冊

110000－0102－0021799　丁/8141　史部/政書類/邦交

中外交涉類要表　錢恂撰　清光緒二十年(1894)刻本　一冊

110000－0102－0021800　丁/8142　史部/金石類/錢幣

古泉叢話　（清）戴熙撰　清同治九年(1870)刻本　一冊

110000－0102－0021801　丁/8143　史部/編年類

明鑑前紀二卷　（清）齊召南撰　清光緒十五年(1889)刻本　一冊

110000－0102－0021802　丁/8144　史部/地理類/雜記

廣陵通典十卷　（清）汪中撰　清同治八年(1869)刻本　二冊

110000－0102－0021803　丁/8149　史部/別史、雜史類

玉壺野史十卷　（宋）釋文瑩撰　清覆刻

本　一冊

110000－0102－0021804　丁/8155　史部/載記類

華陽國志十二卷　(晉)常璩撰　清光緒七年(1881)刻本　四冊

110000－0102－0021805　丁/8156　集部/別集類/清

請息齋未定稿　(清)秋舲撰　清刻本　二冊

110000－0102－0021806　丁/8158　史部/地理類/總錄

古今輿地考　(清)顧善慶撰　清光緒三十年(1904)刻本　一冊

110000－0102－0021807　丁/8159　史部/政書類/法令/律例

各國國籍法類輯　陳籙等譯　清末修訂法律館鉛印本　一冊

110000－0102－0021808　丁/8163　子部/雜誌類

國學叢刊　國學叢刊社輯　清宣統三年(1911)石印本　一冊

110000－0102－0021809　丁/8164　經部/小學類

柳氏諺文志一卷　(朝鮮)柳僖撰　(朝鮮)金九經校　清刻本　一冊

110000－0102－0021810　丁/8165　史部/金石類/石/文字

瘞鶴銘考　(清)汪士鋐撰　清咸豐二年(1852)刻本　一冊

110000－0102－0021811　丁/8166　史部/編年類

歷代畧　(清)李兆洛撰　清光緒三年(1877)石印本　一冊

110000－0102－0021812　丁/8167　史部/目錄類/收藏/私藏/清

孫氏祠堂書目內編　(清)孫星衍藏編　清光緒九年(1883)刻本　一冊

110000－0102－0021813　丁/8169　集部/總

集類/詩/雜錄/題詠

花窗夢影圖六卷　(清)程戀政編　清刻本　二冊

110000－0102－0021814　丁/8170　集部/別集類/清

內自訟齋詩鈔(襄陽集)八卷　(清)周凱撰　清道光六年(1826)刻本　二冊

110000－0102－0021815　丁/8171　子部/醫家類/養生

頤身集五種　清咸豐二年(1852)刻本　二冊

110000－0102－0021816　丁/8174　集部/別集類/宋

蘇文忠公海外集四卷首一卷　(宋)蘇軾撰　清乾隆四十年(1775)刻本　四冊

110000－0102－0021817　丁/8177　子部/儒家類/清

居家四書二卷　(清)沈清寶撰　清嘉慶刻本　四冊

110000－0102－0021818　丁/8178　子部/藝術類/篆刻

孔子印集　賀孔才刻　清刻朱印本　六冊

110000－0102－0021819　丁/8179　集部/總集類/詩/斷代/清

朋舊遺詩合鈔　(清)曾燠編　清嘉慶十年(1805)刻本　四冊

110000－0102－0021820　丁/8184　史部/編年類

歷代紀元一卷　(清)徐光奎撰　清嘉慶二十二年(1817)刻本　一冊

110000－0102－0021821　丁/8185　史部/傳記類/總傳/專錄/事蹟

西漢節義傳論二卷　(清)李鄴嗣撰　清光緒十一年(1885)刻本　一冊

110000－0102－0021822　丁/8187　史部/傳記類/總傳/專錄/釋道

列仙傳校正本　(漢)劉向撰　清嘉慶十七年(1812)刻本　一冊

110000－0102－0021823　丁/8188　史部/傳記類/總傳/專錄/仕宦

明良志略一卷　（清）劉沅撰　清同治八年(1869)刻本　一冊

110000－0102－0021824　丁/8189　史部/政書類/儀制

饗祀備攷　（清）林清標撰　清刻本　一冊

110000－0102－0021825　丁/8191　史部/金石類/甲骨/通考

殷商貞卜文字考一卷　羅振玉撰　清宣統二年(1910)石印本　一冊

110000－0102－0021826　丁/8192　史部/政書類/邦計

湖北洋務譯書局章程　（清）陳鈺撰　清光緒二十九年(1903)活字印本　一冊

110000－0102－0021827　丁/8196　史部/政書類/職官/官箴

袁易齋先生圖民錄四卷　（清）袁守定撰　清同治十二年(1873)刻本　二冊

110000－0102－0021828　丁/8198　集部/別集類/清

韞山堂時文三集　（清）管世銘撰　清活字印本　四冊

110000－0102－0021829　丁/8205　經部/小學類/音韻/韻典

字類標韻六卷　（清）華綱輯　清光緒元年(1875)刻本　二冊

110000－0102－0021830　丁/8206　子部/雜家類/學說

淮南子二十一卷　（漢）高誘注　清嘉慶九年(1804)刻本　六冊

110000－0102－0021831　丁/8207　集部/別集類/宋

石林居士建康集八卷　（宋）葉夢得撰　清道光二十四年(1844)刻本　四冊

110000－0102－0021832　丁/8208　集部/別集類

馮氏詩草　馮□□撰　清抄本　一冊

110000－0102－0021833　丁/8211　集部/別集類/清

宋陳文節公詩集　（宋）陳傅良撰　清道光十四年(1834)刻本　八冊

110000－0102－0021834　丁/8213　子部/藝術類/書畫/畫法、畫帖/清

國朝畫徵　（清）張庚撰　清光緒十三年(1887)刻本　二冊

110000－0102－0021835　丁/8215　子部/藝術類/書畫/畫法、畫帖/清

芥子園畫傳第四集　（清）丁皋撰　清刻本　四冊

110000－0102－0021836　丁/8216　史部/政書類/考工

河工器具圖說四卷　（清）麟慶撰　清道光十六年(1836)刻本　二冊

110000－0102－0021837　丁/8217　集部/總集類/文/雜錄/課藝

湖南闈墨　（清）李篤真等撰　清刻本　一冊

110000－0102－0021838　丁/8220　集部/總集類/文/雜錄/課藝

歷科狀元策　清光緒刻本　二冊

110000－0102－0021839　丁/8222　集部/小說類/章回

再續兒女英雄傳四卷　（清）杭余生撰　清宣統二年(1910)石印本　四冊

110000－0102－0021840　丁/8223　集部/別集類/清

片石詩鈔六卷詩餘一卷　（清）江幹撰　清嘉慶三年(1798)刻本　七冊

110000－0102－0021841　丁/8227　集部/別集類/清

繡餘小草六卷江西宦遊紀事二卷　（清）扈斯哈里撰　清光緒二十二年(1896)刻本　八冊

110000－0102－0021842　丁/8228　史部/別史、雜史類

康梁徐謀財害命鐵證書　劉作楫編　清宣統二年(1910)石印本　一冊

110000－0102－0021843　丁/8231　集部/別集類/清

綠野齋前後合集　（清）劉鴻翱撰　清道光二十四年(1844)刻本　八冊

110000－0102－0021844　丁/8234　史部/地理類/山川/山

石鐘山志十六卷　（清）李成謀撰　清光緒九年(1883)刻本　八冊

110000－0102－0021845　丁/8238　史部/傳記類/人表

復社姓氏傳畧十卷　（清）吳山嘉撰　清道光十一年(1831)刻本　二冊

110000－0102－0021846　丁/8240　史部/地理類/水道/地方

江程蜀道現勢書　（清）傳崇榘撰　清光緒三十年(1904)刻本　一冊

110000－0102－0021847　丁/8243　史部/地理類/水道/地方

運瀆橋道小志一卷　（清）陳作霖撰　清光緒十一年(1885)刻本　一冊

110000－0102－0021848　丁/8244　史部/傳記類/日記

北遊日錄一卷　（清）楊甲仁撰　清道光十一年(1831)刻本　一冊

110000－0102－0021849　丁/8245　史部/政書類/儀制

制服成誦編　（清）周保珪撰　清光緒二十一年(1895)石印本　一冊

110000－0102－0021850　丁/8249　史部/傳記類/人表

百家姓考畧　清刻本　一冊

110000－0102－0021851　丁/8250　史部/傳記類/總傳/專錄/仕宦

碧血錄二卷　（明）黃煜輯　清光緒二十二年(1896)刻本　一冊

110000－0102－0021852　丁/8253　史部/地理類/山川/山

北固山志十二卷　（清）釋了璞輯　清道光十六年(1836)刻本　四冊

110000－0102－0021853　丁/8254　史部/地理類/山川

京口山水志十八卷　（清）楊棨撰　清宣統三年(1911)鉛印本　四冊

110000－0102－0021854　丁/8255　史部/編年類

資治通鑑釋文三十卷　（宋）史炤撰　清光緒五年(1879)刻本　四冊

110000－0102－0021855　丁/8256　史部/史抄類

峋嶁鑑撮四卷　（清）曠敏本撰　清嘉慶二十三年(1818)刻本　四冊

110000－0102－0021856　丁/8257　史部/地理類/專志/祠廟

曹江孝女廟志九卷　（清）金廷棟撰　清嘉慶十三年(1808)刻本　二冊

110000－0102－0021857　丁/8258　史部/地理類/山川/山

西樵白雲洞志五卷　（清）黃亨撰　清光緒十三年(1887)刻本　一冊

110000－0102－0021858　丁/8259　史部/地理類/山川/山

爛柯山志十三卷　（清）鄭永禧補輯　清光緒三十三年(1907)刻本　四冊

110000－0102－0021859　丁/8263　集部/別集類/宋

胡少師總集六卷　（宋）胡舜陟撰　清道光十九年(1839)刻本　二冊

110000－0102－0021860　丁/8264　史部/地理類/專志/祠廟

吳山伍公廟志六卷　（清）章士坦原本　清光緒二年(1876)刻本　一冊

110000－0102－0021861　丁/8266　集部/別

集類/清

賴古齋文集八卷　（清）湯修業撰　清道光九年(1829)刻本　四冊

110000－0102－0021862　丁/8267　集部/詞類/詞別集

亦有生齋詞鈔五卷亦有生齋樂府二卷　（清）趙懷玉撰　清道光元年(1821)刻本　二冊

110000－0102－0021863　丁/8270　史部/地理類/山川/山

金蓋山志四卷　（清）李守蓮輯　清光緒二十二年(1896)刻本　二冊

110000－0102－0021864　丁/8271　史部/地理類/雜記

廣陵事畧七卷　（清）姚文田纂修　清嘉慶十七年(1812)刻本　四冊

110000－0102－0021865　丁/8273　集部/總集類/文/斷代/明

嚴刻四家集一百二十六卷　（明）李夢陽等撰　清光緒十五年(1889)刻本　二十八冊

110000－0102－0021866　丁/8275　史部/地理類/山川/山

泰山道里記　（清）聶欽撰　清光緒四年(1878)刻本　一冊

110000－0102－0021867　丁/8276　史部/地理類/山川/山

普陀山志二十卷　（清）秦耀曾纂　清道光刻本　四冊

110000－0102－0021868　丁/8277　史部/地理類/山川/川

續浚南湖圖志　（清）崧駿等撰　清光緒刻本　一冊

110000－0102－0021869　丁/8280　史部/目錄類/著錄/存毀書目

宋元舊本書經眼錄三卷　（清）莫友芝撰　清同治十二年(1873)刻本　二冊

110000－0102－0021870　丁/8281　史部/政書類/邦計/交通運輸

峽江救生船志一卷　（清）涂□□撰　清光緒三年(1877)朱印本　二冊

110000－0102－0021871　丁/8286　史部/地理類/專志/祠廟

松滋祠廟事畧一卷　（清）邵涵初編　清同治十二年(1873)刻本　一冊

110000－0102－0021872　丁/8289　史部/地理類/山川/山

鼓山志十四卷　（清）黃任撰　清光緒二年(1876)刻本　六冊

110000－0102－0021873　丁/8290　史部/地理類/方志/地方志

[光緒]重修鄞都縣志　（清）徐昌緒等編纂　清光緒十九年(1893)增刻本　四冊

110000－0102－0021874　丁/8291　集部/別集類/明

紅雨樓文稿　（明）徐𤊢撰　清抄本　二冊

110000－0102－0021875　丁/8293　子部/藝術類/雜技

奕時初編　（清）成于樂編　清刻本　四冊

110000－0102－0021876　丁/8296　史部/地理類/雜記

北隅掌錄二卷　（清）黃士珣撰　清道光二十五年(1845)刻本　一冊

110000－0102－0021877　丁/8297　經部/小學類/文字/說文

六書通摭遺十卷　（清）畢星海撰　清嘉慶六年(1801)刻本　二冊

110000－0102－0021878　丁/8299　史部/政書類/詔令奏議/奏議

孝肅奏議十卷　（宋）包拯撰　清同治二年(1863)刻本　四冊

110000－0102－0021879　丁/8300　史部/地理類/地圖、圖志

皇朝一統直省府廳州縣全圖　清刻本　四冊

110000－0102－0021880　丁/8301　經部/四書類/大學中庸

大學衍義續七十卷 （清）強汝詢撰 清光緒
十二年(1886)刻本 二十四冊

110000－0102－0021881 丁/8303 子部/醫
家類/雜病方論
醫方易簡新編六卷 （清）方鼎銳編 清同治
十二年(1873)刻本 六冊

110000－0102－0021882 丁/8304 集部/別
集類/清
荻灘詩稿十二卷 （清）謝鴻撰 清嘉慶五年
(1800)刻本 二冊

110000－0102－0021883 丁/8305 集部/別
集類/清
瓣香山房詩集十二卷 （清）曾廷枚撰 清刻
本 二冊

110000－0102－0021884 丁/8306 集部/別
集類/清
秋涇集一卷 （清）錢汝恭撰 清道光九年
(1829)刻本 一冊

110000－0102－0021885 丁/8307 子部/醫
家類/外科方論
外科症治全生集四卷 （清）王維德纂輯 清
光緒五年(1879)刻本 二冊

110000－0102－0021886 丁/8311 史部/地
理類/山川/山
靈峰志四卷 周慶雲撰 清宣統二年(1910)
刻本 二冊

110000－0102－0021887 丁/8318 集部/別
集類/民國
宜識字齋詩鈔四卷 潘慶瀾撰 清宣統二年
(1910)鉛印本 二冊

110000－0102－0021888 丁/8319 集部/別
集類/清
介翁詩集八卷 （清）嚴寅撰 清同治十三年
(1874)刻本 二冊

110000－0102－0021889 丁/8322 集部/別
集類/清
桐華舸詩鈔八卷 （清）鮑瑞駿撰 清同治五

年(1866)刻本 八冊

110000－0102－0021890 丁/8323 經部/小
學類/訓詁
證俗文十九卷 （清）郝懿行撰 清光緒十年
(1884)刻本 六冊

110000－0102－0021891 丁/8326 集部/別
集類/清
涵村詩集十卷 （清）秦文超撰 清光緒六年
(1880)刻本 五冊

110000－0102－0021892 丁/8327 集部/別
集類/清
鵲山小隱詩集十六卷 （清）熊士鵬撰 清嘉
慶二十年(1815)刻本 八冊

110000－0102－0021893 丁/8329 集部/別
集類/宋
鴻慶居士文集四十二卷 （宋）孫覿撰 清光
緒二十一年(1895)刻本 四冊

110000－0102－0021894 丁/8330 集部/別
集類/清
澄碧齋詩鈔十二卷 （清）錢琦撰 清刻本
二冊

110000－0102－0021895 丁/8331 史部/目
錄類/著錄/題跋及讀書記
蘇溪漁隱讀書譜四卷 （清）耿文光撰 清光
緒十五年(1889)刻本 一冊

110000－0102－0021896 丁/8332 子部/醫
家類/醫經
圖註八十一難經辨真四卷 （清）張世賢註
清刻本 二冊

110000－0102－0021897 丁/8333 集部/別
集類/清
又其次齋詩集七卷 （清）吳世涵撰 清咸豐
二年(1852)刻本 四冊

110000－0102－0021898 丁/8334 子部/醫
家類/明堂經脈
刪註脈訣規正二卷 （清）沈鏡微註 清刻本
二冊

110000－0102－0021899　丁/8335　集部/別集類/清

壹齋集　（清）黃鉞撰　清咸豐九年（1859）刻本　十冊

110000－0102－0021900　丁/8336　史部/史抄類

史學提要輯注四卷　（宋）黃繼善撰　清嘉慶十一年（1806）刻本　四冊

110000－0102－0021901　丁/8337　集部/別集類/清

蕉聲館集三十三卷　（清）朱為弼撰　清咸豐二年（1852）刻本　六冊

110000－0102－0021902　丁/8338　集部/小說類/章回

義俠好逑傳十八回　（清）名教中人編　清刻本　四冊

110000－0102－0021903　丁/8339　史部/傳記類/總傳/專錄/儒林

西湖三祠名賢考略三卷　戴啟文纂　清光緒三十年（1904）刻本　四冊

110000－0102－0021904　丁/8340　集部/別集類/清

黃葉邨莊詩集八卷續集一卷　（清）吳之振撰　清光緒四年（1878）刻本　四冊

110000－0102－0021905　丁/8341　子部/醫家類/雜病方論

回生集二卷　（清）陳傑集　清嘉慶十四年（1809）刻本　八冊

110000－0102－0021906　丁/8342　子部/醫家類/傷寒方論

金匱要略心典三卷　（漢）張機撰　清光緒七年（1881）刻本　三冊

110000－0102－0021907　丁/8344　集部/別集類/清

綠野齋文集四卷　（清）劉鴻翱撰　清道光七年（1827）刻本　四冊

110000－0102－0021908　丁/8347　集部/別集類/清

半行庵詩存稿八卷　（清）貝青喬撰　清同治五年（1866）刻本　二冊

110000－0102－0021909　丁/8348　叢部/自著叢書/明

歸雲別集十八卷　（明）陳士元撰　清道光十三年（1833）刻本　六冊　存三種

110000－0102－0021910　丁/8349　集部/總集類/詩/通代

昭陽扶雅集六卷　（清）徐幹編　清光緒八年（1882）刻本　六冊

110000－0102－0021911　丁/8350　史部/政書類/儀制

皇朝祭器樂舞錄二卷　（清）嚴樹森編　清同治十年（1871）刻本　二冊

110000－0102－0021912　丁/8353　集部/別集類/清

五研齋詩鈔十二卷　（清）沈赤然撰　清刻本　二冊

110000－0102－0021913　丁/8354　集部/別集類/清

秋影樓詩集九卷　（清）汪繹撰　清光緒二十三年（1897）刻本　二冊

110000－0102－0021914　丁/8355　集部/別集類/宋

羅鄂州小集六卷　（宋）羅頤撰　清光緒十九年（1893）刻本　二冊

110000－0102－0021915　丁/8356　集部/總集類/文/雜錄/格言、語錄、楹聯

楹聯述錄十二卷　（清）林慶銓輯　清光緒七年（1881）刻本　六冊

110000－0102－0021916　丁/8357　子部/醫家類/傷寒方論

傷寒補天石二卷　（明）吳中戈撰　清嘉慶十六年（1811）刻本　四冊

110000－0102－0021917　丁/8358　集部/別集類/清

艮齋倦稾十一卷 （清）尤侗撰 清刻本
四冊

110000－0102－0021918 丁/8359 集部/別
集類/唐至五代
昌黎先生詩增注証訛十一卷 （唐）韓愈撰
清咸豐七年(1857)刻本 二冊

110000－0102－0021919 丁/8360 史部/傳
記類/人表
人表考九卷 （清）梁玉繩撰 清光緒十四年
(1888)刻本 五冊

110000－0102－0021920 丁/8363 集部/總
集類/詩/地方
莆風清籟集六十卷 （清）鄭王臣選 清刻本
二十冊

110000－0102－0021921 丁/8364 集部/別
集類/清
于湖小集 （清）袁昶撰 清光緒二十年
(1894)刻本 九冊

110000－0102－0021922 丁/8368 子部/醫
家類/總錄
醫學五則五集 （清）廖雲溪撰 清光緒十三
年(1887)刻本 五冊

110000－0102－0021923 丁/8369 史部/史
評類/考訂
四史發伏十卷 （清）洪亮吉撰 清光緒八年
(1882)刻本 四冊

110000－0102－0021924 丁/8370 集部/別
集類/清
通甫類稾四卷 （清）魯一同撰 清咸豐九年
(1859)刻本 二冊

110000－0102－0021925 丁/8371 集部/別
集類/清
寓真軒詩鈔十二卷 （清）蔡希邠撰 清光緒
十九年(1893)刻本 四冊

110000－0102－0021926 丁/8372 集部/別
集類/清
百一山房集十卷 （清）應時良撰 清光緒十

八年(1892)刻本 四冊

110000－0102－0021927 丁/8374 經部/小
學類/文字/字典詞典等
駢字摘豔五卷 （清）任科職編 清咸豐七年
(1857)刻本 五冊

110000－0102－0021928 丁/8375 集部/總
集類/文/雜錄/格言、語錄、楹聯
對聯匯海十四卷 （清）邱日缸編 清同治六
年(1867)刻本 六冊

110000－0102－0021929 丁/8376 集部/別
集類/清
雙池文集十卷 （清）汪紱撰 清道光十四年
(1834)刻本 四冊

110000－0102－0021930 丁/8377 集部/別
集類/清
寶綸堂文鈔八卷 （清）齊召南撰 清光緒十
三年(1887)刻本 四冊

110000－0102－0021931 丁/8378 子部/類
書類/韻編
類林新詠大全三十六卷 （清）姚之駰撰 清
乾隆四十七年(1782)刻本 十冊

110000－0102－0021932 丁/8380 子部/醫
家類/雜病方論
不知醫必要四卷 （清）梁廉夫撰 清光緒七
年(1881)刻本 四冊

110000－0102－0021933 丁/8382 子部/藝
術類/書畫/畫法、畫帖/清
墨香居畫識十卷 （清）馮金伯撰 清活字印
本 八冊

110000－0102－0021934 丁/8383 叢部/自
著叢書/清中晚期
影山草堂六種 （清）莫友芝撰 清咸豐至光
緒獨山莫氏刻本 五冊 存五種

110000－0102－0021935 丁/8384 集部/別
集類/清
懷泉書屋詩稿十六卷 （清）宋之睿撰 清道
光八年(1828)刻本 五冊

110000－0102－0021936　丁/8385　史部/地理類/山川/山

黄鵠山志十二卷　（清）胡鳳丹纂　清同治十三年（1874）刻本　六冊

110000－0102－0021937　丁/8386　史部/地理類/專志/寺觀

靈谷禪林志十五卷　（清）謝元福增輯　清光緒十二年（1886）刻本　四冊

110000－0102－0021938　丁/8387　史部/地理類/山川/山

茅山志十四卷　（清）笪蟾光編　清光緒三年（1877）刻本　六冊

110000－0102－0021939　丁/8390　史部/地理類/雜記

湖墅小志四卷　（清）高鵬年撰　清光緒二十二年（1896）石印本　二冊

110000－0102－0021940　丁/8391　史部/地理類/山川/山

泰山小史不分卷　（明）蕭協中撰　清乾隆五十四年（1789）刻本　一冊

110000－0102－0021941　丁/8392　史部/地理類/專志/園林

滄浪小志二卷　（清）宋犖編　清光緒十年（1884）刻本　一冊

110000－0102－0021942　丁/8393　集部/別集類/清

鳴鶴堂文集二卷　（清）任源祥撰　清刻本　二冊

110000－0102－0021943　丁/8395　集部/別集類/明

東田文集三卷　（明）馬中錫撰　清刻本　三冊

110000－0102－0021944　丁/8396　集部/別集類/清

健餘先生文集十卷　（清）尹會一撰　清刻本　四冊

110000－0102－0021945　丁/8397　集部/別集類/清

望三益齋詩文鈔十二卷　（清）吳棠撰　清同治十三年（1874）刻本　四冊

110000－0102－0021946　丁/8398　史部/地理類/專志/寺觀

武林理安寺志八卷　（清）釋實月撰　清光緒四年（1878）刻本　三冊

110000－0102－0021947　丁/8399　集部/總集類/詩/斷代/清

四友遺詩十三卷　（清）曾紀澤等撰　清光緒二十年（1894）刻本　五冊

110000－0102－0021948　丁/8406　史部/地理類/專志/園林

竹垞小志五卷　（清）阮元訂　清刻本　四冊

110000－0102－0021949　丁/8409　史部/地理類/雜記

鸚鵡洲小志四卷　（清）胡鳳丹纂　清同治十二年（1873）刻本　二冊

110000－0102－0021950　丁/8414　集部/別集類/清

小白華山人文鈔四卷　（清）張乃孚撰　清嘉慶二十年（1815）刻本　二冊

110000－0102－0021951　丁/8415　集部/別集類/清

空青水碧齋詩集十三卷　（清）蔣琦齡撰　清光緒刻本　四冊

110000－0102－0021952　丁/8416　集部/別集類/清

扶雅堂詩集十四卷　（清）楊炳春撰　清刻本　四冊

110000－0102－0021953　丁/8417　叢部/自著叢書/清中晚期

戴著五種附二種　（清）戴槃撰　清同治七年（1868）刻本　八冊

110000－0102－0021954　丁/8418　集部/別集類/清

半村草堂遺集賦鈔二卷　（清）陳浩恩撰　清

光緒二十二年(1896)刻本　二冊

110000－0102－0021955　丁/8419　集部/別
集類/清

有真意齋詩集四卷　(清)賀祥麟撰　清同治
六年(1867)刻本　二冊

110000－0102－0021956　丁/8420　集部/別
集類/清

說文堂詩集八卷　(清)許之翰撰　清道光十
八年(1838)刻本　四冊

110000－0102－0021957　丁/8422　子部/藝
術類/書畫/書法、碑帖/明

有明名賢遺翰　(清)張廷濟輯　清光緒十三
年(1887)刻本　四冊

110000－0102－0021958　丁/8431　史部/地
理類/方志/地方志/江蘇

[光緒]武進陽湖縣志三十卷　(清)張球等纂
修　清光緒五年(1879)刻本　二十冊

110000－0102－0021959　丁/8432　史部/地
理類/山川/山

崆峒山志二卷　(清)張伯魁纂修　清同治十
一年(1872)刻本　二冊

110000－0102－0021960　丁/8433　集部/總
集類/文/家族

留耕堂集八種　(明)葛錫璠等撰　清宣統元
年(1909)鉛印本　四冊

110000－0102－0021961　丁/8434　史部/地
理類/方志/地方志/江蘇

[光緒]泰興縣志二十六卷　(清)楊激雲等纂
修　清光緒十二年(1886)刻本　十冊

110000－0102－0021962　丁/8442　集部/別
集類/遼金元

文獻公全集十一卷　(元)黃溍撰　清咸豐元
年(1851)刻本　十冊

110000－0102－0021963　丁/8445　集部/別
集類/清

懷古田舍詩節鈔六卷　(清)徐榮撰　清同治
三年(1864)刻本　六冊

110000－0102－0021964　丁/8446　集部/別
集類/清

德蔭堂集十六卷　(清)阿克敦撰　清嘉慶二
十一年(1816)刻本　四冊

110000－0102－0021965　丁/8450　集部/別
集類/清

道生堂小題制藝三集　(清)鍾聲撰　清咸豐
刻本　八冊

110000－0102－0021966　丁/8452　集部/別
集類/清

鐙味齋詩存五卷　(清)曹宗瀚撰　清咸豐七
年至九年(1857－1859)刻本　二冊

110000－0102－0021967　丁/8453　集部/別
集類/清

梧竹軒詩鈔十卷　(清)徐兆英撰　清光緒二
十七年(1901)刻本　四冊

110000－0102－0021968　丁/8454　集部/別
集類/清

平養堂文編十卷　王龍文撰　清宣統二年
(1910)刻本　四冊

110000－0102－0021969　丁/8455　集部/別
集類/清

定廬集四卷　(清)錢儀吉撰　清刻本　一冊

110000－0102－0021970　丁/8457　集部/別
集類/宋

魏鶴山先生渠陽詩一卷　(宋)魏了翁撰　清
光緒二十八年(1902)影印本　一冊

110000－0102－0021971　丁/8461　集部/別
集類/清

方靈臯全稿　(清)方苞撰　清刻本　六冊

110000－0102－0021972　丁/8462　集部/別
集類/清

攜雪堂文集四卷　(清)吳可讀撰　清光緒二
十六年(1900)刻本　四冊

110000－0102－0021973　丁/8463　史部/傳
記類/別傳

似昇長生冊　周嵩堯撰輯　清宣統三年

(1911)刻本　二冊

110000－0102－0021974　丁/8464　集部/別集類/清

報暉草堂詩集八卷　（清）黄維申撰　清同治十年（1871）刻本　四冊

110000－0102－0021975　丁/8465　集部/別集類/清

瑤華詩鈔十卷　（清）弘旿撰　清光緒七年（1881）刻本　三冊

110000－0102－0021976　丁/8466　集部/別集類/清

樂志堂文略四卷　（清）譚瑩撰　清刻本　二冊

110000－0102－0021977　丁/8467　集部/別集類/清

梅庵詩鈔五卷　（清）鐵保撰　清嘉慶十年（1805）刻本　二冊

110000－0102－0021978　丁/8468　集部/別集類/遼金元

水雲邨吟稿十二卷　（元）劉壎撰　清道光十年（1830）刻本　八冊

110000－0102－0021979　丁/8469　集部/別集類/清

後湘詩集九卷二集五卷　（清）姚瑩撰　清道光刻本　四冊

110000－0102－0021980　丁/8470　集部/別集類/清

願學堂詩存二十二卷　（清）邵亨豫撰　清光緒十年（1884）刻本　四冊

110000－0102－0021981　丁/8471　集部/別集類/清

天開圖畫樓集六種　（清）郭柏蔭撰　清同治刻本　八冊

110000－0102－0021982　丁/8472　史部/地理類/山川/川

莫愁湖志六卷　（清）馬士圖輯　清光緒八年（1882）刻本　二冊

110000－0102－0021983　丁/8473　集部/別集類/清

西澗舊廬詩稿四卷　（清）劉樞撰　清同治十一年（1872）刻本　二冊

110000－0102－0021984　丁/8474　集部/別集類/民國

珠泉草廬文錄二卷　廖樹蘅撰　清宣統二年（1910）刻本　二冊

110000－0102－0021985　丁/8475　集部/總集類/詩/家族

海豐吳氏詩存四卷　（清）吳重熹輯　清光緒十年（1884）刻本　四冊

110000－0102－0021986　丁/8476　集部/別集類/宋

青山集二十二卷　（宋）郭祥正撰　清嘉慶三年（1798）刻本　四冊

110000－0102－0021987　丁/8477　集部/別集類/清

厚石齋集十二卷　（清）王孟鍋撰　清刻本　四冊

110000－0102－0021988　丁/8478　集部/別集類/清

龍璧山房詩草十七卷　（清）王拯撰　清同治十一年（1872）刻本　六冊

110000－0102－0021989　丁/8479　集部/別集類/明

雲岡文集八種　（明）龔用卿撰　清光緒二十九年（1903）刻本　十冊

110000－0102－0021990　丁/8480　集部/別集類/民國

夢痕館詩鈔十卷　張其淦撰　清光緒刻本　五冊

110000－0102－0021991　丁/8481　集部/別集類/清

進呈集二卷　（清）劉權之撰　清光緒五年（1879）刻本　二冊

110000－0102－0021992　丁/8482　集部/別

集類/清

斯馨堂古文初集二卷 （清）劉嶂澤撰　清光緒五年(1879)刻本　四冊

110000－0102－0021993　丁/8483　經部/四書類/大學中庸/傳說

大學臆說二卷 （清）蘇源生撰　清光緒十二年(1886)刻本　二冊

110000－0102－0021994　丁/8488　史部/地理類/方志/地方志/江蘇

[嘉慶]干巷志六卷 （清）朱棟撰　清嘉慶六年(1801)刻本　二冊

110000－0102－0021995　丁/8489　集部/別集類/清

河幹詩鈔四卷 （清）馮慧裕撰　清嘉慶九年(1804)刻本　二冊

110000－0102－0021996　丁/8490　集部/別集類/宋

少陽集十卷 （宋）陳東撰　清光緒十八年(1892)刻本　一冊

110000－0102－0021997　丁/8491　集部/別集類/清

集聖教序字詩四卷 （清）馬慧裕撰書　清嘉慶十二年(1807)刻本　四冊

110000－0102－0021998　丁/8492　子部/兵家類

集思廣益編二卷 （清）陳還　（清）王家賓撰　清光緒鉛印本　一冊

110000－0102－0021999　丁/8493　集部/別集類/清

曇雲閣詩集八卷 （清）曹楙堅撰　清光緒三年(1877)刻本　五冊

110000－0102－0022000　丁/8494　集部/別集類/清

玉山閣古文選四卷 （清）徐榮慶等撰　清道光十年(1830)刻本　四冊

110000－0102－0022001　丁/8495　集部/別集類/清

王龍溪先生全集二十卷 （明）王畿撰　清道光二年(1822)刻本　八冊

110000－0102－0022002　丁/8496　集部/別集類/明

金忠節公文集 （明）金聲撰　清道光七年(1827)刻本　六冊

110000－0102－0022003　丁/8497　集部/總集類/詩/斷代/清

群雅二集二十二卷 （清）王豫選　清嘉慶十六年(1811)刻本　六冊

110000－0102－0022004　丁/8498　集部/別集類/清

香南居士集 （清）崇恩撰　清刻本　八冊

110000－0102－0022005　丁/8499　集部/別集類/清

思補齋文集四卷 （清）劉星煒撰　清光緒二十年(1894)刻本　四冊

110000－0102－0022006　丁/8500－1　集部/總集類/詩/雜錄/其它

師友劄記四卷 （清）蘇源生撰　清咸豐三年(1853)刻本　二冊

110000－0102－0022007　丁/8500　集部/別集類/清

記過齋文稿二卷 （清）蘇源生撰　清咸豐三年(1853)刻本　二冊

110000－0102－0022008　丁/8502　集部/總集類/文/地方

國朝中州文徵五十四卷首一卷 （清）蘇源生輯　清道光二十三年(1843)刻本　二十八冊

110000－0102－0022009　丁/8503　集部/別集類/清

種墨山房詩稿四卷 （清）劉企廉撰　清嘉慶十六年(1811)刻本　二冊

110000－0102－0022010　丁/8504　集部/別集類/清

太倉孫子福先生遺草二卷 （清）孫壽祺撰　清光緒十九年(1893)刻本　二冊

110000－0102－0022011　丁/8508　集部/別集類/清

秋坪詩存十四卷　（清）陳登龍撰　清嘉慶二十二年(1817)刻本　四冊

110000－0102－0022012　丁/8509　集部/別集類/清

二竹齋詩鈔六卷　（清）張井撰　清道光十五年(1835)刻本　六冊

110000－0102－0022013　丁/8513　子部/雜家類/雜述

防心集五卷　（清）陳育仁撰　清咸豐五年(1855)刻本　五冊

110000－0102－0022014　丁/8514　集部/別集類/清

石均軒初集二卷二集二卷　（清）鄧元鏸撰　清刻本　三冊

110000－0102－0022015　丁/8518　集部/別集類/清

見山樓詩鈔二卷　（清）李本仁撰　清道光二十九年(1849)刻本　一冊

110000－0102－0022016　丁/8519　集部/別集類/明

未軒公文集十二卷　（明）黃仲昭撰　清刻本　六冊

110000－0102－0022017　丁/8521　子部/兵家類

易筋經　達摩祖師撰　清刻本　二冊

110000－0102－0022018　丁/8522　集部/總集類/文/雜錄/課藝

花樣集錦四卷　（清）張鵬㧑輯　清道光十九年(1839)刻本　六冊

110000－0102－0022019　丁/8524　集部/別集類/清

綠筠書屋詩稿八卷詩餘一卷　（清）張籛撰　清道光二十六年(1846)刻本　四冊

110000－0102－0022020　丁/8525　集部/別集類/清

好深湛思室詩存二十二卷　（清）孫義鈞撰　清同治十二年(1873)刻本　四冊

110000－0102－0022021　丁/8527　集部/別集類/唐至五代

李羣玉詩集三卷後集五卷　（唐）李群玉撰　清影刻本　一冊

110000－0102－0022022　丁/8528　叢部/彙編叢書/清中晚期

苔岑集初刊七種十八卷小紅薇館拾餘詩鈔四卷　（清）陳基等撰　清道光三十年(1850)刻本　八冊

110000－0102－0022023　丁/8529　史部/政書類/邦計/捐稅

御覽黃冊　岑春蓂撰　清光緒三十四年(1908)寫本　一冊

110000－0102－0022024　丁/8530　子部/醫家類/雜錄

金匱方歌括六卷　（清）陳念祖撰　清刻本　三冊

110000－0102－0022025　丁/8531　子部/藝術類/篆刻

希呂印存　（清）李新吾輯　清光緒十一年(1885)鈐印本　二冊

110000－0102－0022026　丁/8532　集部/別集類/清

集字雜著二卷　（清）唐李杜撰　清咸豐四年(1854)刻本　二冊

110000－0102－0022027　丁/8533　子部/雜家類/雜纂

性理歸真　清抄本　四冊

110000－0102－0022028　丁/8534　子部/兵家類

戚南塘三種合刻　（明）戚繼光撰　清刻本　八冊

110000－0102－0022029　丁/8536　子部/雜家類/雜述

約書十二卷　（清）謝階樹撰　清道光二十四

年(1844)刻本　四冊

110000－0102－0022030　丁/8538　子部/兵家類

兵鏡類編四十卷首一卷　（清）李蕊編輯　清光緒九年(1883)刻本　十六冊

110000－0102－0022031　丁/8540　子部/雜家類/雜述

隱居通議三十一卷　（元）劉壎撰　清嘉慶六年(1801)刻本　四冊

110000－0102－0022032　丁/8541　集部/別集類/宋

道鄉公文集四十卷補遺一卷附錄一卷　（宋）鄒浩撰　清光緒七年(1881)刻本　十二冊

110000－0102－0022033　丁/8542　史部/地理類/方志/地方志

[道光]新城縣志十一卷　（清）李廷榮纂修　清道光十八年(1838)刻本　四冊

110000－0102－0022034　丁/8543　集部/總集類/文/雜錄/課藝

詩賦楷模　（清）如月倚雲主人輯　清光緒十二年(1886)刻朱印本　二冊

110000－0102－0022035　丁/8544　集部/別集類/宋

舒文靖集二卷校勘記三卷事實冊一卷附錄三卷　（宋）舒璘撰　清光緒二十二年(1896)刻本　四冊

110000－0102－0022036　丁/8545　子部/法家類

洗冤錄詳義四卷首一卷　（清）許槤撰　清光緒四年(1878)刻本　四冊

110000－0102－0022037　丁/8550　子部/類書類/類編/通錄

北堂書鈔一百六十卷首目錄一卷　（唐）虞世南撰　清光緒十四年(1888)影刻本　二十冊

110000－0102－0022038　丁/8551　集部/曲類

顧曲雜言一卷　（明）沈德符撰　**衡曲塵譚一**卷　（明）騷隱居士撰　清刻本　一冊

110000－0102－0022039　丁/8552　集部/集評類/曲評/曲話

劇說六卷　（清）焦循撰　清刻本　二冊

110000－0102－0022040　丁/8555　史部/史評類

讀史提要錄十二卷　（清）夏之蓉撰　清道光二年(1822)刻本　四冊

110000－0102－0022041　丁/8556　集部/別集類/清

月塘書屋詩存十二卷　（清）楊延亮撰　清同治十二年(1873)刻本　二冊

110000－0102－0022042　丁/8560　史部/政書類/學制

新學試策問對第一書五種　清末石印本　六冊

110000－0102－0022043　丁/8561　集部/總集類/詩/雜錄/唱和

同聲詩集八卷首前編一卷後編一卷尾一卷　（清）李芳谷輯　清道光十三年(1833)刻本　九冊

110000－0102－0022044　丁/8562　集部/別集類/清

桃花山館吟稿十四卷　（清）郎葆辰撰　清道光十一年(1831)刻本　四冊

110000－0102－0022045　丁/8563　集部/別集類/清

禺山雜著四種　（清）李暘撰　清乾隆五十七年(1792)刻本　四冊

110000－0102－0022046　丁/8565　集部/別集類/清

笛漁小稿十卷　（清）朱昆田撰　清末刻本　四冊

110000－0102－0022047　丁/8566　集部/別集類/清

樂志書屋遺集四卷　（清）李瑩撰　清同治十二年(1873)刻本　二冊

110000－0102－0022048　丁/8567　集部/別集類/清

更生齋文續集二卷更生齋詩續集十卷　（清）洪亮吉撰　清刻本　六冊

110000－0102－0022049　丁/8568　集部/楚辭類/離騷

離騷圖　（清）蕭雲從繪　清刻本　二冊

110000－0102－0022050　史部/地理類/方志/地方志

[光緒]永昌府志六十六卷首一卷　（清）劉玉珂纂修　清光緒十一年(1885)刻本　十四冊

110000－0102－0022051　丁/8570　史部/地理類/方志/地方志/安徽

[光緒]泗虹合志十九卷　（清）方瑞蘭修　清光緒十四年(1888)刻本　八冊

110000－0102－0022052　丁/8580　叢部/彙編叢書

南洋製造局譯書彙刻十四種　（清）南洋製造局編印　清光緒刻本　四十八冊

110000－0102－0022053　丁/8581　集部/別集類/清

候濤山房吟草十二卷　（清）謝佑琦撰　清道光二十二年(1842)刻本　四冊

110000－0102－0022054　丁/8586　史部/地理類/專志

忠武祠墓志七卷首一卷末一卷　（清）李復心輯　清道光三年(1823)刻本　四冊

110000－0102－0022055　丁/8587　集部/總集類/文/斷代/清

麗體金膏八卷　（清）馬俊良輯　清刻本　八冊

110000－0102－0022056　丁/8589　集部/別集類/清

紫荊吟館詩集四卷試帖二卷賦略一卷　（清）曹秉哲撰　清光緒二十五年(1899)刻本　四冊

110000－0102－0022057　丁/8590　集部/別集類/清

借閒生詩三卷詞一卷　（清）汪遠孫撰　清道光二十年(1840)刻本　一冊

110000－0102－0022058　丁/8595　集部/別集類/清

次立齋詩集四卷文集二卷　（清）袁知撰　清道光二年(1822)刻本　三冊

110000－0102－0022059　丁/8596　子部/藝術類/篆刻

天倪閣印譜　（清）倪承璐刻　清光緒三十四年(1908)鈐印本　二冊

110000－0102－0022060　丁/8598　史部/傳記類/別傳

關聖帝君盛蹟全志八卷　（清）徐鳳臺編輯　清光緒九年(1883)刻本　八冊

110000－0102－0022061　丁/8603　史部/地理類/專志/書院

彝山書院志　（清）史致康輯　清道光二十三年(1843)刻本　一冊

110000－0102－0022062　丁/8605　史部/地理類/方志/地方志/江蘇

[光緒]松江府續志四十卷首一卷　（清）姚衡堂纂修　清光緒十年(1884)刻本　二十四冊

110000－0102－0022063　丁/8606　史部/地理類/專志/陵墓

忠武祠墓志七卷首一卷末一卷　（清）李復心輯　清同治五年(1866)刻本　四冊

110000－0102－0022064　丁/8610　子部/道家類

松下閒談　（清）王士端撰　清乾隆五十年(1785)抄本　一冊

110000－0102－0022065　丁/8613　史部/政書類/儀制

歷代諱名考　（清）劉錫信撰　清刻本　一冊

110000－0102－0022066　丁/8614　集部/總集類

舊德集十四卷　繆荃孫輯　清光緒二十二年

(1896)刻本　四冊

110000－0102－0022067　丁/8615　集部/別集類/清

賜硯齋詩鈔四卷　（清）伊朝棟撰　清嘉慶十二年(1807)刻本　二冊

110000－0102－0022068　丁/8619　集部/別集類/清

小庚詞存三卷　（清）葉申薌撰　清道光十四年(1834)刻本　一冊

110000－0102－0022069　丁/8620　史部/傳記類/家傳、宗譜

留真志感圖　（清）魏煜輯　清道光二十六年(1846)刻本　一冊

110000－0102－0022070　丁/8623　子部/農家類/總錄

撫郡農産考略二卷　（清）何剛德撰　清光緒二十九年(1903)活字印本　二冊

110000－0102－0022071　丁/8624　集部/詞類/詞別集

約園詞四卷　（清）劉湘年撰　清光緒十二年(1886)刻本　二冊

110000－0102－0022072　丁/8625　集部/別集類/明

堵文忠公集十卷　（明）堵允錫撰　清光緒十三年(1887)刻本　六冊

110000－0102－0022073　丁/8627　集部/別集類/清

使黔草二卷　（清）何紹基撰　清道光二十五年(1845)刻本　一冊

110000－0102－0022074　丁/8628　集部/總集類/詩/雜錄/題詠

涉園題詠　（清）葉燮等撰　清嘉慶十一年(1806)刻本　一冊

110000－0102－0022075　丁/8630　史部/別史、雜史類

明宮史八卷　（明）劉若愚撰　清宣統二年(1910)鉛印本　二冊

110000－0102－0022076　丁/8631　史部/傳記類/別傳

黑旗劉大將軍事實　（清）管斯駿撰　清光緒十年(1884)刻本　一冊

110000－0102－0022077　丁/8632　集部/別集類/清

來南雜俎四卷　（清）趙祖銘撰　清宣統元年(1909)鉛印本　一冊

110000－0102－0022078　丁/8635　子部/藝術類/篆刻

國朝名印　（清）程遠撰　清刻朱印本　一冊

110000－0102－0022079　丁/8636　集部/曲類

十三妹　清抄本　八冊

110000－0102－0022080　丁/8637　史部/金石類/石

敦煌石室真蹟錄三卷　（清）王仁俊編　清宣統元年(1909)石印本　一冊

110000－0102－0022081　丁/8638　集部/別集類/明

從野堂存稿八卷初遺一卷年譜一卷附錄一卷　（明）繆昌期撰　清光緒二十一年(1895)刻朱印本　三冊

110000－0102－0022082　丁/8639　集部/別集類/唐至五代

孫可之文集二卷　（唐）孫樵撰　清抄本　一冊

110000－0102－0022083　丁/8640　集部/別集類/唐至五代

陸魯望文集二卷　（唐）陸龜蒙撰　清抄本　一冊

110000－0102－0022084　丁/8641　集部/別集類/清

陶情集　（清）張鴻猷撰　清道光十二年(1832)刻本　一冊

110000－0102－0022085　丁/8642　集部/別集類/清

三十二蘭亭室詩存八卷 （清）劉湜年撰 清光緒元年（1875）刻本 四冊

110000－0102－0022086 丁/8643 集部/詞類/詞別集

无敧詞剩 （清）徐奉世撰 清宣統三年（1911）石印本 一冊

110000－0102－0022087 丁/8645 子部/藝術類/篆刻

紉佩齋集印譜 （清）疎影詞人輯 清光緒十四年（1888）鈐印本 四冊

110000－0102－0022088 丁/8646 史部/載記類

華陽國志十二卷 （晉）常璩撰 清嘉慶十九年（1814）刻本 六冊

110000－0102－0022089 丁/8647 史部/載記類

華陽國志十二卷 （晉）常璩撰 清刻本 四冊

110000－0102－0022090 丁/8651 史部/地理類/山川/川

木蘭陂集節要十卷 （明）李雄輯 清光緒五年（1879）刻本 六冊

110000－0102－0022091 丁/8652 集部/別集類/清

彝壽軒詩鈔十一卷煙波雨唱詞四卷 （清）張應昌撰 清同治二年（1863）刻本 六冊

110000－0102－0022092 丁/8654 史部/地理類/方志/鄉鎮志

[光緒]梅里志八卷 （清）吳熙撰 清光緒二十三年（1897）刻本 四冊

110000－0102－0022093 丁/8661 集部/曲類/曲別集/傳奇

空山夢傳奇二卷八出 （清）范元亨撰 清刻本 一冊

110000－0102－0022094 丁/8664 史部/地理類/水道/地方

揚州水道記四卷 （清）劉文淇撰 清同治十一年（1872）刻本 二冊

110000－0102－0022095 丁/8666 史部/地理類/外紀

大英國志八卷 （英國）慕維廉譯 清咸豐六年（1856）刻本 四冊

110000－0102－0022096 丁/8669 子部/雜家類/雜纂

養吉齋叢錄二十六卷餘錄十卷 （清）吳振棫撰 清光緒二十二年（1896）刻本 八冊

110000－0102－0022097 丁/8670 集部/總集類/文/雜錄/課藝

都是春齋制義存稿二卷 （清）張佑乾撰 清刻本 二冊

110000－0102－0022098 丁/8674 集部/別集類/清

宮恕堂詩鈔四卷 （清）宮鴻廠撰 清嘉慶二十一年（1816）刻本 一冊

110000－0102－0022099 丁/8675 史部/政書類/詔令奏議/奏議

趙忠定奏議四卷 （宋）趙汝愚撰 清宣統二年（1910）刻本 一冊

110000－0102－0022100 丁/8676 集部/別集類/清

小山山房詩存二卷 （清）吳淞撰 清宣統二年（1910）鉛印本 一冊

110000－0102－0022101 丁/8677 集部/別集類/清

只且園詩存二卷 （清）吳棠撰 清宣統三年（1911）鉛印本 一冊

110000－0102－0022102 丁/8685 子部/藝術類/音樂舞蹈

荀勗笛律圖注 （清）徐養原撰 清刻本 一冊

110000－0102－0022103 丁/8686 子部/藝術類/音樂舞蹈

管色考 （清）徐養原撰 清刻本 一冊

110000－0102－0022104 丁/8687 經部/樂

類/律呂

律呂臆說 (清)徐養原撰 清刻本 一冊

110000－0102－0022105 丁/8688 經部/樂
類/律呂

律呂新義四卷附錄一卷 (清)江永撰 清光
緒七年(1881)刻本 二冊

110000－0102－0022106 丁/8691 集部/小
說類/章回

平山冷燕四卷二十回 (清)張均撰 清刻本
四冊

110000－0102－0022107 丁/8694 集部/別
集類/清

西堂雜俎一集八卷二集八卷三集八卷 (清)
尤侗撰 清刻本 六冊

110000－0102－0022108 丁/8696 集部/小
說類/筆記小說

北東園筆錄續編六卷 (清)梁恭辰撰 清同
治五年(1866)刻本 二冊

110000－0102－0022109 丁/8697 子部/雜
家類/雜述

在園雜誌四卷 (清)劉廷璣撰 清鉛印本
四冊

110000－0102－0022110 丁/8698 集部/小
說類/章回

七真因果傳二卷二十九回 (清)黃永亮撰
清光緒三十二年(1906)刻本 二冊

110000－0102－0022111 丁/8699 集部/別
集類/清

碧梧書屋詩集四卷 (清)程一敬撰 清咸豐
五年(1855)刻本 四冊

110000－0102－0022112 丁/8702 集部/別
集類/清

問花水榭稿二卷 (清)別文溪撰 清道光九
年(1829)刻本 二冊

110000－0102－0022113 丁/8704 集部/別
集類/清

和天台三聖詩 (清)石樹撰 清光緒十一年

(1885)刻本 一冊

110000－0102－0022114 丁/8705 史部/政
書類/邦計/雜錄

作新末議 潘守廉撰 清光緒三十年(1904)
刻本 一冊

110000－0102－0022115 丁/8710 集部/別
集類/清

滄如山房詩稿十卷 (清)馬紹光撰 清咸豐
十一年(1861)木活字印本 一冊

110000－0102－0022116 丁/8711 集部/別
集類/清

豳風詠 (清)奕訢撰 清咸豐七年(1857)刻
本 一冊

110000－0102－0022117 丁/8712 史部/傳
記類/別傳

柳薲蕪傳 (清)顧苓撰 清末民國抄本 一冊

110000－0102－0022118 丁/8715 子部/宗
教類/釋教/經

大悲心陀羅尼經 (唐)釋伽梵達摩譯 清刻
本 一冊

110000－0102－0022119 丁/8721 史部/地
理類/雜記

春明夢餘錄七十卷 (清)孫承澤撰 清光緒
八年(1882)刻本 二十冊

110000－0102－0022120 丁/8728 史部/地
理類/雜記

會稽三賦四卷 (宋)王十朋撰 清同治十二
年(1873)刻本 二冊

110000－0102－0022121 丁/8729 集部/別
集類/宋

蒙齋集二十卷 (宋)袁甫撰 清仿刻本
六冊

110000－0102－0022122 丁/8730 集部/別
集類/清

樗寮先生全集 (清)姚椿撰 清道光刻本
七冊

110000－0102－0022123 丁/8731 史部/傳

記類/總傳/專錄/事蹟

史外八卷 （清）汪有典撰　清同治四年
(1865)刻本　八冊

110000－0102－0022124　丁/8732　集部/總
集類/文/雜錄/書牘表啟

陽山叢牘 （清）符翕撰　清光緒十五年
(1889)刻本　四冊

110000－0102－0022125　丁/8736　集部/別
集類/清

小石渠閣文集六卷 （清）林昌彝撰　清光緒
刻本　三冊

110000－0102－0022126　丁/8737　史部/地
理類/方志/地方志/湖南

[光緒]湘陰縣圖志三十四卷首一卷末一卷
（清）郭嵩燾纂修　清光緒六年(1880)刻本
十四冊

110000－0102－0022127　丁/8738　史部/地
理類/方志/地方志/山西

[光緒]代州志十二卷首一卷 （清）廣蔭纂修
　清光緒八年(1882)刻本　六冊

110000－0102－0022128　丁/8739　集部/別
集類/清

意苕山館詩稿十六卷 （清）陸嵩撰　清光緒
十八年(1892)刻本　四冊

110000－0102－0022129　丁/8740　史部/地
理類/方志/地方志

[光緒]秦州直隸州新志二十四卷首一卷
（清）余澤春修　清光緒十五年(1889)刻本
二十冊

110000－0102－0022130　丁/8741　史部/地
理類/方志/地方志/四川

[道光]德陽縣新志十二卷首一卷末一卷
（清）裴顯忠纂修　清道光十七年(1837)刻本
　八冊

110000－0102－0022131　丁/8742　集部/別
集類/清

常惺惺齋文集十一卷 （清）錢世瑞撰　清道
光三十年(1850)刻本　十冊

110000－0102－0022132　丁/8743　史部/地
理類/方志/地方志/江蘇

[乾隆]震澤縣志三十八卷首一卷 （清）倪師
孟編輯　清光緒十九年(1893)刻本　八冊

110000－0102－0022133　丁/8744　集部/別
集類/清

萬山草堂詩集六卷 （清）李登雲撰　清光緒
三十三年(1907)刻本　二冊

110000－0102－0022134　丁/8745　史部/地
理類/方志/地方志/浙江

[嘉慶]義烏縣志二十二卷首一卷 （清）諸自
谷纂修　清嘉慶七年(1802)刻本　十二冊

110000－0102－0022135　丁/8749　史部/地
理類/方志/地方志/廣東

[道光]鶴山縣志十二卷末一卷 （清）徐香祖
修　清道光六年(1826)刻本　四冊

110000－0102－0022136　丁/8755　史部/地
理類/方志/地方志/浙江

宋元四明六志八種 （清）徐時棟纂　清咸豐
四年至光緒五年(1854－1879)刻本　四十冊

110000－0102－0022137　丁/8756　子部/藝
術類/書畫/畫法、畫帖/清

習苦齋畫絮十卷 （清）戴熙撰　清光緒十九
年(1893)刻本　四冊

110000－0102－0022138　丁/8757　集部/別
集類/清

筠心書屋詩鈔十二卷 （清）褚廷璋撰　清嘉
慶十一年(1806)刻本　二冊

110000－0102－0022139　丁/8758　集部/別
集類/清

二九居集選九卷 （清）黎景義撰　清光緒元
年(1875)刻本　四冊

110000－0102－0022140　丁/8759　集部/別
集類/清

香亭文稿十二卷 （清）吳玉綸撰　清刻本
二冊

110000－0102－0022141　丁/8760　史部/地

理類/方志/地方志/浙江

[光緒]奉化縣志四十卷首一卷 （清）張美翊編 清光緒三十二年(1906)刻本 十二冊

110000－0102－0022142 丁/8761 子部/藝術類/篆刻

續齊魯古印攗 （清）郭申堂輯 清光緒十八年(1892)鈐印本 十六冊

110000－0102－0022143 丁/8762 集部/別集類/清

鴻梍堂詩集四卷 （清）胡方撰 清同治三年(1864)刻本 四冊

110000－0102－0022144 丁/8763 集部/別集類/清

清嘯閣詩草十六卷 （清）夏獻雲撰 清刻本 五冊

110000－0102－0022145 丁/8769 集部/別集類/清

舫廬文存四卷附集二卷首一卷 （清）張壽榮撰 清光緒九年(1883)刻本 四冊

110000－0102－0022146 丁/8772 史部/傳記類/總傳/通錄/地方

嫠書八卷 （明）吳之器撰 清光緒活字印本 四冊

110000－0102－0022147 丁/8773 集部/集評類

石頭記評贊石頭記分評 （清）王雪香撰 清同治十三年(1874)刻本 四冊

110000－0102－0022148 丁/8774 集部/小說類/筆記小說

寄蝸殘贅十六卷 葵愚道人撰 清同治十一年(1872)刻本 八冊

110000－0102－0022149 丁/8775 集部/小說類/章回

續紅樓夢三十卷 （清）秦子忱撰 清嘉慶四年(1799)刻本 十二冊

110000－0102－0022150 丁/8776 集部/詞類/詞總集/通代

詞曲雜鈔 清末抄本 二冊

110000－0102－0022151 丁/8780 史部/地理類/方志/地方志/四川

[光緒]樂至縣續志四卷首一卷 （清）胡書雲修 清光緒九年(1883)刻本 四冊

110000－0102－0022152 丁/8781 史部/地理類/方志/地方志/四川

[道光]樂至縣志十六卷首一卷 （清）裴顯忠修 清道光二十年(1840)刻本 四冊

110000－0102－0022153 丁/8783 集部/別集類/清

縠詒堂古詩鈔十卷 （清）李壽萱撰 清光緒八年(1882)刻本 四冊

110000－0102－0022154 丁/8785 經部/小學類/音韻/圖說

聲譜二卷聲說二卷 （清）時庸勱撰 清光緒十九年(1893)刻本 四冊

110000－0102－0022155 丁/8786 史部/地理類/方志/地方志/四川

[乾隆]巴縣志十七卷首一卷 （清）王爾鑑修 清嘉慶二十五年(1820)刻本 十二冊

110000－0102－0022156 丁/8787 集部/別集類/清

尋樂類編六卷 （清）屠元淳撰 清乾隆刻本 二冊

110000－0102－0022157 丁/8788 史部/目錄類/著錄/學科專目/文學

文苑英華目錄不分卷 （宋）李昉編 清抄本 十四冊

110000－0102－0022158 丁/8791 史部/傳記類/總傳/專錄/科舉

齒錄 （清）高承瀛輯 清刻本 五冊

110000－0102－0022159 丁/8792 史部/地理類/方志/地方志/四川

[光緒]井研志四十二卷首一卷 （清）高承瀛 （清）吳嘉謨纂修 清光緒二十六年(1900)刻本 十二冊

110000－0102－0022160　丁/8793　史部/傳記類/圖贊

聖賢像贊　（清）孔憲蘭重輯　清光緒四年(1878)刻本　六冊

110000－0102－0022161　丁/8794　叢部/自著叢書/清中晚期

左海全集十種　（清）陳壽祺撰　清嘉慶至道光刻本　二十四冊

110000－0102－0022162　丁/8800　子部/醫家類/總錄

醫宗必讀十卷　（明）李中梓撰　清刻本　四冊

110000－0102－0022163　丁/8801　集部/別集類/清

雨十詩鈔四卷　（清）居瑾撰　清光緒七年(1881)刻本　二冊

110000－0102－0022164　丁/8802　集部/曲類/曲別集/傳奇

坦園傳奇六種　（清）楊恩壽撰　清刻本　四冊

110000－0102－0022165　丁/8803　集部/集評類/詞評/詞話

詞徵六卷　（清）張德瀛纂　清刻本　二冊

110000－0102－0022166　丁/8807　史部/地理類/方志/地方志/四川

[嘉慶]宜賓縣志五十四卷首一卷　（清）劉元熙修　清嘉慶十七年(1812)刻本　四冊

110000－0102－0022167　丁/8810　集部/別集類/宋

斜川詩集八卷　（宋）蘇過撰　清抄本　四冊

110000－0102－0022168　丁/8811　子部/藝術類/篆刻

清承堂印賞初集四卷二集四卷　（清）張孝孚輯　清嘉慶鈐印本　八冊

110000－0102－0022169　丁/8814　史部/政書類/法令

重刊補註洗冤錄集證六卷　（清）王又槐增輯

清道光二十四年(1844)刻本　六冊

110000－0102－0022170　丁/8815　史部/傳記類/總傳/專錄/其它

百歲全書二卷　芳潤軒蔚圃匯輯　清道光十三年(1833)刻本　二冊

110000－0102－0022171　丁/8818　集部/戲曲類/京劇

真正京調三集　清刻本　十二冊

110000－0102－0022172　丁/8821　集部/曲類/曲別集/傳奇

梨花雪十四折白頭新六折　（清）徐鄂撰　清光緒三十二年(1906)石印本　六冊

110000－0102－0022173　丁/8822　子部/術數類/總錄

百二漢鏡齋秘書四種　（清）程芝雲輯　清道光三年至四年(1823－1824)湖邊程氏刻本　四冊

110000－0102－0022174　丁/8823　史部/地理類/雜記

西藏通覽　（日本）山縣初男撰　清宣統元年(1909)鉛印本　四冊

110000－0102－0022175　丁/8829　經部/小學類/文字

臨文便覽　（清）張仰山輯　清同治十三年(1874)刻本　二冊

110000－0102－0022176　丁/8832　子部/宗教類/道教

盼蟾子道書三種　盼蟾子撰　清光緒十四年至十八年(1888－1892)刻本　三冊

110000－0102－0022177　丁/8833　集部/別集類/清

敦教堂詩鈔六卷續刊二卷　（清）官文撰　清同治二年(1863)刻本　八冊

110000－0102－0022178　丁/8834　集部/別集類/清

巢雲閣詩鈔二卷　（清）何綸錦撰　清嘉慶十二年(1807)刻本　二冊

110000－0102－0022179　丁/8836　集部/總集類/詩/通代

覺世風雅集四卷雲水集四卷　（清）中州一了山人撰　清宣統元年（1909）刻本　四冊

110000－0102－0022180　丁/8838　史部/地理類/方志/地方志

[乾隆]曆城縣志五十卷首一卷　（清）胡德琳撰　清乾隆三十八年（1773）刻本　十六冊

110000－0102－0022181　丁/8839　史部/傳記類/總傳/專錄/釋道

歷代仙史八卷　（清）王建章輯　清光緒七年（1881）刻本　六冊

110000－0102－0022182　丁/8840　史部/政書類/文牘檔冊

北洋公牘類纂二十五卷目錄一卷　甘厚慈輯　清光緒三十三年（1907）鉛印本　二十冊

110000－0102－0022183　丁/8842　經部/小學類/文字/訓蒙

三字錦九卷末一卷　（清）趙暄撰　清道光二十二年（1842）刻本　六冊

110000－0102－0022184　丁/8843　集部/總集類/文/地方

甌栝先正文錄十五卷補遺一卷　（清）陳遇春輯　清道光十四年（1834）刻本　十六冊

110000－0102－0022185　丁/8844　史部/地理類/方志/地方志/浙江

[同治]鄞縣志七十五卷首一卷　（清）戴枚修　清光緒三年（1877）刻本　三十四冊

110000－0102－0022186　丁/8847　集部/別集類/宋

莆陽知稼翁集二卷　（宋）黃公度撰　清道光九年（1829）刻本　二冊

110000－0102－0022187　丁/8848　史部/地理類/方志/地方志/陝西

[嘉慶]續修潼關廳志三卷　（清）向淮修　清嘉慶二十二年（1817）刻本　二冊

110000－0102－0022188　丁/8849　史部/地理類/方志/地方志/四川

[嘉慶]峨眉縣志十卷首一卷　（清）王燮修　清嘉慶十八年（1813）刻本　九冊

110000－0102－0022189　丁/8850　集部/別集類/清

近光堂經進初稿十二卷　（清）聶銑敏撰　清嘉慶十四年（1809）刻本　六冊

110000－0102－0022190　丁/8851　子部/醫家類/醫案

續名醫類案三十六卷　（清）魏之琇輯　清光緒二十二年（1896）活字印本　十四冊

110000－0102－0022191　丁/8853　集部/詞類/詞別集

菊壽盦詞稿四卷　（清）姚輝第撰　清末木活字印本　四冊

110000－0102－0022192　丁/8856　史部/傳記類/別傳

越臺輿頌　（清）梁廷枏輯　清刻本　二冊

110000－0102－0022193　丁/8857　集部/別集類/民國

丁戊之間行卷十卷　易順鼎撰　清光緒五年（1879）刻本　二冊

110000－0102－0022194　丁/8858　史部/傳記類/人表

海昌采芹錄　朱逢辰編　清宣統三年（1911）鉛印本　二冊

110000－0102－0022195　丁/8861　集部/別集類/清

懷古田舍詩鈔三十三卷　（清）徐榮撰　清道光刻本　八冊

110000－0102－0022196　丁/8862　集部/別集類/遼金元

巴西集二卷　（元）鄧文原撰　清光緒二十五年（1899）刻本　二冊

110000－0102－0022197　丁/8894　集部/楚辭類/離騷

騷畧三卷　（宋）高似孫撰　清抄本　一冊

110000－0102－0022198　丁/8896　集部/別集類/清

天海樓古文鈔四卷　（清）李懿曾撰　清嘉慶二年(1797)刻本　二冊

110000－0102－0022199　丁/8897　集部/別集類/清

刻楮集四卷旅逸小稿二卷　（清）錢儀吉撰　清道光刻本　一冊

110000－0102－0022200　丁/8902　集部/別集類/清

東南樵草堂詩鈔二卷　（清）單玉騏撰　清光緒刻本　一冊

110000－0102－0022201　丁/8903　集部/別集類/宋

忠肅集二十卷　（宋）劉摯撰　清光緒五年(1879)刻本　四冊

110000－0102－0022202　丁/8905　集部/別集類/清

鏡池樓吟稿六卷　（清）陳文藻撰　清道光十九年(1839)刻本　一冊

110000－0102－0022203　丁/8906　集部/別集類/明

芳洲文集四卷　（明）陳循撰　清後期刻本　一冊

110000－0102－0022204　丁/8910　集部/俗文學類/變文

解神星寶卷　清抄本　一冊

110000－0102－0022205　丁/8911　集部/俗文學類/變文

九美圖寶卷　清抄本　二冊

110000－0102－0022206　丁/8912　集部/俗文學類/變文

西瓜寶卷　清抄本　一冊

110000－0102－0022207　丁/8913　集部/俗文學類/變文

沉香寶卷　清抄本　二冊

110000－0102－0022208　丁/8914　集部/俗文學類/變文

香蝴蝶寶卷　清抄本　一冊

110000－0102－0022209　丁/8915　集部/俗文學類/變文

天仙寶卷　清抄本　一冊

110000－0102－0022210　丁/8916　集部/俗文學類/變文

天仙寶卷　清抄本　一冊

110000－0102－0022211　丁/8917　集部/俗文學類/變文

紅羅寶卷　清抄本　一冊

110000－0102－0022212　丁/8918　集部/俗文學類/變文

紅羅寶卷　清抄本　一冊

110000－0102－0022213　丁/8919　集部/俗文學類/變文

龍燈寶卷　清抄本　一冊

110000－0102－0022214　丁/8920　集部/俗文學類/變文

雙蝴蝶寶卷　清抄本　二冊

110000－0102－0022215　丁/8921　集部/俗文學類/變文

辰星寶卷　清抄本　一冊

110000－0102－0022216　丁/8922　集部/俗文學類/變文

黃糠寶卷　清抄本　一冊

110000－0102－0022217　丁/8923　集部/俗文學類/變文

救飢寶卷　清抄本　一冊

110000－0102－0022218　丁/8924　集部/俗文學類/變文

雕龍扇寶卷　清抄本　一冊

110000－0102－0022219　丁/8925　集部/俗文學類/變文

開橋寶卷　清抄本　一冊

110000－0102－0022220　丁/8926　集部/俗

文學類/變文

雕龍扇寶卷 清抄本 一冊

110000－0102－0022221 丁/8927 集部/俗文學類/變文

正德遊龍寶卷 清光緒八年（1882）抄本 一冊

110000－0102－0022222 丁/8928 集部/俗文學類/變文

正德遊龍寶卷 清抄本 一冊

110000－0102－0022223 丁/8929 集部/俗文學類/變文

黃金印寶卷 清抄本 一冊

110000－0102－0022224 丁/8930 集部/俗文學類/變文

珠塔寶卷 清抄本 一冊

110000－0102－0022225 丁/8931 集部/俗文學類/變文

三景圖寶卷 清抄本 一冊

110000－0102－0022226 丁/8932 集部/別集類/清

太華山人詩剩稿八卷 （清）李雲誥撰 清同治元年（1862）刻本 一冊

110000－0102－0022227 丁/8935 集部/別集類/清

敦雅堂詩集四卷 （清）張人龍撰 清刻本 四冊

110000－0102－0022228 丁/8936 集部/別集類/清

香月廊詩存二卷 （清）文汝梅撰 清道光二十八年（1848）刻本 一冊

110000－0102－0022229 丁/8937 集部/別集類/清

海鶴翁謄稿二卷 （清）方壯猷撰 清同治三年（1864）刻本 一冊

110000－0102－0022230 丁/8938 集部/總集類/詩/斷代/清

合刻四家詩詞四卷 （清）王叔鈞等撰 清光

緒九年至十年（1883－1884）刻本 二冊

110000－0102－0022231 丁/8939 集部/別集類/清

小東山草堂駢體文鈔十卷 （清）張泰清撰 清道光五年（1825）刻本 四冊

110000－0102－0022232 丁/8940 集部/別集類/清

靜觀書屋詩集七卷 （清）章鶴齡撰 清同治十三年（1874）刻本 二冊

110000－0102－0022233 丁/8941 集部/別集類/清

味蘇齋集四卷 （清）曹秉濬撰 清刻本 一冊

110000－0102－0022234 丁/8944 集部/別集類/清

賓萌集五卷 （清）俞樾撰 清同治八年（1869）刻本 二冊

110000－0102－0022235 丁/8945 集部/別集類/清

涉需堂文集二卷詩集四卷其他三卷 （清）陳遇夫撰 清道光刻本 三冊

110000－0102－0022236 丁/8951 集部/別集類/清

待隱堂遺稿四卷 （清）陳翼撰 清光緒十九年（1893）刻本 四冊

110000－0102－0022237 丁/8953 集部/別集類/清

西泠懷古集十卷 （清）陳文述撰 清光緒九年（1883）刻本 四冊

110000－0102－0022238 丁/8955 史部/政書類/邦計

萬家密電 （清）羅臻祿撰 清光緒二十五年（1899）刻朱印本 二冊

110000－0102－0022239 丁/8960 集部/別集類/清

蓉轂詩鈔十一卷駢文一卷 （清）曾旭撰 清同治五年（1866）刻本 四冊

110000－0102－0022240　丁/8961　史部/傳記類/圖贊

於越先賢像傳贊　（清）任渭長繪　清咸豐六年(1856)刻本　二冊

110000－0102－0022241　丁/8963　集部/別集類/清

撼山草堂遺槀三卷　（清）陳起書撰　清同治五年(1866)刻本　一冊

110000－0102－0022242　丁/8964　集部/別集類/清

耕道獵德齋唫稿六卷　（清）周懷綬撰　清光緒九年(1883)刻本　二冊

110000－0102－0022243　丁/8970　集部/別集類/清

德輿子德輿集　（清）凌堃撰　清刻本　一冊

110000－0102－0022244　丁/8972　集部/別集類/清

穆清堂詩鈔三卷　（清）朱庭珍撰　清刻本　三冊

110000－0102－0022245　丁/8976　集部/別集類/清

紅韻閣學吟小草　（清）闕壽坤撰　清光緒五年(1879)刻本　一冊

110000－0102－0022246　丁/8977　集部/別集類/清

半日閒齋詩存　（清）清安泰撰　清嘉慶十五年(1810)刻本　一冊

110000－0102－0022247　丁/8978　集部/別集類/清

碉東詩鈔十卷　（清）歐陽紹洛撰　清道光六年(1826)刻本　四冊

110000－0102－0022248　丁/8982　集部/總集類/詩/雜錄/唱和

雙溪倡和詩六卷　（清）徐倬輯　清光緒二十四年(1898)刻本　二冊

110000－0102－0022249　丁/8983　集部/總集類/詩/雜錄/唱和

百老吟　錢溯耆輯　清宣統二年(1910)刻本　一冊

110000－0102－0022250　丁/8984　集部/詞類/詞別集

香消酒醒詞　（清）趙慶熺撰　清道光二十九年(1849)刻本　一冊

110000－0102－0022251　丁/8987　史部/地理類/遊記

樓船璅記二卷　余思詒撰　清光緒二十七年(1901)石印本　一冊

110000－0102－0022252　丁/8988　集部/別集類/清

秋笳集八卷　（清）吳兆騫撰　清刻本　四冊

110000－0102－0022253　丁/8991　集部/別集類/清

詩舲詩續二卷詞續一卷　（清）張祥河撰　清刻本　一冊

110000－0102－0022254　丁/8992　集部/集評類/詩評/詩話

酌雅詩話三卷　（清）陳偉勳撰　清刻本　一冊

110000－0102－0022255　丁/8993　集部/總集類/詩/斷代/清

國朝千家詩二卷　（清）方殿元等撰　清刻本　一冊

110000－0102－0022256　丁/8994　集部/別集類/清

賓萌集五篇　（清）俞樾撰　清同治九年(1870)刻本　一冊

110000－0102－0022257　丁/8995　集部/別集類/清

末利軒詩草　（清）金贊勳撰　清同治十一年(1872)刻本　一冊

110000－0102－0022258　丁/8997　集部/別集類/宋

平齋文集三十二卷拾遺一卷附錄一卷　（宋）洪諮夔撰　清同治十一年(1872)刻本　四冊

110000－0102－0022259　丁/9001　集部/別集類/清

曇花唅　（清）杜敬撰　清同治七年(1868)刻本　一冊

110000－0102－0022260　丁/9003　集部/總集類/詩/斷代/清

冷吟小集五卷　（清）黃承增　（清）馬慧裕撰　清刻本　一冊

110000－0102－0022261　丁/9004　子部/藝術類/雜技

象戲新譜外編　（清）隱橘盦主人編　清末刻本　一冊

110000－0102－0022262　丁/9006　集部/別集類/清

琅嬛詩集一卷　（清）郭青螺撰　清嘉慶八年(1803)活字印本　一冊

110000－0102－0022263　丁/9008　集部/別集類/清

梅花雜詠　（清）雪江老人撰　清刻本　一冊

110000－0102－0022264　丁/9011　經部/小學類/訓詁

羣經音辨七卷　（宋）賈昌朝撰　清刻本一冊

110000－0102－0022265　丁/9012　子部/宗教類/釋教

唐釋湛然輔行記四十卷　（唐）釋湛然撰（清）張心泰輯　清光緒十一年(1885)刻本二冊

110000－0102－0022266　丁/9013　集部/小說類/筆記小說

野叟閒談四卷　（清）杜瑯漁隱撰　清光緒二十三年(1897)石印本　一冊

110000－0102－0022267　丁/9014　集部/戲曲類

春秋配四卷　董日增編　清末刻本　二冊

110000－0102－0022268　丁/9015　子部/類書類/類編/通錄

博通便覽三十卷　（清）知不足書屋主人輯　清道光元年(1821)刻本　八冊

110000－0102－0022269　丁/9017　集部/總集類/詩/斷代/清

雲樣集八卷　（清）高陳謨編　清嘉慶二年(1797)刻本　四冊

110000－0102－0022270　丁/9018　集部/小說類/筆記小說

快心醒睡錄十六卷首一卷　（清）文富樓主人撰　清光緒二十一年(1895)石印本　六冊

110000－0102－0022271　丁/9020　集部/別集類/清

筱雲詩集二卷　（清）陸應宿撰　清嘉慶十二年(1807)刻本　一冊

110000－0102－0022272　丁/9021　史部/地理類/專志/古跡

申江名勝圖說二卷　管可壽齋繪印　清光緒十年(1884)刻本　二冊

110000－0102－0022273　丁/9022　史部/傳記類/總傳/專錄/列女

蘭閨寶錄六卷　（清）惲珠輯　清道光十一年(1831)刻本　二冊

110000－0102－0022274　丁/9029　史部/政書類/邦計/關榷

續纂淮關統志十四卷　（清）元成撰　（清）徵麟補撰　清嘉慶二十一年(1816)刻光緒七年(1881)、二十一年(1895)補版重修本　六冊

110000－0102－0022275　丁/9030　經部/經總類/群經總義/文字音義

經傳釋詞十卷　（清）王引之撰　清刻本四冊

110000－0102－0022276　丁/9032　集部/曲類/曲別集/傳奇

雙金榜二卷　（明）阮大鋮撰　清刻本　二冊

110000－0102－0022277　丁/9033　集部/別集類/清

石堂近稿一卷金臺隨筆四卷　（清）釋祖珍撰

清道光十年(1830)刻本　一冊

110000－0102－0022278　丁/9035　子部/宗教類/釋教/經

金剛般若波羅密經直說　（後秦）釋鳩摩羅什譯　清抄本　二冊

110000－0102－0022279　丁/9037　經部/小學類/訓詁/譯文

景祐天竺字源七卷　（宋）釋惟淨等譯　清抄本　四冊

110000－0102－0022280　丁/9047　史部/地理類/方志/地方志/江蘇

[同治]**蘇州府志一百五十卷首三卷**　（清）李銘皖　（清）馮桂芬纂修　清同治元年至清光緒九年(1862－1883)刻本　八十冊

110000－0102－0022281　丁/9049　史部/政書類/邦計/鹽政

淮南鹽法紀略十卷　（清）方濬頤等撰　清同治十二年(1873)刻本　十冊

110000－0102－0022282　丁/9051　史部/地理類/方志/總志

新斠注地理志集釋十六卷　（清）錢坫撰　清同治十三年(1874)刻本　六冊

110000－0102－0022283　丁/9052　史部/地理類/方志/地方志/江蘇

[光緒]**清河縣志二十六卷**　（清）吳昆田纂　清光緒二年(1876)刻本　六冊

110000－0102－0022284　丁/9053　史部/地理類/方志/地方志/江蘇

[嘉慶]**高郵州志十二卷首一卷**　（清）楊崇（清）夏之蓉修　清道光二十五年(1845)刻本　十六冊

110000－0102－0022285　丁/9057　史部/地理類/方志/地方志

[同治]**山陽縣志二十一卷**　（清）丁晏纂修　清同治十二年(1873)刻本　六冊

110000－0102－0022286　丁/9058　史部/地理類/專志/古跡

洛陽龍門志　（清）路朝霖編　清光緒十三年(1887)刻本　二冊

110000－0102－0022287　丁/9060　史部/傳記類/圖贊

三不朽圖贊　（明）張岱撰　清光緒十四年(1888)刻本　二冊

110000－0102－0022288　丁/9061　史部/地理類/方志/地方志/江蘇

[道光]**續增高郵州志**　（清）左輝春　（清）宋茂初纂修　清道光二十三年(1843)刻本　六冊

110000－0102－0022289　丁/9062　史部/地理類/方志/地方志/江蘇

[道光]**如皋縣續志十二卷**　（清）范仕義（清）吳鎧纂修　清道光十七年(1837)刻本　二冊

110000－0102－0022290　丁/9063　史部/地理類/專志/寺觀

靜慈寺志二十八卷首二卷末一卷　（清）釋際祥纂輯　清光緒十四年(1888)刻本　八冊

110000－0102－0022291　丁/9066　史部/地理類/方志/地方志/河北

[光緒]**續永清縣志十四卷**　（清）李秉鈞（清）魏邦翰纂　清光緒元年(1875)刻本　四冊

110000－0102－0022292　丁/9069　史部/地理類/山川/山

盤山志十卷首一卷補遺四卷　（清）釋智朴撰　清康熙三十年(1691)刻同治十一年(1872)印本　四冊

110000－0102－0022293　丁/9070　史部/地理類/山川/山

岱覽十三卷首編七卷　（清）唐仲冕撰　清嘉慶十二年(1807)果克山房刻本　六冊

110000－0102－0022294　丁/9072　史部/地理類/方志/地方志/江蘇

[光緒]**安東縣志十五卷**　（清）金元烺（清）吳昆田纂修　清光緒元年(1875)刻

本 四冊

110000－0102－0022295 丁/9073 史部/地理類/方志/地方志/河北

[光緒]淶水縣志八卷首一卷末一卷 （清）陳傑纂輯 清光緒二十一年(1895)刻本 八冊

110000－0102－0022296 丁/9074 史部/地理類/方志/地方志/江蘇

[同治]宿遷縣志十九卷 （清）李德溥（清）方駿謨纂修 清同治十三年(1874)刻本 六冊

110000－0102－0022297 丁/9075 史部/地理類/方志/鄉土志

[同治]深州風土記二十二卷 （清）吳汝綸纂修 清光緒二十六年(1900)刻本 八冊

110000－0102－0022298 丁/9076 集部/詞類/詞選/通代

詞選二卷附錄一卷 （清）張惠言輯 清同治六年(1867)刻本 一冊

110000－0102－0022299 丁/9077 集部/詞類/詞選/通代

續詞選二卷 （清）董毅輯 清同治六年(1867)刻本 一冊

110000－0102－0022300 丁/9078 史部/地理類/方志/地方志/江蘇

[嘉慶]重刊宜興縣志四卷首一卷 （清）阮升基纂修 清嘉慶二年(1797)刻本 四冊

110000－0102－0022301 丁/9079 史部/政書類/儀制

紀元通考十二卷 （清）葉維庚撰 清同治十年(1871)刻本 四冊

110000－0102－0022302 丁/9080 史部/地理類/山川/山

慧山記四卷 （明）邵寶撰 清同治七年(1868)刻本 二冊

110000－0102－0022303 丁/9081 史部/地理類/山川/山

慧山記續編三卷首一卷 （清）邵涵初輯 清

咸豐九年(1859)刻本 二冊

110000－0102－0022304 丁/9083 史部/地理類/專志/古跡

西湖遊覽志二十四卷志餘二十六卷 （明）田汝成撰 清光緒二十二年(1896)刻本 十二冊

110000－0102－0022305 丁/9085 史部/別史、雜史類

東南紀事十二卷西南紀事十二卷 （清）邵廷采撰 清光緒十年(1884)刻本 四冊

110000－0102－0022306 丁/9086 史部/地理類/方志/地方志

[同治]徐州府志二十五卷 （清）朱炘（清）劉庠修纂 清同治十三年(1874)刻本 十六冊

110000－0102－0022307 丁/9087 史部/地理類/方志/地方志

[嘉慶]重刊宜興縣舊志十卷首一卷 （清）阮升基 （清）甯楷纂修 清刻本 十冊

110000－0102－0022308 丁/9089 史部/政書類/邦計/鹽政

淮鹺備要十卷 （清）李澄輯 清道光三年(1823)刻本 四冊

110000－0102－0022309 丁/9090 史部/地理類/方志/地方志/江蘇

[乾隆]淮安府志三十二卷 （清）衛哲治（清）顧棟高纂修 清咸豐二年(1852)重刻本 十六冊

110000－0102－0022310 丁/9091 史部/地理類/山川/山

齊山巖洞志二十六卷首一卷 （清）陳梅緣輯 清嘉慶十年(1805)刻本 十冊

110000－0102－0022311 丁/9092 史部/地理類/山川/山

崆峒山志二卷 （清）張春溪撰 清嘉慶二十四年(1819)刻本 二冊

110000－0102－0022312 丁/9094 史部/紀

傳類/斷代

南北史補志十四卷 （清）汪士鐸輯　清刻本
　六冊

110000－0102－0022313　丁/9095　史部/地
理類/方志/地方志/江蘇

[光緒]**溧水縣志二十二卷首一卷** （清）傅觀
光 （清）丁維誠纂修　清光緒十五年(1889)
刻本　十二冊

110000－0102－0022314　丁/9096　史部/地
理類/方志/地方志/江蘇

[咸豐]**邳州志二十卷首一卷** （清）魯一同撰
　清咸豐元年(1851)刻本　四冊

110000－0102－0022315　丁/9097　史部/地
理類/方志/地方志/江蘇

[同治]**續纂揚州府志二十四卷** （清）英傑
（清）晏端書纂修　清同治十三年(1874)刻本
　八冊

110000－0102－0022316　丁/9098　史部/地
理類/方志/地方志/江蘇

[光緒]**金壇縣志十六卷** （清）丁兆基
（清）汪國鳳纂修　清光緒十一年(1885)活字
印本　十二冊

110000－0102－0022317　丁/9103　史部/地
理類/山川/山

續金山志二十卷 （清）曾燠輯　清道光四年
(1824)刻本　六冊

110000－0102－0022318　丁/9104　史部/地
理類/方志/地方志/江蘇

[道光]**重刊續纂宜荊縣志十卷首一卷** （清）
顧名 （清）吳德旋纂修　清道光二十年
(1840)刻本　四冊

110000－0102－0022319　丁/9106　史部/地
理類/方志/地方志/江蘇

[道光]**泰州志三十六卷首一卷** （清）王有慶
纂修　清道光七年(1827)刻本　十二冊

110000－0102－0022320　丁/9107　史部/地
理類/方志/地方志/江蘇

[康熙]**常州府志三十八卷首一卷** （清）于琨

（清）陳玉璂纂修　清光緒十二年(1886)活
字印本　二十一冊

110000－0102－0022321　丁/9108　史部/傳
記類/總傳/專錄/列女

江陰列女志十四卷首一卷 （清）王純熙
（清）章朝樞輯　清道光十八年(1838)刻本
四冊

110000－0102－0022322　丁/9110　史部/地
理類/水道/地方

江蘇海塘新志八卷 （清）李慶雲 （清）蔣師
轍合編　清光緒十六年(1890)刻本　四冊

110000－0102－0022323　丁/9114　史部/地
理類/雜記

黑龍江述略六卷 （清）徐宗亮撰　清光緒十
七年(1891)刻本　六冊

110000－0102－0022324　丁/9117　史部/地
理類/山川/山

武夷山志二十四卷首一卷 （清）董天工編
清道光九年(1829)刻本　八冊

110000－0102－0022325　丁/9118　集部/別
集類/清

邗江三百吟十卷 （清）林蘇門撰　清嘉慶十
三年(1808)刻本　四冊

110000－0102－0022326　丁/9120　史部/地
理類/方志/地方志/浙江

[乾道]**臨安志十五卷首一卷** （宋）周淙撰
清光緒四年(1878)刻本　二冊

110000－0102－0022327　丁/9121　史部/地
理類/方志/地方志

[道光]**江陰縣志二十八卷首一卷** （清）陳延
恩 （清）李兆洛纂修　清道光二十年(1840)
刻本　十六冊

110000－0102－0022328　丁/9123　史部/地
理類/山川/山

華嶽志八卷首一卷 （清）李榕纂輯　清光緒
九年(1883)刻本　四冊

110000－0102－0022329　丁/9124　史部/地

理類/專志/寺觀

雲棲紀事 （清）□□纂　清重刻本　二冊

110000－0102－0022330　丁/9127　經部/小學類/文字/字典詞典等

字典攷證十二卷 （清）王引之撰　清道光刻本　八冊

110000－0102－0022331　丁/9128　史部/地理類/方志/地方志/江蘇

[光緒]平望續志十二卷首一卷 （清）黃兆楷纂　清光緒十三年(1887)刻本　四冊

110000－0102－0022332　丁/9129　史部/地理類/方志/地方志/江蘇

[光緒]崑新兩縣續修合志五十二卷首一卷末一卷 （清）吳金瀾　（清）汪堃纂修　清光緒六年(1880)刻本　二十四冊

110000－0102－0022333　丁/9130　史部/地理類/方志/地方志/江蘇

[嘉定]鎮江志二十二卷首一卷 （宋）盧憲撰　清道光二十二年(1842)刻本　七冊

110000－0102－0022334　丁/9131　史部/地理類/方志/地方志/江蘇

[光緒]增修甘泉縣志二十四卷首一卷 （清）徐成敫　（清）范用賓纂修　清光緒七年(1881)刻本　二十冊

110000－0102－0022335　丁/9132　史部/地理類/方志/地方志/河北

[道光]承德府志六十卷首二十六卷 （清）海忠纂修　清光緒十三年(1887)刻本　二十四冊

110000－0102－0022336　丁/9133　集部/總集類/文/地方

國朝常州駢體文錄三十一卷 （清）屠寄輯　清光緒十六年(1890)刻本　八冊

110000－0102－0022337　丁/9135　史部/地理類/方志/地方志/江蘇

[光緒]江都縣續志三十卷首一卷 （清）劉汝賢　（清）劉壽增纂修　清光緒十年(1884)刻本　八冊

110000－0102－0022338　丁/9137　史部/地理類/方志/地方志/陝西

[嘉慶]長安縣志三十六卷 （清）張聰賢（清）董增臣纂修　清嘉慶十六年(1811)刻本　八冊

110000－0102－0022339　丁/9138　史部/地理類/方志/地方志/江蘇

[光緒]淮安府志四十卷首一卷 （清）孫雲錦（清）吳昆田纂修　清光緒十年(1884)刻本　十六冊

110000－0102－0022340　丁/9139　史部/地理類/山川/山

泰山志二十卷 （清）金棨纂輯　清嘉慶十五年(1810)刻本　十冊

110000－0102－0022341　丁/9143　史部/地理類/方志/地方志/河南

[嘉慶]澠池縣志十六卷 （清）甘揚聲（清）劉文運纂修　清嘉慶十五年(1810)刻本　八冊

110000－0102－0022342　丁/9144　史部/地理類/山川/山

金山志二十卷首二卷 （清）周伯義編　清光緒三十年(1904)刻本　十冊

110000－0102－0022343　丁/9146　史部/地理類/方志/地方志/河北

[光緒]灤州志十八卷首一卷 （清）楊文鼎（清）吳大本纂修　清光緒二十四年(1898)刻本　十四冊

110000－0102－0022344　丁/9151　史部/地理類/方志/地方志/江蘇

[光緒]無錫金匱縣志四十卷附編一卷 （清）裴大中　（清）秦緗業纂修　清光緒七年(1881)刻本　二十冊

110000－0102－0022345　丁/9153　經部/經總類/群經總義/文字音義

經傳釋詞十卷 （清）王引之撰　清嘉慶二十四年(1819)刻本　四冊

110000－0102－0022346　丁/9154　史部/地

理類/方志/地方志/江蘇

[光緒]松江府續志四十卷首一卷 （清）博潤
（清）姚光發纂修 清光緒十年(1884)刻本
二十四冊

110000－0102－0022347 丁/9155 史部/地
理類/專志/書院

東林書院志二十二卷 （清）高廷珍等增輯
清光緒七年(1881)重刻本 八冊

110000－0102－0022348 丁/9156 史部/地
理類/方志/地方志/江蘇

[光緒]丹陽縣志三十六卷首一卷 （清）凌焯
（清）徐錫麟纂修 清光緒十一年(1885)刻
本 十六冊

110000－0102－0022349 丁/9158 子部/藝
術類/書畫/書畫史

桐陰論畫二卷首一卷附錄一卷 （清）秦祖永
撰 清同治三年(1864)刻朱墨套印本 四冊

110000－0102－0022350 丁/9159 史部/地
理類/山川/山

孤嶼志八卷首一卷 （清）陳舜諮撰 清嘉慶
十四年(1809)刻本 五冊

110000－0102－0022351 丁/9161 史部/政
書類/邦計/雜錄

長元吳豐備義倉全案續編八卷首一卷末一卷
（清）吳大根編 清光緒二十四年(1898)刻
本 八冊

110000－0102－0022352 丁/9162 史部/目
錄類/著錄/藝文類

淮安藝文志十卷 （清）□□輯 清同治十二
年(1873)刻本 八冊

110000－0102－0022353 丁/9163 史部/地
理類/方志/地方志/江蘇

[光緒]丹徒縣志六十卷首四卷 （清）何紹章
（清）呂耀斗纂修 清光緒五年(1879)刻本
三十一冊

110000－0102－0022354 丁/9166 史部/地
理類/方志/地方志/江蘇

[嘉慶]江寧府志五十六卷 （清）呂燕昭

（清）姚鼐纂修 清嘉慶十六年(1811)刻本
十二冊

110000－0102－0022355 丁/9167 史部/地
理類/山川/山

青原志略十三卷首一卷 （清）釋笑峰撰 清
康熙八年(1669)刻本 六冊

110000－0102－0022356 丁/9172 史部/地
理類/專志/古跡

蜀中名勝記三十卷 （明）曹學佺撰 清宣統
二年(1910)刻本 十冊

110000－0102－0022357 丁/9173 史部/地
理類/山川/山

華嶽志八卷首一卷 （清）李榕纂 清光緒九
年(1883)刻本 四冊

110000－0102－0022358 丁/9176 史部/史
表類

歷代統系四卷首一卷 （清）初尚齡等輯 清
嘉慶九年(1804)刻本 四冊

110000－0102－0022359 丁/9178 史部/地
理類/山川/山

焦山志二十六卷首一卷 （清）吳雲輯 清同
治十三年(1874)刻本 八冊

110000－0102－0022360 丁/9180 史部/地
理類/雜記

寧古塔紀略 （清）吳南榮撰 清光緒十八年
(1892)刻本 一冊

110000－0102－0022361 丁/9181 史部/地
理類/山川/山

金蓋山志四卷首一卷 （清）李宗蓮編 清光
緒九年(1883)刻本 二冊

110000－0102－0022362 丁/9182 集部/別
集類/清

小鷗波館詩鈔十卷 （清）潘曾瑩撰 清刻本
二冊

110000－0102－0022363 丁/9188 史部/地
理類

西北邊界圖地名譯漢考證二卷光緒勘定西北

邊界俄文譯漢圖例言一卷 （清）許景澄撰
清光緒二十二年（1896）刻本 三冊

110000－0102－0022364 丁/9189 史部/傳
記類/年譜

洪文惠公年譜 （清）錢大昕編 清刻本
一冊

110000－0102－0022365 丁/9191 史部/地
理類/方志/地方志

[元豐]吳郡圖經續記三卷校勘記一卷 （宋）
朱長文撰 清同治十二年（1873）刻本 一冊

110000－0102－0022366 丁/9193 子部/藝
術類/書畫/畫法、畫帖/清

冶梅石譜二卷 （清）王冶梅繪 清光緒八年
（1882）刻本 二冊

110000－0102－0022367 丁/9194 史部/地
理類/方志/總志

乾隆府廳州縣圖志五十卷 （清）洪亮吉撰
清嘉慶七年（1802）刻本 十二冊

110000－0102－0022368 丁/9195 史部/地
理類/山川/山

南嶽志二十六卷 （清）李元度重修 清光緒
九年（1883）刻本 十二冊

110000－0102－0022369 丁/9197 史部/地
理類/專志/古跡

江南名勝圖詠 （清）郭衷恆輯 清乾隆二十
八年（1763）刻本 六冊

110000－0102－0022370 丁/9198 史部/地
理類/專志/其它

示我周行十卷 （清）賴盛遠輯 清乾隆三十
九年（1774）刻本 六冊

110000－0102－0022371 丁/9199 集部/別
集類/清

增評寄嶽雲齋試體詩選四卷 （清）聶銑敏撰
清刻本 四冊

110000－0102－0022372 丁/9203 叢部/彙
編叢書

二十世紀奇書快覩十卷 （清）陳琰編 清

宣統三年（1911）石印本 四冊

110000－0102－0022373 丁/9204 集部/小
說類/筆記小說

巽繹編四卷 （清）楊望秦撰 清光緒二年
（1876）刻本 四冊

110000－0102－0022374 丁/9205 史部/地
理類/山川/山

雲臺新志十八卷首一卷末一卷 （清）許喬林
撰 （清）謝元淮修 清道光十七年（1837）刻
本 六冊

110000－0102－0022375 丁/9206 史部/地
理類/山川

京口山水志十八卷末一卷 （清）楊棨纂修
清道光二十七年（1847）刻本 四冊

110000－0102－0022376 丁/9207 集部/集
評類/詩評

聲調三譜十四卷 （清）王祖源輯 清光緒十
八年（1892）刻本 四冊

110000－0102－0022377 丁/9208 史部/地
理類/山川/山

寶華山志十五卷首一卷 （清）劉名芳纂修
清刻本 四冊

110000－0102－0022378 丁/9209 集部/別
集類/清

翠螺閣詩詞稿 （清）凌祉媛撰 清咸豐四年
（1854）刻本 二冊

110000－0102－0022379 丁/9210 子部/藝
術類/篆刻

竹雪軒印集八卷 （清）蔡濬源輯 清光緒十
一年（1885）鈐印本 四冊

110000－0102－0022380 丁/9212 史部/地
理類/方志/地方志/江蘇

[嘉慶]贛榆縣志四卷 （清）王城 （清）周
萃元纂修 清嘉慶元年（1796）刻本 四冊

110000－0102－0022381 丁/9213 史部/地
理類/方志/地方志/江蘇

[乾隆]常昭合志十二卷首一卷 （清）王錦

（清）言如泗纂修　清光緒二年（1876）木活字
印本　十四冊

110000－0102－0022382　丁/9214　史部/地
理類/方志/地方志/江蘇
[光緒]六合縣志八卷　（清）謝延庚　（清）
賀廷壽纂修　清光緒九年（1883）刻本　十冊

110000－0102－0022383　丁/9215　史部/地
理類/山川/山
[道光]雲臺新志十八卷首一卷末一卷　（清）
謝元淮　（清）許喬林纂修　清道光十六年
（1836）刻本　六冊

110000－0102－0022384　丁/9216　史部/地
理類/方志/地方志/江蘇
[光緒]重修奉賢縣志二十卷首一卷末一卷
（清）韓佩金　（清）張文虎纂修　清光緒四年
（1878）刻本　六冊

110000－0102－0022385　丁/9218　史部/政
書類/邦計/鹽政
兩淮鹽法志五十六卷首四卷　（清）佶山
（清）單渠纂修　清嘉慶十一年（1806）刻本
二十八冊

110000－0102－0022386　丁/9219　子部/醫
家類/獸醫
元亨療馬集六卷牛經大全二卷　（明）喻本元
（明）喻本亨編　清光緒三年（1877）刻本
六冊

110000－0102－0022387　丁/9222　史部/地
理類/山川/山
說嵩三十二卷　（清）景日昣撰　清康熙岳生
堂刻本　十冊

110000－0102－0022388　丁/9223　史部/政
書類/邦計/關榷
續纂淮關統志十四卷　（清）元成纂　清光緒
七年（1881）補刻本　六冊

110000－0102－0022389　丁/9224　史部/地
理類/方志/地方志/安徽
[嘉慶]蕭縣志十八卷首一卷　（清）潘鎔
（清）沈學淵纂修　清嘉慶十九年（1814）

刻本　六冊

110000－0102－0022390　丁/9225　史部/地
理類/方志/地方志/安徽
[同治]續蕭縣志十八卷　（清）顧景濂纂修
清光緒元年（1875）鉛印本　六冊

110000－0102－0022391　丁/9227　史部/地
理類/方志/地方志/江蘇
[嘉慶]東臺縣志四十卷　（清）周右　（清）
蔡復午纂修　清道光刻本　十冊

110000－0102－0022392　丁/9229　史部/地
理類/方志/地方志/江蘇
[嘉慶]如皋縣志二十四卷　（清）楊受廷
（清）馬汝舟纂修　清嘉慶十三年（1808）刻本
十冊

110000－0102－0022393　丁/9231　子部/藝
術類/書畫/書畫史
畫學心印八卷　（清）秦祖永輯　清光緒三年
（1877）刻朱墨套印本　八冊

110000－0102－0022394　丁/9232　集部/別
集類/清
劉文清公遺集十七卷應制詩集三卷　（清）劉
墉撰　清道光六年（1826）刻本　四冊

110000－0102－0022395　丁/9233　集部/戲
曲類
戲曲秘本　清抄本　五冊

110000－0102－0022396　丁/9235　史部/地
理類/山川/山
金山志十卷續志二卷　（清）盧見曾纂　清光
緒二十六年（1900）刻本　六冊

110000－0102－0022397　丁/9237　集部/別
集類/清
自攜集前　（清）楊陳復撰　清光緒十年
（1884）刻本　二冊

110000－0102－0022398　丁/9238　集部/曲
類/曲別集/雜劇
煖香樓雜劇　吳梅撰　清光緒三十二年
（1906）刻本　一冊

110000－0102－0022399　丁/9241　集部/別集類/清

舒嘯樓詩稿四卷　（清）李曾裕撰　清同治九年(1870)刻本　二冊

110000－0102－0022400　丁/9242　集部/別集類/清

立齋遺詩六卷附錄一卷　（清）郭家駒撰　清宣統三年(1911)木活字印本　一冊

110000－0102－0022401　丁/9245　史部/地理類/方志/地方志

[同治]昌黎縣志十卷　（清）何崧泰　（清）馬恂纂修　清同治五年(1866)刻本　四冊

110000－0102－0022402　丁/9246　史部/地理類/方志/地方志

[正德]武功縣志四卷　（明）康海撰　（清）孫星烈評注　清乾隆二十六年(1761)刻本　四冊

110000－0102－0022403　丁/9247　集部/別集類/清

攬青閣詩集二卷夢春樓詞一卷　（清）李貽德撰　清同治六年(1867)刻本　一冊

110000－0102－0022404　丁/9248　子部/藝術類/書畫/書畫史

玉臺畫史五卷別錄一卷　（清）湯漱玉輯　清道光十一年(1831)刻本　一冊

110000－0102－0022405　丁/9250　子部/藝術類/篆刻

清篆舉隅　（清）文夔撰　清光緒元年(1875)石印本　一冊

110000－0102－0022406　丁/9251　集部/別集類/清

孤鴻編四卷首二卷　（清）殷增撰　清同治十年(1871)刻本　一冊

110000－0102－0022407　丁/9254　集部/別集類/清

六半樓詩鈔四卷　（清）蔡鵬飛撰　清光緒十年(1884)刻本　一冊

110000－0102－0022408　丁/9255　集部/別集類/清

草芨詩鈔　（清）張春靄撰　清光緒十八年(1892)抄本　一冊

110000－0102－0022409　丁/9256　集部/別集類/清

青墅詩鈔　（清）鄭大模撰　清咸豐三年(1853)重刻本　一冊

110000－0102－0022410　丁/9257　集部/別集類/明

少谷詩集八卷　（明）鄭善夫撰　清咸豐三年(1853)重刻本　四冊

110000－0102－0022411　丁/9258　集部/別集類/明

太白山人漫稿八卷　（明）孫一元撰　清嘉慶十九年(1814)重刻本　一冊

110000－0102－0022412　丁/9259　史部/地理類/山川/山

峨山圖說二卷　（清）黃綬芙撰　清光緒十七年(1891)刻本　二冊

110000－0102－0022413　丁/9261　集部/別集類/清

豫齋集詩一卷文一卷　（清）萬方煦撰　清光緒七年(1881)刻本　二冊

110000－0102－0022414　丁/9262　集部/別集類/清

珠光集四卷　（清）薩察倫撰　清宣統二年(1910)刻本　一冊

110000－0102－0022415　丁/9263　子部/雜家類/雜述

燕窗閑話　（清）鄭守庭撰　清光緒十七年(1891)刻本　二冊

110000－0102－0022416　丁/9266　集部/別集類/清

知守齋詩集初集六卷二集四卷別集一卷　（清）鄭開禧撰　清道光六年(1826)刻本　二冊

110000 - 0102 - 0022417　丁/9267　集部/別集類/清

心嚮往齋用陶韻詩二卷　（清）孔繼鑅撰　清道光二十九年（1849）刻本　一冊

110000 - 0102 - 0022418　丁/9269　集部/別集類/明

葉海峯文集一卷遺集一卷　（明）葉良佩撰清光緒二十七年（1901）刻本　二冊

110000 - 0102 - 0022419　丁/9270　集部/別集類/清

佩秋閣詩稿二卷詞稿一卷　（清）吳茞撰　清光緒元年（1875）刻本　一冊

110000 - 0102 - 0022420　丁/9272　集部/戲曲類

孔雀屏十二場　清抄本　一冊

110000 - 0102 - 0022421　丁/9275　史部/政書類/軍政

鄉守外編輯要十卷　（清）許乃釗編　清道光三十年（1850）刻本　二冊

110000 - 0102 - 0022422　丁/9276　叢部/自著叢書

求志堂存稿彙編　（清）周濟撰　清光緒十八年（1892）刻本　五冊

110000 - 0102 - 0022423　丁/9277　集部/別集類/清

芝隱室詩存七卷附存一卷續存一卷　（清）長善撰　清同治十年（1871）刻本　六冊

110000 - 0102 - 0022424　丁/9278　集部/別集類/清

曾惠敏公遺集十七卷　（清）曾紀澤撰　清光緒十九年（1893）刻本　八冊

110000 - 0102 - 0022425　丁/9282　史部/地理類/方志/地方志/河北

[光緒]蔚州志二十卷首一卷　（清）慶之金（清）楊篤纂修　清光緒三年（1877）刻本十冊

110000 - 0102 - 0022426　丁/9285　集部/別

集類/明

文徵明甫田集三十六卷　（明）文徵明撰　清宣統三年（1911）鉛印本　十二冊

110000 - 0102 - 0022427　丁/9290　集部/別集類/清

自鳴稿二卷　（清）王壽康撰　清咸豐五年（1855）刻本　一冊

110000 - 0102 - 0022428　丁/9291　集部/總集類/詩

樂只合編十二卷　（清）黃及鋒輯　清嘉慶二十五年（1820）刻本　二冊

110000 - 0102 - 0022429　丁/9293　集部/別集類/清

古幹亭詩六卷文二卷附嶺外雜言一卷　（清）黃桐孫撰　清道光二十六年（1846）今是樓刻本　三冊

110000 - 0102 - 0022430　丁/9294　集部/別集類/清

師蘊齋詩集六卷　（清）黃宗彥撰　清光緒三年（1877）刻本　二冊

110000 - 0102 - 0022431　丁/9295　集部/小說類/短篇小說

新鬼世界　清宣統二年（1910）石印本　一冊

110000 - 0102 - 0022432　丁/9297　集部/別集類/清

汗漫集三卷　（清）萬友正撰　清乾隆五十九年（1794）刻本　一冊

110000 - 0102 - 0022433　丁/9299　子部/藝術類/篆刻

雪廬百印二卷　（清）王琛刻　清光緒二十六年（1900）鈐印本　二冊

110000 - 0102 - 0022434　丁/9300　史部/傳記類/別傳

濂溪志七卷　（清）周誥編　清道光十九年（1839）刻本　四冊

110000 - 0102 - 0022435　丁/9301　子部/藝術類/篆刻

詩品印譜四卷　翁壽虞篆刻　清宣統元年
(1909)鈐印本　四冊

110000－0102－0022436　丁/9303　史部/外
國史類

續琉球國志畧五卷首一卷　(清)齊鯤　(清)
費錫章輯　清刻本　四冊

110000－0102－0022437　丁/9306　集部/別
集類/宋

伊川擊壤集二十卷　(宋)邵雍撰　清光緒三
年(1877)刻本　六冊

110000－0102－0022438　丁/9307　史部/地
理類/方志/地方志/廣東

[道光]欽州志十二卷首一卷　(清)朱椿年
(清)杜以寬纂修　清道光十四年(1834)刻本
八冊

110000－0102－0022439　丁/9312　史部/地
理類/方志/地方志/河南

[嘉慶]安陽縣志二十八卷首一卷　(清)貴泰
武　(清)穆淳纂修　清嘉慶二十四年(1819)
刻本　十冊

110000－0102－0022440　丁/9314　集部/別
集類/清

煙霞萬古樓文集六卷　(清)王曇撰　清道光
十八年(1838)刻本　二冊

110000－0102－0022441　丁/9315　集部/小
說類/章回

後紅樓夢　清刻本　十二冊

110000－0102－0022442　丁/9316　集部/俗
文學類/迷語及其他

春燈謎彙纂　清刻本　一冊

110000－0102－0022443　丁/9319　史部/地
理類/山川/山

焦山志二十六卷首一卷　(清)吳雲輯　清同
治十三年(1874)刻本　八冊

110000－0102－0022444　丁/9320　史部/地
理類/方志/地方志/江蘇

[光緒]嘉定縣志三十二卷首一卷　(清)程其

珏　(清)楊震福纂修　清光緒七年(1881)刻
本　十六冊

110000－0102－0022445　丁/9321　史部/地
理類/方志/地方志/江蘇

[光緒]川沙廳志十四卷首一卷　(清)陳方瀛
(清)俞樾纂修　清光緒五年(1879)刻本
六冊

110000－0102－0022446　丁/9322　集部/總
集類/詩/地方

潤州事蹟詩鈔　(清)解為斡輯　清同治七年
(1868)刻本　十冊

110000－0102－0022447　丁/9324　史部/地
理類/方志/地方志/江蘇

[光緒]青浦縣志三十卷首二卷末一卷　(清)
汪祖綬　(清)熊其英纂修　清光緒五年
(1879)刻本　十二冊

110000－0102－0022448　丁/9326　史部/地
理類/方志/地方志/江蘇

[光緒]續纂江甯府志十五卷　(清)蔣啟勳
(清)汪士鐸纂修　清光緒六年(1880)刻本
十二冊

110000－0102－0022449　丁/9327　史部/地
理類/地圖、圖志

廣西輿地全圖二卷廣東輿地全圖二卷　(清)
張人駿製　清光緒二十一年(1895)及清光緒
二十三年(1897)石印本　四冊

110000－0102－0022450　丁/9328　集部/別
集類/清

集李三百篇二卷　(清)戚學標撰　清嘉慶六
年(1801)刻本　二冊

110000－0102－0022451　丁/9331　史部/地
理類/專志/祠廟

唐張中丞專祠錄五卷首一卷末一卷　(清)侯
慶勳纂輯　清光緒三年(1877)刻本　一冊

110000－0102－0022452　丁/9332　集部/別
集類/清

行有恆堂初集二卷　(清)載銓撰　清道光二
十八年(1848)刻本　二冊

110000－0102－0022453　丁/9333　集部/別集類/清

小三吾亭集文一卷詞二卷詩四卷　（清）冒廣生撰　清光緒二十七年（1901）刻本　三冊

110000－0102－0022454　丁/9334　集部/總集類/詩/雜錄/題詠

五湖漁莊錄四卷　（清）葉承桂輯　清咸豐二年（1852）刻本　四冊

110000－0102－0022455　丁/9337　集部/小說類/筆記小說

茅亭客話十卷　（宋）黃休復撰　清刻本　一冊

110000－0102－0022456　丁/9338　集部/總集類/詩/家族

玉山連珠集　（清）余希甖輯　清咸豐九年（1859）刻本　一冊

110000－0102－0022457　丁/9339　史部/地理類/山川

京口山水志十八卷末一卷　（清）楊棨纂修　清刻本　六冊

110000－0102－0022458　丁/9340　集部/別集類/清

玉井山館文略五卷文續二卷詩十五卷詩餘一卷筆記一卷　（清）許宗衡撰　清同治刻本　六冊

110000－0102－0022459　丁/9341　集部/別集類/清

湖光塔影樓詩集　（清）王偉忠撰　清宣統三年（1911）刻本　二冊

110000－0102－0022460　丁/9343　集部/別集類/清

璞齋集六卷捶琴詞一卷　（清）諸可寶撰　清光緒二十二年（1896）刻本　三冊

110000－0102－0022461　丁/9344　史部/傳記類/年譜

季文敏公年譜一卷遺愛錄一卷　（清）季芝昌撰　清同治三年（1864）刻本　二冊

110000－0102－0022462　丁/9346　集部/別集類/清

清足居集一卷蕉窗詞一卷　（清）鄧瑜撰　清光緒二十二年（1896）刻本　一冊

110000－0102－0022463　丁/9350　史部/地理類/方志/地方志/河北

[道光]萬全縣志十卷首一卷　（清）左承業纂修　清道光十四年（1834）補刻本　四冊

110000－0102－0022464　丁/9351　集部/別集類/清

荔隱山房詩草六卷日記三卷衛生集語三卷文略一卷　（清）涂慶瀾撰　清光緒刻本　四冊

110000－0102－0022465　丁/9352　集部/別集類/明

敬亭集十卷補遺一卷　（明）姜埰撰　清光緒十五年（1889）重刻本　四冊

110000－0102－0022466　丁/9356　集部/別集類/清

強自寬齋外集詩二卷文二卷　（清）金石撰　清光緒二十九年（1903）刻本　一冊

110000－0102－0022467　丁/9357　集部/別集類/清

樂妙山居集　（清）錢沃臣撰　清刻本　二冊

110000－0102－0022468　丁/9358　集部/別集類/清

獨快山房文集　（清）屬士貞撰　清同治十二年（1873）刻本　二冊

110000－0102－0022469　丁/9359　集部/別集類/清

莅溪草堂詩鈔十卷　（清）梁祚昌撰　清宣統元年（1909）刻本　二冊

110000－0102－0022470　丁/9360　集部/別集類/清

隨安廬詩集九卷文集六卷　（清）亢樹滋撰　清光緒十五年（1889）刻本　四冊

110000－0102－0022471　丁/9361　集部/別集類/清

龠翁詩鈔四卷寄生吟草一卷　（清）錢辰撰
清光緒八年(1882)刻本　二冊

110000－0102－0022472　丁/9362　集部/別
集類/清

蓬萊閣詩錄四卷　（清）陳克家撰　清同治二
年(1863)刻本　一冊

110000－0102－0022473　丁/9363　史部/地
理類/山川/山

寶華山志十五卷首一卷　（清）劉名芳纂修
清刻本　四冊

110000－0102－0022474　丁/9366　史部/地
理類/方志/地方志/江蘇

[嘉慶]松江府志八十四卷首二卷　（清）宋如
林　（清）孫星衍纂修　清嘉慶二十二年
(1817)刻本　四十冊

110000－0102－0022475　丁/9367　史部/傳
記類/志錄

至德志十卷　（清）吳鼎科編　清光緒二年
(1876)重刻本　七冊

110000－0102－0022476　丁/9371　史部/地
理類/遊記

遊山日記　（清）舒天香撰　清嘉慶十年
(1805)刻本　六冊

110000－0102－0022477　丁/9373　史部/地
理類/方志/地方志/江蘇

[道光]川沙撫民廳志十二卷首一卷　（清）何
士祁　（清）姚椿纂修　清道光十八年(1838)
刻本　四冊

110000－0102－0022478　丁/9374　集部/俗
文學類/變文

定國志八卷　清宣統二年(1910)石印本
八冊

110000－0102－0022479　丁/9376　子部/藝
術類/篆刻

吉羅居士印譜　（清）蔣仁刻　清刻朱墨印本
二冊

110000－0102－0022480　丁/9377　叢部/

自著叢書

亦步齋彙編四種　（清）楊江撰　清咸豐七年
(1857)刻本　四冊

110000－0102－0022481　丁/9378　史部/地
理類/專志/寺觀

龍井見聞錄十卷　（清）汪孟鋗輯　清光緒十
年(1884)刻本　三冊

110000－0102－0022482　丁/9379　集部/總
集類/詩/斷代/唐至五代

河嶽英靈集二卷　（唐）殷璠輯　清光緒四年
(1878)刻本　二冊

110000－0102－0022483　丁/9380　史部/政
書類/詔令奏議/奏議

諫止和議奏疏四卷　（清）江文藻撰　清光緒
二十二年(1896)刻本　二冊

110000－0102－0022484　丁/9381　集部/別
集類/明

凌谿先生集十八卷　（明）朱應登撰　清道光
十五年(1835)刻本　二冊

110000－0102－0022485　丁/9383　史部/地
理類/方志/地方志/湖南

[同治]清泉縣志十卷首一卷末一卷　（清）王
開運　（清）張修府纂修　清同治八年(1869)
刻本　二冊

110000－0102－0022486　丁/9385　集部/別
集類/明

夏赤城先生文集二十三卷首一卷　（明）夏塤
撰　清光緒十九年(1893)木活字印本　六冊

110000－0102－0022487　丁/9389　集部/別
集類/清

經德堂文集十二卷浣月山房詩詞六卷　（清）
龍啟瑞撰　清光緒四年(1878)刻本　七冊

110000－0102－0022488　丁/9391　集部/小
說類/章回

忠孝勇烈奇女傳三十二回　清光緒四年
(1878)重刻本　一冊

110000－0102－0022489　丁/9393　史部/地

理類/方志/地方志/四川

[嘉慶]羅江縣志十卷　(清)李調元撰　清活字印本　二冊

110000－0102－0022490　丁/9397　子部/天文地理類/演算法/各錄

礎準算法圖解二卷　(清)鄧鈞撰　清宣統二年(1910)石印本　四冊

110000－0102－0022491　丁/9398　集部/別集類/清

心知堂詩稿十八卷　(清)汪仲洋撰　清道光六年(1826)刻本　六冊

110000－0102－0022492　丁/9400　史部/地理類/方志/地方志/遼寧

[宣統]撫順縣志畧　程廷恆　黎鏡容纂修　清宣統三年(1911)石印本　二冊

110000－0102－0022493　丁/9401　史部/地理類/專志/祠廟

續修仲里誌六卷　(清)仲貽熙等重纂　清光緒二年(1876)重刻本　五冊

110000－0102－0022494　丁/9402　史部/地理類/方志/地方志/四川

[光緒]岳池縣志二十卷首一卷　(清)何其泰修　(清)吳新德纂　清光緒元年(1875)刻本　十冊

110000－0102－0022495　丁/9404　集部/總集類/詩/斷代/清

故友詩錄初編　(清)蔡壽祺編　清同治八年(1869)刻本　四冊

110000－0102－0022496　丁/9405　史部/地理類/方志/地方志/江西

[同治]南康縣志十四卷首一卷　(清)沈恩華　(清)盧鼎峋纂修　清同治十一年(1872)刻本　十三冊

110000－0102－0022497　丁/9406　子部/醫家類/雜病方論

衛生鴻寶六卷　(清)高昹卿增補　清咸豐七年(1857)上海江丞桂刻本　六冊

110000－0102－0022498　丁/9409　集部/總集類/詩/斷代/清

雪鴻偶鈔四卷　(清)倪世珍輯　清光緒四年(1878)刻本　二冊

110000－0102－0022499　丁/9410　集部/別集類/清

意山園詩鈔四卷續鈔一卷　(清)周元輔撰　清同治八年(1869)刻本　二冊

110000－0102－0022500　丁/9411　史部/地理類/方志/地方志/江蘇

[光緒]婁縣續志二十卷　(清)汪坤厚　(清)張雲望纂修　清光緒三年(1877)刻本　六冊

110000－0102－0022501　丁/9412　子部/譜錄類/鳥獸蟲魚

晴川後蟹錄四卷續錄一卷　(清)孫之騄撰　清刻本　二冊

110000－0102－0022502　丁/9413　集部/別集類/清

蕉聲館詩集二十卷補遺四卷　(清)朱為弼撰　清咸豐七年(1857)刻本　六冊

110000－0102－0022503　丁/9415　集部/別集類/清

示我周行三卷　(清)鶴和堂輯　清金閶文昌堂刻本　三冊

110000－0102－0022504　丁/9417　史部/史料類

閣鈔彙編　清光緒二十八年(1902)鉛印本　三冊

110000－0102－0022505　丁/9420　集部/總集類/詩/雜錄/題詠

鹿鳴雅詠四卷首一卷　(清)劉鳳苑等撰　清光緒二十一年(1895)刻本　二冊

110000－0102－0022506　丁/9429　史部/金石類/石/文字

校補石鼓文音訓　(清)周庠撰　清光緒二十三年(1897)刻本　一冊

110000－0102－0022507　丁/9430　史部/金石類/石/文字

石鼓文音訓考正　（元）潘迪音訓　（清）馮承輝考正　清光緒十九年(1893)石印本　一冊

110000－0102－0022508　丁/9434　集部/俗文學類/鼓詞

金陵府四卷歸西甯四卷　清光緒三十二年(1906)石印本　六冊

110000－0102－0022509　丁/9439　集部/總集類/文/雜錄/格言、語錄、楹聯

對聯匯海十四卷　（清）邱日缸編　清同治六年(1867)刻本　四冊

110000－0102－0022510　丁/9440　集部/別集類/清

師善堂詩集十卷　（清）嵇曾筠撰　清嘉慶三年(1798)刻本　四冊

110000－0102－0022511　丁/9441　史部/地理類/遊記/清

南遊記　（清）孫嘉淦撰　清道光二十四年(1844)重刻本　一冊

110000－0102－0022512　丁/9442　子部/醫家類/總錄

囬生集二卷續集二卷　（清）陳傑輯　清嘉慶十六年(1811)刻本　四冊

110000－0102－0022513　丁/9444　叢部/自著叢書

鄂宰四種　（清）王筠撰　清咸豐二年(1852)刻本　二冊

110000－0102－0022514　丁/9446　史部/地理類/方志/地方志/湖南

[嘉慶]寧鄉縣志十二卷　（清）王餘英（清）袁名曜纂修　清嘉慶二十一年(1816)刻本　十冊

110000－0102－0022515　丁/9447　集部/曲類/曲別集/雜劇

西廂記八卷　（元）王實甫撰　清刻本　八冊

110000－0102－0022516　丁/9449　子部/藝術類/書畫/畫法、畫帖/清

竹坡軒梅冊　（清）鄭小樵繪　清道光刻本　一冊

110000－0102－0022517　丁/9450　子部/藝術類/書畫/畫法、畫帖/清

守正庵畫譜四卷　（清）崔崃繪　清光緒十六年(1890)武陵刻本　四冊

110000－0102－0022518　丁/9454　集部/別集類/清

黛韻樓遺集八卷　（清）薛紹徽撰　清宣統三年(1911)活字印本　六冊

110000－0102－0022519　丁/9456　子部/宗教類/道教

暗室燈註證四卷　王崇實撰　清道光十三年(1833)刻本　四冊

110000－0102－0022520　丁/9457　集部/別集類/唐至五代

九家集註杜詩三十六卷　（唐）杜甫撰　清刻本　十六冊

110000－0102－0022521　丁/9459　集部/別集類/清

睦州存稿六卷　（清）丁壽昌撰　清刻本　六冊

110000－0102－0022522　丁/9465　子部/醫家類/總錄

辨證錄十四卷　（清）陳士鐸撰　清光緒十年(1884)刻本　十四冊

110000－0102－0022523　丁/9467　史部/地理類/方志/地方志/河北

[光緒]容城縣志八卷　（清）俞廷獻修（清）吳思忠纂　清光緒二十二年(1896)刻本　八冊

110000－0102－0022524　丁/9474　子部/醫家類/諸專科方論/其它

眼科大全六卷首一卷　（明）傅仁宇纂輯　清刻本　三冊

110000－0102－0022525　丁/9478　子部/醫

家類/總錄

醫學一見能 （清）唐宗海撰　清刻本　一冊

110000－0102－0022526　丁/9483　集部/別集類/清

臥雪堂詩草十二卷 （清）袁嘉穀撰　清光緒三十四年（1908）石印本　一冊

110000－0102－0022527　丁/9484　集部/別集類/漢至隋

傅鶉觚集五卷 （晉）傅玄撰　清光緒二年（1876）刻本　三冊

110000－0102－0022528　丁/9485　集部/別集類/清

古歡室詩三卷詞一卷 （清）曾懿撰　清光緒二十九年（1903）刻本　二冊

110000－0102－0022529　丁/9486　史部/地理類/外紀

瀛海形勢錄 （清）陳倫炯撰　清光緒十二年（1886）刻本　一冊

110000－0102－0022530　丁/9487　史部/地理類/總錄

皇朝直省府廳州縣歌括 （清）蔣升纂　清光緒二十九年（1903）鉛印本　一冊

110000－0102－0022531　丁/9492　史部/傳記類/人表

爵秩全覽　清咸豐九年（1859）活字印本　二冊

110000－0102－0022532　丁/9495　子部/法家類

有賀博士日清戰役中之國際法論 （日本）有賀撰　清宣統三年（1911）鉛印本　一冊

110000－0102－0022533　丁/9497　子部/譜錄類/草木

花譜移情八卷首一卷末一卷 （清）張建鼇輯　清光緒十七年（1891）刻本　二冊

110000－0102－0022534　丁/9502　集部/別集類/清

尺岡草堂遺集詩八卷文四卷 （清）陳璞撰

清光緒十五年（1889）刻本　八冊

110000－0102－0022535　丁/9504　史部/地理類/方志/地方志/江蘇

[道光]平望志十八卷首一卷 （清）翁廣平纂輯　清光緒十二年（1886）重刻本　六冊

110000－0102－0022536　丁/9505　史部/地理類/方志/地方志/河北

[乾隆]赤城縣志八卷首一卷 （清）孟思誼纂修　清光緒九年（1883）鉛印本　四冊

110000－0102－0022537　丁/9506　史部/地理類/方志/地方志/河北

[同治]赤城縣續志十卷 （清）林牟貽（清）彭世翰纂修　清光緒九年（1883）鉛印本　一冊

110000－0102－0022538　丁/9508　子部/醫家類/諸專科方論/其它

刪訂痘疹定論四卷 （清）王藻亭刪定　清光緒三十一年（1905）刻本　二冊

110000－0102－0022539　丁/9509　子部/醫家類/總錄

醫學金鍼八卷 （清）陳念祖原本　（清）潘霨增輯　清光緒四年（1878）潘氏敏德堂刻本四冊

110000－0102－0022540　丁/9511　子部/醫家類/傷寒方論

傷寒論註四卷 （漢）張機撰　（清）柯琴編註　清抄本　二冊

110000－0102－0022541　丁/9513　集部/詞類/詞別集

聊齋詞 （清）蒲松齡撰　清宣統二年（1910）上海國學扶輪社鉛印本　一冊

110000－0102－0022542　丁/9515　集部/別集類/清

胥屏山館詩存二卷文存一卷 （清）陸麟書撰　清道光二十年（1840）刻本　二冊

110000－0102－0022543　丁/9518　史部/史表類

歷朝統系圖歷朝統系歌略　(清)潘清蔭撰
清光緒二十八年(1902)濟南刻本　一冊

110000－0102－0022544　丁/9520　集部/別
集類/清

羅洋文集一卷詩草一卷　(清)郭焌撰　清嘉
慶十八年(1813)刻本　二冊

110000－0102－0022545　丁/9522　集部/曲
類/曲別集/傳奇

芙蓉碣傳奇二卷　(清)張雲驤撰　清光緒九
年(1883)刻本　一冊

110000－0102－0022546　丁/9523　子部/醫
家類/總錄

類証治裁八卷首一卷末一卷　(清)林珮琴撰
清光緒十年(1884)研經堂重刻本　十二冊

110000－0102－0022547　丁/9524　子部/醫
家類/本草

青囊藥性賦直解八卷首一卷末一卷　(清)李
象春撰　清光緒三十年(1904)寶慶祥隆書舍
刻本　二冊

110000－0102－0022548　丁/9525　子部/藝
術類/書畫/書法、碑帖/清

南邨帖攷四卷　(清)程文榮撰　清刻本
四冊

110000－0102－0022549　丁/9532　子部/醫
家類/本草

本草便讀二卷　(清)張秉成集選　清光緒二
十二年(1896)毗陵張氏刻本　四冊

110000－0102－0022550　丁/9534　集部/別
集類/清

花宜館詩鈔二卷　(清)吳振棫撰　清道光二
十五年(1845)刻本　一冊

110000－0102－0022551　丁/9535　集部/別
集類/清

小壺天集九卷　(清)曾傳贊撰　清光緒十一
年(1885)刻本　二冊

110000－0102－0022552　丁/9539　集部/別
集類/清

樂余靜廉齋文稿　(清)顧棟高撰　清同治六
年(1867)刻本　一冊

110000－0102－0022553　丁/9540　集部/別
集類/清

畫理齋詩稿　(清)沈轂撰　清道光刻本
一冊

110000－0102－0022554　丁/9541　集部/詞
類/詞別集

絳河笙詞稿　(清)顧棟高撰　清光緒元年
(1875)刻本　一冊

110000－0102－0022555　丁/9542　集部/別
集類/唐至五代

徐寅詩集三卷　(唐)徐寅撰　清刻本　一冊

110000－0102－0022556　丁/9543　子部/農
家類/總錄

農工商部農事試驗場第一期報告　清宣統元
年(1909)鉛印本　一冊

110000－0102－0022557　丁/9544　集部/總
集類/詩/雜錄/酬贈慶吊

椒江攀轅詩卷　(清)吳光宸編　清光緒六年
(1880)刻本　一冊

110000－0102－0022558　丁/9545　史部/紀
傳類/斷代

續漢書辨疑九卷　(清)錢大昭撰　清光緒十
三年(1887)廣雅書局刻本　一冊

110000－0102－0022559　丁/9546　史部/史
評類/論事

歷代史論鈔　清同治七年(1868)抄本　一冊

110000－0102－0022560　丁/9547　子部/天
文地理類/其它

萍礦土法煉焦詳說　俞變堃撰　清光緒三十
三年(1907)石印本　一冊

110000－0102－0022561　丁/9555　子部/藝
術類/書畫

貴州苗圖二十四幅　清彩繪本　一冊

110000－0102－0022562　丁/9556　集部/總
集類/詩/地方

遵化詩存十卷　（清）孫贊元編　清光緒十三年(1887)刻本　四冊

110000－0102－0022563　丁/9557　集部/詞類/詞別集

夢春廬詞　（清）李貽德撰　清同治六年(1867)刻本　一冊

110000－0102－0022564　丁/9558　集部/別集類/清

嘯雲軒文集六卷　（清）程蘭畦撰　清光緒十三年(1887)刻本　二冊

110000－0102－0022565　丁/9561　集部/曲類/曲別集/傳奇

詠懷堂新編十錯認春燈謎記二卷三十九出　（明）阮大鋮撰　清刻本　二冊

110000－0102－0022566　丁/9565　史部/地理類/方志/地方志

[道光]平望志十八卷首一卷　（清）翁廣平纂　清光緒十二年(1886)重刻本　六冊

110000－0102－0022567　丁/9567　集部/總集類/詩/雜錄/會社

漢上消閒集十六卷　宦應清編　清宣統三年(1911)鉛印本　八冊

110000－0102－0022568　丁/9569　集部/別集類/清

靜軒七夕集唐詩選五卷　（清）唐存一撰　清光緒十五年(1889)刻本　一冊

110000－0102－0022569　丁/9570　子部/醫家類/總錄

利溥集三種十四卷　王鴻驥編輯　清宣統二年(1910)刻本　十二冊

110000－0102－0022570　丁/9572　集部/別集類/清

修眉史室詩稿二卷　（清）甦道人撰　清光緒稿本　一冊

110000－0102－0022571　丁/9576　集部/別集類/清

桐華舸詩鈔八卷續鈔八卷明季詠史詩鈔

（清）鮑瑞駿撰　清同治五年(1866)刻光緒三年(1877)續刻本　十冊

110000－0102－0022572　丁/9577　子部/宗教類/其它

清真指南八卷附刻一卷　（清）馬注丙撰　清同治八年(1869)清真書報社刻本　九冊

110000－0102－0022573　丁/9578　集部/別集類/清

偶齋詩草外集八卷　（清）寶廷撰　清刻本　四冊

110000－0102－0022574　丁/9580　集部/別集類/清

尚絅堂集詩五十二卷詞二卷駢體文二卷　（清）劉嗣綰撰　清同治八年(1869)刻本　十六冊

110000－0102－0022575　丁/9581　集部/別集類/明

雪翁詩集　（明）魏畊撰　清末民國抄本　三冊

110000－0102－0022576　丁/9583　子部/儒家類

明夷待訪錄糾謬　（清）李滋然撰　清宣統三年(1911)鉛印本　一冊

110000－0102－0022577　丁/9586　集部/別集類/宋

香溪集二十二卷　（宋）范浚撰　清光緒元年(1875)退補齋刻本　四冊

110000－0102－0022578　丁/9588　集部/別集類/清

享帚齋文鈔一卷賦鈔二卷試帖一卷　（清）周恩綬撰　清光緒十七年(1891)石印本　二冊

110000－0102－0022579　丁/9589　集部/詞類/詞別集

雙紅豆詞二卷水雲欸乃　（清）周天麟撰　清光緒十七年(1891)石印本　二冊

110000－0102－0022580　丁/9590　集部/別集類/清

水流雲在館集杜詩存集蘇詩存　（清）周天麟撰　清光緒十七年(1891)石印本　二冊

110000－0102－0022581　丁/9591　集部/別集類/清

綠山野屋詩集四卷　（清）蕭元吉撰　清光緒十八年(1892)石印本　二冊

110000－0102－0022582　丁/9597　史部/史表類

歷代紀元歌略　（清）潘清蔭撰　清光緒二十八年(1902)刻本　一冊

110000－0102－0022583　丁/9598　集部/總集類/詩/雜錄/會社

吳社集四卷　易順鼎編　清光緒十一年(1885)刻本　二冊

110000－0102－0022584　丁/9599　史部/地理類/山川/山

南嶽總勝集三卷　（宋）陳田夫撰　清光緒三十二年(1906)影刻本　三冊

110000－0102－0022585　丁/9606　集部/別集類/清

春酒堂文集　（清）周容撰　清宣統二年(1910)國學扶輪社鉛印本　一冊

110000－0102－0022586　丁/9608　集部/總集類/詩/地方

焦山六上人詩十九卷　（清）釋巨超等撰　清光緒三十二年(1906)刻本　六冊

110000－0102－0022587　丁/9611　子部/醫家類/雜病方論

醫醇賸義四卷　（清）費伯雄撰　清光緒三年(1877)重刻本　四冊

110000－0102－0022588　丁/9612　叢部/自著叢書

第一樓叢書九種三十卷　（清）俞樾撰　清同治十年(1871)刻本　十冊

110000－0102－0022589　丁/9618　集部/別集類/清

西泠閨詠十六卷　（清）陳文述撰　清光緒十

三年(1887)重刻本　四冊

110000－0102－0022590　丁/9619　史部/政書類/邦交/商約

大美國欽命會議銀價大臣條議中國新圓法覺書　清光緒三十年(1904)鉛印本　一冊

110000－0102－0022591　丁/9620　子部/藝術類/音樂舞蹈

抒懷操　（清）程雄撰　清刻本　二冊

110000－0102－0022592　丁/9621　集部/總集類/詩/斷代/唐至五代

中興閒氣集二卷　（唐）高仲武輯　清刻本　二冊

110000－0102－0022593　丁/9622　集部/別集類/唐至五代

白氏諷諫集　（唐）白居易撰　清光緒十九年(1893)刻本　一冊

110000－0102－0022594　丁/9623　集部/總集類/詩/地方

諸暨詩存十六卷續編四卷　（清）酈滋德選評　（清）郭肇增編　清光緒十七年(1891)刻本　八冊

110000－0102－0022595　丁/9624　子部/藝術類/音樂舞蹈

松風閣琴譜　（清）程雄訂正　清刻本　四冊

110000－0102－0022596　丁/9625　集部/別集類/清

秋來堂詩二卷　（清）林瀍撰　清光緒三十年(1904)石印本　二冊

110000－0102－0022597　丁/9627　集部/別集類/清

丁頤生時文　（清）丁午撰　清光緒八年(1882)刻本　四冊

110000－0102－0022598　丁/9628　子部/藝術類/音樂舞蹈

自遠堂琴譜十二卷　（清）吳灯撰　清嘉慶六年(1801)刻本　十二冊

110000－0102－0022599　丁/9629　子部/醫

家類/雜病方論

醫宗說約六卷首一卷 （清）蔣示吉纂述　清康熙元年(1662)刻本　四冊

110000－0102－0022600　丁/9631　子部/醫家類/傷寒方論

傷寒論翼四卷 （清）柯琴撰　清抄本　二冊

110000－0102－0022601　丁/9632　集部/別集類/明

紫柏老人集 （明）釋達觀撰　（明）釋德清編　清刻本　十冊

110000－0102－0022602　丁/9633　集部/別集類/清

保閒堂集二十六卷 （清）趙士春撰　清光緒九年(1883)活字印本　四冊

110000－0102－0022603　丁/9640　經部/孝經類/傳說

孝經存解闡要一卷析疑二卷 （清）趙長庚撰　清刻本　二冊

110000－0102－0022604　丁/9641　集部/總集類/詩/家族

東嵐謝氏明詩略四卷 （清）謝世南編　清光緒十九年(1893)刻本　二冊

110000－0102－0022605　丁/9642　集部/別集類/清

話山草堂集文鈔一卷雜著五種 沈道寬撰　清光緒三年(1877)刻本　三冊

110000－0102－0022606　丁/9643　集部/總集類/文/雜錄/書牘表啟

昭代名人尺牘續集七卷 陶湘輯　清宣統三年(1911)石印本　七冊

110000－0102－0022607　丁/9646　集部/別集類/清

暖春書屋詩刪三卷 （清）方俊撰　清咸豐十年(1860)刻本　一冊

110000－0102－0022608　丁/9647　史部/地理類/方志/地方志/山東

[道光]**泰安縣志十二卷首一卷末一卷**　（清）

徐宗幹　（清）蔣大慶纂修　清同治六年(1867)刻本　十二冊

110000－0102－0022609　丁/9648　史部/地理類/方志/地方志/山東

[光緒]**東平州志二十七卷** （清）左宜似（清）盧崟纂修　清光緒七年(1881)刻本　二十冊

110000－0102－0022610　丁/9649　集部/別集類/清

寶綸堂集十卷 （清）陳洪綬撰　清光緒十四年(1888)刻本　八冊

110000－0102－0022611　丁/9651　集部/別集類/清

海右集八卷 （清）徐子威撰　清嘉慶十七年(1812)刻本　四冊

110000－0102－0022612　丁/9652　集部/別集類/清

散樗書屋古今體詩摘鈔六卷末一卷 （清）李臨馴撰　清光緒十五年(1889)刻本　六冊

110000－0102－0022613　丁/9653　集部/曲類/曲別集/傳奇

空谷香傳奇二卷 （清）蔣士銓撰　清中期刻清容外集本　二冊

110000－0102－0022614　丁/9655　集部/別集類/清

笛漁小稾十卷 （清）朱昆田撰　清刻本　二冊

110000－0102－0022615　丁/9657　子部/醫家類/諸專科方論/其它

片玉痘疹十三卷 （明）萬全編著　清刻本　二冊

110000－0102－0022616　丁/9658　集部/別集類/清

穀詒堂詩鈔十卷 （清）李壽萱撰　清光緒八年(1882)李氏刻本　六冊

110000－0102－0022617　丁/9659　集部/總集類/詩/斷代/唐至五代

唐詩合解箋註十二卷　（清）王堯衢註　清光
緒七年(1881)重刻本　六冊

110000－0102－0022618　丁/9660　子部/醫
家類/總錄

醫學五則　（清）廖雲溪撰　清光緒十三年
(1887)刻本　五冊

110000－0102－0022619　丁/9661　集部/別
集類/清

思亭詩鈔八卷　（清）顧堃撰　清同治九年
(1870)天雄書院刻本　四冊

110000－0102－0022620　丁/9663　集部/總
集類/文/地方

津門古文所見錄四卷　（清）郭師泰輯　清光
緒十八年(1892)刻本　四冊

110000－0102－0022621　丁/9665　史部/傳
記類/總傳/專錄/列女

雙仙小志　（清）謝祖芳輯　清光緒二十八年
(1902)刻本　一冊

110000－0102－0022622　丁/9669　集部/別
集類/清

笙雅堂文集四卷　（清）張九鐔撰　清光緒十
三年(1887)刻本　四冊

110000－0102－0022623　丁/9672　集部/別
集類/清

通義堂集二卷　（清）劉毓崧撰　清光緒十六
年(1890)刻本　一冊

110000－0102－0022624　丁/9675　集部/別
集類/唐至五代

李元賓文集六卷　（唐）李觀撰　（唐）陸希聲
編　清嘉慶二十三年(1818)石研齋刻本
一冊

110000－0102－0022625　丁/9678　子部/醫
家類/明堂經脈

三指禪三卷　（清）周學霆撰　清光緒二十九
年(1903)文益書局刻本　三冊

110000－0102－0022626　丁/9679　子部/醫
家類/總錄

弄丸心法八卷　（清）楊鳳庭撰　清宣統三年
(1911)刻本　八冊

110000－0102－0022627　丁/9680　史部/地
理類/水道/河

居濟一得八卷　（清）張伯行撰　清抄本
四冊

110000－0102－0022628　丁/9683　集部/別
集類/清

梅氏遺書七卷　（清）梅鍾澍撰　清宣統三年
(1911)刻本　三冊

110000－0102－0022629　丁/9684　集部/別
集類/清

白華樓詩鈔四卷　（清）薩玉衡撰　清嘉慶十
八年(1813)刻本　二冊

110000－0102－0022630　丁/9685　集部/總
集類/文/地方

慈谿文徵　（清）鄭溱　（清）胡亦堂撰　清光
緒十八年(1892)重刻本　一冊

110000－0102－0022631　丁/9686　集部/別
集類/清

王文肅公遺文　（清）王安國撰　清咸豐四年
(1854)刻本　一冊

110000－0102－0022632　丁/9690　集部/別
集類/清

天瘦閣詩半六卷　（清）李士棻撰　清光緒十
一年(1885)活字印本　三冊

110000－0102－0022633　丁/9692　集部/別
集類/清

小不其山房集　（清）徐有珂撰　清光緒六年
(1880)刻本　八冊

110000－0102－0022634　丁/9693　集部/詞
類/詞總集/斷代

詩餘偶鈔六種　王先謙輯　清光緒十六年
(1890)刻本　一冊

110000－0102－0022635　丁/9696　集部/別
集類/宋

六一居士外集錄二卷　（宋）歐陽修撰　清刻

本　一冊

110000－0102－0022636　丁/9701　集部/別集類/清

貞冬詩前錄四卷後錄四卷　（清）甘煕撰　清刻本　四冊

110000－0102－0022637　丁/9703　集部/別集類/清

還珠堂詩鈔　（清）厲同勳撰　清道光二十八年(1848)刻本　二冊

110000－0102－0022638　丁/9707　集部/曲類/曲譜、曲韻

抄本曲譜　清抄本　二冊

110000－0102－0022639　丁/9708　子部/宗教類/其它

辟邪實錄　（清）楊光先撰　清刻本　一冊

110000－0102－0022640　丁/9711　集部/別集類/清

小石詩鈔六卷鍼鶼山館詩草一卷　（清）曾諧撰　清同治十年(1871)刻本　二冊

110000－0102－0022641　丁/9712　集部/詞類/詞別集

韻麘詞後韻麘詞　（清）經半園撰　清道光十九年(1839)刻本　二冊

110000－0102－0022642　丁/9717　集部/總集類/文/雜錄/課藝

十八科會墨文的　（清）趙霖編　清道光二十一年(1841)刻本　三冊

110000－0102－0022643　丁/9719　集部/別集類/清

退一步齋文集四卷詩集十六卷蕉軒續錄二卷　（清）方濬師撰　清光緒十八年(1892)鉛印本　十二冊

110000－0102－0022644　丁/9722　叢部/自著叢書

俞樓雜纂五十卷　（清）俞樾撰　清光緒五年(1879)刻本　八冊

110000－0102－0022645　丁/9725　集部/總集類/詩/通代

詩鈔　清抄本　四冊

110000－0102－0022646　丁/9726　集部/小說類/筆記小說

遺珠貫索八卷　（清）張純照撰　清同治三年(1864)刻本　四冊

110000－0102－0022647　丁/9727　子部/醫家類/雜錄

時方歌括二卷時方妙用四卷　（清）陳念祖撰　清刻本　三冊

110000－0102－0022648　丁/9728　子部/儒家類/清

傳家寶三十二卷　（清）石成金撰　清刻本　三十二冊

110000－0102－0022649　丁/9729　集部/曲類/曲別集/傳奇

詠懷堂新編十錯認春燈謎四十出　清刻本　四冊

110000－0102－0022650　丁/9730　子部/類書類/類編/通錄

典林娜嬛二十四卷續三十卷　清光緒二年(1876)刻本　十六冊

110000－0102－0022651　丁/9731　子部/類書類/類編/通錄

典林博覽十二卷　（清）鍾運堯編輯　清光緒八年(1882)刻本　十二冊

110000－0102－0022652　丁/9734　經部/經總類

欽定篆文六經四書　清光緒九年(1883)上海同文書局石印本　十冊

110000－0102－0022653　丁/9737　集部/別集類/清

話山草堂詩鈔四卷詞鈔一卷　（清）沈道寬撰　清光緒三年(1877)刻本　五冊

110000－0102－0022654　丁/9738　集部/別集類/清

燕滇雪跡集六卷　（清）何南鈺撰　清嘉慶十

八年(1813)刻本　二冊

110000－0102－0022655　丁/9739　集部/總集類/詩/雜錄/唱和

荊圃倡和集詩十卷詞六卷　（清）楊芳燦等撰
清嘉慶四年(1799)刻本　四冊

110000－0102－0022656　丁/9740　集部/別集類/明

劉坦齋先生文集十五卷　（明）劉如孫撰　清道光七年(1827)石溪留畊堂補刻本　四冊

110000－0102－0022657　丁/9742　史部/紀傳類/斷代

宋瑣語　（清）郝懿行撰　清嘉慶二十年(1815)刻本　二冊

110000－0102－0022658　丁/9744　集部/總集類/文/通代/編選

古文苑二十一卷　（宋）章樵注　清刻本
四冊

110000－0102－0022659　丁/9745　子部/醫家類/兒婦科方論

幼科釋謎六卷　（清）沈金鼇輯　清末刻本
二冊

110000－0102－0022660　丁/9746　子部/醫家類/兒婦科方論

引種牛痘方書　（清）邱熺撰　清咸豐五年(1855)重刻本　一冊

110000－0102－0022661　丁/9748　集部/別集類/清

吟紅閣詩鈔五卷　（清）夏伊蘭撰　清道光九年(1829)刻本　二冊

110000－0102－0022662　丁/9749　子部/醫家類/外科方論

外科證治全生　（清）王維德撰　清同治六年(1867)刻本　一冊

110000－0102－0022663　丁/9752　集部/別集類/宋

慶湖遺老詩集九卷拾遺一卷後集補遺一卷
（宋）賀鑄撰　清抄本　四冊

110000－0102－0022664　丁/9757　集部/別集類/清

儀鄭堂殘稿二卷　（清）曹堉撰　清同治刻本
一冊

110000－0102－0022665　丁/9758　子部/宗教類/道教

大洞治瘟寶錄二卷　劉體恕匯輯　清咸豐朱印本　一冊

110000－0102－0022666　丁/9759　集部/別集類/清

鬱華閣遺集詩三卷詞一卷　（清）盛昱撰　清光緒二十八年(1902)武昌刻本　一冊

110000－0102－0022667　丁/9760　史部/別史、雜史類

行素齋雜記二卷　（清）李佳撰　清光緒二十七年(1901)刻本　二冊

110000－0102－0022668　丁/9761　史部/史評類/論事

讀史論畧　（清）杜詔撰　清光緒三年(1877)北京修業堂刻本　一冊

110000－0102－0022669　丁/9762　史部/政書類/儀制

皇朝禮器圖式摘鈔弓矢類　（清）允祿等撰
清抄本　一冊

110000－0102－0022670　丁/9765　集部/別集類/清

觀河集四卷　（清）彭紹升撰　清光緒四年(1878)重刻本　一冊

110000－0102－0022671　丁/9768　史部/政書類/詔令奏議/奏議

江楚會奏變法摺　（清）劉坤一　（清）張之洞撰　清光緒二十七年(1901)兩湖書院刻本
一冊

110000－0102－0022672　丁/9769　集部/別集類/明

周忠湣先生文集　（明）周天佐撰　清嘉慶二十年(1815)刻本　一冊

110000－0102－0022673　丁/9770　集部/詞類/詞別集

藤香館詞刪存二卷　（清）薛時雨撰　清光緒五年(1879)刻本　一冊

110000－0102－0022674　丁/9771　史部/別史、雜史類

軍興本末紀略四卷　（清）謝蘭生撰　清同治十一年(1872)刻本　二冊

110000－0102－0022675　丁/9775　集部/別集類/清

耕讀亭詩鈔七卷　（清）項傳梅撰　清同治十三年(1874)刻本　二冊

110000－0102－0022676　丁/9781　集部/總集類/文/通代/文選

文選六十卷　（南朝梁）蕭統編　（唐）李善注　清光緒十三年(1887)湖北書局重刻本　十冊

110000－0102－0022677　丁/9782　集部/別集類/唐至五代

孟浩然詩集三卷　（唐）孟浩然撰　清光緒元年(1875)影印本　一冊

110000－0102－0022678　丁/9784　子部/藝術類/雜技

弈潛齋集譜初編　（清）鄧元鏸編　清光緒弈潛齋刻本　七冊

110000－0102－0022679　丁/9785　子部/藝術類/雜技

弈潛齋集譜二卷　（清）施紹闇　（清）范世勳撰　清光緒弈潛齋刻本　七冊

110000－0102－0022680　丁/9787　集部/別集類/清

曾忠襄公年譜四卷批牘五卷奏議三十二卷書劄二十一卷　（清）曾國荃撰　清光緒二十九年(1903)刻本　五十九冊

110000－0102－0022681　丁/9788　叢部/自著叢書

定海黃氏所著書七十卷　（清）黃式三撰　清光緒十四年(1888)刻本　二十八冊

110000－0102－0022682　丁/9790　集部/集評類/文評

古文快筆貫通解四卷　（清）杭永年評解　清雍正七年(1729)刻本　四冊

110000－0102－0022683　丁/9792　集部/詞類/詞總集/斷代

樂府雅詞三卷拾遺二卷　（宋）曾慥編　清嘉慶二十一年(1816)刻本　一冊

110000－0102－0022684　丁/9794　史部/地理類/總錄

古今地名考　清抄本　一冊

110000－0102－0022685　丁/9795　史部/傳記類/年譜

傅青主先生年譜　丁寶銓輯　清宣統三年(1911)刻本　一冊

110000－0102－0022686　丁/9799　子部/術數類/陰陽五行

稽瑞　（唐）劉賡輯　清道光十四年(1834)刻本　一冊

110000－0102－0022687　丁/9803　史部/地理類/山川

雲南山川志　（明）楊慎撰　清光緒八年(1882)刻本　一冊

110000－0102－0022688　丁/9805　集部/小說類/筆記小說

海內十洲記別國洞冥記　（漢）東方朔撰　清刻本　一冊

110000－0102－0022689　丁/9807　子部/雜家類

我信錄二卷　（清）羅聘撰　清宣統元年(1909)刻本　二冊

110000－0102－0022690　丁/9808　集部/別集類/民國

苦園詩錄四卷　程澍撰　清宣統元年(1909)鉛印本　一冊

110000－0102－0022691　丁/9809　集部/別集類/民國

苔園詩錄四卷　程澍撰　清宣統元年（1909）鉛印本　一冊

110000－0102－0022692　丁/9814　集部/別集類/清

餘辛集三卷　（清）何栻撰　清同治元年（1862）刻本　一冊

110000－0102－0022693　丁/9816　史部/地理類/雜記

滇軺紀程　（清）林則徐撰　清光緒三年（1877）刻本　一冊

110000－0102－0022694　丁/9821　史部/金石類/地方

吳興金石記十六卷　（清）陸心源纂　清光緒十六年（1890）活字印本　四冊

110000－0102－0022695　叢部/彙編叢書

靈峯草堂叢書　陳矩撰輯　清光緒刻本　三冊

110000－0102－0022696　丁/9830　集部/別集類/清

靈峯草堂詩二卷文一卷　陳矩撰　清光緒刻本　一冊

110000－0102－0022697　丁/9831　子部/類書類

攝生秘剖　（明）洪基輯　清光緒三十一年（1905）三義堂重刻本　八冊

110000－0102－0022698　丁/9832　子部/類書類

鑄史駢言十二卷　（清）孫玉田撰　清光緒二年（1876）刻本　四冊

110000－0102－0022699　丁/9833　集部/小說類/章回

鐵冠圖全傳八卷五十回　（清）松滋山人撰　清光緒二十年（1894）友德堂刻本　四冊

110000－0102－0022700　丁/9834　子部/藝術類/篆刻

朗村印譜　（清）黃朗村篆刻　清道光二十八年（1848）鈐印本　六冊

110000－0102－0022701　丁/9835　集部/小說類/筆記小說

勸戒近錄六卷　（清）梁恭辰撰　清光緒六年（1880）刻本　八冊

110000－0102－0022702　丁/9836　子部/藝術類/音樂舞蹈

松風閣指法抒懷操　（清）程雄訂　清刻本　四冊

110000－0102－0022703　丁/9838　集部/總集類/文/雜錄/書牘表啟

明賢尺牘四卷　（清）王元勳　（清）程化騄輯　清光緒二十六年（1900）刻本　二冊

110000－0102－0022704　丁/9840　集部/別集類/唐至五代

玉溪生詩意八卷　（唐）李商隱撰　（清）屈復箋注　清道光十年（1830）刻本　四冊

110000－0102－0022705　丁/9841　集部/別集類/清

滑疑集八卷　（清）韓錫胙撰　清同治十三年（1874）重刻本　四冊

110000－0102－0022706　丁/9842　經部/禮類/周禮/傳說

太平經國之書十一卷首一卷　（宋）鄭伯謙撰　清照曠閣刻本　三冊

110000－0102－0022707　丁/9845　經部/小學類/訓詁/爾雅/圖說

爾雅音圖三卷　（晉）郭璞注　清嘉慶六年（1801）藝學軒影刻本　三冊

110000－0102－0022708　丁/9847　集部/別集類/清

易圖詩鈔三十卷　（清）王元勳撰　清嘉慶三年（1798）刻本　十冊

110000－0102－0022709　丁/9849　史部/傳記類/日記

請纓日記十卷　（清）唐景崧撰　清光緒十九年（1893）臺灣布政使署刻本　四冊

110000－0102－0022710　丁/9850　叢部/彙編叢書

魚凫彙刻　（清）魚凫居士校刊　清咸豐十一年(1861)重刻本　四冊

110000－0102－0022711　丁/9851　集部/別集類/清

鶴天鯨海焚餘稿六卷　（清）朱昌頤撰　清同治五年(1866)刻本　四冊

110000－0102－0022712　丁/9852　集部/總集類/文/通代/文選

古文喈鳳新編八編　（清）汪基鈔輯　清雍正十一年(1733)刻本　八冊

110000－0102－0022713　丁/9854　集部/別集類/清

陸桴亭先生遺書二十二種　（清）陸世儀撰　清光緒元年(1875)刻本　二十冊

110000－0102－0022714　丁/9855　集部/別集類/清

思元齋全集六種　（清）裕瑞撰　清嘉慶刻本　八冊

110000－0102－0022715　丁/9858　史部/傳記類/總傳/專錄/事蹟

古品節錄六卷　（清）松筠撰　清嘉慶十六年(1811)重刻本　六冊

110000－0102－0022716　丁/9859　集部/別集類/清

晉齋詩存二卷味經書屋詩存一卷　（清）昇寅等撰　清咸豐四年(1854)刻本　五冊

110000－0102－0022717　丁/9863　集部/別集類/清

詒晉齋集十卷　（清）永惺撰　清道光二十八年(1848)刻本　四冊

110000－0102－0022718　丁/9864　史部/傳記類/總傳/專錄/儒林

孔庭學裔五卷　（清）傅壽彤撰　清同治二年(1863)刻本　四冊

110000－0102－0022719　丁/9865　集部/別

集類/清

春星草堂集七卷　（清）沈丙瑩撰　清光緒三十二年(1906)刻本　四冊

110000－0102－0022720　丁/9867　經部/小學類/訓詁

恆言錄六卷　（清）錢大昕纂　清嘉慶十年(1805)刻本　二冊

110000－0102－0022721　丁/9868　子部/雜家類/雜纂

續廣博物志十六卷　（清）徐壽基編　清光緒十二年(1886)刻本　四冊

110000－0102－0022722　丁/9869　集部/集評類

餘墨偶談八卷　（清）孫枟編　清同治十二年(1873)刻本　八冊

110000－0102－0022723　丁/9870　史部/別史、雜史類

中西紀事二十四卷　（清）夏燮撰　清光緒十三年(1887)鉛印本　八冊

110000－0102－0022724　丁/9871　子部/雜家類/雜述

桐陰清話八卷　（清）倪鴻撰　清同治十三年(1874)重刻本　四冊

110000－0102－0022725　丁/9872　經部/小學類/音韻/圖說

古韻標準四卷首一卷　（清）江永撰　清咸豐二年(1852)刻本　六冊

110000－0102－0022726　丁/9875　集部/俗文學類/雜曲

全本千金全德子弟書全本不垂別淚子弟書　清道光二十五年(1845)抄本　一冊

110000－0102－0022727　丁/9876　叢部/彙編叢書

國朝名人著述叢編十三種　清光緒五年(1879)上海淞隱閣刻本　六冊

110000－0102－0022728　丁/9877　經部/小學類/文字/說文/校刊、注釋

說文答問疏證六卷 （清）錢大昕撰 （清）薛傳均注 清道光十七年(1837)敘刻本 二冊

110000－0102－0022729 丁/9879 子部/藝術類/篆刻

吳讓之印存 （清）吳讓之篆刻 清同治二年(1863)鈐印本 八冊

110000－0102－0022730 丁/9883 史部/政書類/法令/律例

各部院刑錢條例 清政府編 清刻本 六十九冊

110000－0102－0022731 丁/9885 子部/藝術類/篆刻

玩月草堂印存 （清）馮煦珊篆刻 清光緒十六年(1890)鈐印本 六冊

110000－0102－0022732 丁/9889 史部/傳記類/年譜

歷代名人年譜十卷 （清）吳榮光撰 清光緒元年(1875)刻本 十冊

110000－0102－0022733 丁/9890 集部/別集類/清

澄悅堂詩集十四卷 （清）國梁撰 清嘉慶十三年(1808)刻本 十冊

110000－0102－0022734 丁/9891 經部/詩類/白文讀本

增補詩經體注衍義合參八卷 （清）沈雲將編 清康熙二十八年(1689)南山堂刻本 四冊

110000－0102－0022735 丁/9893 子部/雜誌類

點石齋畫報初集、二集 清光緒十年(1884)石印本 二十二冊

110000－0102－0022736 丁/9894 史部/政書類/職官/官箴

宦海指南五種 （清）許乃普輯 清咸豐九年(1859)刻本 五冊

110000－0102－0022737 丁/9895 史部/地理類/遊記

荷戈紀程 （清）林則徐撰 清光緒三年(1877)刻本 一冊

110000－0102－0022738 丁/9896 子部/宗教類/道教

暗室燈二卷續增一卷 （清）深山居士輯 清光緒十一年(1885)刻本 一冊

110000－0102－0022739 丁/9897 史部/政書類/邦計

增修籌餉事例條款 清同治五年(1866)刻本 四冊

110000－0102－0022740 丁/9898 子部/農家類

農候雜占二卷 （清）梁章鉅撰 清同治十二年(1873)浙江書局刻本 二冊

110000－0102－0022741 丁/9899 集部/別集類/清

禺山雜著 （清）李暘撰 清同治元年(1862)刻本 二冊

110000－0102－0022742 丁/9900 史部/傳記類/人表

蘇州長元吳三邑科第譜四卷 （清）陸懋修原輯 （清）陸潤庠補編 清光緒三十二年(1906)刻本 二冊

110000－0102－0022743 丁/9904 史部/編年類/通代

讀通鑑綱目條記 （清）李述來撰 清嘉慶刻本 五冊

110000－0102－0022744 丁/9905 集部/總集類/詩/斷代/清

六逝集存 （清）梁萰輯 清光緒二十九年(1903)刻本 二冊

110000－0102－0022745 丁/9906 子部/藝術類/書畫

西清劄記四卷 （清）胡敬輯 清嘉慶二十一年(1816)刻本 二冊

110000－0102－0022746 丁/9907 子部/藝術類/書畫/書畫史

國朝院畫錄二卷 （清）胡敬輯 清嘉慶二十

一年（1816）刻本　一冊

110000－0102－0022747　丁/9908　子部/藝術類/書畫/畫法、畫帖/清

南薰殿圖像考二卷　（清）胡敬輯　清嘉慶二十一年（1816）刻本　一冊

110000－0102－0022748　丁/9909　史部/地理類/外紀

漢書西域傳補注二卷　（清）徐松撰　清道光九年（1829）刻本　一冊

110000－0102－0022749　丁/9910　史部/政書類/軍政/防務

苗防備覽二十二卷　（清）嚴如熤撰　清道光二十三年（1843）重刻本　六冊

110000－0102－0022750　丁/9914　史部/傳記類/總傳/專錄/列女

古今列女傳四卷　（漢）劉向撰　（明）解縉補　清光緒二十四年（1898）鏡清書屋刻本　四冊

110000－0102－0022751　丁/9916　史部/史評類/考訂

武王克殷日記附滅國五十考　（清）林春溥纂　清道光十五年（1835）刻竹柏山房十五種本　一冊

110000－0102－0022752　丁/9926　集部/別集類/清

柯家山館遺詩六卷詞三卷　（清）嚴元照撰　清嘉慶二十二年（1817）刻本　三冊

110000－0102－0022753　丁/9928　集部/別集類/清

小言集　（清）王敬之撰　清道光刻本　一冊

110000－0102－0022754　丁/9930　史部/傳記類/年譜

成山老人自撰年譜六卷附錄一卷　（清）唐炯撰　清宣統二年（1910）鉛印本　二冊

110000－0102－0022755　丁/9933　史部/傳記類/總傳/專錄/科舉

康熙己未詞科錄十二卷首一卷　（清）秦瀛輯

清光緒十四年（1888）重刻本　六冊

110000－0102－0022756　丁/9934　集部/總集類/詩/斷代/上古至隋

湘綺樓八代詩選二十卷　王闓運編　清光緒七年（1881）刻本　六冊

110000－0102－0022757　丁/9939　子部/雜家類（墨家、名家、縱橫家入此）/學說

徐光啟之學說五卷　（明）徐光啟撰　孫允希編　清宣統元年（1909）鉛印本　一冊

110000－0102－0022758　丁/9943　集部/別集類/清

思補齋詩鈔遺稿二卷試帖存稿　（清）徐廣縉撰　清光緒刻本　四冊

110000－0102－0022759　丁/9944　集部/別集類/清

寄思齋藏稿八卷　（清）辛從益撰　清咸豐元年（1851）刻本　四冊

110000－0102－0022760　丁/9945　經部/小學類/文字/字典詞典等

官話萃珍　（美國）富善撰　清光緒二十四年（1898）活字印本　一冊

110000－0102－0022761　丁/9951　集部/別集類/清

思適齋集十八卷　（清）顧廣圻撰　清道光二十九年（1849）刻本　四冊

110000－0102－0022762　丁/9957　史部/金石類/金

浣花拜石軒鏡銘集錄二卷　（清）錢坫撰　清嘉慶元年（1796）刻本　一冊

110000－0102－0022763　丁/9962　史部/地理類/雜記

閩風雜記　（清）達山撰　清光緒三十年（1904）鉛印本　一冊

110000－0102－0022764　丁/9963　集部/別集類/清

冬心先生集四卷　（清）金農撰　清宣統二年（1910）石印本　四冊

110000－0102－0022765　丁/9965　子部/藝術類/篆刻

百將百美合璧印譜　（清）趙穆刻　清光緒二十年(1894)鈐印本　八冊

110000－0102－0022766　丁/9968　集部/總集類/文/雜錄/雜纂

拜鴛樓小品四種　（清）沈宗疇集　清光緒二十七年(1901)刻本　四冊

110000－0102－0022767　丁/9971　子部/天文地理類/其它

製紙考製玻璃考　姚于仁　陳秉濂譯　清湖北洋務局編譯科鉛印本　一冊

110000－0102－0022768　丁/9972　集部/別集類/明

從野堂存稿八卷　（明）繆昌期撰　清光緒二十二年(1896)刻朱印本　四冊

110000－0102－0022769　丁/9973　經部/禮類/周禮/傳說

周禮精華六卷　（清）陳龍標編　清嘉慶十一年(1806)刻本　三冊

110000－0102－0022770　丁/9977　史部/傳記類/家傳、宗譜

粵東梁氏源流　清抄本　一冊

110000－0102－0022771　丁/9978　史部/傳記類/別傳

吳摯甫傳狀　賀濤等撰　清刻本　一冊

110000－0102－0022772　丁/9986　集部/總集類/文/雜錄/格言、語錄、楹聯

冠悔堂楹語二卷附錄一卷　（清）楊浚撰　清光緒二十年(1894)刻本　二冊

110000－0102－0022773　丁/9989　子部/藝術類/書畫/畫法、畫帖

圖畫新聞　清宣統二年(1910)輿論時事報石印本　二冊

110000－0102－0022774　丁/9992　經部/小學類/訓詁/爾雅/傳說

爾雅經注集證三卷　（清）龍啟瑞纂　清咸豐四年(1854)刻本　三冊

110000－0102－0022775　丁/9993　集部/小說類/筆記小說

湘煙錄十六卷　（明）閔元京　（明）凌義渠輯　清嘉慶三年(1798)刻本　三冊　存十二卷(一至十二)

110000－0102－0022776　丁/9995　史部/地理類/地圖、圖志

漢西域圖考七卷首一卷　（清）李光廷撰　清同治九年(1870)刻本　四冊

110000－0102－0022777　丁/9996　子部/雜家類/雜纂

仿今言　（清）沈豫撰　清道光十八年(1838)刻蛾木堂集本　一冊

110000－0102－0022778　丁/9997　集部/別集類/清

泬民叢稿　（清）孫傳鳳撰　清光緒二十二年(1896)刻本　一冊

110000－0102－0022779　丁/9998　集部/別集類/清

雁影齋詩存　（清）李希聖撰　清光緒三十一年(1905)刻本　一冊

110000－0102－0022780　丁/10000　集部/別集類/漢至隋

宋本陶集　（晉）陶潛撰　清光緒影印本　一冊

110000－0102－0022781　丁/10003　集部/別集類/清

白華後稿四十卷　（清）吳省欽撰　清嘉慶十五年(1810)刻本　六冊

110000－0102－0022782　丁/10005　集部/別集類/清

秋室集十卷　（清）楊鳳苞撰　清光緒十一年(1885)刻本　二冊

110000－0102－0022783　丁/10006　史部/金石類/玉

古玉圖攷　（清）吳大澂撰　清光緒十五年

(1889)石印本　四冊

110000－0102－0022784　丁/10009　集部/別集類/清

示樸齋駢體文六卷　（清）錢振倫撰　清同治六年(1867)刻本　二冊

110000－0102－0022785　丁/10010　史部/地理類/山川/山

焦山續志八卷　（清）陳任暘輯　清光緒三十年(1904)刻本　二冊

110000－0102－0022786　丁/10012　叢部/自著叢書/清中晚期

劉端臨先生遺書八卷　（清）劉台拱撰　清光緒刻本　四冊

110000－0102－0022787　丁/10014　史部/別史、雜史類

大金國志四十卷　（宋）宇文懋昭撰　清活字印本　三冊

110000－0102－0022788　丁/10015　史部/地理類/雜記

嶺南雜記二卷　（清）吳震方撰　清刻本　二冊

110000－0102－0022789　丁/10018　史部/地理類/總錄

光緒輿地韻編　（清）錢保塘編　清光緒十九年(1893)刻本　一冊

110000－0102－0022790　丁/10021　子部/農家類/其它

士邢補釋　（清）張義澍撰　清光緒十八年(1892)刻本　一冊

110000－0102－0022791　丁/10023　史部/政書類/詔令奏議/奏議

魏鄭公諫續錄二卷　（元）翟思忠撰　清道光二十七年(1847)刻本　一冊

110000－0102－0022792　丁/10025　史部/地理類/水道/江、淮、海

請復淮水故道圖說　（清）丁顯撰　清同治八年(1869)刻本　一冊

110000－0102－0022793　丁/10026　史部/

傳記類/日記

半巖廬日記五卷　（清）邵懿辰撰　清同治十年(1871)朱印本　一冊

110000－0102－0022794　丁/10027　史部/地理類/遊記

東遊日記　（清）沈翊清撰　清光緒二十六年(1900)刻本　一冊

110000－0102－0022795　丁/10030　子部/藝術類/書畫/書法、碑帖/晉

蘇米齋蘭亭考八卷　（清）翁方綱撰　清抄本　二冊

110000－0102－0022796　丁/10032　史部/傳記類/人表

國朝春曹題名　（清）劉毓枏補輯　清咸豐八年(1858)刻本　二冊

110000－0102－0022797　丁/10034　史部/傳記類/人表

宋中興百官題名四卷　（宋）何異撰　清光緒二十二年(1896)刻本　一冊

110000－0102－0022798　丁/10036　子部/譜錄類/器物

墨表四卷　（明）萬壽祺撰　清嘉慶二十三年(1818)石印本　一冊

110000－0102－0022799　丁/10037　子部/譜錄類/器物

墨表四卷　（明）萬壽祺撰　清嘉慶二十三年(1818)石印本　一冊

110000－0102－0022800　丁/10039　集部/別集類/清

悔菴學文八卷　（清）嚴元照撰　清光緒五年(1879)刻本　二冊

110000－0102－0022801　丁/10042　集部/別集類/清

話山草堂遺集十三卷　（清）沈道寬撰　清光緒三年(1877)刻本　八冊

110000－0102－0022802　丁/10043　經部/詩類/三家詩

韓詩遺說續考四卷　顧震福撰　清光緒十九年(1893)刻本　一冊

110000－0102－0022803　丁/10045　子部/雜家類/雜考

菰蘆筆記　(清)楊象濟撰　清同治六年(1867)刻本　一冊

110000－0102－0022804　丁/10047　集部/俗文學類/謎語及其他

蜣園謎語　清抄本　一冊

110000－0102－0022805　丁/10050　集部/總集類/文/雜錄/格言、語錄、楹聯

莫愁湖楹聯便覽　(清)釋壽安輯　清光緒五年(1879)刻本　一冊

110000－0102－0022806　丁/10052　史部/傳記類/人表

陝西歷科進士錄四卷　(清)王承烈等編　清嘉慶元年(1796)刻本　一冊

110000－0102－0022807　丁/10054　史部/地理類/外紀

英法俄德四國志略　沈敦和譯輯　清光緒十八年(1892)刻本　二冊

110000－0102－0022808　丁/10056　子部/儒家類/宋

性理吟後性理吟　(宋)朱熹撰　(清)尤侗撰　清刻本　一冊

110000－0102－0022809　丁/10058　史部/金石類/錢幣/雜著

古泉雜詠四卷　葉德輝撰　清光緒二十七年(1901)刻本　二冊

110000－0102－0022810　丁/10062　史部/別史、雜史類

嶺上紀行　(清)彭孫貽撰　清光緒三十二年(1906)鉛印本　一冊

110000－0102－0022811　丁/10068　集部/別集類/清

壹齋集四十卷　(清)黃鉞撰　清咸豐九年(1859)刻本　八冊

110000－0102－0022812　丁/10069　集部/別集類/清

奏御集二卷泛漿錄二卷　(清)黃鉞撰　清光緒七年(1881)刻本　四冊

110000－0102－0022813　丁/10070　集部/別集類/清

禮部遺集九卷　(清)黃富民撰　清同治九年(1870)刻本　四冊

110000－0102－0022814　丁/10075　子部/農家類/蔬菜花木

草木移植心得　(日本)吉天健作撰　(清)薩端譯　清石印本　一冊

110000－0102－0022815　丁/10077　史部/地理類/外紀

東西洋考十二卷　(明)張燮撰　清道光刻本　二冊

110000－0102－0022816　丁/10079　集部/別集類/清

響泉集詩十七卷文一卷詞二卷　(清)顧光旭撰　清宣統二年(1910)家刻本　四冊

110000－0102－0022817　丁/10080　史部/政書類/通制

吾學錄初編二十四卷　(清)吳榮光撰　清同治九年(1870)重刻本　六冊

110000－0102－0022818　丁/10081　集部/曲類/曲別集/雜劇

西廂記正本四本續本一本　(元)王實甫撰　(元)關漢卿續　清宣統二年(1910)重刻本　十冊

110000－0102－0022819　丁/10088　史部/地理類/方志/鄉土志

[光緒]奉化縣鄉土志　(清)陳嘉言編　清光緒三十四年(1908)油印本　一冊

110000－0102－0022820　丁/10090　集部/別集類/清

六峴草堂詩集　(清)延君壽撰　清刻本　二冊

110000－0102－0022821　丁/10096　子部/儒家類/清

小學韻語　（清）羅澤南撰　清同治五年(1866)重刻本　一冊

110000－0102－0022822　丁/10098　經部/經總類/群經總義/傳說

溉亭述古錄二卷　（清）錢塘撰　清刻本　一冊

110000－0102－0022823　丁/10101　史部/政書類/雜錄

石渠餘紀六卷　（清）王慶雲撰　清活字印本　六冊

110000－0102－0022824　丁/10102　史部/傳記類/人表

吳興科第表　（清）戴楍塘等輯　清同治十一年(1872)刻本　二冊

110000－0102－0022825　丁/10103　史部/傳記類/總傳/專錄/儒林

全閩道學總纂三十八卷首一卷　（清）陳祚康撰　清同治十二年(1873)刻本　八冊

110000－0102－0022826　丁/10104　子部/雜家類/雜考

拾遺錄　（明）胡爌撰　清刻本　二冊

110000－0102－0022827　丁/10105　史部/傳記類/總傳/專錄/儒林

聖清淵源錄三十卷　（清）黃嗣東輯　清鉛印本　四冊

110000－0102－0022828　丁/10106　集部/楚辭類/楚辭

楚辭新注求確十卷　（清）胡濬源增注　清嘉慶二十一年(1816)刻本　一冊

110000－0102－0022829　丁/10108　集部/別集類/清

秋聲館遺集八卷　（清）歐陽勳撰　清咸豐九年(1859)刻本　二冊

110000－0102－0022830　丁/10109　集部/詞類/詞別集/清

204

麝塵蓮寸集四卷　（清）汪淵集詞　清光緒十七年(1891)刻本　一冊

110000－0102－0022831　丁/10111　子部/藝術類/書畫/書法、碑帖/清

淳化帖釋文十卷　（清）徐朝弼集釋　清嘉慶十七年(1812)重刻本　一冊

110000－0102－0022832　丁/10112　集部/別集類/清

申江百詠二卷　（清）辰橋撰　清光緒十三年(1887)刻本　一冊

110000－0102－0022833　丁/10116　集部/總集類/詩/雜錄/唱和

皖江同聲集十卷　（清）李文森等撰　清同治八年(1869)刻本　一冊

110000－0102－0022834　丁/10117　集部/總集類/詩/雜錄/唱和

鄂渚同聲集初編七卷鄂渚同聲集正編二十卷　（清）胡鳳丹等撰　清同治九年(1870)退補齋刻本　三冊

110000－0102－0022835　丁/10119　集部/別集類/清

問字堂集六卷　（清）孫星衍撰　清刻本　二冊

110000－0102－0022836　丁/10120　集部/別集類/清

大小雅堂詩集　（清）承齡撰　清刻本　一冊

110000－0102－0022837　丁/10121　經部/詩類/傳說

影北宋鈔本毛詩三卷　（漢）鄭玄箋　清光緒刻本　一冊

110000－0102－0022838　丁/10123　史部/地理類/雜記

蜀景匯覽三卷　（清）鍾登甲編校　清光緒八年(1882)刻本　三冊

110000－0102－0022839　丁/10126　史部/傳記類/總傳/專錄/列女

杭女表微錄十六卷首一卷　（清）孫樹禮編

清光緒三十二年(1906)刻本　八冊

110000－0102－0022840　丁/10128　史部/
傳記類/雜錄

新纂氏族箋釋八卷　(清)熊峻運撰　清末文
秀堂刻本　八冊

110000－0102－0022841　丁/10129　集部/
別集類/清

二金蝶堂尺牘　(清)趙之謙撰書　清光緒三
十一年(1905)石印本　一冊

110000－0102－0022842　丁/10130　史部/
傳記類/總錄/專錄/文苑

鶴徵後錄十二卷首一卷　(清)李富孫輯　清
嘉慶刻本　四冊

110000－0102－0022843　丁/10133　集部/
總集類/文/雜錄/書牘表啟

分類尺牘備覽三十卷首一卷　(清)王虎榜編
清光緒十六年(1890)鉛印本　六冊

110000－0102－0022844　丁/10134　史部/
傳記類/總錄/專錄/文苑

鶴徵錄八卷首一卷　(清)李集等輯　清嘉慶
二年(1797)刻本　四冊

110000－0102－0022845　丁/10140　史部/
政書類/文牘檔冊

柳州文牘二卷　楊道霖撰　清宣統鉛印本
一冊

110000－0102－0022846　丁/10142　史部/
地理類/雜記

剡錄十卷　(宋)高似孫撰　清同治九年
(1870)重刻本　二冊

110000－0102－0022847　丁/10143　子部/
醫家類/明堂經脈

規正脈訣二卷　(清)沈鏡撰　清宣統元年
(1909)刻本　二冊

110000－0102－0022848　丁/10144　子部/
醫家類/兒科方論

小兒推拿廣義二卷　陳世凱重訂　清刻本
二冊

110000－0102－0022849　丁/10145　子部/
醫家類/外科方論

外科症治全生集四卷　(清)王維德纂輯　清
光緒九年(1883)刻本　一冊

110000－0102－0022850　丁/10147　史部/
傳記類/年譜

二程子年譜十四卷　(清)池生春　(清)諸星
杓輯　清咸豐五年(1855)刻本　五冊

110000－0102－0022851　丁/10148　史部/
傳記類/總傳/專錄/仕宦

熙朝宰輔錄　(清)潘世恩輯　清道光十八年
(1838)刻本　一冊

110000－0102－0022852　丁/10149　集部/
別集類/清

六九齋饌述稿三卷　(清)陳璂撰　清刻本
一冊

110000－0102－0022853　丁/10150　史部/
地理類/雜記

留都見聞錄二卷　(明)吳應箕撰　清光緒二
十六年(1900)貴池劉氏唐石簃刻本　二冊

110000－0102－0022854　丁/10151　子部/
雜家類/雜述

讀書止觀錄五卷　(明)吳應箕撰　清光緒二
十八年(1902)貴池劉氏唐石簃刻本　二冊

110000－0102－0022855　丁/10152　史部/
政書類/邦計/漕運

浙江海運漕糧全案重編新編八卷　(清)馬新
貽等撰　清同治刻本　六冊

110000－0102－0022856　丁/10155　集部/
俗文學類/鼓詞

輞龍鏡韓廷美三十三卷　清刻本　三十三冊

110000－0102－0022857　丁/10156　子部/
藝術類/書畫/畫法、畫帖/清

陰騭果報圖注　(清)吳友如繪　清光緒十七
年(1891)石印本　一冊

110000－0102－0022858　丁/10158　子部/
藝術類/篆刻

琴鶴堂印譜八卷　（清）繼良輯　清光緒二十七年（1901）鈐印本　八冊

110000－0102－0022859　丁/10159　史部/傳記類/總傳/專錄/科舉

國朝三元考　（清）蔣元泰撰　清抄本　一冊

110000－0102－0022860　丁/10161　集部/別集類/清

晦明軒稿　楊守敬撰　清光緒二十七年（1901）刻本　一冊

110000－0102－0022861　丁/10162　史部/別史、雜史類

淮軍平捻記十二卷　（清）周世澄撰　清刻本　六冊

110000－0102－0022862　丁/10163　史部/載記類

南詔野史二卷　（明）楊慎編　（清）胡蔚訂　清光緒六年（1880）刻本　二冊

110000－0102－0022863　丁/10164　集部/別集類/清

程侍郎遺集十卷　（清）程恩澤撰　清道光二十六年（1846）刻本　四冊

110000－0102－0022864　丁/10165　集部/別集類/清

舒嘯樓詩稿四卷　（清）李曾裕撰　清同治九年（1870）刻本　二冊

110000－0102－0022865　丁/10168　史部/地理類/地方志/江蘇

［道光］無錫金匱續志十卷　（清）李彭齡（清）楊熙之纂修　清道光二十年（1840）刻本　四冊

110000－0102－0022866　丁/10169　史部/地理類/地方志/江蘇

分湖小識六卷　（清）柳樹芳輯　清道光二十七年（1847）刻本　二冊

110000－0102－0022867　丁/10170　集部/詞類/詞總集/通代

唐五代詞選三卷　（清）成肇麐編　清光緒十

三年（1887）刻本　一冊

110000－0102－0022868　丁/10174　子部/藝術類/音樂舞蹈

枯木禪琴譜八卷　（清）釋空塵撰　清光緒十九年（1893）刻本　四冊

110000－0102－0022869　丁/10176　集部/別集類/清

公餘集公餘集續編　（清）如許齋主人撰　清光緒刻本　五冊

110000－0102－0022870　丁/10177　史部/紀事本末類

中東戰紀本末八卷續編五卷　（美國）林樂知撰　（清）蔡爾康譯　清光緒二十二年至二十三年（1896－1897）鉛印本　十二冊

110000－0102－0022871　丁/10178　集部/別集類/清

公餘集公餘集續編　（清）如許齋主人撰　清光緒刻本　五冊

110000－0102－0022872　丁/10181　史部/地理類/山川/山

錫山景物略十卷　（清）王永積輯　清刻本　五冊

110000－0102－0022873　丁/10182　子部/藝術類/篆刻

紅樓夢人名西廂記詞句印玩　（清）趙仲穆（清）葉葉舟刻　清末影印本　四冊

110000－0102－0022874　丁/10183　史部/地理類/地方志/江蘇

［光緒］高淳縣志二十八卷　（清）楊福鼎（清）陳嘉謀纂修　清光緒七年（1881）刻本　十冊

110000－0102－0022875　丁/10185　史部/傳記類/人表

癸卯恩科鄉試十八省同年全錄　清光緒二十九年（1903）刻本　二冊

110000－0102－0022876　丁/10186　集部/別集類/清

瀟居雜詠思元齋文集續刻　（清）裕瑞撰　清道光刻本　四冊

110000－0102－0022877　丁/10187　集部/別集類/民國

漪香山館文集　吳曾祺撰　清宣統二年(1910)鉛印本　一冊

110000－0102－0022878　丁/10190　集部/總集類/文/家族

二許先生集八卷　（清）許新堂　（清）許雨田撰　清光緒十四年(1888)鉛印本　三冊

110000－0102－0022879　丁/10196　史部/地理類/專志/園林

山陽河下園亭記　（清）李元庚著　清光緒十八年(1892)鉛印本　一冊

110000－0102－0022880　丁/10197　集部/曲類/曲別集/傳奇

新刻一捧雪梁天來全本四卷　清刻本　一冊

110000－0102－0022881　丁/10198　集部/俗文學類/鼓詞

朝上鶯歌記四卷　清刻本　一冊

110000－0102－0022882　丁/10199　集部/戲曲類/地方戲

新刻紫霞杯南音四卷　清光緒二十七年(1901)刻本　一冊

110000－0102－0022883　丁/10200　集部/總集類/詩/通代

心香籍四卷　（清）貴中孚輯　清同治二年(1863)刻本　二冊

110000－0102－0022884　丁/10201　子部/術數類/占候

觀象玩占四十八卷異星圖一卷　清抄本　七冊

110000－0102－0022885　丁/10204　集部/別集類/清

春在堂詩編六卷詞錄二卷　（清）俞樾撰　清同治刻本　六冊

110000－0102－0022886　丁/10205　子部/

醫家類/總錄

己任編八卷　（清）高鼓峰　（清）董廢翁撰　清刻本　四冊

110000－0102－0022887　丁/10207　經部/詩類/其它

毛詩草木鳥獸蟲魚疏二卷　（三國吳）陸璣撰　清末鉛印本　一冊

110000－0102－0022888　丁/10210　集部/別集類/清

聊復集三卷餐霞集四卷　（清）郭綏之撰　清同治六年(1867)刻本　二冊

110000－0102－0022889　丁/10211　集部/別集類/清

于京集五卷述祖詩一卷　（清）尤侗撰　清康熙二十二年(1683)刻本　二冊

110000－0102－0022890　丁/10212　叢部/自著叢書/清中晚期

海嶽軒叢刻十種　（清）杜元穆撰　清光緒二十六年(1900)重刻本　十冊

110000－0102－0022891　丁/10219　子部/譜錄類/草木

藝菊十三則一百八首菊名詩　（清）徐京撰　清抄本　一冊

110000－0102－0022892　丁/10226　史部/政書類/通制

文獻通考序　（元）馬端臨撰　續文獻通考序皇朝文獻通考序　（清）高宗弘曆撰　清光緒二十八年(1902)刻本　二冊

110000－0102－0022893　丁/10228　集部/別集類/漢至隋

鮑參軍詩注四卷　（南朝宋）鮑照撰　清同治七年(1868)鉛印本　一冊

110000－0102－0022894　丁/10229　集部/別集類/清

好雲樓初集二十八卷首一卷好雲樓二集十六卷首一卷　（清）李聯琇撰　清咸豐十一年(1861)刻本　十二冊

110000－0102－0022895　丁/10230　集部/
總集類/詩/家族

鍾家詩鈔合集九卷附詞一卷　（清）鍾翼雲等
撰　清光緒十一年(1885)刻本　五冊

110000－0102－0022896　丁/10233　史部/
政書類/文牘檔冊

守岐公牘彙存　（清）張友山撰　清光緒四年
(1878)刻本　一冊

110000－0102－0022897　丁/10234　集部/
別集類/清

西堂集九種　（清）尤侗撰　清末刻本　四冊

110000－0102－0022898　丁/10235　集部/
俗文學類/民歌民謠

古今風謠　（明）楊慎撰　清刻本　一冊

110000－0102－0022899　丁/10237　史部/
政書類/職官/官箴

蜀僚問答二卷讀律心得三卷　（清）劉衡撰
清道光十七年(1837)木活字印本　一冊

110000－0102－0022900　丁/10243　集部/
別集類/清

清溪舊屋文集十卷詩集一卷　（清）劉文淇撰
清光緒九年(1883)刻本　二冊

110000－0102－0022901　丁/10246　史部/
政書類

寬溫仁聖皇帝諭　（清）太宗皇太極撰　清崇
德三年(1638)抄本　一冊

110000－0102－0022902　丁/10247　史部/
地理類/山川/山

蓋山志八卷　（清）顧雲編　清光緒九年
(1883)刻本　三冊

110000－0102－0022903　丁/10248　經部/
經總類/群經總義/文字音義

經傳釋詞續編二卷　（清）孫經世撰　清道光
二十三年(1843)刻本　二冊

110000－0102－0022904　丁/10250　子部/
醫家類/醫經

圖註八十一難經四卷　（清）張世賢撰　清刻

本　二冊

110000－0102－0022905　丁/10251　子部/
醫家類/雜錄

時方妙用四卷　（清）陳念祖撰　清光緒二十
七年(1901)刻本　一冊

110000－0102－0022906　丁/10252　集部/
別集類/清

湘中草六卷　（清）湯傳楹撰　清刻本　一冊

110000－0102－0022907　丁/10253　集部/
詞類/詞別集

擬明史樂府外國竹枝詞百末詞　（清）尤侗撰
清末刻本　一冊

110000－0102－0022908　丁/10254　叢部/
自著叢書/清中晚期

春融堂雜記八種　（清）王昶撰　清刻本
二冊

110000－0102－0022909　丁/10256　集部/
別集類/清

亥白詩草八卷　（清）張問安撰　清光緒七年
(1881)刻本　二冊

110000－0102－0022910　丁/10257　集部/
詞類/詞別集

百末詞六卷　（清）尤侗撰　清康熙四年
(1665)刻本　三冊

110000－0102－0022911　丁/10258　子部/
天文地理類/曆法

**大清道光十八年時憲書大清道光二十八年時
憲書**　清刻本　二冊

110000－0102－0022912　丁/10260　子部/
醫家類/傷寒方論

金匱要略心典六卷　（漢）張機撰　（清）尤怡
注　清光緒七年(1881)刻本　三冊

110000－0102－0022913　丁/10263　集部/
總集類/詩/地方

國朝海陵詩彙補遺　（清）鄒應庚輯　抄本
一冊

110000－0102－0022914　丁/10264　子部/

譜錄類/鳥獸蟲魚

燕子春秋蜂衙小記 （清）郝懿行撰 清光緒五年(1879)刻本 一冊

110000－0102－0022915 丁/10266 集部/總集類/詩/雜錄/酬贈慶弔

峯泖去思集 清光緒二十六年(1900)刻本 一冊

110000－0102－0022916 丁/10267 子部/天文地理類/天文

天文圖說四卷 （清）薛承恩譯 清光緒九年(1883)刻本 一冊

110000－0102－0022917 丁/10272 史部/別史、雜史類

思文大紀八卷 清宣統三年(1911)鉛印本 四冊

110000－0102－0022918 丁/10273 史部/傳記類/總錄/專錄/列女

柔鄉韻史二卷 （清）詹塏撰 清光緒二十四年(1898)鉛印本 二冊

110000－0102－0022919 丁/10275 集部/小說類/筆記小說

澹園述異四卷 （清）沈耀曾撰 清光緒二十七年(1901)鉛印本 一冊

110000－0102－0022920 丁/10276 史部/史表類

歷代統系錄六卷 （清）黃本驥編 清光緒二十八年(1902)刻本 二冊

110000－0102－0022921 丁/10277 子部/農家類/畜牧水產

牛經大全 清抄本 一冊

110000－0102－0022922 丁/10279 子部/醫家類/諸專科方論/其它

瘄科要略 清抄本 一冊

110000－0102－0022923 丁/10280 經部/小學類/音韻/圖說

歌麻古韻考四卷 （清）吳樹聲撰 清刻本 四冊

110000－0102－0022924 丁/10281 集部/俗文學類/變文

白雲香山寶傳二卷 清刻本 一冊

110000－0102－0022925 丁/10284 集部/總集類/詩/雜錄/酬贈慶弔

紅江佳話 （清）張炳麟編 清光緒八年(1882)刻本 一冊

110000－0102－0022926 丁/10285 史部/別史、雜史類

畿南濟變紀畧 （清）劉春堂撰 清光緒二十七年(1901)鉛印本 一冊

110000－0102－0022927 丁/10287 史部/地理類/雜記

淮壖小記四卷 （清）范以煦輯 清咸豐五年(1855)刻本 四冊

110000－0102－0022928 丁/10290 子部/雜誌類

著作林四期 陳栩編 清光緒三十二年(1906)刻本 四冊

110000－0102－0022929 丁/10292 子部/道家類

莊子集解八卷 王先謙撰 清宣統元年(1909)刻本 三冊

110000－0102－0022930 丁/10295 經部/小學類/音韻/韻典

韻海大全 （清）仁壽室主人編 清光緒十三年(1887)石印本 六冊

110000－0102－0022931 丁/10296 史部/史評類/論事

歷代史論十二卷 （明）張溥撰 清光緒十一年(1885)刻本 八冊

110000－0102－0022932 丁/10298 史部/傳記類/總傳/專錄/釋道

居士傳五十六卷 （清）知歸子撰 清乾隆四十年(1775)刻本 四冊

110000－0102－0022933 丁/10299 子部/雜家類/雜述

艾學閑譚二十卷　（清）王朝蘗撰　清嘉慶刻本　十冊

110000 - 0102 - 0022934　丁/10302　子部/儒家類/清
習是編十二卷　（清）屈成霖編　清咸豐六年(1856)番禺許氏衍祥堂刻本　四冊

110000 - 0102 - 0022935　丁/10304　叢部/彙編叢書/清中晚期
觀古堂叢刊六種　葉德輝輯　清光緒三十四年(1908)刻本　二冊

110000 - 0102 - 0022936　丁/10305　史部/政書類/儀制
四禮翼　（明）呂坤撰　清末刻本　一冊

110000 - 0102 - 0022937　丁/10309　集部/集評類/詩評/詩話/個人
耕雲別墅詩話　（清）鄒啟祚撰　清宣統三年(1911)刻本　一冊

110000 - 0102 - 0022938　丁/10311　經部/小學類/訓詁/字詁
金壺精粹四卷　（清）郝在田編　清光緒二年(1876)刻本　二冊

110000 - 0102 - 0022939　丁/10312　集部/總集類/文/雜錄/課藝
春明課藝約刊　（清）朱拭之編　清道光十七年(1837)刻本　四冊

110000 - 0102 - 0022940　丁/10314　子部/醫家類/雜錄
醫學實在易八卷　（清）陳念祖撰　清道光二十四年(1844)刻本　四冊

110000 - 0102 - 0022941　丁/10315　集部/總集類/文/雜錄/酬贈慶吊
雙壽集　（清）于齊慶編　清光緒三十一年(1905)刻本　一冊

110000 - 0102 - 0022942　丁/10320　集部/曲類/曲別集/傳奇
李笠翁六種曲　（清）李漁撰　清刻本　二十四冊

110000 - 0102 - 0022943　丁/10321　集部/別集類/宋
姑溪題跋二卷　（宋）李之儀撰　清刻本　二冊

110000 - 0102 - 0022944　丁/10324　集部/總集類/詩/地方/天津
津門徵獻詩八卷　（清）華鼎元撰　清光緒十二年(1886)刻本　四冊

110000 - 0102 - 0022945　丁/10325　史部/地理類/雜記
瀛壖雜志六卷　（清）王韜撰　清光緒元年(1875)刻本　六冊

110000 - 0102 - 0022946　丁/10327　經部/經總類/群經總義/音義
十三經註疏校勘記識語四卷　（清）汪文臺撰　清光緒三年(1877)刻本　二冊

110000 - 0102 - 0022947　丁/10328　子部/農家類/其它
御製耕織圖　（清）聖祖玄燁繪　清光緒五年(1879)石印本　二冊

110000 - 0102 - 0022948　丁/10329　史部/政書類/儀制
聖門禮樂志二卷　（清）孔令貽輯　清光緒十三年(1887)刻本　四冊

110000 - 0102 - 0022949　丁/10331　子部/藝術類/書畫
古緣萃錄十八卷　（清）邵松年輯　清光緒三十年(1904)石印本　六冊

110000 - 0102 - 0022950　丁/10332　經部/春秋類/左傳/傳說
批點春秋左傳綱目句解　（清）韓葵重訂　清光緒十年(1884)刻本　六冊

110000 - 0102 - 0022951　丁/10336　子部/藝術類/篆刻
小石山房印譜四卷歸去來辭集名刻　（清）顧湘　（清）顧浩編　清鈐印本　六冊

110000 - 0102 - 0022952　丁/10337 - 1　集

部/總集類/文/雜錄/課藝

小題正鵠三集 （清）李元度輯　清光緒八年(1882)湖南書局刻本　八冊

110000－0102－0022953　丁/10337－2　集部/總集類/文/雜錄/課藝

小題正鵠三集附訓蒙草一卷養正草一卷 （清）李元度輯　清光緒十六年(1890)石渠山房刻本　八冊

110000－0102－0022954　丁/10338　集部/總集類/文/家族

合肥李氏三世遺集 李國傑編　清光緒三十一年(1905)刻本　十二冊

110000－0102－0022955　丁/10339　集部/總集類/文/雜錄

明文明註釋 （清）路德撰　清光緒六年(1880)刻本　八冊

110000－0102－0022956　丁/10340　經部/經總類/群經總義/文字音義

經傳釋詞十卷 （清）王引之撰　清末刻本　四冊

110000－0102－0022957　丁/10342　史部/地理類/雜記

湖南陽秋十六卷續編十三卷衡湘稽古五卷 （清）王萬樹撰　清同治九年(1870)刻本　十冊

110000－0102－0022958　丁/10348　經部/易類/圖說

周易爻徵廣義六卷首一卷末一卷 （清）閻汝弼撰　清光緒元年(1875)刻本　八冊

110000－0102－0022959　丁/10349　經部/易類/圖說

易經如話十二卷首一卷 （清）汪烜撰　清同治十二年(1873)曲水書局木活字印本　六冊

110000－0102－0022960　丁/10350　史部/傳記類/日記

孫徵君日譜錄三十六卷 （清）王輅校訂　清光緒十九年(1893)兼山堂刻本　二十二冊

110000－0102－0022961　丁/10351　集部/總集類/詩/斷代/唐至五代

唐人五十家小集 （清）江標輯　清光緒二十一年(1895)影刻本　十六冊

110000－0102－0022962　丁/10355　子部/法家類

管子二十四卷 （春秋）管仲撰　清嘉慶十一年(1806)影印本　六冊

110000－0102－0022963　丁/10356　子部/法家類

管子二十四卷 （春秋）管仲撰　（唐）房玄齡注　清光緒五年(1879)影印本　四冊

110000－0102－0022964　丁/10357　史部/地理類/地圖、圖志

皇朝中外一統輿圖三十卷首二卷 （清）胡林翼等編製　清同治二年(1863)刻本　三十二冊

110000－0102－0022965　丁/10358　經部/小學類/音韻/韻典

漁古軒詩韻五卷 （清）余照原本　（清）朱德蕃增定　清道光十七年(1837)刻本　五冊

110000－0102－0022966　丁/10360　經部/小學類/文字/字典詞典等

字孶補十二卷 （清）易鏡清輯　（清）易本烺補　清同治元年(1862)刻本　四冊

110000－0102－0022967　丁/10361　子部/譜錄類/器物

匋雅二卷 （清）寂園叟撰　清宣統二年(1910)鉛印本　二冊

110000－0102－0022968　丁/10364　史部/傳記類/雜錄

姓解三卷 （宋）邵思纂　清影刻本　一冊

110000－0102－0022969　丁/10365　集部/總集類/文/斷代/清

皇清文穎續編一百〇八卷首五十六卷 （清）董誥等編　清嘉慶十五年(1810)刻本　一百二十八冊

110000－0102－0022970　丁/10366　集部/總集類/文/雜錄/課藝

王尤合刻注釋　（清）王廣心　（清）尤侗撰　清刻本　四冊

110000－0102－0022971　丁/10367　集部/總集類/文/斷代/清

國朝文錄八十二卷　（清）姚椿輯　清咸豐元年（1851）刻本　三十二冊

110000－0102－0022972　丁/10369　子部/雜家類/雜纂

俞樓雜纂五十卷　（清）俞樾撰　清光緒五年（1879）刻本　十二冊

110000－0102－0022973　丁/10370　集部/小說類/筆記小說

山海經存九卷　（清）汪紱釋　清光緒二十二年（1896）石印本　四冊

110000－0102－0022974　丁/10371　叢部/自著叢書/清中晚期

［陳著四種］　（清）陳本禮撰　清嘉慶刻本　六冊

110000－0102－0022975　丁/10372　史部/地理類/水道/地方

續纂江蘇水利全案附編十二卷　（清）李慶雲編　清光緒十四年（1888）刻本　六冊

110000－0102－0022976　丁/10375　史部/地理類/專志/書院

嶽麓書院志八卷首一卷續志四卷首一卷末一卷補編一卷　（清）趙甯纂修　（清）丁善慶續修　清同治六年（1867）刻本　八冊

110000－0102－0022977　丁/10379　集部/總集類/文/斷代/清

國朝文錄續編六十六卷　（清）李祖陶輯　清刻本　三十二冊

110000－0102－0022978　丁/10380　史部/金石類/地方

益都金石記四卷　（清）段松苓撰　清光緒九年（1883）刻本　四冊

110000－0102－0022979　丁/10381　集部/別集類/遼金元

清容居士集五十卷　（元）袁桷撰　清道光二十年（1840）刻本　十二冊

110000－0102－0022980　丁/10383　集部/詞類/詞別集

百末詞六卷　（清）尤侗撰　清末刻本　一冊

110000－0102－0022981　丁/10384　經部/小學類/文字/說文/聲訓

說文解字韻譜十卷　（南唐）徐鍇撰　清同治三年（1864）刻本　二冊

110000－0102－0022982　丁/10385　集部/別集類/清

兼濟堂文集二十四卷　（清）魏裔介撰　清光緒十年（1884）刻本　二十四冊

110000－0102－0022983　丁/10387　子部/儒家類/宋

北溪字義二卷　（宋）陳淳撰　清道光二十年（1840）刻本　一冊

110000－0102－0022984　丁/10390　集部/別集類/清

放言百首牋注　（清）史夢蘭撰　清光緒十六年（1890）刻本　一冊

110000－0102－0022985　丁/10393　史部/政書類/邦計

大清鑛務章程　（清）陳明編　清光緒鉛印本　二冊

110000－0102－0022986　丁/10394　史部/政書類/學制/文化教育

教育叢書初集　（日本）原亮三郎等編　（清）沈紘等譯　清光緒二十七年（1901）鉛印本　十冊

110000－0102－0022987　丁/10395　集部/別集類/清

研花館吟草二卷　（清）董廷策撰　清刻本　一冊

110000－0102－0022988　丁/10397　經部/

小學類/文字/字典詞典等

正俗備用字解四卷附一卷補遺一卷 （清）王兆琛撰　清咸豐五年(1855)刻本　四冊

110000－0102－0022989　丁/10401　集部/別集類/清

龔定盦別集 （清）龔自珍撰　清宣統二年(1910)鉛印本　一冊

110000－0102－0022990　丁/10405　史部/政書類/儀制

四禮翼 （明）呂坤撰　清刻本　一冊

110000－0102－0022991　丁/10406　集部/別集類/清

後湘集九卷 （清）姚瑩撰　清嘉慶二十三年(1818)刻本　一冊

110000－0102－0022992　丁/10407　集部/別集類/清

仰蕭樓文集 （清）張星鑑撰　清光緒六年(1880)刻本　一冊

110000－0102－0022993　丁/10410　集部/別集類/清

方百川稿 （清）方百川撰　清光緒十二年(1886)重刻本　二冊

110000－0102－0022994　丁/10412　子部/兵家類

射法擇要 （清）興林撰　清抄本　一冊

110000－0102－0022995　丁/10413　集部/詞類/詞別集

剪紅詞草 （清）惲毓撰　清宣統二年(1910)刻本　一冊

110000－0102－0022996　丁/10414　子部/兵家類

科場射法指南車 （清）劉奇撰　清抄本　一冊

110000－0102－0022997　丁/10415　子部/兵家類

科場射法指南車 （清）劉奇撰　清抄本　一冊

110000－0102－0022998　丁/10416　子部/兵家類

羿射無雙譜 清光緒十一年(1885)抄本　一冊

110000－0102－0022999　丁/10417　集部/總集類/文/通代/文選

懷舊集二卷 （清）馮舒輯　清刻本　一冊

110000－0102－0023000　丁/10420　史部/編年類/斷代

五代春秋二卷 （宋）尹洙撰　清刻本　一冊

110000－0102－0023001　丁/10421　史部/載記類

五國故事二卷 清刻本　一冊

110000－0102－0023002　丁/10422　史部/外國史類

朝鮮載記備編三卷朝鮮樂府一卷 （清）周家祿撰　清刻本　一冊

110000－0102－0023003　丁/10424　史部/金石類/總錄/目錄

金石學錄補四卷 （清）陸心源撰　清刻本　一冊

110000－0102－0023004　丁/10427　史部/傳記類/別傳

誥封光祿大夫先考丹公行述 （清）沈葆楨撰　清同治十年(1871)刻本　一冊

110000－0102－0023005　丁/10428　子部/道家類

感應篇引經牋注 （清）惠棟撰　清同治六年(1867)刻本　一冊

110000－0102－0023006　丁/10432　經部/易類/傳說

周易九卷略例一卷 （三國魏）王弼撰　清光緒八年(1882)重刻本　一冊

110000－0102－0023007　丁/10434　史部/地理類/地方志/河北

[同治]棗強縣志補正五卷 （清）方宗誠撰　清光緒二年(1876)活字印本　二冊

110000 – 0102 – 0023008　丁/10437　集部/總集類/文/斷代/明

明雷石庵尚書胡二峯侍郎遺集　黃膺　李根源輯刊　清宣統二年(1910)刻本　一冊

110000 – 0102 – 0023009　丁/10439　集部/別集類/清

聊自娛齋詩草三卷　(清)馮嘉謨撰　清光緒八年(1882)刻本　一冊

110000 – 0102 – 0023010　丁/10440　子部/儒家類/宋以前

漢儒通義七卷　(清)陳澧撰　清咸豐八年(1858)刻本　二冊

110000 – 0102 – 0023011　丁/10444　子部/藝術類/書畫/畫法、畫帖/清

寫竹簡明法二卷　(清)蔣和撰　清咸豐六年(1856)刻本　一冊

110000 – 0102 – 0023012　丁/10450　集部/總集類/文/通代/文選

文選音義八卷　(清)余蕭客輯　清光緒二十一年(1895)石印本　一冊

110000 – 0102 – 0023013　丁/10451　史部/政書類/職官/官箴

宦鄉要則七卷首一卷　(清)張鑒瀛撰　清光緒十五年(1889)鉛印本　二冊

110000 – 0102 – 0023014　丁/10452　子部/術數類/相宅相墓

選擇集要　清抄本　一冊

110000 – 0102 – 0023015　丁/10453　子部/儒家類/清

忍字輯略　(清)朱嚴溪輯　清光緒四年(1878)刻本　一冊

110000 – 0102 – 0023016　丁/10454　子部/術數類/雜占

六壬晬斯　(清)葉悔亭撰　清刻本　二冊

110000 – 0102 – 0023017　叢部/彙編叢書

子史鉤沈　(清)黃奭輯　清刻本　一冊

110000 – 0102 – 0023018　丁/10456　史部/紀傳類/斷代

漢書西域地理考證四卷　(清)丁謙撰　清光緒二十八年(1902)石印本　一冊

110000 – 0102 – 0023019　丁/10457　集部/總集類/文/雜錄/書牘表啟

尺牘新鈔六卷　(清)周亮工撰　清刻本　二冊

110000 – 0102 – 0023020　丁/10458　子部/雜家類/雜纂

身世金箴　清刻本　一冊

110000 – 0102 – 0023021　丁/10461　史部/傳記類/人表

湖北全省大小同官文職錄　清抄本　一冊

110000 – 0102 – 0023022　丁/10463　集部/小說類/筆記小說

紀氏嘉言四卷　(清)紀昀撰　清光緒二十八年(1902)刻本　四冊

110000 – 0102 – 0023023　丁/10464　子部/儒家類/清

理齋寶鑒二卷　(清)胡章撰　清同治三年(1864)刻本　二冊

110000 – 0102 – 0023024　丁/10465　集部/別集類/明

返生香一卷　(明)葉小鸞撰　清光緒二十二年(1896)石印本　四冊

110000 – 0102 – 0023025　丁/10466　集部/總集類/詩/斷代/清

增註七家詩彙鈔　(清)王植桂撰　清光緒十八年(1892)活字印本　四冊

110000 – 0102 – 0023026　丁/10468　集部/小說類/章回

繪圖正續兒女英雄傳正傳四十回續傳三十二回　(清)文康撰　清光緒三十三年(1907)鉛印本　十二冊

110000 – 0102 – 0023027　丁/10469　史部/外國史類

柬埔寨以北探路記十五卷 （法國）晃西士加尼撰 清光緒鉛印本 十五冊

110000－0102－0023028 丁/10471 子部/儒家類/清

勵志錄二卷 （清）沈近思撰 清刻本 二冊

110000－0102－0023029 集部/別集類/清

續野齋前後合集六卷太湖詩草制藝一卷 （清）劉鴻翱撰 清道光二十四年(1844)刻本 八冊

110000－0102－0023030 丁/10473 史部/金石類/地方

安陽縣金石錄十二卷 （清）武億撰 清刻本 四冊

110000－0102－0023031 丁/10474 集部/總集類/詩/雜錄/題詠

蝶仙小史六卷蝶史楹聯一卷 （清）延清撰 清光緒二十五年(1899)刻本 五冊

110000－0102－0023032 丁/10477 集部/小說類/章回

野叟曝言一百五十四回 （清）夏敬渠撰 清光緒八年(1882)鉛印本 十冊

110000－0102－0023033 丁/10478 集部/總集類/文/通代/編選

續古文苑二十卷 （清）孫星衍輯 清嘉慶十七年(1812)刻本 十二冊

110000－0102－0023034 丁/10479 子部/雜家類/雜述

文海披沙八卷 （明）謝肇淛撰 清光緒三年(1877)鉛印本 四冊

110000－0102－0023035 丁/10480 集部/總集類/詩/婦女

隨園女弟子詩選六卷隨園八十壽言六卷 （清）袁枚輯 清刻本 六冊

110000－0102－0023036 丁/10484 經部/小學類/文字/說文/聲訓

說文聲讀表七卷 （清）苗夔撰 清刻本 二冊

110000－0102－0023037 丁/10486 子部/宗教類/釋教

[四禪師語錄] （清）釋明元等撰 清康熙三十四年(1695)刻徑山藏本 三冊

110000－0102－0023038 丁/10487 經部/小學類/文字/說文/聲訓

說文聲類二卷 （清）嚴可均撰 清嘉慶九年(1804)刻本 二冊

110000－0102－0023039 丁/10489 史部/傳記類/總傳/專錄/釋道

天后聖母聖蹟圖志全集二卷 清同治九年(1870)重刻本 二冊

110000－0102－0023040 丁/10492 史部/地理類/地方志/江蘇

[同治]上元江寧兩縣志二十九卷首一卷 （清）莫祥芝撰 清同治十三年(1874)刻本 十二冊

110000－0102－0023041 丁/10493 史部/史評類/論事

唐史論斷三卷 （宋）孫甫撰 清咸豐元年(1851)刻本 一冊

110000－0102－0023042 丁/10494 史部/傳記類/年譜

閻潛邱年譜四卷 （清）張穆撰 清咸豐三年(1853)刻本 二冊

110000－0102－0023043 丁/10495 集部/別集類/宋

蘇詩補註八卷 （宋）蘇軾撰 （清）翁方綱補註 清道光刻粵雅堂叢書本 二冊

110000－0102－0023044 丁/10496 史部/傳記類/年譜

韓文類譜七卷 （宋）呂大防撰 清刻本 二冊

110000－0102－0023045 丁/10501 史部/地理類/雜記

滇小記 （清）倪蛻撰 清刻本 一冊

110000－0102－0023046 丁/10507 子部/

儒家類/清

養正類編十三卷 （清）張伯行撰 清同治五
年(1866)重刻本 二冊

110000 - 0102 - 0023047 丁/10508 史部/
史表類

歷代帝王世系圖 清宣統二年(1910)石印本
一冊

110000 - 0102 - 0023048 丁/10511 史部/
傳記類/年譜

王文肅公年譜 （明）王衡撰 清光緒二十五
年(1899)重刻本 一冊

110000 - 0102 - 0023049 丁/10512 集部/
別集類/清

青萍軒文錄二卷詩錄一卷 （清）薛福保撰
清光緒八年(1882)刻本 二冊

110000 - 0102 - 0023050 丁/10513 史部/
政書類/職官/官制

南省公餘錄八卷 （清）梁章鉅撰 清嘉慶十
年(1805)刻本 二冊

110000 - 0102 - 0023051 丁/10518 子部/
儒家類/清

賈子次詁十六卷 （清）王耕心撰 清光緒二
十九年(1903)刻本 一冊

110000 - 0102 - 0023052 丁/10521 史部/
地理類/方志/地方志/江蘇

[嘉慶]揚州府志七十二卷首一卷 （清）張世
浣修 清嘉慶十五年(1810)刻本 三十二冊

110000 - 0102 - 0023053 丁/10522 史部/
傳記類/別傳

汪雙池先生行狀 （清）余元遴撰 清乾隆二
十五年(1760)稿本 一冊

110000 - 0102 - 0023054 丁/10523 集部/
總集類/文/雜錄/課藝

國朝舉業正軌 （清）陳耀庚撰 清光緒二年
(1876)重刻本 六冊

110000 - 0102 - 0023055 丁/10532 史部/
傳記類/年譜

行年紀署 （清）王寶仁撰 清光緒九年
(1883)重刻本 一冊

110000 - 0102 - 0023056 丁/10537 子部/
儒家類/元

程氏家塾讀書分年日程綱領 （元）程端禮撰
清同治十年(1871)刻本 一冊

110000 - 0102 - 0023057 丁/10539 史部/
傳記類/年譜

吳梅村先生年譜四卷 （清）顧師軾撰 清光
緒二十三年(1897)刻本 一冊

110000 - 0102 - 0023058 丁/10542 史部/
地理類/方志/地方志/江蘇

[光緒]羅店鎮志八卷 （清）潘履祥撰 清光
緒十五年(1889)鉛印本 四冊

110000 - 0102 - 0023059 丁/10544 子部/
醫家類/諸專科方論/其它

軍中醫方備要二卷 清刻本 二冊

110000 - 0102 - 0023060 丁/10545 集部/
詞類/詞譜、詞律、詞韻/詞韻

詞韻二卷 （清）仲恆編 （清）王又華補切
清刻本 一冊

110000 - 0102 - 0023061 丁/10546 集部/
總集類/文/雜錄/課藝

順天鄉試墨卷 楊朝慶撰 清光緒二十七年
(1901)刻本 一冊

110000 - 0102 - 0023062 丁/10552 子部/
醫家類/養生

天地陰陽交歡大樂賦 （唐）白行簡撰 清抄
本 一冊

110000 - 0102 - 0023063 丁/10553 集部/
總集類/文/雜錄/課藝

欽定啟禎四書文 清光緒二年(1876)刻本
四冊

110000 - 0102 - 0023064 丁/10555 子部/
醫家類/雜病方論

金匱要略淺註五卷 （漢）張機撰 清光緒十
五年(1889)刻本 五冊

110000－0102－0023065　丁/10556　史部/編年類

綱鑑集要四卷　（清）曠敏本撰　清道光十二年(1832)刻本　六冊

110000－0102－0023066　丁/10557　史部/傳記類/總錄/專錄/事蹟

忠烈備考　（清）高德泰撰　清光緒五年(1879)刻本　九冊

110000－0102－0023067　丁/10558　集部/別集類/清

味靈華館詩五卷　（清）商廷煥撰　清光緒二年(1876)刻本　一冊

110000－0102－0023068　丁/10559　史部/地理類/方志/地方志/江蘇

[光緒]崇明縣志十八卷　（清）林達泉撰　清光緒七年(1881)刻本　十二冊

110000－0102－0023069　丁/10561　集部/別集類/清

松聲池館詩存四卷　（清）王璐撰　清嘉慶十九年(1814)家刻本　二冊

110000－0102－0023070　丁/10562　經部/小學類/文字

玉篇校刊劄記　（清）鄧顯鶴撰　清刻本　一冊

110000－0102－0023071　丁/10563　集部/別集類/清

翠筠館詩存二卷　（清）魁玉撰　清同治七年(1868)刻本　二冊

110000－0102－0023072　丁/10564　集部/別集類/清

藏園詩鈔　（清）游智開撰　清光緒十四年(1888)刻本　一冊

110000－0102－0023073　丁/10566　史部/傳記類/圖贊

紫光閣功臣圖像　（清）彭鴻年撰　清光緒二十七年(1901)石印本　一冊

110000－0102－0023074　丁/10567　子部/醫家類/總錄

豫醫雙璧　（清）吳重熹輯　清宣統元年(1909)鉛印本　八冊

110000－0102－0023075　丁/10568　集部/總集類/文/通代/編選

古文精言詳註合編十六卷　（清）周聘侯輯　清乾隆八年(1743)刻本　十六冊

110000－0102－0023076　丁/10571　史部/地理類/外紀

朝鮮地理小志　（朝鮮）李清江撰　清光緒十一年(1885)鉛印本　一冊

110000－0102－0023077　丁/10572　子部/類書類

聲律發蒙二卷　（元）祝明撰　清抄本　一冊

110000－0102－0023078　丁/10578　經部/小學類/訓詁/群雅

比雅十九卷孟子音義二卷　（清）洪亮吉撰　清咸豐刻粵雅堂叢書本　二冊

110000－0102－0023079　丁/10579　史部/地理類/遊記/清

雲中紀程二卷　（清）高懋功撰　清刻本　一冊

110000－0102－0023080　丁/10586　集部/別集類/外國譯著

益齋亂稿十卷拾遺一卷集志一卷　（朝鮮）李齊賢撰　清刻本　一冊

110000－0102－0023081　丁/10587　子部/藝術類/書畫/書法、碑帖

蘇米齋蘭亭考八卷　（清）翁方綱撰　清咸豐三年(1853)刻本　一冊

110000－0102－0023082　丁/10588　史部/傳記類/總傳/通錄/地方

京口耆舊傳九卷　清刻本　一冊

110000－0102－0023083　丁/10589　史部/政書類/詔令奏議/奏議

孝肅包公奏議十卷　（宋）包拯撰　清刻本　一冊

110000－0102－0023084　丁/10590　經部/
經總類/群經總義/傳說

鳳氏經說三卷　（清）鳳韶撰　清刻本　一冊

110000－0102－0023085　丁/10591　集部/
別集類/明

樓山堂集二十七卷　（明）吳應箕撰　清咸豐
三年（1853）刻本　八冊

110000－0102－0023086　丁/10592　集部/
總集類/文/雜錄/課藝

江西闈墨　（清）湯鼎烜等撰　清光緒十五年
（1889）刻本　一冊

110000－0102－0023087　丁/10594　經部/
小學類/文字/訓蒙

三字經　（清）區適子撰　清同治九年（1870）
刻本　一冊

110000－0102－0023088　丁/10595　集部/
總集類/詩/通代

續千家詩二卷　晦齋學人撰　清光緒元年
（1875）刻本　一冊

110000－0102－0023089　丁/10596　集部/
總集類/文/雜錄/課藝

鄉試會試硃卷　（清）徐繼溥輯　清光緒刻本
二冊

110000－0102－0023090　丁/10598　經部/
禮類/周禮/傳說

周官參證二卷　（清）王寶仁撰　清同治十三
年（1874）重刻本　一冊

110000－0102－0023091　丁/10599　經部/
禮類/禮記/大戴記

夏小正訓解四卷考異一卷通論一卷　（清）王
寶仁撰　清同治十三年（1874）重刻本　一冊

110000－0102－0023092　丁/10600　史部/
傳記類/別傳

似昇長生冊　周嵩堯撰輯　清宣統三年
（1911）刻本　二冊

110000－0102－0023093　丁/10601　史部/
地理類/專志/寺觀

建隆寺志十卷　（清）釋昌立撰　清道光十九
年（1839）刻本　二冊

110000－0102－0023094　丁/10602　經部/
小學類/文字/說文

說文統釋序　（清）錢大昭撰　清光緒八年
（1882）刻本　一冊

110000－0102－0023095　丁/10609　史部/
地理類/方志/地方志/江蘇

吳地記　（唐）陸廣微撰　清同治十二年
（1873）刻本　一冊

110000－0102－0023096　丁/10611　經部/
小學類/訓詁/滿蒙語學

清漢對音字式　清宣統元年（1909）鏡古堂刻
本　一冊

110000－0102－0023097　丁/10612　集部/
別集類/清

檻青閣詩鈔二卷　（清）李貽德撰　清同治五
年（1866）刻本　一冊

110000－0102－0023098　丁/10614　子部/
藝術類/書畫/畫法、畫帖/清

點石齋畫報　清光緒點石齋石印本　一冊

110000－0102－0023099　丁/10616　集部/
別集類/清

味菘園詩鈔三卷　（清）周易撰　清末鉛印本
一冊

110000－0102－0023100　丁/10619　經部/
小學類/文字/字體

廣金石韻府五卷　（清）林尚葵撰　清咸豐七
年（1857）刻本　六冊

110000－0102－0023101　丁/10621　經部/
詩類/文字音義

毛詩吟訂　（清）苗夔撰　清刻本　二冊

110000－0102－0023102　丁/10623　子部/
醫家類/雜錄

萬承志堂丸散膏丹全集　（清）萬承志堂編
清光緒十一年（1885）鉛印本　一冊

110000－0102－0023103　丁/10628　史部/

地理類/雜記

平江記事 （元）高德基撰　清末刻本　一冊

110000－0102－0023104　丁/10629　集部/
俗文學類/變文

玉英寶卷　清光緒三年(1877)刻本　一冊

110000－0102－0023105　丁/10631　史部/
傳記類/別傳

東家雜記二卷首一卷　（宋）孔傳撰　清光緒
十四年(1888)愛日精廬刻本　一冊

110000－0102－0023106　丁/10633　子部/
宗教類/釋教

石堂全集八卷　（清）釋祖珍撰　清光緒七年
(1881)刻本　一冊

110000－0102－0023107　丁/10634　集部/
別集類/清

心白日齋集四卷　（清）尹耕雲撰　清光緒十
年(1884)刻本　三冊

110000－0102－0023108　丁/10635　經部/
四書類/論語/傳說

論語註疏解經十卷　（三國魏）何晏撰　清光
緒三十年(1904)影印本　二冊

110000－0102－0023109　丁/10637　集部/
俗文學類/鼓詞

現報傳　清末抄本　一冊

110000－0102－0023110　丁/10638　集部/
別集類/清

曠遊偶筆上卷　（清）李雲麟撰　清光緒十年
(1884)刻本　一冊　存一卷(上)

110000－0102－0023111　丁/10641　經部/
小學類/文字/說文/校刊、注釋

說文字辨十四卷　（清）林慶炳撰　清同治四
年(1865)刻本　四冊

110000－0102－0023112　丁/10643　史部/
目錄類/著錄/存毀書目

銷燬抽燬書目禁書總目違礙奏繳咨禁書
（清）國學保存會撰　清光緒三十三年(1907)
國學保存會鉛印國學叢書第二集本　一冊

110000－0102－0023113　丁/10649　集部/
總集類/文/雜錄/課藝

順天鄉試闈墨　清刻本　一冊

110000－0102－0023114　丁/10650　集部/
別集類/清

時務撮言四卷　（清）蔡鈞撰　清鉛印本　一
冊　存二卷(一至二)

110000－0102－0023115　丁/10651　史部/
政書類/邦計

茅麓公司清查報告　惲祖祁撰　清宣統元年
(1909)鉛印本　一冊

110000－0102－0023116　丁/10652　集部/
別集類/清

浙遊草　（清）劉夢蓮撰　清道光十五年
(1835)刻香亭詩集三編本　一冊　存一卷
(一)

110000－0102－0023117　丁/10653　史部/
地理類/山川/山

南嶽攬勝集三卷　（宋）陳田夫撰　清光緒三
十二年(1906)刻麗廔叢書本　三冊

110000－0102－0023118　丁/10656　集部/
總集類/文/雜錄/課藝

畿輔試牘四卷　（清）陸伯葵撰　清光緒三十
一年(1905)石印本　二冊

110000－0102－0023119　丁/10659　集部/
總集類/文/雜錄/課藝

直省鄉墨適中二集　（清）吳毓春輯　清同治
十三年(1874)京師文貴堂刻本　五冊

110000－0102－0023120　丁/10660　經部/
四書類/總義/傳說

四書逸箋六卷　（清）程大中撰　清道光二十
六年(1846)刻本　一冊

110000－0102－0023121　丁/10661　集部/
別集類/清

和聲集六卷首三卷二集三卷補編一卷首一卷
　（清）沈德潛撰　清乾隆刻本　十四冊

110000－0102－0023122　丁/10663　集部/

總集類/文/雜錄/課藝

近三科鄉會墨選四卷　（清）吳淞編　清光緒八年（1882）鉛印本　四冊

110000－0102－0023123　丁/10665　史部/別史、雜史類

酌中志餘二卷　（明）劉若愚撰　清光緒七年（1881）刻本　二冊

110000－0102－0023124　丁/10668　史部/傳記類/人表

江西九府科考一等並新進文童姓名冊　清末抄本　一冊

110000－0102－0023125　丁/10671　史部/政書類/詔令奏議/奏議

御選明臣奏議四十卷　（清）高宗弘曆編　清刻本仿刻　十五冊

110000－0102－0023126　丁/10676　經部/經總類/群經總義/傳說

禮堂經說二卷　（清）陳喬樅撰　清刻本　一冊

110000－0102－0023127　丁/10679　史部/傳記類/人表

自號錄　（宋）徐光溥撰　清刻本　一冊

110000－0102－0023128　丁/10680　經部/詩類/傳說

詩瀋二十卷　（清）范家相撰　清刻本　三冊

110000－0102－0023129　丁/10681　子部/兵家類

戎行備攷二卷　（清）鐵笮德林撰　清稿本　二冊

110000－0102－0023130　丁/10682　史部/傳記類/別傳

沈文肅公事略　（清）李元度撰　清光緒刻本　一冊

110000－0102－0023131　丁/10683　經部/書類/傳說

禹貢班義述三卷　（清）成蓉鏡撰　清光緒十四年（1888）刻本　一冊

110000－0102－0023132　丁/10685　經部/書類/傳說

書義主意六卷　（元）王充耘撰　清刻本　一冊

110000－0102－0023133　丁/10686　經部/禮類/禮記/傳說

禮記天算釋　（清）孔廣牧撰　清光緒七年（1881）刻本　一冊

110000－0102－0023134　丁/10692　經部/春秋類/左傳/傳說

春秋左氏古義六卷　（清）臧壽恭撰　清同治十三年（1874）刻本　二冊

110000－0102－0023135　丁/10693　子部/宗教類

神道總論三卷　（清）倪維思撰　清光緒十四年（1888）鉛印本　二冊

110000－0102－0023136　丁/10694　子部/宗教類/釋教

醒迷錄二卷　清咸豐十一年（1861）刻本　一冊　存一卷（一）

110000－0102－0023137　丁/10695　子部/宗教類/釋教

醒迷錄　清同治元年（1862）重刻本　一冊

110000－0102－0023138　丁/10696　經部/小學類/音韻/韻典

韻字鑑四卷　（清）五經歲徧齋主人撰　清道光二十二年（1842）刻本　二冊

110000－0102－0023139　丁/10698　集部/小說類/章回

野叟曝言一百五十四回　（清）夏敬渠撰　清光緒八年（1882）石印本　二十冊

110000－0102－0023140　丁/10699　叢部/彙編叢書

瑯環獺祭十二種　清光緒二十年（1894）石印本　六冊

110000－0102－0023141　丁/10700　集部/總集類/文/通代/文選

得月樓賦甲乙編　（清）張元瀕纂　清光緒十三年(1887)刻本　四冊

110000 – 0102 – 0023142　丁/10702　史部/地理類/外紀

海國聞見錄二卷　（清）陳倫炯撰　清道光三年(1823)重刻本　一冊

110000 – 0102 – 0023143　丁/10704　史部/傳記類/總傳/專錄

浙江忠義錄十卷　清同治六年(1867)刻本　四冊

110000 – 0102 – 0023144　丁/10705　經部/小學類/音韻/韻典

佩文廣韻彙編五卷　（清）李元祺撰　清道光十年(1830)刻本　二冊

110000 – 0102 – 0023145　丁/10706　史部/地理類/方志/地方志

海州文獻錄十六卷　（清）許喬林撰　清道光二十五年(1845)刻本　四冊

110000 – 0102 – 0023146　丁/10708　史部/政書類/法令/章例

繙譯各國礦務章程十二種　清末抄本　十二冊

110000 – 0102 – 0023147　丁/10709　史部/金石類/總錄/雜著

括蒼金石志補遺四卷　（清）鄒柏森撰　清刻本　四冊

110000 – 0102 – 0023148　丁/10712　史部/傳記類/年譜

王靖毅公年譜二卷　（清）王家勤編　清刻本　五冊

110000 – 0102 – 0023149　丁/10714　史部/編年類

綱鑑易知錄九十二卷明鑑易知錄十五卷　（清）吳乘權撰　清同治八年(1869)京都琉璃廠刻本　四十八冊

110000 – 0102 – 0023150　丁/10715　集部/總集類/文/雜錄/課藝

新選時文備格　（清）芸香閣主人撰　清光緒六年(1880)刻本　八冊

110000 – 0102 – 0023151　丁/10716　經部/經總類/群經總義/音義

雪樵經解三十卷附錄三卷　（清）馮世瀛撰　清光緒十二年(1886)石印本　八冊

110000 – 0102 – 0023152　丁/10717　經部/經總類/群經總義

五經擬題類典三十八卷　（清）姜嶷撰　清同治六年(1867)刻本　十冊

110000 – 0102 – 0023153　丁/10719　集部/總集類/文/雜錄/書牘表啟

增補分類詳註飲香尺牘四卷首一卷　（清）飲香居士原輯　清光緒二年(1876)刻本　四冊

110000 – 0102 – 0023154　丁/10720　集部/別集類/清

雙桂軒尺牘　（清）丁善儀撰　清光緒四年(1878)仿刻本　二冊

110000 – 0102 – 0023155　丁/10722　集部/總集類/詩/地方

崇川各家詩鈔彙存六十一卷列朝詩選二卷首八卷恩暉堂詩集六卷帖體詩三卷　（清）王藻輯　清咸豐七年(1857)刻本　二十二冊

110000 – 0102 – 0023156　丁/10723　經部/小學類/訓詁/爾雅/傳說

爾雅匡名二十卷　（清）嚴元照撰　清光緒十一年(1885)重刻本　四冊

110000 – 0102 – 0023157　丁/10724　史部/地理類/地方志/江蘇

崇川咫聞錄十二卷　（清）徐縉輯　清道光十年(1830)刻本　十二冊

110000 – 0102 – 0023158　丁/10725　叢部/自著叢書/清中晚期

沈蓮溪先生全集六種　（清）沈濂撰　清道光咸豐(1821－1861)刻本　十六冊

110000 – 0102 – 0023159　丁/10726　子部/宗教類/釋教/經

楞嚴經會解二十卷　（元）釋惟則撰　清同治
四年（1865）重刻本　六冊

110000－0102－0023160　丁/10727　集部/
別集類/清

意苕山館詩稿十六卷嶺上白雲集十二卷
（清）陸嵩　（清）陆懋修撰　清光緒十八年
（1892）刻本　八冊

110000－0102－0023161　丁/10728　子部/
醫家類/總錄

世補齋醫書六種後集四種　（清）陸懋修撰
清光緒十二年（1886）刻本　十八冊

110000－0102－0023162　丁/10730　叢部/
自著叢書/清中晚期

徐靈胎先生雜著五種　（清）徐大椿撰　清光
緒十四年（1888）刻本　二冊

110000－0102－0023163　丁/10734　子部/
宗教類/釋教

徑山具德禪師語錄　（清）釋濟宏撰　清刻本
二冊

110000－0102－0023164　丁/10735　子部/
宗教類/釋教/經

楞嚴經正脈修釋畧記十卷　（清）釋慧海撰
清刻本　四冊

110000－0102－0023165　丁/10736　子部/
宗教類/釋教/經

楞嚴經集箋十卷　（清）松齡集訂　清嘉慶十
五年（1810）刻本　四冊

110000－0102－0023166　丁/10737　集部/
總集類/文/地方

蓮漪文鈔八卷　（清）汪曰楨撰　清咸豐九年
（1859）刻本　二冊

110000－0102－0023167　丁/10738　經部/
小學類/音韻/韻典

佩文詩韻釋要五卷　（清）周兆基撰　清光緒
十八年（1892）刻本　一冊

110000－0102－0023168　丁/10739　集部/
別集類/清

晉齋詩存二卷　（清）昇寅撰　清咸豐四年
（1854）刻本　二冊

110000－0102－0023169　丁/10740　子部/
天文地理類/總錄

格致古微六卷　（清）王仁俊撰　清光緒二十
二年（1896）刻本　四冊

110000－0102－0023171　丁/10742　經部/
易類/傳說

周易卦象六卷　（清）張丙嘉撰　清光緒二十
二年（1896）刻本　七冊

110000－0102－0023172　丁/10743　經部/
小學類/文字

字學七種二卷　（清）李祕園撰　清光緒十二
年（1886）刻本　二冊

110000－0102－0023173　丁/10744　集部/
總集類/文/地方

廣陵思古編二十九卷　（清）王廷儒撰　清道
光二十九年（1849）刻本　十冊

110000－0102－0023174　丁/10745　史部/
政書類/詔令奏議/奏議

清光緒朝奏稿　（清）錫良撰　清末抄本　十
一冊

110000－0102－0023175　丁/10746　史部/
政書類/法令/章例

欽定科場條例六十卷首一卷　（清）詹鴻謨撰
清光緒十三年（1887）刻本　四十冊

110000－0102－0023176　丁/10747　史部/
編年類

兩朝御批合璧　（清）□□編　清光緒二十九
年（1903）石印本　四冊

110000－0102－0023177　丁/10748　子部/
天文地理類/曆法

欽定萬年書　（清）清政府編　清刻本　四冊

110000－0102－0023178　丁/10749　集部/
別集類/清

音註小倉山房尺牘八卷　（清）袁枚撰　清咸
豐十一年（1861）刻本　六冊

110000－0102－0023179　丁/10750　史部/傳記類/人表

大清最新縉紳錄 （清）□□撰　清宣統三年(1911)刻本　四冊

110000－0102－0023180　丁/10751　子部/類書類/韻編

三字錦十卷 （清）趙暄撰　清道光二十二年(1842)刻本　八冊

110000－0102－0023181　丁/10752　經部/易類/傳說

易經簡明集解 （清）李源撰　清乾隆六十年(1795)刻本　三冊

110000－0102－0023182　丁/10754　史部/地理類/地方志/河南

豫乘識小錄二卷 （清）朱雲錦撰　清同治十二年(1873)刻本　二冊

110000－0102－0023183　丁/10755　子部/藝術類/書畫/書法、畫帖/清

醉墨軒畫稿 （清）胡郟卿繪　清光緒三十一年(1905)石印本　二冊

110000－0102－0023184　丁/10758　經部/小學類/訓詁/方言

習察編八卷 （清）諸玉衡撰　清抄本　八冊

110000－0102－0023185　丁/10759　史部/政書類/邦計/交通運輸

江北運程四十卷首一卷 （清）董恂撰　清同治六年(1867)刻本　四十一冊

110000－0102－0023186　丁/10760　史部/史評類/論事

可恨人集五卷人義二卷 （明）賀仲軾撰　清道光二年(1822)重刻本　四冊

110000－0102－0023187　丁/10761　史部/地理類/水道/地方

楚漕江程十六卷首一卷 （清）董恂撰　清光緒三年(1877)刻本　十六冊

110000－0102－0023188　丁/10762　史部/地理類/方志/地方志/江蘇

[道光]**重刊宜荆續志十卷** （清）顧名撰　清道光二十年(1840)刻本　四冊

110000－0102－0023189　丁/10763　史部/地理類/地方志/專志/書院

長沙縣學宮志八卷首一卷 （清）余正煥撰　清同治七年(1868)刻本　六冊　存七卷(一至六、首一卷)

110000－0102－0023190　丁/10764　集部/別集類/清

守硯齋試帖初集四卷二集二卷 （清）王祖光撰　清光緒二十四年(1898)刻本　六冊

110000－0102－0023191　丁/10765　史部/地理類/方志/地方志/江蘇

[嘉慶]**重刊宜興縣志四卷** （清）阮升基撰　清光緒八年(1882)刻本　四冊

110000－0102－0023192　丁/10767　史部/地理類/方志/地方志/江蘇

[光緒]**宜興荆溪新志十卷首一卷末一卷** （清）施惠撰　清光緒八年(1882)刻本　八冊

110000－0102－0023193　丁/10768　史部/地理類/方志/地方志/江蘇

[光緒]**通州直隸州志十六卷首一卷末一卷** （清）梁悅馨撰　清光緒元年(1875)刻本　十六冊

110000－0102－0023194　丁/10769　子部/雜家類/雜纂

蓬窗隨錄十四卷附錄二卷 （清）沈兆沄撰　清咸豐七年(1857)刻本　十四冊

110000－0102－0023195　丁/10770　叢部/彙編叢書

誦芬室叢刊初編十三種二編七種 董康輯　清光緒至民國刻本　九十六冊

110000－0102－0023196　丁/10771　子部/類書類/類編/通錄

新雕皇朝類苑七十八卷 （宋）江少虞撰　清宣統三年(1911)刻本　十二冊

110000－0102－0023197　丁/10774　史部/

史總類/諸史合刻

二十四史九通政典類要合編三百二十卷
（清）黃書霖輯　清光緒二十八年（1902）刻本
　　二十八冊

110000－0102－0023198　丁/10781　史部/
傳記類/總傳/專錄/事蹟

**昭忠錄九十卷前編六卷補遺三十卷續刊十七
卷**　（清）王大經輯　清同治、光緒刻本　五
十四冊

110000－0102－0023199　丁/10784　集部/
戲曲類

戲曲雜鈔　清末民國抄本　九冊

110000－0102－0023200　丁/10785　子部/
藝術類/書畫/書畫史

畫禪室隨筆四卷　（明）董其昌撰　清中期刻
本　二冊

110000－0102－0023201　丁/10786　子部/
雜家類/雜述

續同書八卷　（清）福申撰　清道光七年
（1827）刻本　四冊

110000－0102－0023202　丁/10787　子部/
雜家類

讀書樂趣八卷　（清）伍涵芬撰　清刻本
六冊

110000－0102－0023203　丁/10788　史部/
政書類/學制/文化教育

續增科場條例　清刻本　五冊

110000－0102－0023204　丁/10790　經部/
經總類/群經總義/傳說

十三經策案二十二卷　（清）王謨撰　清光緒
十一年（1885）石印本　二冊

110000－0102－0023205　丁/10791　子部/
類書類

增補詩句題解合璧二十二卷　（清）陳維屏撰
　清光緒五年（1879）刻本　二十二冊

110000－0102－0023206　丁/10792　經部/
小學類/音韻/韻典

漁古軒詩韻五卷　（清）余照撰　清咸豐十一
年（1861）刻本　五冊

110000－0102－0023207　丁/10794　集部/
小說類/話本

覺世名言十二樓十二卷　（清）覺世稗官編
清順治十五年（1658）刻本　六冊

110000－0102－0023208　丁/10795　子部/
類書類

增補詩句題解合璧十二卷　（清）陳維屏撰
清光緒元年（1875）京都龍威閣刻本　十二冊

110000－0102－0023209　丁/10796　經部/
小學類/音韻/韻典

漁古軒詩韻五卷　（清）余照撰　清道光十七
年（1837）刻本　四冊

110000－0102－0023210　丁/10797　集部/
小說類/筆記小說

翼駉稗編八卷　（清）湯用中撰　清道光二十
九年（1849）刻本　八冊

110000－0102－0023211　丁/10798　集部/
小說類/筆記小說

續閒談消夏六卷　（清）外史氏撰　清光緒刻
本　六冊

110000－0102－0023212　丁/10799　集部/
總集類/文/雜錄/課藝

經藝文匯三十九卷目錄一卷　（清）李次青編
　清光緒十五年（1889）刻本　四十冊　缺二
卷（二十三、三十九）

110000－0102－0023213　丁/10800　集部/
總集類/文/通代

漢魏六朝一百三家集　（明）張溥撰　清刻本
　十四冊　存十八卷（諸葛丞相集一卷、魏武
帝集一卷、魏文帝集二卷、陳思王集二卷、王
侍中集一卷、魏阮元瑜集二卷、魏公幹集一
卷、魏應德璉集一卷、阮步兵集一卷、嵇中散
集一卷、魏鍾司徒集一卷、東陽平集一卷、孫
馮翊集一卷、晉摯太常集一卷、夏侯常侍集一
卷）

110000－0102－0023214　丁/10801　子部/

雜家類/雜纂

述記二卷 （清）任兆麟輯　清末民國石印本
二冊

110000－0102－0023215　丁/10803　集部/
別集類/清

庸庵文續編二卷 （清）薛福成撰　清光緒二
十三年(1897)上海石印本　一冊

110000－0102－0023216　丁/10804　子部/
雜家類/雜考

焦氏類林八卷 （明）焦竑輯　清刻本　七冊

110000－0102－0023217　丁/10805　集部/
別集類/清

玉山草堂續集六卷 （清）錢林撰　清刻本
一冊

110000－0102－0023218　丁/10806　集部/
總集類/詩/通代

小石帆亭五言詩續鈔八卷 （清）翁方綱編
清刻本　二冊

110000－0102－0023219　丁/10807　史部/
別史、雜史類

東觀奏記三卷 （唐）裴庭裕撰　**西陲要略四
卷** （清）祁韻士撰　清刻本　二冊

110000－0102－0023220　丁/10808　子部/
天文數理類/演算法/總錄

求表捷術九卷 （清）戴煦撰　清刻本　五冊

110000－0102－0023221　丁/10809　史部/
地理類/雜記

中吳紀聞六卷 （宋）龔明之撰　清刻本
二冊

110000－0102－0023222　丁/10810　集部/
別集類/宋

南湖集十卷附錄三卷 （宋）張鎡撰　清刻本
四冊

110000－0102－0023223　丁/10811　子部/
宗教類/道教

覺世新新集八卷 清刻本　七冊

110000－0102－0023224　丁/10813　集部/

別集類/清

揅經室詩錄五卷 （清）阮元撰　清刻本
二冊

110000－0102－0023225　丁/10814　經部/
春秋類/穀梁傳/傳說

春秋穀梁傳時月日書法釋例 （清）許桂林撰
清刻本　一冊

110000－0102－0023226　丁/10815　經部/
禮類/儀禮

儀禮石經校勘記四卷 （清）阮元撰　清刻本
一冊

110000－0102－0023227　丁/10816　經部/
樂類/樂理

樂縣考二卷 （清）江藩撰　清刻本　一冊

110000－0102－0023228　丁/10817　史部/
傳記類/總傳/專錄/儒林

國朝宋學淵源記二卷附錄一卷 （清）江藩撰
清咸豐四年(1854)刻粵雅堂叢書本　一冊

110000－0102－0023229　丁/10818　集部/
別集類/遼金元

揭文安公文粹二卷 （元）揭傒斯撰　清刻本
一冊

110000－0102－0023230　丁/10819　史部/
傳記類/年譜

元遺山年譜三卷附錄一卷 （清）翁方綱編
清咸豐五年(1855)刻粵雅堂叢書本　一冊

110000－0102－0023231　丁/10820　集部/
集評類/詩評/詩話

石洲詩話八卷 （清）翁方綱撰　清咸豐元年
(1851)刻粵雅堂叢書本　二冊

110000－0102－0023232　丁/10821　集部/
總集類/詩/通代

小石帆亭五言詩續鈔八卷 （清）翁方綱編
清刻本　二冊

110000－0102－0023233　丁/10822　集部/
別集類/清

玉山草堂續集六卷 （清）錢林撰　清刻

本　一冊

110000－0102－0023234　丁/10838　子部/宗教類/其它

桂宮梯六卷　（清）徐謙輯　清同治四年(1865)陳明德大房善書坊刻本　二冊

110000－0102－0023235　丁/10839　集部/小說類/筆記小說

聞見雜錄　（清）柴桑輯　清光緒鉛印本　一冊

110000－0102－0023236　丁/10840　集部/詞曲/曲別集/雜劇

白頭新六折　（清）徐鄂撰　清光緒十三年(1887)大同書局石印本　一冊

110000－0102－0023237　丁/10841　史部/紀傳類/斷代

三國志補注六卷　（清）杭士駿撰　清刻本　一冊

110000－0102－0023238　丁/10847　史部/紀傳類/斷代

欽定五代史七十四卷　（宋）歐陽修撰　（宋）徐無黨注　清光緒十年(1884)上海同文書局鉛印本　十冊

110000－0102－0023239　丁/10849　集部/別集類/清

紅豆樹館詩鈔十四卷　（清）陶樑撰　清咸豐七年(1857)刻本　二冊

110000－0102－0023240　丁/10851　集部/別集類/清

窺生鐵齋詩詞希晦堂遺文雜著　（清）宗山撰　清光緒十六年(1890)刻本　一冊

110000－0102－0023241　丁/10852　子部/醫家類/雜病方論

四時病機十四卷　（清）邵步青輯　清光緒六年(1880)刻本　二冊

110000－0102－0023242　丁/10854　史部/地理類/方志/地方志/廣東

[光緒]**廣州府志一百六十三卷**　（清）戴肇辰

（清）史澄纂修　清光緒五年(1879)刻本　六十冊

110000－0102－0023243　丁/10855　史部/地理類/方志/地方志/湖北

[光緒]**荊州府志八十卷首一卷**　（清）倪文蔚等修　（清）顧嘉蘅等纂　清光緒六年(1880)刻本　三十二冊

110000－0102－0023244　丁/10856　子部/雜家類/雜纂

群書治要五十卷　（唐）魏徵等撰　清乾隆五十二年(1787)刻本　二十五冊

110000－0102－0023245　丁/10858　集部/總集類/詩/家族

五周先生集　（清）周沐潤等撰　清光緒二十二年(1896)刻本　一冊

110000－0102－0023246　丁/10861　史部/政書類/邦計/雜錄

試辦遷旗實邊報告　金梁著　清宣統三年(1911)鉛印本　一冊

110000－0102－0023247　丁/10863　集部/別集類/清

西笑山房詩鈔九卷　（清）于鍾嶽撰　清刻本　四冊

110000－0102－0023248　丁/10864　集部/總集類/詩/斷代/清

國朝詩十卷外編一卷補六卷　（清）吳翌鳳撰　清嘉慶新陽趙氏刻本　六冊

110000－0102－0023249　丁/10865　集部/戲曲類/地方戲

秦腔戲本　清同治至民國刻本　三十五冊

110000－0102－0023250　丁/10867　集部/俗文學類/謎語及其他

蝸寄居隱語　（清）葉肖齋撰　清光緒十一年(1885)刻本　一冊

110000－0102－0023251　丁/10869　集部/俗文學類/彈詞

繡像十五貫十六出　（清）鴛湖逸史撰　清同

治十一年(1872)刻本　四册

110000－0102－0023252　丁/10870　集部/
俗文學類/雜曲

吳下諺聯四卷　(清)北莊素史集　清道光二十一年(1841)刻本　四册

110000－0102－0023253　丁/10871　集部/
小說類/長篇小說

鬼谷四友志三卷　(清)楊景淐撰　清嘉慶八年(1803)博雅堂刻本　三册

110000－0102－0023254　丁/10873　集部/
別集類/清

鈍翁文錄十六卷　(清)汪琬撰　清光緒十三年(1887)刻本　六册

110000－0102－0023255　丁/10874　史部/
地理類/地方志/四川

蜀事答問　(清)天眉撰　清末刻寒杉館叢書本　一册

110000－0102－0023256　丁/10876　集部/
別集類/清

植庵集十卷　(清)李慎傳撰　清光緒十年(1884)刻本　五册

110000－0102－0023257　丁/10877　集部/
別集類/清

律陶雜詠　(清)黃甲先撰　清刻本　一册

110000－0102－0023258　丁/10882　史部/
傳記類/總傳/專錄/事蹟

上元朱氏忠貞錄　(清)崇保等撰　清光緒二十七年(1901)刻本　一册

110000－0102－0023259　丁/10884　集部/
詞曲/曲別集/傳奇

揚州夢二卷三十二出　(清)嵇永仁撰　清同治十一年(1872)刻本　二册

110000－0102－0023260　丁/10887　集部/
別集類/清

荔隱山房集　(清)涂慶瀾撰　清光緒三十三年(1907)刻本　四册

110000－0102－0023261　丁/10889　史部/

政書類/詔令奏議/奏議

左恪靖伯奏稿　(清)左宗棠撰　清同治十年(1871)抄本　一册

110000－0102－0023262　丁/10890　子部/
雜家類/雜纂

清異錄二卷　(宋)陶穀撰　清道光二十六年(1846)刻惜陰軒叢書本　二册

110000－0102－0023263　丁/10893　經部/
孝經類/傳說

孝經存解一卷　(清)趙長庚撰　清光緒十年(1884)刻本　二册

110000－0102－0023264　丁/10899　子部/
天文地理類/曆法

清光緒時憲書三種　清光緒刻本　三册

110000－0102－0023265　丁/10903　子部/
雜家類/雜纂

尸子　(清)孫星衍輯　清光緒十五年(1889)蔣氏求實齋刻本　一册

110000－0102－0023266　丁/10904　史部/
地理類/水道/總錄

水經注西南諸水考　(清)陳澧撰　清刻本　一册

110000－0102－0023267　丁/10905　集部/
總集類/文/雜錄/課藝

曆科朝元卷　(清)嚴辰等撰　清刻本　二册

110000－0102－0023268　丁/10907　子部/
儒家類/元

程氏家塾讀書分季日程三卷　(元)程端禮撰　清同治八年(1869)江蘇書局刻本　一册

110000－0102－0023269　丁/10909　集部/
別集類/清

冷香樓詩稿一卷　(清)李源撰　清光緒二十二年(1896)刻本　一册

110000－0102－0023270　丁/10910　集部/
別集類/清

石雲館詩稿一卷　(清)李景福撰　清光緒二十二年(1896)刻本　一册

110000－0102－0023271　丁/10911　集部/
別集類/清

茗華閣詩稿一卷　（清）李淑撰　清光緒二十
二年(1896)刻本　一冊

110000－0102－0023272　丁/10912　集部/
別集類/清

紫佩軒詩稿二卷　（清）華小雲撰　清光緒二
十二年(1896)刻本　二冊

110000－0102－0023273　丁/10913　集部/
別集類/清

管斑集二卷　（清）楊重雅撰　清同治六年
(1867)刻本　二冊

110000－0102－0023274　丁/10914　集部/
別集類/遼金元

楊仲宏集八卷　（元）楊載撰　清留香室刻本
　一冊

110000－0102－0023275　丁/10916　集部/
別集類/清

疏蘭仙館詩集四卷續集六卷再續集四卷　（清）
朱錫綏撰　清光緒三年(1877)刻本　四冊

110000－0102－0023276　丁/10917　叢部/
彙編叢書/清中晚期

國學萃編二十六期　陳衍等著　清光緒三十
四年至宣統元年(1908－1909)鉛印本　二十
六冊

110000－0102－0023277　丁/10918　集部/
別集類/清

受恆受漸齋集十二卷　（清）沈曰富撰　清光
緒十三年(1887)刻本　四冊

110000－0102－0023278　丁/10919　集部/
別集類/清

嘉蔭簃論泉截句二卷　（清）劉喜海撰　清道
光十八年(1838)諸城劉喜海嘉蔭簃刻本
二冊

110000－0102－0023279　丁/10922　史部/
地理類/外紀

日本紀遊詩　（清）莊介禕撰　清光緒九年
(1883)刻本　二冊

110000－0102－0023280　丁/10929　集部/
集評類/詩評/詩話/個人

香石詩話　（清）黃培芳撰　清嘉慶十五年
(1810)刻本　四冊

110000－0102－0023281　丁/10931　集部/
別集類/清

咸陟堂二集文二卷詩四卷　（清）釋冊鷔撰
清刻本　三冊

110000－0102－0023282　丁/10936　集部/
俗文學類/雜曲

最新頭等戲曲十九種　清末民國江西刻本
二十一冊

110000－0102－0023283　丁/10937　集部/
俗文學類/雜曲

四川說唱本　清光緒至民國刻本　二十二冊

110000－0102－0023284　丁/10938　集部/
戲曲類/地方戲

川劇本甲輯　清刻本　十冊

110000－0102－0023285　丁/10940　集部/
別集類/清

虛齋詩稿十五卷　（清）陳榮昌撰　清末刻本
十五冊

110000－0102－0023286　丁/10941　集部/
戲曲類

最新半班抄本十二種　清末民國江西刻本
十二冊

110000－0102－0023287　丁/10945　集部/
俗文學類/雜曲

雜曲三十種　清末民國北京寶文堂等刻本
三十一冊

110000－0102－0023288　丁/10946　集部/
戲曲類

轅門斬子　清末刻本　一冊

110000－0102－0023289　丁/10947　集部/
戲曲類

和先生教書　清泰山堂刻本　一冊

110000－0102－0023290　丁/10948　集部/

戲曲類/地方戲

川劇本乙輯　清光緒至民國刻本及石印本
五十四冊

110000－0102－0023291　丁/10964　史部/
地理類/地方志/山東

[道光]重修平度州志二十七卷　（清）保忠
（清）李圖纂修　清道光二十八年(1848)刻本
八冊

110000－0102－0023292　丁/10967　史部/
傳記類/總傳/專錄/仕宦

中興名將傳略　（清）彭鴻年撰　（清）吳友如
等繪　清光緒二十七年(1901)石印本　一冊

110000－0102－0023293　丁/10969　集部/
小說類/筆記小說

詅癡符二卷　（清）耕石農者編　清嘉慶十四
年(1809)刻本　二冊

110000－0102－0023294　丁/10971　史部/
政書類/法令/其它

致君術六卷　（清）臥龍子彙編　清光緒十年
(1884)刻本　六冊

110000－0102－0023295　丁/10973　子部/
農家類/蔬菜花木

花鏡六卷　（清）陳淏子撰　清乾隆四十八年
(1783)刻本　四冊

110000－0102－0023296　丁/10974　子部/
天文地理類/曆法

欽定萬年書　清道光刻本　三冊

110000－0102－0023297　丁/10975　集部/
別集類/清

冷吟仙館詩稿八卷一卷附錄一卷　（清）左錫
嘉撰　吟雲仙館詩稿一卷附錄一卷　（清）曾
詠撰　清光緒十七年(1891)刻本　六冊

110000－0102－0023298　丁/10978　子部/
雜家類/雜述

石菊影廬筆識二卷　（清）譚嗣同撰　清光緒
二十三年(1897)金陵刻本　一冊

110000－0102－0023299　丁/10979　集部/

別集類/清

匡莪堂文集五卷　（清）劉岩撰　清光緒二年
(1876)刻本　一冊

110000－0102－0023300　丁/10980　集部/
別集類/清

嘯劍山房詩鈔十二卷試帖一卷　（清）文星瑞
撰　清同治九年(1870)刻本　四冊

110000－0102－0023301　丁/10981　集部/
別集類/清

頤綵堂文集十六卷賦二卷詩鈔十卷　（清）沈
叔埏撰　清光緒九年(1883)刻本　八冊

110000－0102－0023302　丁/10986　集部/
總集類/文/通代/編選

皇朝經世文新編二十一卷　（清）麥仲華輯
清光緒二十四年(1898)石印本　二十四冊

110000－0102－0023303　丁/10987　史部/
史評類/詠史

歷代宮闈詠事詩四卷　（清）張芝田撰　清光
緒二十二年(1896)刻本　四冊

110000－0102－0023304　丁/10989　集部/
總集類/文/雜錄/課藝

清會試鄉試硃卷　清刻本　一冊

110000－0102－0023305　丁/10990　集部/
總集類/文/雜錄/格言、語錄、楹聯

古今中外雜鈔　潘修禮輯　清至民國抄本
十六冊

110000－0102－0023306　丁/10991　集部/
別集類/遼金元

靜春堂詩集四卷　（元）袁易撰　清刻本
二冊

110000－0102－0023307　丁/10993　史部/
政書類/職官/官箴

宦遊紀略二卷　（清）高廷瑤撰　清光緒七年
(1881)刻本　二冊

110000－0102－0023308　丁/10994　子部/
儒家類/宋以前

續孟子二卷伸蒙子三卷　（唐）林慎思撰　清

乾隆四十五年(1780)刻本　一冊

110000－0102－0023309　丁/10995　集部/
小說類

說部精華十二卷　（清）劉堅編　清光緒五年
(1879)刻本　二冊

110000－0102－0023310　丁/10998　集部/
戲曲類

活捉王魁　（清）黃茂編　清光緒三十四年
(1908)刻本　一冊

110000－0102－0023311　丁/11000　集部/
詞類/詞別集/清

有正味齋詞集八卷　（清）吳錫麒撰　清宣統
元年(1909)石印本　三冊

110000－0102－0023312　丁/11001　集部/
戲曲類

唐王平北番全劇　清同治六年(1867)抄本
一冊

110000－0102－0023313　丁/11006　集部/
小說類/章回

繪圖金臺全傳六十回　清光緒二十一年
(1895)石印本　一冊

110000－0102－0023314　丁/11007　集部/
詞類/詞別集/宋

蘋洲漁笛譜二卷　（宋）周密撰　清刻本
一冊

110000－0102－0023315　丁/11008　史部/
史評類/考訂

新唐書糾謬二十卷　（宋）吳縝撰　（清）錢大
昕校　清刻本　四冊

110000－0102－0023316　丁/11009　子部/
天文數理類/演算法/總錄

益古演段三卷　（元）李冶撰　**弧矢算術細草
一卷**　（清）李銳撰　清刻本　二冊

110000－0102－0023317　丁/11010　子部/
天文數理類/演算法/總錄

測圓海鏡細草十二卷　（元）李冶撰　清嘉慶
三年(1798)刻本　四冊

110000－0102－0023318　丁/11011　集部/
別集類/宋

灊山集三卷補遺一卷　（宋）朱翌撰　**頤菴居
士集二卷**　（宋）劉應時撰　清刻本　二冊

110000－0102－0023319　丁/11012　集部/
詞類/詞別集/遼金元

張子野詞二卷補遺二卷　（宋）張先撰　**貞居
詞一卷**　（元）張雨撰　清刻本　一冊

110000－0102－0023320　丁/11013　集部/
小說類/筆記小說

鬼董五卷　（宋）沈□撰　清乾隆五十一年
(1786)刻本　一冊

110000－0102－0023321　丁/11014　子部/
雜家類/學說

寓簡十卷　（宋）沈作喆撰　清乾隆四十年
(1775)刻本　二冊

110000－0102－0023322　丁/11015　子部/
天文地理類/演算法/總錄

張丘建算經三卷　（□）張丘建撰　**輯古算經**
（唐）王孝通撰　清刻本　二冊

110000－0102－0023323　丁/11016　經部/
孝經類/文字音義

孝經　（漢）孔安國傳　（日本）太宰純音　清
乾隆四十一年(1776)重刻本　一冊

110000－0102－0023324　丁/11017　史部/
政書類/學制/文化教育

雲路指南　（清）何廷謙編　清同治十年
(1871)廣州試院刻本　一冊

110000－0102－0023325　丁/11025　集部/
別集類/清

雅雨堂文遺集四卷　（清）盧見曾撰　清道光
二十年(1840)刻本　二冊

110000－0102－0023326　丁/11026　集部/
別集類/清

楚畹閣集十一卷　（清）季蘭韻撰　清刻本
二冊

110000－0102－0023327　丁/11029　子部/

藝術類/書畫/畫法、畫帖/明

木本花鳥譜 （明）黃少遊繪　清光緒十九年(1893)石印本　一冊

110000－0102－0023328　丁/11030　子部/藝術類/書畫/畫法、畫帖/明

草木花詩譜 （明）黃少遊繪　清光緒十九年(1893)石印本　一冊

110000－0102－0023329　丁/11031　子部/天文地理類/曆法

歷代長術輯要十卷 （清）汪曰楨撰　清同治六年(1867)刻本　五冊

110000－0102－0023330　丁/11032　集部/別集類/清

雙罳館詩存二卷 （清）洪錫爵撰　清宣統元年(1909)刻本　二冊

110000－0102－0023331　丁/11034　子部/農家類/蔬菜花木

水蜜桃譜 （清）褚華撰　清北洋官報局石印本　一冊

110000－0102－0023332　丁/11035　集部/總集類/詩/斷代/清

紅犀館詩課第九集 （清）陳允升等撰　清末抄本　一冊

110000－0102－0023333　丁/11036　集部/詞類/詞別集

韻廛詞 （清）經半園撰　清末鉛印本　一冊

110000－0102－0023334　丁/11037　集部/總集類/文/地方

常州賦 （清）褚邦慶撰　清光緒四年(1878)刻本　一冊

110000－0102－0023335　丁/11038　集部/別集類/清

居易軒遺稿 （清）趙炳龍撰　清光緒十四年(1888)刻本　一冊

110000－0102－0023336　丁/11039　集部/別集類/清

五湖遊稿一卷 （清）余懷撰　清宣統元年

(1909)刻本　一冊

110000－0102－0023337　丁/11040　集部/詞類/詞別集/清

紫鸞笙譜二卷 （清）桃花漁隱撰　清道光十一年(1831)刻本　一冊

110000－0102－0023338　丁/11042　集部/別集類/清

廉泉詩鈔四卷 （清）范仕義撰　清道光二十二年(1842)刻本　一冊

110000－0102－0023339　丁/11044　集部/別集類/清

潛西偶存 （清）釋含澈撰　清刻本　一冊

110000－0102－0023340　丁/11045　集部/別集類/清

掃垢山房詩鈔八卷 （清）黃文暘撰　清嘉慶八年(1803)刻本　四冊

110000－0102－0023341　丁/11046　集部/總集類/詩/雜錄/會社

[練影草堂集] （清）秦鏡等撰　清末抄本一冊

110000－0102－0023342　丁/11047　史部/傳記類/總傳/專錄/事蹟

歷代都江堰功小傳二卷 王人文等編　清宣統三年(1911)刻本　一冊

110000－0102－0023343　丁/11049　經部/禮類/三禮

群經宮室圖二卷 （清）焦循撰　清刻本一冊

110000－0102－0023344　丁/11052　經部/禮類/周禮/傳說

太平經國之書十一卷首一卷 （宋）鄭伯謙撰
　夏小正戴氏傳四卷 （宋）傅崧卿撰　清通志堂刻本　二冊

110000－0102－0023345　丁/11053　集部/別集類/清

藏園詩鈔 （清）游智開撰　清光緒刻本一冊

110000 – 0102 – 0023346　丁/11054　叢部/
彙編叢書/清中晚期

思賢講舍叢書　（清）思賢講舍輯　清光緒二
十二年（1896）長沙思賢書局刻本　一冊

110000 – 0102 – 0023347　丁/11056　集部/
別集類/清

蓮潔詩存蓮潔續集　（清）謝綸撰　清同治刻
本　一冊

110000 – 0102 – 0023348　丁/11057　集部/
別集類/清

抱碧齋詩四卷詞一卷　（清）儲國鈞撰　清刻
本　一冊

110000 – 0102 – 0023349　丁/11058　史部/
地理類/水道/地方

峽江圖考　（清）江國璋繪　清光緒十五年
（1889）石印本　一冊

110000 – 0102 – 0023350　丁/11062　史部/
傳記類/人表

大清光緒九年至三十年進士題名錄　清末抄
本　一冊

110000 – 0102 – 0023351　丁/11066　集部/
俗文學類/謎語及其他

謎拾二卷　（清）南注生撰　清光緒十九年
（1893）刻本　一冊

110000 – 0102 – 0023352　丁/11069　集部/
別集類/清

自適齋詩鈔二卷　（清）李震撰　清道光十五
年（1835）刻本　一冊

110000 – 0102 – 0023353　丁/11071　史部/
傳記類/總傳/專錄/文苑

國朝文錄小傳二卷　（清）張爾耆編　清末刻
本　二冊

110000 – 0102 – 0023354　丁/11072　集部/
別集類/清

竹瑞堂詩鈔十八卷　（清）黃德華撰　清同治
三年（1864）刻本　四冊

110000 – 0102 – 0023355　丁/11073　集部/

別集類/清

御覽集　（清）黃志詵撰　清道光元年（1821）
刻本　四冊

110000 – 0102 – 0023356　丁/11074　集部/
別集類/唐至五代

制詔集二十卷　（唐）常衮撰　清光緒七年
（1881）刻本　四冊

110000 – 0102 – 0023357　丁/11075　集部/
別集類/清

滄無爲齋詩稿五卷　（清）方淵如撰　清光緒
二十七年（1901）刻本　二冊

110000 – 0102 – 0023358　丁/11076　集部/
別集類/清

梅軒新語　（清）趙惟清撰　清道光二十六年
（1846）刻本　二冊

110000 – 0102 – 0023359　丁/11077　子部/
雜家類/雜述

有不爲齋隨筆十卷　（清）光聰諧撰　清光緒
十四年（1888）刻本　二冊

110000 – 0102 – 0023360　丁/11083　經部/
小學類/文字/訓蒙

鑑略妥注五卷　（明）李廷機撰　（清）鄒聖脈
訂　清後期刻本　二冊

110000 – 0102 – 0023361　丁/11084　子部/
藝術類/篆刻

治印圖章譜十二幅　清朱印本　一冊

110000 – 0102 – 0023362　丁/11085　集部/
別集類/清

又其次齋詩集七卷　（清）吳世涵撰　清咸豐
二年（1852）刻本　四冊

110000 – 0102 – 0023363　丁/11088　集部/
別集類/清

蘊真居詩集六卷附詩餘　（清）陸學欽撰　清
光緒十三年（1887）刻本　一冊

110000 – 0102 – 0023364　丁/11089　集部/
別集類/清

詩義堂集二卷　（清）彭輅撰　清咸豐十一年

(1861)刻本　　四冊

110000 – 0102 – 0023365　丁/11091　集部/別集類/清

梅窩詩鈔三卷詞鈔一卷 　（清）陳良玉撰　清光緒元年(1875)刻本　　二冊

110000 – 0102 – 0023366　丁/11092　集部/別集類/清

敄壽廬遺集十卷 　（清）吳恩熙撰　清光緒二十六年(1900)刻本　　二冊

110000 – 0102 – 0023367　丁/11093　集部/別集類/清

杏花樓詩稿四卷補遺一卷 　（清）朱浩撰　清道光十八年(1838)刻本　　二冊

110000 – 0102 – 0023368　丁/11094　集部/總集類/文/雜錄/課藝

詁經精舍文續集八卷 　（清）羅文俊訂　清道光二十二年(1842)刻本　　四冊

110000 – 0102 – 0023369　丁/11095　集部/俗文學類/鼓詞

綉花扇殘本十二卷四十五回 　清光緒刻本　四冊

110000 – 0102 – 0023370　丁/11096　集部/總集類/詩/地方

四明古蹟詩四卷 　（清）陳之綱輯　清道光二年(1822)刻本　　四冊

110000 – 0102 – 0023371　丁/11098　集部/戲曲類/京劇

飛虎夢十卷 　清抄本　十冊

110000 – 0102 – 0023372　丁/11099　集部/別集類/清

擁書堂詩集四卷 　（清）張璿華撰　清光緒二十四年(1898)刻本　　一冊

110000 – 0102 – 0023373　丁/11109　集部/別集類/清

嶺南雜事詩鈔七卷 　（清）陳坤撰　清光緒三年(1877)刻本　　六冊

110000 – 0102 – 0023374　丁/11110　集部/別集類/清

山薑詩選十八卷 　（清）田雯撰　清刻本　二冊

110000 – 0102 – 0023375　丁/11111　集部/別集類/清

駢儷文三卷 　（清）孔廣森撰　清嘉慶二十二年(1817)刻顨軒孔氏所著書本　　一冊

110000 – 0102 – 0023376　丁/11112　史部/傳記類/年譜

孟晉齋年譜 　（清）顧家相撰　清同治五年(1866)刻本　　一冊

110000 – 0102 – 0023377　丁/11115　集部/別集類/清

穆伯祺遺文 　（清）穆奎齡撰　清宣統二年(1910)天津民興報館鉛印本　　一冊

110000 – 0102 – 0023378　丁/11116　史部/史抄類

三立閣史鈔二卷 　（清）李鎔經輯　清道光十七年(1837)刻本　　二冊

110000 – 0102 – 0023379　丁/11120　子部/藝術類/書畫/畫法、畫帖/明

唐解元仿古今畫譜 　（明）唐寅繪　清光緒十九年(1893)石印本　　一冊

110000 – 0102 – 0023380　丁/11122　子部/藝術類/篆刻

問奇亭印譜 　清鈐印本　　一冊

110000 – 0102 – 0023381　丁/11123　集部/別集類/清

冬榮室詩鈔 　（清）莊慶椿撰　清光緒刻本　一冊

110000 – 0102 – 0023382　丁/11124　集部/別集類/清

墨磨軒劫餘賸草 　（清）王學修撰　清光緒十五年(1889)木活字印本　　一冊

110000 – 0102 – 0023383　丁/11126　集部/戲曲類/昆曲類

昆曲四齣 　清抄本　一冊

110000－0102－0023384　丁/11127　史部/地理類/山川/山

西樵遊覽記殘本二卷　（清）劉南甯撰　清道光十三年(1833)刻本　一冊

110000－0102－0023385　丁/11128　集部/別集類/清

通甫詩存之餘二卷　（清）魯一同撰　清咸豐刻本　一冊

110000－0102－0023386　丁/11130　集部/別集類/清

讀騷樓詩初集四卷　（清）陳逢衡撰　清道光九年(1829)刻本　二冊

110000－0102－0023387　丁/11131　經部/小學類/文字

名原二卷　（清）孫詒讓撰　清光緒三十一年(1905)刻本　二冊

110000－0102－0023388　丁/11132　子部/宗教類/釋教

純陽帝君治心經純陽帝君說先天度人真經鄭板橋家書　（□）□□集　清光緒李守真抄本　一冊

110000－0102－0023389　丁/11135　集部/小說類/筆記小說

吳氏見聞記十二卷　（清）吳燕蘭編　清光緒宣統間抄本　六冊

110000－0102－0023390　丁/11136　子部/雜家類/雜纂

消遣錄二卷　（清）欽堯錄　清光緒二十六年(1900)抄本　二冊

110000－0102－0023391　丁/11137　子部/譜錄類/器物

龍米陶器製造圖　（日本）大米繪　清影印本　一冊

110000－0102－0023392　丁/11138　史部/載記類

五國故事一冊　（宋）□□撰　清紅葉山房抄本　一冊

110000－0102－0023393　丁/11139　子部/醫家類/雜病方論

先醒齋廣筆記一卷　（明）繆希雍撰　清刻本　一冊

110000－0102－0023394　丁/11141　集部/俗文學類/變文

秀女寶卷　清光緒三十四年(1908)重刻本　一冊

110000－0102－0023395　丁/11142　集部/總集類/詩/雜錄/唱和

梧笙館聊吟初輯二卷　（清）李星沅　（清）郭潤玉撰　清道光十七年(1837)刻本　二冊

110000－0102－0023396　丁/11143　集部/別集類/清

鴻桷堂詩集五卷附錄三卷　（清）胡方撰　清鉛印本　四冊

110000－0102－0023397　丁/11144　集部/別集類/清

虹橋老屋遺集六卷　（清）秦緗業撰　清光緒十五年(1889)刻本　二冊

110000－0102－0023398　丁/11145　集部/別集類/明

愛勞軒答問草　（明）郭尚友撰　清刻本　一冊

110000－0102－0023399　丁/11146　集部/總集類/文/雜錄/酬贈慶吊

春帖遺墨題詞　（清）李其滋輯　清光緒刻本　一冊

110000－0102－0023400　丁/11147　集部/集評類/詩評/詩話

拜經樓詩話四卷　（清）吳騫輯　清嘉慶刻愚谷叢書本　一冊

110000－0102－0023401　丁/11148　集部/別集類/唐至五代

讒書五卷　（唐）羅隱撰　**桃溪客語五卷**（清）吳騫撰　清乾隆、嘉慶拜經樓刻本　二冊

110000 - 0102 - 0023402　丁/11149　子部/
譜錄類/器物

陽羨名陶錄二卷續錄一卷萬花漁唱一卷
(清)吳騫輯　清乾隆五十一年(1786)拜經樓
刻本　一冊

110000 - 0102 - 0023403　丁/11150　集部/
小說類/筆記小說

醒世日記二卷　(清)席世能撰　清光緒二十
二年(1896)刻本　二冊

110000 - 0102 - 0023404　丁/11151　集部/
總集類/詩/家族

繡水王氏家藏集十六種　(清)王耀奎輯　清
光緒二年(1876)刻本　十二冊

110000 - 0102 - 0023405　丁/11153　集部/
別集類/清

壯懷堂詩初集十卷　(清)林直撰　清咸豐六
年(1856)刻本　二冊

110000 - 0102 - 0023406　丁/11154　子部/
藝術類/音樂舞蹈

研露樓琴譜四卷首一卷　(清)崔應階訂　清
同治三年(1864)刻本　四冊

110000 - 0102 - 0023407　丁/11156　集部/
別集類/清

悟雪樓詩存三十四卷　(清)徐謙撰　清道光
二十九年(1849)刻本　八冊

110000 - 0102 - 0023408　丁/11157　集部/
別集類/清

一朵山房詩集十八卷　(清)傅潢撰　清道光
刻本　四冊

110000 - 0102 - 0023409　丁/11158　集部/
總集類/詩/斷代/遼金元

忠義集十卷　(元)劉壎等撰　(元)趙秉善編
　清刻本　二冊

110000 - 0102 - 0023410　丁/11159　子部/
醫家類/傷寒方論

增註類證活人書二十二卷序目一卷　(宋)朱
肱撰　清光緒十年(1884)刻本　四冊

110000 - 0102 - 0023411　丁/11160　集部/
總集類/詩/地方

粵東三子詩鈔十四卷　(清)黃玉階編　清道
光二十二年(1842)刻本　六冊

110000 - 0102 - 0023412　丁/11161　集部/
別集類/清

香蘇山館古體詩鈔十七卷今體詩鈔十九卷
(清)吳嵩梁撰　清刻本　六冊

110000 - 0102 - 0023413　丁/11163　史部/
傳記類/圖贊

秦淮八豔圖詠　(清)張景祁撰　(清)葉衍蘭
繪　清光緒十八年(1892)刻本　一冊

110000 - 0102 - 0023414　丁/11167　集部/
別集類/清

靜香樓詩草二卷　(清)吳蕙撰　清道光十二
年(1832)刻本　一冊

110000 - 0102 - 0023415　丁/11169　集部/
別集類/清

東洲草堂詩鈔　(清)何紹基撰　清咸豐七年
(1857)刻本　一冊

110000 - 0102 - 0023416　丁/11170　集部/
總集類/詩/雜著/唱和

登瀛疊唱　(清)何桂清編　清道光二十一年
(1841)刻本　一冊

110000 - 0102 - 0023417　丁/11173　史部/
政書類/邦交/商約

滬寧鐵路英商借款條議　清光緒鉛印本
一冊

110000 - 0102 - 0023418　丁/11176　經部/
小學類/文字/訓蒙

**新鐫增補音郡音義百家姓增補重訂音義千字
文**　清末刻本　一冊

110000 - 0102 - 0023419　丁/11178　集部/
別集類/清

養泉遺詩六卷　(清)朱鑌撰　清嘉慶刻本
一冊

110000 - 0102 - 0023420　丁/11179　子部/

農家類/蔬菜花木

果樹學二編 清石印本 三冊

110000－0102－0023421 丁/11180 集部/
別集類/清

武陵山人雜著 （清）顏觀光撰 清刻本
一冊

110000－0102－0023422 丁/11183 集部/
別集類/清

陋軒詩集十二卷 （清）吳嘉紀撰 清嘉慶十
九年(1814)重刻本 四冊

110000－0102－0023423 丁/11186 集部/
別集類/明

楊文襄公詩集一卷附錄一卷 （明）楊一清撰
李根源輯 清宣統刻本 二冊

110000－0102－0023424 丁/11187 子部/
雜家類/雜纂

古歡室女學篇九卷 （清）曾懿撰 清光緒三
十三年(1907)刻本 二冊

110000－0102－0023425 丁/11188 子部/
醫家類/總錄

古歡室醫學篇二卷 （清）曾懿撰 清光緒三
十三年(1907)刻本 二冊

110000－0102－0023426 丁/11189 集部/
別集類/清

古歡室詩詞集四卷 （清）曾懿撰 清光緒三
十年(1904)刻本 二冊

110000－0102－0023427 丁/11192 子部/
藝術類/音樂舞蹈

綠綺清韻 （清）徐臚光 （清）余亦白撰 清
光緒十年(1884)石印本 一冊

110000－0102－0023428 丁/11193 經部/
春秋類/總義/傳說

春秋比二卷 （清）郝懿行輯 清道光七年
(1827)刻本 一冊

110000－0102－0023429 丁/11196 史部/
地理類/專志/其它

示我周行三卷 （清）碧溪鶴堂輯 清乾隆五

十二年(1787)刻本 四冊

110000－0102－0023430 丁/11199 集部/
總集類/詩/斷代/清

熊劉詩集 （清）熊伯龍 （清）劉子壯撰
（清）惚履泰編 清刻本 一冊

110000－0102－0023431 丁/11201 集部/
別集類/清

藤香草堂詩稿 （清）薛時雨撰 清咸豐十一
年(1861)刻本 一冊

110000－0102－0023432 丁/11202 集部/
別集類/清

韻香廬詩鈔 （清）沈國治撰 清光緒三十一
年(1905)刻本 一冊

110000－0102－0023433 丁/11203 集部/
別集類/清

翠筠館詩存二卷 （清）魁玉撰 清同治七年
(1868)刻本 一冊

110000－0102－0023434 丁/11204 集部/
別集類/清

容甫先生遺詩五卷 （清）汪中撰 清光緒十
一年(1885)木活字印本 一冊

110000－0102－0023435 丁/11206 子部/
農家類/蔬菜花木

菊之栽培 唐憲斌撰 清石印本 一冊

110000－0102－0023436 丁/11207 子部/
農家類/蔬菜花木

主要果樹剪定整枝圖解 羅堯卿譯 清石印
本 一冊

110000－0102－0023437 丁/11208 集部/
總集類/詩/家族

番禺潘氏詩畧二十三卷 （清）潘儀增編 清
光緒二十年(1894)刻本 四冊

110000－0102－0023438 丁/11211 史部/
傳記類/別傳

象臺首末七卷 （宋）胡知柔編 清同治八年
(1869)刻本 四冊

110000－0102－0023439 丁/11214 集部/

總集類/詩/地方

錦城紀略錦城詩存 （清）倪望重編　清光緒二十四年（1898）刻本　一冊

110000－0102－0023440　丁/11215　集部/總集類/詩/雜錄/酬贈慶吊

瀠門春餞吟草 （清）關家琪編　清光緒二十二年（1896）刻本　一冊

110000－0102－0023441　丁/11216　集部/別集類/清

廉餘詩集二卷 （清）李惟寅撰　清嘉慶刻本　一冊

110000－0102－0023442　丁/11218　集部/別集類/清

蕭山韓湘南先生遺文 （清）韓湘南撰　清光緒二十二年（1896）刻本　一冊

110000－0102－0023443　丁/11219　集部/別集類/清

臥雲樓詩草二卷 （清）梅焯雲撰　清宣統三年（1911）刻本　一冊

110000－0102－0023444　丁/11223　集部/別集類/清

後聽猨吟 （清）熊文烺撰　清同治九年（1870）刻本　一冊

110000－0102－0023445　丁/11224　集部/別集類/清

茶香閣遺草 （清）黃婉璈撰　清道光十年（1830）刻本　一冊

110000－0102－0023446　丁/11225　集部/別集類/清

蓮因室詩集 （清）鄭蘭孫撰　清光緒元年（1875）刻本　一冊

110000－0102－0023447　丁/11227　集部/別集類/清

蒼茛詩文初集十六卷 （清）孫鼎臣撰　清刻本　四冊

110000－0102－0023448　丁/11230　集部/別集類/明

路文貞公集 （明）路振飛撰　清道光二十一年（1841）刻本　一冊

110000－0102－0023449　丁/11231　集部/別集類/清

野鶴山人詩鈔 （清）魯克恭撰　清光緒四年（1878）刻本　一冊

110000－0102－0023450　丁/11232　經部/春秋類/左傳/傳說

魯史榷二卷 楊兆鋆撰　清光緒二十四年（1898）木活字本　一冊

110000－0102－0023451　丁/11234　集部/別集類/清

秋影樓詩集九卷 （清）汪繹撰　清光緒二十三年（1897）浙江瞿氏鐵琴銅劍樓刻本　一冊

110000－0102－0023452　丁/11236　史部/傳記類/家傳、宗譜

尹氏修墓紀事續編四卷 （清）尹景叔輯　清光緒二十五年（1899）刻本　二冊

110000－0102－0023453　丁/11244　集部/俗文學類/變文

雙玉玦寶卷二卷 清石印本　一冊

110000－0102－0023454　丁/11245　集部/別集類/清

率真子偶存七卷 （清）伍紹曾撰　清道光二十七年（1847）刻本　一冊

110000－0102－0023455　丁/11246　集部/俗文學類/變文

天仙寶卷 清光緒十七年（1891）抄本　一冊

110000－0102－0023456　丁/11247　集部/俗文學類/變文

延壽寶卷 清刻本　一冊

110000－0102－0023457　丁/11248　集部/俗文學類/變文

醒心寶卷 清光緒十九年（1893）刻本　一冊

110000－0102－0023458　丁/11249　集部/俗文學類/變文

竈君寶卷 清光緒十年（1884）刻本　一冊

110000－0102－0023459　丁/11250　集部/別集類/明

蘇門集選　（明）高叔嗣著　清刻本　一冊

110000－0102－0023460　丁/11251　集部/別集類/清

任午橋存稿三卷　（清）任朝楨撰　清光緒九年(1883)刻本　一冊

110000－0102－0023461　丁/11252　集部/別集類/清

可園詩存二卷　（清）陳作霖撰　清刻本　一冊

110000－0102－0023462　丁/11253　集部/別集類/清

雲石軒求是草四卷　（清）趙時桐撰　清光緒十八年(1892)刻本　一冊

110000－0102－0023463　丁/11254　集部/別集類/明

雪鴻堂詩集三卷　（明）謝三秀撰　清咸豐元年(1851)刻本　一冊

110000－0102－0023464　丁/11256　集部/總集類/詩/家族

守經堂詩彙鈔四卷　（清）劉名譽編　清光緒二十一年(1895)刻本　二冊

110000－0102－0023465　丁/11259　集部/別集類/宋

胡澹庵先生文集三十二卷　（宋）胡銓撰　清道光十三年(1833)刻本　八冊

110000－0102－0023466　丁/11260　集部/別集類/清

南川草堂詩鈔十三卷　（清）宋鳴珂撰　清嘉慶八年(1803)刻本　二冊

110000－0102－0023467　丁/11261　集部/別集類/清

味經齋存稿四卷　（清）宋鳴璜撰　清嘉慶十七年(1812)刻本　二冊

110000－0102－0023468　丁/11264　史部/政書類/法令/律例

刺字集四卷　（清）沈家本等合編　清光緒十二年(1886)京師刻本　一冊

110000－0102－0023469　丁/11265　子部/雜家類/雜纂

卍齋璅錄十卷　（清）李調元撰　清刻本　一冊

110000－0102－0023470　丁/11267　子部/雜家類/雜纂

古今秘苑三十二卷　墨磨主人編　清刻本　四冊

110000－0102－0023471　丁/11268　經部/小學類/音韻/韻典

佩文詩韻五卷　清刻本　一冊

110000－0102－0023472　丁/11269　集部/別集類/明

青湖文集十四卷　（明）汪應軫撰　清同治十三年(1874)刻本　六冊

110000－0102－0023473　丁/11272　史部/傳記類/總傳/專錄/文苑

殿閣詞林記二十二卷　（明）廖道南撰　清影印本　六冊

110000－0102－0023474　丁/11274　集部/俗文學類/民歌民謠

雙鸚鵡全歌五十卷　清潮安友芝堂刻本　十冊

110000－0102－0023475　丁/11275　集部/別集類/清

插花窗詩賦小草詩　（清）楊昌光撰　清嘉慶十七年(1812)刻本　四冊

110000－0102－0023476　丁/11276　集部/俗文學類/變文

黃糠寶卷二卷　清石印本　一冊

110000－0102－0023477　丁/11277　子部/類書類

增選多寶船十三卷　清光緒八年(1882)石印本　八冊

110000－0102－0023478　丁/11278　集部/

小說類/筆記小說

豔跡編 (清)孫兆溎撰 清光緒十一年(1885)刻本 一冊

110000－0102－0023479 丁/11279 集部/別集類/清

彭羨門全集三種 (清)彭孫遹撰 清宣統三年(1911)石印本 十二冊

110000－0102－0023480 丁/11280 經部/四書類/總義/傳說

晚邨天蓋樓偶評 (清)呂留良編 清康熙刻本 十六冊

110000－0102－0023481 丁/11283 集部/別集類/清

紅蕉館詩鈔十二卷 (清)潘曾瑩撰 清刻本 四冊

110000－0102－0023482 丁/11290 集部/別集類/清

張文端公全集一百卷 (清)張英撰 清光緒二十三年(1897)刻本 十七冊

110000－0102－0023483 丁/11294 集部/別集類/清

東瀛百詠 (清)齊鯤撰 清嘉慶十三年(1808)刻本 一冊

110000－0102－0023484 丁/11295 子部/術數類/占候占卜/相宅相墓

杜氏地理圖說八卷 (清)杜奇英撰 清光緒二十六年(1900)刻本 二冊

110000－0102－0023485 丁/11296 集部/別集類/清

戎旗遣興草二卷 (清)紅黎主人撰 清道光五年(1825)刻本 二冊

110000－0102－0023486 丁/11299 子部/類書類/類編/通錄

萬國分類時務大成四十卷 (清)錢豐選輯 清光緒二十三年(1897)石印本 二十八冊

110000－0102－0023487 丁/11300 集部/總集類/文/雜錄/課藝

春明詩課彙選八卷 (清)陳研薌選 清光緒七年(1881)刻本 四冊

110000－0102－0023488 丁/11301 子部/天文地理類/演算法/總錄

測海山房中西算學叢刻 (清)測海山房主人輯 清光緒二十三年(1897)石印本 三冊

110000－0102－0023489 丁/11305 集部/別集類/清

磐那室詩存 (清)張亨嘉撰 清宣統三年(1911)鉛印本 一冊

110000－0102－0023490 丁/11309 集部/別集類/清

續東軒遺集四卷 (清)高均儒撰 清光緒七年(1881)刻本 一冊

110000－0102－0023491 丁/11310 集部/別集類/清

汲綆書屋詩鈔 (清)潘慶齡撰 清道光十八年(1838)刻本 一冊

110000－0102－0023492 丁/11312 集部/詞類/詞別集/清

勉憙集 (清)周星詒撰 清刻晨風閣叢書本 一冊

110000－0102－0023493 丁/11318 集部/別集類/清

可竹軒詩錄 (清)王大淮撰 清道光二十三年(1843)刻本 一冊

110000－0102－0023494 丁/11319 集部/別集類/清

半解集詩選 (清)黃錡撰 清道光二十年(1840)刻本 一冊

110000－0102－0023495 丁/11320 集部/總集類/詩

小學百家詩 (清)趙履瀛輯 清光緒十四年(1888)刻本 一冊

110000－0102－0023496 丁/11322 集部/別集類/清

守閒堂詩集懷歸草堂詩集 (清)呂潛撰 清

光緒十五年(1889)重刻本　一冊

110000－0102－0023497　丁/11323　集部/
別集類/民國

思貽齋雜著　高贋恩撰　清宣統二年(1910)
刻本　一冊

110000－0102－0023498　丁/11326　集部/
別集類/清

研樵詩錄　(清)董文煥撰　清同治元年
(1862)刻本　一冊

110000－0102－0023499　丁/11327　集部/
別集類/清

桐蔭書屋詩二卷　(清)朱崇勳撰　清刻本
一冊

110000－0102－0023500　丁/11328　集部/
別集類/清

榆墩集　(清)徐世溥撰　清刻本　一冊

110000－0102－0023501　丁/11329　集部/
別集類/清

裁物象齋詩鈔湘雨齋詞草　(清)管貽葄撰
清同治五年(1866)刻本　一冊

110000－0102－0023502　丁/11330　集部/
別集類/清

峨嵋山房詩鈔三卷　(清)沈颺撰　清道光十
五年(1835)刻本　一冊

110000－0102－0023503　丁/11331　史部/
別史類

援守井研記畧　(清)董貽清撰　清刻本
一冊

110000－0102－0023504　丁/11332　集部/
總集類/文/雜錄/格言、語錄、楹聯

駢語學對新編　(清)慈蔭廬居士輯　清光緒
二十五年(1899)木活字印本　一冊

110000－0102－0023505　丁/11333　集部/
別集類/清

讀書延年堂全集　(清)熊少牧撰　清咸豐至
同治刻本　二十冊

110000－0102－0023506　丁/11336　集部/

別集類/清

篤慎堂爐餘詩稿二卷　(清)金諤撰　清光緒
十一年(1885)重刻本　一冊

110000－0102－0023507　丁/11339　集部/
別集類/清

十經齋文集二卷　(清)沈濤撰　清道光二十
四年(1844)刻本　一冊

110000－0102－0023508　丁/11342　子部/
雜家類/西洋各派

文學興國策二卷　(日本)森有禮撰　(美國)
林樂知譯　清光緒二十二年(1896)廣學會鉛
印本　一冊

110000－0102－0023509　丁/11343　子部/
雜家類/雜纂

通俗文佚文風俗通義佚文　(清)顧櫰三纂輯
清光緒十二年(1886)刻本　一冊

110000－0102－0023510　丁/11344　集部/
別集類/清

秋園雜佩　(清)陳貞慧撰　清咸豐三年
(1853)跋刻粵雅堂叢書本　一冊

110000－0102－0023511　丁/11349　集部/
集評類/詩評/詩話

環溪詩話　(宋)吳沆撰　金德運圖說　(金)
□□撰　韶舞九成樂補一卷　(元)余戴撰
清嘉慶六年(1801)萬卷樓刻本　一冊

110000－0102－0023512　丁/11350　集部/
別集類/清

[詩賦拾遺]　清抄本　一冊

110000－0102－0023513　丁/11352　集部/
別集類/清

清嘯樓詩鈔　(清)嚴謹撰　清同治六年
(1867)刻本　一冊

110000－0102－0023514　丁/11353　史部/
政書類/職官/官箴

居官必讀書四卷　(清)姚凱元編　清光緒京
都龍雲齋刻本　一冊

110000－0102－0023515　丁/11356　集部/

別集類/清

悔初廬詩稿二卷 （清）柴文傑撰　清光緒三年(1877)刻本　一冊

110000－0102－0023516　丁/11359　集部/別集類/清

如舟吟館詩鈔 （清）瑞常撰　清光緒刻本　一冊

110000－0102－0023517　丁/11362　史部/傳記類/總傳/專錄/事蹟

陸清獻公莅嘉遺蹟三卷 （清）黃維玉編　清同治六年(1867)上海道署刻本　一冊

110000－0102－0023518　丁/11365　集部/總集類/文/雜錄/酬贈慶吊

蒼山留別詩送別詩 （清）吳唐林等撰　清光緒十五年(1889)刻本　一冊

110000－0102－0023519　丁/11366　集部/別集類/清

石翁詩鈔 （清）汪兆熊撰　清嘉慶五年(1800)刻本　一冊

110000－0102－0023520　丁/11367　集部/別集類/清

憂盛編 （清）沈祖燕撰　清光緒三十二年(1906)刻本　一冊

110000－0102－0023521　丁/11368　集部/別集類/清

種梧吟館詩存 （清）俞崧齡撰　清光緒鉛印本　一冊

110000－0102－0023522　丁/11369　經部/書類/傳說

禹貢全圖考正 （清）趙庭策輯　清嘉慶二十五年(1820)刻本　一冊

110000－0102－0023523　丁/11370　史部/史評類/考訂

開闢傳疑二卷 （清）林春溥編　清咸豐五年(1855)刻本　一冊

110000－0102－0023524　丁/11371　子部/雜家類

焚餘偶錄二卷 （清）林慶炳輯　清光緒七年(1881)刻本　一冊

110000－0102－0023525　丁/11372　集部/別集類/清

蜀道集 （清）章儔撰　清光緒十三年(1887)刻本　一冊

110000－0102－0023526　丁/11374　集部/總集類/文/雜錄/課藝

上海求志書院春季課藝 （清）朱逢甲等撰　清木活字印本　一冊

110000－0102－0023527　丁/11378　集部/別集類/清

征鴻吟草 （清）陳夔龍撰　清末鉛印本　一冊

110000－0102－0023528　丁/11379　集部/別集類/清

麝塵集 （清）史久榕撰　清光緒十六年(1890)刻本　一冊

110000－0102－0023529　丁/11380　集部/別集類/清

木蘭書齋詩鈔 （清）王治撰　清咸豐九年(1859)刻本　一冊

110000－0102－0023530　丁/11386　集部/總集類/詩/雜著/題詠

麓雲仙館圖題詠集 （清）何燮等撰　清光緒八年(1882)刻本　一冊

110000－0102－0023531　丁/11387　子部/譜錄類/器物

論墨絕句詩 （清）謝崧岱撰　清光緒十九年(1893)湘鄉謝氏絜經樹刻本　一冊

110000－0102－0023532　丁/11389　集部/別集類/清

微尚齋文集 （清）馮志沂撰　清同治十三年(1874)刻本　一冊

110000－0102－0023533　丁/11395　集部/總集類/詩/地方/福建

國朝莆陽詩輯四卷 （清）涂慶瀾選編　清光

緒二十七年（1901）刻本　四冊

110000－0102－0023534　丁/11398　集部/
別集類/清

心嚮往齋用陶韻詩二卷　（清）孔繼鑅撰　清
道光二十九年（1849）刻本　一冊

110000－0102－0023535　丁/11399　集部/
別集類/清

篤素堂集鈔三卷　（清）張英撰　清光緒十七
年（1891）重刻本　一冊

110000－0102－0023536　丁/11401　集部/
別集類/清

寄園詩存　（清）夏震撰　清道光九年（1829）
刻本　一冊

110000－0102－0023537　丁/11404　史部/
傳記類/別傳

[**黃福行狀墓誌銘碑文等**]　（清）黃志澄輯
清同治十年（1871）刻本　一冊

110000－0102－0023538　丁/11405　集部/
總集類/詩/雜錄

詩夢鐘聲錄　（清）李嘉樂編　清光緒刻本
一冊

110000－0102－0023539　丁/11407　集部/
別集類/清

青萍軒文錄二卷　（清）薛福保撰　清光緒八
年（1882）刻本　一冊

110000－0102－0023540　丁/11408　子部/
宗教類/釋教

天樂鳴空集三卷　（明）鮑宗肇撰　清成都文
殊院刻本　一冊

110000－0102－0023541　丁/11410　集部/
詞類/詞別集

揚州方言韻語長短句　（□）夢雨老人撰　清
末民國抄本　一冊

110000－0102－0023542　丁/11411　史部/
政書類/雜錄

徒陽邑埠城前北巘岡大路鎮保嬰局徵信錄
清宣統刻本　一冊

110000－0102－0023543　丁/11412　史部/
史表類

歷代治權分合系統表　（清）吳寶忠編　清光
緒三十四年（1908）石印本　一冊

110000－0102－0023544　丁/11414　集部/
別集類/清

葵青居詩錄　（清）石渠撰　清刻本　一冊

110000－0102－0023545　丁/11416　子部/
農家類/其它

除蝻八要　清同治十一年（1872）刻本　一冊

110000－0102－0023546　丁/11418　史部/
史總類/諸史總義

東亞史要　（日本）開成館編著　清光緒鉛印
本　一冊

110000－0102－0023547　丁/11420　史部/
外國史類

十九世紀大勢變遷通論　吳銘譯　清光緒二
十八年（1902）鉛印本　一冊

110000－0102－0023548　丁/11421　史部/
外國史類

丙午攷訾東瀛警察筆記四卷　（清）舒鴻儀撰
　清光緒三十二年（1906）鉛印本　一冊

110000－0102－0023549　丁/11422　史部/
地理類/山川/山

浮山小志三卷　（清）黃培芳撰　清嘉慶刻本
　一冊

110000－0102－0023550　丁/11424　子部/
儒家類/清

學堂日記故事圖說　（清）梁溪晦齋氏輯　清
同治上海翼化堂善書局刻本　一冊

110000－0102－0023551　丁/11427　集部/
別集類/清

真意齋遺著　（清）許楣撰　清宣統三年
（1911）鉛印本　一冊

110000－0102－0023552　丁/11428　集部/
總集類/詩/雜錄/唱和

相看編四卷　（清）申在植等撰　清道光十七

年(1837)刻本　一冊

110000－0102－0023553　丁/11429　集部/别集類/清

陶廬箋牘四卷　王樹枏撰　清光緒至民國刻本　一冊

110000－0102－0023554　丁/11430　史部/傳記類/年譜

四洪年譜四種　(清)洪汝奎輯　清宣統刻本　四冊

110000－0102－0023555　丁/11431　集部/總集類/詩/地方

泖溪詩存二卷　(清)馮景元編　清光緒二年(1876)刻本　二冊

110000－0102－0023556　丁/11432　集部/别集類/清

南村草堂文鈔二十卷　(清)鄧顯鶴撰　清咸豐元年(1851)刻本　六冊

110000－0102－0023557　丁/11433　集部/别集類/清

秋華堂詩　(清)丁傳靖撰　清宣統三年(1911)鉛印本　一冊

110000－0102－0023558　丁/11434　經部/經總類/群經總義

磨盦雜存　(清)桑宣撰　清光緒三十年(1904)刻本　一冊

110000－0102－0023559　丁/11436　集部/别集類/清

鷗堂遺稿三卷　(清)馬賡良撰　清光緒十六年(1890)刻本　一冊

110000－0102－0023560　丁/11440　集部/總集類/詩/雜著/題詠

唐落霞琴題詠　(清)張濤輯　清光緒二十年(1894)刻本　一冊

110000－0102－0023561　丁/11441　集部/總集類/詩/雜著/題詠

落霞琴題詠　(清)劉墉等撰　清光緒二十年(1894)刻本　一冊

110000－0102－0023562　丁/11442　集部/總集類/詩/雜錄/會社

二十四福堂詩課一卷續二卷　(清)來嗣尹等撰　清道光刻本　一冊

110000－0102－0023563　丁/11443　集部/别集類/唐至五代

唐英歌詩三卷　(唐)吳融撰　清東山席氏影印本　一冊

110000－0102－0023564　丁/11444　集部/總集類/文/雜錄/格言、語錄、楹聯

耐俗軒新樂府一卷　(清)申頲撰　**西巖贅語一卷**　(清)申居鄖撰　清光緒五年(1879)刻本　一冊

110000－0102－0023565　丁/11445　集部/總集類/詩/斷代/宋

今體詩鈔注畧三卷首一卷　(宋)楊仲猷等撰　清同治八年(1869)刻本　一冊

110000－0102－0023566　丁/11446　集部/别集類/清

海東集二卷續集一卷　(清)周煌撰　清乾隆二十七年(1762)刻本　二冊

110000－0102－0023567　丁/11451　集部/别集類/唐至五代

碧雲集三卷　(南唐)李中撰　清刻本　一冊

110000－0102－0023568　丁/11453　集部/别集類/清

復見心齋詩草六卷　(清)孫人鳳撰　清光緒四年(1878)刻本　一冊

110000－0102－0023569　丁/11454　集部/别集類/清

南海集二卷　(清)王士禛撰　清刻本　一冊

110000－0102－0023570　丁/11457　集部/别集類/清

古春軒詩鈔二卷　(清)梁德繩撰　清咸豐二年(1852)重刻本　一冊

110000－0102－0023571　丁/11458　集部/總集類/詩/雜錄/唱和

庚子生春詩二卷　（清）錢儀吉等撰　清道光
刻本　一冊

110000－0102－0023572　丁/11459　集部/
別集類/唐至五代

李文山詩集三卷　（唐）李群玉撰　清刻本
一冊

110000－0102－0023573　丁/11460　集部/
別集類/清

春華集二卷　（清）龍元任撰　清刻本　一冊

110000－0102－0023574　丁/11462　集部/
總集類/文/通代/編選

趙菁衫自選古文檢　（清）趙國華編　清宣統
三年（1911）王金綬鉛印本　一冊

110000－0102－0023575　丁/11463　集部/
別集類/清

黃陵詩鈔　（清）黃陵散人撰　清光緒十七年
（1891）刻本　一冊

110000－0102－0023576　丁/11464　集部/
別集類/清

茹古堂文集三卷　（清）曹應樞撰　清咸豐四
年（1854）刻本　一冊

110000－0102－0023577　丁/11465　集部/
詞類/詞別集/宋

放翁詞　（宋）陸游撰　清刻本　一冊

110000－0102－0023578　丁/11468　集部/
詞類/詞別集/清

無斁詞剩　（清）徐奉世撰　清宣統三年
（1911）石印本　一冊

110000－0102－0023579　丁/11471　集部/
別集類/清

斷梗吟　（清）厲同勳撰　清道光刻本　一冊

110000－0102－0023580　丁/11473　集部/
詞類/詞別集

冰蠶詞　（清）承齡撰　清光緒刻本　一冊

110000－0102－0023581　丁/11475　叢部/
彙編叢書

逐敏堂詩話三種　（清）黃秩模輯　清刻

本　一冊

110000－0102－0023582　丁/11479　集部/
別集類/宋

魏鶴山先生渠陽詩　（宋）魏了翁撰　清光緒
二十八年（1902）武昌貴池劉氏刻本　一冊

110000－0102－0023583　丁/11480　集部/
別集類/宋

舒文靖公類槀四卷附錄三卷　（宋）舒璘撰
清同治十一年（1872）刻本　二冊

110000－0102－0023584　丁/11482　集部/
總集類/詩/通代

看詩隨錄　（清）高靜選　清光緒十九年
（1893）刻本　一冊

110000－0102－0023585　丁/11484　集部/
別集類/清

灌香草堂初稿　（清）吳蘭畹撰　清同治五年
（1866）刻本　一冊

110000－0102－0023586　丁/11485　集部/
詞類/詞別集/清

一粟盦詞集　（清）蔡寶善撰　清宣統元年
（1909）西安圖書館鉛印本　一冊

110000－0102－0023587　丁/11487　集部/
總集類/詩/雜錄/唱和

皖江同聲集十卷　（清）李文森等撰　清同治
八年（1869）刻本　一冊

110000－0102－0023588　丁/11488　集部/
總集類/詩/雜錄/酬贈慶吊

輓詞彙編三卷　（清）龔尚毅等編　清光緒十
九年（1893）刻本　一冊

110000－0102－0023589　丁/11489　集部/
別集類/清

聽鐘軒詩鈔六卷　（清）王鍾撰　清嘉慶十一
年（1806）刻本　一冊

110000－0102－0023590　丁/11490　集部/
別集類/清

青草堂文約鈔二卷　（清）趙國華撰　清光緒
二十二年（1896）刻本　一冊

110000－0102－0023591　丁/11491　集部/
總集類/詩/雜錄/題詠

紅葉館話別圖題詞附詩一卷　（清）陳明遠編
清光緒十八年（1892）刻本　一冊

110000－0102－0023592　丁/11492　集部/
別集類/清

齊魯遊草三種　（清）李嘉樂撰　清刻本
一冊

110000－0102－0023593　丁/11493　集部/
別集類/清

磨綺室詩存　（清）丁蓉綬撰　**壽梅山房詩存**
（清）李謨撰　清光緒十年（1884）刻本
一冊

110000－0102－0023594　丁/11494　集部/
別集類/清

西園詩鈔四卷附文集詩餘　（清）張擴庭撰
清同治四年（1865）墨花軒刻本　一冊

110000－0102－0023595　丁/11495　集部/
詞類/詞別集/清

海棠巢詞稿　（清）李若虛撰　清咸豐十一年
（1861）刻本　一冊

110000－0102－0023596　丁/11497　集部/
詞類/詞別集/清

味梨集　（清）王鵬運撰　清光緒二十一年
（1895）刻本　一冊

110000－0102－0023597　丁/11498　集部/
別集類/清

酒五經吟館詩草二卷詩餘草一卷　（清）恭釗
撰　清光緒十九年（1893）刻本　一冊

110000－0102－0023598　丁/11499　集部/
別集類/清

白雨湖莊詩鈔四卷　（清）余雲煥撰　清光緒
元年（1875）刻本　一冊

110000－0102－0023599　丁/11500　集部/
別集類/清

和陶詩　（清）舒夢蘭撰　清刻本　一冊

110000－0102－0023600　丁/11501　集部/

別集類/清

西崮殘草　（清）王星誠撰　清刻本　一冊

110000－0102－0023601　丁/11502　集部/
別集類/清

聽松廬詩畧二卷　（清）張維屏撰　清光緒三
年（1877）刻學海堂叢書本　一冊

110000－0102－0023602　丁/11503　集部/
別集類/清

消夏百一詩二卷　葉德輝撰　清光緒三十三
年（1907）刻本　一冊

110000－0102－0023603　丁/11504　集部/
別集類/漢至隋

高令公集　（北魏）高允撰　清刻本　一冊

110000－0102－0023604　丁/11507　集部/
集評類/詩評

律詩拘體四卷　（清）李兆元編著　清道光二
年（1822）刻本　一冊

110000－0102－0023605　丁/11508　集部/
別集類/清

哀絃集　（清）尤侗撰　清刻本　一冊

110000－0102－0023606　丁/11509　集部/
別集類/清

百尺樓百首詩鈔　（清）陳次壬撰　清宣統三
年（1911）刻本　一冊

110000－0102－0023607　丁/11511　集部/
別集類/清

小住爲佳軒遺稿　（清）余逢辰撰　清末鉛印
本　一冊

110000－0102－0023608　丁/11512　史部/
傳記類/總傳/專錄/列女

疏香閣附集窈聞　（明）葉紹袁等撰　清刻本
一冊

110000－0102－0023609　丁/11515　集部/
別集類/清

蔣石林先生遺詩四卷　（清）蔣之翹撰　清光
緒二十二年（1896）刻本　一冊

110000－0102－0023610　丁/11516　集部/

別集類/明

藏山堂遺篇　（明）林之蕃撰　清光緒刻本
一冊

110000 – 0102 – 0023611　丁/11520　集部/
別集類/宋

大隱居士集二卷　（宋）鄧深撰　清咸豐三年
（1853）刻本　一冊

110000 – 0102 – 0023612　丁/11521　集部/
別集類/清

問琴閣文錄二卷　（清）宋育仁撰　清刻本
一冊

110000 – 0102 – 0023613　丁/11522　集部/
別集類/清

雲逗樓集　（清）楊度汪撰　清光緒六年
（1880）刻本　一冊

110000 – 0102 – 0023614　丁/11523　子部/
雜家類

平旦鐘聲　好德書齋編錄　清同治十二年
（1873）刻本　一冊

110000 – 0102 – 0023615　丁/11524　集部/
集評類/曲評/曲話

顧曲錄四卷　（清）謝嘉玉撰　清嘉慶十五年
（1810）刻本　一冊

110000 – 0102 – 0023616　丁/11525　集部/
別集類/清

寄漚詩存　（清）何延慶撰　清刻本　一冊

110000 – 0102 – 0023617　丁/11526　集部/
總集類/詩/雜錄/題詠

鯉庭獻壽圖題詠集　王先謙等撰　清光緒三
十四年（1908）朱印本　一冊

110000 – 0102 – 0023618　丁/11527　子部/
道家類

會心外集二卷　（清）劉一明撰　清刻本
一冊

110000 – 0102 – 0023619　丁/11528　集部/
別集類/清

綺雲樓雜著四卷　（清）寶士鏞撰　清宣統元

年（1909）鉛印本　一冊

110000 – 0102 – 0023620　丁/11529　集部/
別集類/清

五石瓠齋遺稿二卷　（清）胡世敦撰　清同治
十一年（1872）刻本　一冊

110000 – 0102 – 0023621　丁/11530　集部/
別集類/清

壬癸編二卷甲乙編一卷　（清）王柏心撰　清
刻本　一冊

110000 – 0102 – 0023622　丁/11531　集部/
別集類/清

飛鴻閣琴意二卷　（清）趙函撰　清道光十六
年（1836）刻本　一冊

110000 – 0102 – 0023623　丁/11535　集部/
別集類/清

道旁散人集五卷附錄一卷　（清）李孚青撰
清光緒三十年（1904）刻本　一冊

110000 – 0102 – 0023624　丁/11538　集部/
別集類/宋

方泉先生詩集三卷　（宋）周文璞撰　清宣統
元年（1909）石印本　一冊

110000 – 0102 – 0023625　丁/11540　集部/
別集類/清

望三益齋爐餘吟草二卷附詞草一卷　（清）吳
棠撰　清同治三年（1864）刻本　一冊

110000 – 0102 – 0023626　丁/11541　集部/
別集類/清

天瘦閣詩半六卷　（清）李士棻撰　清光緒刻
本　一冊

110000 – 0102 – 0023627　丁/11542　集部/
別集類/清

春風草廬遺稿　（清）錢世銘撰　清宣統三年
（1911）刻本　一冊

110000 – 0102 – 0023628　丁/11543　集部/
別集類/清

二瓦硯齋詩鈔　（清）金玉麟撰　清光緒十四
年（1888）刻本　一冊

110000 – 0102 – 0023629　丁/11544　集部/
別集類/清

說經堂詩草　（清）楊銳撰　清刻本　一冊

110000 – 0102 – 0023630　丁/11545　子部/
天文地理類/總錄

鄒徵君存稿　（清）鄒伯奇撰　清同治十二年
(1873)刻本　一冊

110000 – 0102 – 0023631　丁/11550　集部/
別集類/清

懺餘綺語二卷曝餘詞一卷　（清）郭麐撰　清
光緒五年(1879)刻本　一冊

110000 – 0102 – 0023632　丁/11551　集部/
總集類/詩/家族

竇氏聯珠集　（唐）竇常等撰　清刻本　一冊

110000 – 0102 – 0023633　丁/11553　集部/
詞類/詞別集/民國

花笑樓詞四種　楊其光撰　清宣統元年
(1909)刻本　一冊

110000 – 0102 – 0023634　丁/11556　子部/
儒家類/清

金雨叔先生家戒詩註釋　（清）金姓著　清道
光二十六年(1846)刻本　一冊

110000 – 0102 – 0023635　丁/11558　集部/
別集類/清

日損齋文稿一卷詩稿一卷　（清）徐敦仁撰
清刻本　一冊

110000 – 0102 – 0023636　丁/11559　集部/
集評類/詩評/詩話/個人

尊西詩話二卷　（清）張曰斑撰　清道光十五
年(1835)刻本　一冊

110000 – 0102 – 0023637　丁/11561　集部/
別集類/清

嵐漪小艸　（清）翁方綱撰　清刻本　一冊

110000 – 0102 – 0023638　丁/11572　集部/
別集類/宋

孫明復小集三卷附錄一卷　（宋）孫復撰　清
光緒十五年(1889)刻本　一冊

110000 – 0102 – 0023639　丁/11575　集部/
別集類/清

愚荃敝帚二種二卷　（清）李文安撰　清同治
五年(1866)刻本　一冊

110000 – 0102 – 0023640　丁/11576　集部/
詞類/詞總集/婦女

小檀欒室彙刻閨秀詞六種　（清）曹慎儀等撰
清刻本　一冊

110000 – 0102 – 0023641　丁/11582　集部/
別集類/明

徐忠烈公遺集二卷　（明）徐從治撰　清光緒
十六年(1890)刻本　一冊

110000 – 0102 – 0023642　丁/11584　集部/
別集類/漢至隋

琴操二卷　（漢）蔡邕撰　支遁集二卷　（晉）
釋支遁撰　清光緒十年(1884)刻本　一冊

110000 – 0102 – 0023643　丁/11585　集部/
別集類/清

勤補軒雜著二卷　（清）鮑淦撰　清同治五年
(1866)刻本　一冊

110000 – 0102 – 0023644　丁/11586　集部/
別集類/清

味閒齋遺草四卷　（清）李象鵠撰　清刻本
一冊

110000 – 0102 – 0023645　丁/11588　集部/
別集類/清

疊字雙名賦　（清）文燨撰　清道光十五年
(1835)刻本　一冊

110000 – 0102 – 0023646　丁/11589　集部/
別集類/清

錢牧齋晚年文　（清）錢謙益撰　清宣統三年
(1911)鉛印本　一冊

110000 – 0102 – 0023647　丁/11591　集部/
別集類/清

岳容齋詩集四卷　（清）岳鍾琪撰　清道光古
棠書屋刻古棠書屋叢書本　一冊

110000 – 0102 – 0023648　丁/11592　集部/

別集類/清

紫茜山房詩鈔二卷 （清）沈金藻撰 清咸豐
刻本 一冊

110000－0102－0023649 丁/11595 集部/
別集類/清

可青軒詩集 （清）長秀撰 清咸豐十一年
(1861)刻本 一冊

110000－0102－0023650 丁/11596 集部/
別集類/清

東行集 （清）黃嗣艾撰 清末刻本 一冊

110000－0102－0023651 丁/11597 集部/
別集類/清

遲雲集 （清）范毓璜撰 清光緒三十三年
(1907)刻本 一冊

110000－0102－0023652 丁/11601 集部/
總集類/詩/雜錄/題詠

龍湖携李題詞 （清）李培曾編 清光緒二十
八年(1902)刻本 一冊

110000－0102－0023653 丁/11603 集部/
別集類/清

吉金樂石山房文集二卷詩集二卷 （清）朱士
端撰 清同治三年(1864)刻本 一冊

110000－0102－0023654 丁/11604 集部/
別集類/清

覺生詩續鈔四卷覺生自訂年譜一卷 （清）鮑
桂星撰 清同治四年(1865)刻本 一冊

110000－0102－0023655 丁/11607 集部/
別集類/清

蓬山詩存二卷嶺海酬唱集一卷 （清）鄭熊佳
撰 清咸豐元年(1851)刻本 一冊

110000－0102－0023656 丁/11608 集部/
別集類/清

榮及甫先生遺詩 （清）榮隸撰 清光緒五年
(1879)刻本 一冊

110000－0102－0023657 丁/11614 集部/
別集類/宋

魏鶴山先生渠陽詩 （宋）魏了翁撰 （宋）王

德文注 清光緒二十八年(1902)武昌貴池劉
氏影印本 一冊

110000－0102－0023658 丁/11615 集部/
別集類/清

芹池疊喜詩 （清）徐琪撰 清光緒二十二年
(1896)刻香海盦叢書本 一冊

110000－0102－0023659 丁/11617 集部/
別集類/清

文莫室詩六卷 （清）王樹枬撰 清刻本
一冊

110000－0102－0023660 丁/11618 集部/
總集類/詩/雜錄/酬贈慶吊

練浦攀轅圖詩 （清）王國佐編 清道光十九
年(1839)刻本 一冊

110000－0102－0023661 丁/11619 集部/
別集類/清

翠筠館詩存二卷 （清）魁玉撰 清同治七年
(1868)刻本 二冊

110000－0102－0023662 丁/11620 集部/
別集類/清

訪樂堂詩 （清）胡薇元撰 清光緒二十七年
(1901)刻本 一冊

110000－0102－0023663 丁/11623 史部/
目錄類/收藏/私藏/清

豐順丁氏持靜齋書目 （清）江標編 清光緒
二十一年(1895)刻本 一冊

110000－0102－0023664 丁/11625 史部/
史表類

帝王廟諡年譜 清光緒八年(1882)刻本
一冊

110000－0102－0023665 丁/11628 集部/
別集類/清

籠底焚餘 （清）林樹寅撰 清同治十三年
(1874)刻光緒十一年(1885)補刻本 一冊

110000－0102－0023666 丁/11629 子部/
儒家類/清

松陽鈔存二卷 （清）陸隴其撰 清同治十三

年(1874)刻本　一冊

110000 – 0102 – 0023667　丁/11630　集部/
總集類/詩/雜錄/題詠

題羅江送別圖詩冊　（清）梁家桂等撰　清嘉
慶二十五年(1820)廣州富文齋刻本　一冊

110000 – 0102 – 0023668　丁/11634　集部/
別集類/清

蓬息齋詩稿　（清）劉翼庭撰　清嘉慶刻本
一冊

110000 – 0102 – 0023669　丁/11641　集部/
詞類/詞別集/清

眠琴僊館詞　（清）斌良撰　清刻本　一冊

110000 – 0102 – 0023670　丁/11642　集部/
別集類/清

敬遺軒詩文稿　（清）盧椿撰　清光緒十年
(1884)木活字印本　一冊

110000 – 0102 – 0023671　丁/11643　集部/
別集類/清

芸香館遺詩二卷　（清）那遜蘭保撰　清同治
十三年(1874)刻本　一冊

110000 – 0102 – 0023672　丁/11644　集部/
總集類/詩/雜錄/題詠

疏勒望雲圖題詠　（清）侯名貴輯　清光緒刻
本　一冊

110000 – 0102 – 0023673　丁/11646　集部/
總集類/詩/雜錄/唱和

夏山堂倡和詩詞唐人七言絕句詩鈔　（清）陳
廣專編撰　清光緒刻本　一冊

110000 – 0102 – 0023674　丁/11648　集部/
別集類/清

紫琅山館詩鈔四卷　（清）李懿曾撰　清嘉慶
刻本　一冊

110000 – 0102 – 0023675　丁/11649　集部/
別集類/清

石村詩稿　（清）輝發納喇氏鍾珊撰　清抄本
一冊

110000 – 0102 – 0023676　丁/11650　子部/

藝術類/音樂舞蹈

畫角冊　清抄本　一冊

110000 – 0102 – 0023677　丁/11654　集部/
別集類/清

鞸廬詩集二卷　（清）崔適撰　清光緒十六年
(1890)刻本　一冊

110000 – 0102 – 0023678　丁/11655　集部/
別集類/清

甌隱芻言二卷　（清）金衍宗撰　清咸豐五年
(1855)刻本　一冊

110000 – 0102 – 0023679　丁/11656　集部/
別集類/清

悔初廬詩稿二卷　（清）柴文傑撰　清光緒三
年(1877)刻本　一冊

110000 – 0102 – 0023680　丁/11658　集部/
別集類/清

瑞安百詠　（清）黃紹第撰　清末刻本　一冊

110000 – 0102 – 0023681　丁/11659　集部/
別集類/清

蘭韻山房詩鈔二卷　（清）盧擇元撰　清嘉慶
二十三年(1818)刻本　一冊

110000 – 0102 – 0023682　丁/11660　集部/
別集類/清

墨齋詩錄　（清）胡承翊撰　清光緒二十四年
(1898)築垣刻本　一冊

110000 – 0102 – 0023683　丁/11663　集部/
別集類/清

茹蘗齋詩稿　（清）席香穀撰　清宣統二年
(1910)石印本　一冊

110000 – 0102 – 0023684　丁/11664　集部/
詞類/詞別集/清

道情詞　（清）寧善志撰　清同治九年(1870)
刻本　一冊

110000 – 0102 – 0023685　丁/11665　集部/
別集類/清

篷窗吟　（清）沈兆澐撰　清道光二十年
(1840)刻本　一冊

110000 – 0102 – 0023686　丁/11666　集部/
詞類/詞別集/清

露蟬吟詞鈔　（清）唐仲冕撰　清嘉慶十六年
（1811）刻本　一冊

110000 – 0102 – 0023687　丁/11667　集部/
別集類/清

紅韻閣遺稿　（清）闞德嫻撰　清光緒五年
（1879）刻本　一冊

110000 – 0102 – 0023688　丁/11668　集部/
別集類/清

蠶桑樂府　（清）沈炳震撰　清光緒十一年
（1885）刻本　一冊

110000 – 0102 – 0023689　丁/11669　集部/
別集類/清

紫芝山樵六種詩　（清）紫芝山樵撰　清刻本
　一冊

110000 – 0102 – 0023690　丁/11670　史部/
紀事本末類

會勘封禁山紀事　（清）劉埥撰　清刻本
一冊

110000 – 0102 – 0023691　丁/11671　集部/
別集類/清

寒松晚翠堂初集　（清）張兆麟撰　清光緒十
七年（1891）刻本　一冊

110000 – 0102 – 0023692　丁/11673　集部/
別集類/清

亢藝堂集三卷　（清）孫廷璋撰　清刻本
一冊

110000 – 0102 – 0023693　丁/11675　集部/
別集類/清

冬日百詠　（清）徐琪撰　清光緒元年（1875）
刻本　一冊

110000 – 0102 – 0023694　丁/11677　集部/
別集類/清

小詩航詩鈔三卷　（清）蔡聘珍撰　清道光刻
本　一冊

110000 – 0102 – 0023695　丁/11678　集部/

別集類/清

春雨堂詩選　（清）柯蘅撰　清同治二年
（1863）刻本　一冊

110000 – 0102 – 0023696　丁/11679　集部/
別集類/清

仲瞿詩錄　（清）王曇撰　清咸豐元年（1851）
刻本　一冊

110000 – 0102 – 0023697　丁/11681　集部/
總集類/詩/通代

宋元明詩約鈔三百首　（清）朱梓　（清）冷昌
言合編　清道光二十一年（1841）刻本　一冊

110000 – 0102 – 0023698　丁/11682　集部/
別集類/清

澹園詩存　（清）趙錦堂撰　清光緒十八年
（1892）刻本　一冊

110000 – 0102 – 0023699　丁/11683　集部/
別集類/清

雙桐書屋賸稿二卷　（清）李光謙撰　清光緒
十二年（1886）刻本　一冊

110000 – 0102 – 0023700　丁/11684　集部/
總集類/詩/家族

戴氏三俊集三種　（清）汪曰楨輯　清光緒五
年（1879）刻本　一冊

110000 – 0102 – 0023701　丁/11685　集部/
詞類/詞別集/清

藤香館詞刪存二卷　（清）薛時雨撰　清光緒
五年（1879）刻本　一冊

110000 – 0102 – 0023702　丁/11686　集部/
別集類/清

雙清閣袖中詩本二卷擁翠詞稿一卷　（清）朱
福清撰　清光緒十九年（1893）刻本　一冊

110000 – 0102 – 0023703　丁/11687　史部/
傳記類/總傳/專錄/列女

會稽王氏銀管錄　（清）王繼香輯　清光緒刻
本　一冊

110000 – 0102 – 0023704　丁/11688　集部/
別集類/清

金粟山房詩續鈔三卷　（清）朱寯瀛撰　清光緒三十一年（1905）刻本　一冊

110000－0102－0023705　丁/11689　集部/總集類/文/雜錄/酬贈慶弔

拾星集　（清）張楚寶編　清光緒二十三年（1897）竹居刻本　一冊

110000－0102－0023706　丁/11691　集部/總集類/詩/雜錄/唱和

榕城同聲集三卷　（清）胡鳳丹等撰　清光緒六年（1880）退補齋刻本　一冊

110000－0102－0023707　丁/11694　集部/別集類/清

東墅文字禪四卷　（清）東齋居士等輯　清光緒十三年（1887）刻本　一冊

110000－0102－0023708　丁/11695　集部/總集類/詩/婦女

國朝名媛詩繡鍼五卷　（清）蔣機秀輯　清嘉慶二年（1797）刻本　一冊　存二卷（一至二）

110000－0102－0023709　丁/11701　集部/別集類/清

思亭近稿湖山吟嘯集　（清）吳修撰　清嘉慶刻本　一冊

110000－0102－0023710　丁/11702　集部/別集類/清

存雅堂詩存三卷雜著二卷　（清）錢祝祺撰　清刻本　一冊

110000－0102－0023711　丁/11704　集部/別集類/清

錦官堂詩草　（清）巴哩克延清撰　清光緒三十一年（1905）刻本　一冊

110000－0102－0023712　丁/11705　集部/別集類/清

聽桐廬殘草　（清）王繼穀撰　清光緒七年（1881）刻本　一冊

110000－0102－0023713　丁/11707　集部/別集類/清

城北草堂詩稿二卷　（清）徐甲榮撰　清光緒二十四年（1898）刻本　一冊

110000－0102－0023714　丁/11708　集部/詞類/詞別集/清

水雲樓詞續　（清）蔣春霖撰　清同治十二年（1873）刻本　一冊

110000－0102－0023715　丁/11709　集部/別集類/清

蜀輶偶吟　（清）韓錫之撰　清同治二年（1863）刻本　一冊

110000－0102－0023716　丁/11712　集部/別集類/清

岑岼山人詩集　（清）謝乃實撰　清刻本　一冊

110000－0102－0023717　丁/11713　集部/詞類/詞別集/清

齒錄　（清）何鏞撰　清光緒十九年（1893）重刻本　一冊

110000－0102－0023718　丁/11715　集部/詞類/詞別集/清

花簾詞　（清）吳藻撰　清道光十年（1830）刻本　一冊

110000－0102－0023719　丁/11717　集部/別集類/清

寶鐵齋詩　（清）韓崇撰　清道光二十九年（1849）潯江郡舍刻本　一冊

110000－0102－0023720　丁/11718　史部/傳記類/總傳/專錄/事蹟

旌孝錄　清光緒三十二年（1906）鉛印本　一冊

110000－0102－0023721　丁/11720　集部/總集類/詩/雜錄/唱和

禪隱詩　（清）釋素中等撰　清道光三十年（1850）刻本　一冊

110000－0102－0023722　丁/11721　集部/別集類/清

斲研山房詩鈔八卷　沈炳垣撰　清道光刻本　一冊

110000－0102－0023723　丁/11722　集部/
集評類/詩評/詩話/通代

三品彙刊三種　清光緒五年(1879)刻本
一冊

110000－0102－0023724　丁/11723　集部/
別集類/清

南雪草堂詩鈔三卷　(清)石經撰　清咸豐二
年(1852)刻本　一冊

110000－0102－0023725　丁/11728　集部/
別集類/清

食舊惪齋雜著　(清)劉嶽雲撰　清光緒刻本
一冊

110000－0102－0023726　丁/11733　集部/
別集類/清

煙霞萬古樓詩殘稿　(清)王曇撰　清光緒二
十六年(1900)寒松閣刻本　一冊

110000－0102－0023727　丁/11735　集部/
別集類/宋

蘭臯集三卷　(宋)吳錫疇撰　清活字印本
一冊

110000－0102－0023728　丁/11738　集部/
總集類/詩/雜錄/酬贈慶吊

郇鄉徵實詩　(清)張芷楣輯　清咸豐元年
(1851)刻本　一冊

110000－0102－0023729　丁/11739　集部/
別集類/清

淵雅堂詩外集二卷瑤想詞一卷　(清)王芑孫
撰　清嘉慶八年(1803)刻本　一冊

110000－0102－0023730　丁/11740　集部/
總集類/詩/斷代/清

三節合編三種　(清)吳其泰輯　清咸豐五年
(1855)韓氏寶鐵齋刻本　一冊

110000－0102－0023731　丁/11743　集部/
別集類/清

戊辰銷夏百一詩己巳消夏懷人詩　(清)錢葆
青撰　清同治十年(1871)刻本　一冊

110000－0102－0023732　丁/11744　集部/

別集類/清

桂管遊草二卷　(清)楊恩壽撰　清刻本
一冊

110000－0102－0023733　丁/11745　集部/
別集類/清

西磧山房詩文錄四卷　(清)蔡復午撰　清光
緒二十八年(1902)石印本　一冊

110000－0102－0023734　丁/11752　史部/
目錄類/著錄/題跋及讀書記

曝書雜記三卷　(清)錢泰吉撰　清同治六年
(1867)重刻本　一冊

110000－0102－0023735　丁/11753　集部/
別集類/清

怡怡樓遺稿　(清)高以莊撰　清光緒元年
(1875)西充官廨刻本　一冊

110000－0102－0023736　丁/11754　集部/
總集類/文/雜錄/酬贈慶吊

兩邑集頌　(清)吳克昌等撰　清光緒十年
(1884)刻本　一冊

110000－0102－0023737　丁/11755　集部/
別集類/清

滄耕軒詩初稿四卷詞一卷序目一卷　(清)張
綢英撰　清道光二十一年(1841)刻本　一冊

110000－0102－0023738　丁/11758　集部/
別集類/清

鐙味齋詩存五卷　(清)曹宗瀚撰　清咸豐七
年(1857)刻本　一冊

110000－0102－0023739　丁/11759　集部/
別集類/清

蓮舫文鈔二卷　(清)李馨撰　清道光刻本
一冊

110000－0102－0023740　丁/11760　集部/
別集類/清

對嶽樓詩續錄四卷　(清)孔憲彝撰　清咸豐
六年(1856)刻本　一冊

110000－0102－0023741　丁/11761　史部/
別史、雜史類

歐陽氏遺書　（清）歐陽直撰　清道光二十年(1840)梅花書屋刻本　一冊

110000－0102－0023742　丁/11762　叢部/自著叢書/清中晚期

冒氏小品四種　（清）冒襄撰　清刻本　一冊

110000－0102－0023743　丁/11763　集部/曲類/曲別集/傳奇

負薪記傳奇八出　（清）陳烺撰　清光緒刻本　一冊

110000－0102－0023744　丁/11764　集部/別集類/清

潛溪吟草　（清）寇守信撰　清光緒二十八年(1902)刻本　一冊

110000－0102－0023745　丁/11765　集部/別集類/唐至五代

薛許昌詩集十卷　（唐）薛能撰　清刻本　一冊

110000－0102－0023746　丁/11766　集部/別集類/清

澤古齋詩鈔一卷語錄二卷　（清）吳士模撰　清光緒十九年(1893)重刻本　一冊

110000－0102－0023747　丁/11769　集部/詞類/詞別集/宋

南澗詞　（宋）韓元吉撰　澗泉詩餘　（宋）韓淲撰　清刻本　一冊

110000－0102－0023748　丁/11770　集部/詞類/詞別集/宋

須溪詞一卷補遺一卷　（宋）劉辰翁撰　清刻本　一冊

110000－0102－0023749　丁/11772　集部/別集類/清

珠光集四卷　（清）薩察倫撰　清宣統二年(1910)刻本　一冊

110000－0102－0023750　丁/11773　集部/總集類/文/地方

天台三高士遺集五種　（清）朱之仁等撰　清宣統三年(1911)鉛印本　一冊

110000－0102－0023751　丁/11776　集部/別集類/清

湖唐林館駢體文二卷　（清）李慈銘撰　清光緒十年(1884)刻本　一冊

110000－0102－0023752　丁/11777　集部/詞類/詞總集/通代

詞七種　（宋）呂勝己等撰　清刻本　一冊

110000－0102－0023753　丁/11778　集部/詞類/詞別集/清

芙蓉山館詞鈔二卷　（清）楊芳燦撰　清刻本　一冊

110000－0102－0023754　丁/11779　集部/別集類/清

湘浦詩鈔二卷賦鈔　（清）李廷芳撰　清道光七年(1827)刻本　一冊

110000－0102－0023755　丁/11780　史部/地理類/遊記

烏桓紀行　夏素菲撰　清宣統三年(1911)鉛印本　一冊

110000－0102－0023756　丁/11781　史部/外國史類

外國歷史歌　袁桐輯　清光緒三十年(1904)鉛印本　一冊

110000－0102－0023757　丁/11782　集部/總集類/詩/斷代/清

詩五種合訂　清刻本　一冊

110000－0102－0023758　丁/11784　集部/別集類/漢至隋

高令公集　（北魏）高允撰　溫侍讀集　（北魏）溫子昇撰　清刻本　一冊

110000－0102－0023759　丁/11785　集部/別集類/清

彭門詩草四卷　（清）龔圖撰　清嘉慶八年(1803)刻本　一冊

110000－0102－0023760　丁/11788　集部/別集類/唐至五代

梨嶽集　（唐）李頻撰　清刻本　一冊

110000－0102－0023761　丁/11789　集部/
別集類/清

在山草堂吟稿六卷　（清）韋光黻撰　清道光
六年(1826)刻本　一冊

110000－0102－0023762　丁/11790　集部/
總集類/詩/雜錄/酬贈慶吊

去思草二卷　（清）鄭維駒編　清同治九年
(1870)刻本　一冊

110000－0102－0023763　丁/11794　集部/
總集類/詩/斷代/唐至五代

唐才子詩集　（清）金雍釋　清宣統三年
(1911)石印本　八冊

110000－0102－0023764　丁/11795　集部/
小說類/章回

忠孝勇烈木蘭傳三十三回　（唐）釋馬祖撰
清宣統二年(1910)刻本　四冊

110000－0102－0023765　丁/11796　集部/
總集類/文/雜錄/酬贈慶吊

慶祝表文應用呈奏　清宣統刻本　二冊

110000－0102－0023766　丁/11799　子部/
宗教類/道教

歷代普慶長春五種　清光緒十一年至三十一
年(1885－1905)刻本　五冊

110000－0102－0023767　丁/12302　子部/
雜家類/雜考

甕牖閑評八卷　（宋）袁文撰　清刻本　二冊

110000－0102－0023768　丁/12304　經部/
經總類/群經總義/文字音義

十三經集字摹本　（清）彭玉雯篆　清道光二
十九年(1849)刻本　八冊

110000－0102－0023769　丁/12306　集部/
別集類/清

澄懷園詩選十二卷　（清）張廷玉撰　清光緒
十七年(1891)金陵刻本　四冊

110000－0102－0023770　丁/12308　集部/
別集類/清

習靜軒詩文集八種　（清）黿圖撰　清嘉慶十

二年(1807)刻本　八冊

110000－0102－0023771　丁/12310　集部/
別集類/清

理堂日記八卷詩集四卷　（清）韓夢周撰　清
道光四年(1824)刻本　四冊

110000－0102－0023772　丁/12312　集部/
別集類/清

攜雪堂全集　（清）吳可讀撰　清光緒十九年
(1893)刻本　五冊

110000－0102－0023773　丁/12313　集部/
別集類/清

論語詩右北平集　（清）尤侗撰　清刻本
一冊

110000－0102－0023774　丁/12314　集部/
別集類/明

雪鴻堂詩蒐逸三卷附錄一卷　（明）謝三秀撰
清咸豐元年(1851)遵義刻本　一冊

110000－0102－0023775　丁/12315　集部/
別集類/清

寓意於物齋文編一卷詩存一卷　（清）毛鳳枝
撰　清刻本　一冊

110000－0102－0023776　丁/12316　集部/
別集類/清

留春山房詩鈔初集二卷　（清）龔璁撰　清道
光二十二年(1842)刻本　一冊

110000－0102－0023777　丁/12317　集部/
總集類/詩/雜錄/唱和

杉湖酬唱詩畧二卷　（清）李宗瀚　（清）鄧顯
鶴合撰　清道光二年(1822)刻本　一冊

110000－0102－0023778　丁/12318　集部/
別集類/清

防山書屋就正詩續稿　（清）鄭曉如撰　清光
緒十九年(1893)刻本　一冊

110000－0102－0023779　丁/12319　集部/
別集類/清

香杜草二卷　（清）任昌運撰　清嘉慶刻本
一冊

110000 – 0102 – 0023780　丁/12320　集部/別集類/清

張都護詩存　（清）張錫鸞撰　清宣統二年(1910)鉛印本　一冊

110000 – 0102 – 0023781　丁/12321　集部/別集類/清

蘭亭詩鈔五卷　（清）殷希文撰　清嘉慶二十一年(1816)刻本　一冊

110000 – 0102 – 0023782　丁/12322　集部/總集類/詩/雜錄/酬贈慶吊

西泠話別集　（清）馬馴良等撰　清鉛印本　一冊

110000 – 0102 – 0023783　丁/12326　集部/別集類/清

雪樵續集四卷　（清）鹿林松撰　清道光十七年(1837)刻本　一冊

110000 – 0102 – 0023784　丁/12328　集部/別集類/清

臥知齋駢體文初稿附外集　（清）徐景濤撰　清光緒五年(1879)刻本　一冊

110000 – 0102 – 0023785　丁/12329　集部/別集類/清

刻楮集四卷旅逸小稿二卷　（清）錢儀吉撰　清道光刻本　一冊

110000 – 0102 – 0023786　丁/12333　集部/別集類/清

愧庵遺著集要五卷　（清）楊甲仁撰　清末刻本　一冊

110000 – 0102 – 0023787　丁/12334　集部/別集類/清

釣琴軒詩鈔四卷　（清）王鐔撰　清刻本　一冊

110000 – 0102 – 0023788　丁/12337　集部/別集類/清

碧腴齋詩存八卷　（清）胡德琳撰　清刻本　一冊

110000 – 0102 – 0023789　丁/12338　集部/別集類/清

小酉山房外集　（清）常增撰　清道光十四年(1834)刻本　一冊

110000 – 0102 – 0023790　丁/12339　集部/總集類/詩/雜錄/唱和

淮上題襟集十二卷　（清）黃承增輯　清刻本　一冊

110000 – 0102 – 0023791　丁/12340　集部/別集類/清

篤素堂文集四卷　（清）張英撰　清同治十年(1871)刻本　一冊

110000 – 0102 – 0023792　丁/12341　集部/別集類/清

海棠山館詩鈔二卷　（清）宋伯魯撰　清光緒二十二年(1896)京師刻本　一冊

110000 – 0102 – 0023793　丁/12343　集部/別集類/明

無欲齋詩草七卷　（明）鹿善繼撰　清光緒二十三年(1897)刻本　一冊

110000 – 0102 – 0023794　丁/12346　集部/總集類

竹居錄存　（清）張楚寶編　清光緒二十三年(1897)竹居刻朱印本　一冊

110000 – 0102 – 0023795　丁/12347　集部/別集類/清

小隱詩鈔　（清）崔宜枚撰　清同治四年(1865)刻本　一冊

110000 – 0102 – 0023796　丁/12348　集部/別集類/清

可齋經進文存　（清）朱文翰撰　清同治十一年(1872)舊書齋刻本　一冊

110000 – 0102 – 0023797　丁/12349　集部/別集類/清

芋巖詩鈔　（清）錢衡撰　清光緒十二年(1886)刻本　一冊

110000 – 0102 – 0023798　丁/12350　集部/總集類/詩/雜錄/題詠

魯藩署宋海棠詩苑　唐郁華纂　清宣統元年
(1909)抄本　一冊

110000－0102－0023799　丁/12353　集部/
別集類/清

鹿仙吟草　（清）王汝霖撰　清光緒十年
(1884)刻本　一冊

110000－0102－0023800　丁/12354　集部/
別集類/清

里安百詠　（清）黃紹第撰　清刻本　一冊

110000－0102－0023801　丁/12357　集部/
別集類/清

寄靜詩詞刊遺二種　（清）劉詒恂撰　清光緒
二十六年(1900)刻本　一冊

110000－0102－0023802　丁/12358　集部/
別集類/清

崑崙咇詠集二卷　葉德輝撰　清光緒三十年
(1904)刻本　一冊

110000－0102－0023803　丁/12359　集部/
別集類/漢至隋

班蘭臺集　（漢）班固撰　清刻本　一冊

110000－0102－0023804　丁/12360　史部/
傳記類

後樂堂別集　（□）□□輯　清同治十年
(1871)刻本　一冊

110000－0102－0023805　丁/12364　集部/
別集類/清

示樸齋駢體文六卷　（清）錢振倫撰　清同治
六年(1867)袁浦崇實書院刻本　一冊

110000－0102－0023806　丁/12367　集部/
別集類/遼金元

新編翰林珠玉六卷　（元）虞集撰　清末民初
刻藍印本　一冊

110000－0102－0023807　丁/12368　集部/
別集類/遼金元

趙待制詩詞　（元）趙雍撰　清抄本　一冊

110000－0102－0023808　丁/12369　集部/
小說類/章回

增像全圖清烈傳一百回　（清）□□撰　清光
緒二十年(1894)上海珍藝書局鉛印本　四冊
存六十五回(一至五十六)

110000－0102－0023809　丁/12370　集部/
俗文學類/雜曲

雷霆報五段　清刻本　一冊

110000－0102－0023810　丁/12372　集部/
別集類/清

養靈根堂遺集　（清）蔡鴻燮撰　清咸豐十年
(1860)刻本　一冊

110000－0102－0023811　丁/12375　集部/
別集類/清

種藍室詩鈔　（清）李昌熾撰　清光緒十四年
(1888)刻本　一冊

110000－0102－0023812　丁/12377　史部/
地理類/遊記/清

癸卯東遊日記　張謇撰　清光緒二十九年
(1903)南通州翰墨林書局鉛印本　一冊

110000－0102－0023813　丁/12381　集部/
詞類/詞別集/清

艮居詞選　（清）蔡壽臻撰　清光緒三十二年
(1906)刻本　一冊

110000－0102－0023814　丁/12382　集部/
小說類/章回

繡像繪圖乾隆巡幸江南記七十六回　清末民
初上海進步書局石印本　一冊

110000－0102－0023815　丁/12383　集部/
別集類/清

介白堂詩集　（清）劉光第撰　清光緒二十九
年(1903)刻本　一冊

110000－0102－0023816　丁/12385　史部/
地理類/外紀

倭都景物志　（清）譚祖綸撰　清光緒二十四
年(1898)鉛印本　一冊

110000－0102－0023817　丁/12386　集部/
別集類/清

擘紅樓文集　（清）杜大恆撰　清光緒二十九

年(1903)儷峰書屋刻本　一冊

110000－0102－0023818　丁/12388　集部/
小說類/章回

繡像北宋楊家將五十回　（明）研石山樵訂正
　　清光緒二十七年（1901）休齋堂石印本
四冊

110000－0102－0023819　丁/12389　集部/
小說類/章回

繪圖花月姻緣五十二回　（清）魏秀仁撰　清
光緒十九年（1893）上海書局鉛印本　六冊

110000－0102－0023820　丁/12394　史部/
別史、雜史類

中國文明小史十五章　（日本）田口卯吉著
清光緒二十八年（1902）上海廣智書局鉛印本
　一冊

110000－0102－0023821　丁/12400　集部/
別集類/清

南行詩草　（清）富察敦崇撰　清宣統三年
（1911）富察敦崇京都琉璃廠刻本　一冊

110000－0102－0023822　丁/12401　集部/
別集類/清

樂我齋古文樂我齋詩草　（清）黃樸撰　清同
治十年（1871）刻本　一冊

110000－0102－0023823　丁/12404　集部/
俗文學類/變文

王氏寶卷　清抄本　一冊

110000－0102－0023824　丁/12405　集部/
曲類/曲別集/雜劇

吟風閣四卷　（清）楊潮觀撰　清嘉慶二十五
年（1820）刻本　四冊

110000－0102－0023825　丁/12459　集部/
別集類/宋

彭城集四十卷　（宋）劉攽撰　清刻本　五冊

110000－0102－0023826　丁/12498　集部/
別集類/明

太白山人漫稿八卷　（明）孫一元撰　清刻本
　四冊

110000－0102－0023827　丁/12499　史部/
別史類

平夏錄一卷　（明）黃標撰　江南別錄一卷
（宋）陳彭年撰　清抄本　一冊

110000－0102－0023828　丁/12626　集部/
別集類/清

蓉菴詩鈔痗棠巢唫稿　（清）葉雷生撰　清抄
本　一冊

110000－0102－0023829　丁/12737　集部/
別集類/清

竹初詩鈔十六卷文鈔六卷　（清）錢維喬撰
清嘉慶刻本　八冊

110000－0102－0023830　丁/12747　集部/
總集類/詩/雜錄/唱和

坡門酬唱二十三卷　（宋）邵浩編　清宣統二
年（1910）貴池劉氏玉海堂影宋印本　八冊

110000－0102－0023831　丁/12770　子部/
術數類/占候

求雨篇　（清）紀慎齋撰　清光緒六年（1880）
四川成都府署刻天壤閣叢書本　一冊

110000－0102－0023832　丁/12771　集部/
別集類/清

息影廬殘稿　（清）王叔釗撰　學爲福齋詩
（清）張源達撰　清光緒九年（1883）香禪精舍
刻本　一冊

110000－0102－0023833　丁/12772　集部/
別集類/清

木蘭書齋詩鈔　（清）王治撰　清咸豐九年
（1859）刻本　一冊

110000－0102－0023834　丁/12773　集部/
別集類/清

二羲草堂學稿　（清）任承恩撰　清嘉慶九年
（1804）刻本　一冊

110000－0102－0023835　丁/12775　集部/
總集類/文/雜錄/課藝

燕令試帖二卷　（清）黃煜撰　清光緒十一年
（1885）刻本　一冊

110000－0102－0023836　丁/12776　集部/總集類/詩/雜錄/題詠

繡鐙問字圖　（清）陳方瀛輯　清同治十二年（1873）刻本　一冊

110000－0102－0023837　丁/12777　集部/別集類/清

華藏室詩鈔　（清）許延敬撰　清道光二十五年（1845）刻本　一冊

110000－0102－0023838　丁/12778　集部/別集類/清

放言百首牋注　（清）史夢蘭撰　清光緒十六年（1890）止園刻本　一冊

110000－0102－0023839　丁/12779　集部/別集類/清

憺園草二卷補遺一卷　（清）王錚撰　清道光八年（1828）刻本　一冊

110000－0102－0023840　丁/12782　集部/別集類/清

小有齋自娛集　（清）徐鈞撰　清光緒六年（1880）刻本　一冊

110000－0102－0023841　丁/12785　子部/雜家類/雜考

消暑錄　（清）趙紹祖撰　清光緒十三年（1887）南平小古墨齋重刻本　一冊

110000－0102－0023842　丁/12787　集部/別集類/清

玉笙樓集古詩鈔　（清）沈壽榕撰　清光緒十九年（1893）刻本　一冊

110000－0102－0023843　丁/12788　集部/別集類/清

留耕堂詩集　（清）殷嶽撰　積書巖詩集　（清）劉逢源撰　清刻本　一冊

110000－0102－0023844　丁/12789　集部/別集類/清

玉暉堂詩集五卷　（清）趙湛撰　清刻本　一冊

110000－0102－0023845　丁/12792　集部/

別集類/清

劉葆真太史文集二卷　（清）劉葆真撰　清宣統二年（1910）刻本　一冊

110000－0102－0023846　丁/12794　集部/別集類/清

寄鷗遊草十一卷　（清）任道鎔撰　清光緒十三年（1887）刻本　一冊

110000－0102－0023847　丁/12797　子部/宗教類/道教

敬竈全書　（清）惕心憫世道人編　清光緒刻本　一冊

110000－0102－0023848　丁/12798　史部/史評類

史餘二十卷　（清）陳堯松撰　洪憲元年（1916）鉛印本　六冊

110000－0102－0023849　丁/12799　集部/別集類/民國

寄簃文存二編二卷　張扶萬撰　清宣統三年（1911）鉛印本　一冊

110000－0102－0023850　丁/12800　集部/別集類/清

慧田詩草　（清）崔光笏撰　清咸豐十年（1860）刻本　一冊

110000－0102－0023851　丁/12801　集部/別集類/清

鬮杯堂詩集杯史　杯隱撰　清光緒三十年（1904）鉛印本　一冊

110000－0102－0023852　丁/12803　集部/別集類/清

唔敢覽館稿　（清）曹應鍾撰　清同治十一年（1872）刻本　一冊

110000－0102－0023853　丁/12807　子部/天文地理類

釋地圖考釋星圖考　（清）李見菴撰　清刻本　一冊

110000－0102－0023854　丁/12816　集部/別集類/清

芳茂山人詩錄十卷　（清）孫星衍撰　清光緒十年(1884)吳縣朱氏槐廬家塾刻本　四冊

110000－0102－0023855　丁/12817　集部/別集類/清

芳茂山人文集十二卷　（清）孫星衍撰　清光緒十年(1884)白堤八字橋朱氏槐廬家塾刻本　六冊

110000－0102－0023856　丁/12821　經部/小學類/文字/字典詞典等

普通百科新大詞典　黃摩西編　清宣統三年(1911)鉛印本　十五冊

110000－0102－0023857　丁/12822　經部/小學類/音韻

附釋文互注禮部韻略　清重刻本　五冊

110000－0102－0023858　丁/12826　集部/別集類/清

聽桐廬殘草　（清）王繼穀撰　清光緒七年(1881)刻本　一冊

110000－0102－0023859　丁/12827　集部/別集類/清

彊自寬齋外集詩二卷文二卷　（清）金石撰　清光緒二十九年(1903)刻本　一冊

110000－0102－0023860　丁/12829　集部/別集類/清

詒卿詩鈔二卷　（清）李明農撰　清道光二十二年(1842)刻本　一冊

110000－0102－0023861　丁/12830　子部/雜家類/雜考

群書拾補　（清）盧文弨撰　清光緒十三年(1887)石印本　八冊

110000－0102－0023862　丁/12833　子部/藝術類/雜技

馬吊考　清抄本　一冊

110000－0102－0023863　丁/12834　集部/別集類/清

道林詩草八卷敘目一卷　（清）戴煥南撰　清光緒刻本　四冊

110000－0102－0023864　丁/12838　子部/醫家類

太醫院醫方捷徑真本增補珍囊藥性全書　（明）羅必煒參訂　清末經元堂刻本　一冊

110000－0102－0023865　丁/12840　集部/別集類/明

涇野先生文集三十八卷　（明）呂柟撰　清道光十二年(1832)重刻本　六冊

110000－0102－0023866　丁/12841　集部/別集類/清

放言百首　（清）史夢蘭撰　（清）史履升箋注　清光緒十六年(1890)止園刻本　一冊

110000－0102－0023867　丁/12842　集部/總集類/詩/地方

甬上宋元詩畧十六卷　（清）董沛編　清光緒七年(1881)刻本　四冊

110000－0102－0023868　丁/12843　集部/別集類/清

槐蔭書屋詩鈔　（清）李湘撰　清宣統三年(1911)石印本　一冊

110000－0102－0023869　丁/12844　集部/總集類/詩/地方

谿上詩輯十四卷　（清）尹元煒等訂　清道光二十九年(1849)刻本　六冊

110000－0102－0023870　丁/12849　集部/別集類/清

亢藝堂集三卷　（清）孫廷璋撰　清同治十一年(1872)滂喜齋刻越三子集本　一冊

110000－0102－0023871　丁/12850　集部/別集類/清

醉花窗遺稿二卷　（清）王堉撰　清同治三年(1864)刻本　二冊

110000－0102－0023872　丁/12852　集部/別集類/清

西堂剩稿西堂秋夢錄　（清）尤侗撰　清刻本　一冊

110000－0102－0023873　丁/12858　集部/

別集類/清

秋吟山館集選句詩 （清）張灝撰　清道光十六年(1836)刻本　一冊

110000－0102－0023874　丁/12862　集部/總集類/詩/雜錄/酬贈慶吊

萬壽詩冊 （清）彭浚撰　清嘉慶二十四年(1819)刻本　一冊

110000－0102－0023875　丁/12863　集部/別集類/清

綠淨山莊詩草續編二卷 （清）彭炳撰　清同治十二年(1873)刻本　二冊

110000－0102－0023876　子部/雜家類/雜考

玉井山館筆記 （清）許宗衡撰　清同治十三年(1874)滂喜齋刻本　一冊

110000－0102－0023877　丁/12865　集部/別集類/清

士竹尺牘二卷 （清）嚴籀撰　清道光二十四年(1844)刻本　一冊

110000－0102－0023878　丁/12867　集部/別集類/民國

袖海集二卷 葉玉森撰　清宣統二年(1910)鉛印本　一冊

110000－0102－0023879　丁/12868　經部/禮類/禮記/大戴記

夏小正傳二卷 清光緒八年(1882)抄本　一冊

110000－0102－0023880　丁/12870　史部/政書類/法令/律例

新刻訂補釋註蕭曹遺筆三卷 （清）知律子選　清刻本　一冊

110000－0102－0023881　丁/12878　史部/傳記類/年譜

寒松老人年譜 （清）魏象樞口授　（清）魏學誠等錄　清嘉慶十六年(1811)刻寒松堂全集本　一冊

110000－0102－0023882　丁/12879　集部/

小說類/筆記小說

花間笑語五卷 （清）釀花使者撰　清咸豐九年(1859)刻本　二冊

110000－0102－0023883　丁/12880　集部/總集類/詩/地方

羊城竹枝詞 吟香閣主人輯選　清刻本　二冊

110000－0102－0023884　丁/12881　集部/別集類/清

庸盦全集 （清）薛福成撰　清光緒二十三年(1897)石印本　十二冊

110000－0102－0023885　丁/12882　集部/總集類/詩/婦女

粧樓摘豔十卷首一卷 （清）錢三錫輯　清道光十三年(1833)刻本　四冊

110000－0102－0023886　丁/12884　史部/地理類/遊記/清

驂鸞小記 （清）方炳奎撰　清刻本　一冊

110000－0102－0023887　丁/12888　集部/總集類/詩/雜錄/唱和

吾亭唱和詩存一卷 （清）王衍梅等撰　清光緒刻本　一冊

110000－0102－0023888　丁/12891　集部/別集類/清

抱真書屋詩鈔九卷詩餘一卷 （清）陸應穀撰　清道光二十四年(1844)刻本　三冊

110000－0102－0023889　丁/12892　史部/政書類/職官/官箴

庸吏庸言 （清）劉衡撰　清同治十三年(1874)刻本　四冊

110000－0102－0023890　丁/12893　集部/別集類/清

我法集二卷 （清）紀昀撰　清乾隆六十年(1795)刻本　二冊

110000－0102－0023891　丁/12894　集部/總集類/詩/雜錄/唱和

德禮堂醻唱集八卷 （清）吳謙福編　清光緒

三年(1877)銅梁吳氏刻本　二冊

110000－0102－0023892　丁/12895　集部/
詞類/詞別集/清

彈指詞三卷　（清）顧貞觀撰　清光緒四年
(1878)刻本　一冊

110000－0102－0023893　丁/12896　集部/
別集類/清

蕭亭詩選六卷　（清）張實居撰　清刻本
一冊

110000－0102－0023894　丁/12897　集部/
別集類/漢至隋

織錦回文詩及諸讀法合刻　（前秦）蘇蕙撰
清刻本　一冊

110000－0102－0023895　丁/12899　集部/
別集類/清

壺山自吟稿三卷附錄一卷俟寧居偶詠一卷
（清）朱休度撰　清嘉慶三年(1798)刻本
二冊

110000－0102－0023896　丁/12900　史部/
傳記類/圖贊

歷代畫像傳四卷　（清）洗心臣繪　清光緒二
十二年(1896)石印本　四冊

110000－0102－0023897　丁/12902　集部/
別集類/唐至五代

臨海全集十卷序目一卷　（唐）駱賓王撰　清
嘉慶二十五年(1820)刻本　一冊

110000－0102－0023898　丁/12903　叢部/
自著叢書/清中晚期

劉氏遺書八卷序目一卷　（清）劉台拱撰　清
道光十四年(1834)刻本　四冊

110000－0102－0023899　丁/12906　集部/
曲類/曲別集/雜劇

瓶笙館修簫譜四種　（清）舒位撰　清道光十
三年(1833)錢唐汪氏振綺堂刻本　一冊

110000－0102－0023900　丁/12907　史部/
傳記類/總傳/專錄/釋道

方外別傳　（元）釋幕講撰　清末民國抄

本　一冊

110000－0102－0023901　丁/12910　集部/
別集類/清

長白山人四求吟草　（清）霍穆歡撰　清光緒
二十二年(1896)刻本　一冊

110000－0102－0023902　丁/12912　子部/
醫家類/諸專科方論/針灸

重刻鍼灸擇日編集　（明）全循義等編　清光
緒十六年(1890)石印本　一冊

110000－0102－0023903　丁/12914　集部/
別集類/清

翠巖室文稿僅存二卷續刻一卷　（清）韓弼元
撰　清光緒刻本　二冊

110000－0102－0023904　丁/12915　集部/
曲類/曲別集/傳奇

牟尼合三十六出　（明）阮大鋮撰　清刻本
二冊

110000－0102－0023905　丁/12917　子部/
藝術類/雜技

寄青霞館奕選八卷續編八卷　（清）譚其文
（清）徐文淵校　清光緒二十一年(1895)刻本
十六冊

110000－0102－0023906　丁/12918　子部/
儒家類/元

欽定元承華事略補圖六卷　（元）王惲撰　清
同治刻本　二冊

110000－0102－0023907　丁/12919　集部/
俗文學類

新刻八仙圖　清道光二十九年(1849)刻本
一冊

110000－0102－0023908　丁/12922　集部/
俗文學類/鼓詞

歷代史略鼓詞　（清）賈梟西撰　清抄本
一冊

110000－0102－0023909　丁/12926　史部/
政書類/邦計/雜錄

國民常識　志伊齋撰　清宣統二年(1910)鉛

印本　一冊

110000－0102－0023910　丁/12927　集部/
別集類/清

鱸塘集　（清）顧貞觀撰　清光緒七年（1881）
枕經葄史齋重刻本　一冊

110000－0102－0023911　丁/12928　經部/
小學類/文字/說文

奇字名十二卷　（清）李調元撰　清刻本
一冊

110000－0102－0023912　丁/12929　集部/
別集類/清

芝隱室詩存一卷附存一卷續存一卷　（清）長
善撰　清同治十年（1871）廣州將軍節署刻本
六冊

110000－0102－0023913　丁/12930　經部/
經總類/群經總義/文字音義

經傳釋詞十卷　（清）王引之撰　清道光二十
七年（1847）刻本　二冊

110000－0102－0023914　丁/12931　集部/
別集類/清

曠廬詩集二十卷　（清）白永修撰　清光緒二
十九年（1903）膠東逸園刻本　四冊

110000－0102－0023915　丁/12934　集部/
總集類/文/雜錄/格言、語錄、楹聯

干支類聯二卷　（清）福申輯　清道光刻本
一冊　存一卷（卷上之一至之二）

110000－0102－0023916　丁/12935　集部/
別集類/清

通藝閣詩遺編　（清）姚椿撰　清光緒十年
（1884）木活字印本　一冊

110000－0102－0023917　丁/12936　史部/
政書類/職官/官箴

宰惠紀略五卷　（清）柳堂撰　清光緒二十七
年（1901）筆諫堂刻本　二冊

110000－0102－0023918　丁/12940　經部/
小學類/文字

字學三種　（清）傅雲龍編　清同治十三年

（1874）傅氏味腴山館刻本　一冊

110000－0102－0023919　丁/12946　史部/
地理類/雜記

茅亭客話十卷校勘記一卷續校一卷　（宋）黃
休復撰　（清）胡珽校勘　（清）黃金鑒續校
清咸豐八年（1858）太廟前尹家書籍鋪影印本
一冊

110000－0102－0023920　丁/12947　史部/
地理類/專志/書院

東林書院志二十二卷　（清）高廷珍等輯　清
光緒七年（1881）刻本　八冊

110000－0102－0023921　丁/12948　經部/
小學類/文字/訓蒙

重校蒙學堂字課圖說四卷序目一卷　（清）劉
樹屏撰　清光緒二十七年（1901）石印本
八冊

110000－0102－0023922　丁/12950　子部/
儒家類/宋以前

鹽鐵論十卷　（漢）桓寬撰　清光緒十七年
（1891）思賢講舍刻本　二冊

110000－0102－0023923　丁/12951　集部/
詞類/詞別集/清

拜石山房詞鈔四卷　（清）顧翰撰　清光緒二
年（1876）心禪室重刻本　二冊

110000－0102－0023924　丁/12952　集部/
總集類/文/雜錄/格言、語錄、楹聯

名言類聯　清抄本　一冊

110000－0102－0023925　丁/12953　集部/
別集類/清

石琴室稿　（清）弘曣撰　清道光刻本　一冊

110000－0102－0023926　丁/12954　史部/
傳記類/別傳

蓉湖草堂贈言錄　（清）麟慶編　清道光十七
年（1837）刻本　二冊

110000－0102－0023927　丁/12956　集部/
詞類/詞總集/地方

蜀十五家詞　（宋）蘇軾等撰　清宣統二年

（1910）鉛印本　四冊

110000－0102－0023928　丁/12964　子部/
儒家類/宋以前

荀子二十卷　（唐）楊倞注　清影印本　四冊

110000－0102－0023929　丁/12973　集部/
俗文學類/變文

忍勸圖詞一卷　清抄本　一冊

110000－0102－0023930　丁/12975　集部/
詞類/詞別集

蝶園詞　（清）潘曾綬撰　清刻本　一冊

110000－0102－0023931　丁/12977　史部/
傳記類/總傳/專錄/釋道

敕封河神大王將軍傳　（清）李鶴年等纂　清
光緒七年（1881）刻本　一冊

110000－0102－0023932　丁/12978　史部/
傳記類/別傳

欽旌節烈樓母李太宜人家傳題辭　（清）樓壽
康編　清光緒二十五年（1899）刻本　一冊

110000－0102－0023933　丁/12980　集部/
別集類/明

無欲齋詩草七卷　（明）鹿善繼撰　清光緒二
十三年（1897）刻本　一冊

110000－0102－0023934　丁/12990　經部/
小學類/音韻/韻典

古今通韻十二卷　（明）毛奇齡撰　清康熙二
十四年（1685）刻本　六冊

110000－0102－0023935　丁/13003　集部/
別集類/清

遺山詩四卷　（清）高詠撰　清道光十年
（1830）信芳閣木活字印本　二冊

110000－0102－0023936　丁/13014　經部/
小學類/音韻/韻典

韻切指歸二卷　（清）吳心遠撰　清道光七年
（1827）集古堂刻本　八冊

110000－0102－0023937　丁/13021　子部/
藝術類/書畫/書法、碑帖/清

大瓢偶筆八卷　（清）楊賓撰　清道光二十七

年（1847）粵東糧道署刻本　四冊

110000－0102－0023938　丁/13023　子部/
醫家類/雜病方論

春腳集四卷　（清）孟文端編　清道光二十六
年（1846）刻本　一冊

110000－0102－0023939　丁/13024　集部/
別集類/清

湘綺樓箋啟八卷　王闓運撰　清光緒三十三
年（1907）長沙墨莊劉氏刻本　四冊

110000－0102－0023940　丁/13026　史部/
傳記類/日記

隨軺日記　（清）韓國鈞撰　清光緒二十五年
（1899）刻本　一冊

110000－0102－0023941　丁/13034　集部/
俗文學類/民歌民謠/清

裸農絲廠俗歌　（清）陳開沚撰　清光緒三年
（1877）鉛印本　一冊

110000－0102－0023942　丁/13035　子部/
農家類/農錄

安徽勸辦柞蠶案　徐瀾編輯　清宣統二年
（1910）鉛印本　一冊

110000－0102－0023943　丁/13036　子部/
醫家類/養生

衛生要術　（清）潘霨編　清石印本　一冊

110000－0102－0023944　丁/13037　子部/
農家類/蔬菜花木

家菌長養法　（美國）威廉母和爾康尼撰
（清）陳壽朋譯　**蕈種栽培法**　（日本）本間小
左工門撰　（清）杜壬譯　清光緒二十四年
（1898）天津北洋官報局石印本　一冊

110000－0102－0023945　丁/13038　子部/
農家類/各錄

柞蠶雜誌　（清）增韞編　清光緒三十二年
（1906）鉛印本　一冊

110000－0102－0023946　丁/13044　子部/
農家類/畜牧水產

牧豬法　（清）陳梅坡譯　清末北洋官報局石

印本 一册

110000－0102－0023947 丁/13045 集部/别集類/清

夜雪集一卷 王闓運撰 清光緒九年(1883)成都石室刻本 一册

110000－0102－0023948 丁/13046 集部/詞類/詞别集/宋

梅溪詞 (宋)史達祖撰 清光緒十五年(1889)四印齋刻本 一册

110000－0102－0023949 丁/13050 集部/别集類/清

巢蚊睫齋詩草二卷 (清)陳謙撰 清同治六年(1867)刻本 二册

110000－0102－0023950 丁/13051 史部/傳記類/家傳、宗譜

流芳集 (清)謝煃輯 清咸豐九年(1859)九我軒刻本 一册

110000－0102－0023951 丁/13052 集部/别集類/清

月滄文集八卷 (清)呂璜撰 清道光二十一年(1841)桂林刻本 二册

110000－0102－0023952 丁/13056 集部/别集類/清

二瓦硯齋詩鈔十卷 (清)金玉麟撰 清咸豐元年(1851)刻本 二册

110000－0102－0023953 丁/13058 集部/别集類/清

六半樓詩鈔四卷 (清)蔡鵬飛撰 清光緒十年(1884)刻本 一册

110000－0102－0023954 丁/13060 集部/别集類/清

李長吉歌詩四卷外集一卷首一卷 (唐)李賀撰 (清)王琦彙解 清乾隆二十五年(1760)刻本 二册

110000－0102－0023955 丁/13061 集部/總集類/文/雜錄/書牘表啟

大清攝政王致大明史閣部書大明史閣部復大

清攝政王書 清末抄本 一册

110000－0102－0023956 丁/13062 集部/别集類/清

鹿蕉山館詩鈔十卷 (清)胡傳釗撰 修鳳集二卷 (清)胡傳釗輯 清光緒刻本 十四册

110000－0102－0023957 丁/13063 集部/總集類/詩/通代

宛鄰書屋古詩錄十二卷 (清)張琦輯 清同治八年(1869)重刻本 四册

110000－0102－0023958 丁/13064 集部/别集類/清

扶雅堂詩集十四卷 (清)楊炳春撰 清刻本 四册

110000－0102－0023959 丁/13067 集部/總集類/詩/雜錄/唱和

庚子生春詩二卷 (清)錢儀吉等撰 清道光刻本 一册

110000－0102－0023960 丁/13069 集部/詞類/詞别集/清

通雅齋叢稿三種 (清)成本璞撰 清宣統元年(1909)刻本 一册 存三種三卷(湘瑟秋雅一卷、碧雲詞一卷、淚影詞一卷)

110000－0102－0023961 丁/13070 史部/傳記類/總傳/專錄/其它

樂府侍兒小名二卷 (清)李調元撰 清刻本 一册

110000－0102－0023962 丁/13071 集部/别集類/清

秋樵詩鈔四卷 (清)武承烈撰 清嘉慶刻本 一册

110000－0102－0023963 丁/13075 集部/總集類/詩/地方

琉球詩錄二卷 (清)徐幹評定 清同治刻本 一册

110000－0102－0023964 丁/13076 集部/别集類/清

靈州山人詩錄 (清)徐灝撰 清同治三年

(1864)刻本　一册

110000－0102－0023965　丁/13077　集部/别集類/清

楊勇愨公詩存一卷楊勇愨公詩存釋文一卷
(清)楊岳斌撰　(清)楊正儀釋文　清光緒刻本　一册

110000－0102－0023966　丁/13078　集部/别集類/清

悔餘菴詩稿十三卷文稿九卷　(清)何杖撰　清同治四年(1865)刻本　十册

110000－0102－0023967　丁/13079　史部/傳記類/别傳

岑府君行狀　(清)岑春榮等撰　清刻本　一册

110000－0102－0023968　丁/13080　史部/傳記類/别傳

徐府君行狀　(清)徐致靖撰　清光緒二十三年(1897)刻本　一册

110000－0102－0023969　丁/13082　史部/傳記類/别傳

任學士功績錄　(清)黎庶昌等撰　清光緒二十一年(1895)刻本　二册

110000－0102－0023970　丁/13086　集部/别集類/清

丁戊之間行卷九卷湘絃詞一卷　易順鼎撰　清光緒五年(1879)刻本　二册

110000－0102－0023971　丁/13087　史部/政書類/邦計/貨幣

上度支部改革幣制書　(清)陶德琨撰　清末鉛印本　一册

110000－0102－0023972　丁/13089　集部/别集類/清

壯學齋文集十二卷　(清)周樹槐撰　清咸豐二年(1852)刻本　四册

110000－0102－0023973　丁/13090　集部/别集類/清

黃氏文鈔四卷　(清)黃良輝撰　清刻本　一册

110000－0102－0023974　丁/13092　史部/詔令奏議/奏議

議覆鐵路奏疏　(清)奕□等撰　清鉛印本　一册

110000－0102－0023975　丁/13094　集部/小說類/章回

醒夢記二十七回　(清)金天尊輯　清道光二十八年(1848)山東濟南府會文齋刻字店刻本　五册

110000－0102－0023976　丁/13097　集部/别集類/清

靈芬館集詩十八卷詞六卷雜著二卷　(清)郭麐撰　清嘉慶刻本　十二册

110000－0102－0023977　丁/13102　集部/曲類/曲譜、曲韻

歌凝絲竹　清末抄本　二册

110000－0102－0023978　丁/13103　集部/别集類/清

西園詩鈔四卷續鈔四卷　(清)張擴庭撰　清同治四年(1865)刻本　四册

110000－0102－0023979　丁/13104　集部/總集類/文/雜錄/雜纂

閑居雜記　(清)康乃心輯　清道光抄本　四册

110000－0102－0023980　丁/13120　集部/别集類/遼金元

牆東類稿二十卷補遺一卷　(元)陸文圭撰　清道光十九年(1839)陸氏世德堂刻本　六册

110000－0102－0023981　丁/13121　集部/别集類/清

樊榭山房集十卷文集八卷續集十卷　(清)厲鶚撰　清光緒七年(1881)嶺南述軒重刻本　八册

110000－0102－0023982　丁/13122　史部/傳記類/總傳/專錄/藝術

鞠部群英　(清)小遊仙客撰　清同治十二年(1873)北京琉璃廠富文齋刻本　一册

110000－0102－0023983　丁/13124　集部/總集類/詩/通代

餘芳詩鈔　清抄本　一冊

110000－0102－0023984　丁/13125　子部/雜誌類

勸號譜四卷　（清）張通撰　清道光三遷堂抄本　二冊

110000－0102－0023985　丁/13126　叢部/自著叢書/清中晚期

如諫果室叢刻四種　（清）王延釣撰　清光緒三十四年（1908）京都益森書館鉛印本　一冊

110000－0102－0023986　丁/13127　集部/別集類/清

謝家山人集六卷　（清）唐瑩撰　清光緒十年（1884）安慶刻本　二冊

110000－0102－0023987　丁/13128　集部/別集類/清

三雁齋詩稿　（清）吳尊盤撰　清嘉慶二十四年（1819）刻本　二冊

110000－0102－0023988　丁/13130　集部/別集類/清

花嶼讀書堂詩文詞鈔十二卷　（清）李福撰　清道光二十六年（1846）蘭室刻本　六冊

110000－0102－0023989　丁/13131　集部/別集類/清

延桂山房吟稿八卷詞草一卷　（清）王惟成撰　清光緒二十六年（1900）刻本　四冊

110000－0102－0023990　丁/13133　集部/總集類/詩/雜錄/唱和

鄂渚同聲集初編七卷二編二十卷三編八卷　（清）胡鳳丹等撰　清光緒二年（1876）退補齋刻本　五冊

110000－0102－0023991　丁/13139　集部/別集類/清

宜雨宜晴山館文存二卷　（清）孔興耀等訂正　（清）楊方晃編釋　清光緒十九年（1893）刻本　二冊

110000－0102－0023992　丁/13140　集部/別集類/清

謝琴詩文鈔四卷　（清）吳景潮編　清嘉慶松風草堂刻本　一冊

110000－0102－0023993　丁/13141　集部/詞類/詞別集

當樓詞　（清）毛奇齡撰　清末抄本　一冊

110000－0102－0023994　丁/13142　集部/詞類/詞總集/地方

粵西詞見二卷　況周頤輯錄　清光緒二十二年（1896）金陵刻本　二冊

110000－0102－0023995　丁/13143　叢部/彙編叢書/清中晚期

小檀欒室彙刻閨秀詞四種　徐乃昌輯　清光緒刻本　一冊

110000－0102－0023996　丁/13144　集部/別集類/清

方雪齋詩集十二卷　（清）何道生撰　清嘉慶十三年（1808）雕藻齋吳德明刻本　二冊

110000－0102－0023997　丁/13146　集部/別集類/清

問字堂集六卷　（清）孫星衍撰　清光緒刻本　四冊

110000－0102－0023998　丁/13153　集部/總集類/詩/雜錄/其它

集杭諺詩　（清）邵懿辰輯　清光緒葛氏嘯園刻民國二十五年（1936）邵章重印本　一冊

110000－0102－0023999　丁/13156　史部/傳記類/總傳/通錄/地方

畿輔先哲錄　清末抄本　一冊

110000－0102－0024000　丁/13157　子部/雜家類/雜纂

遠色全編三卷　清道光七年（1827）重刻本　一冊

110000－0102－0024001　丁/13158　集部/詞類/詞別集

比竹餘音四卷　（清）鄭文焯撰　清光緒二十

八年(1902)刻本　一冊

110000－0102－0024002　丁/13161　史部/
地理類/雜記

芝城紀略　（清）劉世英撰　清光緒抄本
一冊

110000－0102－0024003　丁/13162　子部/
譜錄類/食譜

酒經二卷　（宋）朱肱撰　清末民國抄本
一冊

110000－0102－0024004　丁/13163　史部/
地理類/方志/地方志/浙江

[乾道]臨安志三卷　（宋）周淙纂修　清光緒
二十年(1894)孫氏壽松堂重刻本　一冊

110000－0102－0024005　丁/13164　史部/
地理類/地方志/湖北

[光緒]黃岡縣志二十四卷　（清）戴昌言
（清）劉恭冕纂修　清光緒八年(1882)刻本
二十四冊

110000－0102－0024006　丁/13165　史部/
地理類/方志/地方志/上海

[光緒]羅店鎮志八卷　（清）潘履祥等纂修
清光緒十五年(1889)鉛印本　五冊

110000－0102－0024007　丁/13172　史部/
地理類/地方志/湖北

[同治]江夏縣志八卷　（清）王庭楨修
（清）彭崧毓纂　清同治八年(1869)刻本
八冊

110000－0102－0024008　丁/13174　史部/
地理類/方志/鄉土志

[光緒]廣甯縣鄉土志　（清）伍梅等纂修　清
刻本　一冊

110000－0102－0024009　丁/13175　史部/
地理類/方志/地方志

[康熙]聊城縣誌四卷　（清）何一傑等纂修
清康熙二年(1663)刻本　四冊

110000－0102－0024010　丁/13176　史部/
地理類/地方志/湖北

[光緒]江陵縣志六十五卷　（清）蒯正昌等纂
修　清光緒二年(1876)刻本　二十四冊

110000－0102－0024011　丁/13177　史部/
地理類/地方志/浙江

[雍正]寧波府志三十六卷首一卷　（清）曹秉
仁等纂修　清道光二十六年(1846)刻本　十
八冊

110000－0102－0024012　丁/13180　史部/
地理類/地方志/河北

[乾隆]重修安肅縣志十六卷　（清）張鈍
（清）史元善纂修　清嘉慶十三年(1808)重刻
本　八冊　存九卷(一至九)

110000－0102－0024013　丁/13181　史部/
地理類/地方志/湖北

[同治]鍾祥縣志二十卷補編二卷　（清）孫福
海　（清）李埍纂修　清同治六年(1867)序刻
本　十四冊

110000－0102－0024014　丁/13182　史部/
地理類/地方志/湖北

[同治]施南府志三十卷續編十卷　（清）松林
等纂修　清刻本　十五冊

110000－0102－0024015　丁/13183　史部/
地理類/地方志/廣東

[光緒]海陽縣志四十六卷首一卷　（清）盧蔚
猷　（清）吳道鎔纂修　清光緒二十八年
(1902)潮城謝存文館刻本(卷一至八係配本)
十二冊

110000－0102－0024016　丁/13184　史部/
地理類/地方志/雲南

[光緒]騰越廳志稿二十卷首一卷　（清）陳宗
海等修　（清）趙端禮纂　清光緒十三年
(1887)刻本　十二冊

110000－0102－0024017　丁/13186　史部/
地理類/方志/地方志/四川

[道光]德陽縣新志十二卷首一卷　（清）裴顯
忠纂修　清道光十七年(1837)刻本　六冊

110000－0102－0024018　丁/13188　史部/
地理類/地方志/湖北

［光緒］黃州府志四十卷首一卷　（清）英啟纂修　清光緒十年(1884)刻本　三十八冊

110000－0102－0024019　丁/13189　史部/地理類/地方志/山西

［光緒］續修崞縣志八卷　（清）趙冠卿（清）龍朝言修　（清）潘肯堂纂　清光緒八年(1882)刻本　八冊

110000－0102－0024020　丁/13199　史部/地理類/地方志/浙江

［光緒］黃巖縣志四十卷　（清）王棻　（清）王詠霓纂修　清光緒三年(1877)刻本　十六冊

110000－0102－0024021　丁/13201　史部/地理類/地方志/浙江

［嘉靖］海寧縣志九卷　（明）蔡完等纂修　清光緒二十四年(1898)刻本　二冊

110000－0102－0024022　丁/13204　史部/地理類/地方志/四川

［光緒］大足縣志八卷　（清）王德嘉修（清）高雲從等纂　清光緒三年(1877)刻本　五冊

110000－0102－0024023　丁/13206　史部/地理類/地方志/四川

［道光］江北廳志八卷　（清）福珠郎阿修（清）宋煊等纂　清光緒二十四年(1898)江北閬廳刻本　八冊

110000－0102－0024024　丁/13207　集部/別集類/清

春闈雜詠　（清）李德炳撰　清光緒二十一年(1895)刻本　一冊

110000－0102－0024025　丁/13210　集部/小說類/筆記小說

守一齋筆記四卷　（清）金捧閶撰　清光緒十六年(1890)廣州重刻粟香室叢書本　二冊

110000－0102－0024026　丁/13211　集部/別集類/清

石柏山房詩存九卷　（清）趙文楷撰　清咸豐七年(1857)廣東惠潮嘉道署刻本　四冊

268

110000－0102－0024027　丁/13213　集部/俗文學類/變文

三寶證盟寶卷　清光緒十六年(1890)常郡府廟培本堂善書局刻本　一冊

110000－0102－0024028　丁/13214　集部/總集類/詩/斷代/清

同人詩錄　（清）王慶勳輯　清咸豐八年(1858)刻本　一冊

110000－0102－0024029　丁/13216　集部/別集類/清

籠樵小草二卷　（清）胡傳釗撰　清同治九年(1870)刻本　二冊

110000－0102－0024030　丁/13217　集部/別集類/清

松寥山人詩集十卷　（清）張際亮撰　清道光四年(1824)刻本　二冊

110000－0102－0024031　丁/13218　集部/別集類/清

復堂詩四卷詞一卷　（清）譚獻撰　清咸豐九年(1859)刻本　一冊

110000－0102－0024032　丁/13220　史部/地理類/外紀

日本雜事詩　（清）黃遵憲撰　清光緒二十四年(1898)長沙富文堂刻本　一冊

110000－0102－0024033　丁/13221　集部/別集類/清

玉笙樓詩錄　（清）沈壽榕撰　清光緒九年(1883)刻本　六冊

110000－0102－0024034　丁/13222　集部/別集類/清

風華閣儷體　（清）謝芳連撰　清光緒二十四年(1898)弇山鐸署刻本　一冊

110000－0102－0024035　丁/13224　集部/總集類/文/雜錄/酬贈慶吊

吳柳堂先生誄文正續合編　（清）傅巖霖輯　清刻本　一冊

110000－0102－0024036　丁/13225　集部/

碧城詩鈔十二卷 （清）俞功懋撰 清光緒十三年(1887)富文齋刻本 一冊

110000－0102－0024037 丁/13226 集部/別集類/清

石遺先生德配蕭夫人遺著 （清）蕭道管撰 清光緒三十三年(1907)刻本 一冊

110000－0102－0024038 丁/13228 集部/別集類/清

不櫛吟詩稿三卷 （清）潘素心撰 清道光刻本 一冊

110000－0102－0024039 丁/13230 集部/別集類/遼金元

師山先生遺文五卷附錄一卷 （元）鄭玉撰 清道光二十三年(1843)刻本 一冊

110000－0102－0024040 丁/13231 子部/儒家類/清

學廬自鏡語一卷 （清）陳錦撰 清同治刻本 一冊

110000－0102－0024041 丁/13232 集部/別集類/清

綠雲山房詩草四卷 （清）勞蓉君撰 清光緒四年(1878)橘蔭軒刻本 二冊

110000－0102－0024042 丁/13233 史部/政書類/邦交

中西關係略論四卷續編一卷 （美國）林樂知撰 上海格致書室譯 清光緒十八年(1892)上海格致書室鉛印本 一冊

110000－0102－0024043 丁/13235 集部/總集類/詩/家族

勤斯堂詩彙編 （清）顧森書輯 清光緒二十二年(1896)刻本 二冊

110000－0102－0024044 丁/13237 子部/雜誌類

兩日畫報 兩日畫報社編 清末民初石印本 三冊

110000－0102－0024045 丁/13240 集部/

海天萍寄賸草 （清）徐彬撰 清光緒四年(1878)刻本 一冊

110000－0102－0024046 丁/13241 集部/別集類/清

汯民遺文 （清）孫傳鳳撰 清光緒二十一年(1895)江氏師鄦室刻本 一冊

110000－0102－0024047 丁/13248 史部/地理類/方志/地方志/江西

[同治]清江縣志十卷首一卷 （清）潘懿 （清）胡湛修 （清）朱孫詒纂 清同治九年(1870)刻本 十冊

110000－0102－0024048 丁/13250 史部/地理類/方志/地方志/山東

[道光]重修平度州志二十七卷 （清）保忠等修 （清）李圖等纂 清道光二十九年(1849)刻本 八冊

110000－0102－0024049 丁/13251 史部/地理類/方志/地方志/浙江

[乾隆]溫州府志三十卷 （清）齊召南 （清）汪沆等修 清同治四年(1865)補刻本 二十冊

110000－0102－0024050 丁/13252 史部/地理類/方志/地方志/山西

[光緒]靈石縣志二卷 （清）謝均 （清）白星煒纂修 清光緒九年(1883)刻本 二冊

110000－0102－0024051 丁/13253 史部/地理類/方志/地方志/河北

[道光]深州直隸州志十卷首一卷末一卷 （清）張範東修 （清）李廣滋纂 清道光七年(1827)刻本 四冊

110000－0102－0024052 丁/13255 史部/地理類/方志/地方志/江西

[同治]上饒縣志二十六卷 （清）王恩溥等修 （清）李樹藩等纂 清同治十一年(1872)刻本 二十冊

110000－0102－0024053 丁/13256 史部/地理類/方志/鄉土志

[光緒]甯陽縣鄉土志一卷 （清）李椿齡
（清）張雲渠纂修 清光緒三十三年(1907)石
印本 一冊

110000－0102－0024054 丁/13261 子部/
譜錄類/鳥獸蟲魚
蟲薈五卷 （清）方旭撰 清光緒十六年
(1890)刻本 四冊

110000－0102－0024055 丁/13264 集部/
別集類/清
泊鷗山房集三十八卷 （清）陶元藻撰 清衡
河草堂刻本 十六冊

110000－0102－0024056 丁/13265 集部/
別集類/清
古歡堂詩稿二卷詩餘一卷樂循禮齋詩稿六卷
（清）奕志撰 清同治刻本 五冊

110000－0102－0024057 丁/13267 史部/
地理類/方志/鄉土志
[光緒]榮經縣鄉土志 （清）朱啟宇纂修 清
光緒宣統間抄本 一冊

110000－0102－0024058 丁/13268 史部/
地理類/地方志/廣東
[宣統]新寧鄉土地理 雷澤普編輯 清宣統
元年(1909)刻本 一冊

110000－0102－0024059 丁/13269 史部/
地理類/地方志/江蘇
[光緒]蒸里志略十二卷 （清）葉世熊纂修
清宣統二年(1910)鉛印本 二冊

110000－0102－0024060 丁/13271 史部/
地理類/地方志/四川
[嘉慶]什邡縣志五十四卷 （清）紀大奎等纂
修 清嘉慶十八年(1813)刻本 十冊

110000－0102－0024061 丁/13273 子部/
農家類/其它
馬糞孵卵法 （美國）胡兒別土撰 （日本）大
寄保之助譯 （日本）山本正義重譯 清光緒
二十二年(1896)石印本 一冊

110000－0102－0024062 丁/13275 集部/

總集類/詩/地方/四川
山南詩選四卷 （清）嚴如煜輯 清光緒十三
年(1887)刻本 四冊

110000－0102－0024063 丁/13276 史部/
政書類/邦計/理財
度支部試辦宣統三年預算表 （清）度支部編
清宣統三年(1911)石印本 五冊

110000－0102－0024064 丁/13277 集部/
別集類/清
傳硯堂詩錄八卷 （清）張鳴基撰 清同治七
年(1868)刻本 二冊

110000－0102－0024065 丁/13278 子部/
雜家類/雜述
燕窗閒話 （清）鄭經撰 清光緒十七年
(1891)刻本 二冊

110000－0102－0024066 丁/13281 史部/
地理類/方志/地方志
[光緒]永平府志七十二卷首一卷末一卷
（清）游志開 （清）史夢蘭纂修 清光緒二年
(1876)重刻本 三十二冊

110000－0102－0024067 丁/13291 史部/
地理類/地方志/四川
[嘉慶]德陽縣志五十四卷續編十卷末一卷
（清）吳經世修 （清）廖家駰等纂 清嘉慶二
十年(1815)刻本 十二冊

110000－0102－0024068 丁/13295 史部/
地理類/地方志/四川
[道光]蓬溪縣誌十六卷 （清）吳章祁
（清）楊文保纂修 清道光二十五年(1845)刻
本 八冊

110000－0102－0024069 丁/13297 史部/
地理類/地方志/四川
[嘉慶]彭縣志四十二卷補遺一卷 （清）王鍾
鈁 （清）彭以懋纂修 清嘉慶十八年(1813)
刻本 六冊

110000－0102－0024070 丁/13298 史部/
地理類/地方志/四川
[光緒]彭縣志十三卷補遺一卷 （清）張龍

甲 （清）呂調陽纂修　清光緒六年（1880）刻本　十冊

110000－0102－0024071　丁/13301　史部/地理類/地方志/四川

[同治]劍州志十卷　（清）張兆長　（清）李溶纂修　清同治十二年（1873）刻本　四冊

110000－0102－0024072　丁/13302　史部/地理類/地方志/四川

[同治]續漢州志二十四卷　（清）張超（清）曾履中纂修　清同治八年（1869）序刻本　八冊

110000－0102－0024073　丁/13303　史部/地理類/地方志/四川

[道光]南部縣誌三十卷　（清）王瑞慶（清）徐暢達纂修　清道光二十九年（1849）序刻本　十冊

110000－0102－0024074　丁/13306　史部/地理類/地方志/浙江

[光緒]平湖縣志二十五卷　（清）彭潤章（清）葉廉鍔纂修　清光緒十二年（1886）刻本　十三冊

110000－0102－0024075　丁/13307　史部/地理類/方志/地方志/江蘇

[光緒]六合縣志八卷　（清）謝延庚　（清）賀廷壽纂修　清光緒九年（1883）刻本　十冊

110000－0102－0024076　丁/13317　史部/地理類/地方志/福建

[弘治]興化府志五十四卷　（明）周瑛（明）黃仲昭纂修　清同治十年（1871）刻本　二十四冊

110000－0102－0024077　丁/13319　史部/地理類/地方志/安徽

[道光]涇縣續志九卷　（清）阮文藻　（清）趙懋曜纂修　清道光五年（1825）刻本　四冊

110000－0102－0024078　丁/13323　史部/地理類/地方志/山東

[光緒]掖縣全志四種　（清）魏起鵬編輯　清光緒十九年（1893）刻本　十六冊

110000－0102－0024079　丁/13326　史部/地理類/地方志/江蘇

[紹熙]雲間志三卷　（宋）楊潛纂修　清光緒二十年（1894）觀自得齋刻本校刻　二冊

110000－0102－0024080　丁/13328　史部/地理類/地方志/江蘇

[嘉慶]黎里志十六卷首一卷續志十六卷首一卷　（清）徐達源纂修　清光緒二十五年（1899）刻本　五冊

110000－0102－0024081　丁/13331　集部/小說類/章回

花月痕五十二回　（清）魏秀仁撰　清同治五年（1866）上海文宜書局石印本　七冊

110000－0102－0024082　丁/13332　集部/俗文學類/鼓詞

二馬投唐四卷　清宣統二年（1910）上海茂記書莊石印本　四冊

110000－0102－0024083　丁/13334　集部/小說類/翻譯小說

未來戰國志十九回　東洋奇人撰　南支那老驥輯譯　清光緒二十八年（1902）上海廣智書局鉛印本　一冊

110000－0102－0024084　丁/13335　集部/別集類/宋

淨德集三十八卷　（宋）呂陶撰　清刻本六冊

110000－0102－0024085　丁/13357　集部/別集類/清

一松齋集八卷　（清）孫擴圖撰　清同治十年（1871）刻本　六冊

110000－0102－0024086　丁/13358　集部/總集類/文/雜錄/書牘表啟

[鶴峰廳曹丞申文等]　清宣統抄本　一冊

110000－0102－0024087　丁/13360　集部/別集類/清

容膝軒文稿八卷　（清）王榮商撰　清光緒二十一年（1895）刻本　二冊

110000－0102－0024088　丁/13361　史部/
地理類/方志/地方志/廣西

[道光]白山司志十八卷　（清）王言紀
（清）朱錦纂修　清道光以後抄本　四冊

110000－0102－0024089　丁/13364　集部/
別集類/清

和樂堂詩抄五卷　（清）殷希文撰　清嘉慶二
十一年(1816)刻本　一冊

110000－0102－0024090　丁/13366　集部/
集評類/詩評/通評

粟顒山房雜錄　清末抄本　二冊

110000－0102－0024091　丁/13367　集部/
別集類/清

夢花草堂詩稿十二卷　（清）韓鳳翔撰　清道
光刻本　四冊

110000－0102－0024092　丁/13369　集部/
別集類/清

三恥齋初稿十卷　（清）吳坤修撰　清同治四
年(1865)刻本　二冊

110000－0102－0024093　丁/13370　集部/
別集類/清

芑汀詩草六卷　（清）嚴履豐撰　清道光二十
八年(1848)刻本　一冊

110000－0102－0024094　丁/13371　集部/
別集類/清

竹園詩稿三卷　（清）王續康撰　清咸豐刻本
一冊

110000－0102－0024095　丁/13372　集部/
別集類/清

省齋詩鈔四卷　（清）文天駿撰　清光緒二十
三年(1897)四川文匯堂刻本　四冊

110000－0102－0024096　丁/13373　集部/
別集類/清

賜書樓詩草初集一卷續集一卷　（清）胡亦堂
撰　清嘉慶十八年(1813)重刻本　二冊

110000－0102－0024097　丁/13377　史部/
地理類/地方志/四川

[道光]仁壽縣新志八卷　（清）馬百齡
（清）魏崧纂修　清道光十七年(1837)刻本
八冊

110000－0102－0024098　丁/13378　史部/
地理類/地方志/河北

[光緒]正定縣誌四十六卷末一卷　（清）慶之
金　（清）賈孝彰纂修　清光緒元年(1875)刻
本　十四冊

110000－0102－0024099　丁/13379　集部/
別集類/清

東道紀行集　（清）楊文勳撰　清光緒二十三
年(1897)刻本　一冊

110000－0102－0024100　丁/13380　集部/
別集類/清

秋水軒集　（清）莊盤珠撰　清光緒二年
(1876)刻本　一冊

110000－0102－0024101　丁/13381　集部/
詞類/詞別集/清

秋水軒詞　（清）莊盤珠撰　清刻本　一冊

110000－0102－0024102　丁/13382　集部/
別集類/清

珠湖草堂詩鈔四卷　（清）阮亨撰　清道光三
年(1823)刻本　六冊

110000－0102－0024103　丁/13384　集部/
俗文學類/變文

菩薩賣藥　清宣統三年(1911)刻本　一冊

110000－0102－0024104　丁/13385　集部/
別集類/清

寥天一閣文二卷莽蒼蒼齋詩二卷　（清）譚嗣
同撰　清光緒二十八年(1902)石印本　一冊

110000－0102－0024105　丁/13388　集部/
別集類/清

鎮亭山房詩集十八卷　（清）陸廷黻撰　清光
緒十七年(1891)刻本　六冊

110000－0102－0024106　丁/13389　集部/
別集類/清

西湖秋柳詞　（清）楊鳳苞撰　清光緒十年

（1884）湖州楊氏春及軒重刻本　一冊

110000－0102－0024107　丁/13391　集部/
總集類/詩/斷代/清

萃林詩賦　（清）王珊等撰　清光緒十二年
（1886）刻本　一冊

110000－0102－0024108　丁/13392　史部/
時令類

月令七十二候詩四卷　（清）馬國翰撰　清光
緒十五年（1889）重刻本　二冊

110000－0102－0024109　丁/13393　子部/
儒家類/清

對策六卷　（清）陳鱣撰　清嘉慶六年（1801）
刻本　一冊

110000－0102－0024110　丁/13395　集部/
別集類/清

蔣綠莊焚餘續草四卷　（清）項慶模撰　清光
緒十五年（1889）刻本　一冊

110000－0102－0024111　丁/13397　集部/
詞類/詞別集/清

桐華閣詞　（清）吳蘭修撰　清嘉慶二十三年
（1818）刻本　一冊

110000－0102－0024112　丁/13398　集部/
詞類/詞別集/清

騷情詞雁聲賦　（清）吳蔚元撰　清光緒刻本
　一冊

110000－0102－0024113　丁/13400　經部/
小學類/文字/字體

正字略　（清）王筠撰　清道光十二年（1832）
刻本　一冊

110000－0102－0024114　丁/13402　集部/
別集類/清

簪花閣詩鈔一卷詩餘一卷　（清）翁端恩撰
清光緒十二年（1886）刻本　一冊

110000－0102－0024115　丁/13403　集部/
總集類/文/通代/編選

名雋初集八卷　（清）戴咸弼編　清光緒五年
（1879）刻本　四冊

110000－0102－0024116　丁/13404　集部/
別集類/清

轉蕙軒駢文稿　（清）謝質卿撰　清同治十一
年（1872）刻本　一冊

110000－0102－0024117　丁/13405　集部/
別集類/清

月湖詩集　（清）吳璧撰　清嘉慶二十年
（1815）刻本　二冊

110000－0102－0024118　丁/13407　史部/
政書類/法令

日本議會詰法六卷　政治官報局編　清光緒
三十三年（1907）鉛印本　二冊

110000－0102－0024119　丁/13409　集部/
別集類/清

謝家山人集六卷　（清）唐瑩撰　清光緒十年
（1884）刻本　二冊

110000－0102－0024120　丁/13410　集部/
別集類/清

柏井集四卷　（清）汪昶撰　清同治九年
（1870）刻本　二冊

110000－0102－0024121　丁/13411　集部/
別集類/清

墨壽閣詩集四卷　（清）汪承慶撰　清光緒二
十七年（1901）刻本　二冊

110000－0102－0024122　丁/13412　集部/
別集類/清

桂舟遊草二卷　（清）王站柱撰　清光緒七年
（1881）刻本　二冊

110000－0102－0024123　丁/13414　集部/
別集類/清

水田居存詩三卷　（清）賀貽孫撰　清同治九
年（1870）刻本　四冊

110000－0102－0024124　丁/13415　集部/
別集類/清

妙香詩草三卷　（清）釋伴霞撰　清嘉慶二十
五年（1820）刻本　一冊

110000－0102－0024125　丁/13416　集部/

別集類／清

虞東先生文錄八卷 （清）顧鎮撰　清道光十七年（1837）刻本　二冊

110000－0102－0024126　丁／13417　集部／別集類／清

留真詩草六卷 （清）楊紱章撰　清光緒二十年（1894）刻本　二冊

110000－0102－0024127　丁／13418　集部／別集類／清

小安樂窩文集四卷 （清）張海珊撰　清道光十一年（1831）刻本　二冊

110000－0102－0024128　丁／13419　集部／別集類／清

撼山草堂遺槀三卷 （清）陳起書撰　清同治五年（1866）刻本　一冊

110000－0102－0024129　丁／13421　集部／別集類／清

抱影軒詩鈔十卷 （清）高廷樞撰　清道光四年（1824）刻本　二冊

110000－0102－0024130　丁／13422　集部／別集類／清

瑤華閣集詩鈔二卷詞鈔二卷 （清）袁綬撰　清同治六年（1867）刻本　四冊

110000－0102－0024131　丁／13423　集部／總集類／詩／地方

國朝蜀詩略十二卷 （清）張沆輯錄　清咸豐九年（1859）刻本　六冊

110000－0102－0024132　丁／13424　集部／別集類／清

頤巢類稿詩四卷 （清）陶邵學撰　清宣統三年（1911）刻本　二冊

110000－0102－0024133　丁／13425　集部／別集類／清

繼聲樓帖體詩存二卷 （清）郭仲年撰　清同治七年（1868）刻本　二冊

110000－0102－0024134　丁／13426　集部／總集類／詩／雜錄／唱和

春闈唱和詩 （清）蔡振武編　清道光二十一年（1841）刻本　一冊

110000－0102－0024135　丁／13427　集部／別集類／清

集句叢抄四卷 （清）戚學標撰　清刻本　一冊

110000－0102－0024136　丁／13428　集部／別集類／清

鶴泉集唐三卷初編一卷 （清）戚學標撰　清嘉慶十年（1805）刻本　一冊

110000－0102－0024137　丁／13429　集部／別集類／明

燕泉集十卷 （明）何孟春撰　清乾隆二十四年（1759）重刻本　四冊

110000－0102－0024138　丁／13430　集部／別集類／清

銅似軒詩五卷 （清）吳震撰　清道光二十七年（1847）刻本　一冊

110000－0102－0024139　丁／13431　集部／別集類／清

長谿草堂詩鈔二卷詞鈔一卷 （清）潘允喆撰　清光緒十二年（1886）刻本　一冊

110000－0102－0024140　丁／13432　集部／別集類／清

聚紅榭詩詞鈔九卷 （清）謝章鋌等編　清咸豐至同治刻本　三冊

110000－0102－0024141　丁／13434　史部／傳記類／家傳、宗譜

胡氏三烈志言 （清）傅廷藻等編　清光緒二十八年（1902）刻本　一冊

110000－0102－0024142　丁／13436　子部／宗教類／釋教

穿珠集二卷 （清）獻純幻人　（清）乞士通吉合撰　清光緒三十三年（1907）刻本　二冊

110000－0102－0024143　丁／13437　集部／小說類／筆記小說

妙香齋叢鈔七卷 （清）枯樹居士編　清同治

十一年(1872)刻本　二冊

110000－0102－0024144　丁/13438　史部/
傳記類/人表

光緒建元以來督撫年表　(清)陳淑編　清刻
本　一冊

110000－0102－0024145　丁/13439　集部/
別集類/清

餐花室詩稿十卷詩餘一卷　(清)嚴錫康撰
清咸豐十一年(1861)刻本　二冊

110000－0102－0024146　丁/13440　集部/
集評類/詩評/詩話/通代

古今詩話選雋二卷　(清)盧衍仁編　清黃墨
套印本　二冊

110000－0102－0024147　丁/13442　集部/
別集類/清

孟亭詩集四卷　(清)王箴興撰　清同治十二
年(1873)刻本　二冊

110000－0102－0024148　丁/13443　子部/
雜家類/雜纂

侯後編六卷末一卷　(明)王敬臣撰　**毋欺錄
一卷補一卷**　(清)朱同純撰　清同治八年
(1869)木活字印本　二冊

110000－0102－0024149　丁/13445　集部/
集評類/詩評/詩話

分類詩話六卷　(清)喻端士編　清同治十三
年(1874)三餘書屋重刻本　四冊

110000－0102－0024150　丁/13446　集部/
別集類/清

增訂今雨堂詩墨注四卷　(清)金甡撰　清乾
隆三十四年(1769)重刻本　四冊

110000－0102－0024151　丁/13447　史部/
政書類/職官/官箴

學治練行錄二卷　(清)王鳳生纂　清道光刻
本　一冊

110000－0102－0024152　丁/13449　集部/
別集類/清

味無味齋詩鈔七卷雜文一卷駢文二卷　　(清)

董兆熊撰　清光緒元年(1875)刻本　二冊

110000－0102－0024153　丁/13453　史部/
金石類/錢幣

紅藕花軒泉品九卷　(清)馬國翰撰　清末刻
本　四冊

110000－0102－0024154　丁/13454　子部/
宗教類/道教

雲水集　(清)高仁峒撰　清光緒十一年
(1885)刻本　二冊

110000－0102－0024155　丁/13455　集部/
別集類/清

燕來堂詩稿　(清)岳虞廷撰　清道光二十四
年(1844)序刻本　二冊

110000－0102－0024156　丁/13456　集部/
別集類/清

慎餘堂文集四卷　(清)許雨田撰　**日山文集
四卷**　(清)許新堂撰　清光緒刻本　三冊

110000－0102－0024157　丁/13462　集部/
別集類/清

老學後盦自訂詩六卷詞二卷　(清)何兆瀛撰
清光緒十三年(1887)刻本　四冊

110000－0102－0024158　丁/13464　集部/
別集類/清

梅影山房詩鈔六卷遺文一卷　(清)朱敬瑞撰
清同治十三年(1874)刻本　四冊

110000－0102－0024159　丁/13465　集部/
別集類/清

喬園詩餘一卷　(清)鄧裕聰撰　清宣統二年
(1910)刻本　一冊

110000－0102－0024160　丁/13466　集部/
別集類/清

贅言存稿　(清)洗心道人撰　清嘉慶五年
(1800)刻本　一冊

110000－0102－0024161　丁/13470　集部/
別集類/清

集選詩一卷遲雲閣詩稿五卷　(清)郭階撰
清光緒十五年(1889)刻春暉雜稿本　一冊

110000－0102－0024162　丁/13472　集部/別集類/清

不櫛吟續刻三卷　（清）潘素心撰　清道光刻本　一冊

110000－0102－0024163　丁/13473　集部/別集類/清

六半樓詩鈔四卷　（清）蔡鵬飛撰　清光緒十年(1884)刻本　一冊

110000－0102－0024164　丁/13475　子部/藝術類/篆刻

寶印集四卷　（清）王之佐編　清道光十一年(1831)刻本　二冊

110000－0102－0024165　丁/13476　集部/別集類/清

鷗館閑吟一卷　寄翁道鎔撰　清刻本　一冊

110000－0102－0024166　丁/13484　集部/別集類/清

東埼文鈔四卷　（清）郭肇撰　清光緒二十年(1894)刻本　二冊

110000－0102－0024167　丁/13485　集部/小說類/筆記小說

笑林廣記四卷　（清）程世爵撰　清末民國石印本　四冊

110000－0102－0024168　丁/13508　史部/詔令奏議類/奏議

撫夏奏議二卷　（明）黃嘉善撰　清抄本　二冊

110000－0102－0024169　丁/13529　集部/別集類/清

風雨對吟齋詩詞鈔詩鈔四卷詩餘一卷　（清）任端良撰　清光緒十八年(1892)刻本　二冊

110000－0102－0024170　丁/13531　集部/總集類/詩/斷代

自怡園屏錦詩集二卷詞集二卷　（清）葉珪輯　清咸豐六年(1856)刻本　二冊

110000－0102－0024171　丁/13532　集部/別集類/清

夢蘭草堂詩集　（清）俞世球撰　清光緒六年(1880)刻本　一冊

110000－0102－0024172　丁/13534　集部/別集類/清

心嚮往齋詩集五卷　（清）孔繼鑅撰　清道光、咸豐刻本　四冊

110000－0102－0024173　丁/13536　子部/儒家類/明

王文成公三立編十二卷　（明）王守仁撰　清刻本　六冊

110000－0102－0024174　丁/13541　集部/別集類/清

八松庵詩集八卷　（清）李禪撰　清光緒二十五年(1899)重刻本　二冊

110000－0102－0024175　丁/13543　集部/別集類/清

烏目山房詩存六卷　（清）蔣因培撰　清光緒十年(1884)平江張氏大雅堂刻本　二冊

110000－0102－0024176　丁/13544　集部/總集類/詩/地方

國朝嚴州詩錄六卷　（清）宗源瀚輯　清光緒二年(1876)刻本　二冊

110000－0102－0024177　丁/13545　集部/別集類/清

笠杖集六卷　（清）張盛藻撰　清光緒十九年(1893)刻本　二冊

110000－0102－0024178　丁/13546　集部/別集類/清

錫慶堂詩集八卷　（清）嵇璜撰　清咸豐九年(1859)刻本　二冊

110000－0102－0024179　丁/13547　集部/別集類/清

清風室詩鈔五卷　（清）錢保塘撰　清宣統三年(1911)刻本　一冊

110000－0102－0024180　丁/13548　集部/別集類/清

詠梅軒稿六卷　（清）謝蘭生撰　清道光二十

五年(1845)刻本　二冊

110000－0102－0024181　丁/13549　集部/
別集類/清

聞濤軒詩稿二卷　(清)張朝績撰　清光緒十
六年(1890)卷葹草廬刻本　一冊

110000－0102－0024182　丁/13551　集部/
別集類/清

漱紅山房詩集四卷　(清)何嶽齡撰　清同治
十二年(1873)刻本　二冊

110000－0102－0024183　丁/13552　集部/
別集類/清

蝴蝶詩　(清)金文樑撰　清光緒刻本　二冊

110000－0102－0024184　丁/13553　集部/
別集類/清

招隱山房詩鈔八卷末一卷　(清)戴啟文撰
清宣統元年(1909)鉛印本　二冊

110000－0102－0024185　丁/13576　集部/
別集類/清

粵輶集三卷　(清)徐琪撰　清光緒二十年
(1894)刻本　一冊

110000－0102－0024186　丁/13578　史部/
地理類/地方志/山西

[康熙]陽城縣誌八卷　(清)項龍章　(清)
田六善纂修　清康熙二十六年(1687)刻本
八冊

110000－0102－0024187　丁/13583　史部/
地理類/地方志/四川

[嘉慶]清溪縣誌四卷　(清)劉傳經　(清)
陳一泗纂修　清嘉慶五年(1800)刻本　四冊

110000－0102－0024188　丁/13588　史部/
地理類/地方志/四川

[道光]忠州直隸州志八卷　(清)吳友篪
(清)熊履青纂修　清道光六年(1826)刻本
四冊

110000－0102－0024189　丁/13589　史部/
地理類/地方志/四川

[道光]巴州志十卷　(清)朱錫穀　(清)陳

一津纂修　清道光十三年(1833)刻本　二冊

110000－0102－0024190　丁/13594　史部/
地理類/地方志/廣西

[嘉慶]龍州紀略二卷　(清)黃譽編輯　清末
抄本　二冊

110000－0102－0024191　丁/13596　集部/
小說類/話本

新編說平話　清同治至光緒刻本　八冊

110000－0102－0024192　丁/13597　集部/
別集類/明

朱一齋先生文集後卷五卷廣遊文集一卷
(明)朱善撰　清末刻本　二冊

110000－0102－0024193　丁/13599　集部/
別集類/清

自怡軒雜文　(清)周安士撰　清咸豐七年
(1857)木活字印本　一冊

110000－0102－0024194　丁/13600　集部/
別集類/清

味無味齋詩鈔七卷雜文一卷駢文一卷　(清)
董兆熊撰　清同治十三年(1874)刻本　二冊

110000－0102－0024195　丁/13602　史部/
地理類/雜記

臺灣雜詠合刻　(清)王凱泰　(清)何澂合撰
清光緒七年(1881)刻本　一冊

110000－0102－0024196　丁/13603　史部/
地理類/地方志/山東

[光緒]嘉祥縣誌四卷　(清)章文華　(清)
官擢午纂修　清宣統元年(1909)刻本　四冊

110000－0102－0024197　丁/13691　子部/
雜家類/雜述

麗濩薈錄十四卷　(清)蔣超伯撰　清同治五
年(1866)刻本　六冊

110000－0102－0024198　丁/13693　史部/
地理類/地方志/四川

[咸豐]重修梓潼縣誌六卷　(清)張香海
(清)蒲薦鎬纂修　清咸豐八年(1858)刻本
六冊

110000 – 0102 – 0024199　丁/13696　子部/
譜錄類/草木

菊花譜一卷　（□）□□撰　清同治四年
(1865)抄本　一冊

110000 – 0102 – 0024200　丁/13697　集部/
俗文學類/鼓詞

新刻說唱義夫節婦何文秀報冤鼓兒詞　（□）
□□撰　清末大業堂刻本　一冊

110000 – 0102 – 0024201　丁/13698　集部/
總集類/詩/斷代/清

文溪頌言十一卷文溪廣頌二卷　（清）葉元堦
輯　清道光二十五年(1845)刻本　一冊

110000 – 0102 – 0024202　丁/13707　集部/
別集類/清

十華小築詩鈔二卷　（清）余本愚撰　清光緒
十一年(1885)刻本　二冊

110000 – 0102 – 0024203　丁/13708　史部/
地理類/地方志/安徽

[同治]黟縣三志十六卷　（清）謝永泰
（清）程鴻詔纂修　清同治九年(1870)刻本
十六冊

110000 – 0102 – 0024204　丁/13709　史部/
地理類/地方志/四川

[嘉慶]成都縣誌六卷　（清）王泰雲　（清）
袁以壎纂修　清嘉慶十八年(1813)刻本
六冊

110000 – 0102 – 0024205　丁/13712　史部/
地理類/地方志/山西

[乾隆]平陸縣志十六卷　（清）言如泗
（清）韓藔典纂修　清乾隆二十九年(1764)刻
本　六冊

110000 – 0102 – 0024206　丁/13713　史部/
地理類/地方志/山西

[光緒]永濟縣誌二十四卷　（清）李榮和
（清）劉鍾麟纂修　清光緒十二年(1886)刻本
十四冊

110000 – 0102 – 0024207　丁/13716　集部/
俗文學類/雜曲

青石山京子弟曲詞全部　清末民國抄本
四冊

110000 – 0102 – 0024208　丁/13717　集部/
俗文學類/鼓詞

通州壩　清末抄本　六冊

110000 – 0102 – 0024209　丁/13786　集部/
曲類/曲別集/傳奇

繪圖佛門緣二十出　（清）楊祖榮撰　清光緒
二十年(1894)石印本　二冊

110000 – 0102 – 0024210　丁/13787　集部/
俗文學類/彈詞

新刊繡像節義奇情全傳四十回　清光緒二十
七年(1901)石印本　一冊

110000 – 0102 – 0024211　丁/13788　集部/
曲類/曲別集/傳奇

百寶箱二卷　（清）梅窗主人撰　清光緒二十
年(1894)石印本　四冊

110000 – 0102 – 0024212　丁/13789　集部/
曲類/曲別集/傳奇

梨花雪　（清）徐鄂撰　清光緒二十一年
(1895)刻本　六冊

110000 – 0102 – 0024213　丁/13790　集部/
曲類/曲別集/傳奇

鈞天樂　（清）吳儂撰　清光緒十九年(1893)
刻本　二冊

110000 – 0102 – 0024214　丁/13791　集部/
小說類

女才子傳　（清）鴛湖煙水散人著　清道光二
十七年(1847)刻本　四冊

110000 – 0102 – 0024215　丁/13792　集部/
小說類/章回

新刻觀世音菩薩出身修行傳四卷二十六回
清刻本　二冊

110000 – 0102 – 0024216　丁/13793　集部/
小說類/筆記小說

鸝樓逸志六卷　（清）歐蘇撰　清嘉慶三年
(1798)刻本　六冊

110000－0102－0024217　丁/13794　集部/曲類/曲別集/傳奇

東廂記四卷　（清）湯世瀠撰　清光緒上海申報館鉛印本　四冊

110000－0102－0024218　丁/13795　集部/曲類/曲別集/傳奇

意中緣傳奇二卷　（清）李漁撰　清刻本　四冊

110000－0102－0024219　丁/13796　集部/曲類/曲別集/傳奇

烈女記二卷　（清）醉筠外史撰　清光緒七年（1881）刻本　二冊

110000－0102－0024220　丁/13797　集部/小說類/章回

繡雲閣一百四十三回　（清）魏文中編　清同治八年（1869）刻本　八冊

110000－0102－0024221　丁/13798　集部/曲類/曲別集/傳奇

東郭記四十四出　（明）孫仁孺撰　清道光二十六年（1846）刻本　二冊

110000－0102－0024222　丁/13800　集部/小說類/筆記小說

聊齋志異新評十六卷　（清）蒲松齡撰　清光緒九年（1883）刻本　十六冊

110000－0102－0024223　丁/13803　集部/小說類/章回

韓仙全傳二十四回　清光緒十八年（1892）刻本　二冊

110000－0102－0024224　丁/13805　集部/曲類/曲別集/傳奇

西廂記十六折　一名注　清抄本　一冊

110000－0102－0024225　丁/13806　集部/戲曲類/地方戲

雷打寄保四折　清道光二年（1822）刻本　一冊

110000－0102－0024226　丁/13808　集部/曲類/曲別集/傳奇

香雪亭新編耆英會記二卷　（清）畫川逸叟撰　清光緒二十七年（1901）刻本　二冊

110000－0102－0024227　丁/13809　集部/曲類/曲別集/傳奇

石榴記傳奇四卷　（清）黃振撰　清刻本　五冊

110000－0102－0024228　丁/13810　子部/藝術類/音樂舞蹈

餅笙館修簫譜　（清）舒位撰　清道光三年（1823）刻本　二冊

110000－0102－0024229　丁/13812　集部/曲類/曲別集/傳奇

木樨香十出　（清）嘯嵐道人撰　清光緒十六年（1890）刻本　一冊

110000－0102－0024230　丁/13815　集部/曲類/曲別集/傳奇

[楊恩壽六種曲]　（清）楊恩壽撰　清光緒刻本　四冊

110000－0102－0024231　丁/13820　集部/戲曲類

劇詞　清末抄本　二冊

110000－0102－0024232　丁/13829　集部/曲類/曲別集/雜劇

瞿園雜劇　（清）瞿園撰　清光緒二十八年（1902）鉛印本　一冊

110000－0102－0024233　丁/13831　集部/曲類/曲別集/傳奇

霜天碧　（清）丁傳靖撰　清末刻本　一冊

110000－0102－0024234　丁/13833　集部/曲類/曲別集/傳奇

東海記　（清）王曦撰　清道光十一年（1831）宛鄰書屋刻本　一冊

110000－0102－0024235　丁/13835　集部/曲類/曲別集/傳奇

後緹縈南曲　（清）汪宗沂撰　清光緒十一年（1885）刻本　一冊

110000－0102－0024236　丁/13836　集部/

曲類/曲別集/雜劇

祭皋陶 （清）宋琬撰　清刻本　一冊

110000－0102－0024237　丁/13837　集部/
曲類/曲別集/雜劇

龍舟會雜劇 （清）王夫之撰　清同治四年
(1865)刻本　一冊

110000－0102－0024238　丁/13846　集部/
總集類/詩/斷代/清

紀貞詩存一卷 （清）楊兆李等撰　清光緒十
八年(1892)楊氏刻本　一冊

110000－0102－0024239　丁/13847　集部/
曲類/曲別集/傳奇

碧聲吟館六種曲　清光緒三年(1877)刻本
六冊

110000－0102－0024240　丁/13860　史部/
地理類/遊記/遊各國

重刊使琉球記六卷 （清）李鼎元撰　清同治
五年(1866)重刻本　二冊

110000－0102－0024241　丁/13861　史部/
地理類/地方志/浙江

[光緒]**玉環廳志十六卷** （清）杜冠英等纂修
清光緒六年(1880)刻十四年(1888)增刻本
八冊

110000－0102－0024242　丁/13863　史部/
地理類/方志/鄉土志

[宣統]**婼羌縣鄉土志一卷** （清）唐光燁纂修
清宣統三年(1911)稿本　一冊

110000－0102－0024243　丁/13866　史部/
地理類/地方志/江西

[同治]**贛縣志五十四卷** （清）黃德溥
（清）褚景昕纂修　清同治十一年(1872)刻本
十八冊

110000－0102－0024244　丁/13867　史部/
地理類/地方志/福建

[光緒]**續修浦城縣誌四十二卷** （清）翁天祐
（清）翁昭泰纂修　清光緒二十六年(1900)
刻本　二十冊

110000－0102－0024245　丁/13868　史部/
地理類/地方志/内蒙古

[同治]**和林格爾廳志一卷** （清）陳寶晉纂修
清末抄本　一冊

110000－0102－0024246　丁/13870　史部/
地理類/方志/總志

三番誌略六卷 （清）□□撰　清末抄本
二冊

110000－0102－0024247　丁/13871　史部/
地理類/雜記

金遼備考 （清）林佶撰　清末民國抄本
二冊

110000－0102－0024248　丁/13872　史部/
別史、雜史類

聖駕親征噶爾旦方略 （清）聖祖玄燁撰
（清）敖福合譯　清抄本　一冊

110000－0102－0024249　丁/13875　史部/
地理類/方志/鄉土志

[光緒]**創修鎮西鄉土志四卷** （清）高耀南
（清）閻緒昌纂修　清光緒三十四年(1908)抄
本　一冊

110000－0102－0024250　丁/13876　史部/
地理類/方志/鄉土志

[光緒]**新疆吐魯番廳鄉土志一卷** （清）曾炳
熿纂修　清末抄本　一冊

110000－0102－0024251　丁/13877　史部/
地理類/方志/鄉土志

[光緒]**昌吉縣鄉土志一卷**　清光緒三十四年
(1908)抄本　一冊

110000－0102－0024252　丁/13878　史部/
地理類/方志/鄉土志

[光緒]**奇台縣鄉土志一卷** （清）楊方熾纂修
清末抄本　一冊

110000－0102－0024253　丁/13879　史部/
地理類/方志/鄉土志

[宣統]**婼羌縣鄉土志** （清）瑞山纂修　清宣
統元年(1909)抄本　一冊

110000 – 0102 – 0024254　丁/13880　史部/
地理類/方志/鄉土志

[光緒]拜城縣鄉土志一卷　(清)□□撰　清
光緒三十四年(1908)稿本　一冊

110000 – 0102 – 0024255　丁/13881　史部/
地理類/方志/鄉土志

[光緒]鄯善縣鄉土志一卷　(清)陳光煒纂修
清光緒三十三年(1907)稿本　一冊

110000 – 0102 – 0024256　丁/13882　史部/
地理類/方志/鄉土志

[光緒]烏什廳鄉土志一卷　清光緒三十四年
(1908)稿本　一冊

110000 – 0102 – 0024257　丁/13883　史部/
地理類/方志/鄉土志

[光緒]英吉沙爾廳鄉土志一卷　(清)黎丙元
纂修　清光緒三十三年(1907)稿本　一冊

110000 – 0102 – 0024258　丁/13884　史部/
地理類/方志/鄉土志

[光緒]焉耆府鄉土志一卷　(清)張銑纂修
清光緒三十四年(1908)稿本　一冊

110000 – 0102 – 0024259　丁/13885　史部/
地理類/方志/鄉土志

[光緒]和闐州鄉土志一卷　(清)謝維興纂修
清光緒三十四年(1908)稿本　一冊

110000 – 0102 – 0024260　丁/13886　史部/
地理類/方志/鄉土志

[宣統]哈密州土志一卷　(清)劉潤通纂修
清宣統元年(1909)稿本　一冊

110000 – 0102 – 0024261　丁/13887　史部/
地理類/方志/鄉土志

[光緒]蒲犁廳鄉土志一卷　(清)江文波纂修
清光緒三十三年(1907)稿本　一冊

110000 – 0102 – 0024262　丁/13888　史部/
地理類/方志/鄉土志

[光緒]庫車州鄉土志一卷　清光緒三十四年
(1908)稿本　一冊

110000 – 0102 – 0024263　丁/13912　史部/

地理類/水道/總錄

水經注　(北魏)酈道元注　(清)戴震校　清
刻本　十四冊

110000 – 0102 – 0024264　丁/13955　史部/
紀事本末類/斷代

欽定平定七省方略一千一百五十卷首二卷
(清)奕訢等編　清同治十一年至光緒二十二
年(1872 – 1896)鉛印本　三百四十二冊

110000 – 0102 – 0024265　丁/13956　史部/
紀事本末類/斷代

欽定平定七省方略一千一百五十卷首二卷
(清)奕訢等編　清同治十一年至光緒二十二
年(1872 – 1896)鉛印本　六百三十三冊

110000 – 0102 – 0024266　丁/13961　史部/
地理類/地方志/河南

[道光]太康縣誌八卷　(清)戴鳳翔　(清)
高松纂修　清道光八年(1828)刻本　八冊

110000 – 0102 – 0024267　丁/13970　史部/
詔令奏議/奏議

赤城論諫錄十卷　(明)謝鐸　(明)黃孔昭編
清末刻本　二冊

110000 – 0102 – 0024268　丁/13977　史部/
政書類/詔令奏議/奏議

陸宣公奏議二十六卷　(唐)陸贄撰　清光緒
十二年(1886)淮南書局重刻本　四冊

110000 – 0102 – 0024269　丁/13981　史部/
地理類/地方志/江西

[光緒]上猶縣誌十八卷　(清)葉滋瀾
(清)李臨馴纂修　清光緒十九年(1893)重刻
本　十二冊

110000 – 0102 – 0024270　丁/13984　史部/
地理類/地方志/浙江

[同治]麗水縣誌十五卷　(清)彭潤章纂修
清同治十三年(1874)刻本　八冊

110000 – 0102 – 0024271　丁/13986　史部/
地理類/方志/地方志/河北

[光緒]吳橋縣志十二卷　(清)倪昌燮
(清)施崇禮纂修　清光緒元年(1875)刻

本　八冊

110000－0102－0024272　丁/13987　史部/
地理類/地方志/陝西

[康熙]城固縣誌十卷　（清）王穆纂修　清光
緒四年(1878)徐德懷重刻本　四冊

110000－0102－0024273　丁/13990　史部/
地理類/方志/地方志

[乾隆]汀州府志四十五卷　（清）曾日瑛
（清）李紱修　清乾隆十七年(1752)刻本(卷
四十二係抄配)　十九冊

110000－0102－0024274　丁/13991　史部/
地理類/地方志/江西

[同治]豐城縣誌二十八卷　（清）王家傑
（清）周文鳳纂修　清同治十二年(1873)刻本
十六冊

110000－0102－0024275　丁/13992　史部/
傳記類/年譜

合江李公紫璈年譜　（清）李超瓊撰　清宣統
抄本　一冊

110000－0102－0024276　丁/14003　史部/
地理類/遊記

海錄　（清）謝清高口述　（清）楊炳南筆記
清末抄本　一冊

110000－0102－0024277　丁/14004　史部/
地理類/地方志/陝西

[光緒]蒲城縣新志十三卷　（清）李體仁
（清）王學禮纂修　清光緒三十一年(1905)刻
本　四冊

110000－0102－0024278　丁/14009　史部/
地理類/方志/鄉土志

[光緒]南宮縣鄉土志　清末抄本　一冊

110000－0102－0024279　丁/14014　史部/
地理類/地方志/江蘇

[光緒]武陽志餘十二卷　（清）莊毓鋐
（清）陸鼎翰纂修　清光緒十四年(1888)木活
字印本　十六冊

110000－0102－0024280　丁/14022　經部/

易類/傳說

新鐫增補周易備旨一見能解六卷　（清）黃淳
耀撰　嚴而寬增補　清末刻本　四冊

110000－0102－0024281　丁/14027　經部/
易類/傳說

易經備旨七卷　（清）鄒聖脈輯　清刻本
五冊

110000－0102－0024282　丁/14030　經部/
易類/傳說

三易探源一卷　（清）□□撰　清光緒三十四
年(1908)刻本　一冊

110000－0102－0024283　丁/14037　經部/
易類/傳說

周易精義四卷首一卷　（清）黃淦撰　清嘉慶
十二年(1807)刻本　二冊

110000－0102－0024284　丁/14048　經部/
易類/傳說

周易考異一卷周易外傳七卷　（清）王夫之撰
清同治四年(1865)刻本　三冊

110000－0102－0024285　丁/14049　經部/
易類/傳說

周易內傳六卷內傳發例一卷　（清）王夫之撰
清同治四年(1865)刻本　七冊

110000－0102－0024286　丁/14056　史部/
地理類/地方志/湖南

[同治]新化縣誌三十五卷　（清）關培鈞
（清）劉洪澤纂修　清同治十一年(1872)刻本
十七冊

110000－0102－0024287　丁/14057　史部/
地理類/地方志/湖南

[光緒]善化縣誌三十四卷　（清）吳兆熙
（清）張先掄纂修　清光緒三年(1877)刻本
十八冊

110000－0102－0024288　丁/14058　史部/
地理類/地方志/湖南

[同治]湘鄉縣誌二十三卷　（清）齊德五
（清）黃楷盛纂修　清同治十三年(1874)刻本
二十四冊

110000－0102－0024289　丁/14059　史部/
地理類/地方志/湖南

[同治]長沙縣誌三十六卷　（清）劉采邦
（清）張延珂纂修　清同治十年(1871)刻本
二十冊

110000－0102－0024290　丁/14060　史部/
地理類/地方志/湖北

[同治]鄖陽志八卷　（清）吳葆儀　（清）王
嚴恭纂修　清同治九年(1870)刻本　十二冊

110000－0102－0024291　丁/14061　史部/
地理類/地方志/湖北

[同治]建始縣誌八卷　（清）熊啟詠纂修　清
同治五年(1866)刻本　四冊

110000－0102－0024292　丁/14064　集部/
小說類/章回

續英烈傳三十四回　（清）空谷老人編　清光
緒二十年(1894)鉛印本　四冊

110000－0102－0024293　丁/14065　集部/
小說類/章回

繪圖才子奇緣三十二回　（清）鎔經軒主人撰
　清光緒二十五年(1899)石印本　四冊

110000－0102－0024294　丁/14066　集部/
小說類/章回

皆大歡喜二十回　（清）天花藏舉編　清光緒
十八年(1892)鉛印本　四冊

110000－0102－0024295　丁/14067　集部/
小說類/章回

繪圖說鬼話十回　（清）陰直樵雲山人編　清
光緒十九年(1893)石印本　四冊

110000－0102－0024296　丁/14068　集部/
小說類/章回

桃花女鬥法十六回　（清）夢花主人撰　清光
緒二十年(1894)石印本　四冊

110000－0102－0024297　丁/14069　集部/
小說類/章回

仙卜奇緣全傳四十回　（清）吳毓恕撰　清光
緒二十三年(1897)石印本　六冊

110000－0102－0024298　丁/14070　集部/
小說類/章回

醒世新編三十二回　（清）緣意主人撰　清光
緒二十三年(1897)鉛印本　四冊

110000－0102－0024299　丁/14072　史部/
地理類/雜記

蒙古遊牧記十六卷　（清）張穆撰　清末石印
本　七冊

110000－0102－0024300　丁/14073　集部/
小說類/章回

繡像三俠記新編四十八回　（清）九龍山人輯
　清光緒十九年(1893)石印本　二冊

110000－0102－0024301　丁/14075　集部/
別集類/民國

采唐集　（清）呂佩芬編　清光緒十一年
(1885)石印本　三冊

110000－0102－0024302　丁/14076　集部/
俗文學類/彈詞

雲中落繡鞋　（清）隱釣客撰　清光緒二十年
(1894)鉛印本　四冊

110000－0102－0024303　丁/14078　集部/
俗文學類/彈詞

珠塔緣二十四回　（清）馬如飛撰　清光緒十
九年(1893)石印本　四冊

110000－0102－0024304　丁/14079　集部/
小說類/章回

北宋楊家將四卷五十回　（清）研石山樵訂正
　清光緒十八年(1892)石印本　四冊

110000－0102－0024305　丁/14080　集部/
小說類/章回

楊貴妃傳三卷二十三回　（日本）宮崎繁吉撰
　詹憲慈譯　清光緒三十一年(1905)石印本
二冊

110000－0102－0024306　丁/14081　集部/
小說類/章回

海國春秋演義四卷十一回　（清）張佩芝撰
清光緒二十八年(1902)石印本　四冊

110000 – 0102 – 0024307　丁/14085　叢部/
彙編叢書

煙霞小說　（明）陸詒孫編　清光緒三十一年
（1905）石印本　六冊

110000 – 0102 – 0024308　丁/14086　集部/
戲曲類

吉祥花六卷　（清）紀棠氏輯評　清光緒二十
一年（1895）石印本　四冊

110000 – 0102 – 0024309　丁/14087　集部/
小說類/章回

明珠緣六卷五十回　清光緒二十年（1894）石
印本　六冊

110000 – 0102 – 0024310　丁/14088　集部/
小說類/章回

常言道四卷十六回　（清）落魄道人編　清光
緒元年（1875）石印本　四冊

110000 – 0102 – 0024311　丁/14089　集部/
俗文學類/雜曲

花文　清光緒三十一年（1905）刻本　一冊

110000 – 0102 – 0024312　丁/14090　集部/
俗文學類/彈詞

新編盤龍鐲全傳二十四卷　清末刻本　四冊

110000 – 0102 – 0024313　丁/14091　集部/
俗文學類/彈詞

黃金印六卷　清同治十二年（1873）刻本
六冊

110000 – 0102 – 0024314　丁/14092　集部/
俗文學類/彈詞

荊襄快談錄一百回　清末石印本　八冊

110000 – 0102 – 0024315　丁/14093　集部/
小說類/章回

昇仙傳八卷五十六回　（清）倚雲氏撰　清光
緒二十二年（1896）錦文堂重刻本　八冊

110000 – 0102 – 0024316　丁/14094　集部/
小說類/章回

女仙外史一百回　（明）呂熊撰　清光緒二十
一年（1895）石印本　十六冊

110000 – 0102 – 0024317　丁/14095　集部/
俗文學類/變文

捨羅漢　清光緒三十四年（1908）刻本　一冊

110000 – 0102 – 0024318　丁/14096　史部/
地理類/外紀

斐洲遊記四卷　（英國）施登萊撰　上海彙報
館譯　清光緒二十六年（1900）鉛印本　二冊

110000 – 0102 – 0024319　丁/14097　集部/
俗文學類/變文

蜜蜂記六卷　清刻本　六冊

110000 – 0102 – 0024320　丁/14098　集部/
小說類/章回

水滸傳一百二十回　（元）施耐菴撰　清嘉慶
十四年（1809）貫華堂刻本　八冊

110000 – 0102 – 0024321　丁/14099　集部/
小說類/筆記小說

消暑隨筆四卷　（清）來酉峰編　清宣統三年
（1911）石印本　三冊

110000 – 0102 – 0024322　丁/14106　史部/
地理類/雜記

春明夢餘錄七十卷　（清）孫承澤撰　清光緒
九年（1883）刻本　二十四冊

110000 – 0102 – 0024323　丁/14108　集部/
俗文學類/彈詞

十五貫十六卷　（清）鴛湖逸史編　清同治十
一年（1872）重刻本　四冊

110000 – 0102 – 0024324　丁/14116　集部/
小說類/章回

大明奇俠傳十四卷五十四回　（明）江陵漁隱
撰　清光緒二十年（1894）鉛印本　六冊

110000 – 0102 – 0024325　丁/14117　集部/
別集類/明

一夕話新集六卷　（明）咄咄天撰　清三餘堂
刻本　四冊

110000 – 0102 – 0024326　丁/14118　集部/
小說類/筆記小說

騙術奇談　（清）雷君曜撰　清宣統元年

(1909)石印本　四冊

110000－0102－0024327　丁/14121　經部/
小學類/文字/說文/校刊、注釋

段氏說文注訂八卷　（清）鈕樹玉撰　清同治
十一年(1872)刻本　二冊

110000－0102－0024328　丁/14122　經部/
小學類/文字/說文

說文新附考七卷　（清）鈕樹玉撰　清同治十
三年(1874)刻本　二冊

110000－0102－0024329　丁/14124　集部/
詞類/詞別集/清

歗葉盦詞集　（清）葉玉森撰　清宣統元年
(1909)鉛印本　一冊

110000－0102－0024330　丁/14129　集部/
曲類/曲別集/傳奇

蜃中樓二卷　（清）李漁撰　清刻本　四冊

110000－0102－0024331　丁/14130　集部/
總集類/詩/斷代/清

八烈贈詩七卷　（清）胡壽椿等撰　清刻本
一冊

110000－0102－0024332　丁/14136　史部/
傳記類/日記

伊犁日記天山客話　（清）洪亮吉撰　清光緒
三年(1877)刻本　一冊

110000－0102－0024333　丁/14137　集部/
詞類/詞別集/清

無長物齋詞存　（清）劉炳照撰　清光緒三十
二年(1906)刻本　一冊

110000－0102－0024334　丁/14140　集部/
小說類/章回

韓湘子昇仙二十四回　（清）鄧寶錕編　清光
緒三十年(1904)善源堂刻本　一冊

110000－0102－0024335　丁/14141　集部/
小說類/章回

繡像說唐前傳十卷後傳八卷　題如蓮居士編
　清寶文堂刻本　十二冊

110000－0102－0024336　丁/14142　集部/

小說類/章回

封神演義一百回　（明）許仲琳撰　清光緒十
七年(1891)上海廣百宋齋鉛印本　十冊

110000－0102－0024337　丁/14144　集部/
總集類/詩/斷代/清

青雲集廣註四卷　（清）楊逢春輯　清光緒三
年(1877)刻本　四冊

110000－0102－0024338　丁/14146　集部/
曲類/曲別集/雜劇

第六才子書六卷　（元）王實甫撰　清刻本
六冊

110000－0102－0024339　丁/14149　集部/
小說類/章回

南唐演義十卷　（清）如蓮居士編　清刻本
六冊

110000－0102－0024340　丁/14150　集部/
小說類/章回

碧血巾四卷　蔣景緘譯　清宣統元年(1909)
石印本　四冊

110000－0102－0024341　丁/14151　集部/
俗文學類/彈詞

四雲亭新書全傳　（清）彭靚娟撰　清光緒二
十五年(1899)鉛印本　八冊

110000－0102－0024342　丁/14152　集部/
小說類/章回

永慶昇平前傳十二卷　（清）姜振銘　（清）哈
輔源演說　**永慶昇平後傳十二卷**　（清）貪夢
道人撰　清光緒二十九年(1903)石印本
八冊

110000－0102－0024343　丁/14154　集部/
小說類/章回

隋唐演義二十卷一百回　（清）褚人獲撰　清
光緒二十二年(1896)鉛印本　九冊　缺二卷
(十七至十八)

110000－0102－0024344　丁/14159　集部/
曲類/曲別集/傳奇

玉玦記二卷　（明）鄭若庸撰　清刻本　二冊

110000－0102－0024345　丁/14162　集部/
小說類/章回

北宋志傳五十回楊家將傳五十回　（明）研石
山樵編　清刻本　四冊

110000－0102－0024346　丁/14167　集部/
小說類/總錄

唐人小說六種　葉德輝輯　清宣統三年
（1911）葉氏觀古堂刻本　二冊

110000－0102－0024347　丁/14168　史部/
傳記類/總傳/專錄/其它

神仙傳十卷　（晉）葛洪撰　清刻本　四冊

110000－0102－0024348　丁/14169　集部/
曲類/曲別集/傳奇

西樓記二卷　（清）袁于令撰　清刻本　二冊

110000－0102－0024349　丁/14170　集部/
曲類/曲別集/傳奇

千金記二卷　（明）沈采撰　清刻本　二冊

110000－0102－0024350　丁/14171　集部/
詞類/詞選/通代

精選名儒草堂詩餘三卷　（元）鳳林書院輯
清末影印本　三冊

110000－0102－0024351　丁/14173　集部/
小說類/筆記小說

異談可信錄二十三卷　（清）鄧旸輯　清嘉慶
元年（1796）刻本　十二冊

110000－0102－0024352　丁/14174　集部/
別集類/清

味真閣集二卷　（清）張安保撰　清光緒七年
（1881）刻本　四冊

110000－0102－0024353　丁/14177　集部/
小說類/總錄

宋人小說類編　（清）秋紅晚翠軒餘叟編　清
同治八年（1869）刻本　四冊

110000－0102－0024354　丁/14178　集部/
別集類/清

白圭堂詩鈔八卷續鈔六卷　（清）江之紀撰
清同治三年（1864）刻本　二冊

110000－0102－0024355　丁/14181　子部/
雜家類/雜述

隨園隨筆　（清）袁枚撰　清嘉慶十三年
（1808）刻本　六冊

110000－0102－0024356　丁/14182　集部/
小說類/章回

東西漢演義　清刻本　十四冊

110000－0102－0024357　丁/14194　集部/
俗文學類/變文

醒世寶卷　清宣統元年（1909）刻本　一冊

110000－0102－0024358　丁/14200　集部/
俗文學類/變文

金釵寶卷　清末民國抄本　一冊

110000－0102－0024359　丁/14202　集部/
俗文學類/變文

珠塔寶卷　清光緒三十三年（1907）抄本
一冊

110000－0102－0024360　丁/14206　集部/
俗文學類/變文

玉玦寶卷　清道光二十二年（1842）抄本
二冊

110000－0102－0024361　丁/14207　集部/
俗文學類/變文

李黑心寶卷　清末抄本　一冊

110000－0102－0024362　丁/14209　集部/
俗文學類/變文

如意寶卷　清光緒抄本　二冊

110000－0102－0024363　丁/14210　集部/
俗文學類/變文

逆媳寶卷　清末抄本　一冊

110000－0102－0024364　丁/14212　集部/
俗文學類/變文

十王寶卷　清末民國抄本　一冊

110000－0102－0024365　丁/14213　集部/
俗文學類/變文

龐公寶卷　清光緒二十一年（1895）刻本
一冊

110000－0102－0024366　丁/14215　集部/俗文學類/變文

達磨祖卷　清末刻本　一冊

110000－0102－0024367　丁/14216　集部/俗文學類/變文

如如寶卷　清末瑪瑙經房刻本　一冊

110000－0102－0024368　丁/14217　集部/俗文學類/變文

藍關寶卷　清光緒二十年(1894)刻本　二冊

110000－0102－0024369　丁/14218　集部/俗文學類/變文

梅氏花網寶卷　清刻本　二冊

110000－0102－0024370　丁/14219　集部/俗文學類/變文

賣花寶卷　清光緒三十年(1904)祥興齋刻本　一冊

110000－0102－0024371　丁/14220　集部/俗文學類/變文

雙修寶卷　清末民國抄本　一冊

110000－0102－0024372　丁/14222　集部/俗文學類/變文

黃梅寶卷　清光緒元年(1875)刻本　一冊

110000－0102－0024373　丁/14224　集部/俗文學類/變文

觀音濟度本願真經二卷　清咸豐二年(1852)刻本　一冊

110000－0102－0024374　丁/14225　集部/俗文學類/變文

真修寶卷　清道光十二年(1832)刻本　一冊

110000－0102－0024375　丁/14226　集部/俗文學類/變文

蘭英寶卷二卷　清光緒十年(1884)刻本　一冊

110000－0102－0024376　丁/14227　集部/俗文學類/變文

玉英寶卷二卷　清光緒三年(1877)刻本　一冊

110000－0102－0024377　丁/14228　集部/小說類/長篇小說

屬樓志二十四回　(清)庾嶺勞人說　(清)禹山老子編　清嘉慶十二年(1807)刻　六冊

110000－0102－0024378　丁/14229　集部/俗文學類/雜曲

第八才子花箋記二卷　清末刻本　一冊

110000－0102－0024379　丁/14230　集部/小說類/筆記小說

闕史二卷　(唐)高彥休撰　清光緒元年(1875)湖北崇文書局刻本　一冊

110000－0102－0024380　丁/14231　集部/小說類/章回

第一情書廳月樓全傳二十回　(清)□□撰　清光緒二十年(1894)石印本　四冊

110000－0102－0024381　丁/14232　集部/小說類/筆記小說

螢窗異草初編四卷二編四卷三編四卷四編四卷　(清)長白浩歌子撰　清光緒二十一年(1895)石印本　八冊

110000－0102－0024382　丁/14235　集部/小說類/章回

天香樓外史誌異八卷　(明)薛朝選撰　清光緒二十六年(1900)石印本　二冊

110000－0102－0024383　丁/14236　集部/俗文學類/彈詞

九美圖十二卷七十五回　(清)曹春江編　清道光二十三年(1843)刻本　十二冊

110000－0102－0024384　丁/14237　集部/小說類/章回

三寶太監下西洋通俗演義十六卷　(明)羅懋登撰　清光緒二十二年(1896)石印本　八冊

110000－0102－0024385　丁/14238　集部/小說類/章回

續四才子四卷　清光緒二十年(1894)鉛印本　四冊

110000－0102－0024386　丁/14239　集部/

曲類/曲別集/傳奇

珠玉圓四卷 （清）柳浦散人撰　清同治十一年(1872)重刻本　四冊

110000－0102－0024387　丁/14240　集部/小說類/章回

二度梅六卷 （清）惜蔭堂主人編　清嘉慶二十二年(1817)錦盛堂刻本　二冊

110000－0102－0024388　丁/14243　集部/小說類/話本

閨閣才子奇書十二卷 （清）鴛湖煙水散人撰　清光緒十八年(1892)上海中和書局石印本　四冊

110000－0102－0024389　丁/14247　史部/別史、雜史類

九朝野記四卷 （明）祝允明撰　清宣統三年(1911)時中書局鉛印本　二冊

110000－0102－0024390　丁/14251　集部/小說類/章回

封神演義一百回 （明）許仲琳撰　清康熙三十四年(1695)刻本　二十冊

110000－0102－0024391　丁/14252　集部/小說類/章回

東西晉志傳東晉八卷西晉四卷 清道光九年(1829)萬全書屋刻本　十二冊

110000－0102－0024392　丁/14253　集部/小說類/章回

水滸傳七十回 （元）施耐庵撰　清順治十四年(1657)刻本　二十冊

110000－0102－0024393　丁/14254　史部/傳記類/總傳/專錄/釋道

歷代仙史八卷 （清）王建章輯　清光緒七年(1881)刻本　四冊

110000－0102－0024394　丁/14255　史部/傳記類/總傳/專錄/釋道

列仙傳四卷 （明）洪自誠輯　清光緒十三年(1887)掃葉山房刻本　四冊

110000－0102－0024395　丁/14257　集部/

小說類/話本

今古奇觀四十卷 （明）抱甕老人輯　清刻本　十二冊

110000－0102－0024396　丁/14258　史部/地理類/地方志/湖北

[同治]續輯漢陽縣志二十八卷 （清）黃式度（清）王柏心纂修　清同治七年(1868)刻本　二十冊

110000－0102－0024397　丁/14259　史部/地理類/地方志/湖北

[光緒]襄陽府志二十六卷 （清）恩聯（清）王萬芳纂修　清光緒十一年(1885)刻本　十六冊

110000－0102－0024398　丁/14260　史部/地理類/地方志/山西

[同治]榆次縣誌十六卷 （清）俞世銓纂修　清同治元年(1862)刻本　八冊

110000－0102－0024399　丁/14264　史部/地理類/地方志/山東

[道光]重修膠州志四十卷 （清）張同聲（清）李圖纂修　清道光二十五年(1845)刻本　八冊

110000－0102－0024400　丁/14265　史部/地理類/地方志/山西

[乾隆]孝義縣誌二十卷 （清）鄧必安纂修　清光緒六年(1880)刻本　六冊

110000－0102－0024401　丁/14268　史部/地理類/地方志/湖北

[同治]漢川縣誌二十二卷 （清）袁鳴珂等纂修　清同治十二年(1873)刻本　十二冊

110000－0102－0024402　丁/14276　史部/地理類/地方志/浙江

[光緒]定海廳志三十卷 （清）陳重威等纂修　清光緒十年(1884)刻本　十冊

110000－0102－0024403　丁/14277　史部/地理類/地方志/山西

[光緒]忻州直隸州志 （清）方戊昌纂修　清光緒六年(1880)刻本　八冊

110000－0102－0024404　丁/14278　史部/地理類/地方志/四川

[光緒]井研志四十二卷　（清）高承瀛（清）吳嘉謨纂修　清光緒二十六年(1900)刻本　十二冊

110000－0102－0024405　丁/14280　史部/地理類/地方志/廣東

[宣統]續修南海縣誌二十六卷　鄭榮　桂坫纂修　清宣統二年(1910)刻本　十五冊

110000－0102－0024406　丁/14281　集部/別集類/清

存素堂詩初集錄存二十四卷詩稿一卷二集八卷續集一卷年譜一卷　（清）法式善撰　清嘉慶刻本　八冊

110000－0102－0024407　丁/14285　史部/地理類/地方志/貴州

[咸豐]安順府志五十四卷　（清）常恩等纂修　清光緒十六年(1890)重刻本　十六冊

110000－0102－0024408　丁/14286　史部/地理類/地方志/江西

[同治]南豐縣誌四十六卷　（清）柏春（清）魯琪光纂修　清同治十年(1871)刻本　二十八冊

110000－0102－0024409　丁/14304　史部/地理類/地方志/貴州

[乾隆]畢節縣誌八卷　（清）董朱英（清）路元升纂修　清刻本　六冊

110000－0102－0024410　丁/14314　史部/地理類/地方志/四川

[光緒]合州志十六卷　（清）費兆鉞（清）程業修纂修　清光緒四年(1878)瑞山書院刻本　四冊

110000－0102－0024411　丁/14315　史部/地理類/地方志/浙江

[同治]景寧縣誌十四卷　（清）周傑（清）嚴用光纂修　清同治十二年(1873)刻本　八冊

110000－0102－0024412　丁/14322　史部/

地理類/地方志/河北

[光緒]臨榆縣志二十四卷　（清）游智開（清）高錫疇纂修　清光緒四年(1878)刻本　十冊

110000－0102－0024413　丁/14331　集部/小說類/筆記小說

山海經十八卷　（晉）郭璞撰　清槐蔭草堂刻本　二冊

110000－0102－0024414　丁/14333　集部/別集類/清

儀衛軒詩集五卷　（清）方東樹撰　清同治七年(1868)刻本　二冊

110000－0102－0024415　丁/14334　史部/地理類/地方志/湖北

[同治]東湖縣誌三十一卷　（清）金大鏞（清）王柏心纂修　清同治三年(1864)刻本　十二冊

110000－0102－0024416　丁/14336　集部/別集類/清

消夏百一詩二卷　葉德輝撰　清光緒三十四年(1908)觀古堂刻本　一冊

110000－0102－0024417　丁/14338　史部/史表類

歷代帝王世系圖　清宣統二年(1910)石印本　一冊

110000－0102－0024418　丁/14342　集部/別集類/清

示樸齋駢體文六卷　（清）錢振倫撰　清同治六年(1867)刻本　二冊

110000－0102－0024419　丁/14343　集部/別集類/清

蓉毅詩鈔十一卷駢文一卷　（清）曾旭撰　清同治三年(1864)刻本　四冊

110000－0102－0024420　丁/14344　集部/曲類/曲別集/傳奇

六如亭傳奇二卷　（清）張九鉞撰　清道光七年(1827)刻本　二冊

110000 - 0102 - 0024421　丁/14345　子部/雜家類/雜纂

格言聯璧　（清）金纓輯　清光緒十一年(1885)重刻本　一冊

110000 - 0102 - 0024422　丁/14346　史部/傳記類

息園舊德錄　（清）胡裕燕輯　清光緒二十六年(1900)鵠齋刻本　一冊

110000 - 0102 - 0024423　丁/14347　經部/小學類/文字/訓蒙

急就篇四卷　（漢）史游撰　（唐）顏師古注（宋）王應麟補注　清光緒六年(1880)福山王氏刻本　一冊

110000 - 0102 - 0024424　丁/14349　史部/史表類

歷代帝王世系圖　清宣統二年(1910)石印本　二冊

110000 - 0102 - 0024425　丁/14351　集部/總集類/詩/斷代/清

續同人集不分卷　（清）袁枚輯　清乾隆五十五年(1790)小倉山房刻本　一冊

110000 - 0102 - 0024426　丁/14352　子部/藝術類/書畫/畫法、畫帖

無雙譜　（清）金史繪　清末刻本　一冊

110000 - 0102 - 0024427　丁/14353　經部/易類/傳說

周易十二卷　（宋）朱熹本義　清嘉慶覆宋咸淳刻本　二冊

110000 - 0102 - 0024428　丁/14354　子部/法家類

洗冤錄義證四卷　（宋）宋慈撰　（清）剛毅編　清光緒十八年(1892)粵東撫署重刻本　二冊

110000 - 0102 - 0024429　丁/14355　子部/儒家類/清

庭訓格言　（清）聖祖玄燁撰　清刻本　一冊

110000 - 0102 - 0024430　丁/14356　集部/別集類/清

清芬閣集十二卷　（清）朱采撰　清光緒三十四年(1908)商務印書館鉛印本　八冊

110000 - 0102 - 0024431　丁/14358　子部/宗教類/釋教

充裕有禪師語錄四卷　（清）際泰等編　清嘉慶三年(1798)刻本　四冊

110000 - 0102 - 0024432　丁/14363　集部/別集類/宋

韓魏公集二十卷　（宋）韓琦撰　清同治五年(1866)福州正誼堂刻本　八冊

110000 - 0102 - 0024433　丁/14364　經部/小學類/文字/字典詞典等

字學舉隅　（清）鐵珊輯　清光緒元年(1875)刻本　四冊

110000 - 0102 - 0024434　丁/14369　集部/別集類/宋

宗忠簡集八卷　（宋）宗澤撰　清光緒三十四年(1908)刻本　四冊

110000 - 0102 - 0024435　丁/14370　集部/總集類/詩/斷代/唐至五代

唐詩三百首注釋　（清）孫洙輯　清光緒二十七年(1901)刻本　六冊

110000 - 0102 - 0024436　丁/14373　集部/總集類/文/斷代

國朝試賦彙海續編　（清）黃爵滋編　清咸豐元年(1851)刻本　八冊

110000 - 0102 - 0024437　丁/14374　集部/別集類/清

一品集二卷　（清）費錫章撰　清嘉慶十八年(1813)刻本　三冊

110000 - 0102 - 0024438　丁/14375　史部/政書類/法令/律例

宋提刑洗冤集錄　（宋）宋慈編　清嘉慶十二年(1807)刻本　一冊

110000 - 0102 - 0024439　丁/14376　集部/總集類

舊德集十四卷　繆荃孫輯　清光緒二十二年
(1896)刻本　四冊

110000－0102－0024440　丁/14380　集部/
別集類/清

青墅詩鈔　（清）鄭大謨撰　清咸豐三年
(1853)刻本　一冊

110000－0102－0024441　丁/14384　子部/
譜錄類/器物

論墨絕句詩　（清）謝崧岱撰　清光緒十九年
(1893)刻本　一冊

110000－0102－0024442　丁/14386　史部/
地理類/總錄

歷代地理志韻編今釋二十卷　（清）李兆洛輯
　清同治九年(1870)合肥李氏刻本　八冊

110000－0102－0024443　丁/14388　子部/
儒家類/清

家戒詩注釋　（清）金甡著　清道光二十六年
(1846)刻本　一冊

110000－0102－0024444　丁/14389　史部/
地理類/雜記

直省分道屬境歌略並圖　（清）潘清蔭撰　清
光緒二十七年(1901)刻本　一冊

110000－0102－0024445　丁/14393　史部/
傳記類/別傳

啓公事略　清末刻本　一冊

110000－0102－0024446　丁/14395　經部/
詩類/傳說

詩經　（清）吳汝綸評點　清光緒十二年
(1886)都門印書局鉛印本　二冊

110000－0102－0024447　丁/14397　史部/
政書類/法令

歷代刑官考二卷　（清）沈家本撰　清宣統元
年(1909)鉛印本　一冊

110000－0102－0024448　丁/14402　集部/
別集類/清

淡集齋詩鈔四卷　（清）梁承光撰　清光緒三
十年(1904)鉛印本　一冊

110000－0102－0024449　丁/14403　集部/
俗文學類/迷語及其他

謎拾　（清）南注生撰　清光緒十九年(1893)
刻本　一冊

110000－0102－0024450　丁/14405　集部/
總集類/詩/地方

甬上高僧詩二卷　（清）李鄴嗣輯　清末刻本
　一冊

110000－0102－0024451　丁/14407　史部/
史抄類

韻史二卷補一卷　（明）許遜翁編　（清）朱玉
岑補　清刻本　二冊

110000－0102－0024452　丁/14408　集部/
別集類/清

窺園詩鈔六卷　（清）王夢篆撰　清咸豐三年
(1853)刻本　二冊

110000－0102－0024453　丁/14410　史部/
政書類/法令/章例

欽定吏部處分則例五十二卷　（清）宣宗旻寧
敕編　清咸豐刻本　二十冊

110000－0102－0024454　丁/14414　集部/
別集類/清

遠遺堂集外文二卷　（清）譚嗣同撰　清宣統
三年(1911)譚氏重刻本　一冊

110000－0102－0024455　丁/14415　集部/
別集類/清

石菊影廬筆識二卷　（清）譚嗣同撰　清宣統
三年(1911)譚氏重刻本　一冊

110000－0102－0024456　丁/14416　集部/
別集類/清

寥天一閣文二卷　（清）譚嗣同撰　清宣統三
年(1911)刻本　一冊

110000－0102－0024457　丁/14418　集部/
總集類/詩/斷代/唐至五代

唐詩鼓吹十卷　（金）元好問編　（元）郝天挺
（元）廖文炳注解　清五經樓刻本　五冊

110000－0102－0024458　丁/14419　經部/

四書類/總義/文字音義

四書集字音義辨 （宋）朱熹集證 清光緒十四年(1888)八旗官學刻本 六冊

110000 – 0102 – 0024459 丁/14421 經部/詩類/傳說

毛詩傳箋 （漢）毛亨傳 （漢）鄭玄箋 清嘉慶二十一年(1816)刻本 六冊

110000 – 0102 – 0024460 丁/14423 經部/春秋類/左傳

左傳快讀十八卷 （晉）杜預等注 （清）李紹崧編 清同治十一年(1872)拾芥園刻本 十六冊

110000 – 0102 – 0024461 丁/14425 史部/紀傳類/斷代

漢書補注七卷 （清）王榮商撰 清光緒十七年(1891)刻本 二冊

110000 – 0102 – 0024462 丁/14428 集部/別集類/清

淳則齋騈體文 （清）洪德方撰 清光緒五年(1879)授經堂刻本 一冊

110000 – 0102 – 0024463 丁/14429 集部/詞類/詞別集

倚月樓詞稿四卷 （清）周天麟撰 清光緒七年(1881)刻本 一冊

110000 – 0102 – 0024464 丁/14430 史部/地理類/總錄

讀史方輿紀要州域形勢編 （清）顧祖禹撰 清末袞州府中學堂刻本 一冊

110000 – 0102 – 0024465 丁/14431 集部/詞類/詞別集

心日齋詞集 （清）周之琦撰 清末刻本 二冊

110000 – 0102 – 0024466 丁/14433 史部/別史、雜史類·

蜀龜鑑 （清）劉景伯撰 清咸豐四年(1854)刻本 四冊

110000 – 0102 – 0024467 丁/14434 史部/

政書類/職官/官制

欽定吏部銓選蒙古官員品級考 清咸豐刻本 一冊 存一卷(四)

110000 – 0102 – 0024468 丁/14435 史部/政書類/職官/官制

欽定吏部銓選漢官品級考四卷 清咸豐刻本 四冊

110000 – 0102 – 0024469 丁/14436 史部/政書類/職官/官制

吏部銓選滿洲官員品級考三卷 清咸豐刻本 三冊

110000 – 0102 – 0024470 丁/14437 史部/政書類/法令/章例

欽定吏部則例六卷 （清）宣宗旻寧敕編 清咸豐刻本 四冊

110000 – 0102 – 0024471 丁/14438 史部/政書類/法令/章例

欽定吏部稽勳司則例八卷 清咸豐刻本 四冊

110000 – 0102 – 0024472 丁/14439 史部/政書類/職官/官制

欽定吏部銓選滿官則例五卷 （清）錫珍等撰 清咸豐刻本 五冊

110000 – 0102 – 0024473 丁/14440 史部/政書類/職官/官制

欽定吏部銓選漢官則例八卷 （清）錫珍等撰 清咸豐刻本 八冊

110000 – 0102 – 0024474 丁/14443 集部/集評類/詩評/專評

角山樓蘇詩評注彙鈔二十卷附錄三卷 （清）趙克宜輯 清咸豐刻本 八冊

110000 – 0102 – 0024475 丁/14445 集部/別集類/清

佩弦齋文存三卷騈文存一卷詩存一卷試帖存一卷雜存二卷 （清）朱一新撰 清刻本 四冊

110000 – 0102 – 0024476 丁/14446 史部/

紀傳類/斷代

漢書管見四卷 （清）朱一新撰　清刻本
四冊

110000－0102－0024477　丁/14447　經部/
春秋類/左傳/傳說

新訂左傳快讀十八卷 （晉）杜預原注 （清）
李紹松選訂　清道光三十年（1850）承德堂刻
本　十六冊

110000－0102－0024478　丁/14449　史部/
地理類/山川/山

京口三山志六十八卷 （清）周伯義 （清）陳
任暘合編　清光緒三十年（1904）刻本　二十
六冊

110000－0102－0024479　丁/14450　集部/
別集類/清

李空同詩集三十三卷附錄一卷 （明）李夢陽
撰　清光緒二十一年（1895）長沙張氏湘雨樓
刻本　六冊

110000－0102－0024480　丁/14462　史部/
地理類/方志/總志

皇朝藩部要略十八卷世系表四卷 （清）祁韻
士撰　清道光二十六年（1846）筠渌山房刻本
　八冊

110000－0102－0024481　丁/14464　集部/
別集類/清

蓮溪吟稿八卷續三卷附試帖 （清）沈濂撰
清咸豐四年（1854）刻本　四冊

110000－0102－0024482　丁/14470　集部/
詞類/詞別集

曝書亭詞拾遺三卷附志異一卷 （清）朱彝尊
撰　清光緒二十二年（1896）刻本　二冊

110000－0102－0024483　丁/14472　集部/
總集類/文/斷代/唐至五代

唐文粹一百卷 （宋）姚鉉輯　清光緒十六年
（1890）許氏遺園刻本　二十冊

110000－0102－0024484　丁/14473　集部/
總集類/文/斷代/唐至五代

唐文粹補遺二十六卷 （清）郭麐輯　清光緒

十六年（1890）杭州許氏刻本　四冊

110000－0102－0024485　丁/14474　集部/
總集類/文/斷代/宋

宋文鑑一百五十卷 （宋）呂祖謙輯　清光緒
十二年（1886）江蘇書局刻本　二十四冊

110000－0102－0024486　丁/14475　集部/
總集類/文/斷代/遼金元

金文雅十六卷 （清）莊仲方輯　清光緒十七
年（1891）江蘇書局重刻本　四冊

110000－0102－0024487　丁/14476　集部/
總集類/文/斷代/遼金元

元文類七十卷 （元）蘇天爵編　清光緒十五
年（1889）江蘇書局刻本　十冊

110000－0102－0024488　丁/14477　集部/
總集類/文/斷代/明

明文在一百卷 （清）薛熙編　清光緒十五年
（1889）江蘇書局刻本　十冊

110000－0102－0024489　丁/14479　史部/
傳記類/總傳/通錄/地方

江陰忠義錄 清光緒四年（1878）刻本　十
四冊

110000－0102－0024490　丁/14480　史部/
傳記類/年譜

曾文正公年譜十二卷 （清）黎庶昌編輯　清
光緒二年（1876）傳忠書局刻本　六冊

110000－0102－0024491　丁/14481　經部/
易類/傳說

橫渠易說二卷 （宋）張載撰　清刻本　一冊

110000－0102－0024492　丁/14482　集部/
詞類/詞別集

懺餘綺語二卷蠡餘詞一卷 （清）郭麐撰　清
光緒五年（1879）刻本　一冊

110000－0102－0024493　丁/14483　集部/
詞類/詞別集

**憶雲詞甲稿一卷乙稿一卷丙稿一卷丁稿一卷
刪存一卷微波詞一卷** （清）項廷紀撰　清光
緒十九年（1893）許氏榆園校刻本　一冊

110000－0102－0024494　丁/14484　集部/詞類/詞別集

拜石山房詞鈔四卷　（清）顧翰撰　清光緒十五年(1889)許氏榆園校刻本　一冊

110000－0102－0024495　丁/14485　集部/詞類/詞別集

笙月詞五卷花影詞一卷　（清）王詒壽撰　清同治十一年(1872)刻本　一冊

110000－0102－0024496　丁/14486　叢部/彙編叢書/清中晚期

娛園叢刻　（清）許增輯　清光緒十五年(1889)仁和許氏刻本　二冊

110000－0102－0024497　丁/14490　經部/禮類/儀禮

弟子職正音一卷　（清）王筠撰　清末刻本　一冊

110000－0102－0024498　丁/14492　經部/小學類/音韻/圖說

韻目表　（清）錢恂撰　清光緒五年(1879)刻本　一冊

110000－0102－0024499　丁/14493　史部/政書類/詔令奏議/奏議

上今皇帝書　（清）唐啟虞撰　清宣統元年(1909)京師京華印書局鉛印本　一冊

110000－0102－0024500　丁/14498　子部/雜家類/雜考

玉井山館筆記一卷　（清）許宗衡撰　清同治十三年(1874)刻本　一冊

110000－0102－0024501　丁/14501　經部/小學類/音韻

佩文詩韻釋要五卷　（清）陸潤庠輯　清宣統三年(1911)上海商務印書館石印本　二冊

110000－0102－0024502　丁/14504　集部/別集類/清

浮玉山房賦鈔　（清）丁紹周撰　清同治十年(1871)刻本　一冊

110000－0102－0024503　丁/14505　集部/別集類/清

續鴻爪集　（清）任荃撰　清抄本　一冊

110000－0102－0024504　丁/14506　集部/別集類/清

謙益堂詩鈔二卷　（清）賈虞龍撰　清道光六年(1826)刻本　一冊

110000－0102－0024505　丁/14507　子部/宗教類/道教

玉曆至寶鈔　（清）李經述輯　清光緒十九年(1893)京都重刻本　一冊

110000－0102－0024506　丁/14510　史部/地理類/水道/地方

揚州水道記四卷　（清）劉文淇撰　清道光二十五年(1845)刻本　二冊

110000－0102－0024507　丁/14512　集部/別集類/清

虛白室詩鈔五卷　（清）方昌翰撰　清同治光緒間刻本　一冊

110000－0102－0024508　丁/14516　史部/金石類/總錄/圖像

求古精舍金石圖四卷　（清）陳經撰　清嘉慶十八年(1813)說劍樓刻本　四冊

110000－0102－0024509　丁/14517　經部/禮類/周禮/傳說

周禮六卷　（漢）鄭玄注　（唐）陸德明音義　清光緒六年(1880)山西浚文書局刻本　六冊

110000－0102－0024510　丁/14518　史部/地理類/方志

山陽志遺四卷　（清）吳玉搢撰　清同治元年(1862)淮安志局刻本　四冊

110000－0102－0024511　丁/14531　子部/藝術類/篆刻

菊園印譜　（清）奎聚五撰　清光緒三十三年(1907)鈐本　三冊

110000－0102－0024512　丁/14534　集部/小說類/章回

第一才子書六十卷首一卷一百二十回　（明）

羅貫中撰　（清）毛宗崗評　清光緒十一年(1885)上海同文書局石印本　十二冊

110000－0102－0024513　丁/14537　集部/總集類/文/雜錄/課藝

八銘堂塾鈔初集四卷　（清）吳懋政輯　清光緒三年(1877)京都寶珍堂刻本　四冊

110000－0102－0024514　丁/14538　集部/別集類/清

問湘樓駢文初稿六卷　（清）胡念修撰　清光緒二十四年(1898)刻鵠齋刻本　四冊

110000－0102－0024515　丁/14539　集部/別集類/清

西堂剩稿二卷　（清）尤侗撰　清康熙二十三年(1684)刻本　一冊

110000－0102－0024516　丁/14543　子部/醫家類/兒婦科方論

產後編　（清）傅山撰　清道光二十九年(1849)刻海山仙館叢書本　二冊

110000－0102－0024517　丁/14556　集部/曲類/曲別集/雜劇

此宜閣增訂金批西廂四卷首一卷末一卷　(元)王實甫撰　清此宜閣刻本　六冊

110000－0102－0024518　丁/14557　史部/傳記類/日記

淮城日記　（明）張天民撰　清光緒十二年(1886)鉛印本　一冊

110000－0102－0024519　丁/14558　史部/地理類/地圖、圖志

欽定皇輿西域圖志四十八卷首四卷　（清）傅恆等纂　清光緒十九年(1893)杭州便益書局石印本　二十四冊

110000－0102－0024520　丁/14560　集部/小說類/筆記小說

聊齋志異十六卷　（清）蒲松齡撰　（清）王士正評　（清）但明倫新評　清道光二十二年(1842)廣順但氏刻本　十六冊

110000－0102－0024521　丁/14561　集部/

小說類/筆記小說

聊齋志異十六卷　（清）蒲松齡撰　（清）王士正評　（清）但明倫新評　清道光二十二年(1842)廣順但氏刻本　十六冊

110000－0102－0024522　丁/14562　集部/小說類/章回

三國志演義一百二十回　（明）羅貫中撰　（清）毛宗崗評　清光緒九年(1883)築野書屋鉛印本　十六冊

110000－0102－0024523　丁/14565　集部/總集類/詩/斷代/唐至五代

唐詩三百首註釋　（清）孫洙編　（清）章燮注　清光緒二十年(1894)京都成文堂刻本　八冊

110000－0102－0024524　丁/14566　經部/禮類/周禮/其它

禮記質疑　（清）郭嵩燾撰　清光緒十六年(1890)刻本　十二冊

110000－0102－0024525　丁/14568　集部/曲類/曲別集/傳奇

李笠翁十種曲　（清）李漁撰　清刻本　二十冊

110000－0102－0024526　丁/14569　集部/曲類/曲別集/傳奇

胭脂舃二卷十六出　（清）蒲松齡撰　（清）李文瀚填詞　清道光二十二年(1842)刻本　四冊

110000－0102－0024527　丁/14571　集部/總集類/詩/斷代/唐至五代

唐詩三百首註疏六卷　（清）孫洙編　（清）章燮註　清道光二十七年(1847)刻本　七冊缺一卷(三)

110000－0102－0024528　丁/14572　史部/史抄類

二十二史引八卷　（清）程坦纂述　（清）程起均編次　清刻本　四冊

110000－0102－0024529　丁/14573　經部/易類/傳說

周易　清抄本　二冊

110000－0102－0024530　丁/14576　經部/易類/傳說

周易四卷　（宋）朱熹本義　清嘉慶十年(1805)刻本　二冊

110000－0102－0024531　丁/14578　集部/總集類/文/斷代

選注六朝唐賦　（清）馬傳庚選注　清光緒二年(1876)刻本　二冊

110000－0102－0024532　丁/14581　子部/法家類

管子義證八卷　（清）洪頤煊編　清光緒十五年(1889)刻本　二冊

110000－0102－0024533　丁/14583　子部/兵家類

孫子十家注十三卷　（春秋）孫武撰　（宋）吉天保輯　清光緒三年(1877)浙江書局重刻本　六冊

110000－0102－0024534　丁/14584　史部/傳記類/人表

爵秩全覽[宣統辛亥秋季]　清末刻本　六冊

110000－0102－0024535　丁/14585　集部/總集類/詩/地方

嘉定詩鈔初集五十二卷二集十八卷　（清）莊爾保輯　清道光二十三年(1843)刻本　二十冊

110000－0102－0024536　丁/14587　集部/別集類/唐至五代

駱賓王文集　（唐）駱賓王撰　清嘉慶二十一年(1816)石研齋重刻本　一冊

110000－0102－0024537　丁/14592　子部/醫家類/兒婦科方論

胎產秘方二卷　（清）陳敬之撰　清嘉慶十四年(1809)善成堂刻本　一冊　存下冊

110000－0102－0024538　丁/14599　集部/總集類/詩/通代

千家詩箋注二卷　（清）王相選注　清刻

本　二冊

110000－0102－0024539　丁/14603　經部/小學類/文字/訓蒙

新增幼學故事瓊林四卷　（清）程允升撰（清）鄒聖脉增補　清同治十二年(1873)文成堂刻本　四冊

110000－0102－0024540　丁/14604　集部/總集類

邱海二公合集兩種　（清）焦映漢等編　清同治十年(1871)邱氏可繼堂刻本　十冊

110000－0102－0024541　丁/14605　子部/天文地理類/曆法

御纂歷代三元甲子編年一卷御定萬年書不分卷　清咸豐刻本　二冊

110000－0102－0024542　丁/14606　子部/儒家類/宋以前

揚子法言十三卷附音義一卷　（漢）揚雄撰（晉）李軌注　清嘉慶二十四年(1819)江都秦氏影刻本　二冊

110000－0102－0024543　丁/14608　史部/傳記類/別傳

安祿山事蹟三卷　（唐）姚汝能撰　清宣統三年(1911)葉氏刻本　一冊

110000－0102－0024544　丁/14610　史部/地理類/外紀

海國圖志五十卷　（清）魏源撰　清道光二十四年(1844)邵陽魏氏古微堂活字印本　二十冊

110000－0102－0024545　丁/14611　集部/小說類/章回

野叟曝言一百五十回　（清）夏敬渠撰　清光緒八年(1882)鉛印本　十冊

110000－0102－0024546　丁/14612　集部/小說類/章回

品花寶鑑六十回　（清）陳森撰　清刻本　二十四冊

110000－0102－0024547　丁/14615　集部/

小說類/筆記小說

妙香室叢話十四卷　(清)張培仁撰　清光緒十年(1884)申報館鉛印本　六冊

110000－0102－0024548　丁/14616　集部/小說類/章回

品花寶鑑六十回　(清)陳森撰　清末刻本　十六冊

110000－0102－0024549　丁/14617　史部/傳記類/日記

鷗堂日記三卷　(清)周星譽撰　清光緒十二年(1886)江陰金氏刻本　一冊

110000－0102－0024550　丁/14625　史部/地理類/外紀

朝鮮志二卷　(清)吳省蘭輯　清刻本　二冊

110000－0102－0024551　丁/14627　集部/別集類/清

胭脂牡丹尺牘六卷　(清)韓鄂不撰　清道光二十五年(1845)刻本　六冊

110000－0102－0024552　丁/14634　集部/小說類/筆記小說

野叟閒談四卷　(清)杜鄉撰　清光緒二十三年(1897)上海書局石印本　四冊

110000－0102－0024553　丁/14636　子部/儒家類/清

忍字輯略　(清)朱嚴溪輯　清光緒四年(1878)刻本　一冊

110000－0102－0024554　丁/14637　集部/別集類/唐至五代

李習之先生文集二卷　(唐)李翱撰　清宣統三年(1911)上海會文書局石印本　二冊

110000－0102－0024555　丁/14639　子部/雜家類/雜纂

勸戒近錄六卷續錄六卷三錄六卷四錄六卷　(清)梁恭辰撰　清刻本　八冊

110000－0102－0024556　丁/14641　集部/總集類/詩

增注七家詩五卷　(清)王廷紹等著　(清)王植桂輯　清光緒十八年(1892)上海圖書集成印書局鉛印本　四冊

110000－0102－0024557　丁/14644　集部/別集類/清

漁洋精華錄箋注十二卷補注一卷　(清)王士禛撰　(清)金榮箋注　清光緒二十年(1894)上海寶文書局石印本　十冊

110000－0102－0024558　丁/14647　集部/詞類/詞總集/斷代

宋六十一家詞選十二卷　(清)馮照輯　清宣統二年(1910)掃葉山房石印本　四冊

110000－0102－0024559　丁/14648　集部/小說類/筆記小說

十洲春語三卷　(清)二石生撰　清光緒三年(1877)上海申報館鉛印本　一冊

110000－0102－0024560　丁/14650　集部/別集類/清

夜譚隨錄十二卷　霽園主人著　清光緒十三年(1887)鴻寶齋石印本　二冊

110000－0102－0024561　丁/14655　史部/地理類/雜記

宸垣識略　(清)吳長元輯　清光緒二年(1876)刻本　八冊

110000－0102－0024562　丁/14656　集部/小說類/章回

燕山外史注釋八卷　(清)陳球撰　清光緒五年(1879)刻本　四冊

110000－0102－0024563　丁/14658　子部/類書類/韻編

詩韻類錦十二卷　(清)郭化霖編　清同治十三年(1874)兩儀堂刻本　十冊

110000－0102－0024564　丁/14661　經部/書類/傳說

尚書離句六卷　(清)錢在培輯解　清光緒四年(1878)重刻本　四冊

110000－0102－0024565　丁/14662　集部/別集類/清

蘋香書屋文鈔三卷　（清）鄒文柏撰　清光緒三十四年(1908)文苑閣刻本　一冊

110000－0102－0024566　丁/14664　集部/別集類/清

周犢山文稿　（清）周鎬撰　清光緒十八年(1892)槐蔭山房刻本　四冊

110000－0102－0024567　丁/14668　集部/別集類/唐至五代

顏魯公文集十五卷補遺一卷　（唐）顏真卿撰　清刻本　六冊

110000－0102－0024568　丁/14669　子部/類書類/韻編

韻府群玉二十卷　（元）陰時夫編輯　（元）陰中夫注　清富春堂刻本　二十冊

110000－0102－0024569　丁/14671　集部/小說類/章回

增評補圖石頭記一百二十回　（清）曹霑撰　清末鉛印本　二十四冊

110000－0102－0024570　丁/14672　集部/別集類/清

兩般秋雨盦隨筆八卷　（清）梁紹壬撰　清道光十七年(1837)錢塘汪氏振綺堂刻本　八冊

110000－0102－0024571　丁/14676　集部/別集類/漢至隋

陶淵明集十卷　（晉）陶潛撰　清嘉慶十一年(1806)刻本　四冊

110000－0102－0024572　丁/14683　史部/傳記類/家傳、宗譜

環溪吳氏家譜四卷　（清）吳光照輯　清光緒三十年(1904)寶誥堂刻本　四冊

110000－0102－0024573　丁/14684　史部/金石類/總錄

金石索十二卷首一卷　（清）馮雲鵬　（清）馮雲鵷合編　清道光元年(1821)滋陰縣署刻本　十二冊

110000－0102－0024574　丁/14690　集部/別集類/清

惜抱先生尺牘八卷　（清）姚鼐撰　清咸豐五年(1855)小萬柳堂刻本　四冊

110000－0102－0024575　丁/14692　集部/別集類/宋

蘇文忠公詩編注集成四十六卷雜綴一卷識餘四卷　（宋）蘇軾撰　清嘉慶二十四年(1819)武林韻山堂刻本　二十四冊

110000－0102－0024576　丁/14694　經部/小學類/文字/字體

汗簡三卷　（宋）郭忠恕撰　清光緒十一年(1885)蔣瑞堂刻本　三冊

110000－0102－0024577　丁/14696　經部/小學類/文字/說文

說文校議三十篇　（清）姚文田　（清）嚴可均合撰　清嘉慶二十三年(1818)刻本　四冊

110000－0102－0024578　丁/14697　集部/小說類/章回

東周列國志二十三卷一百八十回　（清）蔡元放評點　清咸豐四年(1854)經元堂刻本　二十四冊

110000－0102－0024579　丁/14700　集部/曲類/曲別集/傳奇

雙忽雷本事　（清）劉世珩輯　清宣統三年(1911)貴池劉氏石印本　一冊

110000－0102－0024580　丁/14701　子部/天文地理類/曆法

大清咸豐元年時憲書　（清）欽天監編　清咸豐元年(1851)刻本　一冊

110000－0102－0024581　丁/14702　子部/天文地理類/曆法

大清咸豐五年時憲書　（清）欽天監編　清咸豐五年(1855)刻本　一冊

110000－0102－0024582　丁/14703　子部/天文地理類/曆法

大清光緒二十二年時憲書　（清）欽天監編　清光緒二十二年(1896)刻本　一冊

110000－0102－0024583　丁/14705　子部/

藝術類/書畫/畫法、畫帖/清

圖畫雜俎 時事報社編 清光緒三十四年至宣統元年(1908－1909)石印本 九冊

110000－0102－0024584 丁/14706 史部/傳記類/總傳/專錄/科舉

湖北闈墨 清光緒刻本 一冊

110000－0102－0024585 丁/14707 集部/別集類/宋

宋王忠文公全集五十卷 （宋）王十朋撰 清光緒二年(1876)刻本 十六冊

110000－0102－0024586 丁/14708 集部/總集類/文/通代/編選

陳太僕批選八家文鈔 （清）陳兆崙選 清光緒二十六年(1900)天津文美齋石印本 六冊

110000－0102－0024587 丁/14710 經部/四書類/孟子/文字音義

孟子字義疏證三卷 （清）戴震撰 清同治三年(1864)刻本 一冊

110000－0102－0024588 丁/14711 集部/別集類/清

李文忠公遺集八卷 （清）孫國傑編輯 清刻本 四冊

110000－0102－0024589 丁/14712 經部/禮類/儀禮/傳說

儀禮經註疏正譌十七卷 （清）金曰追著 清咸豐四年(1854)宜稼堂刻本 二冊

110000－0102－0024590 丁/14714 史部/編年類/通代

綱鑑擇言十卷 （清）司徒修輯 清道光二十七年(1847)書業德刻本 六冊

110000－0102－0024591 丁/14717 史部/別史、雜史類

殘明紀事 （清）羅謙撰 清宣統三年(1911)上海扶輪社鉛印本 一冊

110000－0102－0024592 丁/14721 集部/俗文學類/謎語及其它

廿四家隱語二卷 （清）沈錫三等撰 清光緒

八年(1882)刻本 二冊 存一卷(上)

110000－0102－0024593 丁/14732 子部/雜家類

博物要覽十二卷 （清）谷應泰撰 清光緒七年(1881)刻本 一冊

110000－0102－0024594 丁/14734 集部/總集類/詩/地方

江左十子詩鈔十六卷 （清）王鳴盛編 清刻本 八冊

110000－0102－0024595 丁/14735 集部/俗文學類/民歌民謠

越諺三卷剩語二卷 （清）范寅輯 清光緒八年(1882)谷應山房刻本 四冊

110000－0102－0024596 丁/14736 集部/詞類/詞總集/家族

徐氏一家詞 （清）徐鴻謨等撰 清光緒三十三年至三十四年(1907－1908)石印本 四冊

110000－0102－0024597 丁/14744 集部/別集類/明

劉忠宣公遺集十一卷 （明）劉大夏撰 清光緒元年(1875)刻本 六冊

110000－0102－0024598 丁/14747 集部/別集類/清

瑞榴堂詩集四卷 （清）托渾布愛山撰 清光緒三十年(1904)刻本 二冊

110000－0102－0024599 丁/14748 經部/經總類/群經總義

十三經集字摹本 （清）彭玉雯纂 清道光二十九年(1849)刻本 八冊

110000－0102－0024600 丁/14750 史部/地理類/方志/地方志/江蘇

[光緒]再續高郵州志八卷 （清）龔定瀛(清）夏子陽纂修 清光緒九年(1883)刻本 八冊

110000－0102－0024601 丁/14755 經部/小學類/文字/說文/傳說

說文解字十五卷 （漢）許慎撰 （宋）徐鉉等

校定　清光緒刻本　十六冊

110000－0102－0024602　丁/14756　子部/
藝術類/書畫/畫法、畫帖

點石齋畫報三至五集　清光緒二十三年
(1897)石印本　二十二冊

110000－0102－0024603　丁/14757　集部/
總集類/文/通代

古文讀本　(清)吳汝綸選　清光緒二十九年
(1903)鉛印本　二冊

110000－0102－0024604　丁/14763　史部/
傳記類/總傳/通錄/地方

元廣東遺民錄二卷補遺一卷　題漁隱輯　清
刻本　一冊

110000－0102－0024605　丁/14764　子部/
醫家類

串雅內外編八卷　(清)趙學敏編　清末抄本
四冊

110000－0102－0024606　丁/14765　史部/
地理類/山川/山

華嶽圖經二卷　(清)蔣湘南撰　清刻本
二冊

110000－0102－0024607　丁/14769　史部/
政書類/邦計/荒政

輔仁善堂徵信錄　(清)輔仁善堂編　清宣統
元年(1909)刻本　一冊

110000－0102－0024608　丁/14770　史部/
政書類/邦交/雜錄

遷移靈池口教堂函稿　(清)吳汝綸編　清光
緒二十八年(1902)蓮池書社鉛印本　一冊

110000－0102－0024609　丁/14771　史部/
政書類/法令/其它

審看擬式四卷首一卷末一卷　(清)剛毅撰
清光緒十三年(1887)江蘇書局刻本　二冊

110000－0102－0024610　丁/14775　子部/
儒家類/清

從政遺規二卷　(清)陳弘謀編　清同治七年
(1868)刻本　二冊

110000－0102－0024611　丁/14776　經部/
四書類/論語/傳說

論語傳注二卷　(清)李塨傳注　清光緒二十
五年(1899)鉛印本　二冊

110000－0102－0024612　丁/14778　子部/
宗教類/道教

道書十二種　(清)劉一明撰　清嘉慶二十二
年至二十四年(1817－1819)重刻本　六冊
存四種

110000－0102－0024613　丁/14779　子部/
藝術類/篆刻

鴻文堂印存　姚鐵生刻　清光緒十二年
(1886)朱印本　一冊

110000－0102－0024614　丁/14781　經部/
小學類/文字/字典詞典等

四書不二字　清宣統元年(1909)北京救世堂
石印本　二冊

110000－0102－0024615　丁/14785　叢部/
彙編叢書

隨庵徐氏叢書　徐乃昌輯　清光緒至民國南
陵徐氏刻本　一冊　缺篋中集

110000－0102－0024616　丁/14796　叢部/
自著叢書/清中晚期

曲園雜纂五十卷　(清)俞樾撰　清末刻本
十冊

110000－0102－0024617　丁/14797　集部/
總集類/詩/雜錄/其它

七家詩輯注彙鈔　(清)王植桂編　清同治九
年(1870)刻本　八冊

110000－0102－0024618　丁/14798　子部/
儒家類/清

庭訓格言　(清)聖祖玄燁撰　清刻本　一冊

110000－0102－0024619　丁/14799　集部/
別集類/清

昱青堂詩集　(清)吳脈鬯撰　清道光二十年
(1840)刻本　一冊

110000－0102－0024620　丁/14800　集部/

別集類/清

春園吟稿十二卷 （清）查有新撰　清道光元年(1821)刻本　四冊

110000－0102－0024621　丁/14801　子部/儒家類/明

呻吟語六卷 （明）呂坤撰　清同治十三年(1874)刻本　四冊

110000－0102－0024622　丁/14803　集部/別集類/清

萬壽衢歌樂章六卷 （清）彭元瑞撰　清刻本　六冊

110000－0102－0024623　丁/14806　集部/別集類/清

鬱華閣遺集 （清）盛昱撰　清光緒三十一年(1905)刻本　一冊

110000－0102－0024624　丁/14807　集部/別集類/清

錢南園先生遺集五卷 （清）錢灃撰　清光緒十九年(1893)刻本　四冊

110000－0102－0024625　丁/14808　集部/別集類/清

吳文節公遺集八十卷 （清）吳文鎔撰　（清）吳養原編　清咸豐七年(1857)刻本　十六冊

110000－0102－0024626　丁/14809　史部/政書類/詔令奏議/詔令

憲廟硃批諭旨 （清）世宗胤禛撰　清光緒三十三年(1907)上海廣百宋齋鉛印本　五十三冊　缺第五函一至二冊

110000－0102－0024627　丁/14811　史部/史抄類

兩漢策要十二卷 （宋）陶叔獻撰　清光緒十三年(1887)上海同文書局石印本　八冊

110000－0102－0024628　丁/14813　史部/地理類/外紀

東藩紀要十二卷補錄一卷 （清）薛培榕編　清光緒上海申報館鉛印本　四冊

110000－0102－0024629　丁/14814　集部/

小說類/章回

青樓夢六十四回 （清）俞達撰　清光緒四年(1878)上海申報館鉛印本　十冊

110000－0102－0024630　丁/14816　集部/總集類/文/雜錄/課藝

求是齋十六科鄉會墨醇 （清）杜聯評選　清同治六年(1867)刻本　四冊

110000－0102－0024631　丁/14817　集部/總集類

仁在堂詩賦合刻 （清）路德編　清光緒六年(1880)文成堂刻本　四冊

110000－0102－0024632　丁/14818　集部/小說類/筆記小說

獪園十六卷 （明）錢希言撰　清知不足齋刻本　七冊　缺二卷(五至六)

110000－0102－0024633　丁/14819　集部/小說類/筆記小說

獪園十六卷 （明）錢希言撰　清知不足齋刻本　八冊

110000－0102－0024634　丁/14820　子部/雜家類/雜纂

學史四十八卷 （清）王希廉輯　清光緒二年(1876)上海申報館鉛印本　八冊

110000－0102－0024635　丁/14821　集部/曲類/曲別集/傳奇

成裕堂繪像第七才子書琵琶記六卷 （元）高明撰　清雍正十三年(1735)成裕堂刻本　六冊

110000－0102－0024636　丁/14822　集部/總集類/詩/通代

唐宋詩醇四十七卷 （清）高宗弘曆選輯　清乾隆二十五年(1760)刻本　二十冊

110000－0102－0024637　丁/14831　史部/政書類/法令/律例

大清律例新修統纂集成四十卷 （清）姚雨薌纂　（清）胡仰山增輯　清同治二年(1863)刻本　二十四冊

110000 - 0102 - 0024638　丁/14833　史部/
地理類/方志/地方志/廣東

[道光]廣東通志三百三十四卷首一卷　（清）
阮元等修　（清）江藩等纂　清刻本　六冊
存十七卷（一百九十九至二百十五）

110000 - 0102 - 0024639　丁/14844　集部/
別集類/清

頤情館詩外一卷詩續鈔一卷　（清）宗源瀚撰
清刻本　一冊

110000 - 0102 - 0024640　丁/14847　集部/
總集類/詩/雜錄/唱和

隨園續同人集　（清）程廷鑅等撰　（清）袁枚
編　清刻本　一冊

110000 - 0102 - 0024641　丁/14851　史部/
政書類/法令/律例

大清律例按語一百〇四卷　（清）黃恩彤撰
清道光二十七年（1847）海山仙館刻本　三十
冊　存六十卷（一至六十）

110000 - 0102 - 0024642　丁/14854　史部/
傳記類/總傳/專錄/其它

明高士傳二卷　（清）侯登岸撰　清道光二十
六年（1846）刻本　一冊

110000 - 0102 - 0024643　丁/14857　子部/
天文地理類

力學課編　（英國）馬格訥斐立著　（清）嚴文
炳譯　清光緒三十二年（1906）鉛印本　一冊

110000 - 0102 - 0024644　丁/14860　集部/
俗文學類/變文

香蝴蝶寶卷　清抄本　一冊

110000 - 0102 - 0024645　丁/14861　集部/
別集類/清

抗希堂稿　（清）方苞撰　清刻本　一冊

110000 - 0102 - 0024646　丁/14862　子部/
藝術類/篆刻

菊園印譜　清朱印本　一冊

110000 - 0102 - 0024647　丁/14865　集部/
總集類/文/雜錄/課藝

鄉試會試硃卷　（清）胡兆秋等撰　清光緒刻
本　一冊

110000 - 0102 - 0024648　丁/14866　集部/
別集類/清

薛淮生先生稿　（清）薛淮生撰　清同治三年
（1864）刻本　一冊

110000 - 0102 - 0024649　丁/14867　集部/
俗文學類/變文

天仙寶卷　清抄本　一冊

110000 - 0102 - 0024650　丁/14868　集部/
俗文學類/變文

天仙寶卷　清抄本　一冊

110000 - 0102 - 0024651　丁/14869　集部/
俗文學類/變文

沉香卷　清抄本　一冊

110000 - 0102 - 0024652　丁/14870　集部/
俗文學類/變文

沉香寶卷　清抄本　一冊

110000 - 0102 - 0024653　丁/14871　集部/
俗文學類/變文

沉香寶卷　清抄本　一冊

110000 - 0102 - 0024654　丁/14872　集部/
俗文學類/變文

華山仙聖沉香卷　清抄本　一冊

110000 - 0102 - 0024655　丁/14873　集部/
俗文學類/變文

雙印　清抄本　一冊

110000 - 0102 - 0024656　丁/14874　史部/
地理類/遊記

遊龍古跡　清光緒三十四年（1908）抄本
一冊

110000 - 0102 - 0024657　丁/14877　集部/
總集類/文/雜錄/課藝

會試闈墨　清光緒二十年（1894）刻本　一冊

110000 - 0102 - 0024658　丁/14878　經部/
樂類/律呂

樂縣考二卷　（清）江藩撰　清嘉慶十八年

(1813)刻粵雅堂叢書本　一冊

110000－0102－0024659　丁/14879　史部/
史抄類

韻史二卷　(清)許邂翁撰　清咸豐十一年
(1861)刻本　二冊

110000－0102－0024660　丁/14885　史部/
政書類/雜錄

巡警須知江湖口號釋義　(清)劉象曾撰　清
抄本　一冊

110000－0102－0024661　丁/14886　史部/
政書類/法令/律例

大清現行刑律案語　(清)沈家本等編纂　清
宣統鉛印本　五十二冊

110000－0102－0024662　丁/14887　史部/
政書類/邦計/漕運

欽定戶部漕運全書九十二卷首一卷　(清)潘
世恩等撰　清道光刻本　四十六冊

110000－0102－0024663　丁/14893　子部/
雜家類/學說

元城語錄解三卷　(宋)馬永卿撰　清光緒五
年(1879)定州王氏德謙堂刻畿輔叢書本
一冊

110000－0102－0024664　丁/14894　集部/
別集類/唐至五代

魏鄭文公文集三卷詩集一卷　(唐)魏徵撰
清光緒五年(1879)定州王氏德謙堂刻畿輔叢
書本　一冊

110000－0102－0024665　丁/14895　史部/
政書類/詔令奏議/奏議

魏文毅公奏議三卷　(清)魏裔介撰　清光緒
五年(1879)定州王氏德謙堂刻畿輔叢書本
三冊

110000－0102－0024666　丁/14896　史部/
政書類/詔令奏議/奏議

魏鄭文公諫錄五卷　(唐)王方慶集　清刻本
一冊

110000－0102－0024667　丁/14898　集部/

總集類/文/雜錄/酬贈慶吊

輿誦集　(清)徐寶善等撰　清刻本　一冊

110000－0102－0024668　丁/14900　子部/
法家類

折獄龜鑑八卷　(宋)鄭克撰　清光緒八年
(1882)刻本　二冊

110000－0102－0024669　丁/14901　史部/
政書類/職官/官箴

牧民寶鑑　(清)汪輝祖撰　清光緒二十年
(1894)雲南釐金總局刻本　十二冊

110000－0102－0024670　丁/14908　史部/
史評類/詠史

南宋樂府　(清)章鼎蘩撰　清光緒二年
(1876)刻本　一冊

110000－0102－0024671　丁/14911　集部/
詞類/詞別集

漱玉詞　(宋)李清照撰　**斷腸詞**　(宋)朱淑
貞撰　清光緒十五年(1889)刻本　一冊

110000－0102－0024672　丁/14920　史部/
地理類/專志/宮殿

禁扁五卷　(元)王士點纂　清揚州詩局刻棟
亭八種本　三冊

110000－0102－0024673　丁/14923　集部/
別集類/清

粟香隨筆八卷三筆八卷　(清)金武祥撰　清
光緒七年至十三年(1881－1887)刻本　八冊

110000－0102－0024674　丁/14924　集部/
總集類/文/雜錄/課藝

會試闈墨　清光緒乙未科大總裁鑒定　清光
緒二十一年(1895)刻本　一冊

110000－0102－0024675　丁/14925　集部/
總集類/文/雜錄/課藝

順天鄉試闈墨　(清)王毓蘭等撰　清光緒二
十年(1894)刻本　一冊

110000－0102－0024676　丁/14926　子部/
兵家類

小試穿楊　(清)王景麟等撰　清刻本　一冊

110000－0102－0024677　丁/14927　集部/
總集類/文/雜錄/課藝

江西闈墨　（清）李結等撰　清光緒十七年
(1891)刻本　一冊

110000－0102－0024678　丁/14929　集部/
別集類/清

公餘集公餘集續編　（清）如許齋主人撰　清
光緒十一年(1885)刻本　四冊

110000－0102－0024679　丁/14937　子部/
雜家類

古今之稿　清抄本　一冊

110000－0102－0024680　丁/14951　集部/
總集類/文/雜錄/課藝

直省鄉墨精萃　（清）汪蓉洲評選　清光緒十
九年(1893)刻本　十冊

110000－0102－0024681　丁/14952　集部/
總集類/文/雜錄/課藝

直省鄉墨精萃　（清）陳引之輯　清同治六年
(1867)京都琉璃廠刻本　一冊

110000－0102－0024682　丁/14953　集部/
總集類/文/雜錄/課藝

十九科同館試帖選　（清）甘啟祥等編　清同
治元年(1862)刻本　四冊

110000－0102－0024683　丁/14955　集部/
小說類/筆記小說

夜雨秋燈續錄八卷　（清）宣鼎撰　清光緒六
年(1880)上海申報館鉛印本　八冊

110000－0102－0024684　丁/14957　集部/
俗文學類/鼓詞

巧奇冤全傳十卷　清末民國錦文堂刻本　九
冊　缺一卷(七)

110000－0102－0024685　丁/14958　集部/
總集類/文/雜錄/課藝

鐵網珊瑚三編　（清）周鴻藻等撰　清光緒七
年(1881)鉛印本　六冊

110000－0102－0024686　丁/14960　集部/
總集類/詩/斷代/唐至五代

唐詩別裁二十卷　（清）沈德潛編　清乾隆二
十八年(1763)務本堂刻本　十二冊

110000－0102－0024687　丁/14962　集部/
別集類/明

返生香　（明）葉小鸞撰　明崇禎五年(1632)
刻本　一冊

110000－0102－0024688　丁/14963　子部/
類書類/類編/專錄

策學考古類編十二卷　（清）柴紹炳纂　清咸
豐元年(1851)刻本　四冊

110000－0102－0024689　丁/14964　集部/
別集類/清

四書詩　（清）尤侗撰　清刻本　一冊

110000－0102－0024690　丁/14966　子部/
儒家類/清

廣治平略三十六卷續集八卷　（清）蔡方炳纂
　清光緒二十年(1894)石印本　四冊

110000－0102－0024691　丁/14967　集部/
總集類/文/雜錄/課藝

試律時宜　（清）洪鈞輯　清光緒十三年
(1887)石印本　五冊

110000－0102－0024692　丁/14968　集部/
別集類/清

鸝鵐斑　（清）吳偉業撰　清嘉慶二十三年
(1818)刻本　一冊

110000－0102－0024693　丁/14969　經部/
小學類/音韻/韻典

增註字類標韻六卷　（清）華綱鑒定　（清）范
多玨重訂　清乾隆二十一年(1756)刻本
二冊

110000－0102－0024694　丁/14970　史部/
史抄類

後漢書蒙拾二卷　（清）杭世駿輯　清刻本
一冊

110000－0102－0024695　丁/14979　史部/
地理類/雜記

蜀景彙覽十四卷　（清）鍾登甲編　清刻

本　九冊

110000－0102－0024696　丁/14980　集部/
總集類/詩/斷代/宋

江湖後集二十四卷　（宋）陳起輯　清讀書齋
刻本　八冊

110000－0102－0024697　丁/14984　史部/
政書類/法令/律例

大清律例增修統纂集成四十卷　（清）陶駿
（清）陶念霖增修　清光緒十三年(1887)刻本
二十三冊

110000－0102－0024698　丁/14985　史部/
政書類/法令/律例

補注洗冤錄集證五卷附寶鑑編　（宋）宋慈撰
（清）王又槐增輯　清同治四年(1865)刻三
色套印本　五冊

110000－0102－0024699　丁/14986　史部/
政書類/法令/律例

補注洗冤錄集證四卷增一卷附作吏要言
（宋）宋慈撰　（清）王又槐增輯　清道光二十
三年(1843)刻三色套印本　四冊

110000－0102－0024700　丁/14988　史部/
金石類/總錄

吉金志存四卷　（清）李光庭輯　清咸豐九年
(1859)寶坻李氏刻本　四冊

110000－0102－0024701　丁/14989　經部/
小學類/訓詁/爾雅/傳說

爾雅小箋三卷　（清）江藩撰　清光緒十九年
(1893)刻本　四冊

110000－0102－0024702　丁/14991　史部/
紀事本末類/斷代

西夏紀事本末三十六卷首二卷　（清）張鑒春
撰　清刻本　四冊

110000－0102－0024703　丁/14992　史部/
政書類/詔令奏議/奏議

魏鄭公諫錄五卷附諫續錄　（唐）王方慶輯
清光緒五年(1879)定州王氏德謙堂刻畿輔叢
書本　一冊

110000－0102－0024704　丁/14993　史部/
紀傳類/通代

三史拾遺五卷　（清）錢大昕撰　清刻本
二冊

110000－0102－0024705　丁/14997　集部/
別集類/清

滄江菁華錄四卷　（清）郭綏之撰　清光緒十
九年(1893)刻本　一冊

110000－0102－0024706　丁/14998　子部/
儒家類/清

懺摩錄　（清）彭兆蓀撰　清光緒二十四年
(1898)刻本　一冊

110000－0102－0024707　丁/15002　史部/
地理類/地圖、圖志

後晉並七國圖及其他七種圖志　清宣統刻本
八冊

110000－0102－0024708　丁/15006　史部/
政書類/軍政

操場野外筆記卷二　郭時中記　清抄本
一冊

110000－0102－0024709　丁/15007　子部/
醫家類/本草

本草綱目拾遺十卷首一卷　（清）趙學敏輯
清光緒十一年(1885)味古齋刻本　八冊

110000－0102－0024710　丁/15008　子部/
醫家類/本草

本草萬方鍼線八卷　（清）蔡烈先楫　清光緒
十一年(1885)刻本草綱目本　三冊

110000－0102－0024711　丁/15010　史部/
政書類/詔令奏議/奏議

龔端毅公奏疏八卷　（清）龔鼎孳撰　清光緒
九年(1883)刻本　四冊

110000－0102－0024712　丁/15012　史部/
地理類/專志/古跡

日下尊聞錄五卷　清光緒十七年(1891)同文
書局石印本　二冊

110000－0102－0024713　丁/15013　史部/

傳記類/人表

國朝六科滿蒙給事中題名錄　劉恩溥輯　清
光緒十三年(1887)刻本　二冊

110000－0102－0024714　丁/15015　集部/
詞類/詞選

詞選二卷續詞選二卷附錄一卷　(清)張惠言
(清)董毅合輯　**附錄一卷**　清刻本　二冊

110000－0102－0024715　丁/15016　子部/
雜家類/雜考

潘瀾筆記二卷　(清)彭兆蓀撰　清光緒二十
四年(1898)東倉書庫刻本　一冊

110000－0102－0024716　丁/15018　叢部/
彙編叢書/清初期

檀几叢書餘集二卷　(清)王晫　(清)張潮合
輯　清刻本　四冊

110000－0102－0024717　丁/15028　集部/
別集類/清

日損齋文稿一卷詩稿一卷　(清)徐敦仁撰
清光緒刻本　一冊

110000－0102－0024718　丁/15029　集部/
別集類/清

琴鶴山房遺稿二至八卷　(清)趙銘撰　清刻
朱印本　二冊

110000－0102－0024719　丁/15037　史部/
政書類/職官/官制

漢官儀三卷　(宋)劉頒撰　清道光四年
(1824)刻本　一冊

110000－0102－0024720　丁/15038　史部/
別史、雜史類

蜀碧四卷　(清)彭遵泗撰　清刻本　二冊

110000－0102－0024721　丁/15039　子部/
宗教類/釋教

淨業知津　(清)釋悟開撰　清同治刻本
一冊

110000－0102－0024722　丁/15045　史部/
地理類/外紀

印度國志　清學部編譯圖書局編　清光緒三

十三年(1907)鉛印本　一冊

110000－0102－0024723　丁/15051　史部/
紀傳類/斷代

清朝史略十一卷　(日本)佐藤楚材編　清光
緒二十八年(1902)石印本　六冊

110000－0102－0024724　丁/15052　史部

支那通史　(日本)那珂通世撰　清光緒二十
五年(1899)東方學社石印本　五冊

110000－0102－0024725　丁/15054　集部/
別集類/清

釘餖吟三卷　(清)石贊清撰　清咸豐八年
(1858)刻本　一冊

110000－0102－0024726　丁/15055　集部/
總集類/文

墨選觀止二卷　(清)梁葆慶輯　清道光刻本
二冊

110000－0102－0024727　丁/15059　史部/
地理類/雜記

白下瑣言三卷　(清)甘熙撰　清光緒十六年
(1890)築野堂刻本　一冊

110000－0102－0024728　丁/15062　史部/
史表類

三國紀年表　(清)周嘉猷撰　清刻本　二冊

110000－0102－0024729　丁/15069　集部/
別集類

退思軒詩草　清抄本　一冊

110000－0102－0024730　丁/15070　集部/
別集類

南武詩鈔　甬上越舟氏撰　清抄本　一冊

110000－0102－0024731　丁/15076　集部/
俗文學類/變文

雕龍扇　清抄本　一冊

110000－0102－0024732　丁/15077　子部/
宗教類/其它

崇正寶鑑一卷　(清)易陽子校訂　清光緒三
十一年(1905)刻本　一冊

110000－0102－0024733　丁/15078　集部/

俗文學類/變文

雕龍五美 清抄本　一冊

110000－0102－0024734　丁/15079　集部/
俗文學類/變文

雕龍扇寶卷 清抄本　一冊

110000－0102－0024735　丁/15080　集部/
總集類/文/雜錄

目耕齋全集 （清）沈叔眉選　清光緒十四年
(1888)刻本　八冊

110000－0102－0024736　丁/15081　集部/
俗文學類

木蘭寶傳二卷　江漢散人一清撰　清刻本
一冊

110000－0102－0024737　丁/15083　子部/
醫家類/總錄

陳修園醫書十五種　（清）陳念祖撰　清光緒
刻本　四十五冊

110000－0102－0024738　丁/15084　集部/
別集類/清

從新齋文集 清抄本　四冊

110000－0102－0024739　丁/15085　集部/
別集類/遼金元

梧溪集七集　（元）王逢撰　清知不足齋刻知
不足齋叢書本　八冊

110000－0102－0024740　丁/15086　集部/
小說類/章回

水滸傳七十卷　（元）施耐庵撰　清光緒十二
年(1886)上海同文書局石印本　六冊

110000－0102－0024741　丁/15091　集部/
曲類/曲別集/傳奇

返魂香傳奇四卷四十出　（清）香雪道人撰
清光緒三年(1877)上海申報館鉛印本　四冊

110000－0102－0024742　丁/15093　叢部/
彙編叢書/清初期

說鈴四十二種　（清）吳震方輯　清光緒五年
(1879)兩儀堂刻本　二十四冊

110000－0102－0024743　丁/15095　集部/

曲類/曲別集/傳奇

李笠翁四種曲　（清）李漁撰　清刻本　十
六冊

110000－0102－0024744　丁/15097　集部/
小說類/章回

李公案奇聞三十四回　惜紅居士編纂　清光
緒三十四年(1908)石印本　四冊

110000－0102－0024745　丁/15099　史部/
別史、雜史類

西巡迴鑾始末記六卷　清光緒二十八年
(1902)石印本　六冊

110000－0102－0024746　丁/15100　集部/
俗文學類/鼓詞

大八義續大八義 清光緒二十五年(1899)上
海書局石印本　八冊

110000－0102－0024747　丁/15101　史部/
地理類/雜記

朝市叢載八卷　（清）楊靜亭原編　（清）李虹
若重編　**鞠臺集秀一卷**　（清）□□撰　**增補
都門紀略七卷**　（清）楊靜亭編　清光緒十四
年(1888)刻本　八冊　存七卷(朝市叢載一、
五,增補都門紀略二至四、六至七)

110000－0102－0024748　丁/15102　史部/
地理類/雜記

朝市叢載八卷　（清）楊靜亭原編　（清）李虹
若重編　**鞠臺集秀一卷**　（清）□□撰　**增補
都門紀略七卷**　（清）楊靜亭編　清光緒十四
年(1888)刻本　八冊　存七卷(朝市叢載一、
五,增補都門紀略存二至四、六至七)

110000－0102－0024749　丁/15105　子部/
術數類/雜術

遊藝錄六卷　（清）俞樾撰　清同治十年
(1871)刻德清俞氏書本　一冊

110000－0102－0024750　丁/15106　子部/
宗教類/道教

太上感應篇纘義二卷　（清）俞樾撰　清同治
十一年(1872)刻德清俞氏書本　一冊

110000－0102－0024751　丁/15111　史部/

政書類/學制/文化教育

奏設東省鐵路俄文學堂章程 清鐵路學堂編
清光緒三十四年(1908)鉛印本 一冊

110000－0102－0024752 丁/15116 史部/
政書類/法令/律例

大清現行刑律講義八卷 (清)吉同鈞輯 清
宣統二年(1910)石印本 八冊

110000－0102－0024753 丁/15118 集部/
總集類/詩/地方

津門詩鈔 (清)梅成棟輯 清咸豐十一年
(1861)刻本 一冊

110000－0102－0024754 丁/15121 史部/
史評類

本朝史講義 京師譯學館編 清末京師學務
處官書局鉛印本 一冊

110000－0102－0024755 丁/15131 史部/
地理類/外紀

**阿富汗土耳基斯坦志阿富汗斯坦新志土耳基
斯坦志東土耳基斯坦志** (清)學部編譯圖書
局編 清光緒三十三年(1907)學部圖書局鉛
印本 一冊

110000－0102－0024756 丁/15132 史部/
地理類/外紀

**布哈爾志緬甸國志英領緬甸志緬甸新志邏羅
國志** (清)學部編譯圖書局編 清光緒三十
三年(1907)鉛印本 一冊

110000－0102－0024757 丁/15133 史部/
地理類/總錄

支那疆域沿革略說 (日本)重野安繹 (日
本)河田黑合著 清光緒輿地學會刻本
一冊

110000－0102－0024758 丁/15134 集部/
別集類/清

佩蘅詩鈔八卷 (清)寶鋆撰 清咸豐八年
(1858)刻本 四冊

110000－0102－0024759 丁/15135 經部/
書類/傳說

書經講義 清宣統元年(1909)石印本 一冊

110000－0102－0024760 丁/15136 經部/
春秋類/總義/傳說

止齋先生春秋後傳十二卷 (宋)陳傅良撰
清刻本 二冊

110000－0102－0024761 丁/15137 史部/
地理類/專志/古跡

南宋古跡考二卷 (清)朱彭輯 清刻本
二冊

110000－0102－0024762 丁/15139 史部/
史評類/考訂

國史考異六卷 (清)潘檉章撰 清刻本
三冊

110000－0102－0024763 丁/15140 史部/
別史、雜史類

明朝國初事蹟 (明)劉辰撰 (清)胡鳳丹校
清同治八年(1869)刻本 二冊

110000－0102－0024764 丁/15141 子部/
藝術類/雜技

適情雅趣十卷 (明)徐芝選編 清刻本
八冊

110000－0102－0024765 丁/15144 集部/
別集類/清

畏壘山人詩集四卷 (清)徐昂發撰 清桂森
堂刻本 二冊

110000－0102－0024766 丁/15155 集部/
小說類/筆記小說

中朝故事 (南唐)尉遲偓撰 清刻本 一冊

110000－0102－0024767 丁/15159 集部/
總集類/詩/斷代/宋

九僧詩一百三十四卷又續添一首 (宋)釋布
書等撰 清汲古齋寫本 一冊

110000－0102－0024768 史部/
政書類/職官/官制

大唐六典三十卷 (唐)玄宗李隆基撰 (唐)
李林甫注 清光緒廣雅書局刻本 四冊

110000－0102－0024769 丁/15161 集部/
總集類/文/斷代/上古至隋

全齊文二十六卷 （清）嚴可均校輯 清刻本
四冊

110000－0102－0024770 丁/15163 集部/
集評類/文評/專評

四六叢話三十三卷 （清）孫梅輯 清嘉慶三
年(1798)吳興舊言堂刻本 十二冊

110000－0102－0024771 丁/15164 史部/
政書類/法令/律例

補注洗冤錄集證五卷 （清）王又槐增輯 清
光緒二十一年(1895)刻本 四冊

110000－0102－0024772 丁/15170 子部/
雜家類/雜考

日知錄集釋三十二卷刊誤二卷續刊誤二卷
（清）顧炎武撰 （清）黃汝成集釋 清道光十
四年(1834)嘉定黃氏西溪草廬影印本 十
六冊

110000－0102－0024773 丁/15174 史部/
政書類/法令/律例

大清律續纂條例四十六卷 （清）圖默慎等纂
修 清乾隆刻本 二十四冊

110000－0102－0024774 丁/15178 經部/
書類/傳說

融堂書解二十卷 （宋）錢時撰 清光緒二十
五年(1899)廣雅書局重編校刻本 六冊

110000－0102－0024775 丁/15185 集部/
別集類/清

梅隱軒吟草 （清）康吉臣撰 清抄本 一冊

110000－0102－0024776 丁/15186 史部/
政書類/法令/律例

明刑管見錄 （清）穆翰撰 清道光二十五年
(1845)序刻本 一冊

110000－0102－0024777 丁/15187 史部/
別史、雜史類

大同志 （晉）常璩撰 清刻本 一冊

110000－0102－0024778 丁/15192 集部/
小說類/筆記小說

西京雜記一卷 （漢）劉歆撰 （晉）葛洪錄

清刻本 一冊

110000－0102－0024779 丁/15193 子部/
術數類/總錄

術數雜抄 清抄本 一冊

110000－0102－0024780 丁/15198 子部/
宗教類/釋教

放生儀軌 清刻本 一冊

110000－0102－0024781 丁/15201 集部/
總集類/文/通代/編選

古文七種 （清）儲欣選 清光緒九年(1883)
刻本 十六冊

110000－0102－0024782 丁/15202 子部/
宗教類/道教/經論著作

太上感應篇經史集證卷四 清刻本 四冊

110000－0102－0024783 丁/15206 史部/
政書類/法令/律例

秋審實緩比較條款 （清）謝誠鈞編 清光緒
四年(1878)刻本 一冊

110000－0102－0024784 丁/15207 史部/
政書類/邦計/交通運輸

敬告我粵路各股東 清鉛印本 一冊

110000－0102－0024785 丁/15208 史部/
政書類/邦計/交通運輸

奏籌辦川漢鐵路南端接川界北端接幹路各工
商定分別接修辦法摺 （清）張之洞奏 清末
鉛印本 一冊

110000－0102－0024786 丁/15209 史部/
政書類/詔令奏議/奏議

奏摺合輯 （清）張之洞等奏 清末鉛印本
一冊

110000－0102－0024787 丁/15210 史部/
政書類/邦計/交通運輸

郵傳部接辦粵川漢鐵路借款及分別接受各路
股款始末記附參考各案件 （清）郵傳部編
清末鉛印本 一冊

110000－0102－0024788 丁/15216 史部/
政書類/邦計/交通運輸

安徽全省鐵路圖書　經芳撰　清石印本
一冊

110000－0102－0024789　丁/15217　子部/
儒家類/清

明理圖說　（清）黃慶澄撰　清光緒二十八年
（1902）山東大學堂刻本　一冊

110000－0102－0024790　丁/15218　史部/
政書類/學制/文化教育

南洋公學堂章程　（清）何嗣焜制　清光緒二
十四年（1898）鉛印本　一冊

110000－0102－0024791　丁/15222　史部/
傳記類/總傳/專錄/藝術

國朝書人輯略十二卷首一卷　（清）震鈞輯
清宣統元年（1909）金陵刻本　八冊

110000－0102－0024792　丁/15224　子部/
宗教類/道教

華祖真君靈籤仙方　清抄本　一冊

110000－0102－0024793　丁/15226　集部/
總集類/文/雜錄/酬贈慶吊

黃孝廉輓詞　（清）張百熙等撰　清刻本
一冊

110000－0102－0024794　丁/15235　集部/
曲類/曲別集/傳奇

繪圖想當然傳奇二卷　（明）盧枏撰　清刻本
原題譚友夏批點　二冊

110000－0102－0024795　丁/15238　集部/
總集類/文/雜錄/課藝

會試鄉試硃卷　（清）余誠格等撰　清光緒刻
本　一冊

110000－0102－0024796　丁/15239　集部/
總集類/文/雜錄/課藝

陝西鄉試闈墨　（清）姚協贊等撰　清刻本
一冊

110000－0102－0024797　丁/15244　史部/
政書類/詔令奏議/奏議

禮部駁顧黃從祀疏　（清）李鴻章撰　清光緒
刻本　一冊

110000－0102－0024798　丁/15245　經部/
小學類/文字/字體

百體千字文　（清）劉鳳居集　清光緒十年
（1884）上海同文書局石印本　一冊

110000－0102－0024799　丁/15246　子部/
儒家類/清

勸學篇　（清）張之洞撰　清光緒二十四年
（1898）刻本　二冊

110000－0102－0024800　丁/15249　集部/
別集類/清

陳勾山文稿　（清）陳兆崙撰　清乾隆十二年
（1747）善成堂刻本　四冊

110000－0102－0024801　丁/15252　史部/
政書類

新政真詮四編　（清）何啟　（清）胡禮垣合撰
清光緒二十四年（1898）鉛印本　一冊

110000－0102－0024802　丁/15253　史部/
外國史類

東洋史要二卷　（日本）桑原騭藏著　樊炳清
譯　清光緒二十五年（1899）鉛印本　一冊

110000－0102－0024803　丁/15260　子部/
儒家類/宋以前

孔子家語　（三國魏）王肅注　清光緒十八年
（1892）上海掃葉山房刻本　五冊

110000－0102－0024804　丁/15266　集部/
總集類/文/雜錄/課藝

廣東闈墨　（清）曾對顏等撰　清光緒二十三
年（1897）刻本　一冊

110000－0102－0024805　丁/15278　史部/
政書類/詔令奏議/奏議

收回粵漢鐵路奏摺及附件　（清）張之洞等撰
清光緒三十年（1904）鉛印本　一冊

110000－0102－0024806　丁/15283　史部/
目錄類/收藏/私藏/清

藝芸書舍宋元本書目　（清）汪士鐘藏　清刻
本　一冊

110000－0102－0024807　丁/15285　集部/

別集類/清

嗇庵隨筆六卷末一卷 （清）陸文衡撰 清光緒二十三年（1897）石印本 一冊 缺二卷（一至二）

110000－0102－0024808 丁/14286 集部/詞類/詞別集

香隱盒詞二卷首一卷 （清）潘遵瑊撰 清咸豐八年（1858）刻本 一冊

110000－0102－0024809 丁/15287 集部/詞類/詞別集

香隱盒詞二卷首一卷 （清）潘遵瑊撰 清咸豐八年（1858）刻本 一冊

110000－0102－0024810 丁/15290 集部/別集類/明

明雷石庵尚書 （明）雷石庵撰 胡二峰侍郎遺集 （明）胡二峰撰 黃膺 李根源輯 清宣統二年（1910）刻本 一冊

110000－0102－0024811 丁/15292 史部/政書類/職官/官箴

宦海指南五種 （清）許乃普輯 清咸豐九年（1859）刻本 七冊

110000－0102－0024812 丁/15308 叢部/自著叢書/清中晚期

冒氏小品四種 （清）冒襄撰 清光緒刻本 一冊

110000－0102－0024813 丁/15312 集部/總集類/文/雜錄/課藝

欽定化治四書文 （清）方苞等輯 清光緒二年（1876）崇文書局刻本 一冊

110000－0102－0024814 丁/15313 集部/總集類/文/雜錄/課藝

欽定隆萬四書文 （清）方苞等輯 清光緒二年（1876）崇文書局刻本 二冊

110000－0102－0024815 丁/15314 集部/總集類/文/雜錄/課藝

欽定正嘉四書文 （清）方苞等輯 清光緒二年（1876）崇文書局刻本 二冊

110000－0102－0024816 丁/15318 史部/傳記類/年譜

孔子編年四卷 （清）狄子奇撰 清光緒十三年（1887）浙江書局刻本 一冊

110000－0102－0024817 丁/15319 史部/傳記類/年譜

孟子編年四卷 （清）狄子奇撰 清光緒十三年（1887）浙江書局刻本 一冊

110000－0102－0024818 丁/15320 史部/政書類/儀制

文廟通考六卷 （清）牛樹梅輯 清同治十一年（1872）浙江書局刻本 二冊

110000－0102－0024819 丁/15321 史部/傳記類/總傳/專錄/儒林

儒林宗派十六卷 （清）萬斯同撰 清宣統三年（1911）杭州浙江圖書館刻本 二冊

110000－0102－0024820 丁/15322 史部/政書類/法令/律例

故唐律疏議三十卷 （唐）長孫無忌等撰 清光緒十六年（1890）京師刻本 十二冊

110000－0102－0024821 丁/15330 集部/別集類/清

曾忠襄公文集四卷曾忠襄公批牘五卷 （清）曾國荃撰 榮哀錄五卷 （清）蕭榮爵編 清光緒二十九年（1903）刻本 七冊

110000－0102－0024822 丁/15331 集部/總集類/文/斷代/清

國朝古文正的七卷 （清）楊彝珍輯 清光緒四年（1878）活字印本 六冊

110000－0102－0024823 丁/15339 集部/別集類/清

陔餘叢錄十六卷 （清）胡斯鐸撰 清咸豐二年（1852）刻本 四冊

110000－0102－0024824 丁/15343 集部/總集類/文/雜錄

書柬集抄 清光緒二十八年（1902）抄本 一冊

110000－0102－0024825　丁/15344　子部/
雜家類/學說

墨經　(宋)晁說之撰　清揚州詩局刻棟亭藏
本本　一冊

110000－0102－0024826　丁/15345　史部/
地理類/雜記

都城紀勝　(宋)耐得翁撰　清揚州詩局刻棟
亭藏本本　一冊

110000－0102－0024827　丁/15346　子部/
譜錄類/食譜

頤堂先生糖霜譜　(宋)王灼撰　清揚州詩局
刻棟亭藏本本　一冊

110000－0102－0024828　丁/15352　集部/
集評類/詞評

詞品　(清)郭麐輯　清抄本　一冊

110000－0102－0024829　丁/15360　史部/
政書類/法令

重刊補註洗冤錄集證六卷　(清)王又槐增輯
　(清)李觀瀾補輯　(清)阮其新補注　清道
光二十七年(1847)刻三色套印本　五冊

110000－0102－0024830　丁/15361　史部/
政書類/法令/律例

大清律例二卷　清抄本　二冊

110000－0102－0024831　丁/15362　子部/
藝術類/雜技

益智圖二卷　(清)童葉庚撰　清光緒四年
(1878)文寶堂書店刻本　二冊

110000－0102－0024832　丁/15364　集部/
別集類/清

[蘇齋雜著]　(清)翁方綱撰　清嘉慶刻本
一冊　存五種(詠物七言律詩偶得、青原小
草、嵐漪小草、棲霞小稿、春秋分年繫傳表)

110000－0102－0024833　丁/15365　子部/
宗教類/釋教/經

大佛頂如來密因修證了義諸菩薩萬行首楞嚴
經十卷　(唐)釋般剌密帝譯　清咸豐十年
(1860)昭慶寺慧空經房刻本　三冊

110000－0102－0024834　丁/15372　史部/
傳記類/家傳、宗譜/譜牒

玉牒譜　清抄本　一冊

110000－0102－0024835　丁/15373　集部/
總集類/詩/雜錄/唱和

吳中唱和集八卷　(清)梁章鉅等撰　清道光
十年(1830)刻本　四冊

110000－0102－0024836　丁/15374　史部/
政書類/詔令奏議/奏議

魏文毅公奏議三卷兼濟堂集十二卷　(清)魏
裔介撰　清光緒五年(1879)定州王氏德謙堂
刻畿輔叢書本　十二冊　缺三卷(兼濟堂集
一至三)

110000－0102－0024837　丁/15375　史部/
史評類/考訂

石齋偶筆十六卷　清抄本　十二冊　缺四卷
(一至二、五、八)

110000－0102－0024838　丁/15376　集部/
別集類/宋

象山先生全集三十六卷　(宋)陸九淵撰　清
同治十年(1871)大儒家廟重刻本　十二冊

110000－0102－0024839　丁/15377　史部/
地理類/水道/地方

江蘇水利全書圖說　清道光刻本　十二冊

110000－0102－0024840　丁/15379　史部/
政書類/學制

奏定學堂章程　湖北學務處編　清刻朱印本
一冊

110000－0102－0024841　丁/15382　史部/
政書類/雜錄

浠川政譜二卷　(清)龔鼎孳撰　清刻本
二冊

110000－0102－0024842　丁/15385　集部/
總集類/詩/雜錄

東甌百詠　(清)郭鍾嶽撰　(清)方鼎銳輯
清同治十一年(1872)刻本　一冊

110000－0102－0024843　丁/15388　史部/

政書類/邦交

上海交涉事件彙抄　清抄本　一冊

110000－0102－0024844　丁/15389　史部/
傳記類/總傳/專錄/文苑

福建文苑傳七卷　清刻本　二冊

110000－0102－0024845　丁/15391　史部/
別史、雜史類

國語二十一卷　（三國吳）韋昭解　清嘉慶五
年(1800)吳門黃氏讀未見書齋影刻本　四冊

110000－0102－0024846　丁/15392　史部/
傳記類/總傳/專錄/科舉

歷科狀元策　（清）張建勳等撰　清光緒刻本
一冊

110000－0102－0024847　丁/15405　史部/
傳記類/別傳

**追贈朝儀大夫誥封光祿大夫建威將軍文公魯
齋陽毅殉難事實**　（清）周樂清等纂　清光緒
二十七年(1901)石印本　一冊

110000－0102－0024848　丁/15407　集部/
別集類/唐至五代

皇甫持正文集六卷　（唐）皇甫湜撰　清光緒
四年(1878)江安傅氏雙鑒樓影印本　一冊

110000－0102－0024849　丁/15409　史部/
地理類/地圖、圖志

地形圖志八種　熊會貞繪　清宣統二年
(1910)刻本　八冊

110000－0102－0024850　丁/15412　史部/
紀傳類/通代

史記志疑三十六卷　（清）梁玉繩撰　清光緒
十三年(1887)廣雅書局刻本　二十四冊

110000－0102－0024851　丁/15413　史部/
政書類/通制

東漢會要四十卷　（宋）徐天麟撰　清光緒十
年(1884)江蘇書局刻本　八冊

110000－0102－0024852　丁/15414　史部/
政書類/通制

西漢會要七十卷　（宋）徐天麟撰　清光緒十

年(1884)江蘇書局刻本　十冊

110000－0102－0024853　丁/15415　史部/
政書類/通制

五代會要三十卷　（宋）王溥撰　清光緒十二
年(1886)江蘇書局刻本　六冊

110000－0102－0024854　丁/15416　史部/
政書類/通制

三國會要二十二卷首一卷　（清）楊晨撰　清
光緒二十六年(1900)江蘇書局刻本　六冊

110000－0102－0024855　丁/15417　史部/
政書類/法令/律例

法訣啓明二卷　（清）金師文撰　清光緒十年
(1884)刻本　二冊

110000－0102－0024856　丁/15418　史部/
政書類/法令/律例

明刑管見錄　（清）穆翰撰　清光緒十一年
(1885)刻本　一冊

110000－0102－0024857　丁/15419　史部/
政書類/法令/章例

提牢備考四卷　（清）趙舒翹輯　清光緒十九
年(1893)刻本　二冊

110000－0102－0024858　丁/15420　集部/
別集類/清

得一錄八卷首一卷　（清）余蓮村撰　清光緒
二十三年(1897)刻本　八冊

110000－0102－0024859　丁/15421　史部/
政書類/法令/律例

**大清律例增修統纂集成四十卷附督捕則例二
卷**　（清）陶東皋　（清）陶曉篔增修　清光緒
三十年(1904)刻本　二十四冊

110000－0102－0024860　丁/15422　經部/
小學類/文字/字典詞典等纂

百家姓　清光緒二十年(1894)上海慈母堂刻
本　一冊

110000－0102－0024861　丁/15423　史部/
政書類/軍政

張公襄理軍務紀略六卷　（清）丁運樞等編

清宣統元年(1909)石印本　六冊

110000－0102－0024862　丁/15424　集部/別集類/漢至隋

陶淵明全集八卷首一卷末一卷　（晉）陶潛撰　清光緒六年(1880)刻本　四冊

110000－0102－0024863　丁/15425　集部/別集類/清

李文忠公全書一百六十四卷首一卷　（清）李鴻章撰　（清）吳汝綸編錄　清光緒三十一年(1905)刻本　一百冊

110000－0102－0024864　丁/15428　集部/總集類

貴池二妙集五十一卷　（明）吳應箕　（明）劉城撰　（清）劉世珩輯　清光緒二十六年(1900)刻本　十二冊

110000－0102－0024865　丁/15433　集部/別集類/清

陶文毅公全集六十四卷首一卷末一卷　（清）陶澍撰　清道光刻本　三十二冊

110000－0102－0024866　丁/15434　史部/政書類/邦計

礦律礦章存案各項底本正本彙函　清政府製　清光緒三十年(1904)寫本　九冊

110000－0102－0024867　丁/15435　集部/總集類

徐州二遺民集十卷　（清）馮煦輯　清光緒十九年(1893)刻本　五冊

110000－0102－0024868　丁/15441　史部/政書類/詔令奏議/奏議

郭侍郎奏疏十二卷　（清）郭嵩燾撰　清光緒十八年(1892)刻本　十二冊

110000－0102－0024869　丁/15442　集部/總集類/文/通代/編選

續古文苑二十卷　（清）孫星衍編　清光緒九年(1883)江蘇書局刻本　六冊

110000－0102－0024870　丁/15443　集部/詞類/詞總集/通代

絕妙好詞箋七卷續鈔一卷　（宋）周密輯　（清）查為仁　（清）厲鶚合箋　清同治十一年(1872)刻本　四冊

110000－0102－0024871　丁/15445　集部/別集類/清

星齋文稿初刻二刻塾課　（清）陳兆崙撰　清光緒三年(1877)刻本　六冊

110000－0102－0024872　丁/15447　集部/戲曲類

昆弋劇本三十四種　清咸豐抄本　三十六冊

110000－0102－0024873　丁/15448　子部/宗教類/釋教/論

成實論二十卷　（後秦）釋鳩摩羅什譯　清刻本　六冊

110000－0102－0024874　丁/15449　史部/史抄類

廿一史約編八卷首一卷後編一卷　（清）鄭元慶撰　清刻本　八冊

110000－0102－0024875　丁/15450　史部/史評類

捷錄大成四卷　（明）鍾惺撰　清刻本　六冊

110000－0102－0024876　丁/15451　史部/傳記類/人表

關中同官錄[己丑年]　清光緒十五年(1889)刻本　八冊

110000－0102－0024877　丁/15453　集部/別集類/清

周武壯公遺書九卷首一卷外集三卷別集一卷附錄一卷　（清）周盛傳撰　清光緒三十一年(1905)刻本　十冊

110000－0102－0024878　丁/15454　史部/載記類

南漢書十八卷　（清）梁廷枏撰　清道光刻本　八冊

110000－0102－0024879　丁/15457　史部/傳記類/年譜

阿文成公年譜三十四卷　（清）那彥成纂　清

嘉慶十八年(1813)刻本　三十二冊

110000－0102－0024880　丁/15458　叢部/
彙編叢書/清中晚期
崇文書局彙刊書　(清)崇文書局輯　清光緒
元年(1875)湖北崇文書局刻本　七十九冊
缺二卷(周易姚氏學十五至十六)

110000－0102－0024881　丁/15459　史部/
編年類/通代
通鑑類纂　(清)松椿纂　清光緒謙受益齋刻
本　四十冊

110000－0102－0024882　丁/15460　子部/
類書類
北堂書鈔一百六十卷首目錄一卷　(唐)虞世
南撰　(清)孔廣陶校注　清光緒十四年
(1888)南海孔氏三十有三萬卷堂影印本　二
十冊

110000－0102－0024883　丁/15466　史部/
地理類/地圖、圖志
**[疆域圖十種]楊守敬編清宣統朱墨套印本十
冊**　馬範疇繪　熊會貞校　清宣統刻本
十冊

110000－0102－0024884　丁/15467　集部/
別集類/宋
東坡先生翰墨尺牘八卷　(宋)蘇軾撰　清道
光八年(1828)紛欣閣刻本　四冊

110000－0102－0024885　丁/15468　史部/
政書類/職官
交代章程廉俸章程　清抄本　二冊

110000－0102－0024886　丁/15469　史部/
政書類/雜錄
驛站事宜報銷成式　清抄本　二冊

110000－0102－0024887　丁/15470　史部/
政書類/邦計/漕運
**浙江海運漕糧全案重編原編八卷續編四卷新
編八卷**　(清)馬新貽等纂　清同治六年
(1867)刻本　十二冊

110000－0102－0024888　丁/15471　集部/

別集類/唐至五代
杜工部草堂詩箋二十二卷首一卷詩話二卷
(唐)杜甫撰　(宋)魯訔編　(宋)蔡夢弼箋
清光緒元年(1875)刻本　四冊

110000－0102－0024889　丁/15472　史部/
目錄類/著錄/存毀書目
郘亭知見傳本書目十六卷　(清)莫友芝撰
清宣統元年(1909)北京興德堂印字局鉛印本
八冊

110000－0102－0024890　丁/15473　子部/
宗教類/釋教
首楞嚴咒簡疏　(清)多興等注　清刻本
一冊

110000－0102－0024891　丁/15474　史部/
傳記類/總傳/專錄/其它
燕蘭小譜　(清)余集撰　清宣統三年(1911)
長沙葉氏刻本　一冊

110000－0102－0024892　丁/15475　集部/
別集類/清
培遠堂偶存稿四十八卷　(清)陳弘謀撰　清
刻本　二十四冊

110000－0102－0024893　丁/15477　集部/
別集類/清
詩草　(清)□□撰　清稿本　丁壽昌題記
一冊

110000－0102－0024894　丁/15482　史部/
別史、雜史類
元朝秘史十五卷　(元)□□撰　(清)李文田
注　清光緒二十九年(1903)石印本　四冊

110000－0102－0024895　丁/15483　史部/
紀傳類/斷代
元史譯文證補三十卷　(清)洪鈞譯　清光緒
二十三年(1897)刻本　四冊　缺十二卷(七
至八、十三、十六至十七、十九至二十五)

110000－0102－0024896　丁/15484　史部/
別史、雜史類
元朝秘史十五卷　(元)□□撰　(清)李文田
注　清光緒二十九年(1903)石印本　四冊

110000－0102－0024897　丁/15485　史部/紀傳類/斷代

元史譯文證補三十卷　（清）洪鈞譯　清光緒二十三年（1897）刻本　四冊　缺十卷（七至八、十、十三、十六至十七、十九至二十一、二十五）

110000－0102－0024898　丁/15487　經部/四書類/論語/傳說

鄉黨圖考十卷　（清）江永撰　清乾隆五十九年（1794）匯源堂刻本　六冊

110000－0102－0024899　丁/15488　叢部/彙編叢書/清初期

吳氏說鈴攬勝二十五種　（清）吳震方輯　清刻龍威秘書本　八冊

110000－0102－0024900　丁/15489　子部/類書類/類編/通錄

類書十二種　（清）孫顔編輯　清同治六年（1867）刻本　十二冊

110000－0102－0024901　丁/15490　集部/小說類/章回

鏡花緣一百回　（清）李汝珍撰　清光緒上海申報館鉛印本　十二冊

110000－0102－0024902　丁/15492　集部/小說類/筆記小說

閒談消夏錄十二卷　（清）朱翊清撰　清同治十三年（1874）刻本　八冊　缺四卷（七、九至十一）

110000－0102－0024903　丁/15495　集部/總集類/文/通代

古文筆法百篇八卷　（清）李扶九編　（清）黃紱麟書後　清光緒三十年（1904）上海書局石印本　二冊

110000－0102－0024904　丁/15498　史部/政書類/學制

奏定學堂章程　（清）□□撰　清末湖北學務處刻本　一冊

110000－0102－0024905　丁/15501　子部/儒家類/宋以前

孔子集語十七卷　（清）孫星衍輯　清光緒三年（1877）刻本　四冊

110000－0102－0024906　丁/15502　子部/儒家類/宋以前

晏子春秋七卷　（清）孫星衍校　清光緒元年（1875）刻本　二冊

110000－0102－0024907　丁/15503　子部/法家類

管子二十四卷　（唐）房玄齡注　（明）劉績補　清光緒二年（1876）刻本　五冊　缺三卷（二十二至二十四）

110000－0102－0024908　丁/15504　經部/春秋類/左傳/文字音義

春秋左傳音訓　（清）楊國楨撰　清道光十年（1830）刻本　七冊　缺第一冊

110000－0102－0024909　丁/15506　經部/小學類/文字/訓蒙

幼學故事瓊林四卷　（清）程允升撰　（清）鄒聖脉增　清咸豐六年（1856）刻本　四冊

110000－0102－0024910　丁/15507　集部/別集類

聽水集　清末抄本　一冊

110000－0102－0024911　丁/15509　史部/政書類/雜錄

通海紗絲廠章程　張謇等撰　清光緒鉛印本　一冊

110000－0102－0024912　丁/15511　經部/書類/傳說

書經精義旁訓四卷　（宋）蔡沈撰　清光緒十一年（1885）古香閣刻本　四冊

110000－0102－0024913　丁/15517　子部/宗教類/釋教/經

佛說梵網經二卷　（後秦）釋鳩摩羅什譯　清光緒十年（1884）金陵刻經處刻本　一冊

110000－0102－0024914　丁/15518　集部/別集類/明

張文忠公全集四十六卷首一卷附錄二卷

（明）張居正撰　清光緒二十七年（1901）紅藤碧樹山館重刻本　十六冊

110000－0102－0024915　丁/15519　史部/紀事本末類

歷朝紀事本末七種五百六十六卷　（清）朱記榮輯　清光緒二十四年（1898）石印本　五十冊

110000－0102－0024916　丁/15524　集部/總集類/詩/斷代/宋

南宋群賢小集　（宋）陳起輯　（清）顧修重輯　清嘉慶六年（1801）讀畫齋刻本　三十二冊

110000－0102－0024917　丁/15526　經部/四書類/大學中庸

大學中庸　清刻本　一冊

110000－0102－0024918　丁/15527　子部/雜家類/雜纂

二十二史感應錄二卷　（清）彭希涑輯　清道光二十六年（1846）刻本　一冊

110000－0102－0024919　丁/15530　集部/別集類/清

墨井詩鈔四卷　（清）吳歷撰　清刻本　一冊

110000－0102－0024920　丁/15534　史部/史抄類

廿一史約編八卷首一卷後編一卷　（清）鄭元慶撰　清光緒十三年（1887）上海鴻文書局石印本　四冊

110000－0102－0024921　丁/15535　子部/醫家類/諸專科方論

藥方雜鈔　清抄本　三冊

110000－0102－0024922　丁/15540　經部/禮類/周禮/傳說

周官指掌五卷　（清）莊有可撰　清道光九年（1829）序刻本　四冊

110000－0102－0024923　丁/15541　史部/地理類/外紀

重訂法國志略二十四卷　（清）王韜撰　清光緒十六年（1890）鉛印本　十冊

110000－0102－0024924　丁/15542　集部/小說類/筆記小說

剪燈叢話　（明）李禎等撰　清同治十年（1871）文盛堂刻本　六冊

110000－0102－0024925　丁/15546　經部/小學類/音韻

韻學臆說一卷韻學五卷　（清）王植撰　清刻本　六冊　缺二卷（韻學一至二）

110000－0102－0024926　丁/15551　史部/政書類/職官/官箴

宦海指南五種　（清）許乃普輯　清咸豐九年（1859）刻本　七冊

110000－0102－0024927　丁/15566　史部/政書類/考工

樓房等雜式分法　清抄本　一冊

110000－0102－0024928　丁/15567　史部/政書類/考工

永春亭做法　清抄本　一冊

110000－0102－0024929　丁/15568　史部/政書類/考工

亭式做法　清抄本　一冊

110000－0102－0024930　丁/15569　史部/政書類/考工

擎天柱做法　清抄本　一冊

110000－0102－0024931　丁/15570　史部/政書類/考工

石作做法　清抄本　一冊

110000－0102－0024932　丁/15571　史部/政書類/考工

內簷裝修做法　清抄本　一冊

110000－0102－0024933　丁/15572　史部/政書類/考工

券橋做法　清抄本　一冊

110000－0102－0024934　丁/15573　史部/政書類/考工

佛像做法　清抄本　一冊

110000－0102－0024935　丁/15574　史部/

政書類/考工

佛像做法 清抄本 一冊

110000－0102－0024936 丁/15575 史部/
政書類/考工

琉璃做法 清抄本 一冊

110000－0102－0024937 丁/15576 史部/
政書類/考工

歇山廡殿斗科大木大式做法 清抄本 一冊

110000－0102－0024938 丁/15577 史部/
傳記類/家傳、宗譜

天家通譜 清抄本 一冊

110000－0102－0024939 丁/15580 史部/
政書類/詔令奏議/詔令

大清十朝聖訓九百十六卷 清政府編 清光
緒三年(1877)鉛印本 六百〇八冊

110000－0102－0024940 丁/15614 史部/
別史、雜史類

山東軍興紀略 (清)張曜撰 清刻本 十冊

110000－0102－0024941 丁/15618 史部/
編年類/斷代

欽定明鑑二十四卷 (清)托津等編纂 清嘉
慶二十三年(1818)刻本 十二冊

110000－0102－0024942 丁/15619 史部/
傳記類/總傳/專錄

求闕齋弟子記三十卷 (清)王定安撰 清光
緒二年(1876)都門龍文齋刻本 三十冊

110000－0102－0024943 丁/15620 史部/
傳記類/圖贊

聖賢像贊 (清)孔憲蘭重輯 清光緒四年
(1878)山東曲阜會文堂重刻本 六冊

110000－0102－0024944 丁/15621 史部/
史評類/詠史

南宋雜事詩 (清)沈嘉轍等撰 清同治十一
年(1872)淮南書局刻本 八冊

110000－0102－0024945 丁/15622 集部/
別集類/漢至隋

陶淵明集十卷 (晉)陶潛撰 清光緒五年

(1879)刻本 三冊

110000－0102－0024946 丁/15624 集部/
別集類/遼金元

雁門集十四卷 (元)薩都剌撰 清光緒三年
(1877)閩中慶遠堂刻本 八冊

110000－0102－0024947 丁/15625 集部/
總集類/文/斷代

八旗文經五十六卷 (清)盛昱 (清)楊鍾羲
合輯 清光緒二十七年(1901)刻朱印本 十
二冊

110000－0102－0024948 丁/15626 史部/
史抄類

人壽金鑑二十二卷 (清)程得齡輯 清嘉慶
二十五年(1820)金陵刻本 六冊

110000－0102－0024949 丁/15627 史部/
傳記類/人表

宗室王公世職章京爵秩襲次全表十卷 (清)
高宗弘曆敕纂 清光緒三十三年(1907)刻本
十冊

110000－0102－0024950 丁/15628 集部/
別集類/清

紀文達公遺集三十二卷 (清)紀昀撰 (清)
紀樹馨編 清嘉慶十七年(1812)刻本 十冊

110000－0102－0024951 丁/15629 子部/
道家類

莊子集釋十卷 (清)郭慶藩輯 清光緒湘陽
郭氏思賢講舍刻本 八冊

110000－0102－0024952 丁/15631 史部/
目錄類/著錄/學科專目/小學

小學考五十卷 (清)謝啟昆編 清光緒十四
年(1888)浙江書局刻本 二十冊

110000－0102－0024953 丁/15632 史部/
傳記類/別傳

金陀粹編 (宋)岳珂編 清光緒四年(1878)
浙江書局刻本 十二冊

110000－0102－0024954 丁/15633 史部/
傳記類/總傳/通錄/通代

疑年錄四卷續疑年錄四卷 （清）錢大昕
（清）吳修編 清同治元年(1862)福山王氏天
壤閣刻本 二冊

110000－0102－0024955 丁/15634 子部/
儒家類/清

輶軒語書目答問 （清）張之洞編撰 清光緒
二十三年(1897)新化三味堂刻本 三冊

110000－0102－0024956 丁/15635 叢部/
彙編叢書/清中晚期

祕書廿一種 （清）汪士漢輯 清乾隆七年
(1742)文盛堂刻本 十二冊

110000－0102－0024957 丁/15640 史部/
傳記類/總傳/專錄/仕宦

歷代名臣言行錄 （清）朱桓編輯 清光緒二
十四年(1898)上海掃葉山房石印本 八冊

110000－0102－0024958 丁/15642 集部/
小說類/筆記小說

三借廬贅譚十二卷 （清）鄒弢纂 清光緒上
海申報館鉛印本 六冊

110000－0102－0024959 丁/15643 集部/
別集類/清

韞山堂時文初、二、三集 （清）管世銘撰 清
刻本 四冊

110000－0102－0024960 丁/15644 史部/
傳記類/總傳/專錄/其它

校正尚友錄二十二卷續集二十二卷 （明）廖
用賢編纂 清光緒二十四年(1898)上海鴻寶
齋石印本 十二冊

110000－0102－0024961 丁/15646 集部/
別集類/清

弢園尺牘續鈔六卷 （清）王韜撰 清光緒十
五年(1889)鉛印本 二冊

110000－0102－0024962 丁/15648 史部/
編年類/通代

御批歷代通鑑輯覽一百二十卷 （清）傅恆等
編纂 清同治十年(1871)浙江書局重刻本
四十八冊

110000－0102－0024963 丁/15650 集部/
總集類/詩/斷代/唐至五代

唐人五十家小集 （清）江標輯 清光緒二十
一年(1895)靈鶼閣刻本 十四冊

110000－0102－0024964 丁/15651 經部/
小學類/文字/說文/傳說

說文解字注箋十四卷 （漢）許慎撰 （清）段
玉裁注 清光緒二十年(1894)桂林刻民國三
年(1914)京師補刻本 三十二冊

110000－0102－0024965 丁/15652 史部/
政書類/職官/官制

歷代職官表七十二卷首一卷 （清）永培等纂
修 清光緒二十二年(1896)廣雅書局刻本
三十二冊

110000－0102－0024966 丁/15653 史部/
地理類

歷代地理沿革表四十七卷 （清）陳芳績撰
清光緒二十一年(1895)廣雅書局刻本 二十
四冊

110000－0102－0024967 丁/15654 史部/
紀傳類/通代

五代史七十四卷 （宋）歐陽修撰 （宋）徐無
黨注 清同治十一年(1872)湖北崇文書局重
刻本 八冊

110000－0102－0024968 丁/15657 經部/
書類/傳說

尚書古文疏證八卷 （清）閻若璩撰 清同治
六年(1867)錢塘汪氏振綺堂刻本 八冊

110000－0102－0024969 丁/15658 史部/
別史、雜史類

豫軍紀略十二卷 （清）尹耕雲等纂 清同治
十一年(1872)刻本 六冊

110000－0102－0024970 丁/15659 集部/
詞類/詞總集/斷代

宋六十名家詞 （明）毛晉輯 清光緒十四年
(1888)錢塘汪氏重刻本 二十三冊 缺壽域
詞、審齋詞、東浦詞、知稼翁詞、無住詞、後
山詞

110000－0102－0024971　丁／15660　經部／
經總類／群經總義／傳說
群經總義講錄　清刻本　一冊

110000－0102－0024972　丁／15661　子部／
類書類／類編／通錄
玉海　（宋）王應麟撰　清嘉慶十一年（1806）
刻本　九十六冊

110000－0102－0024973　丁／15662　史部／
傳記類／總傳／通錄／斷代
國朝先正事略六十卷　（清）李元度纂　清同
治五年（1866）循陔草堂刻本　二十四冊

110000－0102－0024974　丁／15663　史部／
編年類／通代
資治通鑑目錄三十卷　（宋）司馬光編　清同
治八年（1869）江蘇書局刻本　十冊

110000－0102－0024975　丁／15665　史部／
政書類／法令
讀例存疑　（清）薛允升撰　清光緒三十一年
（1905）北京翰茂齋刻本　四十冊

110000－0102－0024976　丁／15666　史部／
紀事本末類／通代
三朝北盟會編二百五十卷　（宋）徐夢莘編集
　清光緒四年（1878）鉛印本　四十冊

110000－0102－0024977　丁／15667　史部／
傳記類／年譜
朱子年譜四卷考異四卷附錄二卷　（清）王懋
竑纂　清乾隆十七年（1752）白田草堂刻清末
浙江書局補刻本　四冊

110000－0102－0024978　丁／15668　史部／
地理類／方志／總志
歷代地理志韻編今釋二十卷　（清）李兆洛輯
　清同治九年（1870）安徽合肥李氏重刻本
八冊

110000－0102－0024979　丁／15669　史部／
史評類／史法
史通削繁四卷　（清）紀昀撰　清光緒元年
（1875）湖北崇文書局刻本　四冊

110000－0102－0024980　丁／15672　史部／
政書類／職官／官制
欽定臺規四十二卷　（清）延煦增輯　清光緒
十八年（1892）都察院刻本　二十四冊

110000－0102－0024981　丁／15673　史部／
政書類／通制
五代會要三十卷附校勘記　（宋）王溥撰　清
光緒二十一年（1895）刻本　六冊

110000－0102－0024982　丁／15674　史部／
政書類／法令／律例
唐律疏議三十卷　（唐）長孫無忌等撰　清光
緒十六年（1890）京師刻本　十二冊

110000－0102－0024983　丁／15675　史部／
政書類／邦計
籌濟編三十二卷　（清）楊景仁輯　清光緒四
年（1878）治硯齋重刻本　六冊

110000－0102－0024984　丁／15677　經部／
經總類／群經總義／傳說
重刊宋本十三經注疏四百十六卷　（清）阮元
撰校勘記　（清）盧宣旬校　清道光六年
（1826）刻本　一百十冊

110000－0102－0024985　丁／15678　史部／
政書類／法令／律例
大清律例增修統纂集成　（清）章鉞　（清）沈
嘉樹增修　清光緒元年（1875）刻本　二十
四冊

110000－0102－0024986　丁／15680　史部／
目錄類／著錄／刊行書目
彙刻書目　（清）顧修撰　清光緒十五年
（1889）上海福瀛書局刻本　二十冊

110000－0102－0024987　丁／15681　集部／
詞類／詞總集／斷代
宋六十名家詞　（明）毛晉輯　清光緒十四年
（1888）錢塘汪氏重刻本　二十六冊

110000－0102－0024988　丁／15683　史部／
編年類／斷代
周季編略九卷　（清）黃式三纂　清同治十二
年（1873）浙江書局刻儆居遺書本　四冊

110000－0102－0024989　丁/15684　子部/
醫家類/總錄

外臺秘要四十卷　（唐）王燾撰　清光緒二十
四年(1898)上海圖書集成印書局石印本　十
六冊

110000－0102－0024990　丁/15685　史部/
政書類/通制

兩漢會要西漢七十卷東漢四十卷　（宋）徐天
麟撰　清光緒五年(1879)嶺南學海堂刻本
十八冊

110000－0102－0024991　丁/15686　史部/
史抄類

硃批史記菁華錄六卷　（清）姚苧田撰　清道
光四年(1824)吳興姚氏扶荔山房刻光緒十八
年(1892)重印本　六冊

110000－0102－0024992　丁/15691　史部/
紀事本末類/斷代

左傳紀事本末五十三卷　（清）高士奇等編輯
清光緒二十四年(1898)慎記書莊石印本
五冊

110000－0102－0024993　丁/15691－1　史
部/紀事本末類/通代

通鑑紀事本末二百三十九卷　（宋）袁樞撰
清光緒二十一年(1895)上海積山書局石印本
二十冊

110000－0102－0024994　丁/15692　史部/
地理類/總錄

讀史方輿紀要六卷　（清）顧祖禹撰　清廣東
識時山館刻本　六冊

110000－0102－0024995　丁/15694　史部/
地理類/雜記

中外地輿圖說集成一百三十卷　（清）同康廬
主人編輯　清光緒二十年(1894)上海積山書
局石印本　三十二冊

110000－0102－0024996　丁/15696　史部/
紀傳類/通代

史記一百三十卷　（漢）司馬遷撰　（南朝宋）
裴駰集解　清同治四年(1865)金陵書局刻本

二十冊

110000－0102－0024997　丁/15697　史部/
紀傳類/斷代

遼史一百十五卷　（元）脫脫等修　清同治十
二年(1873)江蘇書局刻本　十二冊

110000－0102－0024998　丁/15699　史部/
紀傳類/斷代

明史三百三十二卷目錄四卷　（清）張廷玉等
纂修　清道光十六年(1836)刻本　一百十一
冊　缺二十四卷(二百六十八至二百九十一)

110000－0102－0024999　丁/15701　集部/
別集類/宋

岳忠武王文集八卷首一卷末一卷　（宋）岳飛
撰　（清）黃邦寧編　清同治十二年(1873)述
荊堂刻本　四冊

110000－0102－0025000　丁/15702　集部/
總集類/文/斷代/唐至五代

初唐四傑文集二十一卷　清光緒五年(1879)
淮南書局刻本　三冊

110000－0102－0025001　丁/15703　集部/
曲類/曲譜、曲韻

一笠菴北詞廣正譜　（明）徐于室輯　（清）李
玄玉定　清青蓮書屋刻本　四冊

110000－0102－0025002　丁/15705　集部/
別集類/清

船山詩草二十卷　（清）張問陶撰　清嘉慶二
十年(1815)經文堂刻本　六冊

110000－0102－0025003　丁/15706　子部/
雜家類/學說

諸子平議三十五卷　（清）俞樾撰　清刻本
八冊

110000－0102－0025004　丁/15707　集部/
別集類/清

潛研堂詩集十卷續十卷　（清）錢大昕撰　清
道光二十年(1840)刻本　六冊

110000－0102－0025005　丁/15708　經部/
小學類/文字

龍文鞭影初集二卷二集二卷　（明）蕭良有撰　（清）楊臣諍增訂　清光緒十年（1884）北京文和堂刻本　四冊

110000－0102－0025006　丁/15709　集部/俗文學類/變文
七真天仙寶傳四卷　（唐）呂巖撰　清宣統三年（1911）養真仙苑刻本　四冊

110000－0102－0025007　丁/15710　經部/孝經類/其它
孝經傳說圖解二卷　（清）金柘巖　（清）戴蓮洲著　清同治十年（1871）梅溪書院刻本　四冊

110000－0102－0025008　丁/15711　集部/別集類/唐至五代
王右丞集箋注二十八卷首末二卷　（唐）王維撰　（清）趙殿成箋注　清刻本　八冊

110000－0102－0025009　丁/15713　經部/易類/傳說
周易本義　（宋）朱熹撰　清光緒十三年（1887）京都聚珍堂刻本　二冊

110000－0102－0025010　丁/15714　集部/總集類/文/通代
賦學正鵠十卷　（清）李元度編　清光緒十年（1884）山西濬文書局重刻本　六冊

110000－0102－0025011　丁/15715　子部/宗教類/釋教/論
弘明集十四卷　（南朝梁）釋僧祐撰　清光緒二十二年（1896）刻本　四冊

110000－0102－0025012　丁/15716　史部/政書類/儀制
大清通禮五十卷　（清）來保等撰　清刻本　八冊

110000－0102－0025013　丁/15717　經部/易類/傳說
周易引經通釋十卷　（清）李鈞簡輯注　清嘉慶十九年（1814）京師黃岡李氏鶴陰書屋刻民國十三年（1924）重印本　十冊

110000－0102－0025014　丁/15719　史部/政書類/法令
槐卿政蹟六卷　（清）沈衍慶撰　清同治元年（1862）刻本　二冊

110000－0102－0025015　丁/15720　經部/易類/傳說
周易程傳八卷　（宋）程頤傳　清光緒四年（1878）江南書局重刻本　三冊

110000－0102－0025016　丁/15721　經部/經總類/群經總義
隸經雜箸甲編二卷乙編二卷　顧震福撰　清光緒十八年（1892）刻本　二冊

110000－0102－0025017　丁/15722　經部/小學類/文字/說文
說文辨字正俗八卷　（清）李富孫撰　清同治九年（1870）重刻本　二冊

110000－0102－0025018　丁/15723　集部/總集類/文/通代
重訂古文釋義新編八卷　（清）余誠評注　清光緒二十三年（1897）善成堂刻本　八冊

110000－0102－0025019　丁/15724　經部/易類/傳說
周易本義四卷　（宋）朱熹撰　清同治十一年（1872）山東書局刻本　二冊

110000－0102－0025020　丁/15725　集部/別集類/清
有正味齋集十六卷　（清）吳錫麒撰　清刻本　四冊

110000－0102－0025021　丁/15727　經部/禮類/周禮/傳說
周官新義　（宋）王安石撰　清刻本　四冊

110000－0102－0025022　丁/15729　經部/小學類/文字/說文
說文逸字二卷　（清）鄭珍撰　清咸豐八年（1858）福山王氏刻天壤閣叢書本　二冊

110000－0102－0025023　丁/15730　經部/禮類/周禮

周禮精華六卷　（清）陳龍標編輯　清光緒二十二年(1896)味經堂重刻本　六冊

110000 – 0102 – 0025024　丁/15732　集部/總集類/文/通代/編選

古文析義合編十六卷　（清）林雲銘評注　清嘉慶十一年(1806)文畬堂重刻本　十六冊

110000 – 0102 – 0025025　丁/15733　子部/宗教類/釋教/史傳

寶通賢首傳燈錄二卷　（清）釋興宗　（清）釋景林合輯　清嘉慶四年(1799)刻本(附續刊下卷,清光緒八年(1882)刻本；又下卷民國二年(1913)刻本)　四冊

110000 – 0102 – 0025026　丁/15734　史部/紀事本末類/斷代

聖武記十四卷　（清）魏源撰　清道光二十四年(1844)古微堂刻本　十二冊

110000 – 0102 – 0025027　丁/15742　史部/地理類/總錄

讀史方輿紀要摘錄十卷　（清）顧祖禹編　清光緒二十八年(1902)湖南書局刻本　八冊

110000 – 0102 – 0025028　丁/15743　經部/書類/傳說

欽定書經傳說彙纂二十一卷　（清）王頊齡等纂　清光緒十四年(1888)江南書局刻本　十二冊

110000 – 0102 – 0025029　丁/15745　史部/傳記類/圖贊

關聖帝君聖蹟圖志全集五卷　（清）盧湛輯　清道光十八年(1838)重刻本　五冊

110000 – 0102 – 0025030　丁/15746　集部/總集類/文/通代/編選

古文辭類纂七十四卷　（清）姚鼐纂輯　清合河蕭氏刻本　十二冊

110000 – 0102 – 0025031　丁/15747　子部/儒家類/宋以前

荀子箋釋二十卷　（唐）楊倞注　（清）謝墉輯校　清嘉慶四年(1799)姑蘇聚文堂重刻本　六冊

110000 – 0102 – 0025032　丁/15748　集部/別集類/清

有正味齋續集詩八卷詞二卷外集二卷駢文八卷　（清）吳錫麒撰　清嘉慶刻本　五冊

110000 – 0102 – 0025033　丁/15750　史部/史抄類

史記菁華錄六卷　（清）姚苧田撰　清道光四年(1824)吳興姚氏扶荔山房刻朱墨套印本　四冊

110000 – 0102 – 0025034　丁/15751　經部/小學類/文字

隸篇十五卷續十五卷再續十五卷　（清）翟雲升編　清道光十八年(1838)刻本　十冊

110000 – 0102 – 0025035　丁/15752　集部/總集類/文/通代/編選

續古文辭類纂二十八卷　（清）黎庶昌纂　清光緒二十一年(1895)金陵狀元閣刻本　十二冊

110000 – 0102 – 0025036　丁/15754　經部/禮類/儀禮/文字音義

儀禮鄭注句讀十七卷　（漢）鄭玄注　（清）張爾岐句讀　清同治七年(1868)金陵書局刻本　四冊

110000 – 0102 – 0025037　丁/15755　集部/別集類/宋

朱子文集大全類編十三卷　（宋）朱熹撰　清采芝山房刻本　七冊

110000 – 0102 – 0025038　丁/15756　史部/傳記類/圖贊

合肥相國七十賜壽圖二卷　清刻本　二冊

110000 – 0102 – 0025039　丁/15759　史部/別史、雜史類

嘯亭雜錄八卷續錄二卷　（清）昭槤撰　清光緒六年(1880)九思堂刻本　十二冊

110000 – 0102 – 0025040　丁/15764　集部/小說類/筆記小說

小知錄十二卷　（清）陸鳳藻輯　清同治十二年(1873)淮南書局重刻本　四冊

110000－0102－0025041　丁/15767　經部/書類/傳說

監本書經六卷附圖　（宋）蔡沈集傳　清宣統三年（1911）上海會文堂書局石印本　四冊

110000－0102－0025042　丁/15768　經部/詩類/傳說

監本詩經八卷附圖　（宋）朱熹集傳　清宣統三年（1911）上海會文堂書局石印本　四冊

110000－0102－0025043　丁/15772　集部/總集類/文/通代/編選

續古文辭類纂二十八卷　（清）黎庶昌選　清光緒十五年（1889）商務印書館石印本　十二冊

110000－0102－0025044　丁/15775　經部/易類/傳說

監本易經四卷附圖　（宋）朱熹本義　清宣統二年（1910）上海會文堂書局刻本　二冊

110000－0102－0025045　丁/15778　集部/別集類/清

望溪先生全集文集十八卷集外文十卷集外文補遺二卷　（清）方苞撰　（清）王兆符（清）程崟合輯　清宣統二年（1910）上海集成圖書公司鉛印本　十冊

110000－0102－0025046　丁/15781　集部/別集類/清

左文襄公書牘節要二十六卷　（清）左宗棠撰　清光緒二十八年（1902）刻本　十二冊

110000－0102－0025047　丁/15782　子部/藝術類/書畫

清河書畫舫十二集　（明）張丑撰　清光緒十四年（1888）孫溪朱氏家塾重刻本　十二冊

110000－0102－0025048　丁/15783　史部/編年類/斷代

兩漢記前漢記三十卷後漢記三十卷附校記二卷　（漢）荀悅　（晉）袁宏撰　（清）陳璞校　清光緒二年（1876）嶺南陳氏學海堂刻本　十四冊

110000－0102－0025049　丁/15784　經部/

詩類/其它

毛詩品物圖攷七卷　（日本）岡元鳳輯　清光緒十二年（1886）上海積山書局石印本　二冊

110000－0102－0025050　丁/15785　子部/術數類/命書相書

增補音義淵海子平五卷附萬年曆　（宋）徐升編　（明）楊淙增校　清光緒二十一年（1895）上海賜書堂石印本　四冊

110000－0102－0025051　丁/15787　集部/別集類/清

有正味齋試帖評注四卷　（清）吳錫麒撰　（清）吳掄等注　清同治元年（1862）一經堂刻本　四冊

110000－0102－0025052　丁/15788　史部/目錄類/著錄/叢書目錄/總目

增刊彙刻書目初編補編續編　（清）顧修編　清光緒元年（1875）京都琉璃廠刻本　一冊

110000－0102－0025053　丁/15789　集部/別集類/清

曾文正公家書十卷家訓二卷　（清）曾國藩撰　清光緒十年（1884）上海申報館鉛印本　八冊

110000－0102－0025054　丁/15791　經部/小學類/音韻

增廣詩韻合璧六卷　（清）湯文潞輯　（清）松筠書屋主人增輯　清光緒十三年（1887）石印本　六冊

110000－0102－0025055　丁/15793　集部/小說類/章回

青樓夢六十四回　（清）俞達撰　（清）瀟湘館侍者評　清光緒上海申報館鉛印申報館叢刻本　八冊　缺十二回（二十九至四十）

110000－0102－0025056　丁/15794　集部/總集類/詩/斷代/清

國朝六家詩鈔八卷　（清）劉執玉選　清嘉慶八年（1803）刻本　八冊

110000－0102－0025057　丁/15800　子部/宗教類/其它

遵主聖範四卷　（西洋）類斯田編　清同治十三年(1874)北京救世堂刻本　一冊

110000 - 0102 - 0025058　丁/15801　子部/雜家類/西洋各派

格致舉隅十章　（英國）莫安仁　（英國）魏壽彭合譯　清光緒二十九年(1903)上海廣學會鉛印本　一冊

110000 - 0102 - 0025059　丁/15803　子部/天文地理類/算法

代數問答　余賓王編　清光緒三十年(1904)上海土山灣印書館鉛印本　一冊

110000 - 0102 - 0025060　丁/15804　子部/天文地理類/算法

簡明幾何學教科書四編　清光緒三十二年(1906)上海科學書局石印本　一冊

110000 - 0102 - 0025061　丁/15805　子部/天文地理類/算法

萬象一原演式四卷首一卷　（清）夏鸞翔撰（清）盧靖演式　清光緒二十八年(1902)石印本　一冊

110000 - 0102 - 0025062　丁/15808　子部/雜家類/西洋各派

天地奇異志　（英國）華立熙著　張文彬譯清宣統三年(1911)上海廣學會鉛印本　一冊

110000 - 0102 - 0025063　丁/15809　子部/天文地理類/其它

質學新編　（美國）衡德生　（美國）吳德赫撰（清）謝洪賚譯　清光緒三十年(1904)上海廣學會鉛印本　一冊

110000 - 0102 - 0025064　丁/15810　子部/天文地理類

地文學問答　邵義譯　清光緒三十二年(1906)上海商務印書館鉛印普通學問答本一冊

110000 - 0102 - 0025065　丁/15813　子部/天文地理類

普通博物問答　商務印書館輯譯　清光緒三十二年(1906)上海商務印書館鉛印本　一冊

110000 - 0102 - 0025066　丁/15814　子部/天文地理類

博物新編初、二、三集　（英國）合信撰　清末鉛印本　一冊

110000 - 0102 - 0025067　丁/15815　子部/農家類/總錄

植物圖說四卷　（英國）傅蘭雅撰　清光緒二十一年(1895)益智書會刻本　一冊

110000 - 0102 - 0025068　丁/15818　史部/政書類/學制/文化教育

單級教授法講義　侯鴻鑑編　清宣統三年(1911)上海中國公司鉛印教育叢書本　一冊

110000 - 0102 - 0025069　丁/15820　史部/政書類/學制/文化教育

小學教授法要義　（日本）本村忠治郎　于沈合撰　清光緒三十三年(1907)上海商務印書館鉛印本　一冊

110000 - 0102 - 0025070　丁/15823　史部/政書類/通制

公民必讀二編　孟昭常撰　清宣統元年(1909)預備立憲公會鉛印本　一冊

110000 - 0102 - 0025071　丁/15824　史部/政書類/學制/文化教育

最新學校遊戲法　沈若谷等編輯　清光緒三十四年(1908)上海科學書局石印本　一冊

110000 - 0102 - 0025072　丁/15828　史部/政書類/學制

實驗二部教授法　繆文功等譯　清光緒三十四年(1908)上海中國圖書公司鉛印本　一冊

110000 - 0102 - 0025073　丁/15829　史部/政書類/學制

簡明單級教授法　顧倬編　清宣統三年(1911)上海中國圖書公司鉛印本　一冊

110000 - 0102 - 0025074　丁/15832　史部/政書類/邦計

萬國商業歷史三編　（英國）基賓斯撰　（日本）林曾登吉譯　上海商務印書館重譯　清光緒二十九年(1903)上海商務印書館鉛印商

業叢書本　一冊

110000－0102－0025075　丁/15833　史部/政書類/邦計

萬國商業地理志　（英國）嘉楂德氏撰　（清）廣智書局譯　清光緒二十八年（1902）上海廣智書局鉛印本　一冊

110000－0102－0025076　丁/15835　史部/政書類/學制

修學篇　（日本）飯泉規矩三撰　（清）蔣震方譯　清光緒二十八年（1902）上海廣智書局鉛印本　一冊

110000－0102－0025077　丁/15845　史部/政書類/法令/章例

萬國官制志三卷　（清）馮斯欒編　清光緒二十八年（1902）上海廣智書局鉛印萬國通志第三編本　一冊

110000－0102－0025078　丁/15846　子部/杂家類

權利競爭篇　（日本）加藤弘之撰　清末至民國武陵趙氏鉛印本　一冊

110000－0102－0025079　丁/15856　史部/政書類/法令/章例

歐美日本審判庭編制法通義　潘承鍔編　清宣統元年（1909）上海中國圖書公司鉛印本一冊

110000－0102－0025080　丁/15863　史部/別史、雜史類

餘生錄　張茂滋撰　清光緒三十四年（1908）上海國粹學報館鉛印本　一冊

110000－0102－0025081　丁/15865　史部/傳記類/年譜

唐公年譜　唐鴻學撰　清光緒三十四年（1908）石印本　一冊

110000－0102－0025082　丁/15867　史部/外國史類

土耳機史　（日本）北村三郎撰　趙必振譯清光緒二十八年（1902）上海廣智書局刻本一冊

110000－0102－0025083　集部/小說類/翻譯小說

繪圖美人兵十六回　林下老人譯　清宣統三年（1911）上海改良小說社石印本　一冊

110000－0102－0025084　丁/15888　子部/醫家類

肺病問答　（日本）石神亨撰　（清）沙曾詒譯　清光緒二十年（1894）上海文明書局鉛印本　一冊

110000－0102－0025085　丁/15898　子部/譜錄類/食譜

酒顛補三卷　（明）陳繼儒輯　清道光二十七年（1847）刻海山仙館叢書本　二冊

110000－0102－0025086　丁/15904　子部/藝術類/雜技

新遊戲法　王雅南編譯　清光緒三十四年（1908）上海科學書局石印女子體育全書本一冊

110000－0102－0025087　丁/15912　史部/史抄類

軍國民讀本甲乙編　林萬里編　清光緒三十四年（1908）上海中國圖書公司鉛印本　三冊

110000－0102－0025088　丁/15915　史部/政書類/學制/文化教育

啟啞初階四卷　（美國）何幸梅撰　清光緒三十三年（1907）煙臺墨林書館鉛印本　四冊

110000－0102－0025089　丁/15921　史部/政書類/學制/文化教育

普通體操學教科書　王肇鋐譯　清光緒三十年（1904）上海文明書局石印本　一冊

110000－0102－0025090　丁/15923　史部/目錄類/著錄/叢書目錄/總目

欽定四庫全書簡明目錄二十卷　（清）紀昀等撰　清同治七年（1868）廣東書局重刻本四冊

110000－0102－0025091　丁/15927　史部/政書類/邦計

經濟原論　（美國）麥喀梵撰　（清）朱寶綏譯

清光緒三十四年（1908）上海中國圖書公司
鉛印本　一冊

110000－0102－0025092　丁/15928　史部/
目錄類/著錄/叢書目錄/總目

欽定四庫全書附存目錄十卷　（清）胡虔等輯
清光緒十年（1884）學海堂重刻本　一冊

110000－0102－0025093　丁/15929　史部/
傳記類/別傳

鐵血宰相　（日本）吉川潤二郎撰　（清）錢應
清譯　清光緒上海文明書局鉛印本　一冊

110000－0102－0025094　丁/15938　集部/
小說類/筆記小說

改良繪圖新聊齋初集二卷　（清）省非子撰
清宣統元年（1909）振亞書社石印本　一冊
存一卷（上）

110000－0102－0025095　丁/15940　集部/
小說類/翻譯小說

情魔　無欹羨齋譯　清光緒三十三年（1907）
上海商務印書館鉛印本　一冊

110000－0102－0025096　丁/15945　集部/
總集類/文/婦女

歷代宮閨文選二十六卷　（清）周壽昌輯　清
宣統三年（1911）上海群學社鉛印本　六冊

110000－0102－0025097　丁/15956　史部/
傳記類/年譜

李恕谷年譜五卷　（清）馮辰纂　清光緒三十
四年（1908）上海國學保存會鉛印國粹叢書本
　一冊

110000－0102－0025098　丁/15957　子部/
儒家類/明

呂晚邨手書家訓五卷　（明）呂留良撰　（清）
石門呂氏輯　清光緒三十三年（1907）上海國
學保存會鉛印國粹叢書本　二冊

110000－0102－0025099　丁/15961　子部/
醫家類

醫方彙編四卷首一卷　（英國）偉倫忽塔撰
（英國）梅滕之　（清）劉廷楨合譯　清宣統二
年（1910）上海廣學會鉛印本　五冊

110000－0102－0025100　丁/15968　子部/
藝術類/書畫/畫法、畫帖

飛影閣叢畫　（清）吳嘉猷繪　清光緒十七年
（1891）石印本　四冊

110000－0102－0025101　丁/15969　子部/
藝術類/書畫/畫法、畫帖

飛影閣叢畫二集　（清）吳嘉猷繪　清光緒十
九年（1893）石印本　四冊

110000－0102－0025102　丁/15972　史部/
外國史類

東洋史要　（日本）桑原陟藏撰　清光緒二十
五年（1899）東文學社石印本　二冊

110000－0102－0025103　丁/15976　子部/
雜家類/西洋各派

博物示教　杜就田編譯　清光緒三十三年
（1907）上海商務印書館鉛印本　一冊

110000－0102－0025104　丁/15978　史部/
政書類/法令/章例

法外部章程　戴儒珍譯　清光緒二十九年
（1903）上海開明書店鉛印本　一冊

110000－0102－0025105　丁/15979　子部/
藝術類/音樂舞蹈

樂典　李燮義編譯　清宣統元年（1909）學部
圖書局石印本　一冊

110000－0102－0025106　丁/15980　史部/
外國史類

俄國政俗通考三卷　印度廣學會編輯　（美
國）林樂知　（清）任廷旭合輯　清光緒二十
六年（1900）上海廣學會鉛印本　二冊

110000－0102－0025107　丁/15986　史部/
政書類/法令/律例

欽定大清商律破產律　（清）商部撰　清光緒
三十二年（1906）鉛印本　一冊

110000－0102－0025108　丁/15987　史部/
政書類/詔令奏議/奏議

憲政編查館會奏覆核各衙門簽注行政綱目摺
　奕劻等編　清宣統二年（1910）鉛印本
一冊

110000－0102－0025109　丁/15988　史部/政書類/邦記/理財

法律館試辦宣統四年歲入預算報告冊附比較表　（清）法律館編　清宣統三年（1911）鉛印本　一冊

110000－0102－0025110　丁/15989　史部/政書類/邦記/理財

法律館試辦宣統四年歲入預算報告冊附比較表　（清）法律館編　清宣統三年（1911）鉛印本　一冊

110000－0102－0025111　丁/15990　史部/政書類/法令

日本憲法疏證四卷附皇室典範一卷　清抄本　一冊　存一卷（一）

110000－0102－0025112　丁/15992　集部/集評類/總評

重訂詩韻含英十八卷　（清）劉文蔚輯　清乾隆二十三年（1758）敬文堂刻本　一冊　存九卷（一至九）

110000－0102－0025113　丁/15993　史部/政書類/儀制

殿試禮節　（清）禮部撰　清刻本　一冊

110000－0102－0025114　丁/15997　史部/政書類/法令/章例

中國古瓷賽珍會章程　中國古瓷美術賽珍會編　清光緒三十四年（1908）鉛印本　一冊

110000－0102－0025115　丁/16001　史部/地理類/雜記

湖隱外史　葉紹袁纂　清光緒三十三年（1907）上海國學保存會鉛印國粹叢書本　一冊

110000－0102－0025116　丁/16011　史部/地理類/方志/地方志/湖南

［同治］瀏陽縣志二十四卷餘志一卷　（清）王汝惺等修　（清）鄒燉傑纂修　清同治十二年（1873）刻本　十三冊

110000－0102－0025117　丁/16020　史部/地理類/方志/地方志/湖南

［同治］安化縣志三十四卷　（清）邱育泉修（清）余堅　（清）杜燮續修　清同治十年（1871）刻本　二十冊

110000－0102－0025118　丁/16026　史部/地理類/方志/地方志/湖南

［光緒］湘潭縣志十二卷　（清）陳嘉榆修　王闓運纂　清光緒十五年（1889）刻本　十冊

110000－0102－0025119　丁/16027　史部/地理類/方志/地方志

［道光］平度州志二十七卷　（清）保忠（清）吳慈修　（清）李圖　（清）王大鑰纂　清道光二十八年（1848）刻本　八冊

110000－0102－0025120　丁/16058　史部/地理類/方志/地方志/浙江

［光緒］諸暨縣志六十一卷　（清）陳遹聲（清）蔣鴻藻修　清光緒、宣統刻本　十八冊

110000－0102－0025121　丁/16062　史部/地理類/方志/地方志/湖南

［同治］湘鄉縣志二十三卷首一卷末一卷（清）齊德五等修　（清）黃楷盛纂　清同治十三年（1874）刻本　二十四冊

110000－0102－0025122　丁/16063　史部/地理類/方志/地方志/山東

［康熙］鄒縣志三卷　（清）婁一均纂修　清康熙五十四年（1715）刻光緒印本　四冊

110000－0102－0025123　丁/16064　史部/地理類/方志/地方志/山東

［光緒］鄒縣續志十二卷首一卷　（清）吳若灝修　（清）錢樨纂　清光緒十八年（1892）刻本　四冊

110000－0102－0025124　丁/16066　史部/地理類/方志/地方志/上海

［光緒］寶山縣志十四卷　（清）梁蒲貴（清）吳康壽修　清光緒八年（1882）學海堂刻本　八冊

110000－0102－0025125　丁/16073　史部/地理類/方志/地方志/浙江

［宣統］建德縣志二十卷首一卷　（清）張翊六

修 （清）周學銘等纂修　清宣統二年(1910)
湖北官刷印局鉛印本　十冊

110000－0102－0025126　丁/16080　史部/
地理類/遊記

使隴日記　清抄本　一冊

110000－0102－0025127　丁/16081　子部/
藝術類/書畫/書法、碑帖

歷代帝王法帖釋文十卷　（清）羅森　（清）孫
際昌訂　清抄本　一冊

110000－0102－0025128　丁/16082　子部/
藝術類/書畫/書法、碑帖

歷代帝王法帖釋文十卷　（清）羅森　（清）孫
際昌訂　清抄本　一冊

110000－0102－0025129　丁/16109　史部/
地理類/方志/地方志/山東

[光緒]德平縣志十二卷首一卷　（清）凌錫祺
（清）李敬熙等纂修　清光緒十九年(1893)
刻本　六冊

110000－0102－0025130　丁/16112　史部/
地理類/方志/地方志/山西

[道光]太平縣志十六卷　（清）李炳彥
（清）梁棲鸞纂　清道光五年(1825)刻本
八冊

110000－0102－0025131　丁/16113　子部/
藝術類/篆刻

養正樓印存六卷　（清）孟介臣鐫篆　清道光
十九年(1839)刻本　六冊

110000－0102－0025132　丁/16114　集部/
總集類/文/通代

文苑英華辨證十卷　（宋）彭叔夏撰　清同治
十三年(1874)江西書局刻本　四冊

110000－0102－0025133　丁/16115　集部/
別集類/清

虛牕雅課二卷　（清）佟佳氏撰　清嘉慶刻本
二冊

110000－0102－0025134　丁/16116　史部/
傳記類/總傳/專錄/其它

純德彙編八卷　（清）董華鈞輯　清嘉慶刻本
三冊

110000－0102－0025135　丁/16118　集部/
總集類/詩

劉註七家詩十二卷　（清）劉培棠　（清）劉鍾
英輯註　清光緒十五年(1889)李文煥刻本
十二冊

110000－0102－0025136　丁/16122　史部/
地理類/雜記

歷代宅京記二十卷　（清）顧炎武撰　（清）阮
元校訂　清嘉慶十三年(1808)顧氏朱賢堂刻
本　八冊

110000－0102－0025137　丁/16124　集部/
別集類/明

黃漳浦集五十卷首一卷年譜二卷目錄二卷
（明）黃道周撰　（清）陳壽祺編　清道光八年
至十年(1828－1830)刻本　二十冊

110000－0102－0025138　丁/16128　集部/
別集類/清

詒晉齋集八卷　（清）永瑆撰　清道光二十八
年(1848)刻本　四冊

110000－0102－0025139　丁/16131　集部/
別集類/清

扁善齋文存二卷詩存一卷　（清）鄧嘉緝撰
清光緒二十七年(1901)刻本　三冊

110000－0102－0025140　丁/16132　集部/
別集類/清

試睆堂詩集十二卷賦鈔四卷　（清）王蘇撰
清道光二年(1822)刻本　六冊

110000－0102－0025141　丁/16133　集部/
總集類/文/斷代/清

七家文鈔　（清）陸繼輅　（清）薛玉堂選　清
道光元年(1821)刻本　四冊

110000－0102－0025142　丁/16135　史部/
地理類/地圖、圖志

皇朝一統直省府廳州縣全圖　清刻本　四冊

110000－0102－0025143　丁/16136　史部/

地理類/地圖、圖志

皇朝一統直省府廳州縣全圖　清刻本　四冊

110000－0102－0025144　丁/16143　子部/
醫家類/雜病方論

醫學從衆八卷　（清）陳念祖撰　清善成堂刻
本　一冊

110000－0102－0025145　丁/16144　子部/
藝術類/音樂舞蹈

五知齋琴譜六卷　（清）周魯封纂　清末校經
山房石印本　十二冊

110000－0102－0025146　丁/16145　子部/
藝術類/音樂舞蹈

自遠堂琴譜十二卷　（清）吳灴匯輯　清末校
經山房石印本　十二冊

110000－0102－0025147　丁/16153　子部/
儒家類/清

省身錄　（清）王恕編　清宣統三年（1911）鉛
印本　一冊

110000－0102－0025148　丁/16154　史部/
傳記類/年譜

陸清獻公年譜　（清）吳光酉編　清同治七年
（1868）武林薇署刻本　一冊

110000－0102－0025149　丁/16180　集部/
小說類/筆記小說

灤陽消夏錄十二卷　（清）紀昀撰　清在園草
堂刻觀奕道人筆記本　八冊

110000－0102－0025150　丁/16181　叢部/
彙編叢書

紀載彙編十種　清刻本　五冊

110000－0102－0025151　丁/16184　史部/
政書類/詔令奏議/詔令

[光緒]諭旨　清末鉛印本　二冊

110000－0102－0025152　丁/16185　史部/
政書類/詔令奏議/詔令

[光緒]諭旨　清光緒上海字林滬報館鉛印本
　一冊

110000－0102－0025153　丁/16230　史部/

地理類/地圖、圖志

廣西興地全圖二卷　北洋機器總局圖算學堂
重繪　清光緒三十一年（1905）合肥李經羲石
印本　二冊

110000－0102－0025154　丁/16266　叢部/
彙編叢書/清中晚期

粵雅堂叢書二十集　（清）伍崇曜輯　清咸豐
三年（1853）刻本　三百三十六冊

110000－0102－0025155　戊/1　史部/紀事
本末類

粵匪南北滋擾紀略一卷　（清）姚憲之撰　清
末刻本　四冊

110000－0102－0025156　戊/2　史部/別史、
雜史類

四會守城紀略一卷　（清）張作彥記　清同治
八年（1869）羊城鴻文堂刻本　一冊

110000－0102－0025157　戊/3　史部/別史、
雜史類

盾鼻隨聞錄八卷　（清）樗園退叟編輯　清光
緒元年（1875）不懼無悶齋刻本　二冊

110000－0102－0025158　戊/5　史部/別史、
雜史類

偽忠王親筆口供一卷　（清）李秀成述　清末
刻本　四冊

110000－0102－0025159　（戊）/8　史部/載
記類

吳越春秋十卷　（漢）趙曄撰　（元）徐天祐音
注　明刻本　二冊

110000－0102－0025160　（戊）/9　史部/傳
記類/總傳/通錄/通代

新刊官板批評正百將傳十卷　（宋）張預輯
（明）趙光裕評　明萬曆金陵周曰校刻本
十冊

110000－0102－0025161　戊/10　史部/傳記
類/總傳/通錄/清

忠義紀聞錄三十卷　（清）陳繼聰述　清光緒
八年（1882）刻本　八冊

110000 – 0102 – 0025162　戊/11　史部/傳記
類/總傳/通錄/北京

塵緣錄二卷　（清）藍福著　清嘉慶八年
(1803)抄本　二冊

110000 – 0102 – 0025163　戊/13　史部/傳記
類/總傳/專錄/藝術

日下看花記二卷　（清）小鐵篴道人著　（清）
第園居士　（清）粲花小史全訂　清末刻本
二冊

110000 – 0102 – 0025164　戊/14　史部/傳記
類/總傳/專錄/藝術

聽春新詠三卷　（清）留春閣小史轉錄　清末
刻本　四冊

110000 – 0102 – 0025165　戊/15　史部/傳記
類/總傳/專錄/藝術

明僮合錄二卷　（清）餘不釣徒　（清）殿春生
著　清同治十三年(1874)擷茞館刻本　一冊

110000 – 0102 – 0025166　戊/16　史部/傳記
類/總傳/專錄/藝術

明僮合錄二卷　（清）餘不釣徒　（清）殿春生
著　清同治六年(1867)擷茞館刻本　二冊

110000 – 0102 – 0025167　戊/17　史部/傳記
類/總傳/專錄/優伶

曇波一卷　（清）四不頭陀著　清咸豐二年
(1852)刻本　一冊

110000 – 0102 – 0025168　戊/18　史部/傳記
類/總傳/專錄/優伶

曇波一卷　（清）四不頭陀著　清咸豐二年
(1852)刻本　一冊

110000 – 0102 – 0025169　戊/19　史部/傳記
類/總傳/專錄/藝術

花天塵夢錄九卷　（清）種芝山館主人編　清
道光二十六年(1846)抄本　二冊

110000 – 0102 – 0025170　戊/20　史部/傳記
類/總傳/專錄/藝術

菊部群英一卷　（清）小遊仙客撰　**增補菊部
群英一卷**　（清）麋月樓主撰　清同治十二年
至十三年(1873 – 1874)北京琉璃廠刻本西山

堂李承辦刷印　二冊

110000 – 0102 – 0025171　戊/22　集部/小說
類/筆記小說

白門新柳記一卷首一卷　（清）許豫編　（清）
楊亨校　清同治十一年(1872)姑蘇青華齋刻
本　二冊

110000 – 0102 – 0025172　戊/23　集部/總集
類/詩/雜錄/題詠

吳門百豔圖五卷　（清）司香舊尉評　（清）花
下解人寫豔　清光緒六年(1880)雪祿軒刻本
四冊

110000 – 0102 – 0025173　（戊）/24　史部/地
理類/雜記

東京夢華錄十卷　（宋）孟元老撰　（明）胡震
亨　（明）毛晉訂　明崇禎刻本　一冊

110000 – 0102 – 0025174　戊/25　史部/地理
類/雜記

澳門記略二卷　（清）印光任　（清）張汝霖纂
　清末抄本　一冊

110000 – 0102 – 0025175　（戊）/26　史部/
地理類/雜記

西藏見聞錄二卷　（清）蕭騰麟纂修　清乾隆
二十四年(1759)江西峽江蕭錫珀賜硯堂刻本
　一冊

110000 – 0102 – 0025176　戊/27　史部/地理
類/雜記

漢口叢談六卷　（清）范鍇著　清道光二年
(1822)張明心刻本　四冊

110000 – 0102 – 0025177　（戊二）/29　史部/
地理類/雜記

桃溪客語五卷　（清）吳騫著　清乾隆五十三
年(1788)拜經樓刻本　一冊

110000 – 0102 – 0025178　戊/30　史部/地理
類/雜記

茅亭客話十卷　（宋）黃休復集　（明）毛晉訂
　明崇禎汲古閣刻本　二冊

110000 – 0102 – 0025179　（戊）/31　史部/地

理類/外紀

杜天使冊封琉球真記奇觀 （明）胡靖撰　清
杜恩顯刻本　一冊

110000－0102－0025180　戊/32　史部/地理
類/雜記

沮江隨筆二卷 （清）朱錫綬撰　清咸豐八年
（1858）刻本　二冊

110000－0102－0025181　戊/33　史部/地理
類/雜記

如夢錄二卷 （明）李光璧撰　清咸豐二年
（1852）抄本　二冊

110000－0102－0025182　戊/35　史部/地理
類/雜記

遊滬筆記四卷 （清）金匱瘦鶴詞人著　清光
緒十四年（1888）詠哦齋刻本　四冊

110000－0102－0025183　戊/36　史部/地理
類/雜記

秦淮聞見錄二卷 （清）雪樵居士輯　清道光
十八年（1838）一枝山房刻本　二冊

110000－0102－0025184　戊/37　史部/地理
類/雜記

夢粱錄二十卷 （宋）吳自牧著　清刻本　六冊

110000－0102－0025185　戊/38　史部/政書
類/邦交/雜錄

客韓筆記 （清）許寅輝撰　清光緒三十二年
（1906）湖北兵工廠翻譯處刻本　一冊

110000－0102－0025186　戊/39　史部/政書
類/軍政

三朝紀事四卷 （清）左宗棠等著　清末抄本
　一冊

110000－0102－0025187　戊/40　史部/目錄
類/著錄/學科專目/文學

新編錄鬼簿二卷 （元）鍾嗣成編　清康熙四
十五年（1706）揚州使院重刻本　一冊

110000－0102－0025188　戊/42　史部/史
料類

海上冶遊備覽四卷 （清）指迷生輯　清光緒

十七年（1891）上海寄月軒刻本　二冊

110000－0102－0025189　（戊）/43　史部/政
書類/儀制

萬壽盛典初集一百二十卷 （清）王原祁
（清）李紱等纂錄　（清）宋駿業繪圖　清康熙
五十二年（1713）內府刻本　四冊　存三卷
（四十至四十二）

110000－0102－0025190　戊/44　史部/別
史、雜史類

劫灰錄六卷 （清）珠江寓舫撰　清抄本
四冊

110000－0102－0025191　（戊）/46　史部/傳
記類/總傳/專錄/科舉

狀元圖攷四卷 （明）顧鼎臣　（明）顧祖訓彙
編　（明）黃應澄繪圖　（明）黃應纘書考　清
康熙武林文治堂刻本　四冊

110000－0102－0025192　戊/50　子部/雜家
類/學說

見聞雜記十一卷 （明）李樂著　（明）朱國楨
校正　明萬曆二十九年（1601）刻本　四冊

110000－0102－0025193　戊/52　子部/藝術
類/書畫

新輯海上青樓圖記六卷首一卷 （清）沁園主
人繪圖　（清）蕙蘭沅主輯豔　清光緒二十一
年（1895）上海花雨小築居石印本　六冊半文
半圖

110000－0102－0025194　戊/53　子部/雜
家類

四奇合璧 （清）花下解人戲編　清光緒八年
（1882）上海王氏刻本　二冊

110000－0102－0025195　戊/54　子部/雜
家類

修潔齋閑筆四卷 （清）劉堅撰　清乾隆刻本
　一冊

110000－0102－0025196　（戊）/55　子部/雜
家類/學說

老學庵筆記十卷 （宋）陸游撰　明末毛氏汲
古閣刻本　四冊

110000－0102－0025197　戊/56　子部/雜家類/雜纂

冥報圖說一卷　(清)王耀祖錄　清道光二年(1822)衡陽王耀祖刻本　一冊

110000－0102－0025198　戊/57　子部/譜錄類/食譜

酒經三卷　(宋)大隱翁撰　清末民國抄本正文有朱筆眉批　一冊

110000－0102－0025199　(戊)/59　集部/小說類/短篇小說

新刻京臺公餘勝覽國色天香十卷　(明)吳敬所編輯　明末大梁周文煒刻本　八冊

110000－0102－0025200　戊/60　集部/總集類/詩/婦女

閑情女肆四卷　(明)花國居士輯注摹像(明)柳鄉主人評次校訂　清抄本　四冊

110000－0102－0025201　戊/61　集部/別集類/清

燕臺鴻爪集一卷　(清)粟海庵居士著　清末刻本　一冊

110000－0102－0025202　戊/62　集部/別集類/清

靜遠草堂尺牘稿二卷　(清)周樂清著　清稿本　二冊

110000－0102－0025203　戊/63　集部/別集類/清

翠眉亭稿一卷附碧雲遺稿一卷　(清)華胥大夫著　清道光刻本　一冊

110000－0102－0025204　(戊)/64　集部/別集類/清

愛蓮書屋詩稿一卷　(清)孔廣權著　清嘉慶稿本　原書扉頁上題"曲阜孔蘅浦先生稿本,乾隆時人,齊魯先哲遺詩之用,丙子十一年十四日燈下題弁。娛堪寫記"　甘泉黃文暘、黃金題詩　二冊

110000－0102－0025205　戊/66　集部/別集類/清

此木軒雜著八卷　(清)焦袁熹撰　清光緒八

年(1882)上海掃葉山房刻本　四冊

110000－0102－0025206　戊/67　集部/別集類/清

宣南夢憶二卷　(清)甘溪瘦腰生撰　清光緒二十一年(1895)上海文宜書局石印　二冊

110000－0102－0025207　戊/68　集部/別集類/清

宣南夢憶二卷　(清)甘溪瘦腰生撰　清光緒刻本　一冊　缺一卷(二)

110000－0102－0025208　戊/69　集部/曲類/曲總集/清

繪圖綴白裘十二集四十八卷　(清)玩花主人編　(清)錢德蒼增輯　清光緒三十四年(1908)萃香社石印本　十二

110000－0102－0025209　戊/71　集部/曲類/曲選/通代

清音小集四卷　(清)佚名撰　清刻本　四冊

110000－0102－0025210　戊/73　集部/曲類/曲選

歌林拾翠初集　(□)□□撰　清刻本　十二冊

110000－0102－0025211　(戊)/80　集部/曲類/曲別集/傳奇

東郭記二卷四十四出　(明)白雪樓主人編　明萬曆四十六年(1618)逡羽亭刻本　二冊

110000－0102－0025212　(戊)/82　集部/曲類/曲別集/傳奇

琴心記二卷四十四出　(明)孫柚作　明末常熟毛氏汲古閣刻本　二冊

110000－0102－0025213　(戊)/83　集部/曲類/曲別集/傳奇

水滸記二卷三十二出　(明)許自昌作　明末奎璧齋刻本　二冊

110000－0102－0025214　(戊)/84　集部/曲類/曲別集/傳奇

龍膏記二卷三十出　(明)楊珽作　明末常熟毛氏汲古閣刻本　四冊

110000 - 0102 - 0025215　戊/85　集部/曲
類/曲別集/傳奇

征西異傳　（□）□□撰　清抄本　九冊

110000 - 0102 - 0025216　戊/86　集部/曲
類/曲別集/傳奇

忠節傳傳奇三十二出續一出　（清)子楊先生
著　清抄本　二冊

110000 - 0102 - 0025217　戊/87　集部/曲
類/曲別集/傳奇

逍遙巾四出　（清)湯貽汾填詞　（清)聽雲居
士　（清)茗山老人評點　清抄本　一冊

110000 - 0102 - 0025218　（戊)/88　集部/曲
類/曲別集/傳奇

灌園記二卷三十出　（明)張鳳翼撰　明末常
熟毛氏汲古閣刻六十種曲本　二冊

110000 - 0102 - 0025219　（戊)/89　集部/曲
類/曲別集/雜劇

西廂記五本二十折附對奕一折　（元)王實甫
（元)關漢卿填詞　（明)凌濛初評點　明末
凌蒙初刻朱墨套印本　五冊

110000 - 0102 - 0025220　（戊)/90　集部/曲
類/曲別集/傳奇

鈞天樂二卷三十二出　（清)尤侗填詞　清康
熙刻本　二冊

110000 - 0102 - 0025221　戊/91　集部/曲
類/曲別集/傳奇

十五貫二十六出　（清)朱素臣撰　清抄本
二冊

110000 - 0102 - 0025222　（戊)/92　集部/曲
類/曲別集/傳奇

運甓記二卷四十出　（明)吾丘端撰　明末常
熟毛氏汲古閣刻六十種曲本　二冊

110000 - 0102 - 0025223　戊/93　集部/曲
類/曲別集/傳奇

業海扁舟六出　（清)吉善居士六乙子撰　清
道光十四年(1834)向長山紅黃黑綠藍五色抄
本　三冊

110000 - 0102 - 0025224　戊/94　集部/曲
類/曲別集/傳奇

六喻箴傳奇二卷十五出　（清)四中山客填詞
清汪氏抄本　二冊

110000 - 0102 - 0025225　戊/95　集部/曲
類/曲別集/傳奇

梁上眼一卷八出　（清)蝸寄居士填詞　清抄
本　一冊

110000 - 0102 - 0025226　戊/96　集部/曲
類/曲別集/傳奇

轉天心二卷三十出　（清)蝸寄居士填詞　清
抄本　二冊

110000 - 0102 - 0025227　戊/97　集部/曲
類/曲別集/傳奇

天緣債二卷英雄報一卷　（清)蝸寄居士填詞
清抄本　二冊

110000 - 0102 - 0025228　戊/98　集部/曲
類/曲別集/傳奇

巧換緣一卷長生殿補闕一卷　（清)蝸寄居士
填詞　清抄本　二冊

110000 - 0102 - 0025229　戊/99　集部/曲
類/曲別集/傳奇

雙釘案二卷二十六出　（清)蝸寄居士填詞
清抄本　二冊

110000 - 0102 - 0025230　戊/100　集部/曲
類/曲別集/傳奇

笳騷一卷女彈詞一卷　（清)蝸寄居士填詞
清抄本　一冊

110000 - 0102 - 0025231　戊/101　集部/曲
類/曲別集/傳奇

梅龍鎮四出　（清)蝸寄居士填詞　清抄本
一冊

110000 - 0102 - 0025232　戊/102　集部/曲
類/曲別集/傳奇

清忠譜正案一出蘆花絮四出　（清)蝸寄居士
填詞　清抄本　一冊

110000 - 0102 - 0025233　戊/103　集部/曲

類/曲別集/傳奇

三元報四出庸中人一出　（清）蝸寄居士填詞
清抄本　一冊

110000 – 0102 – 0025234　戊/104　集部/曲
類/曲別集/雜劇

面缸笑四出　（清）蝸寄居士填詞　清抄本
一冊

110000 – 0102 – 0025235　戊/105　集部/曲
類/曲別集/雜劇

陌花軒雜劇十出　（清）黃方胤著　清刻本
一冊

110000 – 0102 – 0025236　戊/107　集部/曲
類/曲譜、曲韻

絃索辨訛　（明）沈寵綏記　清順治六年
(1649)張培道、顧允升刻本　三冊

110000 – 0102 – 0025237　戊/108　集部/曲
類/曲譜、曲韻

九宮譜定十二卷首一卷　（清）東山釣史
（清）鴛湖逸士同輯　清初刻本　六冊

110000 – 0102 – 0025238　戊/109　集部/曲
類/曲譜、曲韻

增定南九宮詞譜二十卷附錄一卷　（明）沈璟
輯　（明）龍驤校　明麗正堂刻本　十冊

110000 – 0102 – 0025239　戊/114　集部/戲
曲類

新刻王寶釧綵球記戲文十回　佚名撰　清文
元堂刻本　一冊

110000 – 0102 – 0025240　戊/115　集部/俗
文學類/彈詞

燕子箋彈詞四卷十八回　（清）澹園氏撰　清
咸豐五年(1855)燕海吟壇刻本　四冊

110000 – 0102 – 0025241　戊/116　集部/俗
文學類/彈詞

新選柳陸煙容全本五卷　（清）客花主人鑒定
清光緒十三年(1887)萃英樓刻本　二冊

110000 – 0102 – 0025242　戊/117　集部/俗
文學類/彈詞

新刻桃花庵二卷二十四回　（□）□□撰　清
榮德堂刻本　四冊

110000 – 0102 – 0025243　戊/118　集部/俗
文學類/彈詞

繡餘遊戲彈詞二卷　（□）□□撰　清抄本
二冊

110000 – 0102 – 0025244　戊/119　集部/俗
文學類/彈詞

蝴蝶杯十二回　（□）□□撰　清刻本　二冊

110000 – 0102 – 0025245　戊/120　集部/俗
文學類/彈詞

新造柳世清雙玉魚全歌十回　（□）□□撰
清末湖州李萬利刻本　二冊

110000 – 0102 – 0025246　戊/121　集部/俗
文學類/鼓詞

新刻添改李翠連施釵六卷　（□）□□撰　清
文堂刻本　二冊

110000 – 0102 – 0025247　戊/122　集部/俗
文學類/鼓詞

新刻繡像秘本美人坊全傳七卷　（□）□□撰
清刻本　二冊

110000 – 0102 – 0025248　戊/123　集部/俗
文學類/鼓詞

新刻秘本白梅傳全傳七卷　（□）□□撰　清
刻本　二冊

110000 – 0102 – 0025249　戊/124　集部/俗
文學類/鼓詞

雲門傳一卷　（□）□□撰　清末民國鄞縣馬
氏平妖堂抄本　一冊

110000 – 0102 – 0025250　戊/125　集部/俗
文學類/雜曲

馬頭調一卷　（□）□□撰　清抄本　一冊

110000 – 0102 – 0025251　戊/126　集部/俗
文學類/雜曲

霓裳續譜八卷首一卷　（清）顏自德輯　（清）
王楷堂點訂　清乾隆六十年(1795)集賢堂刻
本　六冊

110000 – 0102 – 0025252　戊/127　集部/俗文學類/迷語

精輯時興雅謎二卷　（明）陳繼儒輯　清抄本　一冊

110000 – 0102 – 0025253　戊/128　集部/俗文學類/迷語

集杭諺詩一卷　（清）邵懿辰撰　清光緒九年（1883）仁和葛氏刻民國十五年（1926）邵章重印本　一冊

110000 – 0102 – 0025254　戊/129　集部/戲曲類

梨園集成　（清）李世忠編　（清）王賀成校刊　清光緒六年（1880）李世忠刻本　十六冊

110000 – 0102 – 0025255　（戊）/130　集部/曲類/曲選

新刻出像點板時尚昆腔雜曲醉怡情八卷四十四種　（清）清溪菰蘆釣叟點次　清初古吳致和堂稿本　八冊

110000 – 0102 – 0025256　戊/131　集部/戲曲類/京劇

新定十二律京腔譜十六卷首一卷　（清）王正祥撰　清康熙蘇州停雲室刻本　五冊　缺六卷（一至六）

110000 – 0102 – 0025257　戊/132　集部/戲曲類/地方戲

退親　（□）□□撰　清末同盛堂刻本　一冊　存十五出（二至十六）

110000 – 0102 – 0025258　（戊）/133　子部/雜家類/雜述

桯史十五卷附錄一卷　（宋）岳珂著　（明）毛晉訂　明崇禎常熟海虞毛氏汲古閣刻津逮秘書本　四冊

110000 – 0102 – 0025259　戊/134　集部/小說類/筆記小說

獪園十六卷　（明）錢希言撰　清乾隆三十九年（1774）古杭知不足齋刻本　十六冊

110000 – 0102 – 0025260　（戊）/135　集部/小說類/筆記小說

虞初新志二十卷　（清）張潮輯　清雍正刻本　六冊

110000 – 0102 – 0025261　（戊）/136　子部/雜家類/雜述

觚賸八卷續編四卷　（清）鈕琇輯　清康熙三十九年至四十一年（1700－1702）臨野堂刻本　六冊

110000 – 0102 – 0025262　（戊）/137　集部/小說類/筆記小說

秋燈叢話十八卷　（清）王椷著　清乾隆刻本　六冊

110000 – 0102 – 0025263　戊/138　集部/小說類/筆記小說

板橋雜記二卷　（清）余懷著　**續板橋雜記三卷雪鴻小記一卷**　（清）珠泉居士著　清乾隆步雲軒刻本　二冊

110000 – 0102 – 0025264　戊/139　集部/小說類/筆記小說

遣睡雜言八卷　（清）黃凱鈞筆記　清嘉慶二十年（1815）友漁齋刻本　四冊

110000 – 0102 – 0025265　戊/140　集部/小說類/筆記小說

秦淮畫舫錄二卷　（清）捧花生著　清嘉慶二十二年（1817）刻本　二冊

110000 – 0102 – 0025266　戊/141　集部/小說類/筆記小說

青溪風雨錄二卷附牡蠣園四出　（清）雪樵居士撰　清嘉慶二十四年（1819）一枝山房刻本　二冊

110000 – 0102 – 0025267　戊/142　集部/小說類/筆記小說

夢花雜誌五卷　（清）李澄述　清道光六年（1826）刻本　四冊

110000 – 0102 – 0025268　戊/143　集部/小說類/筆記小說

南浦秋波錄三卷　（清）華胥大夫著　清末刻本　一冊

110000－0102－0025269　戊/144　集部/小說類/筆記小說

金臺殘淚記三卷　（清）華胥大夫著　清刻本　一冊

110000－0102－0025270　戊/145　集部/小說類/筆記小說

海上見聞錄十二卷　（清）袁祖志撰　清光緒二十一年(1895)上海新聞報館鉛印本　四冊

110000－0102－0025271　戊/146　集部/小說類/筆記小說

笑贊六卷　（明）清都散客述　清蓬丘道人刻本　一冊

110000－0102－0025272　戊/147　集部/小說類/筆記小說

海天餘話四卷　（清）芙蓉沜老漁編　清花韻軒刻本　四冊

110000－0102－0025273　戊/148　集部/小說類/筆記小說

宋豔十二卷　（清）徐士鑾輯　清光緒十七年(1891)蝶園刻本　六冊

110000－0102－0025274　戊/151　集部/小說類/筆記小說

蘭芷零香錄三卷　（清）蓬道人戲編　清光緒長沙楊氏坦園刻本　一冊

110000－0102－0025275　戊/152　集部/小說類/章回

新刻劍嘯閣批評西漢演義傳八卷一百回新刻劍嘯閣批評東漢演義傳十卷一百二十四回　(明)甄偉演義　（明）鍾惺批評　清三多齋刻本　十四冊

110000－0102－0025276　（戊）/153　集部/小說類/章回

北史演義六十四卷　（清）杜綱編次　（清）許寶善批評　（清）譚載華校訂　清乾隆五十八年(1793)吳門甘朝士局刻本　二十冊

110000－0102－0025277　（戊）/154　集部/小說類/章回

南史演義三十二卷　（清）杜綱編次　（清）許寶善批評　清乾隆六十年(1795)刻本　六冊

110000－0102－0025278　（戊）/155　集部/小說類/章回

新鐫全像通俗演義隋煬帝豔史八卷四十四回　（明）齊東野人編演　（明）不經先生批評　明末刻本　十二冊

110000－0102－0025279　戊/156　集部/小說類/章回

重訂隋煬豔史十回　（明）齊東野人編演　清山左凌雲齋刻本　三冊　缺四回(一、六、九至十)

110000－0102－0025280　（戊）/157　集部/小說類/章回

四雪草堂重訂通俗隋唐演義二十卷一百回　(明)齊東野人等原本　（清）沒世農夫彙編　（清）吳鶴市散人鶴樵子參訂　清刻本　二十冊

110000－0102－0025281　（戊）/158　集部/小說類/章回

按史校正唐秦王本傳八卷六十四回　（明）澹圃主人編次　（明）清修居士參訂　明刻本有平妖(馬廉)跋　十六冊

110000－0102－0025282　戊/159　集部/小說類/章回

說唐傳征西三集十卷八十八回　（清）如蓮居士著　清嘉慶六年(1801)書業堂刻本　十冊

110000－0102－0025283　（戊）/160　集部/小說類/章回

繡像南北宋志傳二十卷一百回　（明）研石山樵訂正　（明）織里畸人校閱　（明）玉茗主人批　明萬曆四十六年(1618)北京文錦堂刻本　十二冊

110000－0102－0025284　戊/161　集部/小說類/筆記小說

金臺殘淚記三卷　（清）華胥大夫著　清刻本　一冊

110000－0102－0025285　戊/162　集部/小說類/章回

映旭齋增訂北宋三遂平妖全傳十八卷四十回
（明）羅貫中撰　（明）馮夢龍增訂　清楚黃
張無咎刻本　八冊

110000－0102－0025286　戊/165　集部/小
說類/章回

續金瓶梅六十四回　（清）紫陽道人編　清刻
本　十二冊

110000－0102－0025287　戊/166　集部/小
說類/章回

蕩寇志七十卷一百四十四回卷末一卷　（清）
俞萬春著　清咸豐三年(1853)刻本　二四冊

110000－0102－0025288　戊/167　集部/小
說類/章回

新鐫古本批評繡像三世報隔簾花影四十八回
（清）四橋居士著　清刻本　八冊

110000－0102－0025289　戊/168　集部/小
說類/章回

第一奇書野叟曝言二十卷一百五十二回
(清)夏敬渠撰　清光緒七年(1881)毗陵匯珍
樓木活字印本　二十冊

110000－0102－0025290　（戊）/169　集部/
小說類/章回

雪月梅傳十卷五十回　（清）陳朗撰　（清）董
孟汾評選　（清）邵松年校定　清乾隆四十年
(1775)刻本　佚名圈點批註　十冊

110000－0102－0025291　戊/170　集部/小
說類/章回

好逑傳四卷十八回　（清）名教中人編次
(清)游方外客批評　清刻本　四冊

110000－0102－0025292　戊/171　集部/小
說類/章回

新刻批評繡像平山冷燕六卷二十回　（清）天
花藏主人撰　（清）冰玉主人批點　清靜寄山
房刻本　六冊

110000－0102－0025293　戊/172　集部/小
說類/章回

增像綠野仙蹤全傳八十回　（清）李百川撰
清光緒二十一年(1895)集誼會刻本　十六冊

110000－0102－0025294　戊/173　集部/小
說類/章回

新編覺世梧桐影十二回　（□）□□撰　清抄
本　四冊

110000－0102－0025295　戊/174　集部/小
說類/章回

新抄小說載花舻四回　（清）西泠狂者編
(清)素星道人評　清抄本　四冊

110000－0102－0025296　（戊）/175　集部/
小說類/短篇小說

雨花香八種　（清）石成金撰　清雍正四年
(1726)刻本　二冊

110000－0102－0025297　戊/176　集部/小
說類/長篇小說

蟫史二十卷　（清）磊砢山房原本　清刻本
十六冊

110000－0102－0025298　戊/178　史部/傳
記類/總傳/專錄/列女

婦人集一卷　（清）陳維崧撰　（清）陳履端輯
（清）冒襃注　清抄本　一冊

110000－0102－0025299　戊/179　集部/集
評類/雜評

靈臺小補一卷首一卷　（清）白山撰　清道光
十二年(1832)刻本　封面題"靈台小補,頁八
十五,愁緒萬端,余心太苦"　二冊

110000－0102－0025300　戊/180　集部/集
評類/詞評

香研居詞麈五卷　（清）方成培述　清光緒二
年(1876)上海目耕齋刻本　四冊

110000－0102－0025301　戊/181　集部/集
評類/曲評/曲話

樂府傳聲一卷　（清）徐大椿著　清咸豐九年
(1859)北京肇新印刷局石印本　一冊

110000－0102－0025302　（戊）/182　集部/
小說類/章回

東周列國全志一百〇八回　（清）蔡元放評點
清乾隆武林星聚堂刻本　二十八冊

110000 – 0102 – 0025303　戊/183　集部/小說類/章回

新刻全像海剛峰先生居官公案四卷七十一回　(明)李春芳編次　明末煥文堂刻本　三冊　缺一卷(二)

110000 – 0102 – 0025304　戊/184　集部/曲類/曲別集

雙官誥總講一卷　(□)□□撰　清抄本　一冊

110000 – 0102 – 0025305　(戊)/187　集部/曲類/曲別集/雜劇

西堂樂府六種　(清)尤侗撰　清康熙刻本　三冊

110000 – 0102 – 0025306　戊/189　叢部/彙編叢書

賴古堂藏書甲集十種　(清)周在浚輯　(清)周在都續輯　清康熙五十年(1711)大梁周氏刻本　四冊

110000 – 0102 – 0025307　戊/190　集部/小說類/長篇小說

繡像四遊全傳四種　(□)□□撰　清道光十年(1830)書林錦盛堂刻本　八冊

110000 – 0102 – 0025308　戊/202　叢部/彙編叢書

雙楳景闇叢書　葉德輝輯　清光緒二十九年至宣統三年(1903－1911)長沙葉氏郎園刻本　六冊

110000 – 0102 – 0025309　戊/204　集部/曲類/曲總集

新曲四種　(□)□□撰　清刻本　十二冊　缺一種(還魂記)

110000 – 0102 – 0025310　戊/206　集部/小說類/筆記小說

京塵雜錄四卷　(清)楊掌生著　清光緒十二年(1886)上海同文書局石印本　四冊

110000 – 0102 – 0025311　戊/207　集部/曲類/曲總集/斷代

庶幾堂今樂二集二十八種　(清)寄雲山人編　清光緒六年(1880)刻本　十二冊

110000 – 0102 – 0025312　戊/208　經部/經總類/群經總義

皇清經解一千四百〇八卷　(清)阮元輯　清咸豐十年(1860)廣州學海堂補刻本　存三百八十七卷(四百三十四至四百六十七、一千五十六至一千四百〇八)

110000 – 0102 – 0025313　戊/209　史部/地理類/總錄

天下郡國利病書一百二十卷　(清)顧炎武輯　清光緒二十七年(1901)圖書集成局鉛印本　三十二冊

110000 – 0102 – 0025314　戊/210　史部/地理類/總錄

讀史方輿紀要一百三十卷圖說五卷　(清)顧祖禹撰　清光緒二十五年(1899)上海圖書集成局鉛印本　三十二冊(合裝一匣)

110000 – 0102 – 0025315　(戊)/212　史部/地理類/山川/川

水經注釋四十卷首一卷附錄二卷　(清)趙一清撰　清乾隆四十九年(1784)江蘇東潛趙氏小山堂刻本　佚名圈點　十二冊

110000 – 0102 – 0025316　戊/213　集部/別集類/清

瓶廬詩稿八卷　(清)翁同龢撰　清咸豐九年(1859)刻本　二冊　存四卷(一至二、七至八)

110000 – 0102 – 0025317　戊/214　史部/政書類/法令/章例

欽定行政綱目不分卷　清末石印本　一冊

110000 – 0102 – 0025318　戊/215　集部/別集類/清

四松草堂詩鈔四卷　(清)宗韶撰　清光緒三十年(1904)上海新昌書局鉛印本　一冊　存一卷(一)

110000 – 0102 – 0025319　戊/216　經部/小學類/文字/字典詞典等

康熙字典十二集檢字一卷辨似一卷等韻一卷

總目一卷備考一卷補遺一卷 （清）張玉書等纂 （清）奕繪等重修 清道光七年(1827)重刻本 三十四冊

110000－0102－0025320 （戊）/217 史部/地理類/山川/川

水經四十卷 （漢）桑欽撰 （北魏）酈道元注 （明）朱謀㙔撰 清康熙五十四年(1715)歙縣項絪群玉書堂刻本 十冊

110000－0102－0025321 （戊）/218 史部/地理類/山川/川

水經注不分卷附禹貢山水澤地 （漢）桑欽撰 （北魏）酈道元注 （清）戴震校訂 清乾隆曲阜孔氏微波榭刻本 八冊

110000－0102－0025322 戊/223 子部/類書類/類編

典林琅環五十四卷 （清）江氏輯 清光緒二年(1876)武林湛蘭書屋刻本 十二冊

110000－0102－0025323 戊/224 集部/集評類/詩評/詩話

歲寒堂詩話二卷 （宋）張戒撰 清杭州仿武英殿聚珍版刻本 一冊

110000－0102－0025324 戊/225 集部/別集類/遼金元

拙軒集六卷 （金）王寂撰 清杭州仿武英殿聚珍版刻本 二冊

110000－0102－0025325 戊/226 集部/別集類/遼金元

金淵集六卷 （元）仇遠撰 清杭州仿武英殿聚珍版刻本 二冊

110000－0102－0025326 戊/227 集部/集評類

浩然齋雅談三卷 （宋）周密撰 清杭州仿武英殿聚珍版刻本 一冊

110000－0102－0025327 戊/228 子部/雜家類

古今四大家策論十卷 （宋）何去非等撰 清光緒二十七年(1901)紹興會文堂石印本 四冊 存七卷(一至二、六至十)

110000－0102－0025328 戊/229 集部/詞類/詞別集

藝香詞鈔四卷 （清）吳綺撰 清乾隆四十一年(1776)衷白堂刻本 二冊

110000－0102－0025329 戊/230 集部/別集類/清

林蕙堂文集續刻六卷 （清）吳綺撰 清乾隆四十一年(1776)衷白堂刻本 三冊

110000－0102－0025330 戊/231 經部/禮類/三禮

禮書通故五十卷 （清）黃以周撰 清光緒十九年(1893)黃氏試館刻本 八冊 存十一卷

110000－0102－0025331 戊/232 子部/雜家類/雜纂

勸戒近錄六卷續錄六卷三錄六卷四錄六卷五錄六卷 （清）梁恭辰撰 清同治刻本 十冊

110000－0102－0025332 戊/234 經部/經總類/群經合刊

秦板九經 （清）秦鐄訂正 清觀成堂刻本 十二冊 存二十四卷(周易三卷、春秋十七卷、詩經四卷)

110000－0102－0025333 戊/235 集部/總集類

閩中校士錄不分卷 （清）孫毓汶編 清同治十二年(1873)刻本 七冊

110000－0102－0025334 戊/236 集部/總集類

閩中校士錄不分卷 （清）孫毓汶編 清同治十二年(1873)刻本 九冊

110000－0102－0025335 戊/237 集部/總集類

閩中校士錄不分卷 （清）孫毓汶編 清同治十二年(1873)刻本 八冊

110000－0102－0025336 戊/238 集部/總集類

閩中校士錄不分卷 （清）孫毓汶編 清同治十二年(1873)刻本 八冊

110000－0102－0025337　戊/239　集部/總集類

閩中校士錄不分卷　（清）孫毓汶編　清同治十二年(1873)刻本　七冊　缺第八冊

110000－0102－0025338　戊/242　子部/宗教類/道教

太上十三經道德經注釋四卷附黃庭內外景經注釋二卷　（唐）呂純陽評點　清道光刻本　五冊

110000－0102－0025339　戊/243　子部/術數類/陰陽五行

秘藏大六壬大全十三卷　（清）郭載騋輯　清末上海掃葉山房石印本　六冊

110000－0102－0025340　戊/244　史部/別史、雜史類

校正元親征錄一卷　（清）何秋濤校正　清光緒二十年(1894)刻本　一冊

110000－0102－0025341　戊/246　集部/集評類/文評/通評

論文新稿五卷　（清）譚文炳撰　清抄本　二冊

110000－0102－0025342　戊/247　經部/小學類/音韻/韻典

佩文詩韻五卷　（清）佚名輯　清同治九年(1870)重刻本　一冊

110000－0102－0025343　戊/254　經部/小學類/文字/說文/傳說

說文引經考證五卷附互異說　（清）陳瑑撰　清光緒十年(1884)三益廬刻本　四冊

110000－0102－0025344　戊/255　集部/曲類/曲別集/雜劇

繪圖第六才子書五卷首一卷　（元）王實甫撰　（清）金聖嘆評注　清光緒三十一年(1905)上海錦章圖書局石印本　六冊

110000－0102－0025345　戊/257　集部/別集類/宋

劍南詩鈔不分卷　（宋）陸游著　（清）楊大鶴輯　清刻本　二冊

110000－0102－0025346　戊/260　史部/別史、雜史類

記事珠十卷　（清）張以謙撰　（清）王燮廷校　（清）王剛重訂　清同治十三年(1874)天倪清室刻本　七冊　存六卷(一、六至十)

110000－0102－0025347　戊/261　子部/譜錄類/草木

二如亭群芳譜不分卷　（明）王象晉纂　清刻本　一冊

110000－0102－0025348　戊/262　經部/書類/傳說

桐城吳氏尚書讀本二卷　（清）吳汝綸撰　清光緒三十四年(1908)保陽書局鉛印本　二冊

110000－0102－0025349　戊/268　史部/傳記類/總傳/專錄/文苑

福建文苑傳三卷　（□）□□撰　清刻本　一冊

110000－0102－0025350　戊/269　子部/宗教類/其它

集說詮真續編不分卷　黃伯祿輯　蔣超凡校　清光緒三十一年(1905)上海慈母堂鉛印本　一冊

110000－0102－0025351　戊/270　經部/禮類/儀禮/傳說

儀禮疏五十卷　（唐）賈公彥等撰　清同治十二年(1873)江西書局刻本　十六冊

110000－0102－0025352　戊/272　史部/紀傳類/通代

史記一百三十卷　（漢）司馬遷撰　清光緒十年(1884)上海同文書局影印本　二十六冊

110000－0102－0025353　戊/274　子部/雜家類/雜考

日知錄集釋三十二卷刊誤二卷續刊誤二卷　（清）顧炎武撰　（清）黃汝成集釋　清光緒三年(1877)刻本　十五冊

110000－0102－0025354　戊/275　史部/紀傳類/通代

史記一百三十卷　（漢）司馬遷撰　清光緒二

十一年(1895)上海畊余主人石印本　十冊

110000－0102－0025355　戊/286　集部/別集類/清

陳一齋詩集不分卷　（清）陳梓撰　清宣統三年(1911)上海國學扶輪社鉛印適園叢書本一冊

110000－0102－0025356　戊/288　集部/別集類/清

環天室古近體詩類選五卷後集一卷　（清）曾廣鈞撰　清宣統二年(1910)石印本　一冊

110000－0102－0025357　戊/289　集部/別集類/清

環天室古近體詩類選五卷後集一卷　（清）曾廣鈞撰　清宣統二年(1910)石印本　一冊

110000－0102－0025358　戊/290　集部/別集類/漢至隋

陶淵明詩不分卷　（晉）陶潛撰　清光緒元年(1875)刻本　一冊

110000－0102－0025359　戊/291　集部/別集類/清

敦夙好齋詩集初編十二卷首一卷續編十一卷首一卷　（清）葉名灃撰　清光緒十六年(1890)刻本　八冊

110000－0102－0025360　戊/297　經部/四書類/論語/傳說

論語集注十卷孟子集注七卷　（宋）朱熹集注　清刻本　五冊

110000－0102－0025361　(戊)/298　經部/書類

尚書後辨一卷　（清）王鳴盛撰　清乾隆四十五年(1780)禮堂刻本　四冊

110000－0102－0025362　戊/299　經部/詩類

詩地理考六卷　（宋）王應麟撰　清光緒浙江書局刻本　一冊

110000－0102－0025363　戊/302　集部/別集類/明

花王閣賸稿不分卷　（明）紀坤撰　清光緒刻朱印知服齋叢書本　一冊

110000－0102－0025364　戊/305　經部/春秋類/左傳/傳說

春秋左傳詁二十卷　（清）洪亮吉撰　清光緒四年(1878)授經堂重刻本　十冊

110000－0102－0025365　戊/306　史部/紀事本末類/斷代

左傳紀事本末五十三卷　（清）高士奇撰　清刻本　九冊　存三十三卷(十八至五十)

110000－0102－0025366　戊/317　史部/政書類/法令/律例

欽定宮中現行則例二卷　清內務府輯　清刻本　二冊

110000－0102－0025367　戊/318　集部/別集類/宋

山谷外集詩注十四卷　（宋）黃庭堅撰　清刻本　一冊　存三卷(九至十一)

110000－0102－0025368　戊/323　史部/傳記類/雜錄

白竹君不分卷　（□）□□撰　清宣統元年(1909)北京愛國報館鉛印本　一冊

110000－0102－0025369　戊/324　子部/儒家類/宋以前

荀子二十卷　（戰國）荀況撰　（唐）楊倞注　（清）吳汝綸點勘　清末鉛印本　二冊

110000－0102－0025370　戊/325　子部/儒家類/宋以前

荀子補注二卷　（清）郝懿行撰　清刻本一冊

110000－0102－0025371　戊/326　經部/四書類/總義/傳說

論語發隱一卷孟子發隱一卷　（清）楊文會注　清末刻本　一冊

110000－0102－0025372　戊/328　史部/地理類/總錄

皇朝輿地韻編二卷　（清）李兆洛輯　清

刻本 一冊

110000－0102－0025373 戊/329 集部/詞類/詞總集/斷代

粵西詞見二卷 況周頤輯 清光緒二十二年(1896)刻本 一冊

110000－0102－0025374 戊/330 經部/春秋類/公羊傳/傳說

公羊逸禮考征不分卷 （清）陳奐撰 **饗禮補亡不分卷** （清）諸錦補 **詩辨說不分卷** （清）趙蕙編 清光緒十三年(1887)吳縣朱氏家塾刻槐廬叢書本 三冊

110000－0102－0025375 戊/331 經部/書類/傳說

書經體注圖考六卷 （清）范翔鑒定 （清）錢希祥纂輯 清刻本 一冊 存一卷(二)

110000－0102－0025376 戊/342 經部/小學類/文字/字典詞典等

澄衷蒙學堂字課圖說字四卷檢字一卷類字一卷 （清）劉樹屏編 （清）吳子城繪圖 清光緒二十九年(1903)澄衷學堂石印本 八冊

110000－0102－0025377 （戊）/344 集部/小說類/筆記小說

剪桐載筆一卷 （明）王象晉撰 明末毛鳳苞刻本 一冊

110000－0102－0025378 （戊）/345 經部/經總類/群經總義

惺齋講義不分卷 （清）王元啟撰 清乾隆四年(1739)衹平居刻本 一冊

110000－0102－0025379 戊/346 集部/別集類/清

龔定庵集外未刻詩不分卷 包天笑鈔錄 清宣統三年(1911)石印本 一冊

110000－0102－0025380 戊/348 集部/別集類/清

篤素堂文集四卷 （清）張英撰 清湖南學庫谷氏重刻本 一冊

110000－0102－0025381 戊/350 集部/小說類/筆記小說

異苑十卷 （南朝宋）劉敬叔撰 清嘉慶十年(1805)虞山張氏照曠閣刻學津討原本 二冊

110000－0102－0025382 戊/355 集部/別集類/明

愛勞軒答問草不分卷 （明）郭尚友撰 清刻本 一冊

110000－0102－0025383 戊/356 史部/傳記類/年譜

曾文正公年譜十二卷 （清）李瀚章撰 清光緒二年(1876)傳忠書局刻本 四冊

110000－0102－0025384 戊/360 子部/術數類/相宅相墓

四秘全書十二種 （清）尹一勺撰 清刻本 十二冊

110000－0102－0025385 戊/366 史部/地理類/方志/地方志

[光緒]重修安徽通志三百五十卷補遺十卷 （清）吳坤修等修 （清）何紹基等纂 清光緒四年(1878)刻本 八冊 存二十二卷(四至十、三百〇六至三百二十)

110000－0102－0025386 戊/367 子部/儒家類/宋以前

荀子集解二十卷首一卷 （唐）楊倞注 王先謙集解 清光緒十七年(1891)刻本 六冊

110000－0102－0025387 戊/369 集部/別集類/宋

朱文公書劄十四卷 （宋）朱熹撰 清刻本 五冊 存八卷(四至十四)

110000－0102－0025388 戊/370 子部/雜家類/雜考

群書劄記十六卷 （清）朱亦棟撰 清光緒四年(1878)武林竹簡齋刻本 四冊 存十二卷(五至十六)

110000－0102－0025389 戊/374 集部/總集類/文/雜錄/課藝

大題文府二集不分卷 同文書局主人輯 清光緒十三年(1887)上海同文書局石

印本 十册

110000 - 0102 - 0025390 戊/375 集部/別
集類/清

秋笳集八卷 （清）吳兆騫撰 清刻粵雅堂叢
書本 四册

110000 - 0102 - 0025391 戊/376 子部/藝
術類/音樂舞蹈

燕樂考原六卷 （清）凌廷堪撰 清刻粵雅堂
叢書本 三册

110000 - 0102 - 0025392 戊/378 史部/政
書類/文牘檔册

淡志室公牘六卷 （清）鄭裕孚撰 清山西臨
汾晉文齋石印本 三册

110000 - 0102 - 0025393 戊/379 集部/總
集類/文/雜錄/課藝

張太史塾課注釋八卷 （清）周汝調原編
（清）陳觀民定 清聚錦堂刻本 六册

110000 - 0102 - 0025394 戊/380 史部/目
錄類/著錄/學術總目

書目答問不分卷 （清）張之洞撰 清光緒四
年（1878）上海淞隱閣鉛印本 四册

110000 - 0102 - 0025395 戊/381 經部/四
書類/論語/傳說

論語十卷 （宋）朱熹集注 清刻本 二册

110000 - 0102 - 0025396 戊/382 經部/禮
類/禮記/傳說

禮記十卷 （元）陳澔集說 清恕堂刻本
十册

110000 - 0102 - 0025397 戊/383 經部/書
類/傳說

書經六卷 （元）蔡沈集傳 清刻本 六册

110000 - 0102 - 0025398 戊/384 經部/四
書類/總義/傳說

四書經史摘證七卷 （清）宋繼種輯著 清光
緒十四年（1888）上海同文書局石印本 四册

110000 - 0102 - 0025399 戊/385 集部/別
集類/唐至五代

麟角集一卷 （唐）王棨撰 清光緒十年
（1884）王氏天壤閣影宋刻天壤閣叢書本
一册

110000 - 0102 - 0025400 戊/386 叢部/彙
編叢書

聲調三譜四卷 （清）王祖源輯 清光緒八年
（1882）王氏天壤閣刻天壤閣叢書本 一册

110000 - 0102 - 0025401 戊/387 子部/藝
術類/書畫/書法、碑帖

初拓鄭文公碑不分卷 （□）□□撰 清同治
七年（1868）拓印本 一册

110000 - 0102 - 0025402 戊/388 史部/傳
記類/人表

疑年錄四卷 （清）錢大昕撰 清同治元年
（1862）王氏天壤閣刻天壤閣叢書本 一册

110000 - 0102 - 0025403 戊/390 集部/別
集類/唐至五代

寒山拾得中峰詩錄不分卷 （唐）寒山大士撰
清光緒二年（1876）揚州藏經院刻本 一册

110000 - 0102 - 0025404 戊/391 集部/別
集類/唐至五代

黃御史集不分卷 （唐）黃公度撰 清光緒十
年（1884）王氏天壤閣刻天壤閣叢書本 二册

110000 - 0102 - 0025405 戊/392 經部/禮
類/禮記/大戴記

夏小正正義不分卷 （□）□□撰 清光緒五
年（1879）王氏天壤閣刻天壤閣叢書本 一册

110000 - 0102 - 0025406 戊/417 子部/類
書類

欽定古今圖書集成一萬卷目錄三十二卷
（清）陳夢雷 （清）蔣廷錫等編 清光緒三十
年（1904）上海圖書集成鉛版印書局鉛印本
一千六百二十八册

110000 - 0102 - 0025407 戊/418 子部/類
書類

欽定古今圖書集成一萬卷目錄三十二卷
（清）陳夢雷 （清）蔣廷錫等編 清光緒三十
年（1904）上海圖書集成鉛版印書局鉛印本

八冊　存四十九卷（二百二十四至二百七十二）

110000－0102－0025408　戊/422　子部/類書類

欽定古今圖書集成一萬卷目錄三十二卷
（清）陳夢雷　（清）蔣廷錫等編　清光緒十年（1884）上海同文書局影印本　十冊　存二十卷（二百二十一至二百四十）

110000－0102－0025409　（戊）/423　子部/類書類/韻編

佩文韻府一百〇六卷　（清）張玉書等纂　清康熙刻本　九十五冊

110000－0102－0025410　（戊）/424　子部/類書類

佩文韻府一百〇六卷　（清）張玉書等纂　清康熙五十年（1711）揚州詩局刻本　九十五冊

110000－0102－0025411　戊/425　子部/類書類/韻編

佩文韻府一百〇六卷　（清）張玉書等纂　清末至民國影印本　八冊　存十四卷（四至十五、十七至十八）

110000－0102－0025412　戊/426　經部/書類/傳說

寫定尚書不分卷　（清）吳汝綸編　清光緒十八年（1892）桐城吳氏家塾石印本　一冊

110000－0102－0025413　戊/427　經部/書類/傳說

寫定尚書不分卷　（清）吳汝綸編　清光緒十八年（1892）桐城吳氏家塾石印本　一冊

110000－0102－0025414　（戊）/432　集部/別集類/漢至隋

東方先生集一卷　（漢）東方朔撰　明刻本　一冊

110000－0102－0025415　戊/433　集部/別集類/清

吳摯甫尺牘五卷補遺一卷　（清）吳汝綸撰　清宣統二年（1910）上海國學扶輪社石印本　十一冊

110000－0102－0025416　戊/434　經部/四書類/孟子/傳說

孟子七卷　（宋）朱熹集注　清中晚期刻本　三冊

110000－0102－0025417　（戊）/435　經部/小學類/訓詁/群雅

別雅五卷　（清）吳玉搢撰　清乾隆七年（1742）新安程氏督經堂刻本　何寶善跋　五冊

110000－0102－0025418　戊/438　史部/傳記類/年譜

朱竹垞先生年譜不分卷　（清）楊謙輯　清刻本　一冊

110000－0102－0025419　戊/439　經部/四書類/孟子/傳說

孟子要略五卷附錄一卷　（宋）朱熹撰　清刻師古堂叢刻本　一冊

110000－0102－0025420　戊/442　集部/別集類/清

斯未信齋文編軍書四卷藝文四卷　（清）徐宗幹撰　清同治福建吳氏刻本　四冊

110000－0102－0025421　戊/443　經部/四書類/大學中庸/傳說

中庸本解二卷　（清）楊鐵帆撰　清光緒刻本　一冊

110000－0102－0025422　戊/445　經部/書類/白文讀本

寫定尚書二十八篇　（清）吳汝綸寫定　清光緒十八年（1892）桐城吳氏家塾石印本　一冊

110000－0102－0025423　戊/446　史部/傳記類/總傳/專錄/藝術

國朝書畫家筆錄四卷附名媛錄一卷　（清）寶鎮輯　清宣統三年（1911）蘇州文學山房木活字本　八冊

110000－0102－0025424　戊/448　史部/地理類/總錄

廣輿記二十四卷　（明）陸應陽編　清刻本　十六冊

110000－0102－0025425　戊/449　史部/地理類/總錄

廣輿記二十四卷　（明）陸應陽編　清刻本　十四冊　存二十二卷（三至二十四）

110000－0102－0025426　戊/450　史部/政書類/文牘檔冊

撫吳公牘五十卷　（清）丁日昌撰　清光緒三年(1877)刻本　十冊

110000－0102－0025427　戊/454　經部/書類

尚書讀本二卷　（清）吳汝綸撰　清光緒三十四年(1908)保陽書局鉛印本　二冊

110000－0102－0025428　戊/455　經部/書類

尚書讀本二卷　（清）吳汝綸撰　清光緒三十四年(1908)保陽書局鉛印本　二冊

110000－0102－0025429　戊/456　經部/書類

尚書讀本二卷　（清）吳汝綸撰　清光緒三十四年(1908)保陽書局鉛印本　二冊

110000－0102－0025430　戊/457　經部/書類

尚書讀本二卷　（清）吳汝綸撰　清光緒三十四年(1908)保陽書局鉛印本　二冊

110000－0102－0025431　戊/458　經部/書類

尚書讀本二卷　（清）吳汝綸撰　清光緒三十四年(1908)保陽書局鉛印本　二冊

110000－0102－0025432　戊/459　經部/書類

尚書讀本二卷　（清）吳汝綸撰　清光緒三十四年(1908)保陽書局鉛印本　二冊

110000－0102－0025433　戊/460　經部/書類

尚書讀本二卷　（清）吳汝綸撰　清光緒三十四年(1908)保陽書局鉛印本　二冊

110000－0102－0025434　戊/461　經部/書類

尚書讀本二卷　（清）吳汝綸撰　清光緒三十四年(1908)保陽書局鉛印本　二冊

110000－0102－0025435　戊/462　經部/書類

尚書讀本二卷　（清）吳汝綸撰　清光緒三十四年(1908)保陽書局鉛印本　二冊

110000－0102－0025436　戊/463　經部/書類

尚書讀本二卷　（清）吳汝綸撰　清光緒三十四年(1908)保陽書局鉛印本　二冊

110000－0102－0025437　戊/464　經部/書類

尚書讀本二卷　（清）吳汝綸撰　清光緒三十四年(1908)保陽書局鉛印本　二冊

110000－0102－0025438　戊/465　經部/書類

尚書讀本二卷　（清）吳汝綸撰　清光緒三十四年(1908)保陽書局鉛印本　二冊

110000－0102－0025439　戊/466　經部/書類

尚書讀本二卷　（清）吳汝綸撰　清光緒三十四年(1908)保陽書局鉛印本　二冊

110000－0102－0025440　戊/467　經部/書類

尚書讀本二卷　（清）吳汝綸撰　清光緒三十四年(1908)保陽書局鉛印本　二冊

110000－0102－0025441　戊/468　經部/書類

尚書讀本二卷　（清）吳汝綸撰　清光緒三十四年(1908)保陽書局鉛印本　二冊

110000－0102－0025442　戊/469　經部/書類

尚書讀本二卷　（清）吳汝綸撰　清光緒三十四年(1908)保陽書局鉛印本　二冊

110000－0102－0025443　戊/470　經部/書類

尚書讀本二卷　（清）吳汝綸撰　清光緒三十四年(1908)保陽書局鉛印本　二冊

110000－0102－0025444　戊/471　經部/書類

尚書讀本二卷　（清）吳汝綸撰　清光緒三十四年(1908)保陽書局鉛印本　一冊　存一卷（一）

110000－0102－0025445　戊/472　子部/天文地理類/演算法

御製數理精蘊上編五卷下編四十卷表八卷（清）聖祖玄燁御製　清光緒十四年(1888)上海大同書局石印本　二十四冊

110000－0102－0025446　戊/473　史部/別史、雜史類

國語二十一卷　（清）吳汝綸點勘　清宣統二年(1910)鉛印本　清宣統二年汝綸子闓生題記、朱墨評點　二冊

110000－0102－0025447　戊/476　集部/總集類/文/斷代/清

國朝名文約編不分卷　（清）陳詩編　清道光四年(1824)愛蓮堂刻本　四冊

110000－0102－0025448　戊/477　集部/總集類/文/斷代/清

國朝名文約續編不分卷　（清）陳詩編　清嘉慶六年(1801)文會堂刻本　二冊

110000－0102－0025449　戊/479　經部/小學類/音韻

音學五書三十八卷　（清）顧炎武撰　清光緒十六年(1890)長沙思賢講舍刻本　十二冊

110000－0102－0025450　戊/481　集部/別集類/清

鐵橋漫稿八卷　（清）嚴可均撰　清光緒十一年(1885)長洲蔣氏刻心矩齋叢書本　三冊

110000－0102－0025451　戊/482　子部/雜家類/雜纂

教童子法不分卷　（清）王筠撰　清光緒江陰繆荃孫刻雲自在龕叢書本　一冊

110000－0102－0025452　戊/483　集部/別集類/清

顧亭林先生餘集不分卷　（清）顧炎武撰　清刻本　一冊

110000－0102－0025453　戊/484　集部/別集類/清

茶香室叢鈔二十三卷目錄一卷　（清）俞樾撰　清光緒九年(1883)吳下春在堂刻本　十冊

110000－0102－0025454　戊/485　集部/別集類/清

記過齋文稿二卷附記過齋贈言一卷言行略一卷師友劄記四卷貞壽堂贈言一卷　（清）蘇源生撰　清咸豐三年(1853)刻本　六冊

110000－0102－0025455　戊/488　子部/藝術類/書畫/書法、碑帖/明

明文待詔書梅花百詠不分卷　（明）文徵明書　清末民國影印本　一冊

110000－0102－0025456　戊/489　集部/別集類/清

獨學廬初稿四卷　（清）石韞玉撰　清嘉慶重慶刻本　三冊

110000－0102－0025457　戊/490　集部/別集類/清

獨學廬一稿三卷　（清）石韞玉撰　清嘉慶重慶刻本　一冊

110000－0102－0025458　戊/491　集部/別集類/清

獨學廬二稿詩三卷文三卷　（清）石韞玉撰　清嘉慶十年(1805)重慶刻本　一冊

110000－0102－0025459　戊/492　集部/別集類/清

獨學廬三稿五卷　（清）石韞玉撰　清嘉慶二十二年(1817)重慶刻本　二冊

110000－0102－0025460　戊/493　集部/別集類/清

獨學廬三稿五卷　（清）石韞玉撰　清嘉慶二十二年(1817)重慶刻本　二冊

110000－0102－0025461　　戊/494　　子部/術數類/占卜

太玄十卷　（漢）揚雄撰　（清）吳汝綸點勘清宣統二年(1910)衍星社鉛印本　一冊

110000－0102－0025462　　戊/495　　子部/術數類/占卜

太玄十卷　（漢）揚雄撰　（清）吳汝綸點勘清宣統二年(1910)衍星社鉛印本　一冊

110000－0102－0025463　　戊/496　　子部/術數類/占卜

太玄十卷　（漢）揚雄撰　（清）吳汝綸點勘清宣統二年(1910)衍星社鉛印本　一冊

110000－0102－0025464　　戊/497　　子部/術數類/占卜

太玄十卷　（漢）揚雄撰　（清）吳汝綸點勘清宣統二年(1910)衍星社鉛印本　一冊

110000－0102－0025465　　戊/498　　子部/術數類/占卜

太玄十卷　（漢）揚雄撰　（清）吳汝綸點勘清宣統二年(1910)衍星社鉛印本　一冊

110000－0102－0025466　　戊/499　　子部/術數類/占卜

太玄十卷　（漢）揚雄撰　（清）吳汝綸點勘清宣統二年(1910)衍星社鉛印本　一冊

110000－0102－0025467　　戊/500　　子部/術數類/占卜

太玄十卷　（漢）揚雄撰　（清）吳汝綸點勘清宣統二年(1910)衍星社鉛印本　一冊

110000－0102－0025468　　戊/501　　子部/術數類/占卜

太玄十卷　（漢）揚雄撰　（清）吳汝綸點勘清宣統二年(1910)衍星社鉛印本　一冊

110000－0102－0025469　　戊/502　　集部/別集類/唐至五代

王子安集十六卷附錄一卷　（唐）王勃撰（明）張燮編　清初刻本　一冊　存十卷(一至十)

110000－0102－0025470　　戊/503　　子部/儒家類/清

漢學商兌三卷　（清）方東樹撰　清刻本三冊

110000－0102－0025471　　戊/504　　子部/雜家類/西洋各派

穆勒名學甲乙丙三部　（英國）穆勒約翰撰嚴復譯　清光緒三十一年(1905)上海金粟齋鉛印本　八冊

110000－0102－0025472　　戊/506　　史部/地理類/雜記

藏事舉要不分卷　胡炳熊撰　清宣統清風橋文茂印局鉛印本　一冊

110000－0102－0025473　　戊/507　　集部/別集類/宋

北山文集二十卷　（宋）鄭剛中撰　清同治永康胡氏退補齋刻金華叢書本　二冊　存八卷(一至八)

110000－0102－0025474　　戊/508　　集部/別集類/宋

香溪集二十二卷　（宋）范浚撰　清同治永康胡氏退補齋刻金華叢書本　二冊　存十二卷(十一至二十二)

110000－0102－0025475　　戊/509　　集部/別集類/遼金元

黃文獻全集十卷補遺一卷附錄一卷　（元）黃溍撰　清同治永康胡氏退補齋刻金華叢書本　四冊　存二卷(九至十)

110000－0102－0025476　　戊/511　　經部/書類/傳說

尚書讀本二卷　（清）吳汝綸點勘　清光緒三十四年(1908)保陽書局鉛印本　二冊

110000－0102－0025477　　戊/512　　經部/書類/傳說

尚書讀本二卷　（清）吳汝綸點勘　清光緒三十四年(1908)保陽書局鉛印本　二冊

110000－0102－0025478　　戊/513　　經部/書類/傳說

尚書讀本二卷　（清）吳汝綸點勘　清光緒三十四年(1908)保陽書局鉛印本　二冊

110000－0102－0025479　戊/514　經部/書類/傳說

尚書讀本二卷　（清）吳汝綸點勘　清光緒三十四年(1908)保陽書局鉛印本　二冊

110000－0102－0025480　戊/515　史部/地理類/山川/川

續浚南湖圖志不分卷附南湖續圖　（清）□□輯　清光緒三十三年(1907)浙江官書局刻本　一冊

110000－0102－0025481　戊/517　集部/別集類/清

篤素堂集鈔三卷　（清）張英撰　尸子二卷（戰國）尸佼撰　清光緒十四年(1888)蔣氏求實齋刻本　一冊

110000－0102－0025482　戊/518　史部/史評類

明史論四卷　（明）谷應泰撰　清刻本　一冊

110000－0102－0025483　戊/522　經部/小學類/文字/說文/傳說

說文段注校三種四卷　（清）劉肇隅編校　清光緒二十八年(1902)長沙葉德輝刻本　一冊

110000－0102－0025484　戊/523　集部/別集類/清

睫巢詩鈔二卷　（清）吳顥撰　清刻本　一冊

110000－0102－0025485　戊/524　集部/曲類/曲別集/傳奇

居官鑑二卷　（清）黃燮清填詞　清光緒七年(1881)刻倚晴樓傳奇本　二冊

110000－0102－0025486　戊/526　史部/傳記類/年譜

左文襄公年譜十卷　羅正鈞編　清光緒二十三年(1897)長沙湘陰左氏刻本　一冊　存一卷(七)

110000－0102－0025487　戊/527　史部/地理類/外紀

遊歷日本圖經三十卷　（清）傅雲龍著　清光緒影印籑喜廬所著書本　一冊　存二卷(二十五至二十六)

110000－0102－0025488　戊/533　經部/易類/傳說

周易本義十四卷　（宋）朱熹撰　清光緒十九年(1893)江南書局重刻本　二冊

110000－0102－0025489　戊/534　經部/易類/傳說

周易程傳八卷　（宋）程頤撰　清光緒九年(1883)江南書局重刻本　三冊

110000－0102－0025490　戊/535　集部/別集類/清

隨村先生遺集六卷　（清）施瑮撰　清宣統二年(1910)上海國學扶輪社石印本　一冊

110000－0102－0025491　戊/536　子部/儒家類

增補五子近思錄詳解十四卷　（清）汪佑編　清刻本　四冊

110000－0102－0025492　戊/537　子部/雜誌類

東遊日報譯編不分卷　（清）華北譯書局編　清光緒二十九年(1903)華北譯書局鉛印本　一冊

110000－0102－0025493　戊/538　集部/別集類/清

安雅堂詩不分卷　（清）宋琬撰　清刻本　一冊

110000－0102－0025494　戊/541　經部/四書類/孟子/傳說

孟子質疑不分卷　（清）施彥士撰　清光緒都門印書局鉛印本　一冊

110000－0102－0025495　戊/542　經部/書類/傳說

寫定尚書不分卷　（清）吳汝綸錄　清光緒十八年(1892)桐城吳氏家塾石印本　一冊

110000－0102－0025496　戊/543　子部/藝

術類/書畫

增補分部書法正傳不分卷 （清）蔣和撰　清光緒八年（1882）京都琉璃廠善成堂刻本　一冊

110000－0102－0025497　戊/544　經部/四書類/大學中庸/傳說

中庸恆解二卷 （清）劉沅輯注　清光緒十年（1884）豫誠堂刻本　二冊

110000－0102－0025498　戊/545　集部/總集類/文/雜錄/課藝

桐城吳氏文法教科書二編　吳闓生編　清宣統元年（1909）上海文明書局鉛印本　一冊

110000－0102－0025499　戊/545－1　集部/總集類/文/雜錄/課藝

桐城吳氏文法教科書二編　吳闓生編　清宣統元年（1909）上海文明書局鉛印本　一冊

110000－0102－0025500　戊/546　子部/藝術類/雜技

七國象棋局不分卷 （宋）司馬光撰　清光緒三十三年（1907）長沙葉氏刻本　一冊

110000－0102－0025501　戊/547　史部/金石類

金石文不分卷 （□）□□撰　清光緒影印餐喜廬所著書本　一冊

110000－0102－0025502　戊/557　子部/宗教類/釋教/經

金剛般若波羅蜜經二卷 （□）□□撰　清同治三年（1864）重刻本　一冊

110000－0102－0025503　戊/558　經部/春秋類/左傳/其它

春秋左氏傳地名補注十二卷 （清）沈欽韓撰　清咸豐刻本　一冊

110000－0102－0025504　戊/560　子部/醫家類/兒婦科方論

婦女衛生學白話不分卷 （日本）山根正次撰　吳啟孫節譯　清末至民國鉛印本　一冊

110000－0102－0025505　戊/561　集部/別

集類/唐至五代

王右丞集四卷 （唐）王維撰　清刻唐四家詩集本　一冊

110000－0102－0025506　戊/563　集部/曲類/曲別集/傳奇

增圖長生殿傳二卷 （清）洪昇填詞　（清）舒鳧論文　清光緒十三年（1887）上海蜚英館石印本　一冊

110000－0102－0025507　戊/574　經部/詩類/傳說

詩傳補義三卷 （清）方宗誠撰　清光緒元年（1875）刻本　一冊

110000－0102－0025508　戊/575　經部/書類/傳說

書傳補義三卷 （清）方宗誠撰　清光緒二年（1876）刻本　一冊

110000－0102－0025509　（戊）/577　子部/雜家類/雜考

鐘山劄記四卷 （清）盧文弨撰　清乾隆五十五年（1790）杭州抱經堂刻抱經堂叢書本　一冊

110000－0102－0025510　戊/578　集部/集評類/詩評/通評

詩比興箋四卷 （清）陳沆撰　清光緒九年（1883）刻本　二冊

110000－0102－0025511　（戊）/579　集部/別集類/清

施愚山先生全集 （清）施閏章撰　清康熙四十七年（1708）宣城施氏刻本乾隆補刻　二冊　存十二卷（別集四卷、外集二卷、遺集六卷）

110000－0102－0025512　（戊）/580　集部/總集類/文/通代/編選

歸餘鈔四卷 （清）高壋鈔　清乾隆五十三年（1788）刻本　八冊

110000－0102－0025513　戊/581　集部/別集類/清

彭文敬公全集三種四十三卷 （清）彭蘊章撰　清同治刻本　十三冊

110000－0102－0025514　戊/582　集部/別集類/清

歸樸龕叢稿續編四卷　（清）彭蘊章撰　清道光二十八年（1848）刻本　一冊

110000－0102－0025515　戊/585　集部/別集類/清

賓萌集五卷外集四卷春在堂雜文二卷續編五卷三編四卷　（清）俞樾撰　清同治刻本　六冊

110000－0102－0025516　戊/586　子部/術數類/占卜

太乙神簽不分卷　題純陽呂祖著　清光緒十四年（1888）刻本　一冊

110000－0102－0025517　（戊）/587　集部/別集類/清

經進文稿六卷　（清）高士奇撰　清康熙刻本　一冊

110000－0102－0025518　戊/589　集部/別集類/漢至隋

陶淵明文集十卷　（晉）陶潛撰　清末至民國石印本　二冊

110000－0102－0025519　戊/591　經部/春秋類/左傳/傳說

春秋左氏傳補注十二卷　（清）沈欽韓撰　清光緒刻功順堂叢書本　二冊

110000－0102－0025520　戊/593　史部/地理類/地圖、圖志

輿圖總論注釋不分卷　（清）謝蘭生撰　清刻謝氏雜著本　一冊

110000－0102－0025521　戊/594　經部/經總類/群經總義/傳說

鄭氏詩箋禮注異義考一卷　（清）桂文燦撰　清咸豐七年（1857）刻南海桂氏經學叢書本　一冊

110000－0102－0025522　戊/595　子部/術數類/相宅相墓

陽齋簡易一卷　（清）葉宣榮撰　清光緒三十一年（1905）桐鄉馮氏刻本　一冊

110000－0102－0025523　戊/596　史部/傳記類/別傳

省身錄六卷　（清）王恕編　清宣統三年（1911）金陵鉛印本　二冊

110000－0102－0025524　戊/597　史部/傳記類/別傳

省身錄六卷　（清）王恕編　清宣統三年（1911）金陵鉛印本　二冊

110000－0102－0025525　戊/598　史部/傳記類/別傳

省身錄六卷　（清）王恕編　清宣統三年（1911）金陵鉛印本　二冊

110000－0102－0025526　戊/599　史部/傳記類/別傳

省身錄六卷　（清）王恕編　清宣統三年（1911）金陵鉛印本　二冊

110000－0102－0025527　戊/600　史部/傳記類/別傳

省身錄六卷　（清）王恕編　清宣統三年（1911）金陵鉛印本　二冊

110000－0102－0025528　戊/601　史部/傳記類/別傳

省身錄六卷　（清）王恕編　清宣統三年（1911）金陵鉛印本　二冊

110000－0102－0025529　戊/604　子部/農家類

種棉五種　（□）□□撰　清光緒北洋官報局石印本　一冊

110000－0102－0025530　戊/613　集部/別集類/清

柳洲遺稿二卷　（清）魏之琇撰　清同治十一年（1872）錢塘丁氏刻本　一冊

110000－0102－0025531　戊/614　集部/別集類/清

冬心先生三體詩一卷　（清）金農撰　清同治、光緒錢唐丁氏當歸草堂刻本　一冊（合訂）

110000－0102－0025532　戊/615　集部/别集類/清

冬心先生自度曲一卷　（清）金農撰　清同治、光緒錢唐丁氏當歸草堂刻本　一冊（合訂）

110000－0102－0025533　戊/616　集部/别集類/清

冬心先生雜著一卷　（清）金農撰　清同治、光緒錢唐丁氏當歸草堂刻本　一冊（合訂）

110000－0102－0025534　戊/617　集部/别集類/清

冬心先生集四卷　（清）金農撰　清同治七年（1868）錢唐丁氏當歸草堂刻本　一冊

110000－0102－0025535　戊/618　集部/别集類/清

冬心先生續集不分卷　（清）金農撰　清光緒八千卷樓重刻本　一冊

110000－0102－0025536　戊/619　集部/别集類/清

冬心集拾遺不分卷　（清）金農撰　清光緒六年（1880）錢唐丁氏當歸草堂刻本　一冊

110000－0102－0025537　戊/620　集部/别集類/清

臨江鄉人集拾遺一卷　（清）吳穎芳撰　清光緒六年（1880）錢唐丁氏當歸草堂刻本　一冊

110000－0102－0025538　戊/621　集部/别集類/清

臨江鄉人詩四卷　（清）吳穎芳撰　清同治十年（1871）錢唐丁氏當歸草堂刻本　一冊

110000－0102－0025539　戊/622　集部/别集類/清

硯林集拾遺一卷附三丁詩文拾遺一卷　（清）丁敬撰　清光緒六年（1880）錢唐丁氏當歸草堂刻本　一冊

110000－0102－0025540　戊/625　子部/藝術類/書畫/書法、碑帖/清

國朝名人手跡第二集　（□）□□撰　清光緒上海有正書局影印本　一冊

110000－0102－0025541　戊/626　史部/傳記類/别傳

省身錄六卷　（清）王恕編　清宣統三年（1911）金陵鉛印本　二冊

110000－0102－0025542　戊/627　史部/傳記類/别傳

省身錄六卷　（清）王恕編　清宣統三年（1911）金陵鉛印本　二冊

110000－0102－0025543　戊/628　史部/傳記類/别傳

省身錄六卷　（清）王恕編　清宣統三年（1911）金陵鉛印本　二冊

110000－0102－0025544　戊/629　史部/傳記類/别傳

省身錄六卷　（清）王恕編　清宣統三年（1911）金陵鉛印本　二冊

110000－0102－0025545　戊/630　史部/傳記類/别傳

省身錄六卷　（清）王恕編　清宣統三年（1911）金陵鉛印本　二冊

110000－0102－0025546　戊/631　史部/傳記類/别傳

省身錄六卷　（清）王恕編　清宣統三年（1911）金陵鉛印本　二冊

110000－0102－0025547　戊/632　史部/傳記類/别傳

省身錄六卷　（清）王恕編　清宣統三年（1911）金陵鉛印本　二冊

110000－0102－0025548　戊/633　史部/傳記類/别傳

省身錄六卷　（清）王恕編　清宣統三年（1911）金陵鉛印本　二冊

110000－0102－0025549　戊/634　史部/傳記類/别傳

省身錄六卷　（清）王恕編　清宣統三年（1911）金陵鉛印本　二冊

110000－0102－0025550　戊/635　史部/傳

記類/別傳

省身錄六卷 （清）王恕編　清宣統三年(1911)金陵鉛印本　一冊　存三卷(四至六)

110000－0102－0025551　戊/636　集部/別集類/清

硯林詩集四卷 （清）丁敬撰　清同治十年(1871)錢唐丁氏當歸草堂刻本　一冊

110000－0102－0025552　戊/639　集部/別集類/清

冬花庵燼餘稿三卷 （清）奚岡撰　清同治十一年(1872)錢唐丁氏當歸草堂刻本　一冊

110000－0102－0025553　戊/642　集部/別集類/清

樊山集二十四卷 樊增祥撰　清光緒十九年(1893)渭南縣署刻本　六冊

110000－0102－0025554　戊/643　集部/別集類/清

樊山續集二十八卷 樊增祥撰　清光緒二十八年(1902)西安刻本　八冊

110000－0102－0025555　戊/644　集部/別集類/清

樊山時文一卷 樊增祥撰　清光緒二十年(1894)渭南縣署刻本　一冊

110000－0102－0025556　戊/646　集部/總集類/文/雜錄/書牘表啟

增廣尺牘句解二集三卷 題少溪氏選注　清光緒三十一年(1905)上海商務印書館鉛印本　一冊　存二卷(卷上中)

110000－0102－0025557　（戊）/648　集部/別集類/清

白茅堂集四十六卷附耳提錄一卷 （清）顧景星撰　清康熙四十三年(1704)定遠淩兆熊刻乾隆二十年(1755)增刻本　二十冊

110000－0102－0025558　戊/649　史部/地理類/方志/地方志

[光緒]沔陽州志十二卷首一卷 （清）葛振元修　（清）楊鉅等纂　清光緒二十年(1894)刻本　二十六冊

110000－0102－0025559　戊/650　集部/別集類/清

越縵堂駢體文四卷附散體文一卷 （清）李慈銘撰　清光緒二十三年(1897)刻虛霩居叢書本　四冊

110000－0102－0025560　戊/651　集部/別集類/清

劉葆真太史遺稿二卷 （清）劉毓麟撰　清宣統二年(1910)刻本　一冊

110000－0102－0025561　戊/652　集部/別集類/清

劉葆真太史遺稿二卷 （清）劉毓麟撰　清宣統二年(1910)刻本　二冊

110000－0102－0025562　戊/653　集部/別集類/清

更生齋文甲集四卷乙集四卷續集二卷 （清）洪亮吉撰　清光緒三年(1877)鄂垣重刻本　三冊

110000－0102－0025563　戊/654　集部/別集類/清

卷施閣文甲集十卷甲集補遺一卷乙集十卷乙集續編一卷 （清）洪亮吉撰　清光緒三年至五年(1877－1879)重刻本　七冊

110000－0102－0025564　戊/657　集部/別集類/民國

盤那室詩存不分卷 （清）張亨嘉撰　清宣統三年(1911)平江蘇氏鉛印本　一冊

110000－0102－0025565　戊/658　集部/別集類/民國

冬暄草堂遺詩二卷 （清）陳豪撰　清宣統三年(1911)刻本　二冊

110000－0102－0025566　戊/659　集部/別集類/清

餐芍華館隨筆二卷 （清）周騰虎撰　清光緒三十一年(1905)長沙陽湖周氏刻本　一冊

110000－0102－0025567　戊/660　集部/別集類/清

餐芍華館遺文三卷 （清）周騰虎撰　清光緒

三十一年(1905)長沙陽湖周氏刻本　一冊

110000－0102－0025568　戊/661　子部/藝術類/書畫

辛丑消夏記五卷　（清）吳榮光撰　清光緒三十一年(1905)邸園刻本　五冊

110000－0102－0025569　戊/662　子部/雜家類/雜考

曉讀書齋雜錄二卷　（清）洪亮吉撰　清光緒三年(1877)授經堂重刻本　二冊

110000－0102－0025570　戊/663　集部/別集類/清

西廬文集四卷補錄一卷　（清）張雋撰　清宣統二年(1910)上海國學扶輪社石印本　二冊

110000－0102－0025571　戊/668　集部/別集類/清

師鄭堂駢文二卷　（清）孫同康撰　清光緒二十一年(1895)刻本　一冊

110000－0102－0025572　戊/675　集部/別集類/清

師伏堂駢文四卷　（清）皮錫瑞撰　清光緒三十年(1904)刻本　二冊

110000－0102－0025573　戊/680　子部/雜家類/西洋各派

哲學要領前編後編　（日本）井上圓了撰（清）羅伯雅譯　清光緒二十八年(1902)上海廣智書局鉛印本　二冊

110000－0102－0025574　戊/681　子部/宗教類/其它

古教彙參三卷　（英國）韋廉臣撰　（清）董樹堂筆　清光緒七年(1881)上海益智書局刻本　三冊

110000－0102－0025575　戊/682　子部/雜家類/西洋各派

理學鉤玄三卷　（日本）中江篤介撰　（清）陳鵬譯　清光緒二十八年(1902)上海廣智書局鉛印本　二冊

110000－0102－0025576　戊/685　集部/總

集類/文/通代

國朝名人小簡二卷　吳曾祺編　清宣統元年(1909)上海商務印書館鉛印本　二冊

110000－0102－0025577　戊/695　集部/別集類

居東集二卷　蔣智由撰　清宣統二年(1910)上海文明書局鉛印本　一冊

110000－0102－0025578　戊/701　史部/目錄類/著錄/題跋及讀書記

東坡題跋二卷　（宋）蘇軾撰　清同治十一年(1872)刻本　一冊　存一卷(上)

110000－0102－0025579　戊/702　子部/藝術類/書畫

山谷題跋三卷　（宋）黃庭堅撰　清同治十一年(1872)刻本　二冊　存二卷(中下)

110000－0102－0025580　戊/705　子部/類書類/類編/通錄

太平廣記五百卷目錄十卷　（宋）李昉等編　清刻本　五十冊　存二百五十二卷(一百六十八至三百三十三、四百十五至五百)

110000－0102－0025581　戊/706　經部/詩類/傳說

詩經八卷　（宋）朱熹集傳　清光緒十六年(1890)桂垣書局刻本　四冊

110000－0102－0025582　戊/707　集部/總集類/文/斷代

章太炎譚復生合鈔　章絳　（清）譚嗣同撰　清宣統二年(1910)上海國學扶輪社鉛印本　五冊

110000－0102－0025583　戊/708　子部/術數類/數學

太玄十卷　（漢）揚雄撰　（清）吳汝綸點勘　清宣統二年(1910)衍星社鉛印本　一冊

110000－0102－0025584　戊/710　經部/春秋類/左傳

左傳評三卷　（清）李文淵撰　清乾隆四十年(1775)潮陽縣衙刻本　一冊

110000－0102－0025585　戊/711　經部/春

秋類/左傳

春秋左傳補注六卷 （清）惠棟撰　清乾隆三十九年(1774)潮陽縣衙刻本　二冊

110000－0102－0025586　戊/717　集部/曲類/曲別集/散曲

喬夢符小令一卷 （元）喬吉撰　（明）李開先編　清刻本　一冊

110000－0102－0025587　戊/720　經部/經總類/群經總義/其它

古微書三十六卷 （明）孫瑴輯　（清）錢熙祚附注　清光緒十五年(1889)上海鴻文書局石印本　四冊

110000－0102－0025588　（戊）/722　史部/政書類/法令

讀律佩觿八卷 （清）王明德輯　清康熙十五年(1676)冷然閣刻本　十冊

110000－0102－0025589　戊/729　經部/易類/傳說

御纂周易折中二十二卷首一卷 （清）李光地等纂　清光緒十四年(1888)江南書局刻本　十冊

110000－0102－0025590　（戊）/730　叢部/彙編叢書

德州田氏叢書十五種 （清）田雯等輯　清康熙至乾隆刻本　十三冊　存八種三十八卷（二學亭文涹四卷、水東草堂詩一卷、鬲津草堂詩六卷、晚香詞三卷、有懷堂文集一卷詩集一卷、西圃文說三卷詩說一卷詞說一卷、硯思集六卷、古歡堂詩集一至十一）

110000－0102－0025591　戊/736　集部/別集類/唐至五代

新雕校證大字白氏諷諫 （唐）白居易撰　清光緒十九年(1893)刻本　一冊

110000－0102－0025592　戊/737　子部/宗教類/釋教

雲棲大師山房雜錄二卷 （明）釋袾宏撰　清光緒二十三年至二十五年(1897－1899)刻雲棲法匯本　二冊

110000－0102－0025593　戊/738　子部/宗教類/釋教

雲棲大師遺稿二卷 （明）釋袾宏撰　清光緒二十三年至二十五年(1897－1899)刻雲棲法匯本　二冊

110000－0102－0025594　戊/739　子部/宗教類/釋教

竹窗隨筆一筆二筆三筆 （明）釋袾宏撰　清光緒二十三年至二十五年(1897－1899)刻雲棲法匯本　三冊

110000－0102－0025595　戊/742　集部/別集類/清

海門詩鈔外集四卷補錄一卷 （清）鮑皋撰　清宣統三年(1911)刻本　二冊

110000－0102－0025596　戊/745　史部/政書類/學制/文化教育

學校管理術不分卷 （日本）能勢榮撰　中國華北譯書局譯　清光緒二十八年(1902)北京華北譯書局鉛印本　一冊

110000－0102－0025597　戊/746　集部/集評類/詩評/詩話

漁洋詩話二卷 （清）王士禛撰　清宣統二年(1910)石印本　一冊

110000－0102－0025598　戊/747　集部/俗文學類/謎語及其它

謎拾二卷 （清）南注生撰　清光緒十九年(1893)刻本　一冊

110000－0102－0025599　戊/749　經部/禮類/禮記/傳說

禮記疏略四十七卷 （清）張沐撰　清康熙四十年(1701)敦臨堂刻本　十二冊

110000－0102－0025600　戊/760　史部/地理類/方志/地方志

[乾隆]江都縣志三十二卷 （清）五格（清）黃湘纂修　清光緒七年(1881)獲嘉劉汝賢刻本　十冊

110000－0102－0025601　戊/761　史部/地理類/方志/地方志

[乾隆]江都縣志三十二卷　（清）五格
（清）黃湘纂修　清光緒七年(1881)獲嘉劉汝
賢刻本　十冊

110000－0102－0025602　戊/767　史部/史
評類/詠史

南唐雜事詩不分卷　（清）孫榕撰　清光緒二
十二年(1896)濟甯孫氏鉛印本　一冊

110000－0102－0025603　戊/770　經部/春
秋類/左傳/傳說

附釋音春秋左傳注疏六十卷校勘記六十卷
（晉）杜預注　（唐）陸德明音義　（唐）孔穎
達疏　清同治十二年(1873)江西書局刻本
三十二冊

110000－0102－0025604　戊/771　集部/總
集類/文/通代/文選

文選六十卷　（南朝梁）蕭統選　（唐）李善注
　清同治八年(1869)金陵書局刻本　十冊

110000－0102－0025605　戊/782　史部/政
書類/法令/律例

新譯日本法規大全　劉崇傑等譯　清光緒三
十三年(1907)上海商務印書館鉛印本　八十
一冊

110000－0102－0025606　戊/783　史部/政
書類/法令

日本法規解字　錢恂　董鴻禕著　清光緒三
十三年(1907)上海商務印書館鉛印本第三版
　一冊

110000－0102－0025607　戊/784　史部/政
書類/法令/律例

新譯日本法規大全　劉崇傑等譯　清光緒三
十三年(1907)上海商務印書館鉛印本　六十
八冊

110000－0102－0025608　戊/790　史部/地
理類/方志/其它

京師坊巷志稿二卷　（清）朱一新撰　清光緒
二十二年(1896)順德龍氏葆真堂刻拙盦叢稿
本　二冊

110000－0102－0025609　戊/793　史

部/政書類

開縣李尚書政書八卷首一卷　（清）李宗羲撰
　清光緒十一年(1885)武昌刻本　五冊

110000－0102－0025610　戊/795　史部/地
理類/方志/地方志

[光緒]江都縣續志三十卷首一卷　（清）謝延
庚修　（清）劉壽曾纂　清光緒十年(1884)刻
本　十二冊

110000－0102－0025611　戊/797　史部/地
理類/方志/地方志

[光緒]續纂句容縣志二十卷首一卷末一卷
（清）張紹棠修　（清）蕭穆纂　清光緒三十年
(1904)刻本　十一冊　存十一卷(一至十一)

110000－0102－0025612　戊/798　史部/地
理類/方志/地方志

[同治]贛州府志七十八卷首一卷　（清）魏瀛
修　（清）魯琪光等纂　清同治十二年(1873)
刻本　三冊　存二十一卷(四十至六十)

110000－0102－0025613　戊/799　史部/地
理類/方志/地方志

[同治]南海縣誌二十六卷首一卷　（清）鄭夢
玉等修　（清）梁紹獻等纂　清同治十一年
(1872)刻本　六冊　存十二卷(一至十二)

110000－0102－0025614　戊/805　經部/易
類/傳說

周易本義四卷　（宋）朱熹撰　清光緒十六年
(1890)桂垣書局刻本　二冊

110000－0102－0025615　戊/806　集部/別
集類/漢至隋

東方大中集一卷　（漢）東方朔撰　（明）張溥
評　清抄本　一冊

110000－0102－0025616　戊/807　集部/別
集類/清

韞山堂時文初集一卷二集二卷　（清）管世銘
撰　清光緒六年(1880)湖南書局刻本　三冊

110000－0102－0025617　戊/808　集部/總
集類/文/通代/編選

古文四象三卷　（清）曾國藩編　清光緒三十

四年(1908)京師趙氏鉛印本　三冊

110000 – 0102 – 0025618　戊/813　經部/小學類/文字/說文

說文新附考六卷續考一卷　(清)鈕樹玉撰　清同治七年(1868)碧螺山館刻本　一冊　存三卷(一至三)

110000 – 0102 – 0025619　戊/815　史部/政書類/法令

審看擬式四卷首一卷末附審看論略　(清)剛毅輯　清光緒二十五年(1899)刻本　四冊

110000 – 0102 – 0025620　戊/819　經部/小學類/文字/字典詞典等

康熙字典十二集檢字一卷辨似一卷等韻一卷備考一卷補遺一卷　(清)張玉書等撰　清刻本　六冊　存二集六卷(申集上中下、酉集上中下)

110000 – 0102 – 0025621　戊/820　子部/子總類/諸子總義

桐城吳先生點勘諸子七種九十一卷　(清)吳汝綸點勘　清宣統二年(1910)衍星社鉛印本　九冊　缺二十卷(荘子十卷、太玄十卷)

110000 – 0102 – 0025622　戊/821　經部/四書類

四書釋地補一卷　(清)閻若璩撰　清嘉慶二十一年(1816)梅陽海涵堂刻本　一冊

110000 – 0102 – 0025623　戊/823　子部/藝術類/書畫/畫法、畫帖

海上名人畫稿不分卷　同文書局編　清光緒十一年(1885)上海同文書局石印本　二冊

110000 – 0102 – 0025624　(戊)/825　集部/別集類/漢至隋

司馬長卿集一卷　(漢)司馬相如撰　(明)汪士賢校　明末刻漢魏六朝百名家全集本　一冊

110000 – 0102 – 0025625　戊/828　集部/別集類/清

樊山集二十四卷　樊增祥撰　清光緒十九年(1893)渭南縣署刻本　六冊

110000 – 0102 – 0025626　戊/829　史部/政書類/法令/律例

欽定大清刑律二編　沈家本等編　清宣統三年(1911)刻本　一冊

110000 – 0102 – 0025627　戊/830　史部/政書類/法令

大清法規大全·教育部大清法規大全·禮制部九卷首一卷大清法規大全·憲政部七卷首一卷　(清)□□撰　清宣統政學社石印本　三冊　七卷(教育部十至十四,憲政部一、首一卷)

110000 – 0102 – 0025628　戊/834　集部/總集類/文/雜錄/書牘表啟

新輯官商近今尺牘　(清)陸寶善撰　清宣統元年(1909)北清書屋石印本第六版　一冊

110000 – 0102 – 0025629　戊/837　史部/傳記類/年譜

左文襄公年譜十卷　羅正鈞纂　清光緒二十三年(1897)長沙湘陰左氏刻本　九冊　缺一卷(七)

110000 – 0102 – 0025630　戊/838　經部/經總類/群經總義

九經今義二十八卷　(清)成本璞撰　清光緒三十一年(1905)長沙湘鄉成氏鉛印通雅齋叢書本　二冊

110000 – 0102 – 0025631　(戊)/839　子部/類書類/類編

潛確居類書一百二十卷　(明)陳仁錫輯　明崇禎刻本　三十一冊　存七十八卷(一至八、二十七至四十五、六十一至一百○六、一百十三至一百十七)

110000 – 0102 – 0025632　戊/847　史部/地理類/地圖、圖志

西藏圖考八卷首一卷　(清)黃佩翹纂　清光緒二十九年(1903)金匱浦氏靜寄東軒石印皇朝藩屬輿地叢書本　四冊　存四卷(五至八)

110000 – 0102 – 0025633　戊/851　子部/類書類/類編/通錄

玉海二百〇四卷 （宋）王應麟撰 清嘉慶十一年（1806）合河康基田江寧藩署刻本 一百二十

110000－0102－0025634 戊/852 史部/地理類/總錄

讀史方輿紀要一百三十卷輿圖要覽四卷（清）顧祖禹撰 清光緒五年（1879）蜀南薛氏桐華書屋刻本 五十冊

110000－0102－0025635 戊/853 史部/地理類/總錄

讀史方輿紀要一百三十卷輿圖要覽四卷（清）顧祖禹撰 清道光三年（1823）刻本 六十冊 存一百二十五卷（一至十三、十六至四十、四十四至四十七、五十至五十六、五十九至一百三十,輿圖四卷）

110000－0102－0025636 戊/854 史部/地理類/總錄

讀史方輿紀要一百三十卷輿圖要覽四卷（清）顧祖禹撰 清光緒五年（1879）蜀南薛氏桐華書屋刻本 二十八冊 存七十五卷（十七至六十二、七十九至一百〇七）

110000－0102－0025637 （戊）/855 史部/紀傳類/斷代

行水金鑑一百七十五卷 （清）傅澤洪撰 清雍正三年（1725）淮揚官署刻本 三十二冊

110000－0102－0025638 戊/856 史部/地理類/水道/總錄

行水金鑑一百七十五卷首圖一卷 （清）傅澤洪撰 清雍正三年（1725）淮揚官署刻本 十八冊 存八十五卷（一至四十、一百三十一至一百七十五）

110000－0102－0025639 戊/857 史部/地理類/水道/總錄

行水金鑑一百七十五卷 （清）傅澤洪撰 清雍正三年（1725）淮揚官署刻後印本 十冊 存四十八卷（八十六至一百三十三）

110000－0102－0025640 戊/859 集部/總集類/文/雜錄/書牘表啟

昭代名人尺牘續集二十四卷 陶湘輯 清宣統三年（1911）天寶石印局影印本 二十四冊

110000－0102－0025641 戊/860 集部/總集類/文/雜錄/書牘表啟

昭代名人尺牘續集二十四卷 陶湘輯 清宣統三年（1911）天寶石印局影印本 十二冊

110000－0102－0025642 戊/861 子部/類書類/類編

子史精華一百六十卷 （清）聖祖玄燁纂 清刻本 四十八冊

110000－0102－0025643 戊/885 子部/譜錄類/草木

植物名實圖考長編二十二卷 （清）吳其濬撰 清光緒六年（1880）山西濬文書局刻本 二十二冊

110000－0102－0025644 戊/888 集部/總集類/詩/斷代/明

弘正四傑詩集四種 （清）張百熙輯 清光緒二十一年（1895）刻本 十二冊

110000－0102－0025645 戊/889 子部/農家類/總錄

農政全書六十卷 （明）徐光啟撰 清同治十三年（1874）山東書局刻本 二十冊

110000－0102－0025646 戊/890 子部/子總類/諸子彙編

子書二十二種 清光緒二十三年（1897）浙江書局刻本 八十三冊

110000－0102－0025647 戊/892 叢部/地方叢書

湖北叢書 （清）趙尚輔輯 清光緒十七年（1891）刻本 一百冊

110000－0102－0025648 戊/893 史部/紀傳類/斷代

二十四史 清光緒二十九年（1903）上海五洲同文書局石印本 六百八十五冊 缺一種（史記）

110000－0102－0025649 （戊）/896 史部/

紀傳類/斷代

晉書一百三十卷 （唐）房玄齡等撰　明萬曆二十四年(1596)刻本清康熙二十五年(1686)重修　十冊　存五十九卷（一至五十九）

110000－0102－0025650　戊/897　史部/紀傳類/斷代

舊五代史一百五十卷目錄二卷附考證 （宋）薛居正等撰　清上海掃葉山房刻本　八冊

110000－0102－0025651　(戊)/898　史部/紀傳類/斷代

後漢書九十卷 （南朝宋）范曄撰　（唐）李賢注　志三十卷　（晉）司馬彪纂　（南朝梁）劉昭注　清初刻十七史本　八冊　存八十三卷（帝紀一至十、列傳八至八十）

110000－0102－0025652　戊/899　史部/史抄類

新舊唐書合鈔二百六十卷首一卷唐書宰相世系表訂譌十二卷 （清）沈炳震撰　清刻本二十冊　存三十五卷（卷二十五至五十九）

110000－0102－0025653　戊/901　史部/編年類/斷代

東華錄 王先謙輯　清光緒刻本　一百六十冊（十六夾）

110000－0102－0025654　戊/902　史部/編年類/斷代

東華錄 王先謙輯　清光緒二十五年(1899)石印本　六十四冊

110000－0102－0025655　戊/903　史部/編年類/斷代

東華續錄 王先謙編　清光緒二十四年(1898)文瀾書局石印本　二十四冊

110000－0102－0025656　(戊)/904　子部/類書類

淵鑑類函四百五十卷目錄四卷 （清）張英等纂修　清康熙四十九年(1710)揚州詩局刻本　一百四十冊

110000－0102－0025657　戊/905　子部/類書類

淵鑑類函 （清）張英等纂　清光緒十八年(1892)上海同文書局石印本　四十八冊

110000－0102－0025658　戊/906　子部/類書類

古香齋新刻袖珍淵鑑類函四百五十卷目錄四卷 （清）張英等纂　清光緒南海孔氏嶽雪樓刻本　四冊　存十卷（一百九十六至一百九十七、二百至二百〇四、二百〇八至二百十）

110000－0102－0025659　戊/907　史部/政書類/詔令奏議/奏議

魏鄭公諫錄四卷 （唐）魏徵撰　清光緒五年(1879)刻畿輔叢書初編本　一冊

110000－0102－0025660　戊/908　集部/別集類/唐至五代

魏鄭公文集三卷 （唐）魏徵撰　清光緒五年(1879)刻畿輔叢書初編本　一冊

110000－0102－0025661　戊/909　集部/別集類/宋

忠肅集二十卷 （宋）劉摯撰　清光緒五年(1879)刻畿輔叢書初編本　四冊

110000－0102－0025662　戊/910　集部/別集類/遼金元

靜修文集十二卷 （元）劉因撰　清光緒五年(1879)刻畿輔叢書初編本　四冊

110000－0102－0025663　戊/911　經部/禮類/周禮/傳說

周禮正義四十二卷 （漢）鄭玄注　（唐）陸德明音義　清光緒二十年(1894)金陵書局重刻本　六冊

110000－0102－0025664　(戊)/912　子部/雜家類/雜考

日知錄三十二卷 （清）顧炎武撰　清康熙三十四年(1695)閩中潘未遂初堂刻本　十冊

110000－0102－0025665　戊/913　經部/小學類/音韻

佩文詩韻釋要五卷 （清）周兆基撰　清宣統三年(1911)上海商務印書館石印本　四冊

110000－0102－0025666　戊/916　子部/雜家類/西洋各派

知識五門不分卷　（英國）慕維廉撰　清光緒十三年(1887)益智書局刻本　一冊

110000－0102－0025667　戊/925　經部/易類/傳說

周易注疏十三卷附周易音義校勘記　（三國魏）王弼注　（唐）孔穎達疏　（唐）陸德明音義　清刻本　三冊　存四卷(六至九)

110000－0102－0025668　戊/926　經部/書類/傳說

欽定書經傳說彙纂二十一卷首二卷書序一卷　（清）王頊齡等纂　清光緒十四年(1888)江南書局刻本　七冊　存十二卷(三至五、八至十五、二十一,書序一卷)

110000－0102－0025669　戊/927　經部/書類/傳說

欽定書經傳說彙纂二十一卷首二卷書序一卷　（清）王頊齡等纂　清光緒十四年(1888)江南書局刻本　三冊　存六卷(十二至十五、二十一,書序一卷)

110000－0102－0025670　戊/929　史部/地理類/方志/地方志

[光緒]永平府志七十二卷首一卷末一卷　(清)游智開修　（清）史夢蘭纂　清光緒五年(1879)刻本　二十四冊　存七十三卷(一至七十二、末一卷)

110000－0102－0025671　戊/930　史部/傳記類/年譜

成山老人自撰年譜六卷附錄一卷　（清）唐炯編　唐堅續編　清宣統二年(1910)京師鉛印本　一冊　存四卷(一至四)

110000－0102－0025672　戊/937　史部/地理類/總錄

京師通各省會城道里記不分卷　（清）佚名撰　清江楚書局刻本　一冊

110000－0102－0025673　(戊)/938　史部/紀傳類/斷代

[乾隆]柏鄉縣志十卷首一卷　（清）鍾賡華纂修　清乾隆三十二年(1767)刻本　六冊

110000－0102－0025674　戊/939　集部/別集類/清

李文忠公朋僚函稿二十卷　（清）李鴻章撰　（清）吳汝綸編　清光緒八年(1882)刻本　十冊

110000－0102－0025675　戊/943　史部/紀傳類/斷代

欽定遼史語解十卷　（清）高宗弘曆敕撰　清光緒四年(1878)江蘇書局刻本　一冊

110000－0102－0025676　戊/944　史部/紀傳類/斷代

欽定元史語解二十四卷　（清）高宗弘曆敕撰　清光緒四年(1878)江蘇書局刻本　四冊

110000－0102－0025677　戊/948　史部/地理類/方志/地方志

[光緒]上虞縣志校續五十卷首一卷末一卷　(清)儲家藻修　（清）徐致靖纂　清刻本　四冊　存十三卷(二十至三十二)

110000－0102－0025678　戊/949　子部/雜家類/雜纂

策學備纂三十二卷首一卷　（清）吳潁炎等纂　清光緒十三年(1887)上海點石齋石印本　二十四冊　存二十五卷(七至三十一)

110000－0102－0025679　戊/950　經部/四書類/總義/傳說

四書反身錄八卷　（清）李顒撰　（清）王心敬輯　清浙江書局刻本　四冊

110000－0102－0025680　戊/951　史部/別史、雜史類

剡川姚氏本戰國策三十二卷劄記三卷　（漢）高誘注　（宋）姚宏校正　（清）黃丕烈劄記　清同治八年(1869)湖北崇文書局刻本　五冊

110000－0102－0025681　戊/963　集部/集評類/總評/文學史

中國文學教科書第一冊　劉師培撰　清光緒三十二年(1906)國學保存會鉛印本　一冊

110000－0102－0025682　戊/976　集部/總集類/文/雜錄/課藝

最新高等小學國文教科書第四冊　蔣維喬高鳳謙　張元濟編　清宣統元年（1909）上海商務印書館鉛印本第六版　一冊

110000－0102－0025683　戊/980　叢部/彙編叢書

文選樓叢書　（清）阮亨輯　清道光三年（1823）刻本　六十八冊

110000－0102－0025684　戊/981　集部/總集類/文/通代

全上古三代秦漢三國六朝文　（清）嚴可均校輯　清刻本　一百冊

110000－0102－0025685　戊/982　集部/總集類/文/斷代/唐至五代

欽定全唐文一千卷首四卷　（清）董誥等輯清刻本　一百九十九冊　缺一卷（總目一）

110000－0102－0025686　戊/984　經部/經總類/群經總義/傳說

十三經注疏　清同治十年（1871）廣東書局重刻本　一百五十四冊

110000－0102－0025687　戊/985　經部/經總類/群經總義/傳說

重刊宋本十三經注疏附校勘記　（唐）孔穎達輯　（清）阮元撰校勘記　清同治十三年（1874）湖南書局刻本　一百三十五冊

110000－0102－0025688　戊/986　經部/經總類/群經總義/傳說

重刊宋本十三經注疏附校勘記　（唐）孔穎達輯　（清）阮元撰校勘記　清同治十三年（1874）湖南書局刻本　十六冊　存四種（孝經注疏九卷、論語注疏解經二十卷、孟子注疏解經十四卷、爾雅疏十卷）

110000－0102－0025689　戊/987　經部/經總類/群經總義/文字音義

十一經音訓十一種　（清）楊國楨撰　清光緒三年（1877）湖北崇文書局刻本　二十六冊

110000－0102－0025690　戊/988　經部/禮類/周禮/傳說

周官箋六卷　王闓運撰　清光緒二十二年（1896）東洲講舍刻湘綺樓全書本　六冊

110000－0102－0025691　戊/989　經部/禮類/禮記/傳說

禮記箋四十六卷　王闓運撰　清光緒二十二年（1896）東洲講舍刻湘綺樓全書本　十冊

110000－0102－0025692　戊/990　經部/經總類/群經總義

九經今義二十八卷　（清）成本璞撰　清長沙刻通雅齋叢書本　四冊

110000－0102－0025693　戊/991　經部/經總類/群經總義

九經今義二十八卷　（清）成本璞撰　清長沙刻通雅齋叢書本　四冊

110000－0102－0025694　戊/993　經部/經總類/群經總義

宋本十三經注疏附校勘記十三種四百十六卷　（清）阮元撰　（清）盧宣旬摘錄　清光緒十三年（1887）上海脈望仙館石印本　三十二冊　缺一種十八卷（孝經注疏九卷、校勘記九卷）

110000－0102－0025695　戊/994　經部/經總類/群經總義

宋本十三經注疏附校勘記十三種四百十六卷　（清）阮元撰　（清）盧宣旬摘錄　清光緒十三年（1887）上海脈望仙館石印本　二十四冊　缺三種四十九卷（周易兼義九卷、附釋音尚書注疏二十卷、附釋音毛詩注疏二十卷）

110000－0102－0025696　戊/995　集部/總集類/文/通代

漢魏六朝百三名家集不分卷　（明）張溥編清光緒五年（1879）刻本　九十六冊

110000－0102－0025697　戊/996　經部/經總類/群經總義/傳說

重刊宋本十三經注疏附校勘記　清道光六年（1826）刻本　九十一冊

110000－0102－0025698　戊/997　經部/書

類/傳說

書經集傳六卷首末各一卷 （宋）蔡沈撰　清同治十三年(1874)湖南書局刻本　三冊

110000－0102－0025699　戊/998　經部/經總類/群經總義/傳說

重刊宋本十三經注疏附校勘記十三種四百十六卷 （清）阮元撰　（清）盧宣旬摘錄　清嘉慶二十年至二十一年(1815－1816)江西南昌府學刻本　十九冊

110000－0102－0025700　戊/999　經部/禮類/禮記/傳說

禮記集說十卷 （元）陳澔撰　清同治五年(1866)金陵書局刻本　十冊

110000－0102－0025701　戊/1000　經部/禮類/禮記/傳說

欽定禮記義疏八十二卷首一卷 （清）鄂爾泰等撰　清光緒十四年(1888)江南書局刻本　三十二冊

110000－0102－0025702　戊/1000－1　經部/禮類/儀禮/傳說

欽定儀禮義疏 （清）鄂爾泰等撰　清光緒十四年(1888)江南書局刻本　二八冊

110000－0102－0025703　戊/1000－2　經部/書類/傳說

欽定書經傳說彙纂二十一卷首二卷 （清）王頊齡等撰　清光緒十四年(1888)江南書局刻本　十二冊

110000－0102－0025704　（戊）/1001　經部/禮類/儀禮/傳說

儀禮注疏十七卷 （漢）鄭玄注　（唐）賈公彥疏　明萬曆二十一年(1593)北京國子監刻十三經注疏本　六冊

110000－0102－0025705　（戊）/1001　經部/詩類/傳說

春秋公羊傳注疏二十八卷 （漢）何休注　（唐）徐彥疏　明萬曆二十一年(1593)北京國子監刻十三經注疏本　六冊

110000－0102－0025706　（戊）/1001　經部/

詩類/傳說

毛詩注疏二十卷 （漢）鄭玄箋　（唐）孔穎達疏　明萬曆十七年(1589)北京國子監刻十三經注疏本　六冊　存十二卷(一至九、十三至十五)

110000－0102－0025707　戊/1002　經部/詩類/傳說

欽定詩經傳說彙纂二十一卷首二卷詩序二卷 （清）王鴻緒等撰　清同治七年(1868)浙江刻本　十六冊

110000－0102－0025708　戊/1002－1　經部/易類/傳說

御纂周易折中二十二卷首一卷 （清）李光地等修　清同治六年(1867)浙江刻御纂七經本　十冊

110000－0102－0025709　（戊）/1003　史部/政書類/詔令奏議/奏議

歷代名臣奏議三百十九卷目錄一卷 （明）黃淮　（明）楊士奇合編　（明）張溥刪正　明崇禎八年(1635)刻本　八十冊

110000－0102－0025710　戊/1004　史部/政書類/詔令奏議/奏議

歷代名臣奏議三百二十卷 （明）楊士奇等輯　清刻本　一百〇九冊

110000－0102－0025711　戊/1005　史部/傳記類/人表

史姓韻編六十四卷 （清）汪輝祖輯　（清）馮澤夫重校　清光緒十年(1884)慈溪馮澤夫耕餘樓鉛印本　十六冊

110000－0102－0025712　戊/1007　集部/小說類

繪圖歷代神仙傳二十四卷　清宣統元年(1909)上海掃葉山房石印本　八冊

110000－0102－0025713　戊/1011　子部/宗教類/道教

刻天仙正理直論增注不分卷 （明）伍守陽（明）伍守虛撰　清石印本　一冊

110000－0102－0025714　戊/1012　史部/政

書類/邦計/漕運

鄂省丁漕指掌十卷 （清）林遠村等撰　清光緒元年(1875)刻本　十冊

110000－0102－0025715　戊/1015　史部/政書類/邦計

調查湖北南洋勸業會報告書不分卷　（清）楊汝梅等撰　清宣統二年(1910)廣雅書局鉛印本　一冊

110000－0102－0025716　戊/1017　史部/政書類/邦計

中國度支考不分卷　（英國）哲美森編輯（美國）林樂知譯　清光緒二十二年(1896)鉛印本　一冊

110000－0102－0025717　戊/1018　史部/政書類/文牘檔冊

農安縣戊巳政治報告書十卷　壽鵬飛輯　清宣統二年(1910)吉林官書局鉛印本　四冊

110000－0102－0025718　戊/1019　史部/政書類/文牘檔冊

吉林調查局文報初編　何壽朋輯　清宣統二年(1910)吉林官書局鉛印本　三冊

110000－0102－0025719　戊/1022　集部/總集類/詩/通代

漁洋山人古詩選三十二卷　（清）王士禎選清同治七年(1868)湘鄉曾氏重刻本　四冊存十七卷(五言詩)

110000－0102－0025720　戊/1023　集部/總集類/詩/通代

五七言今體詩鈔十八卷　（清）姚鼐輯　清嘉慶十三年(1808)續溪程氏刻本　二冊　存九卷(一至九)

110000－0102－0025721　戊/1025　史部/政書類/職官/政紀

庸吏庸言二卷　（清）劉衡撰　清同治九年(1870)湖南省藩署刻本　一冊

110000－0102－0025722　戊/1026　史部/史評類/論事

讀通鑑綱目劄記二十卷附年譜一卷　（清）章

邦元撰　清光緒十八年(1892)刻本　八冊缺三卷(一至三)

110000－0102－0025723　戊/1030　集部/別集類/清

曾惠敏公文集五卷　（清）曾紀澤撰　清末至民國鉛印本　一冊

110000－0102－0025724　戊/1031　集部/別集類/清

曾文正公雜著二卷　（清）曾國藩撰　**曾文正公大事記四卷**　（清）王定安撰　清光緒二十八年(1902)耕餘書屋石印本　一冊

110000－0102－0025725　戊/1033　集部/別集類/清

擬兩晉南北史樂府二卷　（清）洪禮吉撰　清光緒三年(1877)陽湖洪氏授經堂重刻本一冊

110000－0102－0025726　戊/1034　史部/政書類/邦計

中國財政紀略不分卷　（日本）東邦協會纂吳銘譯　清光緒二十八年(1902)上海廣智書局鉛印本　一冊

110000－0102－0025727　戊/1036　史部/傳記類/總傳/通錄/地方

巴陵人物志十五卷　（清）杜貴墀撰　清光緒二十八年(1902)刻本　二冊

110000－0102－0025728　戊/1039　子部/雜家類

鄭齋芻論不分卷　孫雄撰　清光緒石印師鄭所著書本　一冊

110000－0102－0025729　戊/1043　史部/政書類/軍政/防務

借箸籌防論略不分卷附炮概淺說　（德國）來春石泰撰　清光緒二十一年(1895)金陵刻本一冊

110000－0102－0025730　戊/1044　史部/政書類/邦計

東陲芻議不分卷　劉瑩澤撰　清宣統二年(1910)鉛印本　一冊

110000－0102－0025731　戊/1046　史部/政書類/職官/官箴

自治官書偶存三卷　（清）劉子英撰　清光緒二十四年（1898）刻本　三冊

110000－0102－0025732　戊/1047　史部/政書類/文牘檔冊

救濟文牘六卷　不著撰人　清光緒三十三年（1907）蘇省刷印局鉛印本　四冊

110000－0102－0025733　戊/1048　子部/雜家類/雜述

籌國芻言二卷　（清）劉次源撰　清宣統二年（1910）金城石印本　二冊

110000－0102－0025734　戊/1050　史部/政書類/儀制

盛京典制備考八卷首一卷　（清）崇厚輯　清光緒四年（1878）刻本　五冊　存七卷（二至八）

110000－0102－0025735　戊/1054　集部/別集類/清

劉武慎公遺書二十五卷　（清）劉長佑撰　清光緒二十六年（1900）鉛印本　三冊　存二卷（二十三、二十五）

110000－0102－0025736　戊/1055　集部/別集類/清

隱盦詩集三卷　（清）陳兆奎撰　清末刻本　一冊

110000－0102－0025737　戊/1060　史部/別史、雜史類

剡川姚氏本戰國策三十三卷劄記三卷　（漢）高誘注　（宋）姚宏校正　（清）黃丕烈劄記　清光緒二十二年（1896）上海鴻寶齋石印本　四冊

110000－0102－0025738　戊/1061　史部/政書類/詔令奏議/奏議

李肅毅伯奏議二十卷　（清）李鴻章撰　（清）章洪鈞　（清）吳汝綸編輯　清光緒二十五年（1899）上海鴻文書局石印本　二十冊

110000－0102－0025739　戊/1064　經部/四書類/論語/傳說

論語注疏解經二十卷附校勘記　（三國魏）何晏集解　（宋）邢昺疏　清同治十三年（1874）湖南書局刻本　二冊　存十三卷（一至十三）

110000－0102－0025740　戊/1067　子部/雜家類/西洋各派

佐治芻言　（英國）傅蘭雅口譯　（清）應祖錫筆述　清光緒二十四年（1898）湖南實學書局刻本　三冊

110000－0102－0025741　戊/1069　史部/政書類/邦計

光緒會計表四卷　（清）劉嶽雲編　清光緒二十七年（1901）教育世界社石印本　四冊

110000－0102－0025742　戊/1072　史部/地理類/方志/地方志

[道光]直隸定州志二十二卷首一卷　（清）寶琳　（清）勞沅恩纂修　清道光二十九年（1849）刻本　十二冊

110000－0102－0025743　戊/1081　集部/小說類

安祿山事蹟三卷　（唐）姚汝能撰　清宣統三年（1911）葉德輝觀古堂刻本　一冊

110000－0102－0025744　戊/1088　子部/宗教類/釋教/經

彌陀經疏鈔演義定本四卷　（清）釋古德撰　（清）釋智願定本　清末刻本　四冊

110000－0102－0025745　戊/1089　史部/政書類/邦計/雜錄

試辦遷旗實邊報告初編　金梁編　清宣統鉛印本　一冊

110000－0102－0025746　戊/1090　子部/天文地理類/其它

井礦工程三卷　（英國）白爾捺輯　（英國）傅蘭雅口譯　（清）趙元益筆述　清刻本　二冊

110000－0102－0025747　戊/1091　子部/天文地理類/其它

冶金錄三卷　（美國）阿發滿撰　（英國）傅蘭雅　（清）趙元益合譯　清刻本　二冊

110000－0102－0025748　戊/1095　史部/傳記類/日記

求闕齋日記類鈔二卷　（清）曾國藩撰　（清）王啟原輯　清光緒二年(1876)傳忠書局刻本　二冊

110000－0102－0025749　戊/1096　史部/傳記類/總傳/專錄/仕宦

歷代循吏傳八卷　（清）朱軾　（清）蔡世遠輯　（清）張福昶纂　清光緒二十三年(1897)高安朱衡刻本　四冊

110000－0102－0025750　戊/1097　史部/傳記類/總傳/專錄/仕宦

歷代名儒傳八卷　（清）朱軾　（清）蔡世遠輯　（清）張福昶纂　清光緒二十三年(1897)高安朱衡刻本　四冊

110000－0102－0025751　戊/1101　子部/天文地理類/其它

鑄錢工藝三卷　（英國）傅蘭雅　（清）鍾天緯合譯　清光緒鉛印本　二冊

110000－0102－0025752　戊/1102　子部/天文地理類/其它

煉石編三卷補編一卷　（英國）亨利黎特撰　舒高第　（清）鄭昌棪合譯　（美國）極爾牧撰補編　清鉛印本　二冊

110000－0102－0025753　戊/1103　子部/天文地理類/其它

開煤要法十二卷　（英國）士密德輯　（英國）傅蘭雅　（清）王德均合譯　清刻本　二冊

110000－0102－0025754　戊/1104　子部/天文地理類/其它

銀礦指南　（美國）亞倫撰　（英國）傅蘭雅　（清）應祖錫合譯　清刻本　一冊

110000－0102－0025755　戊/1105　集部/別集類/宋

山谷詩內集注二十卷　（宋）黃庭堅撰　清光緒二年(1876)刻本　二冊　存二卷(一至二)

110000－0102－0025756　戊/1106　集部/別集類/宋

山谷外集詩注十七卷　（宋）黃庭堅撰　（宋）史容注　清光緒二年(1876)刻本　四冊　存七卷(一、四至五、十四至十七)

110000－0102－0025757　戊/1107　集部/別集類/宋

山谷別集詩注二卷　（宋）黃庭堅撰　（宋）史容注　清光緒二年(1876)刻本　一冊　存卷下

110000－0102－0025758　戊/1108　史部/政書類/法令/律例

刑案匯覽六十卷首一卷末一卷拾遺備考一卷續編十六卷　（清）祝慶祺編　清道光二十四年(1844)金毅園重刻本　八十冊

110000－0102－0025759　戊/1109　叢部/自著叢書/清中晚期

海山仙館叢書　（清）潘仕成輯　清刻本　一百五十七冊

110000－0102－0025760　戊/1110　史部/地理類/水道/總錄

水經注四十卷首一卷　（漢）桑欽撰　（北魏）酈道元注　王先謙校　清光緒十八年(1892)長沙王氏思賢講舍刻本　十六冊

110000－0102－0025761　戊/1147　史部/政書類/詔令奏議/奏議

左文襄公奏稿六十四卷　（清）左宗棠撰　清光緒十六年(1890)刻本　七十七冊

110000－0102－0025762　戊/1148　史部/政書類/詔令奏議/奏議

左文襄公奏稿初編三十八卷　（清）左宗棠撰　清光緒二十八年(1902)上海古香閣石印本　四冊

110000－0102－0025763　戊/1149　史部/別史、雜史類

涑水記聞十六卷補遺一卷　（宋）司馬光撰　清光緒三年(1877)湖北崇文書局刻本　四冊

110000－0102－0025764　戊/1150　史部/地理類/水道/總錄

水經注　（北魏）酈道元撰　清光緒三年

（1877）湖北崇文書局刻本　十二冊

110000－0102－0025765　戊/1151　子部/子總類/諸子彙編

子書百家　（清）湖北崇文書局輯　清光緒元年（1875）湖北崇文書局刻本　五十一冊

110000－0102－0025766　戊/1153　經部/禮類/儀禮/傳說

欽定儀禮義疏四十八卷　（清）高宗弘曆撰　清刻本　一冊　存二卷（十至十一）

110000－0102－0025767　戊/1154　經部/禮類/周禮/傳說

欽定周官義疏四十八卷首一卷　（清）鄂爾泰撰　清刻本　六冊　存七卷（三十至三十六）

110000－0102－0025768　戊/1155　經部/禮類/禮記/傳說

欽定禮記義疏八十二卷首一卷　（清）鄂爾泰等撰　清刻本　十八冊　存三十七卷（四至九、二十至二十四、二十七至三十七、六十六至六十七、七十至八十二）

110000－0102－0025769　戊/1155－1　經部/禮類/禮記/傳說

欽定禮記義疏八十二卷首一卷　（清）鄂爾泰等纂　清刻本　一冊　存二卷（二十七至二十八）

110000－0102－0025770　戊/1156　史部/政書類/文牘檔冊

曾文正公批牘六卷　（清）曾國藩撰　清光緒二年（1876）傳忠書局刻本　六冊

110000－0102－0025771　戊/1157　史部/政書類/文牘檔冊

曾文正公批牘六卷　（清）曾國藩撰　清光緒二年（1876）傳忠書局刻本　六冊

110000－0102－0025772　戊/1158　集部/別集類/清

曾文正公書劄三十三卷　（清）曾國藩撰（清）李瀚編次　清光緒二年（1876）傳忠書局刻本　十六冊

110000－0102－0025773　戊/1159　集部/別集類/清

曾文正公奏稿三十卷　（清）曾國藩撰　（清）李瀚編次　清光緒二年（1876）傳忠書局刻本　三十冊

110000－0102－0025774　戊/1166　史部/政書類/詔令奏議/奏議

曾文正公奏稿三十卷　（清）曾國藩撰　（清）李瀚編次　清光緒二年（1876）傳忠書局刻本　四十冊

110000－0102－0025775　戊/1167　集部/別集類/清

曾文正公詩集三卷　（清）曾國藩撰　清光緒二年（1876）傳忠書局刻本　一冊

110000－0102－0025776　戊/1168　集部/別集類/清

曾文正公詩集四卷　（清）曾國藩撰　清同治十二年（1873）跋刻本　一冊

110000－0102－0025777　戊/1169　史部/傳記類/日記

曾文正公手書日記　（清）曾國藩撰　清宣統元年（1909）上海中國圖書公司影印本　三十冊

110000－0102－0025778　戊/1171　史部/目錄類/著錄/叢書目錄/總目

欽定四庫全書總目二百卷首一卷　（清）紀昀等纂修　清刻本　一冊　存二卷（三至四）

110000－0102－0025779　戊/1172　史部/地理類/雜記

欽定滿洲源流考二十卷　（清）阿桂等撰　清光緒三十年（1904）中西書局石印本　四冊

110000－0102－0025780　戊/1173　史部/地理類/方志/總志

大清一統志五百卷　（清）鄂爾泰等撰　清光緒二十七年（1901）上海石印本　五十七冊　存四百〇五卷（一至一百九十六、二百〇三至二百九十、二百九十七至四百〇三、四百十一至四百二十四）

110000 – 0102 – 0025781　戊/1175　子部/雜家類/雜纂

經史百家雜鈔二十六卷　（清）曾國藩輯　清光緒三十二年(1906)上海商務印書館鉛印本　十二冊

110000 – 0102 – 0025782　戊/1176　子部/雜家類/雜纂

經史百家雜鈔二十六卷　（清）曾國藩輯　清光緒三十二年(1906)上海商務印書館鉛印本　十一冊　缺二卷(十六至十七)

110000 – 0102 – 0025783　戊/1177　集部/別集類/清

仲子詩前集　（清）余憺撰　清末至民國石印本　一冊

110000 – 0102 – 0025784　戊/1209　史部/傳記類/日記/清代

復堂日記八卷　（清）譚獻撰　清光緒十三年(1887)刻本　七冊

110000 – 0102 – 0025785　戊/1215　集部/別集類/宋

朱文公問答全集　（宋）朱熹撰　清刻本　八冊

110000 – 0102 – 0025786　戊/1216　子部/兵家類

京師陸軍小學堂軍事教科書　（清）□□撰　清末鉛印本　一冊　存四卷(五至八)

110000 – 0102 – 0025787　戊/1217　史部/政書類/法令/其它

最近國際成文條規　（□）□□編　清末至民國抄本　一冊

110000 – 0102 – 0025788　戊/1218　子部/兵家類

奧國百祿槍筒廠新制堅鋼槍筒　百祿槍筒廠編　清末鉛印本　一冊

110000 – 0102 – 0025789　戊/1220　史部/政書類/邦計

小學教育富國學問答　（清）陳幹生撰　清光緒二十八年(1902)上海商務印書館鉛印本　一冊

110000 – 0102 – 0025790　戊/1232　史部/政書類/邦計

小學教育富國學問答　（清）陳幹生撰　清光緒二十八年(1902)上海商務印書館鉛印本　一冊

110000 – 0102 – 0025791　（戊）/1236　經部/經總義/傳說

通志堂經解　（清）納蘭成德輯　清康熙京師通志堂刻本　五百冊(五十函)

110000 – 0102 – 0025792　戊/1241　史部/地理類/方志

[同治]畿輔通志　（清）李鴻章等修　清宣統二年(1910)北洋官報兼印刷局石印本　二百二十冊

110000 – 0102 – 0025793　戊/1242　史部/地理類/方志

[同治]畿輔通志　（清）李鴻章等修　清宣統二年(1910)北洋官報兼印刷局石印本　九十九冊

110000 – 0102 – 0025794　戊/1243　史部/地理類/方志

[同治]畿輔通志　（清）李鴻章等修　清宣統二年(1910)北洋官報兼印刷局石印本　一百五十二冊

110000 – 0102 – 0025795　戊/1296　史部/地理類/方志/地方志

[同治]蘇州府志一百五十卷首三卷金石目一卷　（清）李銘皖等修　清同治元年至光緒九年(1862 – 1883)江蘇書局刻本　三十冊　存五十五卷(一至二十四、一百二十至一百五十)

110000 – 0102 – 0025796　戊/1297　集部/別集類/宋

朱子文集大全類編　（宋）朱熹撰　清乾隆采芝山房刻本　十八冊

110000 – 0102 – 0025797　戊/1298　史部/地理類/總錄

天下郡國利病書一百二十卷　（清）顧炎武撰
清光緒五年(1879)蜀南桐華書屋薛氏家塾
刻本　五十冊　存六十六卷（五十五至一百
二十）

110000－0102－0025798　戊/1299　史部/地
理類/總錄

天下郡國利病書一百二十卷　（清）顧炎武撰
清道光十一年(1831)錦里龍萬育敷文閣刻
本　六十四冊

110000－0102－0025799　戊/1303　史部/地
理類/總錄

天下郡國利病書一百二十卷　（清）顧炎武撰
清刻本　八冊　存二十五卷（六十八至九
十、一百十九至一百二十）

110000－0102－0025800　戊/1304　史部/目
錄類/著錄/叢書目錄/總目

欽定四庫全書總目　（清）紀昀等編　清光緒
二十一年(1895)刻本　一百十三冊

110000－0102－0025801　戊/1305　史部/地
理類/水道/河

南河成案續編　（清）佚名編　清刻本　九十
四冊

110000－0102－0025802　（戊)/1306　史部/
地理類/總錄

天下山河兩戒考十四卷圖一卷　（清）徐文靖
撰　清雍正元年(1723)刻本　三冊

110000－0102－0025803　戊/1307　史部/外
國史類

萬國國力比較二十三卷附表　（英國）默爾化
撰　出洋學生編輯所譯　清光緒二十八年
(1902)上海商務印書館鉛印政學叢書本
六冊

110000－0102－0025804　戊/1308　史部/政
書類/法令/律例

律例便覽不分卷　（清）□□編　清同治八年
(1869)刻本　四冊

110000－0102－0025805　戊/1309　史部/政
書類/軍政

軍隊演說集不分卷　（日本）玄淨編　楊子玉
譯　清末至民國抄本　二冊

110000－0102－0025807　戊/1311　子部/兵
家類

支隊戰術不分卷　（□）□□撰　清末至民國
鉛印本　一冊

110000－0102－0025808　戊/1312　子部/兵
家類

混成協戰術不分卷　（□）□□撰　清末至民
國鉛印本　一冊

110000－0102－0025809　戊/1313　史部/政
書類/軍政

陸軍部統計附則表式不分卷　（清）陸軍部編
清末至民國鉛印本　一冊

110000－0102－0025810　戊/1314　史部/地
理類/總錄

地學淺釋三十八卷　（英國）雷俠兒撰　（美
國）瑪高温口譯　（清）華蘅芳筆述　清同治
十二年(1873)江南製造局刻本　八冊

110000－0102－0025811　戊/1315　史部/政
書類/文牘檔冊

李文忠公電稿四十卷　（清）李鴻章撰　（清）
吳汝綸編錄　清光緒三十四年(1908)金陵刻
本　二十六冊

110000－0102－0025812　戊/1318　史部/金
石類/石

瘞鶴銘考補一卷校勘記一卷　（清）翁方綱撰
清光緒三十四年(1908)刻本　一冊

110000－0102－0025813　戊/1319　史部/金
石類/石

瘞鶴銘考補一卷校勘記一卷　（清）翁方綱撰
清光緒三十四年(1908)刻本　一冊

110000－0102－0025814　戊/1322　史部/地
理類/方志/地方志

[光緒]平鄉縣志十二卷　（清）吳沂等撰　清
光緒十二年(1886)刻本　四冊

110000－0102－0025815　戊/1323　史部/目

錄類/著錄/學術總目

書目答問不分卷附輶軒語 （清）張之洞撰
清光緒三年（1877）刻本　三冊

110000－0102－0025816　戊/1325　史部/目
錄類/著錄/學科專目/經籍

補晉書經籍志四卷 （清）吳士鑒撰　清光緒
二十一年（1895）刻本　一冊

110000－0102－0025817　戊/1326　史部/目
錄類/收藏/私藏/清

藏書十約不分卷　葉德輝撰　清宣統三年
（1911）長沙葉氏觀古堂刻本　一冊

110000－0102－0025818　戊/1335　子部/兵
家類

哈乞開司槍圖說四卷　清光緒十八年（1892）
天津石印本　一冊

110000－0102－0025819　戊/1336　子部/兵
家類

德國格魯森廠創制新法快炮圖說不分卷　清
光緒二十二年（1896）石印本　一冊

110000－0102－0025820　戊/1337　子部/兵
家類

德國水師事宜一卷 （清）卞長勝撰　清末石
印本　一冊

110000－0102－0025821　戊/1338　史部/政
書類/邦計/捐稅

河南廳州縣契稅明細表四卷　清宣統元年
（1909）石印本　四冊

110000－0102－0025822　戊/1339　史部/政
書類/邦計

河南財政說明書十卷 （清）河南財政清理局
編輯　清宣統石印本　十冊

110000－0102－0025823　戊/1341　史部/地
理類/方志/地方志

[同治]鹽山縣誌十六卷首一卷末一卷 （清）
王福謙 （清）江毓秀修 （清）潘震乙纂　清
同治七年（1868）京都文采齋刻本　八冊

110000－0102－0025824　戊/1342　史部/傳

記類/總傳/專錄/列女

廣列女傳二十卷附錄一卷 （清）劉開纂　清
末兩浙節孝祠鉛印本　四冊

110000－0102－0025825　戊/1343　史部/政
書類/邦計

安徽財政沿革利弊說明書不分卷　不著撰人
清宣統二年（1910）安徽官紙印刷局鉛印本
二冊

110000－0102－0025826　戊/1346　子部/儒
家類/清

任氏經世博議二卷 （清）王穀撰　清刻本
二冊

110000－0102－0025827　戊/1351　子部/兵
家類

趙注孫子十三篇四卷附孫子考　趙虛舟撰
清光緒三十二年（1906）北洋陸軍編譯局鉛印
本　四冊

110000－0102－0025828　戊/1352　史部/政
書類/法令/律例

**大清律例增修統纂集成四十卷附督捕則例二
卷** （清）陶駿 （清）陶念霖增修　清光緒二
十六年（1900）刻本　二十四冊

110000－0102－0025829　戊/1354　子部/宗
教類/道教

道法紀綱不分卷 （清）王天一撰　清宣統二
年（1910）待鶴山房鉛印本　一冊

110000－0102－0025830　戊/1355　史部/政
書類/詔令奏議/奏議

籌辦海軍事宜條議不分卷 （清）陳龍昌撰
清宣統元年（1909）鉛印本　一冊

110000－0102－0025831　戊/1356　史部/政
書類/文牘檔冊

吏皖存牘三卷 （清）姚錫光輯　清光緒三十
四年（1908）京師廣齋鉛印本　三冊

110000－0102－0025832　戊/1357　子部/雜
家類/雜述

王志二卷　王闓運撰 （清）陳兆奎編輯　清
光緒三十三年（1907）承陽刻本　一冊

110000－0102－0025833　戊/1358　史部/政書類/文牘檔冊

龍州雜俎三卷附錄一卷　易順鼎撰　清光緒鉛印琴志樓政書本　一冊

110000－0102－0025834　戊/1359　史部/政書類

金知事手諭錄不分卷　不著撰人　清光緒三十三年(1907)京華書局鉛印本　一冊

110000－0102－0025835　戊/1360　史部/政書類/邦計/交通運輸

軌政紀要初編三卷　(清)陳毅編　清光緒三十三年(1907)郵傳部圖書通譯局鉛印本　一冊

110000－0102－0025836　戊/1361　史部/政書類/邦計/雜錄

作新末議二卷　(清)潘守廉撰　清光緒三十二年(1906)鉛印本　一冊

110000－0102－0025837　戊/1362　子部/兵家類

高等兵學教科書二卷　(清)壽永康　(清)應雄圖編　(清)任衣洲譯　(清)雷啟元修　清宣統元年(1909)鉛印本　二冊

110000－0102－0025838　戊/1364　史部/地理類/方志/地方志

[康熙]廣平縣誌五卷　(清)夏顯煜修　(清)王俞巽纂　清刻本　五冊

110000－0102－0025839　戊/1365　史部/地理類/方志/地方志

[宣統]黃州府志拾遺六卷　(清)沈致堅撰　清宣統二年(1910)鉛印本　二冊

110000－0102－0025840　戊/1367　集部/俗文學類/鼓詞

繡像雙鎖山　清末石印本　一冊　存一卷(下)

110000－0102－0025841　戊/1368　集部/別集類/清

胡文忠公全集八十六卷首一卷　(清)胡林翼撰　(清)曾國荃輯　(清)胡鳳丹重編　清光

緒十四年(1888)上海著易堂鉛印本　八冊

110000－0102－0025842　戊/1369　史部/政書類/法令/其它

樊山批判十五卷　樊增祥撰　清光緒二十三年(1897)西安臬署刻本　五冊

110000－0102－0025843　戊/1370　史部/政書類/文牘檔冊

樊山公牘三卷　樊增祥撰　清光緒二十年(1894)西安臬署刻本　二冊

110000－0102－0025844　戊/1371　史部/傳記類/志錄

諸葛忠武志十卷　(清)張鵬翮輯　清刻本　八冊

110000－0102－0025845　戊/1372　史部/傳記類/雜錄

曾文正公榮哀錄一卷　(清)黃翼升等撰　清光緒三十一年(1905)上海商務印書館鉛印本　一冊

110000－0102－0025846　戊/1373　史部/傳記類/日記

曾惠敏公使西日記二卷　(清)曾紀澤撰　清末鉛印本　一冊

110000－0102－0025847　(戊)/1374　經部/春秋類/總義/傳說

春秋臣傳三十卷　(宋)王當撰　清康熙京師通志堂刻本　二冊

110000－0102－0025848　戊/1375　叢部/彙編叢書/清中晚期

史學叢書四十二種　佚名輯　清光緒二十八年(1902)上海文瀾書局石印本　二十七冊

110000－0102－0025849　戊/1376　經部/小學類/文字/說文/傳說

說文解字注十五卷　(清)段玉裁撰　清同治十一年(1872)湖北崇文書局刻本　二十四冊

110000－0102－0025850　戊/1377　史部/政書類/詔令奏議/奏議

李文忠公奏議二十卷　(清)[李鴻章]撰

（清）章洪鈞　（清）吳汝綸輯　清光緒石印本
　一冊　存一卷（三）

110000－0102－0025851　戊/1378　子部/儒
家類/清

剩言家言雜問不分卷　（清）劉沅撰　清光緒
三十三年（1907）刻本　一冊

110000－0102－0025852　戊/1379　史部/政
書類

經征成案彙編不分卷　四川通省經征總局編
輯　清光緒三十四年至宣統元年（1908－
1909）刻本　四冊

110000－0102－0025853　戊/1383　史部/政
書類/職官/官箴

牧令書輯要十卷　（清）徐棟原編　（清）丁日
昌重編　清同治八年（1869）湖北崇文書局刻
本　十冊

110000－0102－0025854　戊/1384　史部/地
理類/總錄

十六國疆域志十六卷　（清）洪亮吉撰　清嘉
慶三年（1798）刻本　四冊

110000－0102－0025855　戊/1385　史部/紀
事本末類/斷代

西夏紀事本末三十六卷首二卷　（清）張鑒撰
　清光緒十一年（1885）刻本　四冊

110000－0102－0025856　戊/1387　史部/政
書類/法令

公法會通十卷　（德國）步倫撰　（美國）丁韙
良譯　清光緒二十四年（1898）北洋書局鉛印
本　五冊

110000－0102－0025857　戊/1388　史部/政
書類/法令

平時國際公法六編　佚名編　清末至民國鉛
印本　一冊

110000－0102－0025858　戊/1389　史部/政
書類/邦計

**改定西安縣光緒三十四年歲入經費決算冊不
分卷**　佚名編　清末鉛印本　二冊

110000－0102－0025859　戊/1390　史部/地
理類/總錄

十六國疆域志十六卷　（清）洪亮吉撰　清光
緒四年（1878）授經堂刻本　六冊

110000－0102－0025860　戊/1391　史部/地
理類/總錄

東晉疆域志四卷　（清）洪亮吉撰　清光緒四
年（1878）授經堂刻本　二冊

110000－0102－0025861　戊/1392　史部/地
理類/總錄

補三國疆域志二卷　（清）洪亮吉撰　清光緒
四年（1878）授經堂刻本　一冊

110000－0102－0025862　戊/1393　集部/別
集類/清

李文忠公朋僚函稿二十四卷　（清）李鴻章撰
　（清）吳汝綸編　清光緒二十八年（1902）蓮
池書社鉛印本　十二冊

110000－0102－0025863　戊/1394　史部/政
書類/邦交

約章成案匯覽甲編十卷乙編四十二卷　（清）
北洋洋務局纂輯　清光緒三十一年（1905）上
海點石齋石印本　二十八冊

110000－0102－0025864　戊/1395　史部/政
書類/邦交/各國

約章成案匯覽甲篇十卷乙篇四十二卷　（清）
北洋洋務局編　清光緒三十一年（1905）上海
點石齋石印本　四十四冊

110000－0102－0025865　（戊）/1396　史部/
地理類/雜記

日下舊聞四十二卷　（清）朱彝尊編　清康熙
六峰閣刻本　二十四冊　存二十卷（一至二
十）

110000－0102－0025866　戊/1397　史部/政
書類/法令/其它

讀律心得三卷　（清）劉衡輯　清刻本　一冊

110000－0102－0025867　戊/1399　經部/四
書類/論語/傳說

論語集注十卷　（宋）朱熹撰　清光緒三十二

年(1906)上海商務印書館鉛印本　二冊

110000－0102－0025868　戊/1400　經部/四書類/大學中庸/傳說

大學集注中庸集注　（宋）朱熹撰　清光緒三十二年（1906）上海商務印書館鉛印本　一冊

110000－0102－0025869　戊/1401　經部/四書類/孟子/傳說

孟子集注七卷　（宋）朱熹撰　清光緒三十二年（1906）上海商務印書館鉛印本　三冊

110000－0102－0025870　戊/1419　史部/政書類/邦計

貴州省財政沿革利弊說明書不分卷　貴州清理財政局編　清鉛印暨石印本　六冊

110000－0102－0025871　戊/1421　史部/政書類/邦計

黑龍江財政沿革利弊說明書三卷　黑龍江清理財政局編　清宣統二年（1910）鉛印本　三冊

110000－0102－0025872　戊/1422　史部/政書類/邦計

黑龍江劃分稅項意見書不分卷附錄一卷　黑龍江清理財政局編　清宣統二年（1910）鉛印本　一冊

110000－0102－0025873　戊/1423　史部/政書類/邦計

廣東財政說明書十六卷　廣東清理財政局編　清宣統二年（1910）鉛印本　十六冊

110000－0102－0025874　戊/1425　史部/政書類/法令

比較國法學不分卷　（日本）本岡精一撰　清光緒三十二年（1906）上海商務印書館鉛印本　一冊

110000－0102－0025875　戊/1429　史部/政書類/法令

編譯日本鹽專賣法規不分卷　（清）呂嘉榮編譯　清宣統二年（1910）東三省鹽務總局鉛印本　一冊

110000－0102－0025876　（戊）/1430　史部/政書類/詔令奏議/奏議

譚襄敏公奏議十卷　（明）譚綸撰　明萬曆二十八年（1600）顧所有刻本　七冊

110000－0102－0025877　戊/1431　史部/政書類/法令

法學通論一卷　（日本）鈴木喜三郎撰　震生譯　清光緒二十八年（1902）上海廣智書局鉛印本　一冊

110000－0102－0025878　戊/1433　史部/政書類/法令

憲法精理二卷　周逵編譯　清光緒二十九年（1903）上海廣智書局鉛印本　一冊

110000－0102－0025879　戊/1434　史部/政書類/詔令奏議/奏議

奉天旗制變通案甲乙二類不分卷　奉天旗務司編　清宣統鉛印本　一冊

110000－0102－0025880　戊/1435　集部/總集類/文/斷代/清

清御製文　清光緒五年（1879）鉛印本　五百四十二冊

110000－0102－0025881　戊/1436　史部/政書類/法令

國憲泛論三卷　（日本）小野梓撰　陳鵬譯　清光緒二十九年（1903）上海廣智書局鉛印本　三冊

110000－0102－0025882　戊/1437　集部/別集類/清

李文忠公朋僚函稿二十四卷　（清）李鴻章撰　（清）吳汝綸編　清光緒二十八年（1902）蓮池書社鉛印本　十二冊

110000－0102－0025883　戊/1438　集部/別集類/清

李文忠公朋僚函稿二十四卷　（清）李鴻章撰　（清）吳汝綸編　清光緒二十八年（1902）蓮池書社鉛印本　十二冊

110000－0102－0025884　戊/1439　經部/經總類/群經總義/文字音義

經典釋文三十卷　（唐）陸德明撰　清刻本
十二冊

110000－0102－0025885　戊/1441　子部/宗
教類/釋教/史傳

禪林僧寶傳三十卷首一卷續補一卷　（宋）釋
惠洪撰　清光緒六年(1880)常熟刻經處刻本
三冊

110000－0102－0025886　（戊）/1442　史部/
地理類/方志/地方志

[乾隆]衡水縣志十四卷　（清）陶淑纂修　清
乾隆三十二年(1767)刻本　五冊

110000－0102－0025887　戊/1444　集部/集
評類

增注寫信必讀十卷　唐芸洲編　清光緒三十
二年(1906)上海商務印書館鉛印本　四冊

110000－0102－0025888　戊/1447　史部/政
書類/邦計

湖南洋關財政款目說明書四卷　湖南清理財
政局編　清宣統二年(1910)抄本　一冊

110000－0102－0025889　戊/1450　集部/總
集類/文/婦女

閨秀詞鈔十六卷附姓氏韻編姓氏詞目表　徐
乃昌撰錄　清宣統三年(1911)南陵徐氏小檀
欒室刻本　七冊

110000－0102－0025890　戊/1453　集部/總
集類/文/雜錄/書牘表啟

增廣尺牘句解二集三卷　題桃花館主編　清
光緒三十一年(1905)上海商務印書館鉛印本
二冊

110000－0102－0025891　戊/1454　史部/史
評類/詠史

趙忠毅公僑鶴先生史韻四卷　（明）趙南星撰
清同治元年(1862)刻本後印本　四冊

110000－0102－0025892　戊/1455　史部/史
抄類

正心會前漢書抄二卷　（明）趙南星輯　清康
熙五十九年(1720)刻本後印本　二冊

110000－0102－0025893　戊/1456　史部/史
抄類

正心會後漢書抄　（明）趙南星輯　清康熙五
十九年(1720)刻本後印本　一冊

110000－0102－0025894　戊/1457　子部/儒
家類/明

趙進士文論　（明）趙南星撰　明萬曆八年
(1580)刻本後印本　一冊

110000－0102－0025895　戊/1458　史部/地
理類/方志/地方志

[光緒]邢臺縣誌八卷首一卷　（清）戚朝卿修
（清）周祜纂　清光緒三十一年(1905)刻本
六冊

110000－0102－0025896　戊/1459　集部/總
集類/文/斷代/清

皇朝經世文新編二十一卷　（清）麥仲華輯
清光緒上海大同譯書局石印本　十八冊

110000－0102－0025897　戊/1464　集部/詞
類/詞別集

映盦詞一卷　（清）夏敬觀撰　清光緒三十三
年(1907)刻本　一冊

110000－0102－0025898　戊/1466　史部/地
理類/方志/地方志

[嘉慶]高邑縣誌十卷首一卷附錄一卷　（清）
陳元芳修　清嘉慶五年(1800)刻本　四冊

110000－0102－0025899　（戊）/1467　史部/
紀傳類/斷代

[乾隆]柏鄉縣志十卷首一卷　（清）鍾廣華纂
修　清乾隆三十二年(1767)刻本　六冊

110000－0102－0025900　戊/1468　史部/政
書類/法令/律例

公法會通十卷　（德國）步倫撰　（美國）丁韙
良等譯　清光緒二十四年(1898)長沙南學會
刻本　四冊

110000－0102－0025901　戊/1469　史部/政
書類/軍政/兵制

英國水師律例四卷　（英國）德麟　（英國）極
福德撰　舒高第　（清）鄭昌棪譯　清光緒三

年(1877)鉛印本　二冊

110000－0102－0025902　戊/1471　史部/政書類/邦計

雲南清理財政局調查全省財政說明書初稿
清宣統二年(1910)雲南清理財政局鉛印本
八冊

110000－0102－0025903　戊/1472　史部/政書類/職官/官制

資治新書卷首一卷初集十四卷二集二十卷
(清)李漁輯　清光緒二十年(1894)上海圖書集成印書局鉛印本　十二冊

110000－0102－0025904　戊/1475　史部/政書類

大英治理印度新政考六卷　（英國)亨德偉良撰　清光緒三十年(1904)上海商務印書館鉛印本　六冊

110000－0102－0025905　戊/1479　子部/宗教類

仙佛合宗語錄不分卷　（明)伍守陽撰　汪東亭輯　邵林睦校　清宣統三年(1911)中國圖書公司石印本　四冊

110000－0102－0025906　戊/1480　集部/總集類/文/斷代

強聒書社策論新選二卷　強聒書社編　清光緒二十八年(1902)上海廣智書局鉛印本
二冊

110000－0102－0025907　戊/1482　史部/政書類/邦交

增訂教案彙編八卷首一卷　（清)程宗裕編
清光緒二十八年(1902)實學書社鉛印本
六冊

110000－0102－0025908　戊/1483　史部/政書類/邦交

各國約章纂要六卷首一卷附錄一卷　勞乃宣輯　清光緒十八年(1892)圖書集成印書局石印本　四冊

110000－0102－0025909　戊/1485　史部/政書類/法令

欽定訓飭州縣規條不分卷　（清)田文鏡撰
清光緒元年(1875)湖南荷池書局刻本　一冊

110000－0102－0025910　戊/1486　子部/雜家類/西洋各派

支那教案論不分卷　（英國)宓克撰　嚴復譯
清光緒十八年(1892)南洋公學譯書院鉛印本　一冊

110000－0102－0025911　戊/1487　史部/政書類/法令/章例

處分則例圖要六卷　（清)蔡逢年編　清同治八年(1869)刻本　二冊

110000－0102－0025912　戊/1488　史部/政書類/邦交/商約

通商章程成案彙編三十卷　（清)李鴻章撰
清光緒十二年(1886)鉛印本　十二冊

110000－0102－0025913　（戊)/1491　子部/雜家類/雜纂

福壽全書不分卷　（明)陳繼儒撰　明崇禎金閶張叔籟刻本　五冊

110000－0102－0025914　戊/1492　史部/地理類/方志/地方志

[乾隆]景州志六卷首一卷　（清)屈成霖纂修
清乾隆十年(1745)刻本　四冊

110000－0102－0025915　（戊)/1493　史部/地理類/方志/地方志

[乾隆]直隸遵化州志二十卷　（清)劉墇纂
(清)傅修續纂　清乾隆四十九年(1784)刻本
八冊

110000－0102－0025916　戊/1494　史部/地理類/方志/地方志

[光緒]永年縣誌四十卷首一卷　（清)夏貽鈺
纂修　清光緒三年(1877)刻本　八冊

110000－0102－0025917　戊/1495　史部/地理類/方志/地方志

[康熙]成安縣誌十二卷　（清)王公楷修
(清)張橚纂　清刻本　六冊

110000－0102－0025918　戊/1496　集部/別

集類/清

洪北江文集四卷 （清）洪亮吉撰　清宣統二年(1910)上海國學扶輪社鉛印本　二冊

110000－0102－0025919　戊/1497　史部/政書類/邦計

磐石縣戊申報告書不分卷 （清）劉贊棠輯　清光緒三十四年(1908)吉林圖書館鉛印本　一冊

110000－0102－0025920　戊/1498　集部/別集類/漢至隋

諸葛武侯集四卷首一卷 （三國蜀）諸葛亮撰　（清）朱璘編　清同治七年(1868)楚醴景萊書室刻本　四冊

110000－0102－0025921　戊/1501　集部/詞類/詞別集

桐華閣詞鈔二卷 （清）杜貴墀撰　清光緒二十六年(1900)刻本　一冊

110000－0102－0025922　戊/1506　子部/醫家類/傷寒方論

傷寒論集注六卷 （漢）張仲景撰　（清）張志聰注釋　清光緒二十五年(1899)石印本　四冊

110000－0102－0025923　戊/1507　集部/別集類/清

湘綺樓全集三十卷 王闓運撰　清宣統二年(1910)上海國學扶輪社石印本　十二冊

110000－0102－0025924　戊/1508　史部/政書類/邦計

西安縣原呈詳細報告冊式 清宣統鉛印本　一冊

110000－0102－0025925　戊/1509　史部/政書類/文牘檔冊

李文忠公海軍函稿四卷 （清）李鴻章撰　（清）吳汝綸輯　清光緒二十八年(1902)蓮池書社鉛印本　二冊

110000－0102－0025926　戊/1510　史部/政書類/文牘檔冊

李文忠公遷移鼉池口教堂函稿一卷 （清）李鴻章撰　（清）吳汝綸輯　清光緒三十四年(1908)金陵刻李文忠公全書本　一冊

110000－0102－0025927　戊/1511　史部/政書類/文牘檔冊

李文忠公海軍函稿四卷 （清）李鴻章撰　（清）吳汝綸輯　清光緒三十四年(1908)金陵刻李文忠公全書本　二冊

110000－0102－0025928　戊/1512　史部/政書類/邦交

英國第七冊藍皮書三卷 （清）鄭貞來譯　清光緒二十九年(1903)湖北洋務譯書局鉛印本　三冊

110000－0102－0025929　戊/1514　子部/宗教類/釋教

永嘉真覺大師證道歌 （元）釋法惠注　（元）釋德弘編　清光緒三十四年(1908)刻本　一冊

110000－0102－0025930　戊/1516　子部/宗教類/釋教

選佛譜六卷 （明）釋智旭述　清光緒十七年(1891)金陵刻經處刻本　二冊

110000－0102－0025931　戊/1517　史部/紀事本末類/斷代

聖武記十卷附武事餘記四卷 （清）魏源撰　清末鉛印本　五冊　存十卷(一至十)

110000－0102－0025932　戊/1519　史部/政書類/邦交

各國條約不分卷 （清）佚名輯　清道光至光緒刻本　七冊

110000－0102－0025933　戊/1528　經部/四書類/總義/傳說

四書備旨十卷 （明）鄧林著　（清）杜定基增訂　清宣統元年(1909)京都文成堂刻本　八冊

110000－0102－0025934　戊/1530　史部/傳記類/總傳/專錄/仕宦

歷代名臣傳三十五卷續編五卷 （清）朱軾（清）蔡世遠輯　（清）張江等纂　清光緒二十

三年(1897)高安朱衡刻朱文端公藏書本 十六冊

110000－0102－0025935 戊/1531 子部/雜家類/雜纂

經史百家雜鈔二十六卷 （清）曾國藩輯 清光緒三十二年(1906)上海商務印書館鉛印本 七冊 存十三卷(一至十三)

110000－0102－0025936 戊/1536 集部/集評類/詞評

周氏止庵詞辨二卷附介存齋論詞雜著 （清）周濟選 （清）譚獻評 清道光二十七年(1847)刻本 一冊

110000－0102－0025937 戊/1538 史部/政書類/邦交/商約

通商條約章程成案彙編三十卷 （清）李鴻章輯 清光緒十二年(1886)鉛印本 五冊 存十六卷(七至八、十六至二十九)

110000－0102－0025938 戊/1539 史部/地理類/方志/地方志

[宣統]西安縣志畧十三卷 （清）雷飛鵬等修 清宣統三年(1911)刻本 二冊

110000－0102－0025939 戊/1540 史部/地理類/方志/地方志

[宣統]西安縣志畧十三卷 （清）雷飛鵬等修 清宣統三年(1911)刻本 二冊

110000－0102－0025940 戊/1541 叢部/彙編叢書/清中晚期

觀古堂所著書二集十六種 葉德輝撰 清光緒二十八年(1902)湘潭葉氏刻本 十六冊

110000－0102－0025941 戊/1543 經部/經總類/群經總義

湖南師範學堂讀經講義不分卷 （清）向上文述 清光緒三十二年(1906)湖南師範學堂鉛印本 一冊

110000－0102－0025942 戊/1544 經部/四書類/孟子

孟子不分卷 （戰國）孟軻撰 清刻本 一冊

110000－0102－0025943 戊/1546 集部/別集類/清

廣雅堂詩集不分卷 （清）張之洞撰 清末中國詩畫會社石印本 四冊

110000－0102－0025944 戊/1550 集部/別集類/清

桐華閣文集十二卷 （清）杜貴墀撰 清光緒刻本 四冊

110000－0102－0025945 戊/1553 子部/儒家類/清

讀書法匯不分卷 （清）杜貴墀撰 清光緒刻桐華閣叢書本 一冊

110000－0102－0025946 戊/1555 集部/別集類/清

小眷西堂詩鈔不分卷 （清）蘇晉撰 清光緒三十三年(1907)鉛印本 二冊

110000－0102－0025947 戊/1556 史部/紀事本末類/斷代

元史紀事本末二十七卷 （明）陳邦瞻編輯 （明）張溥論正 清光緒二十四年(1898)湖南思賢書局刻本 四冊

110000－0102－0025948 戊/1557 史部/政書類/邦計/鹽政

淮北票鹽續略十二卷 （清）許寶書編 清同治九年(1870)刻本 四冊

110000－0102－0025949 戊/1563 子部/儒家類

湖南西路師範學堂讀經講義 （清）向上文述 清光緒三十二年(1906)湖南西路師範學堂鉛印本 一冊

110000－0102－0025950 戊/1564 子部/儒家類

湖南西路師範學堂讀經講義 （清）向上文述 清光緒三十二年(1906)湖南西路師範學堂鉛印本 一冊

110000－0102－0025951 戊/1574 史部/政書類/法令/律例

公法便覽四卷附續卷 （美國）惠頓撰 （美

國)丁韙良譯　清光緒三年(1877)鉛印本
四冊　存三卷(二至四)

110000－0102－0025952　戊/1575　叢部/彙
編叢書/清中晚期
廣治平略三十六卷續集八卷　(清)蔡方炳撰
　清光緒十六年(1890)廣百宋齋鉛印本　五
冊　存三十八卷(正集七至三十六、續集八
卷)

110000－0102－0025953　戊/1576　史部/傳
記類/總傳/專錄/儒林
**國朝漢學師承記八卷附國朝經師經義目錄一
卷國朝宋學淵源記二卷**　(清)江藩撰　清光
緒十一年(1885)刻本　四冊

110000－0102－0025954　戊/1577　集部/別
集類/清
江忠烈公遺集二卷首一卷附錄一卷　(清)江
忠源撰　清同治十二年(1873)重刻本　二冊

110000－0102－0025955　(戊)/1578　經部/
書類/文字音義
禹貢錐指二十卷圖一卷　(清)胡渭撰　清康
熙四十四年(1705)漱六軒刻本　十冊

110000－0102－0025956　戊/1579　史部/地
理類/山川/山
焦山志二十六卷首一卷續志八卷　(清)吳雲
輯　清同治十三年(1874)刻本　九冊　存三
十一卷(一至二十二、首一卷、續志八卷)

110000－0102－0025957　戊/1580　集部/別
集類/清
湘綺樓文集八卷　王闓運撰　清光緒二十六
年(1900)丞陽刻本　四冊

110000－0102－0025958　戊/1581　集部/別
集類/清
湘綺樓文集八卷　王闓運撰　清光緒三十三
年(1907)長沙刻本　四冊

110000－0102－0025959　戊/1586　子部/儒
家類/清
顏氏學記十卷　(清)戴望撰　清光緒蛻廬朱
氏鉛印本　四冊

110000－0102－0025960　戊/1587　集部/別
集類/清
曾文正公雜著四卷　(清)曾國藩撰　(清)李
瀚編次　清同治十三年(1874)傳忠書局刻本
　二冊

110000－0102－0025961　戊/1588　集部/別
集類/清
槐軒雜著四卷　(清)劉沅撰　清咸豐二年
(1852)刻本　四冊

110000－0102－0025962　戊/1593　子部/道
家類
老子道德經二卷　(春秋)李耳撰　清光緒元
年(1875)浙江書局刻本　一冊

110000－0102－0025963　戊/1594　子部/儒
家類/宋以前
中庸章句質疑二卷　(清)郭嵩燾撰　清光緒
十六年(1890)思賢講舍刻本　二冊

110000－0102－0025964　戊/1595　集部/詞
類/詞選/斷代
宋四家詞選不分卷　(清)周濟輯　清道光十
二年(1832)刻本　一冊

110000－0102－0025965　戊/1598　叢部/彙
編叢書/清中晚期
鏡珠精舍雜撰九種　(清)胡元玉輯　清光緒
長沙梁益智書局刻本　六冊

110000－0102－0025966　戊/1601　史部/目
錄類/著錄/叢書目錄/總目
欽定四庫全書簡明目錄二十卷首一卷　(清)
紀昀等撰　清刻本　八冊　存十四卷(六至
十七、十九至二十)

110000－0102－0025967　戊/1604　史部/政
書類/法令/律例
例學新編十六卷　(清)楊士驤輯　清光緒三
十二年(1906)上海名溥書局石印本　十二冊

110000－0102－0025968　戊/1605　史部/紀
傳類/斷代
前漢書補注一百卷首一卷　(漢)班固撰
(唐)顏師古注　王先謙補注　清光緒二十六

年(1900)長沙王氏刻本　三十二冊

110000－0102－0025969　戊/1607　史部/政
書類/邦計

湖北財政說明書不分卷　（清）湖北全省清理
財政局編　清宣統湖北官刷印局鉛印本
一冊

110000－0102－0025970　戊/1608　史部/政
書類/邦計

湖北財政說明書不分卷　（清）湖北全省清理
財政局編　清宣統湖北官刷印局鉛印本
一冊

110000－0102－0025971　戊/1609　史部/政
書類/法令

國際公法志　蔡鍔編譯　清光緒二十八年
(1902)上海廣智書局鉛印本　一冊

110000－0102－0025972　戊/1610　史部/政
書類/法令

故唐律疏議三十卷附釋文　（唐）長孫無忌等
撰　（元）王元亮釋文　清光緒十七年(1891)
江蘇書局刻本　八冊

110000－0102－0025973　戊/1611　史部/政
書類/法令/其它

讀律心得三卷　（清）劉衡輯　清刻本　一冊

110000－0102－0025974　戊/1612　經部/四
書類/孟子/傳說

孟子十四卷　（宋）朱熹集注　清光緒三十二
年(1906)上海商務印書館鉛印本　三冊　存
七卷(一至七)

110000－0102－0025975　戊/1613　子部/兵
家類

湖北武學二十四種　（清）湖北武備學堂編
清光緒二十六年(1900)湖北官書處刻本　二
十四冊

110000－0102－0025976　戊/1614　史部/政
書類/學制/文化教育

山西陸軍學兵團斌業學校概覽不分卷　山西
陸軍學兵團斌業學校編　清末至民國石印本
一冊

110000－0102－0025977　戊/1615　史部/政
書類/學制/文化教育

山西陸軍學兵團斌業學校概覽不分卷　山西
陸軍學兵團斌業學校編　清末至民國石印本
一冊

110000－0102－0025978　戊/1616　子部/兵
家類

籌海軍芻議二卷　（清）姚錫光撰　清光緒三
十四年(1908)京師鉛印本　二冊

110000－0102－0025979　戊/1617　子部/兵
家類

海軍歲費條議不分卷　（清）張超宗撰　清光
緒豐源印書局鉛印本　一冊

110000－0102－0025980　戊/1619　史部/地
理類/地圖、圖志

浙江全省輿圖並水陸道里記　（清）宗源翰纂
清光緒二十年(1894)石印本　二冊

110000－0102－0025981　戊/1620　史部/地
理類/方志/地方志

[道光]承德府志六十卷首二十六卷　（清）海
忠纂　（清）廷傑　（清）李世寅重訂　清光緒
十三年(1887)刻本　二十四冊

110000－0102－0025982　戊/1627　集部/總
集類/文/雜錄/書牘表啟

歷代名人書劄二卷　吳曾祺輯　清光緒三十
四年(1908)上海商務印書館鉛印本　二冊

110000－0102－0025983　戊/1628　集部/總
集類/文/雜錄/書牘表啟

歷代名人小簡二卷　吳曾祺輯　清宣統元年
(1909)上海商務印書館鉛印本　二冊

110000－0102－0025984　戊/1629　集部/別
集類/清

周文忠公尺牘二卷雜文附錄一卷　（清）周天
爵撰　清同治七年(1868)蘇松太道署刻本
一冊

110000－0102－0025985　戊/1631　史部/傳
記類/總傳/專錄/文苑

國朝名家詩鈔小傳四卷　（清）鄭方坤撰

(清)李登雲校　清光緒十二年(1886)刻本
二冊

110000－0102－0025986　戊/1632　集部/別
集類/民國
湘綺樓箋啟八卷　王闓運撰　清光緒三十三
年(1907)長沙墨莊劉氏刻本　四冊

110000－0102－0025987　戊/1635　子部/宗
教類/釋教
筠州黃蘗山斷際禪師傳心法要二卷　(唐)裴
休集　清光緒十年(1884)金陵刻經處刻本
一冊

110000－0102－0025988　戊/1637　子部/術
數類/占候
大唐開元占經一百二十卷　(唐)釋悉達撰
清刻本　二十二冊

110000－0102－0025989　戊/1640　史部/地
理類/方志/地方志/河北
[康熙]晉州志十卷　(清)郭建章修　(清)
康如璉續修　清咸豐十年(1860)浙東朱寶林
刻本　五冊

110000－0102－0025990　戊/1641　子部/儒
家類/清
學仕遺規四卷學仕遺規補四卷　(清)陳弘謀
輯　清光緒五年(1879)江蘇書局刻本　五冊

110000－0102－0025991　戊/1642　子部/宗
教類/其它
景教碑文紀事考正一卷　(清)楊榮鋕撰　清
光緒二十七年(1901)思賢書局刻本　一冊

110000－0102－0025992　戊/1643　集部/別
集類/清
岑華居士外集二卷　(清)吳慈鶴撰　清刻本
一冊

110000－0102－0025993　戊/1644　史部/金
石類/總錄/題跋
九鐘精舍金石跋尾甲編乙編　吳士鑒撰　清
宣統二年(1910)刻本　二冊

110000－0102－0025994　戊/1647　集部/別

集類/清
也是集不分卷　(清)英斂之撰　清光緒三十
三年(1907)大公報館鉛印本　一冊

110000－0102－0025995　戊/1648　集部/別
集類/清
也是集不分卷　(清)英斂之撰　清光緒三十
三年(1907)大公報館鉛印本　一冊

110000－0102－0025996　戊/1650　子部/道
家類
莊子不分卷　佚名編　清刻本暨剪貼本
一冊

110000－0102－0025997　戊/1652　集部/總
集類/文/雜錄/書牘表啟
昭代名人尺牘十二卷附小傳　(清)吳修編
清宣統元年(1909)澄衷印局影印本　十二冊

110000－0102－0025998　戊/1657　子部/醫
家類/總錄
醫說十卷　(宋)張杲撰　清宣統三年(1911)
上海文明書局鉛印本　六冊

110000－0102－0025999　戊/1661　史部/地
理類/方志/地方志
[乾隆]博野縣誌八卷首一卷　(清)吳鎣修
清乾隆三十二年(1767)刻本　六冊

110000－0102－0026000　戊/1662　集部/別
集類/清
盤那室詩存不分卷　(清)張亨嘉撰　清宣統
三年(1911)平江蘇氏鉛印本　一冊

110000－0102－0026001　戊/1663　集部/俗
文學類/鼓詞
木皮散人鼓詞不分卷　(清)賈鳧西撰　清光
緒三十三年(1907)葉氏觀古堂刻本　一冊

110000－0102－0026002　戊/1664　集部/俗
文學類/鼓詞
歷代史畧鼓兒詞不分卷　(清)賈鳧西撰　清
光緒三十二年(1906)長沙刻本　一冊

110000－0102－0026003　戊/1666　史部/地
理類/方志/地方志

[光緒]南樂縣誌十卷首一卷　（清）施有方修（清）武勳朝纂　清光緒二十九年（1903）樂昌書院刻本　四冊

110000－0102－0026004　戊/1670　集部/集評類/詩評/詩話/個人

隨園詩話十六卷補遺十卷　（清）倉山居士撰　清末至民國上海文明書局石印本　六冊

110000－0102－0026005　戊/1673　子部/宗教類/釋教/史傳

往生錄四卷　清刻本　二冊

110000－0102－0026006　戊/1675　史部/政書類/文牘檔冊

[奏辦湖南全省學務處諮文]等不分卷　清光緒鉛印本　一冊

110000－0102－0026007　戊/1680　史部/地理類/方志/地方志

[光緒]寶山縣志十四卷首一卷　（清）梁蒲貴（清）吳康壽修　（清）朱延射　（清）潘履祥纂　清光緒八年（1882）學海書院刻本八冊

110000－0102－0026008　戊/1683　子部/兵家類

輜重兵暫行操法不分卷　（清）練兵處軍學司編　清光緒三十三年（1907）南洋軍事書報社鉛印本　一冊

110000－0102－0026009　戊/1684　子部/兵家類

炮兵暫行操法不分卷　（清）練兵處軍學司編　清光緒三十三年（1907）南洋軍事書報社鉛印本　一冊

110000－0102－0026010　戊/1685　子部/兵家類

工兵暫行操法不分卷　（清）練兵處軍學司編　清光緒三十三年（1907）南洋軍事書報社鉛印本　一冊

110000－0102－0026011　戊/1686　集部/別集類/清

歸樸齋詩鈔戊集二卷己集二卷　（清）曾紀澤撰　清光緒二十年（1894）石印本　一冊

110000－0102－0026012　戊/1690　史部/紀傳類/斷代

後漢書疏證三十卷　（清）沈欽韓撰　清光緒二十六年（1900）浙江官書局刻本　十六冊

110000－0102－0026013　戊/1693　史部/別史、雜史類

國語明道本考異四卷　（清）汪遠孫撰　清刻本　一冊

110000－0102－0026014　戊/1694　史部/別史、雜史類

天聖明道本國語二十一卷劄記一卷　（春秋）左丘明撰　（三國吳）韋昭注　（清）黃丕烈劄記　清同治八年（1869）湖北崇文書局重刻本　四冊

110000－0102－0026015　戊/1695　史部/政書類/軍政/兵制

陸操新義四卷　（德國）康貝撰　（清）李鳳苞譯　清光緒十年（1884）天津機器局刻本二冊

110000－0102－0026016　戊/1699　史部/政書類/法令/律例

大清律例增修匯纂大成四十卷首一卷附督捕則例二卷三流道里表一卷五軍道里表秋審實緩比較一卷部頒新增一卷　（清）刑部制訂　清光緒二十四年（1898）石印本　二十四冊

110000－0102－0026017　戊/1700　子部/兵家類

步兵暫行操法不分卷　（清）練兵處軍學司編　清光緒三十三年（1907）南洋軍事書報社鉛印本　一冊

110000－0102－0026018　戊/1701　子部/兵家類

各兵科下級幹部野外必攜不分卷　（清）兩江督練公所教練處編　清末至民國兩江督練公所教練處鉛印本　一冊

110000－0102－0026019　戊/1702　子部/兵家類

步兵斥候教練不分卷 （清）兩江督練公所教練處編 清末至民國兩江督練公所教練處鉛印本 一冊

110000－0102－0026020 戊/1703 子部/兵家類

步兵各個教練書不分卷 （清）兩江督練公所教練處編 清末至民國兩江督練公所教練處鉛印本 一冊

110000－0102－0026021 戊/1704 子部/兵家類

軍事初階四卷 （清）北洋陸軍編譯局編 清宣統元年(1909)武學印書局鉛印本 四冊

110000－0102－0026022 戊/1705 史部/外國史類

晦極明生世紀不分卷 （英國）季理斐譯 清光緒二十七年(1901)上海商務印書館鉛印本 一冊

110000－0102－0026023 戊/1707 史部/政書類/文牘檔冊

撫吳公牘五十卷 （清）丁禹生撰 （清）沈幼丹評選 清宣統元年(1909)南洋官書局石印本 十四冊

110000－0102－0026024 （戊）/1710 子部/儒家類/宋

朱文公問答全集三十一卷 清雍正八年(1730)刻朱子文集大全類編本 八冊 存十四卷(二至十五)

110000－0102－0026025 戊/1711 史部/政書類/法令/律例

大清現行刑律講義八卷 （清）吉同鈞輯 清宣統二年(1910)石印本 八冊

110000－0102－0026026 戊/1712 子部/儒家類/清

五種遺規 （清）陳宏謀輯 清同治七年(1868)楚北崇文書局刻本 八冊

110000－0102－0026027 戊/1713 史部/政書類/法令

刑案匯覽六十卷首一卷末一卷拾遺備考一卷

續增刑案匯覽十六卷新增刑案匯覽十六卷 （清）祝慶祺編 清光緒十五年(1889)上海鴻文書局石印本 二十冊

110000－0102－0026028 戊/1714 子部/儒家類/清

又問一卷 （清）劉沅撰 清光緒十二年(1886)重刻本 一冊

110000－0102－0026029 戊/1715 子部/儒家類/清

又問二卷 （清）劉沅撰 清光緒十二年(1886)重刻本 二冊

110000－0102－0026030 戊/1716 子部/儒家類/清

正訛八卷 （清）劉沅撰 清咸豐四年(1854)刻本 四冊

110000－0102－0026031 戊/1717 史部/地理類/方志/地方志

[道光]續增沙河縣志六卷首一卷 （清）魯傑纂修 清道光二十五年(1845)刻本 六冊

110000－0102－0026032 戊/1718 集部/別集類/漢至隋

謝康樂集拾遺附校勘記一卷和謝康樂詩一卷 （南朝宋）謝靈運撰 冒廣生輯 清光緒刻冒氏叢書本 一冊

110000－0102－0026033 戊/1721 集部/小說類/筆記小說

九朝新語十六卷 （清）胡思敬撰 清刻本 三冊

110000－0102－0026034 戊/1722 集部/別集類/民國

遼夢草一卷 雷飛鵬撰 清宣統二年(1910)鉛印本 一冊

110000－0102－0026035 戊/1726 集部/別集類/清

莽蒼蒼齋詩二卷 （清）譚嗣同撰 清光緒二十八年(1902)上海石印本 一冊

110000－0102－0026036 （戊）/1727 集部/

總集類/詩/斷代/清

欽定國朝詩別裁集三十二卷　（清）沈德潛纂
評　清乾隆二十六年（1761）刻本　六冊

110000－0102－0026037　戊/1728　子部/兵
家類

兵鏡類編四十卷首一卷　（清）李蕊編輯　清
光緒九年（1883）三吾奎樓刻本　十四冊

110000－0102－0026038　戊/1730　史部/政
書類/邦交

藍皮書上海撤兵始末不分卷　鄭貞來譯　清
光緒二十九年（1903）湖北洋務譯書局刻朱印
本　一冊

110000－0102－0026039　戊/1732　史部/政
書類/邦交

黃皮書上海撤兵始末不分卷　曾仰東譯　清
光緒二十九年（1903）湖北洋務譯書局刻朱印
本　一冊

110000－0102－0026040　戊/1733　史部/政
書類/邦交

法國黃皮書不分卷　曾仰東譯　清光緒二十
九年（1903）湖北洋務譯書局刻朱印本　一冊

110000－0102－0026041　戊/1734　史部/政
書類/邦計

河南各廳州縣宣統元年秋季倉穀表不分卷
不著撰人　清宣統元年（1909）石印本　一冊

110000－0102－0026042　戊/1735　史部/政
書類/邦計

淮鹾駁案類編八卷　（清）陳方坦編輯　清光
緒十八年（1892）金陵刻本　八冊

110000－0102－0026043　戊/1738　史部/政
書類/詔令奏議/奏議

憲政編查館會奏遵議憲法大綱暨選舉各法摺
不分卷附清單二件　奕劻等編　清光緒三十
四年（1908）鉛印本　一冊

110000－0102－0026044　戊/1739　史部/政
書類/文牘檔冊

龍州雜俎三卷　易順鼎撰　清光緒鉛印琴志
樓政書本　一冊

110000－0102－0026045　戊/1741　子部/儒
家類/清

拾餘四種　（清）［劉沅］撰　清光緒三十一年
（1905）刻本　一冊

110000－0102－0026046　戊/1742　子部/雜
家類/雜纂

冰言十卷補錄十卷　（清）李惺撰　清光緒三
十三年（1907）江蘇提學署刻本　二冊

110000－0102－0026047　戊/1743　子部/雜
家類/雜纂

藥言賸稿四卷　（清）李惺撰　清光緒三十三
年（1907）江蘇提學署刻本　一冊

110000－0102－0026048　戊/1744　子部/雜
家類/雜纂

藥言四卷　（清）李惺撰　清光緒三十三年
（1907）江蘇提學署刻本　一冊

110000－0102－0026049　戊/1745　子部/雜
家類/雜纂

俗言一卷　（清）劉沅撰　清咸豐四年（1854）
刻本　一冊

110000－0102－0026050　戊/1746　史部/地
理類/方志/地方志

[同治]武邑縣誌七卷首一卷　（清）彭美修
（清）龍文彬纂　清同治十一年（1872）刻本
四冊

110000－0102－0026051　戊/1749　子部/宗
教類/其它

永息教策案不分卷　清光緒二十四年（1898）
上海廣學會鉛印本　一冊

110000－0102－0026052　戊/1750　史部/史
抄類

新舊唐書合鈔二百六十卷首一卷唐書宰相世
系表訂訛十二卷　（清）沈炳震編　清同治十
年（1871）武林吳氏清來堂補刻本　三十冊

110000－0102－0026053　戊/1752　子部/兵
家類

美國陸軍制不分卷　（清）葛勝芳譯　清光緒
南洋公學譯書院鉛印本　一冊

110000 – 0102 – 0026054　戊/1753　集部/小說類/筆記小說

外家紀聞一卷遣戍伊犁日記一卷　（清）洪亮吉撰　清光緒十五年(1889)湖北官書處刻本　二冊

110000 – 0102 – 0026055　戊/1755　史部/政書類/邦計

山西全省財政沿革利弊說明書四章附山西各廳州縣差徭情形一覽表　（清）山西清理財政局撰　清光緒宣統鉛印本　二冊

110000 – 0102 – 0026056　戊/1756　史部/政書類/邦計

江蘇甯屬清理財政局編造說明書三編　（清）江蘇甯屬清理財政局編　清鉛印本　三冊

110000 – 0102 – 0026057　戊/1757　史部/政書類/邦計

廣西財政沿革利弊說明書十三卷首一卷　（清）廣西財政清理局編　清宣統二年(1910)鉛印本　十四冊

110000 – 0102 – 0026058　戊/1760　史部/地理類/山川/山

虎邱山志十卷首一卷　（清）顧湄重修　清宣統三年(1911)新明社鉛印本　二冊

110000 – 0102 – 0026059　戊/1761　史部/政書類/法令/律例

秋審實緩比較條款　（清）桑春榮輯　清光緒十二年(1886)安徽聚文堂鉛印本　八冊

110000 – 0102 – 0026060　戊/1762　子部/宗教類/道教

悟真直指四卷　（宋）張真人撰　（清）劉一明解注　清嘉慶二十五年(1820)重刻本　三冊

110000 – 0102 – 0026061　戊/1766　史部/政書類/法令/律例

刪除律例二卷　清光緒三十一年(1905)石印本　一冊

110000 – 0102 – 0026062　戊/1767　子部/兵家類

作戰糧食給養法概意　日本陸軍經理學校輯

（清）楊志洵譯述　清南洋公學譯書院鉛印本　一冊

110000 – 0102 – 0026063　戊/1768　子部/兵家類

步兵工作教範　日本陸軍省輯　樊炳清譯述　清南洋公學譯書院鉛印本　一冊

110000 – 0102 – 0026064　戊/1769　子部/兵家類

騎兵斥候答問　日本陸軍教導團輯　王鴻年譯述　清南洋公學譯書院鉛印本　一冊

110000 – 0102 – 0026065　戊/1770　子部/兵家類

步兵各個教練書　日本軍事教育會輯　孟森譯述　清南洋公學譯書院鉛印本　二冊

110000 – 0102 – 0026066　戊/1771　子部/兵家類

步兵戰鬥射擊教練書　日本陸軍戶山學校輯　（日本）山根虎之助譯　清南洋公學譯書院鉛印本　二冊

110000 – 0102 – 0026067　戊/1772　子部/兵家類

步兵射擊教範　日本陸軍省輯　（日本）山根虎之助譯　清南洋公學譯書院鉛印本　二冊

110000 – 0102 – 0026068　戊/1773　子部/兵家類

步兵操典　日本陸軍省輯　孟森譯述　清南洋公學譯書院鉛印本　二冊

110000 – 0102 – 0026069　戊/1774　子部/兵家類

步兵部隊教練書　日本戶山學校輯　孟森譯述　清南洋公學譯書院鉛印本　一冊

110000 – 0102 – 0026070　戊/1775　子部/兵家類

軍隊內務書　日本陸軍省輯　（清）楊志洵譯述　清南洋公學譯書院鉛印本　一冊

110000 – 0102 – 0026071　戊/1776　史部/外國史類

地球十五大戰紀十五卷 （清）賴鴻翰譯 清
上海大同譯書局石印本 二冊

110000－0102－0026072 戊/1777 史部/政
書類/邦計
浙江財政說明書 （清）浙江清理財政局編
清宣統元年（1909）浙江清理財政局石印本
六冊

110000－0102－0026073 戊/1779 史部/別
史、雜史類
東方兵事紀略四卷 （清）姚錫光撰 清光緒
二十三年（1897）刻朱印本 四冊

110000－0102－0026074 戊/1780 史部/別
史、雜史類
東方兵事紀略五卷 （清）姚錫光撰 清光緒
二十三年（1897）武昌刻朱印本 二冊

110000－0102－0026075 戊/1781 子部/雜
家類
自西徂東五卷 （德國）花之安撰 清光緒二
十八年（1902）上海廣學會鉛印本 五冊

110000－0102－0026076 戊/1782 史部/史
表類
北宋經撫年表二卷 吳廷燮編 清宣統三年
（1911）鉛印本 二冊

110000－0102－0026077 戊/1784 集部/小
說類/章回
東周列國志二十三卷首一卷 （清）蔡元放評
點 清光緒十九年（1893）滄雅書局刻本 二
十四冊

110000－0102－0026078 戊/1785 子部/雜
家類/西洋各派
原富甲二卷乙一卷丙一卷丁二卷戊二卷
（英國）斯密亞丹撰 嚴復譯 清光緒二十八
年（1902）南洋公學譯書院鉛印本 八冊

110000－0102－0026079 戊/1786 史部/史
評類/詠史
榆圖讀史草不分卷 （清）李壽蓉撰 清末鉛
印本 二冊

110000－0102－0026080 戊/1787 史部/史
表類
古今法制表十六卷 （清）孫榮撰 清光緒三
十二年（1906）刻本 十冊

110000－0102－0026081 （戊）/1788 史部/
地理類/方志/地方志
[乾隆]滄州志十六卷 （清）徐時作 （清）
劉蒸雯修 清乾隆八年（1743）刻本 六冊

110000－0102－0026082 戊/1791 史部/政
書類/學制
奏定學堂章程不分卷 （清）張百熙 （清）榮
慶 （清）張之洞纂 清光緒湖北學務處刻本
五冊

110000－0102－0026083 戊/1792 史部/政
書類
日本變法次第類考三集 程恩培輯 程堯章
譯 清光緒二十八年（1902）政學譯社鉛印本
十二冊

110000－0102－0026084 戊/1793 史部/政
書類/法令/其它
新輯刑案彙編十六卷 （清）周守赤輯 清光
緒二十三年（1897）圖書集成局鉛印本 八冊

110000－0102－0026085 戊/1794 史部/政
書類/邦計
經濟教科書不分卷 （日本）和田垣謙三撰
清光緒二十八年（1902）上海廣智書局鉛印本
一冊

110000－0102－0026086 戊/1796 史部/政
書類/邦計
富國策三卷 （英國）法思德撰 （清）汪鳳藻
譯 清光緒二十五年（1899）上海美華書館鉛
印本 一冊

110000－0102－0026087 戊/1797 子部/雜
家類/西洋各派
天演論二卷 （英國）赫胥黎撰 嚴復譯 清
光緒二十七年（1901）富文書局石印本 一冊

110000－0102－0026088 戊/1798 史部/政
書類/學制/文化教育

世界教育統計年鑒不分卷 （日本）伊東佑谷撰 謝陰昌譯 清宣統二年（1910）奉天圖書發行所鉛印本 一冊

110000－0102－0026089 戊/1799 史部/政書類/邦計

最新世界統計年鑒不分卷 （日本）伊東佑谷撰 謝陰昌譯 清宣統二年（1910）奉天圖書發行所鉛印本 一冊

110000－0102－0026090 戊/1800 史部/政書類/邦計

德商禮和洋行訂購水口山鉛砂合同函件不分卷 清末至民國鉛印本 一冊

110000－0102－0026091 戊/1801 集部/別集類/清

南山集十四卷補遺三卷 （清）戴名世撰 清光緒二十六年（1900）刻本 七冊

110000－0102－0026092 戊/1802 史部/政書類/軍政

軍制篇不分卷 清末至民國鉛印本 一冊

110000－0102－0026093 戊/1803 子部/雜家類/雜纂

經史百家雜鈔二十六卷 （清）曾國藩輯 清光緒二年（1876）傳忠書局刻本 二十六冊

110000－0102－0026094 戊/1804 史部/政書類/邦計

光緒二十九年通商各關華洋貿易總冊不分卷 （清）上海通商海關造冊處譯 清光緒三十年（1904）鉛印本 一冊

110000－0102－0026095 戊/1805 史部/政書類/邦計

光緒三十年通商各關華洋貿易總冊不分卷 （清）上海通商海關造冊處譯 清光緒三十一年（1905）鉛印本 一冊

110000－0102－0026096 戊/1806 史部/政書類/邦計

光緒三十三年通商各關華洋貿易論畧不分卷 （清）上海通商海關造冊處譯 清光緒三十四年（1908）鉛印本 一冊

110000－0102－0026097 戊/1807 史部/政書類/邦計

光緒三十四年通商各關華洋貿易論畧不分卷 （清）上海通商海關造冊處譯 清宣統元年（1909）鉛印本 一冊

110000－0102－0026098 戊/1808 史部/政書類/邦計

宣統二年通商各關華洋貿易總冊不分卷 （清）上海通商海關造冊處譯 清宣統三年（1911）鉛印本 一冊

110000－0102－0026099 戊/1809 史部/政書類/邦計

宣統二年通商各關華洋貿易論畧不分卷 清宣統三年（1911）鉛印本 一冊

110000－0102－0026100 戊/1811 史部/地理類/總錄

小方壺齋輿地叢鈔補編五十八種 王錫祺輯 清光緒二十年（1894）上海著易堂鉛印本 四冊

110000－0102－0026101 戊/1812 史部/地理類/總錄

小方壺齋輿地叢鈔再補編十二帙 王錫祺輯 清光緒二十年（1894）上海著易堂鉛印本 十六冊

110000－0102－0026102 戊/1813 史部/政書類/詔令奏議/奏議

李文忠公奏議二十卷 （清）李鴻章撰 （清）章洪鈞 （清）吳汝編輯 清光緒保定蓮池書院石印本 十九冊 存十九卷（一至十九）

110000－0102－0026103 （戊）/1815 史部/地理類/地圖、圖志

關中勝跡圖志三十卷 （清）畢沅撰 清乾隆刻本 八冊

110000－0102－0026104 戊/1816 史部/地理類/水道/地方

西域水道記五卷 （清）徐松撰 清刻本 二冊

110000－0102－0026105 戊/1826 史部/傳

記類/別傳

意將軍加里波的傳　廣智書局編譯　清光緒二十九年(1903)上海廣智書局鉛印傳記小叢書本　一冊

110000－0102－0026106　戊/1827　史部/傳記類/別傳

開闢新世界之鼻祖　(美國)勃臘忒撰　丁疇隱譯　清光緒二十八年(1902)上海文明書局鉛印本　一冊

110000－0102－0026107　戊/1828　史部/傳記類/別傳

英皇肥𢶉喇阿聖德記　(英國)華立熙輯　張文彬述　清光緒二十九年(1903)上海廣學會鉛印本　一冊

110000－0102－0026108　戊/1829　史部/政書類/法令/律例

英國憲法史　(日本)松平康國撰　麥孟華譯述　清光緒二十九年(1903)上海廣智書局鉛印本　二冊

110000－0102－0026109　戊/1830　史部

史學小叢書　(日本)北村三郎編著　趙必振譯　清光緒二十九年(1903)上海廣智書局鉛印本　六冊

110000－0102－0026110　戊/1840　子部/宗教類/釋教/經

佛說梵網經二卷　(後秦)釋鳩摩羅什譯　清末(1851－1911)湖南佛學會刻本　一冊

110000－0102－0026111　戊/1841　史部/政書類/法令/其它

道德法律進化之理　(日本)加藤弘之撰　金壽康　楊殿玉譯　清光緒二十九年(1903)上海廣智書局鉛印本　一冊

110000－0102－0026112　戊/1842　子部/宗教類/釋教

思益梵天所問經四卷　(後秦)釋鳩摩羅什譯　清光緒五年(1879)金陵刻經處刻本　一冊

110000－0102－0026113　戊/1843　子部/宗教類/釋教

童蒙止觀二卷六妙法門不分卷　清同治八年(1869)金陵刻經處刻本　一冊

110000－0102－0026114　戊/1844　史部/政書類/邦計

富國真理二卷　(英國)嘉托瑪撰　(英國)山雅谷譯　蔡爾康審義　清光緒二十九年(1903)上海商務印書館鉛印本　二冊

110000－0102－0026115　戊/1845　史部/政書類/邦計

生利分利之別論不分卷　(英國)李提摩太撰　蔡爾康譯　清光緒二十四年(1898)上海商務印書館鉛印本　一冊

110000－0102－0026116　戊/1846　史部/政書類/邦交

內地雜居續論不分卷　(日本)井上哲次郎口述　(清)趙必振譯　清光緒二十九年(1903)上海廣智書局鉛印本　一冊

110000－0102－0026117　戊/1847　史部/政書類/邦交

中西互論不分卷　尼山聖裔六廉隨筆　清光緒二十八年(1902)上海廣學會鉛印本　一冊

110000－0102－0026118　戊/1848　子部/雜家類

普通學問答三卷　清光緒二十七年(1901)石印本　一冊

110000－0102－0026119　戊/1849　子部/雜家類

義務論不分卷　(美國)海文撰　廣智書局譯　清光緒二十九年(1903)上海廣智書局鉛印本　一冊

110000－0102－0026120　戊/1850　子部/雜家類

政教進化論不分卷　(日本)加藤弘之撰　楊廷棟譯　清光緒二十八年(1902)上海廣智書局鉛印本　一冊

110000－0102－0026121　戊/1852　史部/政書類/邦計

理財學講義不分卷　(日本)田尻稻次郎撰

王秀點譯　清光緒二十八年（1902）上海商務印書館鉛印本　一冊

110000－0102－0026122　戊/1855　史部/政書類/學制/文化教育

德國學校制度不分卷　（日本）加藤駒二撰中國國民叢書社譯　清光緒二十九年（1903）上海商務印書館鉛印本　一冊

110000－0102－0026123　戊/1859　史部/政書類/邦交

五千年中外交涉史九十七卷　（清）屯廬主人撰　清光緒二十九年（1903）上海蜚英書局鉛印本　二十冊

110000－0102－0026124　戊/1862　史部/地理類/地圖、圖志

湖南全省輿地圖表不分卷　（清）佚名編繪清光緒二十二年（1896）石印本　十五冊

110000－0102－0026125　戊/1864　史部/地理類/方志/地方志

[光緒]淶水縣誌八卷首一卷末一卷　（清）陳傑纂修　清光緒二十一年（1895）刻本　八冊

110000－0102－0026126　戊/1865　史部/地理類/方志/地方志

[光緒]三河縣誌十六卷首一卷　（清）陳昶修（清）王大信纂　清刻本　四冊

110000－0102－0026127　戊/1866　子部/兵家類

軍隊内務不分卷　日本陸軍省著　楊志洵譯　清末南洋公學譯書院鉛印本　一冊

110000－0102－0026128　戊/1867　子部/兵家類

德國軍制述要不分卷　（德國）來春石泰述沈敦和譯　清光緒二十四年（1898）湖南實學書局刻本　一冊

110000－0102－0026129　戊/1868　子部/兵家類

法國武備考略不分卷　清光緒、宣統鉛印本　一冊

110000－0102－0026130　戊/1869　子部/兵家類

騎兵斥侯答問不分卷　日本陸軍教導團著王鴻年譯　清末南洋公學譯書院鉛印本　一冊

110000－0102－0026131　戊/1871　史部/地理類/方志/地方志

[宣統]昌圖府志一卷　洪汝沖纂修　清宣統二年（1910）奉天圖書印刷所鉛印程氏竹醒樓藏書本　一冊

110000－0102－0026132　戊/1872　史部/政書類/邦計

陝西清理財政說明書　清陝西清理財政局編　清宣統鉛印本　六冊

110000－0102－0026133　戊/1873　集部/別集類/民國

湘綺樓箋啟八卷　王闓運撰　清光緒三十年（1904）衡陽刻本　四冊　存六卷（一至六）

110000－0102－0026134　戊/1874　史部/地理類/水道/總錄

重浚江南水利全書　（清）陳鑾等纂　清道光十九年（1839）刻本　四十八冊（六夾）

110000－0102－0026135　戊/1877　叢部/彙編叢書/清中晚期

鐵華館叢書六種　（清）蔣鳳藻輯　清光緒九年至十年（1883－1884）長洲蔣氏刻本　十冊

110000－0102－0026136　戊/1878　史部/政書類/軍政

東三省政略十二卷總目一卷　徐世昌編　清宣統三年（1911）鉛印本　四十冊

110000－0102－0026137　戊/1879　史部/金石類/總錄

金石圖不分卷　（清）褚峻摹　（清）牛運震補說　清乾隆八年至十年（1743－1745）刻本暨拓本　四冊

110000－0102－0026138　（戊）/1882　經部/小學類/文字

六書分類十二卷首一卷　（清）傅世垚撰　清

乾隆五十四年(1789)韓城傅應奎聽松閣刻本
十三冊

110000－0102－0026139　戊/1883　集部/別
集類/清
彭剛直公詩集八卷　(清)彭玉麟撰　清光緒
十七年(1891)吳下刻本　八冊

110000－0102－0026140　戊/1884　史部/地
理類/方志/地方志
[光緒]繁峙縣誌四卷首一卷　(清)何才價修
清光緒七年(1881)刻本　四冊

110000－0102－0026141　戊/1885　史部/地
理類/方志/地方志
[道光]繁峙縣誌六卷　(清)吳其均纂修　清
道光十六年(1836)刻本　六冊

110000－0102－0026142　戊/1886　史部/地
理類/方志/地方志
[道光]泰安縣志十二卷首一卷　(清)徐宗幹
修　(清)蔣大慶等纂　清同治六年(1867)刻
本　五冊　存六卷(一至三、七、十至十一)

110000－0102－0026143　戊/1888　集部/別
集類/清
陳一齋先生文集六卷　(清)陳梓撰　清宣統
三年(1911)上海國學扶輪社鉛印適園叢書本
一冊

110000－0102－0026144　戊/1889　集部/別
集類/清
東海褰冥氏三十以前舊學四種　(清)譚嗣同
撰　清光緒二十三年(1897)金陵譚嗣同刻本
四冊

110000－0102－0026145　戊/1893　集部/別
集類/清
雁影齋詩存一卷　(清)李希聖撰　清光緒三
十一年(1905)京師刻本　一冊

110000－0102－0026146　戊/1896　子部/醫
家類/總錄
陳修園醫書五十種　(清)陳念祖輯　清末至
民國上海商務印書館鉛印本　十七冊

110000－0102－0026147　戊/1898　史部/政
書類/邦計
**商辦漢冶萍煤鐵廠礦股份有限公司歷次奏諮
案牘**　商辦漢冶萍煤鐵石礦股份有限公司編
清光緒三十四年(1908)鉛印本　一冊

110000－0102－0026148　戊/1899　集部/別
集類/清
勉益齋偶存稿八卷　(清)裕謙撰　清道光十
二年(1832)刻本　八冊

110000－0102－0026149　戊/1900　史部/政
書類/詔令奏議/奏議
豸華堂文鈔文八卷奏摺十二卷首一卷　(清)
金應麟撰　清光緒元年(1875)刻本　四冊
存十六卷(文一至三、奏摺十二卷、首一卷)

110000－0102－0026150　戊/1901　史部/地
理類/方志/地方志
[光緒]惠州府志四十五卷首一卷　(清)劉溎
年等修　(清)鄧掄斌等纂　清光緒七年
(1881)刻本　十五冊

110000－0102－0026151　(戊)/1902　子部/
類書類/類編
潛確居類書一百二十卷　(明)陳仁錫輯　明
崇禎刻本　五十冊

110000－0102－0026152　戊/1907　史部/政
書類/邦交/各國
新纂約章大全七十三卷　陸鳳石編　清宣統
元年(1909)南洋官書局石印本　四十八冊

110000－0102－0026153　(戊)/1908　史部/
地理類/方志/地方志
[乾隆]盛京通志四十八卷　(清)呂耀曾等修
清乾隆元年(1736)奉天府刻咸豐二年
(1852)修版本　二十冊

110000－0102－0026154　戊/1910　子部/雜
家類/學說
墨子不分卷　(戰國)墨翟撰　王闓運注　清
光緒三十年(1904)江西官書局刻本　二冊

110000－0102－0026155　戊/1913　叢部/彙
編叢書

觀古堂匯刻書二集十九種　葉德輝輯　清光
緒二十八年（1902）湘潭葉氏刻本　十六冊
缺一卷(竹崦盦傳抄書目)

110000－0102－0026156　戊/1915　子部/道
家類

性命圭旨　（明）尹真人秘授　清康熙刻後印
本　四冊

110000－0102－0026157　戊/1916　集部/總
集類/詩/斷代/明

明三十家詩選初集八卷二集八卷　（清）汪端
輯　清同治十二年（1873）蘊蘭吟館重刻本
七冊　缺二卷(二集一至二)

110000－0102－0026158　戊/1917　子部/雜
家類/西洋各派

萬法精理　（法國）孟德斯鳩撰　（清）張相文
譯　清光緒二十九年（1903）上海文明書局鉛
印本　一冊　存一卷(三)

110000－0102－0026159　戊/1918　子部/道
家類

呂祖全書三十二卷　（清）劉體恕輯　清道光
三十年（1850）刻本　五冊　存九卷(七至十
五)

110000－0102－0026160　戊/1919　史部/地
理類/山川/山

北固山志十四卷首一卷　（清）周伯義編　清
刻本　一冊　存二卷(十三至十四)

110000－0102－0026161　戊/1921　史部/史
評類

史通通釋二十卷附錄一卷　（清）浦起龍撰
清刻本　一冊　存二卷(十九至二十)

110000－0102－0026162　戊/1924　集部/別
集類/清

詩三百不分卷　（清）管世銘撰　清稿本
一冊

110000－0102－0026163　戊/1925　集部/總
集類/文/通代/編選

古文觀止十二卷　（清）吳乘權　（清）吳大職
編　清南京李光明莊刻本　五冊

110000－0102－0026164　戊/1927　史部/政
書類/職官/官箴

從政遺規二卷　（清）陳宏謀編輯　清同治五
年（1866）粵東撫署刻五種遺規本　二冊

110000－0102－0026165　戊/1928　子部/儒
家類/清

養正遺規二卷補編一卷　（清）陳宏謀編輯
清同治五年（1866）粵東撫署刻五種遺規本
二冊

110000－0102－0026166　戊/1929　子部/儒
家類/清

訓俗遺規二卷　（清）陳宏謀編輯　清同治五
年（1866）粵東撫署刻五種遺規本　二冊

110000－0102－0026167　戊/1932　史部/政
書類/學制/文化教育

南學治經史積分日程不分卷　（清）南學堂編
輯　清光緒綠絲欄抄本　一冊

110000－0102－0026168　戊/1935　集部/別
集類/清

超然抒情集　（清）于先之撰　清光緒二十七
年（1901）木活字本　一冊　存二卷(三至四)

110000－0102－0026169　戊/1936　史部/編
年類/通代

御批歷代通鑑輯覽一百二十卷　（清）傅恆等
撰　清光緒二十五年（1899）北洋石印官書局
石印本　一冊　存四卷(九十五至九十八)

110000－0102－0026170　戊/1937　子部/類
書類

格致鏡原一百卷　（清）陳元龍撰　清光緒十
四年（1888）大同書局石印本　二冊　存五卷
(九十六至一百)

110000－0102－0026171　戊/1938　子部/類
書類/字編

御定駢字類編二百四十卷　（清）張廷玉纂
清光緒十三年（1887）上海同文書局石印本
一冊　存二卷(九十三、九十八)

110000－0102－0026172　戊/1942　集部/別
集類/清

袁文箋正十六卷補注一卷　（清）袁枚撰
（清）石韞玉箋　清光緒八年(1882)汗青簃刻
本　一冊　存二卷(十五至十六)

110000－0102－0026173　戊/1943　子部/醫
家類/雜病方論

回生集二卷　（清）陳傑集　清刻本　一冊
存一卷(下)

110000－0102－0026174　戊/1952　子部/宗
教類/釋教/贊

八十八祖傳贊五卷　（明）釋德清撰　（明）高
承埏補　清雍正十三年(1735)刻民國印本
五冊

110000－0102－0026175　戊/1953　子部/宗
教類/釋教

禪林寶訓四卷　（宋）釋淨善輯　清雍正十三
年(1735)刻民國印本　四冊

110000－0102－0026176　戊/1954　子部/宗
教類/釋教

禪林寶訓四卷　（宋）釋淨善輯　清雍正十三
年(1735)刻民國印本　四冊

110000－0102－0026177　戊/1955　子部/宗
教類/釋教

禪林寶訓四卷　（宋）釋淨善輯　清雍正十三
年(1735)刻民國印本　四冊

110000－0102－0026178　戊/1956　子部/宗
教類/釋教/贊

八十八祖傳贊五卷　（明）釋德清撰　（明）高
承埏補　清雍正十三年(1735)刻民國印本
五冊

110000－0102－0026179　戊/1957　子部/宗
教類/釋教

禪林寶訓四卷　（宋）釋淨善輯　清雍正十三
年(1735)刻民國印本　四冊

110000－0102－0026180　戊/1958　子部/宗
教類/釋教/贊

八十八祖傳贊五卷　（明）釋德清撰　（明）高
承埏補　清雍正十三年(1735)刻民國印本
五冊

110000－0102－0026181　戊/1959　子部/宗
教類/釋教/贊

八十八祖傳贊五卷　（明）釋德清撰　（明）高
承埏補　清雍正十三年(1735)刻民國印本
五冊

110000－0102－0026182　戊/1960　子部/宗
教類/釋教

禪林寶訓四卷　（宋）釋淨善輯　清雍正十三
年(1735)刻民國印本　四冊

110000－0102－0026183　戊/1961　子部/宗
教類/釋教

禪林寶訓四卷　（宋）釋淨善輯　清雍正十三
年(1735)刻民國印本　四冊

110000－0102－0026184　戊/1962　子部/宗
教類/釋教

禪林寶訓四卷　（宋）釋淨善輯　清雍正十三
年(1735)刻民國印本　四冊

110000－0102－0026185　戊/1963　子部/宗
教類/釋教

禪林寶訓四卷　（宋）釋淨善輯　清雍正十三
年(1735)刻民國印本　四冊

110000－0102－0026186　戊/1964　子部/宗
教類/釋教

禪林寶訓四卷　（宋）釋淨善輯　清雍正十三
年(1735)刻民國印本　四冊

110000－0102－0026187　戊/1965　子部/宗
教類/釋教/贊

八十八祖傳贊五卷　（明）釋德清撰　（明）高
承埏補　清雍正十三年(1735)刻民國印本
五冊

110000－0102－0026188　戊/1966　子部/宗
教類/釋教/史傳

比丘尼傳四卷　（南朝梁）釋寶唱傳　清雍正
十三年(1735)刻民國印本　四冊

110000－0102－0026189　戊/1967　子部/宗
教類/釋教/贊

八十八祖傳贊五卷　（明）釋德清撰
（明）高承埏補　清雍正十三年(1735)刻

民國印本　　五冊

110000－0102－0026190　　戊/1968　　子部/宗教類/釋教/贊

八十八祖傳贊五卷　（明）釋德清撰　（明）高承埏補　清雍正十三年（1735）刻民國印本　五冊

110000－0102－0026191　　戊/1969　　子部/宗教類/釋教/贊

八十八祖傳贊五卷　（明）釋德清撰　（明）高承埏補　清雍正十三年（1735）刻民國印本　五冊

110000－0102－0026192　　（戊）/1970　　子部/宗教類/釋教/經

諸法本無經三卷　（隋）釋闍那崛多譯　明永樂十年至十五年（1412－1417）南京禮部祠祭清吏司刻永樂南藏本　　二冊　存二卷（上、中）

110000－0102－0026193　　（戊）/1971　　子部/宗教類/釋教/經

華嚴經隨疏演義鈔九十卷　（唐）釋澄觀述　明永樂十年至十五年（1412－1417）南京禮部祠祭清吏司刻宣德六年（1431）韋覺田印永樂南藏本　四冊　存四卷（二十一至二十四）

110000－0102－0026194　　（戊）/1972　　子部/宗教類/釋教/贊

慈悲道場懺法十卷　（南朝梁）釋寶志　（南朝梁）釋寶唱等制　明萬曆三十一年（1603）北京衍法寺釋圓經刻四十年（1612）皇極門管事李忠發明印本　十冊

110000－0102－0026195　　（戊）/1973　　子部/宗教類/釋教/經

佛說無極寶三昧經二卷　（晉）釋竺法護譯　明永樂十年至十五年（1412－1417）南京禮部祠祭清吏司刻永樂南藏本　　二冊

110000－0102－0026196　　（戊）/1974　　子部/宗教類/釋教/經

大乘妙法蓮華經七卷　（後秦）釋鳩摩羅什譯　清刻本　六冊　存六卷（一至六）

110000－0102－0026197　　戊/1975　　子部/宗教類/釋教/經

大方廣佛華嚴經疏鈔會本　清末民國刻本　六十冊　存八十三卷（一至八十三）

110000－0102－0026198　　戊/1976　　子部/宗教類/釋教/經

大方廣佛華嚴經懸談二十八卷首一卷　（唐）釋澄觀撰述　清光緒三十三年（1907）南京金陵刻經處刻本　八冊

110000－0102－0026199　　戊/1978　　史部/紀傳類/斷代

宋書一百卷附考證　（南朝梁）沈約撰　清同治十二年（1873）金陵書局刻本　十六冊

110000－0102－0026200　　戊/1979　　史部/紀傳類/斷代

南齊書五十九卷　（南朝梁）蕭子顯撰　清同治十三年（1874）金陵書局刻本　六冊

110000－0102－0026201　　戊/1980　　史部/紀傳類/斷代

梁書五十六卷　（唐）姚思廉撰　清同治十三年（1874）金陵書局刻本　六冊

110000－0102－0026202　　戊/1981　　史部/紀傳類/斷代

陳書三十六卷　（唐）姚思廉撰　清同治十二年（1873）金陵書局刻本　四冊

110000－0102－0026203　　戊/1982　　子部/宗教類/釋教/經

大般涅槃經三十六卷後分二卷　（南朝宋）釋慧嚴等再治　清刻本　十冊

110000－0102－0026204　　戊/1983　　子部/宗教類/釋教/經

大寶積經　（唐）釋菩提流志譯　清刻本　二十三冊

110000－0102－0026205　　戊/1986　　集部/總集類/文/雜錄/書牘表啟

歸震川錢牧齋尺牘合刊五卷　（明）歸有光　(清)錢謙益撰　清宣統二年（1910）保定官書局石印本　六冊

110000-0102-0026206　戊/1987　史部/地理類/方志/地方志

[光緒]獲鹿縣志十四卷首一卷末一卷　（清）俞錫綱等修　清光緒七年（1881）刻本　六冊

110000-0102-0026207　戊/1988　經部/易類/傳說

周易四卷　（宋）朱熹本義　清同治十三年（1874）湖南書局刻本　二冊

110000-0102-0026208　戊/1989　經部/易類/傳說

周易四卷附校勘記一卷　清同治十一年（1872）山東書局刻本　二冊

110000-0102-0026209　戊/1991　子部/雜家類/學說

香祖筆記十二卷　（清）王士禎撰　清末民國上海商務印書館鉛印本　一冊

110000-0102-0026210　戊/1995　集部/別集類/清

北山樓集不分卷　（清）吳保初撰　清光緒二十七年（1901）上海商務印書館鉛印本　一冊

110000-0102-0026211　戊/1997　集部/別集類/清

謝梅莊先生遺集八卷附西北域記一卷　（清）謝濟世撰　清光緒三十四年（1908）鉛印本　二冊

110000-0102-0026212　戊/1998　集部/別集類/清

變雅堂遺集文八卷詩十卷附錄二卷　（清）杜濬撰　清光緒四年（1878）黃岡沈氏刻本　六冊

110000-0102-0026213　戊/1999　史部/地理類/水道/江、淮、海

海道圖說十五卷附卷一卷　（英國）金約翰輯　（英國）傅蘭雅口譯　（清）王德均筆述　清光緒江南機器製造總局刻本　十冊

110000-0102-0026214　戊/2000　集部/別集類/清

胡文忠公遺集八十六卷首一卷　（清）胡林翼撰　（清）曾國荃輯　清同治六年（1867）刻本　三十二冊

110000-0102-0026215　戊/2001　集部/總集類/詩/斷代/唐至五代

古唐詩合解十二卷　（清）王堯衢注　清李光明莊刻本　五冊

110000-0102-0026216　戊/2002　子部/宗教類/其它

天主寶義二卷　（意大利）利瑪寶撰　清光緒二十四年（1898）河府勝世堂鉛印本　二冊

110000-0102-0026217　戊/2007　子部/雜家類

論理學綱要不分卷　（日本）十時彌撰　田吳炤譯　清光緒二十九年（1903）上海商務印書館鉛印本　一冊

110000-0102-0026218　戊/2011　子部/兵家類

治梟善後芻議內外篇　（清）蕭文昭撰　清光緒三十四年（1908）杭州文彙書局石印本　一冊

110000-0102-0026219　戊/2012　史部/地理類/山川/川

西湖志四十八卷　（清）李衛修　（清）傅王露等纂　清光緒四年（1878）浙江書局刻本　二十冊

110000-0102-0026220　戊/2013　史部/政書類/邦計

光緒會計表四卷　（清）劉嶽雲編　清光緒二十七年（1901）教育世界社石印本　四冊

110000-0102-0026221　戊/2014　史部/政書類/文牘檔冊

撫吳公牘五十卷　（清）丁禹生撰　（清）沈幼丹評選　清光緒林達泉鉛印本　六冊

110000-0102-0026222　戊/2015　史部/史料類

熙朝紀政八卷　（清）王慶雲撰　清光緒二十七年（1901）上海圖書集成印書局鉛印本　四冊

110000－0102－0026223　戊/2017　集部/別集類/清

曾文正公家書十卷　（清）曾國藩撰　清光緒三十一年（1905）上海商務印書館鉛印本　五冊

110000－0102－0026224　戊/2018　史部/傳記類/別傳

曾文正公大事記四卷　（清）王定安撰　清光緒三十一年（1905）上海商務印書館鉛印本　一冊

110000－0102－0026225　戊/2019　子部/雜家類/雜纂

曾文正公家訓二卷　（清）曾國藩撰　清光緒三十一年（1905）上海商務印書館鉛印本　一冊

110000－0102－0026226　戊/2020　史部/傳記類/雜錄

曾文正公榮哀錄一卷　（清）黃翼升等撰　清光緒三十一年（1905）上海商務印書館鉛印本　一冊

110000－0102－0026227　戊/2021　集部/別集類/清

倭文端公遺書十卷首二卷　（清）倭仁撰　清光緒二十年（1894）山東書局重刻本　八冊

110000－0102－0026228　戊/2022　史部/傳記類/人表

人表考九卷　（清）梁玉繩撰　清光緒十四年（1888）廣雅書局刻廣雅書局叢書本　四冊

110000－0102－0026229　戊/2025　史部/紀事本末類/斷代

左傳紀事本末五十三卷　（清）高士奇撰　清同治十二年（1873）江西書局刻本　十二冊

110000－0102－0026230　戊/2026　集部/別集類/唐至五代

樊川文集二十卷外集一卷別集一卷　（唐）杜牧撰　清光緒二十二年（1896）景蘇園影刻本　六冊

110000－0102－0026231　戊/2028　史部/地理類/方志/地方志

［光緒］元氏縣志十四卷首一卷末一卷　（清）胡岳修　（清）趙文濂纂　清光緒元年（1875）刻本　八冊

110000－0102－0026232　戊/2030　史部/地理類/方志/地方志

［光緒］趙州屬邑志八卷　（清）孫傳栻修　（清）王景美等纂　清光緒刻本　四冊

110000－0102－0026233　戊/2031　史部/地理類/方志/地方志

［光緒］直隸趙州志十六卷首一卷末一卷　（清）孫傳栻修　（清）王景美等纂　清光緒二十三年（1897）刻本　六冊

110000－0102－0026234　戊/2032　史部/政書類/邦計

山東清理財政局編訂全省財政說明書　山東清理財政局編　清宣統山東清理財政局鉛印本　十七冊

110000－0102－0026235　（戊）/2033　史部/紀傳類/斷代

敕修河東鹽法志十二卷　（清）朱一鳳等纂　清雍正五年（1727）刻後印本　八冊

110000－0102－0026236　戊/2034　史部/政書類

歐美政治要義　（清）戴鴻慈等編　清光緒三十三年（1907）石印本　四冊

110000－0102－0026237　戊/2035　史部/政書類/職官/官箴

欽頒州縣事宜一卷　（清）田文鏡等輯　清同治七年（1868）江蘇書局重刻本　一冊

110000－0102－0026238　戊/2036　史部/別史、雜史類

中國文明小史十五章　（日本）田口卯吉撰　劉陶譯　清光緒二十八年（1902）上海廣智書局鉛印本　一冊

110000－0102－0026239　戊/2042　子部/雜家類/雜述

群學肆言　（英國）斯賓塞爾撰　嚴復譯　清

光緒二十九年（1903）上海文明編譯書局鉛印本　四冊

110000－0102－0026240　戊/2043　集部/別集類/清

胡文忠公全集八十六卷　（清）胡林翼撰　（清）曾國荃輯　（清）胡鳳丹重編　清光緒十四年（1888）上海著易堂鉛印本　八冊

110000－0102－0026241　戊/2044　史部/金石類/金

陶齋吉金錄八卷　（清）端方輯　清光緒三十四年（1908）上海有正書局石印本　八冊

110000－0102－0026242　戊/2045　史部/金石類/金

陶齋吉金錄八卷　（清）端方輯　清光緒三十四年（1908）上海有正書局刻本　八冊

110000－0102－0026243　戊/2046　集部/別集類/唐至五代

韓文起十二卷　（唐）韓愈撰　（清）林雲銘評注　清刻本　十二冊

110000－0102－0026244　戊/2048　子部/藝術類/音樂舞蹈

琴譜諧聲六卷　（清）周顯祖編輯　清刻本　六冊

110000－0102－0026245　（戊）/2049　史部/地理類/山川/川

太湖備考十六卷首一卷續編四卷　（清）金友理纂　（清）鄭言紹續　**湖程紀略一卷**　（清）吳曾撰　清乾隆十五年（1750）刻光緒二十九年增修　十二冊

110000－0102－0026246　戊/2051　子部/兵家類

讀史兵略四十六卷　（清）胡林翼纂　清咸豐十一年（1861）武昌刻本　十六冊

110000－0102－0026247　戊/2052　史部/政書類/法令

大清現行刑律案語不分卷　沈家本等編　清宣統三年（1911）普政社鉛印本　二十冊

110000－0102－0026248　戊/2053　史部/史抄類

通鑑總類二十卷　（宋）沈樞撰　清光緒十七年（1891）讀我書齋刻本　二十冊

110000－0102－0026249　戊/2056　子部/宗教類/釋教/論

因明入正理論八卷　（唐）釋窺基撰　清光緒二十二年（1896）金陵刻經處刻本　二冊

110000－0102－0026250　戊/2057　子部/儒家類/宋

御纂朱子全書六十六卷　（宋）朱熹撰　清康熙刻本　四十冊

110000－0102－0026251　戊/2059　史部/政書類/邦計

保富述要　（英國）布來德撰　（英國）傅蘭雅口譯　（清）徐家寶筆述　清光緒江南製造總局刻本　二冊

110000－0102－0026252　戊/2061　子部/雜家類/雜考

無邪堂答問五卷　（清）朱一新撰　清光緒二十一年（1895）廣雅書局刻本　五冊

110000－0102－0026253　戊/2063　史部/政書類/文牘檔冊

李文忠公函稿　（清）李鴻章撰　吳汝綸編輯　清光緒二十八年（1902）蓮池書社鉛印本　十四冊

110000－0102－0026254　戊/2065　史部/傳記類/別傳

曾文正公大事記四卷　（清）王定安撰　清光緒三十一年（1905）上海商務印書館鉛印本　一冊

110000－0102－0026255　戊/2070　子部/儒家類/清

俗言一卷　（清）劉沅撰　清咸豐四年（1854）刻本　一冊

110000－0102－0026256　戊/2071　子部/儒家類/清

槐軒約言一卷　（清）劉沅撰　清咸豐刻

本 一冊

110000－0102－0026257 戊/2072 史部/政書類/詔令奏議/奏議

王文敏公奏疏 （清）王懿榮撰 清宣統三年（1911）江寧印刷廠鉛印本 一冊

110000－0102－0026258 戊/2074 史部/傳記類/別傳

榮哀錄 （清）李瀚章編 **求闕齋日記類鈔二卷** （清）曾國藩撰 （清）王啟原編 清光緒二十八年（1902）耕餘書屋石印本 一冊

110000－0102－0026259 戊/2075 史部/地理類/遊記/清

癸卯東遊日記 張謇撰 清光緒二十九年（1903）通州翰墨林書局鉛印本 一冊

110000－0102－0026260 戊/2076 史部/職官/官箴

牧民忠告二卷 （元）張養浩撰 清同治七年（1868）姑蘇書局刻本 一冊

110000－0102－0026261 戊/2077 史部/政書類/通制

欽定大清會典事例一千二百二十卷目錄八卷 （清）昆岡等撰 清光緒二十五年（1899）石印本 三百七十二冊

110000－0102－0026262 戊/2078 史部/政書類/通制

欽定大清會典圖二百七十卷 （清）崑岡等纂 清光緒二十五年（1899）石印本 七十四冊

110000－0102－0026263 戊/2079 史部/政書類/通制

欽定大清會典一百卷則例一百八十卷目錄一卷 （清）昆岡等撰 清光緒二十五年（1899）石印本 三十六冊

110000－0102－0026264 戊/2080 史部/政書類/通制

欽定大清會典事例一千二百二十卷目錄八卷 （清）昆岡等撰 清光緒二十五年（1899）石印本 三百七十三冊

110000－0102－0026265 戊/2081 史部/政書類/通制

欽定大清會典圖二百七十卷首一卷 （清）昆岡等撰 清光緒二十五年（1899）石印本 七十四冊

110000－0102－0026266 戊/2082 史部/政書類/通制

欽定大清會典一百卷則例一百八十卷目錄一卷 （清）昆岡等撰 清光緒二十五年（1899）石印本 三十六冊

110000－0102－0026267 戊/2083 史部/政書類/通制

欽定大清會典一百卷則例一百八十卷目錄一卷 （清）昆岡等撰 清光緒二十五年（1899）石印本 六冊

110000－0102－0026268 戊/2084 史部/政書類/通制

欽定大清會典事例一千二百二十卷目錄八卷 （清）昆岡等撰 清光緒三十四年（1908）石印本 八十冊

110000－0102－0026269 戊/2085 史部/地理類/總錄

小方壺齋輿地叢鈔 王錫祺輯 清光緒鉛印本 二十六冊

110000－0102－0026270 戊/2087 史部/編年類/斷代

明大政纂要六十三卷 （明）譚希思撰 清光緒湖南思賢書局刻本 二十七冊

110000－0102－0026271 戊/2089 史部/政書類/文牘檔冊

北洋公牘類纂二十五卷目錄一卷 （清）甘厚慈輯 清光緒三十三年（1907）京城益森印刷有限公司鉛印本 十九冊

110000－0102－0026272 戊/2090 集部/別集類/宋

朱子文集大全類編一百十一卷首一卷 （宋）朱熹撰 清刻本 十四冊 存三十五卷（序記碑銘二十一卷、雜著二至十五）

110000－0102－0026273　戊/2092　子部/雜家類

心靈學不分卷　［美國］海文撰　顏永京譯
清光緒十五年(1889)益智書局刻本　一冊

110000－0102－0026274　戊/2093　集部/別集類/清

鄭板橋全集詞鈔一卷家書一卷詩鈔二卷
(清)鄭燮撰　清宣統元年(1909)上海掃葉山房石印本　四冊

110000－0102－0026275　戊/2095　史部/地理類/外紀

歸潛記乙編一卷附一卷丙編一卷丁編三卷戊編一卷辛編一卷癸編一卷附一卷　錢恂撰
清宣統元年(1909)刻本　一冊

110000－0102－0026276　戊/2099　集部/曲類/曲選

綴白裘新集十二集四十八卷　(清)玩花主人輯　(清)錢德蒼續輯　清中後期刻本　二十八冊　存四十卷(初集二至四,二集一、三至四,三集一、三至四,四集,五集,六集,七集,八集一至四,九集一至二,十集,十一集,十二集一至二、四)

110000－0102－0026277　戊/2103　子部/天文地理類/演算法

御製數理精蘊上編五卷下編四十卷表八卷
(清)聖祖玄燁御製　清刻本　二冊　存二卷
(下編三十九至四十)

110000－0102－0026278　戊/2105　子部/雜家類/西洋各派

歷史哲學二篇　(美國)威爾遜撰　羅伯雅譯
清光緒二十九年(1903)上海廣智書局鉛印本　二冊

110000－0102－0026279　戊/2110　集部/總集類/詩/雜錄/酬贈慶弔

齊太史移居倡酬集四卷首一卷末一卷　(清)齊毓川輯　清宣統二年(1910)上海中國圖書公司和記石印本　一冊

110000－0102－0026280　戊/2111　經部/易類

監本易經全文三卷　清末民初佛山鎮十七同文堂石印本　三冊

110000－0102－0026281　戊/2112　經部/四書類/大學中庸/傳說

大學章句質疑一卷　(清)郭嵩燾撰　清光緒十六年(1890)思賢講舍刻本　一冊

110000－0102－0026282　戊/2114　子部/類書類

策府統宗六十五卷　(清)劉昌齡撰　清光緒十七年(1891)上海蜚英館石印本　二十冊

110000－0102－0026283　戊/2115　史部/政書類/邦計/雜錄

槐卿遺稿六卷　(清)沈衍慶撰　清同治元年(1862)刻本　二冊

110000－0102－0026284　戊/2117　子部/儒家類/清

曾氏女訓三章　(清)劉鑒撰　清光緒三十四年(1908)刻本　三冊

110000－0102－0026285　戊/2118　子部/術數類/數學

皇極經世易知八卷首一卷　(清)何夢瑤輯釋　(清)孔繼驤校刊　清光緒十三年(1887)校經山房刻本　八冊

110000－0102－0026286　戊/2120　子部/儒家類/清

治家格言繹義二卷首一卷　(清)戴翊清撰
清光緒十五年(1889)刻本　一冊

110000－0102－0026287　戊/2123　子部/儒家類

西鄉南洲先生遺訓不分卷　(日本)成田安輝選譯　清刻本　一冊

110000－0102－0026288　戊/2126　集部/別集類/清

公言集三卷　(清)沈同芳撰　清光緒三十四年(1908)武進沈同芳鉛印本　一冊

110000－0102－0026289　戊/2127　叢部/

彙編叢書

十萬卷樓叢書三編五十一種 （清）陸心源輯 清光緒歸安陸心源十萬卷樓刻本 七冊

110000－0102－0026290 戊/2128 史部/編年類/斷代

東華錄二十六卷 王先謙編 清光緒十七年(1891)上海廣百宋齋鉛印本 三十二冊

110000－0102－0026291 戊/2128－1 史部/編年類/斷代

東華續錄一百二十卷 王先謙編 清光緒十七年(1891)上海廣百宋齋鉛印本 八十四冊

110000－0102－0026292 戊/2129 史部/地理類/方志/地方志

[光緒]湖南通志二百八十八卷首八卷末十九卷 （清）李瀚章等修 （清）曾國荃等纂 清光緒十一年(1885)刻本 八十二冊

110000－0102－0026293 戊/2131 叢部/彙編叢書

隨庵徐氏叢書十種 徐乃昌輯 清光緒至民國南陵徐氏刻本 十二冊

110000－0102－0026294 戊/2133 史部/外國史類

日俄戰爭始末譯略不分卷 程廷鏞編譯 清光緒三十一年(1905)天津鉛印本 一冊

110000－0102－0026295 戊/2134 史部/外國史類

日本維新三傑傳三卷 （日本）北村紫山撰 （清）馬汝賢譯 清光緒二十七年(1901)勵學譯社鉛印本 一冊

110000－0102－0026296 戊/2135 史部/政書類/通制

吾學錄初編二十四卷 （清）吳榮光撰 清刻本 六冊

110000－0102－0026297 戊/2137 史部/政書類/法令

駁案續編 （清）佚名編 清刻本 六冊

110000－0102－0026298 戊/2138 史部/

外國史類

尼祿海戰史二編 （美國）耶特瓦德斯邊撰 （日本）越山平三郎譯述 清光緒二十九年(1903)上海商務印書館鉛印本 一冊

110000－0102－0026299 戊/2139 史部/政書類/詔令奏議/奏議

江鄂兩督覆陳變法三摺 （清）劉坤一 （清）張之洞撰 清光緒鉛印本 一冊

110000－0102－0026300 戊/2140 史部/地理類/方志/地方志

[光緒]唐縣誌十二卷首一卷 （清）陳詠修 （清）張惇德纂 清光緒四年(1878)刻本 八冊

110000－0102－0026301 （戊）/2141 子部/宗教類/道教/經論著作

性命圭旨一卷續性命圭旨一卷 （明）尹真人秘授 清康熙江蘇祝其會然居士刻乾隆五十八年(1793)續刻本 四冊

110000－0102－0026302 戊/2149 史部/政書類/法令

駁案新編三十二卷 （清）全士潮等編 清乾隆元年(1736)刻本 十八冊

110000－0102－0026303 戊/2150 史部/政書類/法令

大清新法令 （清）商務印書館編譯所編 清宣統二年(1910)上海商務印書館鉛印本 二十冊

110000－0102－0026304 戊/2154 子部/宗教類/釋教

選佛譜六卷 （明）釋智旭述 清光緒十七年(1891)金陵刻經處刻本 二冊

110000－0102－0026305 戊/2156 史部/紀事本末類/斷代

新民府行政彙編 清宣統二年(1910)鉛印本 四冊

110000－0102－0026306 戊/2157 集部/別集類/唐至五代

唐陸宣公制誥十卷賦一卷年譜一卷奏議十五

卷　（唐）陸贄撰　清光緒十一年（1885）淮南書局刻本　四冊

110000－0102－0026307　戊/2165　史部/政書類/文牘檔冊

塵牘叢鈔二卷　（清）姚錫光撰　清光緒三十四年（1908）京師厲齋刻朱印本　二冊

110000－0102－0026308　戊/2166　史部/紀傳類/斷代

新舊唐書合鈔二百六十卷首一卷唐書宰相世系表訂訛十二卷　（清）沈炳震編　清刻本　九冊

110000－0102－0026309　戊/2168　史部/政書類/文牘檔冊

治英紀一卷　（清）魏紹殷撰　清刻本　一冊

110000－0102－0026310　戊/2169　史部/政書類/文牘檔冊

籌蒙芻議二卷　（清）姚錫光撰　清光緒三十四年（1908）京師鉛印本　二冊

110000－0102－0026311　戊/2170　集部/詞類/詞總集/斷代

二家詞鈔五卷二家試帖一卷二家詠古詩一卷　（清）張之洞　樊增祥撰　清刻本　二冊

110000－0102－0026312　戊/2171　集部/別集類/清

遠堂集十七卷　（清）陶福履撰　清咸豐二年（1852）刻本　三冊

110000－0102－0026313　戊/2173　集部/別集類/清

養知書屋詩集十五卷　（清）郭嵩燾撰　清光緒十八年（1892）刻本　四冊

110000－0102－0026314　戊/2177　子部/雜家類

權利競爭篇　（日本）加藤弘之撰　清末至民國武陵趙氏石印本　一冊

110000－0102－0026315　戊/2178　史部/政書類/邦交

星軺指掌三卷續一卷　（德國）馬爾頓撰

（清）聯芳　（清）慶常譯　清光緒二年（1876）鉛印本　四冊

110000－0102－0026316　戊/2181　史部/政書類/通制

籌濟編三十二卷首一卷　（清）楊景仁輯　清光緒四年（1878）刻本　六冊

110000－0102－0026317　戊/2185　史部/政書類/文牘檔冊

撫吳公牘五十卷　（清）丁日昌撰　清宣統元年（1909）南洋官書局石印本　十四冊

110000－0102－0026318　戊/2192　史部/地理類/方志/總志

乾隆府廳州縣圖志五十卷　（清）洪亮吉撰　清光緒五年（1879）授經堂刻本　二十冊

110000－0102－0026319　戊/2193　史部/政書類/詔令奏議/奏議

附黑龍江歷任將軍懇務奏稿四卷　清光緒鉛印本　二冊

110000－0102－0026320　戊/2194　史部/政書類/職官/官箴

吏治輯要一卷　（清）倭仁輯　清光緒元年（1875）湖南荷池書局刻本　一冊

110000－0102－0026321　戊/2195　史部/政書類/職官/官箴

司牧寶鑑一卷　（清）李顯輯　清光緒元年（1875）湖南荷池書局刻本　一冊

110000－0102－0026322　戊/2196　史部/政書類/詔令奏議/奏議

張大司馬奏稿四卷　（清）張亮基撰　清光緒十七年（1891）重刻本　四冊

110000－0102－0026323　戊/2197　史部/政書類/詔令奏議/奏議

考察各國政治條陳折稿不分卷　佚名編　清末鉛印本　一冊

110000－0102－0026324　戊/2198　史部/政書類/法令

學治一得編不分卷　（清）何耿繩輯　清同治

十三年(1874)湖北崇文書局刻本 一冊

110000 - 0102 - 0026325 戊/2199 史部/政書類/職官/官箴

學治臆說 （清）汪輝祖撰 清嘉慶刻本 一冊

110000 - 0102 - 0026326 戊/2200 史部/政書類/詔令奏議/奏議

憲政編查館會奏遵議憲法大綱暨議院選舉各法並逐年應行籌備事宜摺不分卷附清單二件 奕劻等擬 清光緒鉛印本 一冊

110000 - 0102 - 0026327 戊/2201 史部/政書類/邦計

商辦漢冶萍煤鐵廠礦股份有限公司歷次奏咨案牘 清光緒三十四年(1908)鉛印本 一冊

110000 - 0102 - 0026328 戊/2202 史部/地理類/方志/地方志

[宣統]任縣誌八卷 （清）謝昺麟修 （清）陳智纂 （清）王億年增修 清宣統二年(1910)鉛印民國四年(1915)增修本 四冊

110000 - 0102 - 0026329 戊/2203 史部/政書類/職官/官箴

庸吏庸言二卷 （清）劉衡撰 清同治九年(1870)湖南省藩署刻本 一冊 存一卷(上)

110000 - 0102 - 0026330 戊/2204 - 1 集部/別集類/明

夢白先生文集三卷 （明）趙南星撰 明萬曆刻後印本 三冊

110000 - 0102 - 0026331 戊/2204 - 2 集部/別集類/宋

嘉祐集選不分卷 （宋）蘇洵撰 （明）趙南星輯注 明天啟元年(1621)刻後印本 一冊

110000 - 0102 - 0026332 戊/2204 - 3 經部/四書類/大學中庸/傳說

大學中庸正說三卷 （明）趙南星撰 明萬曆刻後印 三冊

110000 - 0102 - 0026333 戊/2204 - 4 史部/傳記類/別傳

先君趙塚宰忠毅公行述一卷 （明）趙清衡撰 清道光二十年(1840)刻後印本 一冊

110000 - 0102 - 0026334 戊/2204 - 5 子部/儒家類/明

教家二書不分卷 （明）趙南星撰 明萬曆刻後印本 一冊

110000 - 0102 - 0026335 戊/2205 - 1 集部/小說類/筆記小說

吳門畫舫錄一卷 （清）西溪山人撰 清光緒三十四年(1908)長沙葉氏刻本 一冊(合訂)

110000 - 0102 - 0026336 戊/2205 - 2 史部/傳記類/總傳/專錄/其它

青樓集一卷 （元）夏庭芝撰 清光緒郎園刻本 一冊(合訂)

110000 - 0102 - 0026337 戊/2205 - 3 集部/小說類/筆記小說

板橋雜記三卷 （清）余懷撰 清光緒三十四年(1908)長沙葉氏刻本 一冊(合訂)

110000 - 0102 - 0026338 戊/2207 史部/地理類/方志/地方志

[乾隆]安肅縣誌十六卷 （清）張鈍修 （清）史元善 （清）李培纂 清嘉慶十三年(1808)刻本 八冊

110000 - 0102 - 0026339 戊/2208 - 1 史部/地理類/遊記

滇軺紀程一卷 （清）林則徐撰 清光緒三年(1877)刻本 一冊(合訂)

110000 - 0102 - 0026340 戊/2208 - 2 史部/地理類/遊記

荷戈紀程一卷 （清）林則徐撰 清光緒三年(1877)宣武城南刻本 一冊(合訂)

110000 - 0102 - 0026341 戊/2208 - 3 史部/政書類

政書搜遺一卷 （清）林則徐撰 清光緒五年(1879)長洲黃氏刻本 一冊(合訂)

110000 - 0102 - 0026342 戊/2212 子部/兵家類

曾文正公水陸行軍練兵志四卷 （清）王定安
撰 清光緒十年（1884）上洋文海書局刻本
四冊

110000－0102－0026343 戊/2213 史部/政
書類/邦計
貴州省財政沿革利弊說明書不分卷 （清）貴
州清理財政局編 清末鉛印暨石印本 六冊

110000－0102－0026344 戊/2214 史部/政
書類/職官/官制
資治新書二集二十卷 （清）李漁輯 清光緒
二十一年（1895）刻本 十冊

110000－0102－0026345 戊/2215 子部/天
文地理類/其它
寶藏興焉十二卷 （英國）費而奔撰 （英國）
傅蘭雅口譯 徐壽筆述 清光緒江南製造總
局刻本 十六冊

110000－0102－0026346 （戊）/2216 史部/
地理類/方志/地方志/山西
[康熙]宣化縣志三十卷 （清）陳坦等纂修
清康熙五十年（1711）刻乾隆續刻本 六冊

110000－0102－0026347 戊/2217 史部/政
書類/文牘檔冊
南皮張宮保政書奏議初編十二卷 （清）張之
洞撰 清光緒二十七年（1901）上海圖書集成
印書局鉛印本 六冊

110000－0102－0026348 戊/2218 史部/政
書類/文牘檔冊
南皮張宮保政書奏議初編十二卷 （清）張之
洞撰 清光緒二十七年（1901）上海圖書集成
印書局鉛印本 六冊

110000－0102－0026349 戊/2239 子部/雜
家類/西洋各派
心理摘要不分卷 （日本）井上圓了撰 沈誦
清譯 清光緒二十八年（1902）上海廣智書局
鉛印本 一冊

110000－0102－0026350 戊/2241 子部/雜
家類
古香齋鑒賞袖珍春明夢餘錄七十卷 （清）孫

承澤撰 清光緒八年（1882）南海孔氏刻本
一冊 存六卷（四十九至五十四）

110000－0102－0026351 戊/2242 史部/目
錄類/圖書學/其它
當代百家酬世文庫模範檔大全（樣本） 清末
至民國上海世界書局石印本 一冊

110000－0102－0026352 戊/2243 集部/集
評類/詩評/詩話
北江詩話六卷 （清）洪亮吉撰 清光緒十五
年（1889）刻本 一冊

110000－0102－0026353 戊/2248 經部/小
學類/文字/說文/傳說
說文解字[桂氏義證]五十卷 （清）桂馥撰
清同治九年（1870）湖北崇文書局刻本 三十
二冊

110000－0102－0026354 戊/2256 史部/目
錄類/圖書學/其它
當代百家酬世文庫模範檔大全（樣本） 清末
至民國上海世界書局石印本 一冊

110000－0102－0026355 戊/2403 子部/宗
教類/道教/經論著作
道統大成十種 （清）江啟護輯 清光緒二十
六年（1900）申江刻本 二冊 存二種（坎集
二、離集八）

110000－0102－0026356 戊/2445 史部/傳
記類/別傳
署四川提督廣西右江鎮總兵黃公墓誌銘不分
卷 （清）羅正鈞撰 清抄本 一冊

110000－0102－0026357 戊/2446 史部/傳
記類/別傳
署四川提督廣西右江鎮總兵黃公墓誌銘不分
卷 （清）羅正鈞撰 清抄本 一冊

110000－0102－0026358 戊/2459 史部/政
書類/法令/律例
俄羅斯刑法十二卷 （清）薩蔭圖譯 清光緒
三十一年（1905）京師學務處官書局鉛印本
二冊

110000－0102－0026359　戊/2460　集部/別集類/清

缾水齋詩集十七卷　（清）舒位撰　清抄本一冊　存目錄

110000－0102－0026360　戊/2463　史部/政書類/詔令奏議/奏議

［陳寶琛奏摺］　（清）陳寶琛撰　清鐵石軒朱絲欄抄本　一冊

110000－0102－0026361　戊/2464　史部/傳記類/人表

［題名錄］　清朱絲欄抄本　一冊

110000－0102－0026362　戊/2467　史部/外國史類

歐洲列國變法史　清末鉛印本　二冊　存五卷(十六至二十)

110000－0102－0026363　戊/2469　子部/農家類/畜牧水產

畜產叢書　黃毅編　清光緒三十三年(1907)上海新學會社鉛印本　一冊

110000－0102－0026364　戊/2488　史部/紀事本末類/斷代

欽定平定回匪方略　（清）奕訢等纂　清光緒二十二年(1896)鉛印本　八十二冊

110000－0102－0026365　戊/2489　史部/紀事本末類/斷代

欽定剿平捻匪方略三百二十卷首一卷　（清）奕訢等纂　清光緒二十二年(1896)鉛印本一百冊

110000－0102－0026366　戊/2490　史部/紀事本末類/斷代

欽定平定粵匪方略　（清）奕訢等纂　清光緒二十二年(1896)鉛印本　一百三十冊

110000－0102－0026367　戊/2491　史部/紀事本末類/斷代

欽定平定苗匪方略　清光緒二十二年(1896)鉛印本　十冊

110000－0102－0026368　戊/2499　史部/政書類/邦計/鹽政

兩淮鹽法志一百六十卷首一卷　（清）王定安輯　清光緒三十一年(1905)金陵刻本　六十三冊　存七十四卷(一至七十三、首一卷)

110000－0102－0026369　戊/2500　史部/政書類/邦計/鹽政

兩廣鹽法志三十五卷首一卷　（清）伍長華輯　清道光十五年(1835)刻本　三十二冊

110000－0102－0026370　戊/2501　史部/政書類/邦計/鹽政

東三省鹽法志十四卷　（清）載澤等修　（清）陳為鎰等纂　清宣統三年(1911)鉛印本六冊

110000－0102－0026371　戊/2502　史部/政書類/邦計/鹽政

山東鹽法志二十二卷首一卷附編援證十卷　（清）宋湘等纂　清嘉慶刻本　二十一冊

110000－0102－0026372　戊/2503　史部/政書類/邦計/鹽政

山東鹽法續增備考六卷　（清）王定柱纂　清同治三年(1864)遼陽劉清泰刻本　十冊

110000－0102－0026373　（戊)/2504　史部/政書類/通制

通典二百卷　（唐）杜佑撰　清乾隆十二年(1747)京師武英殿刻本　三十六冊

110000－0102－0026374　（戊)/2505　史部/政書類/通制

通志二百卷　（宋）鄭樵撰　清乾隆十二年至十四年(1747－1749)京師武英殿刻本　一百二十冊

110000－0102－0026375　（戊)/2506　史部/政書類/通制

文獻通考三百四十八卷　（元）馬端臨纂　清乾隆十二年(1747)京師武英殿刻本　八十八冊

110000－0102－0026376　（戊)/2507　史部/政書類/通制

文獻通考三百四十八卷　（元）馬端臨纂　清

光緒二十二年(1896)浙江書局刻本 十一冊
(十一函) 缺二十二卷(三十九至六十)

110000－0102－0026377 戊/2508 史部/政
書類/通制

通志二百卷 (宋)鄭樵撰 清光緒二十八年
(1902)上海鴻寶齋石印本 三十二冊 缺二
十三卷(一至十二、十七至二十四、九十八至
一百)

110000－0102－0026378 戊/2509 史部/政
書類/通制

皇朝通志一百二十六卷 (清)嵇璜等撰 清
光緒二十八年(1902)上海鴻寶書局石印本
八冊

110000－0102－0026379 戊/2510 史部/政
書類/通制

文獻通考三百四十八卷 (元)馬端臨纂 清
光緒二十八年(1902)上海鴻寶書局石印本
三十二冊

110000－0102－0026380 戊/2511 史部/政
書類/通制

皇朝通志一百二十六卷 (清)高宗弘曆敕撰
清光緒八年(1882)浙江書局刻本 四十冊
(四夾)

110000－0102－0026381 (戊)/2512 史部/
政書類/通制

文獻通考詳節二十四卷 (元)馬端臨撰
(清)嚴虞惇輯 清乾隆二十九年(1764)常熟
嚴有禧刻本 六冊

110000－0102－0026382 戊/2513 史部/政
書類/通制

欽定續通典一百五十卷 (清)嵇璜等纂 清
光緒十二年(1886)浙江書局刻本 三十冊

110000－0102－0026383 戊/2514 史部/政
書類/通制

續通志六百四十卷 (清)嵇璜等纂 清光緒
十二年(1886)浙江書局刻本 二百冊

110000－0102－0026384 戊/2515 史部/編
年類/通代

御批資治通鑑綱目前編十八卷 (宋)金履祥
撰 清康熙刻本 七冊

110000－0102－0026385 (戊)/2516 史部/
編年類/通代

御批資治通鑑綱目正編五十九卷 (宋)朱熹
撰 清康熙四十六年(1707)揚州詩局刻本
四十冊

110000－0102－0026386 (戊)/2517 史部/
編年類/通代

御批資治通鑑綱目正編五十九卷 (宋)朱熹
撰 清康熙四十六年(1707)揚州詩局刻本
二十四冊 存四十九卷(十一至五十九)

110000－0102－0026387 戊/2518 史部/編
年類/通代

御批續資治通鑑綱目二十七卷 (明)商輅編
清康熙內府刻本 十六冊

110000－0102－0026388 戊/2519 史部/編
年類/通代

御批續資治通鑑綱目二十七卷 (明)商輅編
清康熙刻本 十二冊

110000－0102－0026389 戊/2520 史部/編
年類/通代

資治通鑑二百九十四卷附釋文辯誤十二卷
(宋)司馬光撰 (元)胡三省注 清末江蘇書
局刻本 一百冊

110000－0102－0026390 戊/2521 史部/編
年類/通代

續資治通鑑二百二十卷 (清)畢沅撰 清同
治八年(1869)江蘇書局刻本 六十冊

110000－0102－0026391 戊/2524 史部/紀
事本末類/斷代

宋史紀事本末一百〇九卷 (明)馮琦原編
(明)陳邦瞻增訂 (明)張溥論正 清同治十
三年(1874)江西書局刻本 十八冊

110000－0102－0026392 戊/2525 史部/編
年類/通代

百衲宋本資治通鑑 清刻本 二十六冊

110000－0102－0026393　戊/2526　史部/紀事本末類/通代

通鑑紀事本末四十二卷　(宋)袁樞撰　清同治十二年(1873)江西書局刻本　六十六冊

110000－0102－0026394　戊/2527　史部/紀事本末類/通代

通鑑紀事本末四十二卷　(宋)袁樞撰　清光緒二十四年(1898)湖南思賢書局刻本　六十四冊

110000－0102－0026395　戊/2528　史部/紀事本末類/斷代

元史紀事本末二十七卷　(明)陳邦瞻編輯　清同治十三年(1874)江西書局刻本　四冊

110000－0102－0026396　戊/2529　史部/紀事本末類/通代

通鑑紀事本末二百三十九卷　(宋)袁樞撰　(明)張溥論正　清光緒二十四年(1898)湖南思賢書局刻本　三十四冊　存一百二十二卷(九十一至一百四十七、一百五十一至一百五十三、一百七十八至二百三十九)

110000－0102－0026397　戊/2530　史部/編年類/通代

歷代通鑑輯覽一百二十卷　(清)傅恆等纂　清光緒三十一年(1905)上海商務印書館鉛印本　四十冊

110000－0102－0026398　戊/2531　史部/紀事本末類/斷代

宋史紀事本末一百〇九卷　(明)馮琦原編　(明)陳邦瞻增訂　(明)張溥論正　清光緒二十四年(1898)湖南思賢書局刻本　二十冊

110000－0102－0026399　戊/2532　史部/紀事本末類/斷代

明史紀事本末八十卷　(清)谷應泰編輯　清光緒二十四年(1898)湖南思賢書局刻本　十八冊

110000－0102－0026400　戊/2533　史部/編年類/通代

御批歷代通鑑輯覽一百二十卷　(清)傅恆等纂　清同治十年(1871)浙江書局刻朱墨套印本　四十八冊

110000－0102－0026401　戊/2534　史部/編年類/通代

資治通鑑二百九十四卷附釋文辯誤十二卷　(宋)司馬光撰　(元)胡三省注　清光緒十四年(1888)上海蜚英館石印本　三十五冊

110000－0102－0026402　戊/2535　史部/編年類/通代

續資治通鑑二百二十卷　(清)畢沅撰　清同治八年(1869)江蘇書局仿宋刻本　十

110000－0102－0026403　戊/2536　史部/編年類/通代

續資治通鑑二百二十卷　(清)畢沅撰　清光緒十四年(1888)上海蜚英館石印本　二十

110000－0102－0026404　戊/2537　史部/編年類/斷代

明通鑑一百卷首一卷目錄二十卷　(清)夏燮編輯　清光緒二十三年(1897)湖北官書處刻本　四十冊

110000－0102－0026405　(戊)/2538　史部/編年類/通代

宋元通鑑一百五十七卷　(明)薛應旂編集　(明)陳仁錫評閱　明天啟六年(1626)陳仁錫刻本　十六冊　存六十九卷(一至六十九)

110000－0102－0026406　戊/2539　史部/編年類/通代

資治通鑑考異三十卷　(宋)司馬光撰　清光緒十四年(1888)刻本　八冊

110000－0102－0026407　戊/2540　史部/紀事本末類/斷代

宋史紀事本末一百〇九卷　(明)馮琦原編　(明)陳邦瞻增訂　(明)張溥論正　清同治十三年(1874)江西書局刻本　二十冊

110000－0102－0026408　(戊)/2541　史部/政書類/詔令奏議/詔令

硃批諭旨不分卷　(清)世宗胤禛批　清雍正十年至乾隆三年(1732－1738)內府刻朱墨套

印本　一百十二冊

110000－0102－0026409　344　史部/政書類/詔令奏議/詔令

朱批諭旨　清光緒鉛印暨朱墨套印本　六十冊

110000－0102－0026410　戊/2543　史部/紀事本末類/通代

通鑑紀事本末二百三十九卷　（宋）袁樞撰　清光緒石印本　四十八冊（一匣）　存七十五卷（六至八十）

110000－0102－0026411　戊/2546　集部/別集類/宋

東坡先生詩集注三十二卷　（宋）蘇軾撰　（宋）王十朋纂　（明）王永積閱　明刻本　十二冊

110000－0102－0026412　戊/2550　子部/天文地理類/演算法

測量法義一卷　（意大利）利瑪竇授　（明）徐光啟筆受　**圜容較義一卷**　（意大利）利瑪竇授　（明）李之藻演　清道光二十七年（1847）刻海山仙館叢書本　一冊

110000－0102－0026413　戊/2555　集部/曲類/曲別集/傳奇

批點燕子箋二卷四十二出　（明）百子山樵撰　（明）湯顯祖評　清宣統二年（1910）暖紅室刻匯刻傳奇本　二冊

110000－0102－0026414　戊/2576　集部/別集類/清

天遊閣集詩五卷附錄一卷　（清）顧太清撰　清宣統二年（1910）鉛印本　一冊

110000－0102－0026415　戊/2577　子部/醫家類

同仁堂藥目　同仁堂編　清光緒十五年（1889）京都同仁堂重刻本　二冊

110000－0102－0026416　戊/2582　經部/春秋類/左傳/評論

如西所刻諸名家評點春秋綱目左傳句解匯雋六卷　（清）韓葵重訂　清咸豐七年（1857）泰

山堂刻本　六冊

110000－0102－0026417　戊/2591　叢部/彙編叢書/清中晚期

微波榭遺書　（清）孔繼涵輯　清微波榭刻本　十冊

110000－0102－0026418　戊/2595　經部/詩類/傳說

毛詩經筵講義四卷　（宋）袁燮撰　（清）紀昀等校　清刻武英殿聚珍版叢書本　一冊

110000－0102－0026419　戊/2604　子部/藝術類/書畫/畫法、畫帖/清

聖跡圖　（清）佚名繪　清刻本　一冊

110000－0102－0026420　戊/2605　子部/雜家類/雜纂

斯未信齋語錄三卷　（清）佚名撰　清刻本　一冊

110000－0102－0026421　戊/2606　經部/書類/傳說

尚書讀本二卷　（清）吳汝綸點勘　清光緒三十四年（1908）保陽書局鉛印本　二冊

110000－0102－0026422　戊/2607　經部/書類/傳說

尚書讀本二卷　（清）吳汝綸點勘　清光緒三十四年（1908）保陽書局鉛印本　二冊

110000－0102－0026423　戊/2608　經部/書類/傳說

尚書讀本二卷　（清）吳汝綸點勘　清光緒三十四年（1908）保陽書局鉛印本　二冊

110000－0102－0026424　戊/2609　經部/書類/傳說

尚書讀本二卷　（清）吳汝綸點勘　清光緒三十四年（1908）保陽書局鉛印本　二冊

110000－0102－0026425　戊/2610　經部/書類/傳說

尚書讀本二卷　（清）吳汝綸點勘　清光緒三十四年（1908）保陽書局鉛印本　二冊

110000－0102－0026426　戊/2611　經部/書

類/傳說

尚書讀本二卷 （清）吳汝綸點勘　清光緒三十四年(1908)保陽書局鉛印本　二冊

110000－0102－0026427　戊/2612　經部/書類/傳說

尚書讀本二卷 （清）吳汝綸點勘　清光緒三十四年(1908)保陽書局鉛印本　二冊

110000－0102－0026428　戊/2615　經部/易類/傳說

周易兼義九卷音義一卷注疏校勘記九卷釋文校勘記一卷 （三國魏）王弼撰　（晉）韓康伯注　（唐）孔穎達正義　明萬曆十四年(1586)北京國子監刻十三經注疏本　四冊

110000－0102－0026429　戊/2616　史部/地理類/雜記

西湖雜記十種 （宋）董嗣杲等撰　清光緒七年(1881)錢塘丁氏刻本　八冊

110000－0102－0026430　（戊）/2617　集部/別集類/清

敬業堂詩集五十卷 （清）查慎行撰　清康熙刻本　八冊　存四十二卷(一至五、十四至五十)

110000－0102－0026431　戊/2620　集部/總集類/詩/家族

塤箎集十卷 （清）劉沅編　清咸豐二年(1852)刻本　四冊

110000－0102－0026432　戊/2621　集部/別集類/遼金元

剡源佚稿詩六卷文二卷 （元）戴表元撰　清光緒二十一年(1895)刻本　一冊

110000－0102－0026433　戊/2626　史部/傳記類/日記

紫泥日記 （清）黃彭年撰　清光緒十五年(1889)貴築黃氏刻本　一冊

110000－0102－0026434　戊/2627　史部/史評類/詠史

南唐雜事詩 （清）孫榕撰　清光緒二十二年(1896)濟甯孫氏鉛印本　一冊

110000－0102－0026435　戊/2629　經部/四書類/大學中庸/傳說

古本大學輯解二卷 （清）楊宣驊撰　清王灝刻本　一冊

110000－0102－0026436　戊/2634　史部/別史、雜史類

崇禎朝記事四卷 （清）李遜之撰　清光緒二十三年(1897)武進盛宣懷刻本　二冊

110000－0102－0026437　戊/2635　史部/編年類/斷代

欽定三國志六十五卷 （晉）陳壽撰　（南朝宋）裴松之注　清光緒三十一年(1905)上海久敬齋石印本　四冊

110000－0102－0026438　戊/2636　史部/政書類/軍政

湘軍志十六篇 王闓運撰　清光緒二十四年(1898)致知書局鉛印述廬叢書本　二冊

110000－0102－0026439　戊/2639　集部/集評類/詩評/詩話

隨園詩話十六卷 （清）倉山居士撰　清光緒十八年(1892)上海圖書集成印刷書局鉛印本　二冊　存八卷(一至四、十三至十六)

110000－0102－0026440　戊/2646　集部/詞類/詞總集

仁和吳氏雙照樓景刊宋元本詞 吳昌綬輯　清宣統三年至民國六年(1911－1917)仁和吳氏雙照樓影印本　十冊

110000－0102－0026441　戊/2649　集部/小說類/筆記小說

虞初新志二十卷 （清）張潮輯　清咸豐元年(1851)小嬾嬛山館重刻本　七冊　缺三卷(十二至十四)

110000－0102－0026442　戊/2650　集部/小說類/筆記小說

虞初續志十二卷 （清）鄭澍若編　清咸豐元年(1851)小嬾嬛山館重刻本　四冊

110000－0102－0026443　戊/2658　集部/總集類/文/雜錄

繪圖文學初階六卷　杜亞泉編　清光緒二十八年(1902)上海商務印書館鉛印本　一冊　存一卷(三)

110000－0102－0026444　戊/2661　集部/小說類/筆記小說

嘻談錄二卷續錄二卷　(清)小石道人輯　清光緒十年(1884)刻本　四冊

110000－0102－0026445　戊/2663　子部/儒家類/清

漢學商兌四卷　(清)方東樹撰　清道光十一年(1831)刻本　四冊

110000－0102－0026446　戊/2677　史部/紀傳類/斷代

前漢書一百二十卷　(漢)班固撰　(唐)顏師古注　清乾隆四年(1739)上海圖書集成局刻光緒十四年(1888)重印本　十六冊

110000－0102－0026447　戊/2678　史部/紀傳類/斷代

後漢書九十卷　(南朝宋)范曄撰　(唐)李賢注　清乾隆四年(1739)上海圖書集成局刻光緒十四年(1888)重印本　十六冊　存六十九卷(一至六十九)

110000－0102－0026448　戊/2680　經部/小學類/音韻

古今韻準一卷　(清)朱駿聲撰　清刻說文通訓定聲本　一冊

110000－0102－0026449　戊/2683　集部/總集類/文/雜錄/課藝

閩中校士錄不分卷　清刻本　一冊

110000－0102－0026450　戊/2684　子部/藝術類/書畫/書法、碑帖

淳化閣帖釋文十卷　(清)徐朝弼集釋　清嘉慶十七年(1812)刻本　一冊

110000－0102－0026451　戊/2689　史部/目錄類/著錄/叢書目錄/總目

大藏總經目錄　清宣統元年(1909)黃浚重刻本　一冊

110000－0102－0026452　戊/2690　史部/政書類/法令

試前必讀法政問答十四種　會文編輯所編　清末至民國上海會文堂書局石印本　十冊

110000－0102－0026453　戊/2691　史部/政書類/法令

試前必讀法政問答十四種　會文編輯所編　清末至民國上海會文堂書局石印本　十冊

110000－0102－0026454　戊/2695　叢部/彙編叢書/清中晚期

麗廔叢書　葉德輝輯　清光緒三十二年(1906)長沙葉氏刻本　四冊

110000－0102－0026455　戊/2696　集部/小說類/章回

繪圖明清兩國志演義四卷四十回　(清)佚名撰　清末至民國石印本　一冊　存一卷(四)

110000－0102－0026456　戊/2697　子部/雜家類/雜纂

名賢集一卷　佚名撰　清末至民國刻本　一冊

110000－0102－0026457　戊/2698　集部/曲類/曲總集

詞曲備采　鈍窩主人鈔　清末至民國抄本　一冊

110000－0102－0026458　戊/2699　史部/政書類/法令/律例

刺字章程　佚名鈔　清抄本　一冊

110000－0102－0026459　戊/2700　史部/地理類/雜記

燕京歲時記　(清)富察敦崇撰　清光緒三十二年(1906)琉璃廠文德齋刻本　一冊

110000－0102－0026460　戊/2701　經部/書類/傳說

寫定尚書不分卷　(清)吳汝綸錄　清光緒十八年(1892)桐城吳氏家塾石印本　一冊

110000－0102－0026461　戊/2708　集部/別集類/清

鄭板橋全集詞鈔一卷家書一卷詩鈔二卷
(清)鄭燮撰　清宣統元年(1909)上海掃葉山房石印國粹叢書本　三冊

110000－0102－0026462　戊/2710　集部/別集類/清

歸元恭文續鈔七卷　(清)歸莊撰　**行朝錄六卷**　(清)黃宗羲撰　**葉天寥自撰年譜一卷續譜一卷別記一卷甲行日注八卷**　(明)葉紹袁編　清光緒三十四年(1908)上海國粹學報社鉛印國粹叢書本　一冊

110000－0102－0026463　戊/2711　集部/別集類/清

漁洋山人精華錄訓纂十卷總目二卷　(清)[王士禎]撰　(清)惠棟訓纂　清紅豆齋刻本　六冊　存六卷(一至四、總目二卷)

110000－0102－0026464　戊/2712　子部/宗教類/釋教/經

楞伽阿跋多羅寶經玄義四卷　(明)釋智旭撰　清刻本　五冊

110000－0102－0026465　戊/2715　子部/藝術類/書畫/書法、碑帖

御題三希堂續刻法帖　(唐)褚遂良等書　清宣統中華圖書館影印本　四冊

110000－0102－0026466　戊/2716　子部/藝術類/書畫/書法、碑帖

御題三希堂續刻法帖　(唐)褚遂良等書　清宣統中華圖書館影印本　一冊

110000－0102－0026467　戊/2717　子部/藝術類/書畫/書法、碑帖

欽定三希堂法帖　清末至民國中華圖書館影印本　二七冊

110000－0102－0026468　戊/2718　子部/藝術類/書畫/書法、碑帖

欽定三希堂法帖　清末至民國中華圖書館影印本　十六冊

110000－0102－0026469　戊/2719　子部/藝術類/書畫/書法、碑帖

欽定三希堂法帖　清末至民國中華圖書館影印本　一冊

110000－0102－0026470　戊/2720　子部/藝術類/書畫/書法、碑帖

欽定三希堂法帖　清末至民國中華圖書館影印本　一冊

110000－0102－0026471　戊/2721　子部/藝術類/書畫/書法、碑帖

欽定三希堂法帖正集　清末至民國文盛書局影印本　一冊

110000－0102－0026472　戊/2724　經部/書類/傳說

書經四卷　(宋)蔡沈集傳　清道光十六年(1836)刻本　四冊

110000－0102－0026473　戊/2725　經部/禮類/禮記/傳說

禮記十卷　(元)陳澔集說　清道光十六年(1836)刻本　十冊

110000－0102－0026474　戊/2728　集部/別集類/清

[張敬修尺牘]　(清)張敬修撰　清末抄本　十冊

110000－0102－0026475　戊/2729　集部/別集類/清

鹿洲文集抄存　(清)藍鼎元撰　清末抄本　一冊

110000－0102－0026476　戊/2730　集部/別集類/清

梅莊雜著抄存　(清)謝濟世撰　清末抄本　一冊

110000－0102－0026477　戊/2731　子部/農家類/蔬菜花木

花隱園課菊秘要　(清)張敬修撰　清末抄本　一冊

110000－0102－0026478　戊/2732　集部/小說類/筆記小說

諧鐸抄存　(清)沈起鳳撰　清末抄本　一冊

110000－0102－0026479　戊/2734　史部/地

理類/雜記

增補都門紀略不分卷 （清）楊靜亭編輯
（清）李靜山增補　清光緒四年(1878)刻本
十冊

110000－0102－0026480　戊/2736　史部/編
年類/通代

資治通鑑地理今釋十六卷 （清）吳熙載撰
清末石印本　三冊

110000－0102－0026481　戊/2740　集部/小
說類/筆記小說

續客窗閒話八卷 （清）吳熾昌撰　清光緒元
年(1875)刻本　一冊　存二卷(一至二)

110000－0102－0026482　戊/2741　集部/別
集類/清

退一步齋集詩十六卷文四卷 （清）方濬師撰
清光緒十八年(1892)鉛印本　五冊　存六
卷(詩二卷、文四卷)

110000－0102－0026483　戊/2742　子部/醫
家類/傷寒方論

傷寒纘論二卷 （清）張璐纂述　清光緒二十
五年(1899)杭州浙江官書局刻張氏醫書七種
本　二冊

110000－0102－0026484　戊/2744　經部/詩
類/傳說

鄭氏詩箋禮注異義考不分卷 （清）桂文燦撰
清咸豐七年(1857)刻經學叢書本　一冊

110000－0102－0026485　戊/2746　子部/宗
教類/釋教

中論六卷 （後秦）釋鳩摩羅什譯　清光緒三
十三年(1907)揚州藏經院刻本　一冊

110000－0102－0026486　戊/2747　子部/宗
教類/釋教

壇經不分卷 （唐）釋惠能說　（唐）釋法海錄
清同治十一年(1872)如皋刻經處刻本
一冊

110000－0102－0026487　戊/2751　子部/宗
教類/釋教

維摩詰所說經折衷疏六卷 （明）釋大賢撰

清光緒金陵刻經處刻本　三冊

110000－0102－0026488　戊/2752　經部/詩
類/傳說

毛詩本義不分卷 （宋）歐陽修撰　清光緒十
二年(1886)都門印書局鉛印本　二冊

110000－0102－0026489　戊/2754　經部/書
類/傳說

古文尚書不分卷 （清）吳汝綸　（清）吳闓生
詮釋　清光緒十三年(1887)都門印書局鉛印
本　二冊

110000－0102－0026490　戊/2755　經部/書
類/傳說

古文尚書不分卷 （清）吳汝綸　（清）吳闓生
詮釋　清光緒十三年(1887)都門印書局鉛印
本　二冊

110000－0102－0026491　戊/2756　經部/四
書類/總義/傳說

四書說略不分卷 （清）王筠撰　清道光至咸
豐刻本　一冊

110000－0102－0026492　戊/2757　經部/四
書類/孟子/傳說

增補蘇批孟子二卷 （宋）蘇洵撰　清同治十
二年(1873)刻本　一冊

110000－0102－0026493　戊/2758　集部/別
集類/民國

慎宜軒詩八卷 姚永概撰　清宣統二年
(1910)安徽官紙印刷局鉛印本　一冊

110000－0102－0026494　戊/2760　史部/金
石類/總錄/題跋

金石三跋十卷 （清）武億撰　清道光二十三
年(1843)刻本　二冊

110000－0102－0026495　戊/2762　子部/雜
家類/雜纂

幽夢影二卷 （清）張潮撰　**幽夢續影一卷**
（清）朱錫綬撰　清末民初鉛印古今說部叢書
本　一冊

110000－0102－0026496　戊/2764　史部/政書類

列國政要一百三十二卷首一卷附譯名對照表
一卷　(清)戴鴻慈　(清)端方輯　清光緒三
十三年(1907)上海商務印書館石印本　三十
二冊

110000－0102－0026497　戊/2765　史部/政
書類/軍政

金軺籌筆四卷　(清)佚名輯　清光緒十三年
(1887)刻本　四冊

110000－0102－0026498　戊/2770　經部/四
書類/大學中庸/傳說

大學章句質疑不分卷　(清)郭嵩燾撰　清光
緒十六年(1890)思賢講舍刻本　一冊

110000－0102－0026499　戊/2773　子部/儒
家類

曾氏女訓不分卷　劉鑒撰　清光緒三十四年
(1908)刻本　三冊

110000－0102－0026500　戊/2779　經部/四
書類/總義

四書讀本十九卷　(宋)朱熹撰　清光緒十六
年(1890)桂垣書局刻本　七冊

110000－0102－0026501　戊/2780　史部/史
表類

紀元編三卷末一卷　(清)李兆洛撰　清同治
十年(1871)合肥李氏刻本　一冊

110000－0102－0026502　戊/2781　集部/集
評類/詩評/詩話

白嶽盦詩話二卷　(清)余楍撰　清宣統三年
(1911)上海國學扶輪社鉛印適園叢書本
一冊

110000－0102－0026503　戊/2791　史部/地
理類/方志/地方志

琴川三志補記十卷續八卷　(清)黃廷鑒纂
清光緒二十四年(1898)木活字印本　一冊

110000－0102－0026504　戊/2793　子部/儒
家類/明

學蔀通辯前編三卷後編三卷續編三卷終編三
卷　(明)陳建撰　清康熙十七年(1678)啟後
堂刻本　六冊

110000－0102－0026505　戊/2794　集部/別
集類/清

培遠堂偶存稿四十八卷　(清)陳宏謀撰　清
刻本　二十四冊

110000－0102－0026506　戊/2807　史部/政
書類/詔令奏議/奏議

魏鄭公諫續錄二卷　(元)翟思忠輯　清光緒
九年(1883)長沙王氏刻本　一冊

110000－0102－0026507　戊/2808　集部/別
集類/清

張文襄公詩集四卷　(清)張之洞撰　清宣統
二年(1910)鉛印本　二冊

110000－0102－0026508　戊/2809　經部/小
學類/訓詁/爾雅/傳說

爾雅疏十卷附校勘記　(宋)邢昺撰　清嘉慶
二十年(1815)江西南昌府學刻本　六冊

110000－0102－0026509　戊/2811　集部/別
集類/唐至五代

鹿門集三卷　(唐)唐彥謙撰　清宣統元年
(1909)刻本　一冊

110000－0102－0026510　戊/2812　集部/別
集類/清

天游閣詩集二卷　(清)顧太清撰　清宣統元
年(1909)南陵徐乃昌刻本　一冊

110000－0102－0026511　戊/2813　集部/別
集類/明

味檗齋文集十五卷　(明)趙南星撰　清光緒
五年(1879)刻畿輔叢書本　八冊

110000－0102－0026512　戊/2815　集部/別
集類/清

茗柯文編四編　(清)張惠言撰　清宣統三年
(1911)石印本　二冊

110000－0102－0026513　(戊)/2819　經部/
四書類/大學中庸/傳說

中庸脈絡二卷　(清)吳蔭華撰　清乾隆刻本
一冊

110000－0102－0026514　(戊)/2820　經部/

易類/傳說

周易疏略 （清）張沐撰　清康熙十九年(1680)敦臨堂刻本　四冊

110000－0102－0026515　戊/2821　集部/總集類/詩/斷代/唐至五代

唐詩合選箋注七卷 （明）李攀龍　（明）鍾惺選評　（清）錢謙益箋釋　清刻本　八冊

110000－0102－0026516　戊/2823　子部/宗教類/釋教

大乘起信論直解二卷 （明）釋德清撰　清光緒十六年(1890)金陵刻經處刻本　一冊

110000－0102－0026517　戊/2824　經部/禮類/儀禮/傳說

儀禮十七卷 （清）納蘭性德校　清乾隆通志堂刻本　四冊

110000－0102－0026518　戊/2825　經部/春秋類/公羊傳/傳說

春秋公羊傳十一卷 （漢）何休撰　（唐）陸德明音義　清光緒二十二年(1896)新化三味堂刻本　四冊

110000－0102－0026519　戊/2826　經部/春秋類/公羊傳/傳說

何氏公羊春秋十論三卷 廖平撰　清宣統三年(1911)國學扶輪社鉛印適園叢書本　一冊

110000－0102－0026520　戊/2828　經部/小學類/音韻/韻典

新刊韻學會海十六卷 （清）盧宏啟　（清）徐作林輯　清乾隆刻本　八冊

110000－0102－0026521　戊/2829　叢部/彙編叢書

唐代叢書 （清）王文誥輯　清刻本　十九冊

110000－0102－0026522　戊/2831　集部/別集類/清

憨雲小艇駢體文一卷 （清）傅鼎撰　清光緒十三年(1887)簀喜廬刻本　一冊

110000－0102－0026523　戊/2832　集部/別集類/清

亭皋詩鈔四卷 （清）吳綺撰　清乾隆四十一年(1776)刻本　一冊

110000－0102－0026524　戊/2833　集部/俗文學類/民歌民謠

外國竹枝詞一卷 （清）尤侗撰　清刻本　一冊

110000－0102－0026525　戊/2834　經部/詩類/傳說

毛詩稽古編三十卷附考一卷 （清）陳啟源撰　清光緒九年(1883)上海同文書局影印本　八冊

110000－0102－0026526　戊/2837　集部/總集類/詩/斷代/唐至五代

唐詩三百首續選一卷 （清）于慶元編　清光緒十四年(1888)刻本　一冊

110000－0102－0026527　戊/2838　集部/小說類/章回

新校繪圖今古奇觀六卷四十回 （明）抱甕老人輯　清末天寶書局石印本　一冊

110000－0102－0026528　戊/2841　子部/宗教類/釋教/論

大乘起信論科注一卷 （南朝梁）釋真諦譯　清光緒三十年(1904)武昌刻本　一冊

110000－0102－0026529　戊/2847　史部/傳記類/雜錄

姓解三卷 （宋）邵思纂　清光緒遵義黎氏刻古逸叢書本　一冊

110000－0102－0026530　戊/2850　子部/儒家類/宋以前

孔子家語十卷 （三國魏）王肅注　清光緒二十四年(1898)武昌貴池劉世珩刻玉海堂叢書本　三冊

110000－0102－0026531　（戊）/2854　子部/雜家類/學說

權衡一書四十一卷 （清）王植輯　清乾隆刻本　二十四冊

110000－0102－0026532　戊/2858　叢部/

彙編叢書

學津討原 （清）張海鵬輯　清嘉慶十年(1805)虞山張氏照曠閣刻本　十九冊

110000－0102－0026533　戊/2860　集部/總集類/文/雜錄/課藝

小搭文林　（清）佚名編　清末影印本　一冊　存一冊（"樂"字冊,缺第一至二十葉）

110000－0102－0026534　戊/2861　子部/宗教類/釋教/經

金剛般若波羅蜜經　（後秦）釋鳩摩羅什譯　清中後期刻本　一冊　存第十四至三十一分,首尾皆殘缺

110000－0102－0026535　戊/2876　史部/政書類/詔令奏議/奏議

駱文忠公奏議十六卷續刻四川奏議十一卷　（清）駱秉璋撰　清光緒刻本　二十六冊

110000－0102－0026536　戊/2878　史部/政書類/法令/其它

徐雨峰中丞勘語四卷　（清）徐士林撰　清光緒三十二年(1906)武進李氏聖譯樓刻本　四冊

110000－0102－0026537　戊/2879　子部/類書類/類編/通錄

增補注釋故事白眉十卷　（清）許以忠輯　清雍正十三年(1735)素位堂刻本　八冊

110000－0102－0026538　戊/2884　子部/藝術類/書畫/書法、碑帖/清

皇清誥授建威將軍贈太子少保記名提督廣西右江鎮總兵勇烈張公墓表　（清）陳澧撰（清）張裕釗書　清末石印本　一冊

110000－0102－0026539　戊/2888　子部/雜家類/雜纂

範家集略六卷　（清）秦坊輯　清光緒十八年(1892)省克齋刻本　四冊

110000－0102－0026540　戊/2892　集部/小說類/話本

秋燈叢話十八卷　（清）王椷撰　清刻本　六冊

110000－0102－0026541　戊/2893　集部/小說類/筆記小說

里乘十卷　（清）許奉恩撰　清光緒五年(1879)刻本　十冊

110000－0102－0026542　戊/2894　經部/小學類/文字/字典詞典等

康熙字典十二集檢字一卷辨似一卷等韻一卷總目一卷備考一卷補遺一卷　（清）張玉書等纂　（清）奕繪等重修　清光緒十三年(1887)上海同文書局石印本　六冊

110000－0102－0026543　戊/2895　集部/總集類

普天忠憤全集十四卷　（清）魯陽生編　清光緒二十一年(1895)石印本　十二冊

110000－0102－0026544　戊/2897　史部/政書類/詔令奏議

綸音奏章　清道光二十七年(1847)抄本　一冊

110000－0102－0026545　戊/2900　集部/小說類/章回

新選全本慈雲走國初集六卷續集六卷　（清）閒情居士撰　清宣統三年(1911)上海華英書局石印本　十二冊

110000－0102－0026546　戊/2901　子部/譜錄類/鳥獸蟲魚

促織經不分卷　（宋）賈似道編　清刻本　一冊

110000－0102－0026547　戊/2909　集部/小說類/筆記小說

山海經十八卷圖五卷　（晉）郭璞撰　清刻本　六冊

110000－0102－0026548　戊/2910　集部/集評類

餘墨偶談續集二卷　（清）孫枟撰　清光緒二年(1876)雙峰書屋刻本　一冊

110000－0102－0026549　戊/2912　經部/小學類/文字/說文

說文通檢段注三十二卷說文通檢十四卷

（清）黎少春撰　清光緒十二年(1886)點石齋石印本　九冊

110000－0102－0026550　戊/2914　集部/別集類/清

補校袁文箋正八卷首一卷　（清）袁枚撰（清）汗漫山人補校　（清）石韞玉箋　清嘉慶二十三年(1818)嶺南叢雅居重刻本　八冊

110000－0102－0026551　戊/2921　集部/別集類/清

芝隱室續存一卷　（清）長善撰　清同治十年(1871)刻本　二冊

110000－0102－0026552　戊/2922　子部/儒家類/清

重訂幼學須知句解二卷　（清）程允升撰　清光緒二年(1876)刻本　一冊

110000－0102－0026553　戊/2923　史部/傳記類/別傳

省身錄六卷　（清）王恕編　清宣統三年(1911)金陵刻本　二冊

110000－0102－0026554　戊/2924　史部/傳記類/別傳

省身錄六卷　（清）王恕編　清宣統三年(1911)金陵刻本　二冊

110000－0102－0026555　戊/2929　史部/編年類/通代

御批歷代通鑑輯覽一百二十卷　（清）傅恆等纂　清光緒三十一年(1905)上海商務印書館鉛印本　一冊　存三卷(一百至一百〇二)

110000－0102－0026556　戊/2930　集部/別集類/清

書啟合璧　（清）曹溶撰　（清）汪孝鍾（清）張宗燾校訂　清刻本　一冊　存一卷(倦圃集上)

110000－0102－0026557　戊/2933　子部/類書類/類編/通錄

太平廣記五百卷目錄十卷　（宋）李昉等編　清刻本　一冊　存十一卷(三百五十六至三百六十六)

110000－0102－0026558　戊/2934　史部/金石類/石/題跋

石墨鐫華八卷　（明）趙崡撰　清光緒刻本一冊　存三卷(一至三)

110000－0102－0026559　戊/2936　史部

中國歷史問答不分卷　（清）邵振東譯輯　清光緒三十三年(1907)上海商務印書館鉛印本　一冊

110000－0102－0026560　戊/2937　集部/別集類/清

增注秋水軒尺牘四卷　（清）許恩湄撰　（清）婁世瑞注　（清）寄虹軒主人輯　清宣統元年(1909)石印本　二冊

110000－0102－0026561　戊/2938　集部/別集類/清

定盦續集四卷定盦文集續補一卷　（清）龔自珍撰　清刻本　三冊

110000－0102－0026562　戊/2940　集部/別集類/清

楚中文筆二卷附錄一卷　（清）阮元撰　（清）阮福輯附錄　清同治四年(1865)鄂渚刻本一冊

110000－0102－0026563　戊/2948　史部/地理類/雜記

黔書四卷　（清）田雯撰　**續黔書八卷**　（清）張澍撰　清咸豐三年(1853)南海伍氏刻粵雅堂叢書本　三冊

110000－0102－0026564　戊/2949　集部/小說類/筆記小說

聊齋志異新評十六卷　（清）蒲松齡撰　（清）王士禛評　（清）但明倫新評　清道光二十二年(1842)廣順但氏刻朱墨印本　十一冊　存十一卷(一、三、五、七、九、十一至十六)

110000－0102－0026565　戊/2950　集部/小說類/筆記小說

聊齋志異新評十六卷　（清）蒲松齡撰　（清）王士禛評　（清）但明倫新評　清道光二十二年(1842)廣順但氏刻朱墨印本　二冊　存二

卷(九、十一)

110000－0102－0026566　戊/2951　集部/小說類/筆記小說

聊齋志異新評十六卷　(清)蒲松齡撰　(清)王士禛評　(清)但明倫新評　清道光二十二年(1842)廣順但氏刻朱墨印本　八冊　存八卷(九至十六)

110000－0102－0026567　戊/2961　史部/政書類/法令/律例

重刊補註洗冤錄集證六卷　(明)宋慈撰　(清)王又槐等增輯　清光緒三十年(1904)石印本　四冊

110000－0102－0026568　戊/2962　史部/政書類/文牘檔冊

三續清華實業公司文牘章程不分卷　清宣統元年(1909)鉛印本　一冊

110000－0102－0026569　戊/2963　史部/政書類/文牘檔冊

創辦清華實業公司文牘章程不分卷　(清)程祖福編　清光緒鉛印本　一冊

110000－0102－0026570　戊/2965　史部/政書類/邦交/商約

法中俄光緒七年陸路通商章程不分卷　清光緒七年(1881)鉛印本　一冊

110000－0102－0026571　戊/2990　子部/宗教類/釋教

雲棲法彙　清光緒二十三年(1897)金陵刻經處刻本　一冊

110000－0102－0026572　戊/3022　史部/政書類/邦交/雜錄

遷移蠶池口教堂函稿二卷　(清)吳汝綸編輯　清光緒二十八年(1902)蓮池書社鉛印本　一冊

110000－0102－0026573　戊/3027　經部/四書類/大學中庸/傳說

中庸章句質疑二卷　(清)郭嵩燾撰　清光緒十六年(1890)思賢講舍刻本　二冊

110000－0102－0026574　戊/3052　經部/經總類/群經總義

經課續編八卷　(清)俞樾撰　清光緒二十年(1894)刻本　二冊　存四卷(一至四)

110000－0102－0026575　戊/3053　經部/經總類/群經總義/文字音義

五經小學述二卷　(清)莊述祖撰　清光緒九年(1883)刻本　一冊

110000－0102－0026576　戊/3060　集部/別集類/唐至五代

孟東野集十卷附聯句一卷　(唐)孟郊撰　**追昔遊集三卷**　(唐)李紳撰　清宣統二年(1910)上海著易堂書局石印本　四冊

110000－0102－0026577　戊/3062　子部/雜家類/雜纂

策學備纂三十二卷目錄三十二卷首一卷　(清)吳潁炎等纂　清光緒十三年(1887)上海點石齋石印本　二十四冊　缺二十六卷(七至三十二)

110000－0102－0026578　戊/3063　集部/別集類/清

漁洋山人精華錄箋注十二卷補一卷首一卷年譜一卷　(清)王士禛撰　(清)金榮箋注　(清)徐淮纂輯　清乾隆刻本　五冊　缺二卷(六至七)

110000－0102－0026579　戊/3067　子部/雜家類

古香齋鑒賞袖珍春明夢餘錄七十卷　(清)孫承澤撰　清光緒九年(1883)刻本　二十三冊

110000－0102－0026580　戊/3068　經部/經總類/群經總義/傳說

經學輯要二十四卷首一卷　(清)吳潁炎纂輯　清光緒十四年(1888)點石齋石印本　三十二冊

110000－0102－0026581　戊/3069　叢部/彙編叢書/清中晚期

知不足齋叢書二十一集　(清)鮑廷博輯　清長塘鮑氏知不足齋刻本　四十冊

110000－0102－0026582 （戊）/3072 史部/
別史、雜史類

楓窗小牘二卷 （宋）袁褧撰 明刻唐宋叢書
本 一冊

110000－0102－0026583 （戊）/3073 子部/
譜錄類

山家清供山家清事 （宋）林洪撰 清順治四
年(1647)宛委山堂刻說郛本 一冊

110000－0102－0026584 （戊）/3074 子部/
農家類/畜牧水產

養魚經不分卷 （春秋）范蠡撰 **蟹譜二卷**
(宋)傅肱撰 **鼉書不分卷** （宋）秦觀撰 清
順治四年(1647)宛委山堂刻說郛本 一冊

110000－0102－0026585 （戊）/3075 史部/
傳記類/總傳/專錄/釋道

神仙傳登涉符籙 （晉）葛洪撰 **續神仙傳**
(唐)沈份撰 **集仙傳** （宋）曾慥撰 **高道傳**
（宋）賈善翊撰 清順治四年(1647)宛委山
堂刻說郛本 一冊(合訂)

110000－0102－0026586 戊/3076 史部/別
史、雜史類

中華古今注三卷 （五代）馬縞撰 清刻本
一冊

110000－0102－0026587 （戊）/3077 子部/
農家類/畜牧水產

麟書 （宋）汪若海撰 **相牛經** （春秋）寧戚
撰 **相馬書** （宋）徐咸撰 清順治四年
(1647)宛委山堂刻說郛本 一冊

110000－0102－0026588 （戊）/3078 集部/
小說類/筆記小說

畫墁錄不分卷 （宋）張舜民撰 明刻唐宋叢
書本 一冊

110000－0102－0026589 戊/3090 子部/宗
教類/釋教

御選語錄 （清）世宗胤禛選 清光緒四年
(1878)金陵刻經處刻本 十四冊

110000－0102－0026590 戊/3110 史部/傳
記類/別傳

張文襄公榮哀錄十卷 （清）佚名輯 清宣統
鉛印本 二冊 存六卷(三至八)

110000－0102－0026591 戊/3111 子部/宗
教類/釋教

釋門真孝錄五卷 （清）張廣湉輯 清末刻本
一冊

110000－0102－0026592 戊/3112 集部/俗
文學類

新造梅良玉下棚兩度星十四卷 清末潮州李
萬利刻本 三冊

110000－0102－0026593 戊/3113 集部/俗
文學類

新造梅良玉下棚兩度星十四卷 清末潮州李
萬利刻本 三冊

110000－0102－0026594 戊/3114 子部/藝
術類/雜技

酒令叢鈔四卷 （清）俞敦培輯 清光緒四年
(1878)藝雲軒刻本 四冊

110000－0102－0026595 戊/3115 集部/小
說類/筆記小說

續消夏錄六卷 （清）紀昀編 清道光十年
(1830)掃葉山房刻本 六冊

110000－0102－0026596 戊/3119 叢部/彙
編叢書/清中晚期

說鈴後集十九種 （清）吳震方輯 清刻本
十冊

110000－0102－0026597 戊/3120 史部/傳
記類/人表

**明朝題名碑錄明宣德二年丁未至天順八年甲
申** 明刻本 一冊

110000－0102－0026598 戊/3121 史部/史
評類

閱史郤視四卷續一卷 （清）李塨撰 清光緒
五年(1879)定州王氏德謙堂刻畿輔叢書本
一冊

110000－0102－0026599 戊/3124 史部/別
史、雜史類

西巡迴鑾始末記六卷 （日本）吉田良太郎匯
錄 清光緒二十八年(1902)石印本 一冊
存一卷(一)

110000－0102－0026600 戊/3125 集部/俗
文學類/彈詞

庚子國變彈詞五回 世界繁華報館編刊 清
光緒二十八年(1902)世界繁華報館鉛印本
一冊

110000－0102－0026601 戊/3127 史部/傳
記類/人表

拳時教友致命十八卷 包世傑編 清末鉛印
本 一冊 存一卷(十)

110000－0102－0026602 戊/3128 集部/集
評類/文評

增廣唐著寫信必讀 （清）唐□□撰 清末上
海廣益書局石印本 二冊 存六卷(一至四、
九至十)

110000－0102－0026603 戊/3129 經部/四
書類/論語/傳說

論語最豁集四卷 （清）劉珍輯 清末老二酉
堂石印本 一冊 存一卷(四)

110000－0102－0026604 戊/3130 子部/宗
教類/其它

崇修引二十二卷 （德國）羅特理撰 （清）蕭
若瑟譯 清光緒三十一年(1905)鉛印本 一
冊 存二卷(三至四)

110000－0102－0026605 戊/3131 經部/禮
類/周禮/傳說

周禮不分卷 （漢）鄭玄注 （唐）陸德明音義
清宣統元年(1909)學部圖書局刻本 一冊

110000－0102－0026606 戊/3133 史部/編
年類/通代

資治通鑑二百九十四卷 （宋）司馬光撰 清
末至民國鉛印本 一冊

110000－0102－0026607 戊/3134 經部/小
學類/文字/字典詞典等

康熙字典 （清）張玉書等纂 （清）奕繪等重
修 清末至民國石印本 一冊

110000－0102－0026608 戊/3138 集部/小
說類/話本

續客窗閒話八卷 （清）吳熾昌撰 清刻本
二冊 存四卷(三至四、七至八)

110000－0102－0026609 戊/3140 集部/總
集類/文/通代/編選

皇朝經世文編一百二十卷 （清）賀長齡輯
清光緒二十四年(1898)上海宏文閣鉛印本
三冊 存十五卷(一至十、一百十一至一百十
五)

110000－0102－0026610 戊/3142 集部/小
說類/章回

繡像七俠五義傳 （清）石玉昆述 （清）曲園
居士編 清末至民國石印本 一冊 存四卷
(二十一至二十四)

110000－0102－0026611 戊/3143 集部/小
說類/章回

繪圖南北史通俗演義十卷一百回 蔡東藩著
清末至民國上海會文堂石印本 一冊 存
一卷(六)

110000－0102－0026612 戊/3145 子部/醫
家類/雜錄

廣東保太和壽世彙編 廣東保太和藥店編
清宣統三年(1911)鉛印本 一冊

110000－0102－0026613 戊/3147 子部/藝
術類/書畫/畫法、畫帖

最新式時裝百美圖 清末至民國上海東升書
局石印本 一冊

110000－0102－0026614 戊/3148 經部/禮
類/儀禮/其它

儀禮注疏校勘記五十卷 （清）阮元撰 清末
至民國鉛印本 一冊

110000－0102－0026615 戊/3149 子部/藝
術類/篆刻

梓潼帝君陰騭文[印譜] 清鈐印本 一冊

110000－0102－0026616 戊/3151 史部/紀
傳類/斷代

前漢書一百卷 （漢）班固撰 （唐）顏師古注

王先謙補注　清末石印本　二冊　存二卷
（十九至二十）

110000－0102－0026617　戊/3154　集部/總
集類/文/斷代/清

國朝文匯二百卷總目一卷　王文濡等編輯
清宣統元年（1909）國學扶輪社石印本　一冊
　　存二卷（甲集五十三至五十四）

110000－0102－0026618　戊/3158　子部/宗
教類/其它

提正編六卷　（意大利）賈誼睦編　清同治九
年（1870）慈母堂刻本　一冊

110000－0102－0026619　戊/3161　經部/四
書類/大學中庸/傳說

大學辨業四卷　（清）李塨撰　清光緒五年
（1879）定州王氏德謙堂刻畿輔叢書本　一冊

110000－0102－0026620　戊/3189　集部/別
集類/清

李襲侯遺集八卷　（清）李經述撰　清刻本
三冊　存六卷（三至八）

110000－0102－0026621　戊/3190　集部/總
集類/通代

七十二峰足徵集　（清）吳定璋輯　清刻本
一冊　存三卷（二十八至三十）

110000－0102－0026622　戊/3191　集部/別
集類/宋

朱文公問答全集三十一卷　（宋）朱熹撰　清
刻本　一冊　存一卷（一）

110000－0102－0026623　戊/3192　集部/別
集類/宋

朱文公書劄十四卷　（宋）朱熹撰　清刻本
二冊　存四卷（三至六）

110000－0102－0026624　戊/3193　子部/醫
家類/雜病方論

回生集二卷　（清）陳傑輯　清刻本　一冊
存一卷（下）

110000－0102－0026625　戊/3194　集部/別
集類/清

柳州文牘二卷　（清）楊道霖撰　清宣統鉛印
本　一冊

110000－0102－0026626　戊/3195　史部/編
年類/斷代

明通鑑卷首　（清）夏燮撰　清同治十二年
（1873）宜黃刻本　一冊

110000－0102－0026627　戊/3196　集部/小
說類/筆記小說

雲麓漫抄四卷　（宋）趙彥衛撰　清刻稗海本
　一冊

110000－0102－0026628　戊/3197　集部/小
說類/筆記小說

石林燕語十卷　（宋）葉夢得撰　清刻稗海本
　二冊

110000－0102－0026629　戊/3198　集部/小
說類/筆記小說

避暑錄話二卷　（宋）葉夢得撰　清刻稗海本
　二冊

110000－0102－0026630　戊/3199　集部/小
說類/筆記小說

清波雜誌三卷　（宋）周輝撰　清刻稗海本
一冊

110000－0102－0026631　戊/3200　集部/小
說類/筆記小說

墨客揮犀十卷　（宋）彭乘撰　清刻稗海本
一冊

110000－0102－0026632　戊/3201　集部/小
說類/筆記小說

異聞總錄四卷　（宋）□□撰　清刻稗海本
一冊

110000－0102－0026633　戊/3202　史部/政
書類/法令/律例

大清律例彙輯便覽四十卷附錄四種　（清）刑
部制訂　清刻本　十一冊　存七卷（二十六
至三十二）、附錄四種

110000－0102－0026634　戊/3203　史部/地
理類/方志/地方志

[乾隆]涿州志二十二卷首一卷 （清）吳山鳳纂修 清同治十一年(1872)刻本 十二冊

110000－0102－0026635 戊/3204 集部/別集類/清

熊襄愍公集十卷 （清）熊廷弼撰 清同治三年(1864)刻本 十冊

110000－0102－0026636 戊/3205 子部/醫家類/醫經

黃帝内經素問二十四卷 （唐）王冰注 （宋）林億等校正 （宋）孫兆改誤 清刻本 二冊 存五卷(二十至二十四)

110000－0102－0026637 戊/3206 子部/醫家類/醫經

黃帝内經素問遺篇 （宋）劉温舒撰 清刻本 一冊

110000－0102－0026638 戊/3207 子部/醫家類/醫經

黃帝内經靈樞經十二卷 （唐）王冰注 清刻本 二冊 存八卷(三至十)

110000－0102－0026639 （戊)/3208 叢部/彙編叢書/清初期

說鈴前集三十二種 （清）吳震方輯 清康熙刻本 十冊

110000－0102－0026640 戊/3209 集部/俗文學類

新造雙太子下棚禹龍山八卷 清末潮州李萬利刻本 二冊

110000－0102－0026641 戊/3210 集部/俗文學類

新造雙太子下棚禹龍山八卷 清末潮州李萬利刻本 二冊 存四卷(一至四)

110000－0102－0026642 戊/3212 集部/總集類/詩/斷代/清

試律注青雲集四卷 楊逢春輯 清刻本 一冊 存二卷(三至四)

110000－0102－0026643 戊/3213 集部/總集類/詩/斷代/清

春明盍簪集試帖續刻 清咸豐三年(1853)刻本 一冊 存三卷(一至三)

110000－0102－0026644 戊/3232 經部/小學類/文字/字典詞典

三合便覽 （清）敬齋輯 清刻本 六冊

110000－0102－0026645 戊/3243 叢部/彙編叢書

隨庵徐氏叢書 徐乃昌輯 清光緒三十四年(1908)南陵徐乃昌刻本 十二冊

110000－0102－0026646 戊/3244 集部/集評類/總評/通論

文心雕龍十卷 （南朝梁）劉勰撰 清光緒十八年(1892)上海書局石印本 一冊

110000－0102－0026647 戊/3245 集部/總集類/文/雜錄/書牘表啟

增廣寫信不求人四卷 題伴梅主人校正 清光緒三十四年(1908)上海廣益書局石印本 四冊

110000－0102－0026648 戊/3253 集部/小說類/筆記小說

閱微草堂筆記二十四卷 （清）紀昀撰 清末至民國鉛印本 三冊

110000－0102－0026649 戊/3254 子部/術數類/命書相書

改良三命通會十二卷 （明）萬民英著 清宣統元年(1909)上海江左書林石印本 二冊

110000－0102－0026650 戊/3255 子部/藝術類/書畫/畫法、畫帖

圖畫新聞 興論時事報社編 清宣統石印本 一冊

110000－0102－0026651 戊/3256 史部/目錄類/圖書學/考證

古今偽書考一卷 （清）姚際恆撰 清末至民國鉛印本 二冊

110000－0102－0026652 戊/3258 集部/別集類/清

槐窗詠物詩鈔一卷 （清）余淑芳撰 清道光

二十二年(1842)刻冰壺山館叢書本　一冊

110000－0102－0026653　戊/3260　集部/別集類/清

念宛齋全集四種　（清）左輔撰　清道光刻本九冊

110000－0102－0026654　戊/3262　史部/史料類

[折席銀帳本]　清末抄本　一冊

110000－0102－0026655　戊/3264　集部/總集類/文/雜錄/書牘表啟

賴古堂尺牘新鈔二選藏棄集十六卷　（清）周在浚　（清）周在梁　（清）周在延編輯　清道光十九年(1839)刻本　六冊

110000－0102－0026656　戊/3265　史部/別史、雜史類

路史前紀九卷後紀十三卷發揮四卷　（宋）羅泌纂　（宋）羅苹注　清嘉慶十三年(1808)刻本　十二冊

110000－0102－0026657　戊/3266　集部/總集類/文/斷代/清

國朝文述初編　（清）王旒輯　清道光二十二年(1842)刻本　十二冊

110000－0102－0026658　戊/3267　子部/雜家類/雜纂

聖祖仁皇帝庭訓格言一卷　（清）世宗胤禛撰　清刻本　一冊

110000－0102－0026659　戊/3268　子部/儒家類/宋

朱子語類日鈔五卷　（清）陳澧輯　清刻本一冊

110000－0102－0026660　戊/3269　子部/農家類/各錄

樗繭譜一卷　（清）鄭珍纂　（清）莫友芝注清刻本　一冊

110000－0102－0026661　戊/3270　子部/儒家類/清

大意尊聞三卷　（清）方東樹撰　清刻本　一冊

110000－0102－0026662　戊/3271　子部/儒家類/清

張楊園初學備忘二卷　（清）張履祥撰　清刻本　一冊

110000－0102－0026663　戊/3272　經部/經總類/群經總義/傳說

六藝綱目二卷附錄一卷　（元）舒天民撰（元）舒恭注　（明）趙宜中附注　清刻本一冊

110000－0102－0026664　（戊）/3273　經部/四書類/總義/傳說

集虛齋四書口義十卷　（清）方楘如撰　清乾隆五十三年(1788)姚一桂刻本　六冊

110000－0102－0026665　戊/3274　經部/書類/傳說

桐城吳氏尚書讀本二卷　（清）吳汝綸撰　清光緒三十四年(1908)保陽書局鉛印本　二冊

110000－0102－0026666　戊/3275　經部/書類/傳說

桐城吳氏尚書讀本二卷　（清）吳汝綸撰　清光緒三十四年(1908)保陽書局鉛印本　二冊

110000－0102－0026667　戊/3276　子部/醫家類

西醫內科全書九卷　（清）孔慶高譯　（美國）約翰氏校　清光緒八年(1882)刻本　三冊

110000－0102－0026668　戊/3277　集部/詞類/詞別集

夢窗甲稿一卷乙稿一卷丙稿一卷丁稿一卷補遺一卷續補遺一卷　（宋）吳文英撰　清咸豐十一年(1861)曼陀羅華閣刻本　二冊

110000－0102－0026669　戊/3278　集部/詞類/詞別集

草窗詞二卷補二卷　（宋）周密撰　清咸豐十一年(1861)曼陀羅華閣刻本　一冊

110000－0102－0026670　戊/3280　集部/別集類/清

畏齋文集四卷　（清）龔元玠撰　清刻本三冊

110000－0102－0026671　戊/3281　經部/經總類/群經總義/傳說

十三經客難二十四卷　（清）龔元玠撰　清道光二十六年(1846)刻本　七冊

110000－0102－0026672　戊/3284　集部/別集類/清

冬暄草堂遺詩二卷　（清）陳豪撰　清宣統二年(1910)刻本　一冊　存一卷(二)

110000－0102－0026673　戊/3293　集部/別集類/清

飲水集不分卷　（清）納蘭性德撰　清咸豐元年(1851)刻粵雅堂叢書本　四冊

110000－0102－0026674　戊/3294　叢部/彙編叢書

嘯園叢書　（清）葛元煦輯　清光緒二年(1876)仁和葛氏嘯園刻本　十八冊

110000－0102－0026675　戊/3295　史部/政書類/法令/律例

大清民事訴訟草案四編　（清）沈家本等纂　清宣統三年(1911)北京修訂法律館鉛印本　四冊

110000－0102－0026676　戊/3298　子部/術數類/命書相書

精校命理正宗神峰通考六卷　（清）張楠撰　清光緒三十四年(1908)上海書局石印本　一冊

110000－0102－0026677　戊/3300　集部/別集類/清

定山堂古文小品二卷　（清）龔鼎孳撰　清宣統二年(1910)上海國學昌明社石印本　一冊

110000－0102－0026678　戊/3301　史部/政書類/法令

各國交涉公法論初集四卷　（英國）費利摩羅巴德撰　（英國）傅蘭雅口譯　（清）俞世爵筆述　清光緒二十二年(1896)上海小倉山房鉛印本　五冊　存二卷(一至二)

110000－0102－0026679　戊/3306　子部/術數類/雜占

梅花易數五卷　（宋）邵雍撰　清宣統二年(1910)上海鑄記書局石印本　一冊

110000－0102－0026680　戊/3312　集部/別集類/宋

指南錄四卷　（宋）文天祥撰　清光緒三十二年(1906)古今圖書局鉛印本　一冊

110000－0102－0026681　戊/3313　經部/孝經類/傳說

御注孝經不分卷　（清）世宗胤禛撰　清刻本　一冊

110000－0102－0026682　戊/3315　經部/禮類/周禮/傳說

周禮今釋六卷　（清）桂文燦撰　清光緒二十二年(1896)刻本　三冊

110000－0102－0026683　戊/3316　集部/總集類/詩/雜錄/其它

詩畸八卷外編二卷　清光緒十九年(1893)刻本　四冊

110000－0102－0026684　戊/3317　集部/別集類/清

二水樓集二十卷首一卷詩集十八卷　（清）李茹旻撰　清光緒十七年(1891)味憨廬刻本　九冊

110000－0102－0026685　戊/3318　集部/別集類/清

魏叔子詩集八卷首一卷　（清）魏禧撰　清刻本　一冊

110000－0102－0026686　戊/3319　經部/書類/傳說

尚書不分卷　清光緒十八年(1892)桐城吳氏家塾石印本　一冊

110000－0102－0026687　戊/3320　子部/雜家類

竹窗隨筆一卷二筆一卷三筆一卷　（明）釋袾宏撰　清刻本　三冊

110000－0102－0026688　戊/3321　集部/總集類/詩

續橋李詩繫四十卷　（清）胡昌基輯　清宣統三年（1911）刻本　二十冊

110000－0102－0026689　戊/3322　集部/集評類/詩評
明詩紀事十籤　（清）陳田輯　清光緒二十五年（1899）刻陳氏叢書本　三十八冊

110000－0102－0026690　戊/3323　子部/宗教類/釋教
八宗綱要二卷　（明）釋凝然述　（清）釋淨賢校　清宣統三年（1911）揚州藏經院刻本　一冊

110000－0102－0026691　戊/3324　經部/經總類/群經總義/傳說
岳氏相臺五經　（宋）岳珂輯　清光緒八年（1882）長沙龍氏家塾刻本　十五冊　存二十三卷（易經二卷、禮記卷五至二十、春秋二卷、春秋集解三卷）

110000－0102－0026692　戊/3325　史部/政書類/詔令奏議/奏議
明名臣奏議選八卷　（清）趙承恩輯　清同治十三年（1874）繡古趙承恩紅杏山房刻本　六冊

110000－0102－0026693　戊/3326　集部/總集類/文/通代/文選
文選六十卷　（南朝梁）蕭統輯　（唐）李善注　清毛氏汲古閣刻本　五冊　存三十一卷（一至六、三十二至四十二、四十七至六十）

110000－0102－0026694　戊/3327　經部/禮類/儀禮/圖說
儀禮圖六卷　（清）張惠言撰　清同治九年（1870）楚北崇文書局重刻本　三冊

110000－0102－0026695　戊/3328　經部/禮類/儀禮
儀禮十七卷　（漢）鄭玄注　清同治九年（1870）楚北崇文書局重刻本　二冊

110000－0102－0026696　戊/3329　經部/書類/傳說
書經六卷首一卷末一卷　（宋）蔡沈集傳　清

光緒七年（1881）金陵書局刻本　四冊

110000－0102－0026697　戊/3330　經部/禮類/儀禮
儀禮十七卷　（漢）鄭玄注　（清）張爾岐句讀　清同治七年（1868）金陵書局刻本　四冊

110000－0102－0026698　戊/3332　史部/政書類/軍政
臺灣戰紀二卷　（清）洪棄父纂　清光緒三十二年（1906）鉛印本　二冊

110000－0102－0026699　戊/3340　叢部/彙編叢書
榆園叢刻　（清）許增輯　清同治光緒仁和許增榆園刻本　七冊

110000－0102－0026700　戊/3358　史部/史表類
紀元甲子表三卷　清刻本　一冊　存二卷（上中）

110000－0102－0026701　戊/3359　史部/政書類/法令/其它
監獄訪問錄二卷　（日本）小河滋次郎解答　唐寶鍔質問　清末至民國抄本　一冊

110000－0102－0026702　戊/3373　經部/四書類/大學中庸
大學　（宋）朱熹章句　清末至民國上海學古堂鉛印本　一冊

110000－0102－0026703　戊/3375　子部/醫家類/雜病方論
隨山宇方鈔　（清）荔牆寒士編　清光緒八年（1882）安越堂刻本　一冊

110000－0102－0026704　戊/3376　史部/史評類/詠史
南唐雜事詩一卷　（清）孫榕撰　清光緒二十二年（1896）濟甯孫氏鉛印本　一冊

110000－0102－0026705　戊/3377　史部/政書類/法令
桐城吳氏法律學教科書　（日本）織田萬原撰　（清）吳闓生譯　清光緒三十一年（1905）鉛

印本　二冊

110000 - 0102 - 0026706　戊/3378　子部/宗教類/釋教/經

金剛般若波羅蜜經　（後秦）釋鳩摩羅什譯（清）翁方綱手書　清光緒二十五年（1899）潞河女史張氏石印本　一冊

110000 - 0102 - 0026707　戊/3381　子部/雜家類

摭言　（五代）王定保撰　明刻稗海本　一冊

110000 - 0102 - 0026708　戊/3383　史部/政書類/邦交

東瀛戰士策　（日本）尾崎行雄撰　（清）渡海畸人譯　清光緒二十九年（1903）北京華北書局鉛印本　一冊

110000 - 0102 - 0026709　戊/3385　集部/別集類/唐至五代

昌黎先生外集十卷附遺文　（唐）韓愈撰　清同治八年（1869）江蘇書局刻本　一冊

110000 - 0102 - 0026710　戊/3388　子部/宗教類/釋教/經

楞伽阿跋多羅寶經四卷　（南朝宋）釋求那跋陀羅譯　清刻本　二冊　存二卷（一至二）

110000 - 0102 - 0026711　戊/3389　子部/儒家類

文人五戒不分卷　清光緒聚珍堂鉛印本　一冊

110000 - 0102 - 0026712　戊/3390　史部/政書類/軍政

白塔信礟章程不分卷　清抄本　一冊

110000 - 0102 - 0026713　戊/3391　史部/政書類/法令

法訣啟明二卷　（清）升泰輯　清光緒十六年（1890）刻本　二冊

110000 - 0102 - 0026714　戊/3392　史部/政書類/法令

校正法蘭西刑法四編　（清）修訂法律館譯　清光緒三十三年（1907）北京修訂法律館鉛印本　一冊

110000 - 0102 - 0026715　戊/3393　史部/政書類/法令

日本改正刑法二編　（日本）西田龍太譯　清光緒三十三年（1907）鉛印本　一冊

110000 - 0102 - 0026716　戊/3394　史部/政書類/法令

日本刑法四編　（清）中外法制調查局譯（日本）岩谷孫藏訂正　清光緒三十一年（1905）北京修訂法律館鉛印本　一冊

110000 - 0102 - 0026717　戊/3395　史部/政書類/法令

寶鑑編補注二卷　（清）升泰撰　清光緒六年（1880）刻本　二冊

110000 - 0102 - 0026718　戊/3407　子部/藝術類/書畫/書法、碑帖

劉石庵先生墨蹟　清宣統二年（1910）萬源石印局石印本　一冊

110000 - 0102 - 0026719　戊/3412　集部/戲曲類

奪小沛總講　清末民國洗心齋抄本　一冊

110000 - 0102 - 0026720　戊/3413　集部/戲曲類

蘆花蕩身段總講　連捷雲訂　清末民國洗心齋抄本　一冊

110000 - 0102 - 0026721　戊/3414　集部/戲曲類

小話借靴　清末民國抄本　一冊

110000 - 0102 - 0026722　戊/3415　集部/戲曲類

[戲曲劇本集]　清末民國抄本　一冊

110000 - 0102 - 0026723　戊/3416　史部/政書類/邦交/總錄

約章分類輯要三十八卷首一卷　蔡乃煌等編　清光緒二十七年（1901）湖南商務局石印本　三十五冊

110000 - 0102 - 0026724　戊/3419　經部/經

總類/群經總義

皇清經解一千四百〇八卷首一卷 （清）阮元輯　清咸豐十年（1860）刻道光九年（1829）補刻本　三百六十冊

110000－0102－0026725　戊/3420　經部/經總類/群經總義

皇清經解一千四百〇八卷首一卷 （清）阮元輯　清咸豐十年（1860）補刊廣州學海堂刻本　十六冊

110000－0102－0026726　戊/3421　經部/經總類/群經總義

皇清經解續編二百〇九卷 王先謙編　清光緒十五年（1889）上海蜚英館石印本　三十一冊

110000－0102－0026727　（戊）/3422　經部/禮類/通禮

五禮通考二百六十二卷首四卷總目二卷 （清）秦蕙田編　清乾隆十八年（1753）刻本　天放樓跋　九十六冊

110000－0102－0026728　（戊）/3423　經部/禮類/通禮

讀禮通考一百二十卷 （清）徐乾學撰　清康熙三十五年（1696）崑山徐氏刻本　三十二冊

110000－0102－0026729　（戊）/3424　經部/禮類/通禮

讀禮通考一百二十卷 （清）徐乾學撰　清康熙三十五年（1696）崑山徐氏刻本　三十冊

110000－0102－0026730　戊/3426　史部/政書類

吉林農安戊巳政治報告書四卷 壽鵬飛輯　清宣統二年（1910）吉林官書局鉛印本　四冊

110000－0102－0026731　戊/3432　子部/宗教類/釋教/經

勝鬘師子吼一乘大方便方廣經 （南朝宋）釋求那跋陀羅譯　清光緒二十二年（1896）金陵刻經處刻本　一冊

110000－0102－0026732　戊/3433　子部/儒家類

五種遺規摘鈔五種 （清）陳宏謀編輯　清同治七年（1868）楚北崇文書局刻本　八冊

110000－0102－0026733　戊/3435　子部/雜家類/雜述

庸盦筆記六卷 （清）薛福成撰　清光緒二十七年（1901）上海掃葉山房石印掌故叢編本　一冊　存二卷（一至二）

110000－0102－0026734　（戊）/3438　集部/總集類/文

古文品外錄二十四卷 （明）陳繼儒評　明末刻本　二十四冊

110000－0102－0026735　戊/3439　子部/藝術類/書畫/畫法、畫帖

芥子園畫傳 （清）王概輯　清光緒十四年（1888）上海發文新書局石印本　八冊　存十四卷（初集一至三，二集一至二、六至九、三集一至四、六）

110000－0102－0026736　戊/3444　經部/經總類

蜚雲閣淩氏叢書 （清）淩曙撰　清嘉慶十三年至二十四年（1808－1819）蜚雲閣刻本　六冊

110000－0102－0026737　戊/3451　集部/別集類/明

楊大洪先生文集二卷 （明）楊漣撰　清光緒十三年（1887）福州正誼書院刻正誼堂全書本　二冊

110000－0102－0026738　戊/3452　集部/別集類/明

海剛峯先生文集二卷 （明）海瑞撰　清光緒十三年（1887）福州正誼書院刻正誼堂全書本　二冊

110000－0102－0026739　（戊）/3453　集部/曲類/曲別集/傳奇

紫簫記二卷三十四出 （明）湯顯祖撰　明末常熟毛氏汲古閣刻六十種曲本　二冊

110000－0102－0026740　（戊）/3454　集部/曲類/曲別集/傳奇

春燕記二卷二十九出 （明）汪錂撰 明末常熟毛氏汲古閣刻六十種曲本 一冊

110000－0102－0026741 戊/3455 經部/小學類/音韻
韻學五卷末一卷 （清）王植撰 清雍正八年(1730)刻本 六冊

110000－0102－0026742 戊/3456 史部/政書類/詔令奏議/奏議
[述本堂奏議] （清）方觀承撰 清刻本 六冊

110000－0102－0026743 戊/3457 史部/地理類/水道/總錄
水經注四十卷 （北魏）酈道元撰 清仿武英殿聚珍刻本 十六冊

110000－0102－0026744 戊/3458 經部/四書類/總義/傳說
四書集注闡微直解二十七卷 （明）張居正撰 清刻本 八冊 存十七卷(六至九、十五至二十七)

110000－0102－0026745 戊/3459 史部/傳記類/日記
鴻泥續錄二卷 （清）王定柱撰 清刻本 一冊

110000－0102－0026746 （戊）/3460 叢部/彙編叢書
稗海四十八種二百八十八卷續二十二種一百六十一卷 （明）商濬編 明萬曆商濬半埜堂刻清康熙重編補刻本（螢雪叢說、孫公談圃、許彥周詩話、後山居士詩話用其他明刻本補配） 九十三冊 缺七種(雲麓漫抄、石林燕語、避暑錄話、清波雜志、墨客揮犀、異聞總錄、遂昌雜錄)

110000－0102－0026747 （戊）/3461 集部/曲類/曲別集/傳奇
南柯記二卷四十四出 （明）湯顯祖撰 明末常熟毛氏汲古閣刻六十種曲本 一冊 存一卷(上)

110000－0102－0026748 （戊）/3462 集部/

曲類/曲別集/傳奇
明珠記二卷四十三出 （明）陸采撰 明末常熟毛氏汲古閣刻六十種曲本 一冊 存一卷(上)

110000－0102－0026749 （戊）/3463 集部/曲類/曲別集/傳奇
香囊記二卷二十一出 （明）邵璨撰 明末常熟毛氏汲古閣刻六十種曲本 一冊 存一卷(上)

110000－0102－0026750 （戊）/3464 集部/曲類/曲別集/傳奇
錦箋記二卷 （明）周履靖撰 明末常熟毛氏汲古閣刻六十種曲本 一冊 存一卷(下)

110000－0102－0026751 （戊）/3465 集部/曲類/曲別集/傳奇
焚香記二卷四十出 （明）王玉峰撰 明末常熟毛氏汲古閣刻六十種曲本 一冊 存一卷(上)

110000－0102－0026752 （戊）/3466 集部/曲類/曲別集/傳奇
鳴鳳記二卷四十一出 （明）王世貞撰 明末常熟毛氏汲古閣刻六十種曲本 一冊 存一卷(上)

110000－0102－0026753 （戊）/3467 集部/曲類/曲別集/傳奇
西樓記二卷四十出 （明）袁于令撰 明末常熟毛氏汲古閣刻六十種曲本 一冊 存一卷(下)

110000－0102－0026754 （戊）/3468 集部/曲類/曲別集/傳奇
八義記二卷四十一出 （明）徐元撰 明末常熟毛氏汲古閣刻六十種曲本 一冊 存一卷(下)

110000－0102－0026755 （戊）/3469 集部/曲類/曲別集/傳奇
三元記二卷 （明）沈受先撰 明末常熟毛氏汲古閣刻六十種曲本 二冊

110000－0102－0026756 （戊）/3470 集部/

曲類/曲別集/傳奇

贈書記二卷三十二出　（明）佚名撰　明末常
熟毛氏汲古閣刻六十種曲本　一冊

110000－0102－0026757　（戊）/3471　集部/
曲類/曲別集/傳奇

種玉記二卷三十出　（明）汪廷訥撰　明末常
熟毛氏汲古閣刻六十種曲本　一冊

110000－0102－0026758　（戊）/3472　集部/
曲類/曲別集/傳奇

玉合記二卷四十出　（明）梅鼎祚撰　明末常
熟毛氏汲古閣刻六十種曲本　二冊

110000－0102－0026759　戊/3473　史部/外
國史類

日本維新慷慨史二卷　（日本）西村三郎編輯
　（清）趙必振譯　清光緒二十八年（1902）上
海廣智書局鉛印本　一冊　存一卷（下）

110000－0102－0026760　戊/3474　子部/法
家類

洗冤錄義證四卷附經驗方一卷歌訣一卷
（宋）宋慈撰　（清）剛毅編　清光緒十七年
（1891）江蘇書局刻本　二冊

110000－0102－0026761　戊/3475　史部/政
書類

皇朝政治學問答增校初編三卷首一卷　北洋
官報局增校　清光緒二十八年（1902）北洋官
報局鉛印本　一冊

110000－0102－0026762　（戊）/3476　集部/
曲類/曲別集/傳奇

千金記二卷五十出　（明）沈采撰　明末毛氏
汲古閣刻六十種曲本　二冊

110000－0102－0026763　（戊）/3477　集部/
曲類/曲別集/傳奇

投梭記二卷三十出　（明）徐復祚撰　明末常
熟毛氏汲古閣刻六十種曲本　二冊

110000－0102－0026764　（戊）/3478　集部/
曲類/曲別集/傳奇

還魂記二卷四十三出　（明）湯顯祖撰　（明）
碩園刪定　明末常熟毛氏汲古閣刻六十種曲

本　二冊　存二卷（缺上卷第一至六十四葉）

110000－0102－0026765　（戊）/3479　集部/
曲類/曲別集/傳奇

邯鄲記二卷三十二出　（明）湯顯祖撰　明末
常熟毛氏汲古閣刻六十種曲本　一冊　存一
卷（下）

110000－0102－0026766　（戊）/3480　集部/
曲類/曲別集/傳奇

飛丸記二卷三十二出　（明）佚名撰　明末常
熟汲古閣刻六十種曲本　一冊　存一卷（下）

110000－0102－0026767　（戊）/3481　集部/
曲類/曲別集/傳奇

蕉帕記二卷三十六出　（明）單本撰　明末常
熟毛氏汲古閣刻六十種曲本　一冊　存一卷
（上）

110000－0102－0026768　（戊）/3482　集部/
曲類/曲別集/傳奇

紫釵記二卷五十三出　（明）湯顯祖撰　明末
常熟毛氏汲古閣刻六十種曲本　一冊　存一
卷（下）

110000－0102－0026769　（戊）/3483　集部/
曲類/曲別集/傳奇

龍膏記二卷三十出　（明）楊珽撰　明末常熟
毛氏汲古閣刻六十種曲本　一冊

110000－0102－0026770　戊/3487　子部/類
書類/韻編

佩文韻府一百〇六卷　（清）張玉書等纂　清
光緒十九年（1893）上海鴻寶齋石印本　二
百冊

110000－0102－0026771　戊/3488　集部/別
集類/清

隨園全集　（清）袁枚撰　清光緒十八年
（1892）上海圖書集成印書局鉛印本　四十
一冊

110000－0102－0026772　戊/3501　叢部/彙
編叢書

古香齋袖珍十種　（清）張英等纂　清光緒
九年（1883）孔氏三十有三萬卷堂刻本　三

百十二冊

110000 – 0102 – 0026773　戊/3503　史部/紀
傳類/通代

南史八十卷　（唐）李延壽撰　清同治十二年
(1873)金陵書局刻本　十二冊

110000 – 0102 – 0026774　戊/3504　史部/紀
傳類/通代

北史一百卷　（唐）李延壽撰　清同治十二年
(1873)金陵書局刻本　二十冊

110000 – 0102 – 0026775　戊/3505　集部/總
集類/文/斷代/清

甯都三魏全集　（清）林時益輯　清道光二十
五年(1845)甯都謝庭綏綏園書塾刻本　七十
二冊

110000 – 0102 – 0026776　戊/3518　史部/編
年類/通代

綱鑑易知錄九十二卷　（清）吳乘權　（清）周
之炯　（清）周之燦輯　清同治五年(1866)粵
東三元堂刻本　十九冊　存五十四卷(一至
二、六至八、十五至二十三、二十七至三十八、
四十五至六十七、七十至七十一、九十至九十
二)

110000 – 0102 – 0026777　戊/3519　史部/紀
傳類/斷代

舊唐書二百卷　（後晉）劉昫等撰　清同治十
一年(1872)浙江書局刻本　四十冊

110000 – 0102 – 0026778　戊/3520　史部/紀
傳類/斷代

元史二百十卷　（明）宋濂等撰　清同治十三
年(1874)江蘇書局刻本　四十冊

110000 – 0102 – 0026779　戊/3521　史部/政
書類/通制

東華續錄光緒朝二百二十卷　（清）朱壽朋編
清宣統元年(1909)上海集成圖書公司鉛印
本　六十三冊

110000 – 0102 – 0026780　戊/3522　子部/子
總類/諸子彙編

百子全書　清湖北崇文書局輯　清光緒元年

(1875)刻本　一百十冊

110000 – 0102 – 0026781　戊/3523　史部/紀
傳類/斷代

三國志六十五卷　（晉）陳壽撰　（南朝宋）裴
松之注　清同治十年(1871)金陵書局刻本
八冊

110000 – 0102 – 0026782　戊/3524　史部/紀
傳類/斷代

晉書一百三十卷　（唐）房玄齡等撰　清同治
十年(1871)金陵書局刻本　二十冊

110000 – 0102 – 0026783　戊/3525　史部/紀
傳類/斷代

宋史四百九十六卷　（元）脫脫等撰　清光緒
元年(1875)浙江書局刻本　一百冊

110000 – 0102 – 0026784　戊/3526　子部/術
數類/占卜

校正卜筮正宗四卷　（清）王維德輯　清末上
海章福記書局石印本　四冊

110000 – 0102 – 0026785　戊/3527　子部/術
數類/命書相書

諏吉便覽　（清）俞榮寬編　清嘉慶二十二年
(1817)金陵貴文堂刻本　三冊

110000 – 0102 – 0026786　戊/3528　子部/術
數類/命書相書

水鏡集不分卷　（清）右髻道人撰　清光緒刻
本　四冊

110000 – 0102 – 0026787　戊/3531　集部/總
集類/文/通代/編選

文選六十卷　（南朝梁）蕭統選　（唐）李善注
清末民國初上海錦江書局石印本　八冊
存三十三卷(一至三十三)

110000 – 0102 – 0026788　戊/3532　史部/編
年類/通代

資治通鑑二百九十四卷目錄三十卷　（宋）司
馬光撰　（元）胡三省音注　清光緒二十六年
(1900)上海圖書集成局鉛印本　四十四冊

110000 – 0102 – 0026789　戊/3534　史部/紀

傳類/斷代

唐書二百七十三卷 （宋）歐陽修 （宋）宋祁
撰 清同治十二年(1873)浙江書局刻本 四
十冊

110000－0102－0026790 戊/3535 史部/紀
傳類/通代

五代史七十四卷 （宋）歐陽修等撰 清同治
十一年(1872)崇文書局刻本 八冊

110000－0102－0026791 戊/3536 史部/紀
傳類/斷代

舊五代史一百五十卷目錄二卷 （宋）薛居正
等撰 清同治十一年(1872)崇文書局刻本
十六冊

110000－0102－0026792 戊/3537 史部/編
年類/斷代

東華續錄光緒朝二百二十卷 （清）朱壽朋編
清宣統元年(1909)上海集成圖書公司鉛印
本 六十三冊

110000－0102－0026793 戊/3539 史部/地
理類/地圖、圖志

浙江水陸道里紀一卷 輿圖總局編 清光緒
二十年(1894)石印本 一冊

110000－0102－0026794 戊/3540 史部/傳
記類/總傳/專錄/仕宦

元名臣事略十五卷 （元）蘇天爵撰 清光緒
五年(1879)刻畿輔叢書初編本 四冊

110000－0102－0026795 戊/3551 史部/政
書類/邦計

中國之金融 （清）潘承鍔編譯 （清）夏日瑑
校訂 清光緒三十四年(1908)上海中國圖書
公司鉛印本 二冊

110000－0102－0026796 戊/3552 史部/外
國史類

萬國國力比較二十三卷附比較表 （英國）默
爾化著 （清）出洋學生編輯所譯 清光緒二
十八年(1902)上海商務印書館鉛印政學叢書
本 六冊

110000－0102－0026797 戊/3553 史部/政書類

歐美政治要義 （清）戴鴻慈 （清）端方撰
清光緒三十四年(1908)上海商務印書館石印
本 四冊

110000－0102－0026798 戊/3554 史部/政
書類

歐美政治要義 （清）戴鴻慈 （清）端方撰
清光緒三十四年(1908)上海商務印書館石印
本三版 四冊

110000－0102－0026799 戊/3556 史部/政
書類/邦計/鹽政

四川官運鹽案類編九十卷首一卷 （清）華國
英增輯 清光緒二十八年(1902)四川瀘州官
鹽總局刻本 二十四冊

110000－0102－0026800 戊/3559 史部/政
書類/軍政

軍制篇不分卷 熊希齡撰 清末刻朱印本
一冊

110000－0102－0026801 戊/3560 史部/政
書類/軍政

軍制篇不分卷 熊希齡撰 清末刻本 一冊

110000－0102－0026802 戊/3561 史部/政
書類/軍政

軍制篇不分卷 熊希齡撰 清末刻本 一冊

110000－0102－0026803 戊/3563 子部/雜
家類/西洋各派

原富五部 （英國）斯密亞丹撰 嚴復譯 清
光緒二十七年(1901)南洋公學譯書院鉛印本
三冊 存三部(甲、乙、丙)

110000－0102－0026804 戊/3564 史部/政
書類/文牘檔冊

李文忠公譯署函稿二十卷 （清）李鴻章撰
（清）吳汝綸編錄 清光緒三十一年(1905)金
陵刻李文忠公全書本 十冊

110000－0102－0026805 戊/3565 集部/別
集類/清

王壯武公遺集二十四卷 （清）王鑫撰 **王壯
武公年譜二卷** （清）羅正鈞纂 清光緒十八
年(1892)江甯湘鄉王氏刻本 十二冊

110000－0102－0026806　戊/3566　史部/地理類/方志/地方志

[光緒]重修新樂縣志六卷　（清）趙文濂等纂修　清光緒十一年(1885)刻本　六冊

110000－0102－0026807　戊/3567　史部/政書類/邦計/鹽政

日本鹽專賣法規　（清）呂嘉榮編譯　（清）沈致堅校閱　清宣統二年(1910)瀋陽東三省鹽務總局鉛印本　一冊

110000－0102－0026808　戊/3568　史部/政書類/邦計/鹽政

日本鹽專賣法規　（清）呂嘉榮編譯　（清）沈致堅校閱　清宣統二年(1910)瀋陽東三省鹽務總局鉛印本　一冊

110000－0102－0026809　戊/3569　史部/政書類/邦計/鹽政

日本鹽專賣法規　（清）呂嘉榮編譯　（清）沈致堅校閱　清宣統二年(1910)瀋陽東三省鹽務總局鉛印本　一冊

110000－0102－0026810　戊/3570　史部/政書類/邦計/鹽政

日本鹽專賣法規　（清）呂嘉榮編譯　（清）沈致堅校閱　清宣統二年(1910)瀋陽東三省鹽務總局鉛印本　一冊

110000－0102－0026811　戊/3571　史部/政書類/邦計/鹽政

日本鹽專賣法規　（清）呂嘉榮編譯　（清）沈致堅校閱　清宣統二年(1910)瀋陽東三省鹽務總局鉛印本　一冊

110000－0102－0026812　戊/3572　史部/政書類/邦計/鹽政

日本鹽專賣法規　（清）呂嘉榮編譯　（清）沈致堅校閱　清宣統二年(1910)瀋陽東三省鹽務總局鉛印本　一冊

110000－0102－0026813　戊/3573　史部/政書類/邦計/鹽政

日本鹽專賣法規　（清）呂嘉榮編譯　（清）沈致堅校閱　清宣統二年(1910)瀋陽東三省鹽務總局鉛印本　一冊

110000－0102－0026814　戊/3574　史部/政書類/邦計/鹽政

日本鹽專賣法規　（清）呂嘉榮編譯　（清）沈致堅校閱　清宣統二年(1910)瀋陽東三省鹽務總局鉛印本　一冊

110000－0102－0026815　戊/3575　史部/政書類/邦計/鹽政

日本鹽專賣法規　（清）呂嘉榮編譯　（清）沈致堅校閱　清宣統二年(1910)瀋陽東三省鹽務總局鉛印本　一冊

110000－0102－0026816　戊/3576　子部/儒家類/宋

二程全書六十四卷　（宋）程顥　（宋）程頤撰　清道光星沙小嬛嬛山館重刻本　十八冊

110000－0102－0026817　戊/3578　集部/別集類/清

文誠公詩稿拾遺一卷　清宣統三年(1911)清芬閣鉛印項城袁氏家集本　一冊

110000－0102－0026818　戊/3579　集部/別集類/清

附鮚軒詩八卷　（清）洪亮吉撰　清光緒三年(1877)授經堂刻本　二冊

110000－0102－0026819　戊/3580　史部/政書類/邦計/鹽政

淮南鹽法紀略十卷　（清）方濬頤等撰　清同治十二年(1873)淮南書局影印本　四冊

110000－0102－0026820　戊/3582　集部/別集類/清

壯悔堂文集十一卷　（清）侯方域撰　（清）賈開宗等評點　清宣統元年(1909)上海中國圖書公司鉛印本　四冊

110000－0102－0026821　戊/3591　史部/外國史類

泰西民族文明史　（法國）賽奴巴撰　（日本）野澤武之助原譯　（清）沈是中　（清）俞子彝重譯　清光緒二十九年(1903)上海商務印書館鉛印歷史叢書本　一冊

110000－0102－0026822　戊/3594　集部/別集類/宋

司馬文正公集八十二卷首一卷目錄二卷
(宋)司馬光撰　（清)徐昆　（清)喬人傑
(清)張鋕重訂　清乾隆九年(1744)臨汾劉組曾百祿堂刻五十五年(1790)喬人傑等重修本　二十四冊

110000－0102－0026823　戊/3595　集部/別集類/清

卷施閣詩二十卷　(清)洪亮吉撰　清光緒三年至五年(1877－1879)陽湖洪用懃授經堂刻授經堂重刊遺集本　七冊

110000－0102－0026824　戊/3596　集部/別集類/清

更生齋詩八卷　(清)洪亮吉撰　清光緒三年至五年(1877－1879)陽湖洪用懃授經堂刻授經堂重刊遺集本　四冊

110000－0102－0026825　戊/3597　集部/別集類/清

更生齋詩續集十卷　(清)洪亮吉撰　清光緒四年(1878)陽湖洪用懃授經堂刻授經堂重刊遺集本　五冊

110000－0102－0026826　戊/3599　史部/政書類/邦計/鹽政

四川鹽法志四十卷首一卷　(清)丁寶楨等纂修　清光緒八年(1882)刻本　十九冊　缺一卷(一)

110000－0102－0026827　戊/3605　史部/外國史類

西國近事彙編三十六卷　（美國)金楷理(美國)林樂知口譯　（清)蔡錫齡　（清)姚棻筆述　清光緒二十三年(1897)上海慎記書莊石印本　十八冊

110000－0102－0026828　戊/3608　史部/政書類/法令

各國交涉公法論三集十六卷　（英國)費利摩羅巴德撰　（英國)傅蘭雅口譯　（清)俞世爵筆述　清光緒二十年(1894)上海江南製造局翻譯館鉛印本　十二冊　缺四卷(九至十二)

110000－0102－0026829　戊/3622　史部/編年類/通代

史存三十卷　(清)劉沅輯　清道光二十七年(1847)雙流劉氏刻本　十六冊

110000－0102－0026830　戊/3624　子部/道家類

莊子內篇注四卷　（戰國)莊周撰　（明)釋德清注　清雍正十三年至乾隆四年(1735－1739)內府刻民國二十五年(1936)重印乾隆版大藏經本　四冊

110000－0102－0026831　戊/3625　子部/道家類

莊子內篇注四卷　（戰國)莊周撰　（明)釋德清注　清雍正十三年至乾隆四年(1735－1739)內府刻民國二十五年(1936)重印乾隆版大藏經本　四冊

110000－0102－0026832　戊/3626　子部/宗教類/釋教

禪林寶訓四卷　(宋)釋淨善輯　清雍正十三年至乾隆四年(1735－1739)內府刻民國二十五年(1936)重印乾隆版大藏經本　四冊

110000－0102－0026833　戊/3627　子部/宗教類/釋教

比丘尼傳四卷　（晉)釋寶唱撰　清雍正十三年至乾隆四年(1735－1739)內府刻民國二十五年(1936)重印乾隆版大藏經本　四冊

110000－0102－0026834　戊/3635　集部/別集類/清

珍埶宧詩鈔二卷　(清)莊述祖撰　清光緒十八年(1892)鄂州鉛印本　一冊

110000－0102－0026835　戊/3636　集部/別集類/清

曾文正公文集四卷　(清)曾國藩撰　清光緒二年(1876)傳忠書局刻本　四冊

110000－0102－0026836　戊/3637　集部/別集類/清

曾惠敏公全集十七卷　(清)曾紀澤著　清光緒二十年(1894)上海鉛印本　四冊

110000－0102－0026837　戊/3638　集部/別集類/清

石笥山房全集文集六卷補遺一卷詩集十二卷補遺二卷續補遺二卷　（清）胡天游著　清宣統二年(1910)上海國學扶輪社石印本　十冊

110000－0102－0026838　戊/3639　集部/總集類/文/雜錄/書牘表啟

昭代名人尺牘續集二十四卷附小傳　（清）陶湘輯　清宣統三年(1911)天寶石印局石印本　六冊

110000－0102－0026839　戊/3640　集部/總集類/文/斷代/清

皇朝經世文新編續集二十一卷　（清）甘韓輯　（清）楊鳳藻校正　清光緒二十八年(1902)商絳雪齋書局石印本　十六冊　缺二卷(五至六)

110000－0102－0026840　戊/3655　子部/宗教類/釋教

釋氏稽古略四卷　（元）釋覺岸撰　**釋鑑稽古略續集三卷**　（明）釋大聞撰　清光緒十二年(1886)杭州海潮寺釋清道等刻本　五冊

110000－0102－0026841　戊/3656　子部/宗教類/釋教

禪門日誦二卷　清末江蘇金陵刻經處刻重刻本　二冊

110000－0102－0026842　戊/3657　子部/宗教類/釋教/論

大乘起信論疏筆削記會閱十卷附大乘起信論疏科文一卷　（唐）釋法藏述疏　（唐）釋宗密錄注　（宋）釋子璿修記　清光緒十五年(1889)刻本　十冊

110000－0102－0026843　戊/3662　子部/儒家類/宋以前

弟子職箋釋一卷附史目表二卷　（清）洪亮吉撰　清光緒三年(1877)武昌授經堂重刻本　一冊

110000－0102－0026844　戊/3665　子部/雜家類/學說

郁離子一卷　（明）劉基撰　**空同子一卷**　（明）李夢陽撰　**海沂子五卷**　（明）王文祿撰　清光緒元年(1875)湖北武昌崇文書局刻百子全書本　一冊

110000－0102－0026845　戊/3669　子部/雜家類/學說

鶡冠子三卷　（宋）陸佃撰　清光緒元年(1875)湖北崇文書局刻百子全書本　一冊

110000－0102－0026846　戊/3670　子部/雜家類/學說

鶡冠子三卷　（宋）陸佃撰　清光緒元年(1875)湖北崇文書局刻百子全書本　一冊

110000－0102－0026847　戊/3671　子部/儒家類/清

蒙訓一卷　（清）劉沅輯注　清道光二十四年(1844)刻本　一冊

110000－0102－0026848　戊/3672　子部/儒家類/清

集字避複一卷　劉鑒撰　清光緒二十九年(1903)忠襄公祠刻本　一冊

110000－0102－0026849　戊/3673　子部/儒家類/清

集字避複一卷　劉鑒撰　清光緒二十九年(1903)忠襄公祠刻本　一冊

110000－0102－0026850　戊/3674　子部/儒家類/清

聰訓齋語二卷　（清）張英著　清末民國上海醫學書局鉛印德進叢書本　一冊

110000－0102－0026851　戊/3677　集部/別集類/清

左文襄公文集五卷　（清）左宗棠撰　清光緒十八年(1892)刻本　二冊

110000－0102－0026852　戊/3678　集部/別集類/清

曾文正公詩集四卷　（清）曾國藩撰　清同治十三年(1874)傳忠書局刻本　一冊

110000－0102－0026853　戊/3679　集部/別

集類/清

曾文正公全集三卷 （清）曾國藩撰　清光緒
二十八年(1902)耕餘書屋石印本　一冊

110000－0102－0026854　戊/3684　史部/別
史、雜史類

國語二十一卷劄記一卷 （春秋）左丘明撰
（三國吳）韋昭注　（清）黃丕烈劄記　清光緒
二十二年(1896)上海鴻寶齋石印本　四冊

110000－0102－0026855　戊/3686　子部/術
數類/命書相書

神相彙編四卷續集一卷 （清）高鼎玉輯　清
道光二十三年(1843)刻本　三冊

110000－0102－0026856　戊/3688　子部/天
文地理類/演算法

四元消法易簡草四卷首一卷末一卷 陳棠撰
清宣統二年(1910)北京刻本　五冊

110000－0102－0026857　戊/3689　經部/小
學類/文字/說文

說文解字十五卷 （漢）許慎撰　（宋）徐鉉等
校　清同治十二年(1873)番禺陳昌治刻本
十冊

110000－0102－0026858　戊/3690　集部/別
集類/清

李襲侯遺集八卷 （清）李經述撰　（清）李國
傑輯　清光緒刻本　一冊　存二卷(一至二)

110000－0102－0026859　戊/3692　子部/雜
家類/學說

呂氏春秋二十六卷 （秦）呂不韋撰　（漢）高
誘注　清光緒元年(1875)湖北崇文書局刻本
四冊

110000－0102－0026860　戊/3695　集部/別
集類/清

萬山草堂詩集六卷 （清）李登雲撰　清光緒
三十三年(1907)武林刻本　二冊

110000－0102－0026861　戊/3696　子部/雜
家類/學說

尹文子一卷 （戰國）尹文撰　**慎子一卷**
（戰國）慎到撰　**公孫龍子一卷** （戰國）公孫

龍撰　**鬼谷子一卷** （戰國）佚名撰　清光緒
元年(1875)湖北崇文書局刻百子全書本
一冊

110000－0102－0026862　戊/3697　子部/雜
家類/學說

鶡子一卷附補七則 （周）鶡熊撰　（唐）逢行
珪注　清光緒元年(1875)湖北崇文書局刻百
子全書本　一冊

110000－0102－0026863　戊/3698　子部/雜
家類/學說

淮南天文訓補注二卷 （清）錢塘撰　清光緒
三年(1877)湖北崇文書局刻崇文書局彙刻書
本　二冊

110000－0102－0026864　戊/3699　子部/雜
家類/學說

淮南鴻烈解二十一卷 （漢）劉安撰　（漢）高
誘注　清光緒元年(1875)湖北崇文書局刻百
子全書本　四冊

110000－0102－0026865　戊/3700　子部/儒
家類/宋以前

顏氏家訓二卷 （北齊）顏之推撰　清光緒元
年(1875)湖北崇文書局刻本　一冊

110000－0102－0026866　戊/3701　經部/小
學類/文字/字體

類篇十五卷 （宋）司馬光等撰　清刻本　十
四冊

110000－0102－0026867　戊/3706　子部/儒
家類/宋以前

晏子春秋八卷 （春秋）晏嬰撰　清光緒元年
(1875)湖北崇文書局刻百子全書本　二冊

110000－0102－0026868　戊/3707　史部/政
書類/職官/官箴

在官法戒錄摘鈔四卷 （清）陳宏謀編輯　清
道光三年(1823)劉肇紳刻本　二冊

110000－0102－0026869　戊/3708　子部/雜
家類/雜考

求闕齋讀書錄十卷 （清）曾國藩撰　（清）王
啟原編輯　清光緒二年(1876)傳忠書局刻曾

文正公全集本　四册

110000－0102－0026870　戊/3709　集部/别集類/清

養知書屋文集二十八卷　（清）郭嵩燾撰　清光緒十八年(1892)刻本　十二册

110000－0102－0026871　戊/3722　集部/别集類/清

槐軒雜著四卷　（清）劉沅著　清宣統二年(1910)孫樂善堂刻本　四册

110000－0102－0026872　戊/3725　集部/别集類/清

也是集續編　（清）英斂之撰　清宣統二年(1910)大公報館鉛印本　一册

110000－0102－0026873　戊/3726　集部/别集類/清

王文敏公經進稿二卷　（清）王懿榮撰　清宣統三年(1911)江寧印刷廠鉛印本　一册

110000－0102－0026874　戊/3728　集部/别集類/清

黄山草堂詩集五卷　（清）李登雲撰　清光緒三十三年(1907)刻本　二册

110000－0102－0026875　戊/3730　集部/集評類/詩評/詩話

眉韻樓詩話八卷　（清）孫雄撰　清光緒三十四年(1908)鉛印晨風閣叢書本　二册

110000－0102－0026876　戊/3732　集部/集評類/詩評/詩話

味蔬詩話四卷　（清）余雲煥著　清宣統二年(1910)石印本　二册

110000－0102－0026877　戊/3733　集部/集評類/文評

文心雕龍十卷　（南朝梁）劉勰撰　清光緒三年(1877)湖北崇文書局刻本　二册

110000－0102－0026878　戊/3736　子部/術數類/相宅相墓

葬經内篇一卷　（晉）郭璞撰　**黄帝宅經二卷**　清光緒三年(1877)湖北崇文書局刻本　一册

110000－0102－0026879　戊/3737　子部/雜家類/學說

金樓子六卷　（南朝梁）元帝蕭繹撰　清光緒元年(1875)湖北崇文書局刻本　二册

110000－0102－0026880　戊/3738　集部/别集類/民國

漪香山館文集　吳曾祺撰　清宣統二年(1910)鉛印本　一册

110000－0102－0026881　戊/3739　史/地理類/方志/地方志

[光緒]重修吳橋縣誌十二卷　（清）倪昌燮（清）馮慶楊修　清光緒元年(1875)刻本　八册

110000－0102－0026882　戊/3740　集部/别集類/宋

陸象山先生文集三十六卷　（宋）陸九淵撰（清）李紱評點　清道光三年(1823)刻本　十二册

110000－0102－0026883　戊/3741　集部/别集類/宋

文信國公集二十卷首一卷　（宋）文天祥撰　清同治七年(1868)楚醴景萊書室刻本　十三册　缺二卷（五至六）

110000－0102－0026884　戊/3743　史/外國史類

西國近事彙編二十八卷　（清）鍾天緯編輯　清光緒鉛印本　二八册

110000－0102－0026885　戊/3744　集部/總集類/文/通代/文選

文選六十卷　（南朝梁）蕭統撰　（唐）李善注　清刻本　五册　存三十一（三十至六十）

110000－0102－0026886　戊/3755　史部/外國史類

日本國志四十卷首一卷　（清）黄遵憲編纂　清光緒富文齋刻本　十三册　缺三卷（一至三）

110000－0102－0026887　戊/3756　子部/雜誌類

新民叢報彙編　梁啟超編　清末鉛印本　十冊　存十冊(第二至四、六、八至十一、十三至十四)

110000－0102－0026888　戊/3757　史部/政書類/職官類

資治新書十四卷首一卷　(清)李漁論次(清)沈心友訂　清末文奎堂刻本　六冊

110000－0102－0026889　戊/3758　子部/儒家類/元

程氏家塾讀書分年日程三卷綱領一卷　(元)程端禮述　清同治八年(1869)江蘇書局刻本　一冊

110000－0102－0026890　戊/3761　史部/地理類/方志/地方志

[乾隆]肅寧縣志十卷　(清)尹侃等纂修　清乾隆二十一年(1756)刻本　六冊

110000－0102－0026891　戊/3762　史部/地理類/方志/地方志

[乾隆]滿城縣誌十二卷　(清)張煥原本(清)賈永宗增修　(清)皮殿選再增修　清康熙五十二年(1713)刻乾隆二十六年(1761)增刻本　六冊

110000－0102－0026892　戊/3764　集部/總集類/文/雜錄/書牘表啟

新文牘　清光緒三十四年(1908)石印本　十四冊　存七卷(一至七)

110000－0102－0026893　戊/3766　子部/藝術類/篆刻

遊戲三昧　(清)釋竹禪制　清光緒元年(1875)西蜀衲衣人竹禪鈐印本　四冊

110000－0102－0026894　戊/3771　集部/總集類/詩

增補千家詩　清同治刻本　一冊　存二卷(三至四)

110000－0102－0026895　戊/3773　子部/雜家類/西洋各派

心靈學　(美國)海文著　(清)顏永京譯　清光緒十五年(1889)益智書會刻本　一冊

110000－0102－0026896　戊/3774　子部/儒家類/宋以前

鹽鐵論十卷　(漢)桓寬撰　清光緒十七年(1891)思賢講舍刻本　二冊

110000－0102－0026897　戊/3777　子部/術數類/命書相書

新刊校正增釋合併麻衣先生人相編五卷　(明)陸位崇校編　清光緒十二年(1886)刻本　二冊

110000－0102－0026898　戊/3784　子部/儒家類/宋以前

鹽鐵論二卷　(漢)桓寬撰　清光緒元年(1875)湖北崇文書局刻百子全書本　二冊

110000－0102－0026899　戊/3785　子部/雜家類/西洋各派

治心免病法　(美國)烏特亨利撰　(英國)傅蘭雅譯　清光緒二十二年(1896)上海格致書室鉛印本　一冊

110000－0102－0026900　戊/3788　子部/儒家類/清

中學正宗四種　周學熙輯　清末上海飛鴻閣鉛印本　一冊

110000－0102－0026901　戊/3790　子部/儒家類/清

儒門法語　(清)彭定求編　(清)湯金釗輯　清光緒元年(1875)江陰江蘇學政署刻本　一冊

110000－0102－0026902　戊/3791　子部/儒家類/明

人譜正篇一卷續篇一卷三篇一卷　(明)劉宗周撰　清光緒三年(1877)湖北崇文書局刻本　一冊

110000－0102－0026903　戊/3793　子部/儒家類/明

人譜類記增訂六卷　(明)劉宗周撰　清光緒三年(1877)湖北崇文書局刻崇文書局匯刻書本　二冊

110000－0102－0026904　戊/3799　子部/儒

家類/宋

朱子原訂近思錄十四卷 （宋）朱熹 （宋）呂祖謙輯 （清）江永集注 （清）王鼎校次 清同治七年(1868)湖北崇文書局刻本 四冊

110000－0102－0026905 戊/3806 子部/儒家類/宋以前

孔叢子二卷附詰墨一卷 （漢）孔鮒撰 清光緒元年(1875)湖北崇文書局刻百子全書本 一冊

110000－0102－0026906 戊/3810 史部/政書類/詔令奏議/奏議

陸宣公奏議讀本四卷首一卷 （唐）陸贄撰 （清）汪銘謙輯 （清）馬傳庚評點 清宣統元年(1909)會稽馬氏影印本 一冊 存三卷（一至二、首一卷）

110000－0102－0026907 戊/3811 史部/史評類/詠史

師伏堂詠史一卷師伏堂詞一卷 （清）皮錫瑞撰 清光緒三十年(1904)善化皮氏師伏堂刻師伏堂叢書本 一冊

110000－0102－0026908 戊/3812 史部/政書類/法令/律例

大清教育新法令十三編 商務印書館編 清宣統二年(1910)上海商務印書館鉛印本 一冊 存一編(三)

110000－0102－0026909 戊/3813 史部/外國史類

萬國近政考略十六卷 （清）鄒弢編輯 清光緒二十二年(1896)鉛印本 一冊 存四卷（十三至十六）

110000－0102－0026910 戊/3815 史部/地理類/水道/地方

畿輔水利議一卷附國史本傳 （清）林則徐輯 清光緒二年(1876)三山林氏刻本 一冊

110000－0102－0026911 戊/3818 子部/儒家類/宋以前

新語二卷 （漢）陸賈撰 **忠經一卷** （漢）馬融撰 （漢）鄭玄注 清光緒元年(1875)湖北崇文書局刻百子全書本 一冊

110000－0102－0026912 戊/3819 子部/雜家類/雜述

叔苴子内篇六卷外篇二卷 （明）莊元臣撰 清光緒元年(1875)湖北崇文書局刻百子全書本 二冊

110000－0102－0026913 戊/3820 子部/雜家類/學說

風俗通義十卷 （漢）應劭撰 清光緒元年(1875)湖北崇文書局刻百子全書本 二冊

110000－0102－0026914 戊/3821 經部/經總類/群經總義/傳說

白虎通德論四卷 （漢）班固纂 清光緒元年(1875)湖北崇文書局刻百子全書本 二冊

110000－0102－0026915 戊/3822 子部/雜家類/學說

論衡三十卷 （漢）王充撰 清光緒元年(1875)湖北崇文書局刻百子全書本 六冊

110000－0102－0026916 戊/3823 子部/儒家類

胡子知言六卷附錄一卷疑義一卷 （宋）胡宏撰 **薛子道論三卷** （明）薛瑄撰 **海樵子一卷** （明）王崇慶撰 清光緒元年(1875)湖北崇文書局刻百子全書本 一冊

110000－0102－0026917 戊/3824 子部/雜家類/學說

金樓子六卷 （南朝梁）元帝蕭繹撰 清光緒元年(1875)湖北崇文書局刻百子全書本 二冊

110000－0102－0026918 戊/3825 子部/儒家類/宋以前

新書十卷 （漢）賈誼撰 清光緒元年(1875)湖北崇文書局刻百子全書本 二冊

110000－0102－0026919 戊/3826 史部/紀傳類/斷代

三國志六十五卷 （晉）陳壽撰 （南朝宋）裴松之注 清同治九年(1870)江蘇金陵書局刻本 八冊

110000－0102－0026920　戊/3827　史部/地理類/水道/總錄

續行水金鑑一百五十六卷首一卷　（清）黎世序等纂修　清道光十二年(1832)河庫道署刻本　二十四冊　存三十九卷（一百十八至一百五十六）

110000－0102－0026921　戊/3829　史部/地理類/水道

今水經一卷表一卷　（清）黃宗羲撰　清光緒三年(1877)湖北崇文書局刻崇文書局匯刻書本　一冊

110000－0102－0026922　戊/3830　子部/兵家類

治梟善後芻議二卷　（清）蕭文昭撰　清光緒三十四年(1908)杭州文匯書局石印本　一冊

110000－0102－0026923　戊/3832　子部/宗教類/釋教

佛教初學課本　（清）楊文會撰　清光緒三十二年(1906)南京金陵刻經處刻本　一冊

110000－0102－0026924　戊/3834　史部/政書類/考工

驗礦砂要法　（日本）施德明口譯　（清）文秀筆述　清光緒二十五年(1899)同文館鉛印本　一冊

110000－0102－0026925　戊/3844　史部/政書類/法令

憲法古義三卷　（清）銜石生撰　清光緒三十一年(1905)上海商務印書館鉛印本　一冊

110000－0102－0026926　戊/3846　子部/雜家類/學說

聲隅子歔欷瑣微論二卷　（宋）黃晞撰　**嬾真子五卷**　（宋）馬永卿撰　**廣成子解一卷**（宋）蘇軾纂　清光緒元年(1875)湖北崇文書局刻百子全書本　一冊

110000－0102－0026927　戊/3847　子部/宗教類/釋教

牟子一卷　（漢）牟融撰　**古今注三卷**　（晉）崔豹撰　清光緒元年(1875)湖北崇文書局刻

百子全書本　一冊

110000－0102－0026928　戊/3848　子部/雜家類/學說

獨斷一卷　（漢）蔡邕撰　清光緒元年(1875)湖北崇文書局刻百子全書本　一冊

110000－0102－0026929　戊/3849　子部/雜家類/學說

獨斷一卷　（漢）蔡邕撰　清光緒元年(1875)湖北崇文書局刻百子全書本　一冊

110000－0102－0026930　戊/3850　子部/雜家類/學說

劉子二卷　（北齊）劉晝撰　清光緒元年(1875)湖北崇文書局刻百子全書本　一冊

110000－0102－0026931　戊/3851　子部/雜家類/學說

劉子二卷　（北齊）劉晝撰　清光緒元年(1875)湖北崇文書局刻百子全書本　一冊

110000－0102－0026932　戊/3852　子部/雜家類/學說

論衡三十卷　（漢）王充撰　清光緒元年(1875)湖北崇文書局刻百子全書本　二冊　存九卷（一至九）

110000－0102－0026933　戊/3853　子部/儒家類/宋以前

顏氏家訓二卷　（北齊）顏之推撰　清光緒元年(1875)湖北崇文書局刻百子全書本　一冊

110000－0102－0026934　戊/3854　史部/政書類/邦計/交通運輸

吉林官運局第一次報告書　（清）吉林官運總局編　清宣統元年(1909)吉林官書刷印局鉛印本　二冊

110000－0102－0026935　戊/3855　集部/小說類/章回

新刻巧連珠十卷　（清）無名氏撰　清末萬元堂刻本　二冊

110000－0102－0026936　戊/3856　史部/地理類/水道/河

靳文襄公治河方略十卷首一卷　（清）靳輔撰　（清）崔應階重編　清乾隆三十二年（1767）聽泉齋刻本（卷十據嘉慶四年（1799）靳文鈞刻本抄配）　八冊

110000－0102－0026937　戊/3862　子部/宗教類/釋/經

楞伽阿跋多羅寶經四卷　（南朝宋）釋求那跋陀羅譯　清同治九年（1870）金陵刻經處刻本　二冊

110000－0102－0026938　戊/3863　子部/儒家類/清

朱子語類日鈔五卷　（清）陳澧編　清咸豐十一年（1861）番禺陳氏刻鐘山別業叢書本　一冊

110000－0102－0026939　戊/3868　子部/宗教類/其它

小先知書日課　（美國）慕瑞偉良著　清宣統三年（1911）青年合會總委辦鉛印本　一冊

110000－0102－0026940　戊/3869　子部/醫家類/體骼

中西骨骼辯正七卷　（清）劉廷楨著　清光緒二十九年（1903）上海廣學會鉛印本　一冊

110000－0102－0026941　戊/3870　子部/宗教類/其它

聖神三法　清宣統三年（1911）上海廣學會鉛印本　一冊

110000－0102－0026942　戊/3871　子部/醫家類/諸專科方論/其它

增補痘疹玉髓金鏡錄真本四卷　（清）翁仲仁撰　清刻本　一冊　存二卷（三至四）

110000－0102－0026943　戊/3873　集部/小說類/章回

新鐫秘本續英烈傳二十回　（清）空谷老人編　清道光二十年（1840）雙桂堂刻本　八冊

110000－0102－0026944　戊/3875　子部/宗教類/釋教/經

金剛般若波羅蜜經六譯　（後秦）釋鳩摩羅什（北魏）釋留支等譯　（南朝梁）蕭統科分

清同治十一年（1872）金陵刻經處刻本　一冊

110000－0102－0026945　戊/3876　子部/宗教類/釋教/經

佛說無量壽經義疏六卷　（三國魏）釋康僧鎧譯　（隋）釋慧遠撰疏　清光緒二十年（1894）金陵刻經處刻本　二冊

110000－0102－0026946　戊/3877　子部/宗教類/釋教/經

維摩經疏會本八卷　（隋）智者大師說　（唐）釋湛然略　清光緒八年（1882）長沙刻經處刻本　八冊

110000－0102－0026947　戊/3880　史部/政書類/通制

欽定續通志六百四十卷　（清）嵇璜等纂　清光緒石印本　四十冊

110000－0102－0026948　戊/3881　子部/宗教類/釋教/經

大乘理趣六波羅密多經十卷　（唐）釋般若譯　清光緒十九年（1893）南京金陵刻經處刻本　二冊

110000－0102－0026949　戊/3882　子部/宗教類/釋教/經

大乘入楞伽經七卷　（唐）釋實叉難陀譯　清光緒三十四年（1908）金陵刻經處刻本　二冊

110000－0102－0026950　戊/3887　子部/宗教類/釋教/經

梵網經菩薩戒本疏十卷　（唐）釋法藏撰　清光緒二十五年（1899）金陵刻經處刻本　二冊

110000－0102－0026951　戊/3888　史部/傳記類/別傳

清黃輔辰事蹟　（清）黃彭年輯　清同治、光緒刻本　五冊

110000－0102－0026952　戊/3889　史部/史評類/論事

古今史論觀海甲編二十二卷乙編二十卷丙編二十六卷丁編二十二卷　（清）恥不逮齋主人編　清光緒二十八年（1902）上海鴻文書局石印本　十冊　存二十四卷（甲編十一至十五，

乙编一至四、十二至十六,丙编八至九、十八至二十,丁编二至四,二十一至二十二)

110000－0102－0026953　戊/3890　子部/宗教類/釋教/經

淨土傳燈　(清)如如子編　清光緒二十三年(1897)延古齋刻本　七冊　缺二種(龍舒淨土文、往生錄)

110000－0102－0026954　戊/3891　史部/政書類/通制

皇朝通典一百卷　(清)嵇璜等纂　清光緒八年(1882)浙江書局刻本　四十冊

110000－0102－0026955　戊/3893　子部/醫家類/總錄

陳修園醫書五十種　(清)陳念祖撰　清光緒三十一年(1905)上海商務印書館鉛印本　十一冊　存九種四十二卷(神農本草經讀一至三、醫學三字經四卷、時方妙用四卷、時方歌括二卷、景岳新方砭四卷、女科要旨四卷、醫學實在易八卷、醫學從眾錄八卷、金匱要略淺注一至五)

110000－0102－0026956　戊/3894　史部/政書類/邦記

兩淮運庫收支條款　清光緒鉛印本　一冊

110000－0102－0026957　戊/3895　集部/別集類/清

怡廬詩草不分卷　(清)雷森撰　清宣統二年(1910)鉛印本　一冊

110000－0102－0026958　戊/3896　子部/術數類/命書相書

神相彙編四卷續集一卷　(清)高鼎玉輯　清刻本　一冊　存一卷(三)

110000－0102－0026959　戊/3898　史部/傳記類/總傳/專錄/仕宦

宋名臣言行錄約編六卷補二卷　(清)強望泰 (清)周因培輯　清道光十五年(1835)刻本
宋名臣言行錄補編八卷　(清)蔡伯澄纂　清道光十九年(1839)刻本　六冊

110000－0102－0026960　戊/3899　集部/總

集類/詩/雜錄/題詠

觀劇絕句三卷　(清)金德瑛等撰　清光緒三十四年(1908)長沙葉氏觀古堂刻雙楳景闇叢書本　一冊

110000－0102－0026961　戊/3901　集部/別集類/民國

來雲閣詩六卷　(清)金和撰　清光緒十八年(1892)丹陽束氏刻本　二冊

110000－0102－0026962　戊/3904　集部/別集類/清

句餘土音三卷全謝山先生遺詩一卷　(清)全祖望撰　清宣統三年(1911)上海國學扶輪社鉛印張氏適園叢書本　一冊

110000－0102－0026963　戊/3907　集部/別集類/清

傳樸堂詩稿四卷補遺一卷附錄一卷　(清)葛金烺撰　**弢華館詩稿一卷**　(清)葛嗣瀠撰　清光緒二十一年(1895)刻本　二冊

110000－0102－0026964　戊/3908　集部/別集類/清

王文簡公論七言古體平仄　(清)王士禎撰　清乾隆五十七年(1792)刻本　一冊

110000－0102－0026965　戊/3909　史部/傳記類/總傳/專錄/藝術

燕蘭小譜五卷　(清)安樂山樵撰　清宣統三年(1877)長沙葉氏刻本　一冊

110000－0102－0026966　戊/3919　集部/總集類/文/斷代/清

皇朝經世文續編一百二十卷　(清)葛士濬輯　清光緒十四年(1888)上海圖書集成局鉛印本　二十八冊　缺十五卷(八十七至一百〇一)

110000－0102－0026967　戊/3921　史部/傳記類/別傳

吉田松陰　(日本)德富豬一郎著　(清)王鈍譯　清光緒二十九年(1903)上海通雅書局、南京明達書莊鉛印新史學叢書本　一冊

110000－0102－0026968　戊/3923　史部/地

理類/外紀

琉球國志略十六卷首一卷 （清）周煌撰　清乾隆四十二年（1777）福建刻同治重修武英殿聚珍版叢書本　四冊　存六卷（一至三、十至十一、十五）

110000－0102－0026969　戊/3926　史部/外國史類

美史紀事本末八卷首一卷末一卷 （美國）姜寧氏撰　（清）章宗元譯　清光緒二十九年（1903）求我齋刻求我齋叢譯本　一冊　存五卷（一至四、首一卷）

110000－0102－0026970　戊/3927　史部/外國史類

泰西新史攬要二十四卷 （英國）馬懇西撰（英國）李提摩太譯　蔡爾康述稿　清光緒二十一年（1895）上海美華書館鉛印本　三冊存十一卷（十至十五、二十至二十四）

110000－0102－0026971　戊/3929　史部/紀事本末類

繹史一百六十卷 （清）馬驌撰　清末刻本四冊　存十二卷（一百四十四至一百四十七、一百五十一至一百五十八）

110000－0102－0026972　戊/3930　集部/別集類/清

梅村詩集箋注十八卷 （清）吳偉業撰　（清）吳翌鳳箋注　清光緒十年（1884）湖北官書處重刻本　十二冊

110000－0102－0026973　戊/3931　叢部/自著叢書/明

陽明先生集要三編理學集四卷經濟集七卷文章集四卷年譜一卷 （明）王守仁撰　（明）施邦曜輯　清光緒三十二年（1906）上海方碩輔鉛印本　十二冊

110000－0102－0026974　戊/3933　史部/政書類/法令/章例

法外部章程二卷 法外部編輯　戴儒珍譯吳宗濂校定　清光緒二十九年（1903）上海開明書店鉛印本　一冊

110000－0102－0026975　戊/3937　經部/春秋類

春秋大事表五十卷附錄一卷 （清）顧棟高輯　清乾隆十二年（1747）萬卷樓刻本　十六冊

110000－0102－0026976　戊/3939　子部/雜家類/學說

石菊影廬筆識二卷 （清）譚嗣同撰　清宣統三年（1911）譚氏重刻本　一冊

110000－0102－0026977　戊/3945　集部/別集類/清

湘鄉師相言兵事手函 （清）曾國藩撰並書清光緒二十六年（1900）石印本　二冊

110000－0102－0026978　戊/3948　集部/別集類/清

曾文正公家書十卷 （清）曾國藩撰　清光緒三十一年（1905）上海商務印書館鉛印本　四冊　缺二卷（九至十）

110000－0102－0026979　戊/3949　集部/別集類/清

曾文正公全集 （清）曾國藩撰　清光緒二十八年（1902）耕餘書屋石印本　九冊　存四十五卷（曾文正公家書十卷、曾文正公家訓二卷、曾文正公書劄三十三卷）

110000－0102－0026980　戊/3950　集部/別集類/清

復堂類集 （清）譚獻撰　清光緒刻本　七冊

110000－0102－0026981　戊/3952　集部/別集類/清

東海褰冥氏三十以前舊學四種 （清）譚嗣同著　清光緒二十三年（1897）金陵刻本　四冊

110000－0102－0026982　戊/3953　集部/別集類/清

東海褰冥氏三十以前舊學四種 （清）譚嗣同著　清光緒二十三年（1897）金陵刻本　四冊

110000－0102－0026983　戊/3954　集部/別集類/清

東海褰冥氏三十以前舊學四種 （清）譚嗣同著　清光緒二十三年（1897）金陵刻本　四冊

110000－0102－0026984　戊/3956　集部/別集類/清

雲湖合編　（清）李象鵾　（清）周作楫撰　清同治十三年（1874）刻本　一冊

110000－0102－0026985　戊/3958　集部/別集類/清

李菊圃先生遺文　（清）李用清撰　清宣統三年（1911）晉新書社石印本　一冊

110000－0102－0026986　戊/3959　集部/別集類/清

板橋集　（清）鄭燮撰　清乾隆刻本　一冊存三種（詞鈔、題畫、家書）

110000－0102－0026987　戊/3960　集部/別集類/清

夢窗甲乙丙丁稿四卷補遺劄記一卷　（宋）吳文英撰　清光緒三十年（1904）臨桂王鵬運四印齋刻本　一冊　存二卷（丙稿、丁稿）

110000－0102－0026988　戊/3963　集部/別集類/清

養知書屋文集二十八卷　（清）郭嵩燾撰　清光緒十八年（1892）刻本　十二冊

110000－0102－0026989　戊/3965　經部/春秋類/總義/傳說

欽定春秋傳說彙纂三十八卷首二卷　（清）王掞等纂　清光緒十四年（1888）江南書局刻本　二十冊（二夾）

110000－0102－0026990　戊/3966　經部/四書類/總義/傳說

監本四書　（宋）朱熹集注　清光緒三十一年（1905）直隸官書局刻本　四冊　缺七卷（論語六至十、孟子六至七）

110000－0102－0026991　戊/3975　經部/經總類/群經總義/文字音義

經典釋文三十卷附攷證三十卷　（唐）陸德明撰　（清）盧文弨考證　清乾隆五十六年（1791）常州餘姚盧氏龍城書院刻本　十二冊（一盒）

110000－0102－0026992　戊/3976　史部/政書類

列國政要一百三十二卷首一卷　（清）戴鴻慈（清）端方輯　清光緒三十四年（1908）上海商務印書館石印本　三十二冊

110000－0102－0026993　戊/3977　史部/政書類

列國政要續編九十四卷首一卷　（清）戴鴻慈（清）端方合輯　清宣統三年（1911）上海商務印書館石印本　三十二冊

110000－0102－0026994　戊/3983　集部/別集類/宋

白石道人歌曲四卷別集一卷　（宋）姜夔撰　清宣統二年（1910）掃葉山房石印本　二冊

110000－0102－0026995　戊/3986　集部/別集類/清

湘綺樓詩十四卷　王闓運撰　清光緒三十三年（1907）長沙刻本　四冊

110000－0102－0026996　戊/3993　集部/別集類/清

施愚山先生全集　（清）施閏章撰　清宣統三年（1911）上海國學扶輪社石印本　十九冊

110000－0102－0026997　戊/3995　史部/地理類/外紀

海國圖志一百卷　（清）魏源著　清同治、光緒刻本　十二冊　存五十五卷（四十六至一百）

110000－0102－0026998　戊/3999　集部/總集類/詩/通代

七言詩歌行鈔十五卷　（清）王士禎輯　清末刻本　四冊

110000－0102－0026999　戊/4000　集部/總集類/文/通代/編選

古文辭類纂七十五卷　（清）姚鼐纂輯　清光緒十六年（1890）上海文瑞樓石印本　六冊存十五卷（一至十五）

110000－0102－0027000　戊/4001　集部/總集類/文/通代

古文筆法百篇二十卷首一卷　（清）李扶九原編　（清）黃仁黼纂定　清末上海進步書局石

印本　四册

110000－0102－0027001　戊/4003　集部/總集類/文/通代/編選

續古文辭類纂十卷　王先謙纂集　清光緒十六年（1890）上海文瑞樓石印本　四册

110000－0102－0027002　戊/4007　集部/別集類/清

鳴原堂論文二卷曾文正公詩集三卷　（清）曾國藩著　清光緒二十八年（1902）耕餘書屋石印本　一册

110000－0102－0027003　戊/4015　史部/政書類/文牘檔册

左文襄公書牘節要二十六卷　（清）左宗棠撰　清光緒二十八年（1902）刻本　九册　存二十卷（七至二十六）

110000－0102－0027004　戊/4017　史部/政書類/軍政

自強軍西法類編十八卷　沈敦和輯　清光緒二十四年（1898）上海順成書局石印本　十八册

110000－0102－0027005　戊/4018　史部/政書類/軍政

自強軍創制公言二卷　沈敦和輯　清光緒石印本　二册

110000－0102－0027006　戊/4019　集部/別集類/清

惲子居文鈔四卷　（清）惲敬撰　清宣統二年（1910）上海國學扶輪社石印本　四册

110000－0102－0027007　戊/4027　集部/總集類/文/通代

正續古文辭類纂七十四卷續三十四卷　（清）姚鼐　王先謙編　清光緒三十三年（1907）上海商務印書館鉛印本　十二册

110000－0102－0027008　戊/4034　集部/別集類/唐至五代

韓昌黎全集四十卷外集十卷遺文一卷　（唐）韓愈撰　韓集點勘四卷　（清）陳景雲點勘　清宣統二年（1910）上海掃葉山房石

印本　十二册

110000－0102－0027009　戊/4036　史部/紀事本末類/斷代

宋史紀事本末一百〇九卷　（明）馮琦編（明）陳邦瞻增訂　（明）張溥論正　清同治十三年（1874）江西書局刻本　二十册

110000－0102－0027010　戊/4037　史部/政書類/文牘檔册

左文襄公書牘二十六卷　（清）左宗棠撰　清光緒十八年（1892）刻本　二十五册　缺一卷（十三）

110000－0102－0027011　戊/4038　經部/經總類/群經總義/傳說

傳經表二卷通經表二卷　（清）洪亮吉撰　清光緒五年（1879）授經堂重刻本　二册

110000－0102－0027012　戊/4040　史部/地理類/方志/地方志

[光緒]蠡縣志十卷　（清）韓志超　（清）何雲誥總修　（清）張璿纂　清光緒二年（1876）刻本　十册

110000－0102－0027013　戊/4043　史部/政書類/詔令奏議/奏議

皇朝道咸同光奏議六十四卷　（清）王延熙（清）王樹敏合編　清光緒二十八年（1902）上海久敬齋石印本　二八册

110000－0102－0027014　戊/4044　子部/宗教類/釋教/經

楞嚴經指掌疏十卷懸示一卷　（清）釋通理撰　楞嚴經指掌疏事義十卷　（清）釋心興撰　清江甯藏倫芳刻本　十二册

110000－0102－0027015　戊/4045　集部/小說類/短篇小說

聊齋志異新評十六卷　（清）蒲松齡撰　（清）王士禎評　（清）但明倫新評　清道光刻朱墨套印本　七册　存七卷（九至十四、十六）

110000－0102－0027016　戊/4046　史部/地理類/外紀

外國地理講義三卷　（日）堀田璋左右述

（清）曹典球譯　清光緒三十三年（1907）思賢
書局刻本　五冊

110000－0102－0027017　戊/4048　史部/地
理類/方志/地方志/河北
[光緒]寧津縣志十二卷首一卷　（清）祝嘉庸
修　（清）吳潯源纂　清光緒二十六年（1900）
刻本　八冊

110000－0102－0027018　戊/4049　子部/法
家類
韓非子二十卷　（戰國）韓非撰　清光緒元年
（1875）湖北崇文書局刻子書百家本　四冊

110000－0102－0027019　戊/4050　子部/法
家類
鄧子一卷　（春秋）鄧析撰　（清）孫星衍校集
　尸子二卷　（戰國）尸佼撰　（清）孫星衍校
集　清光緒元年（1875）湖北崇文書局刻子書
百家本　一冊

110000－0102－0027020　戊/4051　子部/法
家類
商子五卷　（戰國）商鞅撰　清光緒元年
（1875）湖北崇文書局刻子書百家本　一冊

110000－0102－0027021　戊/4052　史部/地
理類/方志/地方志/河北
[宣統]承德縣志書　（清）張子瀛　（清）聞
鵬齡增輯　清宣統二年（1910）石印本　二冊

110000－0102－0027022　戊/4055　史部/政
書類/邦計/理財
理財考鏡十卷　孫德全撰　清宣統鉛印本
四冊

110000－0102－0027023　戊/4056　史部/政
書類/邦計
直隸清理財政局說明書七編　（清）直隸清理
財政局撰　清宣統鉛印本　四冊

110000－0102－0027024　戊/4057　史部/政
書類/邦計
宣統四年全國歲入歲出總預算表　清宣統三
年（1911）石印本　一冊

110000－0102－0027025　戊/4058　史部/政
書類/邦計

宣統四年全國預算歲入歲出說明書　清宣統
三年（1911）石印本　一冊

110000－0102－0027026　戊/4059　史部/政
書類/邦計/理財
度支部試辦宣統三年預算表　（清）度支部編
　清宣統二年（1910）石印本　六冊

110000－0102－0027027　戊/4060　史部/政
書類/邦計
財政條議　（清）劉世珩撰　清光緒三十四年
（1908）京師商務印書館鉛印本　一冊

110000－0102－0027028　戊/4061　史部/政
書類/職官/政紀
宦遊紀實二卷　（清）周樂撰　清光緒二十三
年（1897）刻本　二冊

110000－0102－0027029　戊/4063　史部/政
書類/邦記
五河卡收支各款海分司收支各款　清末鉛印
本　一冊

110000－0102－0027030　戊/4067　集部/別
集類/民國
郋園詩鈔　葉德輝著　清光緒二十七年至民
國六年（1901－1917）南陽葉氏刻本　六冊

110000－0102－0027031　戊/4068　集部/別
集類/清
師伏堂詩草六卷　（清）皮錫瑞撰　清光緒三
十年（1904）善化皮錫瑞師伏堂刻本　三冊

110000－0102－0027032　戊/4069　史部/政
書類/邦記
山海關西曆壹千玖百玖年第一結造報華洋貿
易冊簿自光緒三十四年十二月初十日起至宣
統元年閏二月初十日止　柯爾樂呈報　清宣
統元年（1909）稿本　四冊

110000－0102－0027033　戊/4071　集部/別
集類/清
龍岡山人詩鈔十八卷　（清）洪良品撰　清光
緒四年（1878）刻本　一冊　存三卷（一至三）

110000－0102－0027034　戊/4072　集部/別集類/清

獨鹿山房詩稿　（清）馮銓撰　清抄本　一冊

110000－0102－0027035　戊/4074　集部/總集類/文/雜錄/書牘表啟

新文牘十卷　南洋官書局編輯　清宣統三年(1911)南洋官書局石印本　二十冊

110000－0102－0027036　戊/4078　子部/兵家類

紀效新書十八卷首一卷　（明）戚繼光著（清）許乃釗校　清道光二十三年(1843)開封府河南學政許乃釗刻本　四冊

110000－0102－0027037　戊/4079　子部/兵家類

練兵實紀九卷雜集六卷　（明）戚繼光撰　清嘉慶二十四年(1819)無棣吳之勷刻本　四冊

110000－0102－0027038　戊/4083　集部/總集類/文

陳文恭公手劄節要　（清）陳宏謀輯　清同治七年(1868)楚北崇文書局刻本　一冊

110000－0102－0027039　戊/4085　子部/儒家類

京師大學堂講義　張鶴齡　王舟瑤講述　清光緒鉛印本　一冊

110000－0102－0027040　戊/4086　子部/儒家類

京師大學堂講義　張鶴齡　王舟瑤講述　清光緒鉛印本　一冊

110000－0102－0027041　戊/4087　集部/總集類/詩/雜錄/題詠

日本明治維新小史雜事詩一卷　（清）雷飛鵬纂　清光緒三十四年(1908)鉛印本　一冊

110000－0102－0027042　戊/4088　集部/別集類/唐至五代

讀杜小箋三卷二箋二卷　（唐）杜甫撰　（清）錢謙益箋　清宣統三年(1911)上海國學扶輪社石印本　一冊

110000－0102－0027043　戊/4089　史部/政書類/邦記

中國預算要略　（清）劉澤熙撰　清宣統二年(1910)京師裕源石印局石印本　一冊

110000－0102－0027044　戊/4091　集部/別集類/唐五代

李翰林集三十卷　（唐）李白撰　清光緒三十二年(1906)杭州吳隱影宋刻本　六冊

110000－0102－0027045　戊/4094　子部/醫家類/諸專科方論

金匱方歌括六卷　（清）陳念祖定　（清）陳蔚參訂　（清）陳元犀韻注　清同治五年(1866)刻南雅堂醫書全集本　六冊

110000－0102－0027046　戊/4095　子部/醫家類/諸專科方論

長沙方歌括六卷　（清）陳念祖定　（清）陳蔚參訂　（清）陳元犀韻注　清同治五年(1866)刻南雅堂醫書全集本　六冊

110000－0102－0027047　戊/4096　子部/醫家類/諸專科方論

靈素提要淺註十二卷　（清）陳念祖集註（清）陳元犀參訂　清同治五年(1866)刻南雅堂醫書全集本　十二冊

110000－0102－0027048　（戊）/4102　史部/政書類/法令

棘聽草十二卷　（清）李之芳撰　清康熙四十一年(1702)李鐘麟刻本　五冊

110000－0102－0027049　戊/4103　史部/政書類/職官/官箴

皇政淵源五卷　（清）藍煦集傳並注　清同治九年(1870)忠恕堂刻本　四冊

110000－0102－0027050　戊/4104　史部/地理類/地圖、圖志

湖北輿地圖　（清）佚名繪　清光緒二十七年(1901)石印本　三冊　缺一冊(四)

110000－0102－0027051　戊/4110　子部/宗教類/釋教/論

阿毗達磨發智論二十卷　（天竺）迦多衍尼子

造 （唐）釋玄奘譯　明崇禎九年（1636）餘杭
徑山化城寺刻徑山藏本　一冊　存五卷（十
一至十五）

110000－0102－0027052　戊/4112　集部/楚
辭類/楚辭

楚辭集注八卷　（宋）朱熹撰　清中後期刻朱
墨印本　四冊

110000－0102－0027053　戊/4113　子部/宗
教類/釋教/經

大方廣佛華嚴經六十卷　（晉）釋佛陀跋陀羅
等譯　清光緒七年（1881）常熟刻經處刻本
十六冊

110000－0102－0027054　戊/4114　史部/政
書類/職官/官箴

袁易齋先生圖民錄四卷　（清）袁守定撰　清
同治十二年（1873）楊昌濬武林節署刻本　一
冊　存二卷（一至二）

110000－0102－0027055　戊/4115　史部/地
理類/方志/地方志/河北

[康熙]靈壽縣志十卷末一卷　（清）陸隴其等
纂修　（清）傅維杬纂　清康熙二十五年
（1686）刻本　四冊

110000－0102－0027056　戊/4120　子部/宗
教類/其它

論教會之意　（英國）李提摩太譯　清光緒二
十九年（1903）上海廣學會鉛印本　一冊

110000－0102－0027057　戊/4121　子部/宗
教類/其它

辨忠篇二卷　（美國）林樂知著　清光緒二十
八年（1902）上海廣學會鉛印本　一冊

110000－0102－0027058　戊/4122　集部/別
集類/清

寥天一閣文二卷　（清）譚嗣同著　清光緒二
十三年（1897）金陵譚嗣同刻東海褰冥氏三十
以前舊學四種本　一冊

110000－0102－0027059　戊/4123　集部/別
集類/清

寥天一閣文二卷　（清）譚嗣同著　清宣統三

年（1911）金陵譚氏刻東海褰冥氏三十以前舊
學四種本　一冊

110000－0102－0027060　戊/4125　集部/別
集類/清

學餘錄四卷　（清）朱士燦撰　（清）陸葆霖等
參評　清宣統三年（1911）石印本　一冊

110000－0102－0027061　戊/4129　子部/醫
家類/診法

驚風辨證必讀書二編　（清）莊一夔撰　清光
緒二十七年（1901）上元江氏刻本　一冊

110000－0102－0027062　戊/4135　子部/醫
家類/體骼

全體學問答一卷　清末刻本　一冊

110000－0102－0027063　戊/4141　經部/禮
類/周禮/傳說

欽定周官義疏四十八卷首一卷　（清）鄂爾泰
等纂　清光緒十四年（1888）金陵江南書局刻
本　二十四冊（二夾）

110000－0102－0027064　戊/4142　經部/詩
類/三家詩

韓詩外傳十卷　（漢）韓嬰撰　清光緒三年
（1877）武昌湖北崇文書局刻本　二冊

110000－0102－0027065　戊/4144　經部/四
書類/大學中庸/傳說

大學衍義四十三卷　（宋）真德秀撰　清同治
十三年（1874）金陵書局刻本　八冊

110000－0102－0027066　戊/4145　經部/經
總類/群經總義

九經今義二十八卷　（清）成本璞撰　清光緒
二十四年（1898）長沙湘鄉成氏鉛印通雅齋叢
書本　四冊

110000－0102－0027067　戊/4146　經部/經
總類/群經總義

九經今義二十八卷　（清）成本璞撰　清光緒
二十四年（1898）長沙湘鄉成氏鉛印通雅齋叢
書本　四冊

110000－0102－0027068　戊/4147　經部/經

總類/群經總義

茶香室經說十六卷 (清)俞樾撰 清光緒十五年(1889)德清俞氏刻春在堂叢書本 六冊

110000－0102－0027069 戊/4148 經部/禮類/儀禮/傳說

禮經箋十七卷 (漢)鄭玄注 王闓運箋 清光緒二十二年(1896)衡陽東洲講舍刻湘綺樓全集本 六冊

110000－0102－0027070 戊/4149 經部/詩類/傳說

詩經八卷 (宋)朱熹集傳 (清)丁寶楨等校刊 清同治十一年(1872)山東書局刻本 四冊

110000－0102－0027071 戊/4151 史部/紀傳類/通代

史記一百三十卷 (漢)司馬遷撰 (南朝宋)裴駰集解 (唐)司馬貞索隱 清同治五年至九年(1866－1870)金陵書局刻本 七冊 存三十五卷(六十六至一百)

110000－0102－0027072 戊/4152 經部/易類/傳說

周易姚氏學十六卷首一卷 (清)姚配中撰 (清)盧文弨考異 **尚書大傳四卷考異一卷補遺一卷續補遺一卷** (漢)鄭玄注 (清)盧文弨考異 清光緒三年(1887)湖北崇文書局刻本 七冊

110000－0102－0027073 戊/4164 經部/四書類/孟子

孟子要略五卷 (宋)朱熹撰 (清)劉傳瑩輯 (清)曾國藩按 清同治十三年(1874)傳忠書局刻本 一冊

110000－0102－0027074 戊/4165 經部/春秋類/左傳/傳說

春秋詞命三卷 (明)王鏊編輯 清宣統二年(1910)通州翰墨林書局鉛印本 一冊

110000－0102－0027075 戊/4177 經部/四書類/孟子/傳說

孟子七卷 (宋)朱熹集注 清光緒三十二年

(1906)上海商務印書館鉛印四書集注本 三冊

110000－0102－0027076 戊/4182 集部/曲類/曲別集/傳奇

鏡香園毛聲山評第七才子書十二卷首一卷 (元)高明撰 (清)毛宗崗評 清刻本 八冊

110000－0102－0027077 戊/4183 集部/小說類/章回

三國志 清雍正刻本 二冊 存二卷(二十三下、二十四下)

110000－0102－0027078 戊/4184 集部/小說類/章回

金瓶梅一百回 (明)蘭陵笑笑生撰 清刻本 四冊 存六卷(三十一至三十六)

110000－0102－0027079 戊/4185 經部/禮類/禮記/其它

禮記質疑四十九卷 (清)郭嵩燾撰 清光緒十六年(1890)思賢講舍刻本 十冊

110000－0102－0027080 戊/4195 史部/別史、雜史類

餘生錄一卷附塘報稿塘報再稿 (清)邊大綬撰 清順治刻本 一冊

110000－0102－0027081 戊/4201 集部/曲類/曲別集/傳奇/清

意中緣傳奇二卷 (清)李漁編次 (清)禾中女史批評 清康熙翼聖堂刻笠翁傳奇十種本 一冊 存一卷(上)

110000－0102－0027082 戊/4216 史部/地理類/地圖、圖志

歷代輿地圖 楊守敬編 清末觀海堂楊氏刻朱黑印本 八冊 存先秦至西晉部分

110000－0102－0027083 戊/4217 經部/小學類/文字/說文/傳說

說文解字三十二卷 (清)段玉裁撰 清同治六年至十一年(1867－1872)蘇州保息局刻本 十六冊

110000－0102－0027084 戊/4218 經部/詩

類/傳說

欽定詩經傳說彙纂二十一卷首二卷詩序二卷
（清）王鴻緒等撰　清光緒十四年(1888)江
南書局刻本　十六冊(二夾)

110000－0102－0027085　戊/4219　史部/紀
傳類/斷代

魏書一百十四卷　（北齊）魏收撰　清同治十
一年(1872)金陵書局刻本　十五冊　存九十
四卷(一至五十二、六十六至七十二、八十二
至一百〇五、一百〇八至一百十八)

110000－0102－0027086　戊/4220　史部/紀
傳類/斷代

北齊書五十卷　（唐）李百藥撰　清同治十三
年(1874)金陵金陵書局刻本　二冊　存三十
卷(二十一至五十)

110000－0102－0027087　戊/4221　子部/道
家類

莊子內篇注四卷　（戰國）莊周撰　（明）釋德
清注　清光緒十四年(1888)金陵刻經處刻本
一冊

110000－0102－0027088　戊/4222　集部/小
說類/章回

金瓶梅一百回　（明）蘭陵笑笑生撰　清刻本
五冊　存二回(九十九至一百)

110000－0102－0027089　戊/4223　子部/雜
家類/學說

論衡三十卷　（漢）王充撰　清光緒元年
(1875)湖北崇文書局刻百子全書本　二冊
存十卷(十五至二十四)

110000－0102－0027090　戊/4224　經部/經
總類

相臺書塾刊正九經三傳沿革例一卷　（宋）岳
珂撰　清光緒三年(1877)湖北崇文書局刻本
一冊

110000－0102－0027091　戊/4225　集部/總
集類/文/通代/編選

湖海文傳七十五卷　（清）王昶編　清道光十
七年(1837)經訓堂刻本　七冊　存十五卷

(一至七、十七至二十四)

110000－0102－0027092　戊/4226　經部/經
總類/群經總義

九經今義二十八卷　（清）成本璞撰　清光緒
二十四年(1898)長沙湘鄉成氏鉛印通雅齋叢
書本　四冊

110000－0102－0027093　戊/4227　經部/小
學類/文字/字體

汗簡箋正七卷目錄一卷書目一卷　（宋）郭忠
恕撰　（清）鄭珍箋正　清光緒十五年(1889)
廣州廣雅書局刻本

110000－0102－0027094　戊/4228　史部/別
史、雜史類

三河創業記五卷　（清）范壽金編輯　清光緒
三十三年(1907)石印本　二冊

110000－0102－0027095　戊/4229　史部/傳
記類/日記

河海崑崙錄四卷　（清）霍邱裴撰　清宣統元
年(1909)鉛印本　四冊

110000－0102－0027096　戊/4231　集部/別
集類/清

恪靖侯盾鼻餘瀋　（清）左宗棠撰　清光緒七
年(1881)刻本　一冊

110000－0102－0027097　戊/4238　集部/俗
文學類/雜曲

新刻東調忠孝呼家將全傳二十四卷　清末民
國刻本　六冊

110000－0102－0027098　戊/4240　史部/編
年類/斷代

欽定明鑑二十四卷首一卷　（清）托津等輯
清嘉慶刻本　六冊　存十一卷(十四至二十
四)

110000－0102－0027099　戊/4244　經部/詩
類/傳說

詩經八卷　（宋）朱熹集傳　清宣統二年
(1910)上海錦章書局石印本　四冊

110000－0102－0027100　戊/4246　經部/小

學類/訓詁/爾雅

爾雅三卷 （晉）郭璞注 （唐）陸德明音義 清同治十三年(1874)湖南書局刻本 三冊

110000－0102－0027101 戊/4248 經部/小學類/訓詁/爾雅/文字音義

爾雅音義二卷 （唐）陸德明撰 清末刻本 一冊

110000－0102－0027102 戊/4250 叢部/地方叢書

金陵叢刻 （清）傅春官輯 清光緒江甯傅氏晦齋刻本 十一冊 缺一卷(金陵歷代建置表)

110000－0102－0027103 戊/4251 經部/四書類/孟子/傳說

朱子原編孟子要略五卷 （宋）朱熹撰 （清）孫光庭輯注 清光緒二十九年(1903)雲南官書局刻本 二冊

110000－0102－0027104 戊/4252 經部/春秋類/左傳/傳說

春秋左傳杜注三十卷 （清）姚培謙撰 （清）龐佑清補訂 清道光七年(1827)刻朱墨套印本 八冊

110000－0102－0027105 戊/4256 集部/別集類/清

曾文正公家書十卷家訓二卷 （清）曾國藩撰 清光緒二年(1876)長沙傳忠書局刻曾文正公全集本 十一冊 缺一卷(家書一)

110000－0102－0027106 戊/4259 子部/雜家/雜纂

玉曆至寶鈔不分卷附經驗百方一卷 清宣統元年(1909)京都永盛齋刻字鋪石印本 一冊

110000－0102－0027107 戊/4260 集部/別集類/清

曾文正公書劄三十三卷 （清）曾國藩撰 （清）李瀚章編次 清末刻本 十五冊 缺二卷(一至二)

110000－0102－0027108 戊/4262 經部/小學類/音韻/韻典

漢魏音四卷 （清）洪亮吉撰 清光緒三年(1877)授經堂刻北江全集本 一冊

110000－0102－0027109 戊/4265 經部/詩類/傳說

詩經八卷 （宋）朱熹集傳 清末民初(1875－1919)上海商務印書館鉛印本 四冊

110000－0102－0027110 戊/4266 經部/詩類/傳說

詩經八卷 （宋）朱熹集傳 清末民初上海商務印書館鉛印本 四冊

110000－0102－0027111 戊/4271 子部/雜家類/學說

墨子十六卷 （清）吳汝綸點勘 清宣統鉛印本 二冊

110000－0102－0027112 戊/4273 集部/別集類/清

養知書屋文集二十八卷詩集十五卷 （清）郭嵩燾撰 清光緒十八年(1892)刻本 十六冊

110000－0102－0027113 戊/4274 經部/孝經類/傳說

孝經一卷附校勘記 （唐）玄宗李隆基御注 （唐）陸德明音義 清光緒六年(1880)山西濬文書局刻本 一冊

110000－0102－0027114 戊/4275 經部/易類/傳說

易經四卷首一卷附校勘記 （宋）朱熹注 清光緒六年(1880)山西濬文書局刻本 二冊

110000－0102－0027115 戊/4281 子部/儒家類/清

顏李遺書 （清）顏元 （清）李塨撰 清光緒七年(1881)定州王氏德謙堂刻畿輔叢書本 十七冊 存七種四十五卷(顏習齋先生年譜二卷、四存編十一卷、習齋記餘十卷、顏習齋先生言行錄二卷、顏習齋先生辟異錄二卷、李恕谷先生年譜五卷、恕谷後集十三卷)

110000－0102－0027116 （己）/1 集部/曲類/曲別集/傳奇/清

笠翁十種曲 （清）李漁撰 清刻本 二十冊

110000－0102－0027117　（己）/2　集部/曲類/曲別集/傳奇/清

笠翁傳奇十種　（清）李漁撰　清康熙翼聖堂刻本　吳曉鈴跋　二十冊

110000－0102－0027118　（己）/3　集部/曲類/曲別集/傳奇/清

慎鸞交傳奇二卷三十五出　（清）湖上笠翁編次　（清）匡盧居士　（清）雲間木叟合評　清康熙翼聖堂刻笠翁傳奇十種本　二冊

110000－0102－0027119　（己）/4　集部/曲類/曲別集/傳奇/清

比目魚傳奇二卷三十二出　（清）湖上笠翁編次　（清）秦淮醉侯批評　清康熙翼聖堂刻笠翁傳奇十種本　二冊

110000－0102－0027120　（己）/5　集部/曲類/曲別集/傳奇/清

擁雙艷三種六卷　（清）萬樹撰　清康熙二十五年(1686)萬氏粲花別墅刻本　六冊

110000－0102－0027121　（己）/6　集部/曲類/曲別集/傳奇/清

奈何天傳奇二卷三十出　（清）湖上笠翁編次　（清）紫珍道人批評　清康熙翼聖堂刻笠翁傳奇十種本　二冊

110000－0102－0027122　（己）/7　集部/曲類/曲別集/傳奇/清

憐香伴傳奇二卷三十六出　（清）湖上笠翁編次　（清）玄洲逸叟批評　清康熙翼聖堂刻笠翁傳奇十種本　二冊

110000－0102－0027123　（己）/8　集部/曲類/曲別集/傳奇/清

蜃中樓傳奇二卷三十出　（清）湖上笠翁編次　（清）壘庵居士批評　清康熙翼聖堂刻笠翁傳奇十種本　二冊

110000－0102－0027124　（己）/9　集部/曲類/曲別集/傳奇/清

巧團圓傳奇二卷三十三出　（清）湖上笠翁編次　（清）莫愁釣客　（清）睡鄉祭酒合評　清康熙翼聖堂刻笠翁傳奇十種本　二冊

110000－0102－0027125　（己）/10　集部/曲類/曲別集/傳奇/清

鳳求鳳傳奇二卷三十出　（清）湖上笠翁編次　（清）泠西梅客批評　清康熙翼聖堂刻笠翁傳奇十種本　二冊

110000－0102－0027126　（己）/11　集部/曲類/曲別集/傳奇/清

玉搔頭傳奇二卷三十出　（清）湖上笠翁編次　（清）睡鄉祭酒批評　清康熙翼聖堂刻笠翁傳奇十種本　二冊

110000－0102－0027127　己/12　集部/曲類/曲別集/傳奇/清

一捧雪傳奇　（清）李玉撰　清抄本　二冊

110000－0102－0027128　己/13　集部/曲類/曲別集/傳奇/清

箕籌五福十二出　（□）□□撰　清抄本　一冊

110000－0102－0027129　己/14　集部/曲類/曲別集/傳奇/明

八義記傳奇　（明）徐元撰　清抄本　二冊

110000－0102－0027130　己/15　集部/曲類/曲別集/傳奇/清

十媚圖全本二十八出　（□）□□撰　清抄本　二冊

110000－0102－0027131　己/16　集部/曲類/曲別集/傳奇/清

意中人三十二出　（清）李玉撰　清抄本　二冊

110000－0102－0027132　己/17　集部/曲類/曲別集/傳奇/清

吉祥兆二卷二十九出　（清）張大復撰　清抄本　二冊

110000－0102－0027133　己/18　集部/曲類/曲別集/傳奇/清

稱人心二卷二十四出　（清）陳二白撰　清抄本　二冊

110000－0102－0027134　己/19　集部/曲

類/曲別集/傳奇/清

豔雲亭傳奇二卷三十三出提綱二卷 (清)朱佐朝撰　清抄本　六冊

110000－0102－0027135　己/20　集部/曲類/曲別集/傳奇/清

兩種情傳奇二卷三十二出 (清)許逸撰　清朱絲欄抄本　吳曉鈴跋　一冊　存一卷(上)

110000－0102－0027136　己/21　集部/曲類/曲別集/傳奇/清

楊氏坦園南北曲六種 (清)楊恩壽撰　清光緒長沙楊氏坦園刻本　佚名眉批　四冊

110000－0102－0027137　己/22　集部/曲類/曲別集/傳奇

茗雪山房二種曲 (清)彭劍南填詞　清道光六年(1826)茗雪山房刻本　四冊

110000－0102－0027138　己/23　集部/曲類/曲別集/傳奇

萬國嵩聲八出 (□)□□撰　清抄本　二冊

110000－0102－0027139　己/24　集部/曲類/曲別集/傳奇/清

禪仙逸史二十出 (□)□□撰　清抄本　二冊

110000－0102－0027140　己/25　集部/曲類/曲別集/雜劇

缾笙館修簫譜二卷三十二出 (清)舒位填詞　清道光十三年(1833)石印本　二冊

110000－0102－0027141　(己)/26　集部/曲類/曲別集/傳奇/清

吳吳山三婦合評牡丹亭還魂記二卷首一卷 (明)湯顯祖撰　(清)陳同評點　(清)錢宜參評　清初刻本　四冊

110000－0102－0027142　(己)/27　集部/曲類/曲別集/雜劇/元

繪風亭評第七才子書琵琶記六卷 (元)高明撰　(清)毛綸批　清雍正十三年(1735)映秀堂刻本　八冊

110000－0102－0027143　己/28　集部/曲

類/曲別集/傳奇/清

揚州夢二卷三十二出雙報應二卷三十出 (清)抱犢山農填詞　清葭秋堂刻本　二冊

110000－0102－0027144　己/29　集部/曲類/曲別集/傳奇

碧聲吟館叢書 (清)許善長著　清光緒三年至十一年(1877－1885)碧聲吟館影印本　十一冊　缺一種(香消酒醒)

110000－0102－0027145　(己)/30　集部/曲類/曲別集/傳奇/明

才子牡丹亭三十四出 (明)湯顯祖撰　(明)笠閣漁翁批　清刻本　四冊

110000－0102－0027146　己/31　集部/曲類/曲別集/傳奇/清

鶴歸來傳奇二卷首一卷 (清)瞿頡填詞　(清)周昂評點　清末湖北官書處刻本　二冊

110000－0102－0027147　己/32　集部/總集類/文/家族

問園遺集空山夢 (清)范元亨著　**憶秋軒詩抄** (清)范淑著　清光緒十七年(1891)范履福刻本　三冊

110000－0102－0027148　己/33　集部/別集類/清

竹初樂府二種 (清)錢維喬著　清嘉慶武漢刻本　八冊

110000－0102－0027149　己/34　集部/曲類/曲別集/傳奇

暗香樓三種曲 (清)鄭由熙著　清光緒十六年(1890)暗香樓刻本　有吳曉鈴手記　三冊

110000－0102－0027150　己/35　集部/曲類/曲別集/傳奇/清

倚晴樓七種曲 (清)黃燮清著　清光緒七年(1881)馮肇曾刻本　六冊

110000－0102－0027151　(己)/36　集部/曲類/曲別集/傳奇/明

南柯夢傳奇二卷四十四出 (明)湯顯祖編次　明天啟刻玉茗堂全集本　四冊

110000 – 0102 – 0027152　己/37　史部/傳記類/總傳/專錄/藝術

同調編　（清）徐石渠著　清抄本　一冊

110000 – 0102 – 0027153　己/38　集部/戲曲類/昆曲

醉怡情崑腔雜曲　（清）菰蘆釣叟點次　清刻本　一冊　存殘本

110000 – 0102 – 0027154　（己）/39　集部/曲類/曲選

萬錦清音二集　（明）方來館主人點校　**金石新聲**　（明）陳太虛輯　明末刻本　一冊　存殘本

110000 – 0102 – 0027155　（己）/40　集部/曲類/曲別集/傳奇/元

新刻魏仲雪先生批點琵琶記二卷四十二出　(元)高明撰　（明）魏浣初批評　（明）李裔藩注　明末刻本　一冊　存一卷(上)

110000 – 0102 – 0027156　（己）/41　集部/曲類/曲別集/傳奇/明

古本荊釵記二卷四十八出　(明)朱權撰　(明)屠隆批評　明末刻本　一冊　存卷一(下)

110000 – 0102 – 0027157　（己）/46　集部/曲類/曲別集/傳奇/清

[味塵軒曲]四種八卷　（清）李文瀚撰　清道光刻本　八冊

110000 – 0102 – 0027158　（己）/50　集部/曲類/曲別集/傳奇/明

墨憨齋新曲十種二十卷　（明）馮夢龍輯　明末刻清乾隆重修本　鄭騫、吳曉鈴跋　十冊　存五種十卷(墨憨齋新灌園傳奇二卷、墨憨齋復位女丈夫傳奇二卷、墨憨齋復位夢磊傳奇二卷、墨憨齋新定洒雪堂傳奇二卷、墨憨齋復位西樓楚江情傳奇二卷)

110000 – 0102 – 0027159　（己）/51　集部/曲類/曲別集/傳奇/明

墨憨齋詳定酒家傭傳奇二卷三十七折　（明）陸弼　（明）欽虹江二稿　（明）馮夢龍更定　明末刻墨憨齋定本十種傳奇本　二冊

110000 – 0102 – 0027160　（己）/52　集部/曲類/曲別集/傳奇/明

墨憨齋訂定萬事足傳奇二卷三十六折　（明）馮夢龍新編　（明）袁幍亭樂句　明末刻墨憨齋定本十種傳奇本　二冊

110000 – 0102 – 0027161　（己）/53　集部/曲類/曲別集/傳奇/明

墨憨齋新灌園傳奇二卷三十六折　（明）張鳳翼撰　（明）馮夢龍更定　明末刻墨憨齋定本十種傳奇本　二冊　存有殘頁

110000 – 0102 – 0027162　（己）/54　集部/曲類/曲別集/傳奇/明

墨憨齋訂定人獸關傳奇二卷三十三折　（清）李玉撰　（清）馮夢龍竄定　明末清初墨憨齋刻本　二冊

110000 – 0102 – 0027163　（己）/55　集部/曲類/曲別集/傳奇/明

墨憨齋重定三會親風流夢二卷三十七折　(明)湯顯祖　（明）馮夢龍更定　明末刻墨憨齋定本十種傳奇本　二冊

110000 – 0102 – 0027164　己/56　集部/曲類/曲別集/傳奇/清

百子圖傳奇三十出　（□）□□撰　清抄本　扉頁有金丕英手記　二冊

110000 – 0102 – 0027165　己/57　集部/曲類/曲別集/傳奇/清

如夢緣傳奇二卷三十出首一卷　（明）陸和鈞撰　清咸豐十年(1860)抄本　二冊　存二十三出(一至七、十五至三十)

110000 – 0102 – 0027166　己/58　集部/曲類/曲別集/傳奇/清

青燈淚二卷三十六出首一卷　（明）蔣恩瀫著　清同治九年(1870)活字本　二冊

110000 – 0102 – 0027167　（己）/59　集部/曲類/曲別集/雜劇

吟風閣雜劇四卷　（清）楊觀潮作　清乾隆三十九年(1774)重刻本　有吳曉鈴手錄《中江

集·展楊笠湖師墓》詩　四冊

110000－0102－0027168　(己)/60　集部/曲
類/曲別集/傳奇/清

吳梅村劇作三種　(清)吳偉業作　清初刻本
六冊

110000－0102－0027169　己/61　集部/曲
類/曲選/通代

新鐫樂府清音歌林拾翠一集　(□)□□撰
清金陵奎璧齋刻本　八冊

110000－0102－0027170　己/62　集部/
曲類/曲別集/傳奇/清

三笑姻緣　(□)□□撰　清末抄本　有吳曉
鈴手記　二冊　存有殘頁

110000－0102－0027171　己/63　集部/曲
類/曲別集/雜劇

漁邨記十三折　(清)妙有山人漫筆　韓錫胙
評點　清咸豐五年(1855)石門山房刻本
二冊

110000－0102－0027172　己/64　叢部/彙編
叢書/清中晚期

雙楳景闇叢書　葉德輝輯　清光緒二十九年
至民國六年(1903－1917)長沙葉氏刻本
五冊

110000－0102－0027173　己/68　集部/曲
類/曲別集/傳奇

南樓記　(□)□□撰　清抄本　一冊

110000－0102－0027174　己/99　集部/曲
類/曲別集/傳奇

三俠劍傳奇　(□)□□撰　清抄本　一冊

110000－0102－0027175　己/100　集部/曲
類/曲別集/傳奇/清

花間樂傳奇二十出　(清)龐淦評　(清)司馬
章編　清末民國紅格抄本　一冊

110000－0102－0027176　己/101　集部/曲
類/曲別集/傳奇/清

六喻箴傳奇二卷十五出　(清)四中山客撰
清末民國紅格抄本　二冊

110000－0102－0027177　己/102　集部/曲
類/曲別集/傳奇/清

赤松遊傳奇二卷四十六出　(清)丁耀亢撰
清朱欄抄本　一冊　存十七出(一至十六、四
十六)

110000－0102－0027178　己/103　集部/曲
類/曲別集/傳奇/清

眉山秀二卷二十四出　(清)李玉作　清抄本
一冊

110000－0102－0027179　己/106　集部/曲
類/曲別集/傳奇/明

牡丹亭還魂記二卷五十五出　(明)湯顯祖編
清抄本　一冊

110000－0102－0027180　己/109　集部/曲
類/曲別集/傳奇/清

西湖扇十六出　(清)丁耀亢著　清抄本
二冊

110000－0102－0027181　己/110　集部/曲
類/曲別集/傳奇

雙義緣傳奇六十三出　(□)□□撰　清稿本
六冊

110000－0102－0027182　己/111　集部/曲
類/曲別集/傳奇/清

玉蜻蜓傳奇二卷三十四折　(□)□□撰　清
末民國朱欄抄本　一冊

110000－0102－0027183　己/113　集部/曲
類/曲別集/傳奇/清

麒麟閣傳奇二卷二十八出　(清)李玉作　清
朱欄抄本　一冊

110000－0102－0027184　己/123　集部/曲
類/曲別集/承應戲

河清海宴八出　(清)張照等作　清抄本
二冊

110000－0102－0027185　己/124　集部/曲
類/曲別集/承應戲

行圍得瑞　獻獸稱觴　(清)張照等作　清抄
本　一冊

110000－0102－0027186　己/125　集部/曲類/曲別集/承應戲

洞仙慶賀八出　（□）□□撰　清抄本　二冊　存四出(一至四)

110000－0102－0027187　己/126　集部/曲類/曲別集/承應戲

琴高入甕八出　（□）□□撰　清抄本　一冊　存殘本二出(五至六)

110000－0102－0027188　己/127　集部/曲類/曲別集/承應戲

海不揚波　太平王會　（□）□□撰　清末抄本　一冊

110000－0102－0027189　（己）/128　集部/曲類/曲別集/承應戲/清

海不揚波　太平王會　（清）□□撰　清末南府抄本　一冊

110000－0102－0027190　己/129　集部/曲類/曲別集/承應戲

燕九承應　（清）張照等作　清抄本　一冊

110000－0102－0027191　己/130　集部/曲類/曲別集/承應戲

春台葉慶四出　（清）張照等作　清抄本　一冊

110000－0102－0027192　己/131　集部/曲類/曲別集/承應戲

春台葉慶四出　（□）□□撰　清抄本　一冊

110000－0102－0027193　己/132　集部/曲類/曲別集/承應戲

千春燕喜八出　（清）張照等作　清抄本　一冊

110000－0102－0027194　己/133　集部/曲類/曲別集/承應戲

鹿苑結緣　龍華法會　（清）張照等作　清抄本　一冊

110000－0102－0027195　己/134　集部/曲類/曲別集/承應戲

七襄報章一出仕女乞巧一出　（清）張照等作

清抄本　一冊

110000－0102－0027196　己/135　集部/曲類/曲別集/承應戲

七襄報章一出仕女乞巧一出　（清）張照等作　清同治十二年(1873)抄本　一冊

110000－0102－0027197　己/136　集部/曲類/曲別集/承應戲

七襄報章一出仕女乞巧一出　（清）張照等作　清咸豐四年(1854)抄本　一冊

110000－0102－0027198　己/137　集部/曲類/曲別集/承應戲

佛旨度魔　魔王答佛　（清）張照等撰　清抄本　一冊

110000－0102－0027199　己/138　集部/曲類/曲別集/承應戲

迓福迎祥　（清）張照等撰　清抄本　一冊

110000－0102－0027200　己/139　集部/曲類/曲別集/承應戲

鼎峙春秋十本二百四十出　（清）胤祿著　清抄本　三冊　存三本十二出(五本上四出、下二至三,四本下一至六)

110000－0102－0027201　己/140　集部/曲類/曲別集/承應戲

祥芝應瑞四出　（□）□□撰　清末抄本　一冊

110000－0102－0027202　己/141　集部/曲類/曲別集/承應戲

太和報最　（□）□□撰　清抄本　一冊

110000－0102－0027203　己/142　集部/曲類/曲別集/承應戲/鼓板

藏鉤家慶　瑞應三星　（清）張照等撰　清抄本　一冊

110000－0102－0027204　己/143　集部/曲類/曲別集/承應戲/鼓板

昇平除歲　彩炬祈年　（清）張照等作　清抄本　一冊

110000－0102－0027205　己/144　集部/曲

類/曲別集/承應戲/鼓板

如願迎新八出 （清）張照等撰 清抄本
一冊

110000－0102－0027206 己/145 集部/曲
類/曲別集/承應戲

羅漢度海 （□）□□撰 清抄本 一冊

110000－0102－0027207 己/146 集部/曲
類/曲別集/承應戲/總本

青牛獨駕 環中九九 （清）張照等作 清末
抄本 一冊

110000－0102－0027208 己/147 集部/曲
類/曲別集/承應戲/鼓板

青牛獨駕 環中九九 （清）張照等作 清末
抄本 一冊

110000－0102－0027209 己/148 集部/曲
類/曲別集/承應戲

羅漢渡海·寶塔淩空·地湧金蓮·福祿天長
題綱 （□）□□撰 清同治十三年(1874)抄
本 一冊

110000－0102－0027210 己/149 集部/曲
類/曲別集/承應戲

萬壽祥開十二出 （清）張照等作 清抄本
一冊

110000－0102－0027211 己/150 集部/曲
類/曲別集/承應戲/提綱

萬壽祥開十二出 （□）□□撰 清同治七年
(1868)抄本 一冊

110000－0102－0027212 己/151 集部/曲
類/曲別集/承應戲/鼓板

螽斯衍慶 （清）張照等作 清抄本 一冊

110000－0102－0027213 己/152 集部/曲
類/曲別集/承應戲

寶塔淩空 （清）張照等作 清抄本 一冊

110000－0102－0027214 己/153 集部/曲
類/曲別集/承應戲/鼓板

慈容衍慶 蝠獻瓶開 （清）張照等作 清抄
本 一冊

110000－0102－0027215 己/154 集部/曲
類/曲別集/承應戲/鼓板

三百元福 （清）張照等作 清抄本 一冊

110000－0102－0027216 己/155 集部/曲
類/曲別集/承應戲/鼓板

太極祥開 （清）張照等作 清抄本 一冊

110000－0102－0027217 己/156 集部/曲
類/曲別集/承應戲/鼓板

金庭奏事 錫福通明 （□）□□撰 清抄本
一冊

110000－0102－0027218 己/157 集部/曲
類/曲別集/承應戲

虞庭集福八出 （□）□□撰 清抄本 一冊

110000－0102－0027219 己/158 集部/曲
類/曲別集/承應戲/提綱

虞庭集福十出 （□）□□撰 清抄本 一冊

110000－0102－0027220 己/159 集部/曲
類/曲別集/承應戲

虞庭集福二卷十九出 （□）□□撰 清抄本
一冊 存一卷(下)

110000－0102－0027221 己/160 集部/曲
類/曲別集/承應戲

山川鍾秀 福壽呈祥 （□）□□撰 清抄本
一冊

110000－0102－0027222 己/161 集部/曲
類/曲別集/承應戲/總本

萬花向榮一出御苑獻瑞一出 （清）張照等作
清抄本 一冊

110000－0102－0027223 己/162 集部/曲
類/曲別集/承應戲/鼓板

萬花向榮 御苑獻瑞 （□）□□撰 清抄本
一冊

110000－0102－0027224 己/163 集部/曲
類/曲別集/承應戲/總本

五福五代慶雲仍 （清）張照作 清抄本
一冊

110000－0102－0027225 己/164 集部/曲

類/曲別集/承應戲

五福五代慶雲仍 （清）張照作　清抄本
一冊

110000－0102－0027226　己/165　集部/曲
類/曲別集/承應戲

萬福移徙　群星拱護 （清）張照等作　清抄
本　一冊

110000－0102－0027227　己/166　集部/曲
類/曲別集/承應戲/總本

洞仙慶賀八出 （清）張照等作　清抄本
一冊

110000－0102－0027228　己/167　集部/曲
類/曲別集/承應戲

洞仙慶賀八出 （□）□□撰　清同治十年
(1871)抄本　一冊

110000－0102－0027229　己/168　集部/曲
類/曲別集/承應戲

福壽延年六出 （□）□□撰　清抄本　一冊
存四出(一至二、五至六)

110000－0102－0027230　己/169　集部/曲
類/曲別集/承應戲

日月迎祥　人天普慶 （清）張照等作　清抄
本　一冊

110000－0102－0027231　己/170　集部/曲
類/曲別集/承應戲

萬壽長生四出 （清）張照等作　清抄本
一冊

110000－0102－0027232　己/171　集部/曲
類/曲別集/承應戲

清平見喜　和合呈祥 （□）□□撰　清抄本
一冊

110000－0102－0027233　己/172　集部/曲
類/曲別集/承應戲

地湧金蓮 （清）張照等作　清抄本　一冊

110000－0102－0027234　己/173　集部/曲
類/曲別集/承應戲

祝長清平安如意 （清）張照等作　清抄

本　一冊

110000－0102－0027235　己/174　集部/曲
類/曲別集/承應戲

福壽延年四出 （□）□□撰　清抄本　一冊
存二出(三至四)

110000－0102－0027236　己/175　集部/曲
類/曲別集/承應戲

四海昇平 （清）張照等作　清抄本　一冊

110000－0102－0027237　己/176　集部/曲
類/曲別集/承應戲

壽祝萬年 （清）張照等作　清抄本　一冊

110000－0102－0027238　己/177　集部/曲
類/曲別集/承應戲

洞仙慶賀七出 （□）□□撰　清抄本　一冊
存二出(五、七)

110000－0102－0027239　己/178　集部/曲
類/曲別集/承應戲

福祿天長 （清）張照等作　清抄本　一冊

110000－0102－0027240　己/179　集部/曲
類/曲別集/承應戲

萬壽祥開 （□）□□撰　清抄本　一冊

110000－0102－0027241　己/180　集部/曲
類/曲別集/承應戲

瑤林香世界 （清）張照等作　清抄本　一冊

110000－0102－0027242　己/181　集部/曲
類/曲別集/承應戲

花甲天開　鴻禧日永 （清）張照等作　清抄
本　一冊

110000－0102－0027243　己/182　集部/曲
類/曲別集/承應戲

花甲天開　鴻禧日永 （□）□□撰　清同治
十年(1871)抄本　一冊

110000－0102－0027244　己/183　集部/曲
類/曲別集/承應戲

太僕陳儀　金吾勘箭 （清）張照等作　清抄
本　一冊

110000－0102－0027245　己/184　集部/曲

類/曲別集/承應戲

登高覽勝　題糕閣筆　（清）張照等作　清抄本　一冊

110000－0102－0027246　己/185　集部/曲類/曲別集/承應戲

九華品菊　眾美飛霞　（清）張照等作　清抄本　一冊

110000－0102－0027247　己/186　集部/曲類/曲別集/承應戲

串頭八出　（□）□□撰　清抄本　一冊

110000－0102－0027248　己/187　集部/曲類/曲別集/承應戲

成擒準擬鸞交續十六出　（□）□□撰　清抄本　一冊　存四（十三至十六）

110000－0102－0027249　己/188　集部/曲類/曲別集/承應戲

對列干戈誇武弁十六出　（□）□□撰　清抄本　一冊　存三出（十一至十二、十六）

110000－0102－0027250　己/189　集部/曲類/曲別集/承應戲

天香節慶十五出　（□）□□撰　清抄本　二冊　存五出（五至六、九至十、十五）

110000－0102－0027251　己/190　集部/曲類/曲別集/承應戲

攝寶恰乘滄海月　（□）□□撰　清抄本　一冊　存二出（七至八）

110000－0102－0027252　己/191　集部/曲類/曲別集/承應戲

婉轉開筵圖好合　（□）□□撰　清抄本　一冊　存二出（三至四）

110000－0102－0027253　己/192　集部/曲類/曲別集/承應戲

天香慶節二出　（清）張照等作　清抄本　一冊

110000－0102－0027254　己/193　集部/曲類/曲別集/承應戲

丹桂飄香　霓裳獻舞　（清）張照等作　清抄本　一冊

110000－0102－0027255　己/194　集部/曲類/曲別集/承應戲

昇平雅頌六出　（□）□□撰　清抄本　四冊

110000－0102－0027256　己/195　集部/曲類/曲別集/承應戲

平安如意　（清）張照等作　清抄本　一冊

110000－0102－0027257　己/196　集部/曲類/曲別集/承應戲

慶昌期吉曜承歡　（清）張照等作　清抄本　一冊

110000－0102－0027258　己/197　集部/曲類/曲別集/承應戲

慈雲錫類　吉曜充庭　（□）□□撰　清同治十二年（1873）抄本　一冊

110000－0102－0027259　己/198　集部/曲類/曲別集/承應戲

慈雲錫類　吉曜充庭　（清）張照等作　清抄本　一冊

110000－0102－0027260　己/199　集部/曲類/曲別集/承應戲

慈雲錫類　吉曜充庭　（□）□□撰　清抄本　一冊

110000－0102－0027261　己/200　集部/曲類/曲別集/承應戲

大士顯靈　群仙呈技　（清）張照等作　清同治十二年（1873）抄本　一冊

110000－0102－0027262　己/201　集部/曲類/曲別集/承應戲

大士顯靈　群仙呈技　（□）□□撰　清抄本　一冊

110000－0102－0027263　己/202　集部/曲類/曲別集/承應戲

大士顯靈　群仙呈技　（□）□□撰　清抄本　一冊

110000－0102－0027264　己/203　集部/曲類/曲別集/承應戲

山川鍾秀　福壽呈祥　（清）張照等作　清同治十二年（1873）抄本　一冊

110000－0102－0027265　己/204　集部/曲類/曲別集/承應戲

山川鍾秀　福壽呈祥　（□）□□撰　清抄本　一冊

110000－0102－0027266　己/205　集部/曲類/曲別集/承應戲

五福五代　（□）□□撰　清抄本　一冊

110000－0102－0027267　己/206　集部/曲類/曲別集/承應戲

膺受多福　萬福攸同　（清）張照等作　清抄本　一冊

110000－0102－0027268　己/208　集部/曲類/曲別集/承應戲

福壽雙喜　（清）張照等作　清抄本　一冊

110000－0102－0027269　己/209　集部/曲類/曲別集/承應戲

北闕光明　河清海宴　（清）張照等作　清抄本　一冊

110000－0102－0027270　己/210　集部/曲類/曲別集/承應戲

天官賜福　（□）□□撰　清抄本　一冊

110000－0102－0027271　己/211　集部/曲類/曲別集/承應戲

追敍綿山　高懷沂水　（清）張照等作　清抄本　一冊

110000－0102－0027272　己/212　集部/戲曲類

舊抄皮黃總本九種　（□）□□撰　清抄本　一冊

110000－0102－0027273　己/213　集部/曲類/曲別集/承應戲

星雲景慶　（□）□□撰　清抄本　一冊

110000－0102－0027274　己/214　集部/曲類/曲別集/承應戲

添籌稱慶　（□）□□撰　清抄本　一冊

110000－0102－0027275　己/215　集部/曲類/曲別集/承應戲

福壽延年二出　（□）□□撰　清抄本　一冊

110000－0102－0027276　己/216　集部/曲類/曲別集/承應戲

祥芝應瑞四出　（□）□□撰　清抄本

110000－0102－0027277　己/217　集部/曲類/曲別集/承應戲

喜洽祥和　（□）□□撰　清抄本　一冊

110000－0102－0027278　己/218　集部/曲類/曲別集/承應戲

佛旨度魔二出五場　（□）□□撰　清抄本　一冊

110000－0102－0027279　己/219－1　集部/曲類/曲別集/承應戲

萬花獻瑞　（□）□□撰　清抄本　一冊

110000－0102－0027280　己/219－2　集部/曲類/曲別集/承應戲

萬花獻瑞　（□）□□撰　清抄本　一冊

110000－0102－0027281　己/220　集部/曲類/曲別集/承應戲

迎年獻歲　（□）□□撰　清抄本　一冊　存有殘頁

110000－0102－0027282　己/221　集部/曲類/曲別集/承應戲

瀛州佳話　彩線添衣　（□）□□撰　清抄本　一冊

110000－0102－0027283　己/222　集部/曲類/曲別集/承應戲

椒柏屠蘇　（□）□□撰　清抄本　存有殘頁

110000－0102－0027284　己/223　集部/曲類/曲別集/承應戲

如願迎新　（□）□□撰　清道光二年（1822）抄本　一冊

110000－0102－0027285　己/252　集部/曲類/曲別集/承應戲

賈島祭詩　（清）［□□］撰　清末抄本　一冊

110000 – 0102 – 0027286　己/253　集部/曲
類/曲別集/承應戲

長生祝壽　（清）[□□]撰　清末抄本　一冊

110000 – 0102 – 0027287　己/254　集部/曲
類/曲別集/承應戲

福祿壽燈　壽祝萬年　（□）□□撰　清抄本
　　一冊

110000 – 0102 – 0027288　己/255　集部/曲
類/曲別集/承應戲

萬福雲集三出　（□）□□撰　清抄本　一冊
　　存一出(中)

110000 – 0102 – 0027289　己/256　集部/曲
類/曲別集/承應戲

東皇布令　斂福錫民　（□）□□撰　清抄本
　　一冊

110000 – 0102 – 0027290　己/257　集部/曲
類/曲別集/承應戲

紫姑占福　（□）□□撰　清抄本　一冊

110000 – 0102 – 0027291　己/258　集部/曲
類/曲別集/承應戲

景星協慶　燈月交輝　（□）□□撰　清抄本
　　一冊

110000 – 0102 – 0027292　己/259　集部/曲
類/曲別集/承應戲

喜朝五位　歲發四時　（□）□□撰　清抄本
　　一冊

110000 – 0102 – 0027293　己/260　集部/曲
類/曲別集/承應戲

昇平集慶　（□）□□撰　清抄本　一冊

110000 – 0102 – 0027294　己/261　集部/曲
類/曲別集/承應戲

萬花獻瑞　（□）□□撰　清抄本　一冊

110000 – 0102 – 0027295　己/262　集部/曲
類/曲別集/承應戲

萬年長春富貴燈　（□）□□撰　清抄本
一冊

110000 – 0102 – 0027296　己/263　集部/曲
類/曲別集/承應戲

萬年如意燈　（□）□□撰　清咸豐八年
(1858)抄本　一冊

110000 – 0102 – 0027297　己/264　集部/曲
類/曲別集/承應戲/總本

日月合璧　（□）□□撰　清抄本　一冊

110000 – 0102 – 0027298　己/265　集部/曲
類/曲別集/承應戲/鼓板

日月合璧　（□）□□撰　清抄本　一冊

110000 – 0102 – 0027299　己/266　集部/曲
類/曲別集/承應戲/鼓板

一門五福　（□）□□撰　清抄本　一冊

110000 – 0102 – 0027300　己/267　集部/曲
類/曲別集/承應戲/鼓板

虞庭集福十出　（□）□□撰　清抄本　一冊

110000 – 0102 – 0027301　己/268　集部/曲
類/曲別集/承應戲

天官賜福　（□）□□撰　清抄本　一冊

110000 – 0102 – 0027302　己/269　集部/曲
類/曲別集/承應戲/鼓板

萬年甲子　（□）□□撰　清抄本　一冊

110000 – 0102 – 0027303　己/270　集部/曲
類/曲別集/承應戲

祝福呈祥　（□）□□撰　清抄本　一冊

110000 – 0102 – 0027304　己/271　集部/曲
類/曲別集/承應戲/總本

百福駢臻　（□）□□撰　清抄本　一冊

110000 – 0102 – 0027305　己/272　集部/曲
類/曲譜

渡江　（□）□□撰　清抄本　一冊　存有
殘頁

110000 – 0102 – 0027306　己/273　集部/曲
類/曲別集/承應戲

如願迎新　（□）□□撰　清抄本　一冊

110000 – 0102 – 0027307　己/274　集部/曲
類/曲別集/承應戲

萬年如意燈　（□）□□撰　清抄本　一冊

110000－0102－0027308 己/275 集部/曲類/曲別集/承應戲

膺受多福 （□）□□撰 清光緒四年(1878)抄本 一冊

110000－0102－0027309 己/276 集部/曲類/曲別集/承應戲

慈容衍慶 蝠獻瓶開 （□）□□撰 清抄本 一冊

110000－0102－0027310 己/277 集部/曲類/曲別集/承應戲

太和報最 司命錫禧 （□）□□撰 清抄本 一冊

110000－0102－0027311 己/278 集部/曲類/曲別集/承應戲

四海昇平 （□）□□撰 清咸豐十一年(1861)抄本 一冊

110000－0102－0027312 己/279 集部/曲類/曲別集/承應戲

清平見喜 和合呈祥 （□）□□撰 清抄本 一冊

110000－0102－0027313 己/280 集部/曲類/曲別集/承應戲

景星協慶 燈月交輝 （□）□□撰 清抄本 一冊

110000－0102－0027314 己/281 集部/曲類/曲別集/承應戲

福祿壽燈 壽祝萬年 （□）□□撰 清抄本 一冊

110000－0102－0027315 己/282 集部/曲類/曲別集/承應戲

太和報最 司命錫禧 （□）□□撰 清抄本 一冊

110000－0102－0027316 己/283 集部/曲類/曲別集/承應戲

御苑獻瑞 （□）□□撰 清抄本 一冊

110000－0102－0027317 己/284 集部/曲類/曲別集/承應戲

司命錫禧 （□）□□撰 清抄本 一冊

110000－0102－0027318 己/285 集部/曲類/曲別集/承應戲

萬年如意燈 （□）□□撰 清抄本 一冊

110000－0102－0027319 己/286 集部/曲類/曲別集/承應戲

萬花向榮 （□）□□撰 清抄本 一冊

110000－0102－0027320 己/287 集部/曲類/曲別集/承應戲

太和報最 （□）□□撰 清抄本 一冊

110000－0102－0027321 己/288 集部/曲類/曲別集/承應戲

德門歡燕 （□）□□撰 清抄本 一冊

110000－0102－0027322 己/289 集部/曲類/曲別集/承應戲

早春朝賀 對雪題詩 （□）□□撰 清抄本 一冊

110000－0102－0027323 己/290 集部/曲類/曲別集/承應戲

佛旨度魔 （□）□□撰 清抄本 一冊 存有殘頁

110000－0102－0027324 己/291 集部/曲類/曲別集/承應戲

佛旨度魔 魔王答佛 （□）□□撰 清抄本 一冊 存有殘頁

110000－0102－0027325 己/292 集部/曲類/曲別集/承應戲

千春燕喜 百花獻壽 （□）□□撰 清抄本 一冊

110000－0102－0027326 己/293 集部/曲類/曲別集/承應戲

賈島祭詩 （□）□□撰 清抄本 一冊 存有殘頁

110000－0102－0027327 己/294 集部/曲類/曲別集/承應戲

名人墨寶二出 （□）□□撰 清嘉慶二十三年(1818)抄本 一冊

110000－0102－0027328　己/295　集部/曲類/曲別集/承應戲

慶綿延螽斯麟趾　(清)張照等作　清抄本　一冊

110000－0102－0027329　己/296　集部/曲類/曲別集/承應戲

羅漢過海　(清)張照等作　清抄本　一冊

110000－0102－0027330　己/297　集部/曲類/曲別集/承應戲

承乾介壽六出　(清)張照等作　清抄本　一冊

110000－0102－0027331　己/300　集部/曲類/曲別集/傳奇

後緹縈南曲十出　(清)汪宗沂填曲　(清)夏嘉穀評點　清光緒十一年(1885)泰州夏嘉穀刻本　劉貴曾序　陳作霖等人題辭　袁錦跋　一冊

110000－0102－0027332　己/301　集部/曲類/曲別集/傳奇

驪山傳八出梓潼傳　(清)俞樾撰　清光緒夏嘉穀刻本　一冊

110000－0102－0027333　己/302　集部/曲類/曲別集/傳奇

桃溪雪二卷二十出　(清)吳廷康采輯　(清)黃燮清填詞　清咸豐二年(1852)雲鶴仙館刻本　一冊　存一卷(下)

110000－0102－0027334　己/303　集部/戲曲類

孟良搬兵八出廷讓起兵八出　(□)□□撰　清末刻本　三冊

110000－0102－0027335　(己)/304　集部/曲類/曲別集/傳奇

鐵旗陣三十九段二百四十六出　(清)□□撰　清中期京師南府抄本　十二冊　缺第十一、十二段串關。

110000－0102－0027336　(己)/305　集部/曲類/曲別集/傳奇

通天犀四出　(清)□□撰　清中期京師南府抄本　一冊

110000－0102－0027337　(己)/306　集部/曲類/曲別集/承應戲

末段犀鏡圓八出　(清)□□撰　清中期京師南府抄本　一冊

110000－0102－0027338　(己)/307　集部/曲類/曲別集/承應戲

鬧花燈八出　(清)□□撰　清中期京師南府抄本　一冊

110000－0102－0027339　(己)/308　集部/曲類/曲別集/傳奇

四段下南唐八出　(清)□□撰　清中期京師南府抄本　一冊

110000－0102－0027340　己/309　集部/曲類/曲別集/承應戲

登壇拜印八出　(□)□□撰　清抄本　一冊

110000－0102－0027341　(己)/310　集部/曲類/曲別集/承應戲

盤龍嶺四出　(清)□□撰　清中期京師南府抄本　一冊

110000－0102－0027342　己/311　集部/曲類/曲別集/承應戲

梅花簪二十四出　(□)□□撰　清抄本　一冊　存十七至二十四出提綱

110000－0102－0027343　己/312　集部/曲類/曲別集/承應戲

梅花簪二十四出　(□)□□撰　清抄本　一冊　存十六出(九至二十四)

110000－0102－0027344　己/313　集部/曲類/曲別集/承應戲

梅花簪二十四出　(□)□□撰　清抄本　一冊　存十六出(九至二十四)

110000－0102－0027345　己/314　集部/曲類/曲別集/承應戲

天香慶節四卷　(□)□□撰　清抄本　四冊

110000－0102－0027346　己/315　集部/曲類/曲別集/傳奇

玉鴛鴦八出末段八出　（□）□□撰　清抄本
　二冊

110000－0102－0027347　己/316　集部/曲
類/曲別集/傳奇
昇平寶筏三十二出　（□）□□撰　清抄本
有吳曉鈴評語及與西湖傳奇的對照　一冊
存殘本

110000－0102－0027348　己/317　集部/曲
類/曲別集/傳奇
昇平寶筏三十二出　（□）□□撰　清抄本
有吳曉鈴評語及與西湖傳奇的對照　二冊
存殘本

110000－0102－0027349　己/318　集部/曲
類/曲別集/傳奇
金盒春秋八出　（□）□□撰　清抄本　一冊

110000－0102－0027350　己/319　集部/曲
類/曲別集/傳奇
平齡傳三段八出末段八出　（□）□□撰　清
抄本　二冊

110000－0102－0027351　己/320　集部/曲
類/曲別集/傳奇
明傳八本六十四出　（□）□□撰　清抄本
八冊

110000－0102－0027352　己/321　集部/曲
類/曲別集/傳奇
明準飛燕四本三十二出　（□）□□撰　清抄
本　四冊

110000－0102－0027353　己/322　集部/總
集類/詩/斷代/清
紀貞詩存一卷　（清）楊兆李等撰　清光緒十
八年(1892)益清堂楊氏刻本　一冊

110000－0102－0027354　己/323　集部/曲
類/曲別集/傳奇
玉獅記八出　（□）□□撰　清抄本　一冊

110000－0102－0027355　己/324　集部/曲
類/曲別集/傳奇
金貂記八出　（□）□□撰　清抄本　一冊

110000－0102－0027356　己/325　集部/曲
類/曲別集/傳奇
通仙枕十段八出　（□）□□撰　清抄本
一冊

110000－0102－0027357　己/326　集部/曲
類/曲別集/傳奇
通仙枕十一段八出　（□）□□撰　清抄本
一冊

110000－0102－0027358　己/327　集部/曲
類/曲別集/傳奇
三段無瑕璧串關八出　（□）□□撰　清抄本
　一冊

110000－0102－0027359　己/328　集部/曲
類/曲別集/傳奇
五段無瑕璧題綱　（□）□□撰　清抄本
一冊

110000－0102－0027360　己/329　集部/曲
類/曲別集/傳奇
屬中樓題綱　（□）□□撰　清抄本　一冊

110000－0102－0027361　己/330　集部/曲
類/曲別集/傳奇
屬中樓三卷三十出　（清）李漁撰　清抄本
一冊　存十八出(九至二十六)

110000－0102－0027362　己/331　集部/曲
類/曲別集/傳奇
瑤臺總本　（□）□□撰　清抄本　一冊

110000－0102－0027363　己/332　集部/曲
類/曲別集/傳奇
遊湖借傘總本　（□）□□撰　清抄本　一冊

110000－0102－0027364　己/333　集部/曲
類/曲別集/傳奇
頭本天香慶節　（□）□□撰　清抄本　一冊

110000－0102－0027365　己/334　集部/曲
類/曲別集/傳奇
十面　（□）□□撰　清抄本　一冊

110000－0102－0027366　己/335　集部/曲
類/曲別集/傳奇

入享來王　（□）□□撰　清抄本　一冊　存殘本

110000－0102－0027367　己/336　集部/曲類/曲選/其它

妙華葉算　（□）□□撰　清抄本　一冊

110000－0102－0027368　己/338　集部/曲類/曲選/通代

新刻出像點板時尚崑腔雜出醉怡情　（清）菰蘆釣叟點次　清古吳致和堂刻本　八冊

110000－0102－0027369　（己）/339　集部/曲類/曲別集/傳奇

運甓記二卷四十出　（明）吾丘端撰　明末常熟毛氏汲古閣刻六十種曲本　昌群題跋　二冊

110000－0102－0027370　（己）/340　集部/曲類/曲別集/傳奇

運甓記二卷四十出　（明）吾丘端撰　明末常熟毛氏汲古閣刻六十種曲本　一冊　存一卷（下）

110000－0102－0027371　（己）/341　集部/曲類/曲別集/傳奇

懷香記二卷四十出　（明）陸采撰　明末常熟毛氏汲古閣刻六十種曲本　一冊　存一卷（上）

110000－0102－0027372　（己）/342　集部/曲類/曲別集/傳奇

懷香記二卷四十出　（明）陸采撰　明末常熟毛氏汲古閣刻六十種曲本　封面手書"蔡如英"　二冊

110000－0102－0027373　（己）/343　集部/曲類/曲別集/傳奇

玉鏡臺記二卷四十出　（明）朱鼎撰　明末常熟毛氏汲古閣刻六十種曲本　二冊

110000－0102－0027374　（己）/344　集部/曲類/曲別集/傳奇

玉鏡臺記二卷四十出　（明）朱鼎撰　明末常熟毛氏汲古閣刻六十種曲本　封面手書"蔡如英"　二冊

110000－0102－0027375　（己）/345　集部/曲類/曲別集/傳奇

琴心記二卷四十出　（明）孫柚撰　明末常熟毛氏汲古閣刻六十種曲本　一冊　存一卷（上）

110000－0102－0027376　（己）/346　集部/曲類/曲別集/傳奇

琴心記二卷四十出　（明）孫柚撰　明末常熟毛氏汲古閣刻六十種曲本　二冊

110000－0102－0027377　（己）/347　集部/曲類/曲別集/傳奇

琴心記二卷四十出　（明）孫柚撰　明末常熟毛氏汲古閣刻六十種曲本　二冊

110000－0102－0027378　（己）/348　集部/曲類/曲別集/傳奇

春蕪記二卷二十九出　（明）汪錂撰　明末常熟毛氏汲古閣刻六十種曲本　一冊　存一卷（下）

110000－0102－0027379　（己）/349　集部/曲類/曲別集/雜劇

西廂記二卷四十出　（元）王實甫撰　明末常熟毛氏汲古閣刻六十種曲本　一冊　存一卷（上）

110000－0102－0027380　（己）/350　集部/曲類/曲別集/傳奇

南柯記二卷四十四出　（明）湯顯祖撰　明末常熟毛氏汲古閣刻六十種曲本　二冊

110000－0102－0027381　（己）/351　集部/曲類/曲別集/傳奇

邯鄲記二卷三十二出　（明）湯顯祖撰　明末常熟毛氏汲古閣刻六十種曲本　一冊　存一卷(上)

110000－0102－0027382　（己）/352　集部/曲類/曲別集/傳奇

紫釵記二卷五十三出　（明）湯顯祖撰　明末常熟毛氏汲古閣刻六十種曲本　一冊　存一卷（上）

110000－0102－0027383　（己）/353　集部/

曲類/曲別集/傳奇

紫釵記二卷五十三出 （明）湯顯祖撰　明末
常熟毛氏汲古閣刻六十種曲本　二冊

110000 – 0102 – 0027384　（己）/354　集部/
曲類/曲別集/傳奇

還魂記二卷四十三出 （明）湯顯祖撰　（明）
碩園刪定　明末常熟毛氏汲古閣刻六十種曲
本　四冊

110000 – 0102 – 0027385　（己）/355　集部/
曲類/曲別集/傳奇

玉簪記二卷三十一齣 （□）□□撰　明末常
熟毛氏汲古閣刻本　一冊　存一卷（下）

110000 – 0102 – 0027386　（己）/356　集部/
曲類/曲別集/傳奇

玉簪記二卷三十一出 （明）高濂撰　明末常
熟毛氏汲古閣刻本　一冊

110000 – 0102 – 0027387　（己）/357　集部/
曲類/曲別集/傳奇

玉合記二卷四十出 （明）梅鼎祚撰　明末常
熟毛氏汲古閣刻六十種曲本　封面手書"蔡
如英"　二冊

110000 – 0102 – 0027388　（己）/358　集部/
曲類/曲別集/傳奇

明珠記二卷四十三出 （明）陸采撰　明末常
熟毛氏汲古閣刻六十種曲本　二冊

110000 – 0102 – 0027389　（己）/359　集部/
曲類/曲別集/傳奇

八義記二卷四十一出 （明）徐元撰　明末常
熟毛氏汲古閣刻六十種曲本　二冊

110000 – 0102 – 0027390　（己）/360　集部/
曲類/曲別集/傳奇

八義記二卷四十一出 （明）徐元撰　明末常
熟毛氏汲古閣刻六十種曲本　二冊

110000 – 0102 – 0027391　（己）/361　集部/
曲類/曲別集/傳奇

鳴鳳記二卷四十一出 （明）王世貞撰　明末
常熟毛氏汲古閣刻六十種曲本　二冊

110000 – 0102 – 0027392　（己）/362　集部/
曲類/曲別集/傳奇

精忠記二卷三十五出 （明）姚茂良撰　明末
常熟毛氏汲古閣刻六十種曲本　一冊　存一
卷（上）

110000 – 0102 – 0027393　（己）/363　集部/
曲類/曲別集/傳奇

尋親記二卷三十五出 （明）□□撰　明末常
熟毛氏汲古閣刻六十種曲本　一冊　缺一卷
（上）

110000 – 0102 – 0027394　（己）/364　集部/
曲類/曲別集/傳奇

荊釵記二卷四十八出 （明）朱權撰　明末常
熟毛氏汲古閣刻六十種曲本　二冊

110000 – 0102 – 0027395　（己）/365　集部/
曲類/曲別集/傳奇

還魂記二卷四十三出 （明）湯顯祖撰　（明）
碩園刪定　明末常熟毛氏汲古閣刻六十種曲
本　二冊

110000 – 0102 – 0027396　（己）/366　集部/
曲類/曲別集/傳奇

錦箋記二卷四十四出 （明）周履靖撰　明末
常熟毛氏汲古閣刻六十種曲本　二冊

110000 – 0102 – 0027397　（己）/367　集部/
曲類/曲別集/傳奇

贈書記二卷三十二出 （明）□□撰　明末常
熟毛氏汲古閣刻六十種曲本　一冊　缺一卷
（下）

110000 – 0102 – 0027398　（己）/368　集部/
曲類/曲別集/傳奇

玉環記二卷三十二出 （明）□□撰　明末常
熟汲古閣刻六十種曲本　一冊　存一卷（下）

110000 – 0102 – 0027399　（己）/369　集部/
曲類/曲別集/傳奇

玉環記二卷三十四出 （明）□□撰　明末常
熟汲古閣刻六十種曲本　二冊

110000 – 0102 – 0027400　（己）/370　集部/
曲類/曲別集/傳奇

玉環記二卷三十四出　（明）□□撰　明末常熟汲古閣刻六十種曲本　二冊

110000－0102－0027401　（己）/371　集部/曲類/曲別集/傳奇

投梭記二卷三十出　（明）徐復祚撰　明末常熟毛氏汲古閣刻六十種曲本　一冊　缺一卷（下）

110000－0102－0027402　（己）/372　集部/曲類/曲別集/傳奇

投梭記二卷三十出　（明）徐復祚撰　明末常熟毛氏汲古閣刻六十種曲本　二冊

110000－0102－0027403　（己）/373　集部/曲類/曲別集/傳奇

西樓記二卷四十出　（明）袁于令撰　明末常熟汲古閣刻六十種曲本　二冊

110000－0102－0027404　（己）/374　集部/曲類/曲別集/傳奇

西樓記二卷四十出　（明）袁于令撰　明末常熟汲古閣刻六十種曲本　二冊

110000－0102－0027405　（己）/375　集部/曲類/曲別集/傳奇

四喜記二卷四十二出　（明）謝讜撰　明末常熟毛氏汲古閣刻六十種曲本　書皮手書"蔡如英"　二冊

110000－0102－0027406　己/376　集部/曲類

暖紅室校刻曲劇資料叢輯　（□）□□撰　清末稿本　一冊

110000－0102－0027407　（己）/377　集部/曲類/曲別集/傳奇

玉合記二卷四十出　（明）梅鼎祚撰　明末常熟毛氏汲古閣刻六十種曲本　二冊

110000－0102－0027408　（己）/378　集部/曲類/曲別集/傳奇

鸞鎞記二卷三十出　（明）葉憲祖撰　明末常熟毛氏汲古閣刻六十種曲本　一冊　缺一卷（下）

110000－0102－0027409　（己）/379　集部/曲類/曲別集/傳奇

四賢記二卷三十八出　（明）□□撰　明末常熟毛氏汲古閣刻六十種曲本　二冊

110000－0102－0027410　（己）/380　集部/曲類/曲別集/傳奇

雙珠記二卷四十六出　（明）沈鯨撰　明末常熟毛氏汲古閣刻六十種曲本　一冊　缺一卷（下）

110000－0102－0027411　（己）/381　集部/曲類/曲別集/傳奇

雙珠記二卷四十六出　（明）沈鯨撰　明末常熟毛氏汲古閣刻六十種曲本　二冊

110000－0102－0027412　（己）/382　集部/曲類/曲別集/傳奇

節俠記二卷三十一出　（明）□□撰　（明）許自昌改訂　明末常熟毛氏汲古閣刻六十種曲本　二冊

110000－0102－0027413　（己）/383　集部/曲類/曲別集/傳奇

東郭記二卷四十四出　（明）孫鍾齡撰　明末常熟毛氏汲古閣刻六十種曲本　二冊

110000－0102－0027414　（己）/384　集部/曲類/曲別集/傳奇

飛丸記二卷三十二出　（明）□□撰　明末常熟汲古閣刻六十種曲本　二冊

110000－0102－0027415　（己）/385　集部/曲類/曲別集/傳奇

飛丸記二卷三十二出　（明）□□撰　明末常熟汲古閣刻六十種曲本　二冊

110000－0102－0027416　（己）/386　集部/曲類/曲別集/傳奇

龍膏記二卷三十出　（明）楊珽撰　明末常熟毛氏汲古閣刻六十種曲本　二冊

110000－0102－0027417　（己）/387　集部/曲類/曲別集/傳奇

龍膏記二卷三十出　（明）楊珽撰　明末常熟毛氏汲古閣刻六十種曲本　二冊

110000－0102－0027418　（己）/388　集部/曲類/曲別集/傳奇

曇花記二卷五十五出　（明）屠隆撰　明末常熟毛氏汲古閣刻六十種曲本　二冊

110000－0102－0027419　（己）/389　集部/曲類/曲別集/傳奇

殺狗記二卷三十六出　（明）徐畛撰　（明）馮夢龍訂定　明末常熟毛氏汲古閣刻六十種曲本　二冊

110000－0102－0027420　（己）/390　集部/曲類/曲別集/傳奇

白兔記二卷三十二出　（明）□□撰　明末常熟汲古閣刻六十種曲本　二冊

110000－0102－0027421　（己）/391　集部/曲類/曲別集/傳奇

獅吼記二卷三十出　（明）汪廷訥撰　明末常熟毛氏汲古閣刻六十種曲本　二冊

110000－0102－0027422　（己）/392　集部/曲類/曲別集/傳奇

水滸記二卷三十二出　（明）許自昌撰　明末常熟毛氏汲古閣刻六十種曲本　一冊　缺一卷(上)

110000－0102－0027423　（己）/393　集部/曲類/曲別集/傳奇

紫簫記二卷三十四出　（明）湯顯祖撰　明末常熟毛氏汲古閣刻六十種曲本　二冊

110000－0102－0027424　（己）/394　集部/曲類/曲別集/傳奇

還魂記二卷四十三出　（明）湯顯祖撰　（明）碩園刪定　明末常熟毛氏汲古閣刻六十種曲本　二冊

110000－0102－0027425　（己）/395　集部/曲類/曲別集/傳奇

錦箋記二卷四十出　（明）周履靖撰　明末常熟毛氏汲古閣刻六十種曲本　二冊

110000－0102－0027426　（己）/396　集部/曲類/曲別集/傳奇

繡襦記二卷四十出　（明）徐霖撰　明末常熟毛氏汲古閣刻六十種曲本　二冊

110000－0102－0027427　（己）/397　集部/曲類/曲別集/傳奇

金蓮記二卷三十六出　（明）陳汝元撰　明末常熟毛氏汲古閣刻六十種曲本　二冊

110000－0102－0027428　（己）/398　集部/曲類/曲別集/傳奇

飛丸記二卷三十二出　（明）□□撰　明末常熟汲古閣刻六十種曲本　四冊

110000－0102－0027429　己/399　集部/曲類/曲別集/傳奇

鴛鴦樓總綱十出　（□）□□撰　清道光二十年(1840)抄本　一冊

110000－0102－0027430　己/400　集部/俗文學類

謗可笑一出　（清）二凌居士著　清抄本　一冊

110000－0102－0027431　（己）/401　集部/俗文學類/子弟書

俞伯牙摔琴謝知音子弟書六回附庸行編慎交格言　（清）王錦雯評　清嘉慶二十年(1815)稿本　一冊

110000－0102－0027432　己/402　集部/曲類/曲選/通代

綴白裘十二集四十八卷　（清）玩月主人編　（清）錢德蒼增編　清共賞社刻本　二十四冊

110000－0102－0027433　己/403　集部/曲類/曲別集/傳奇

雙旌忠節記二卷三十二出首一出續一出　(清)陳學震填詞　（清）高承慶正譜　清同治抄本　一冊

110000－0102－0027434　己/404　集部/曲類/曲別集/傳奇

歲星記傳奇二卷二十四出　（清）畫舫中人撰　清刻本　一冊　缺一卷(下)

110000－0102－0027435　己/405　集部/曲類/曲譜、曲韻

禱河冰譜十二出　（清）羅小隱填詞　（清）汪少海正拍　清道光刻本　一冊

110000－0102－0027436　己/406　集部/曲類/曲譜、曲韻

雙忠廟傳奇二卷二十九出　（清）可笑人填詞　清刻本　一冊

110000－0102－0027437　己/407　集部/曲類/曲譜、曲韻

江花夢二卷二十八出　（清）雷岸居士填詞　（清）蓬蓬道人校訂　清刻本　二冊

110000－0102－0027438　己/408　子部/雜家類/雜纂

畜艾編一卷　（明）瞿九思著　清末民國抄本　一冊

110000－0102－0027439　己/409　子部/雜家類/雜纂

佛鎛一卷　（明）瞿九思著　清末民國抄本　一冊

110000－0102－0027440　己/410　子部/雜家類/雜纂

實用編一卷　（明）瞿九思著　清末民國抄本　一冊

110000－0102－0027441　己/411　子部/天文地理類/曆法

曆正一卷　（明）瞿九思正　（明）瞿九敍　（明）邢士襄推　清末民國抄本　一冊

110000－0102－0027442　己/412　史部/政書類/文牘檔冊

徵聘本末二卷　（明）瞿阜　（明）瞿罕輯　清末民國抄本　一冊

110000－0102－0027443　己/413　史部/政書類/儀制

土俗章程三卷　（明）瞿九思著　清末民國抄本　一冊

110000－0102－0027444　己/414　史部/傳記類/志錄

幽贊錄一卷　（明）瞿九思著　清末民國

抄本　一冊

110000－0102－0027445　己/415　經部/樂類/律呂

樂經以俟錄二卷　（明）瞿九思著　清末民國抄本　一冊

110000－0102－0027446　己/416　經部/樂類/律呂

樂經以俟錄二卷　（明）瞿九思著　清抄本　一冊

110000－0102－0027447　己/417　集部/曲類/曲譜、曲韻

霓裳羽衣十首　（□）□□撰　清同治三年（1864）抄本　一冊

110000－0102－0027448　己/418　集部/曲類/曲譜、曲韻

霓裳羽衣曲全譜一卷　（清）鄧小廷編訂　清光緒三年（1877）稿本　一冊

110000－0102－0027449　己/419　集部/曲類/曲譜、曲韻

十八蕃笛譜一卷　（清）田氏學采　清光緒六年（1880）稿本　一冊

110000－0102－0027450　己/420　集部/曲類/曲譜、曲韻

一串珠鼓譜　（□）□□撰　清抄本　一冊

110000－0102－0027451　己/421　集部/曲類/曲譜、曲韻

鐵籠山　（□）□□撰　清抄本　一冊

110000－0102－0027452　己/422　集部/曲類/曲譜、曲韻

太平元夜鑼鼓　（□）□□撰　清抄本　一冊

110000－0102－0027453　己/426　集部/曲類/曲譜、曲韻

大十番星湯譜　（清）張仲仁著　清光緒元年（1875）胡仰僑抄本　一冊

110000－0102－0027454　己/427　集部/曲類/曲譜、曲韻

萬花燈鑼鼓譜　（清）笑山氏著　清道光二十

一年(1841)胡輔周抄本　俞平伯跋　一冊

110000－0102－0027455　己/428　集部/曲類/曲譜、曲韻

清音鑼鼓十番　(□)□□撰　清抄本　一冊

110000－0102－0027456　己/430　集部/曲類/曲譜、曲韻

青塚記大紅袍了夢工尺字韻譜　(□)□□撰　清抄本　一冊

110000－0102－0027457　己/431　集部/曲類/曲譜

哭長城大字工尺譜　(□)□□撰　清抄本　一冊

110000－0102－0027458　己/432　集部/曲類/曲譜

送客大字工尺譜趕車　(□)□□撰　清抄本　一冊

110000－0102－0027459　己/433　集部/曲類/曲譜

欽定各郊壇廟樂章　(清)張樂盛輯　清抄本　一冊

110000－0102－0027460　己/434　集部/曲類/曲譜、曲韻

松竹梅　(□)□□撰　清光緒十四年(1888)胡仰僑抄本　一冊

110000－0102－0027461　己/436　集部/曲類/曲譜、曲韻

胡(月)琴工尺字　代雜牌子　(□)□□撰　清抄本　一冊

110000－0102－0027462　己/437　集部/曲類/曲譜

俗曲譜　(□)□□撰　清抄本　一冊

110000－0102－0027463　己/439　集部/曲類/曲譜

欽定各郊壇廟樂章　(清)張樂盛輯　清光緒十二年(1886)重刻本　一冊

110000－0102－0027464　己/441　集部/曲類/曲譜、曲韻

重訂擬瑟譜　(明)邵嗣堯訂　(清)段仔文(清)張懋賞同編　清光緒七年(1881)李瀚章稿本　吳曉鈴題跋　一冊

110000－0102－0027465　己/442　集部/曲類/曲別集/傳奇

石榴記傳奇四卷三十二出　(清)黃振填詞　清嘉慶四年(1799)擁書樓刻本　五冊

110000－0102－0027466　(己)/443　集部/曲類/曲別集/傳奇/清

魚水緣傳奇二卷三十二出　(清)澹廬居士填詞　(清)竹軒主人評點　清乾隆二十六年(1761)博文堂刻本　二冊

110000－0102－0027467　(己)/444　子部/宗教類/道教

太極靈寶祭煉科儀二卷　(清)婁近垣增訂　清乾隆三十二年(1767)北京和親王弘晝刻朱墨套印本　二冊

110000－0102－0027468　己/447　集部/曲類/曲譜

增訂吹彈歌調全譜　(□)□□撰　清抄本　一冊

110000－0102－0027469　(己)/448　集部/俗文學類/子弟書

百本張子弟書二十八種　(清)納哈塔氏輯　清光緒二十六年(1900)北京百本張抄本　六冊

110000－0102－0027470　己/449　子部/宗教類/道教/其它

玉音法事　(□)□□撰　清光緒三十年(1904)北京妙緣觀大光明殿內副住持弟子劉巨銑抄本　一冊

110000－0102－0027471　己/450　集部/曲類/曲譜、曲韻

吹彈笛樂詞譜四十八首　(□)□□撰　清抄本　一冊

110000－0102－0027472　己/455　集部/曲類/曲譜

潯陽譜　(清)戚學禮輯　清光緒十三年

(1887)抄本　一冊

110000－0102－0027473　己/457　集部/俗
文學類/子弟書

鳳儀亭子弟書　（□）□□撰　清末北京百本
張抄本　二冊

110000－0102－0027474　己/458　集部/俗
文學類/子弟書

聞鈴子弟書二回　（□）□□撰　清末北京百
本張抄本　二冊

110000－0102－0027475　己/459　史部/目
錄類/著錄/刊行書目

子弟書目錄　（清）百本張編　清末北京百本
張抄本　一冊

110000－0102－0027476　己/460　集部/俗
文學類/子弟書

集錦書目子弟書　（□）□□撰　清末北京百
本張抄本　一冊

110000－0102－0027477　己/461　集部/俗
文學類/子弟書

意中緣子弟書　（□）□□撰　清末北京百本
張抄本　三冊

110000－0102－0027478　己/462　集部/俗
文學類/子弟書

葡萄架子弟書　（□）□□撰　清末北京百本
張抄本　一冊

110000－0102－0027479　己/463　集部/俗
文學類/子弟書

漁家樂子弟書　（□）□□撰　清末抄本
一冊

110000－0102－0027480　己/464　集部/俗
文學類/子弟書

祿壽堂子弟書　（□）□□撰　清末北京百本
張抄本　一冊

110000－0102－0027481　己/466　集部/俗
文學類/子弟書

晴雯撕扇子弟書　（□）□□撰　清末北京百
本張抄本　一冊

110000－0102－0027482　己/467　集部/俗
文學類/子弟書

一入榮府子弟書　（□）□□撰　清末北京百
本張抄本　四冊

110000－0102－0027483　己/468　集部/俗
文學類/子弟書

巧姻緣子弟書二回　（□）□□撰　清末民國
聚卷堂李抄本　一冊

110000－0102－0027484　己/469　集部/俗
文學類/子弟書

出塔子弟書二回　（□）□□撰　清末抄本
一冊

110000－0102－0027485　己/470　集部/俗
文學類/子弟書

白帝城子弟書一回　（□）□□撰　清末民國
聚卷堂李抄本　一冊

110000－0102－0027486　己/471　集部/俗
文學類/子弟書

三皇會　（□）□□撰　清抄本　一冊

110000－0102－0027487　己/472　集部/俗
文學類/子弟書

金鴛鴦三宣牙牌令子弟書　（□）□□撰　清
末北京百本張抄本　一冊

110000－0102－0027488　己/473　史部/目
錄類/著錄/刊行書目

子弟書目錄　（清）百本張編　清末北京百本
張抄本　一冊

110000－0102－0027489　己/474　集部/曲
類/曲譜

德音堂琴譜約選□□卷　識字耕夫選　清抄
本　一冊　存一卷(二)

110000－0102－0027490　己/475　集部/曲
類/曲別集/傳奇

鏡光緣傳奇二卷十六出　（清）徐榆村填詞
清抄本　二冊

110000－0102－0027491　己/476　集部/俗
文學類/子弟書

思凡 （□）□□撰 清抄本 一冊

110000 – 0102 – 0027492 己/477 集部/俗文學類

同治精刊本俗曲三種 （清）二凌居士輯 清同治九年至十三年(1870 – 1874)瀋陽會文山房抄本 一冊

110000 – 0102 – 0027493 己/478 集部/曲類/曲別集/傳奇

海仙緣傳奇二十四出 （□）□□撰 清抄本 三冊 存六出(一至六)

110000 – 0102 – 0027494 （己）/480 子部/藝術類/音樂舞蹈

仙音宗旨 （□）□□撰 清乾隆三十年(1765)張本昶抄本 一冊

110000 – 0102 – 0027495 己/481 集部/俗文學類/子弟書

桃花岸十三回 （□）□□撰 清聚卷堂李抄本 一冊

110000 – 0102 – 0027496 己/482 集部/曲類/曲譜

雜牌子名 （□）□□撰 清抄本 一冊

110000 – 0102 – 0027497 己/483 集部/曲類/曲譜、曲韻

崑劇吹打譜 （□）□□撰 清抄本 一冊

110000 – 0102 – 0027498 己/487 集部/曲類/曲譜

慶昇平 （□）□□撰 清抄本 一冊

110000 – 0102 – 0027499 己/488 集部/曲類/曲譜

曲譜雜錄 （□）□□撰 清耕□抄本 一冊

110000 – 0102 – 0027500 己/489 集部/曲類/曲譜

隨音雜韻十番鑼鼓譜 （□）□□撰 清抄本 一冊

110000 – 0102 – 0027501 己/490 集部/曲類/曲譜、曲韻

曲譜 （□）□□撰 清抄本 一冊

110000 – 0102 – 0027502 己/491 集部/曲類/曲別集

二簧月琴隨唱托板 （□）□□撰 清抄本 一冊

110000 – 0102 – 0027503 己/494 集部/俗文學類/子弟書

借芭蕉扇子弟書二回 （□）□□撰 清北京百本張抄本 一冊

110000 – 0102 – 0027504 己/495 集部/俗文學類/子弟書

望鄉子弟書 （□）□□撰 清北京百本張抄本 一冊 殘缺

110000 – 0102 – 0027505 己/496 集部/俗文學類/子弟書

連陞三級子弟書 （□）□□撰 清抄本 一冊

110000 – 0102 – 0027506 己/497 集部/俗文學類/子弟書

票把爾上塲子弟書 （□）□□撰 清北京百本張抄本 一冊

110000 – 0102 – 0027507 己/498 集部/俗文學類/子弟書

票把上塲子弟書 （□）□□撰 清北京百本張抄本 一冊

110000 – 0102 – 0027508 己/499 集部/俗文學類/子弟書

齊陳相罵子弟書 （□）□□撰 清別埜堂抄本 一冊

110000 – 0102 – 0027509 己/500 集部/俗文學類/子弟書

探雯換襖子弟書二回 （□）□□撰 清北京百本張抄本 二冊

110000 – 0102 – 0027510 己/501 集部/俗文學類/子弟書

兩宴大觀園子弟書 （□）□□撰 清北京百本張抄本 一冊

110000 – 0102 – 0027511 己/502 集部/俗

文學類/子弟書

拷御子弟書二回 （□）□□撰 清北京百本張抄本 一冊

110000－0102－0027512 己/503 集部/俗文學類/子弟書

飛熊夢子弟書五回 （□）□□撰 清北京百本張抄本 一冊

110000－0102－0027513 己/504 集部/俗文學類/子弟書

風月魁子弟書 （□）□□撰 清北京百本張抄本 一冊

110000－0102－0027514 己/505 集部/俗文學類/子弟書

盜甲子弟書三回 （□）□□撰 清北京百本張抄本 一冊

110000－0102－0027515 己/506 集部/俗文學類/子弟書

玉簪記子弟書 （□）□□撰 清北京億卷堂百本剛抄本 一冊 存二回(三至四)

110000－0102－0027516 己/507 集部/俗文學類/子弟書

百花亭子弟書四回 （□）□□撰 清抄本 一冊

110000－0102－0027517 己/508 集部/俗文學類/子弟書

露淚緣十三回 （□）□□撰 清刻本 一冊

110000－0102－0027518 己/509 集部/俗文學類

崇禎爺分宮 （□）□□撰 清三盛堂刻本 一冊

110000－0102－0027519 己/510 集部/俗文學類

得鈔嗷妻二回 （□）□□撰 清裕文齋刻本 一冊

110000－0102－0027520 己/512 集部/俗文學類/子弟書

續俏東風子弟書八回 （□）□□撰 清北京

百本張抄本 一冊

110000－0102－0027521 己/513 集部/俗文學類/子弟書

馬上聯姻子弟書十四回 （□）□□撰 清北京百本張抄本 一冊

110000－0102－0027522 己/514 集部/俗文學類/子弟書

托孤子弟書二回 （□）□□撰 清抄本 一冊

110000－0102－0027523 己/515 集部/俗文學類/子弟書

盤絲洞子弟書三回 （□）□□撰 清北京百本張抄本 三冊

110000－0102－0027524 己/516 集部/俗文學類/子弟書

戲姨子弟書二回 （□）□□撰 清北京百本張抄本 三冊

110000－0102－0027525 己/517 集部/俗文學類/子弟書

緒戲姨子弟書 （□）□□撰 清北京百本張抄本 一冊

110000－0102－0027526 己/518 集部/俗文學類/子弟書

探病子弟書二回 （□）□□撰 清北京百本張抄本 一冊

110000－0102－0027527 己/519 集部/俗文學類

走嶺子子弟書 （□）□□撰 清抄本 一冊

110000－0102－0027528 己/520 集部/俗文學類/子弟書

百花亭子弟書四回 （□）□□撰 清北京百本張抄本 三冊 缺一回(一)

110000－0102－0027529 己/521 集部/俗文學類/子弟書

百花亭四回 （□）□□撰 清聚卷堂李抄本 一冊

110000－0102－0027530 己/522 集部/

俗文學類

馬上聯姻子弟書 （□）□□撰 清抄本 十冊 存十回（二至三、五至十一、十四）

110000－0102－0027531 己/523 集部/俗文學類/子弟書

煙花歎子弟書二回 （□）□□撰 清北京百本張抄本 一冊 存一回（一）

110000－0102－0027532 己/524 集部/俗文學類/子弟書

紅拂私奔子弟書三卷七回 （□）□□撰 清北京百本張抄本 一冊

110000－0102－0027533 己/525 集部/俗文學類/子弟書

雀橋密誓子弟書二回 （□）□□撰 清北京百本張抄本 一冊

110000－0102－0027534 己/526 集部/俗文學類/子弟書

密誓子弟書二回 （□）□□撰 清北京百本張抄本 一冊

110000－0102－0027535 己/527 集部/俗文學類/子弟書

鴛鴦扣子弟書二十四回 （□）□□撰 清北京百本張抄本 二冊

110000－0102－0027536 （己）/528 集部/曲類/曲別集/傳奇/明

[臧晉叔改本四夢] （明）湯顯祖撰 （明）臧懋循訂 明萬曆四十六年（1618）臧懋循刻本 十六冊

110000－0102－0027537 己/530 集部/曲類/曲別集/傳奇

紫霞巾傳奇二卷三十折 （清）榕西逸客編 （清）東村氏評閱 清嘉慶六年（1801）刻本 二冊

110000－0102－0027538 （己）/531 集部/曲類/曲別集/傳奇/清

雙仙記傳奇二卷三十六出 （清）崔應階撰 （清）吳來旬分填 清乾隆香雪山房刻本 二冊

110000－0102－0027539 己/532 集部/曲類/曲別集/傳奇/清

繁華夢傳奇二卷二十五出 （清）王筠撰 清中後期刻本 二冊

110000－0102－0027540 己/533 集部/曲類/曲別集/傳奇

鸚鵡媒二卷四十一出 （清）林棲居士填詞 同學諸子評點 清刻竹初樂府本 二冊

110000－0102－0027541 （己）/534 集部/曲類/曲別集/傳奇/清

黃鶴樓填詞二卷二十六出 （清）梅花詞客撰 清乾隆六十年（1795）蔭槐堂刻本 二冊

110000－0102－0027542 己/535 集部/曲類/曲別集/傳奇

百花夢二卷三十二出 （清）張新梅撰 （清）高山桃評 清末民國石印本 二冊

110000－0102－0027543 己/536 集部/曲類/曲別集/傳奇

乞食圖二卷三十二出 （清）林棲居士填詞 同學諸子評點 清刻竹初樂府本 二冊

110000－0102－0027544 （己）/537 集部/曲類/曲別集/傳奇/清

富貴神仙二卷 （清）影園灌者撰 （清）玉斧山樵校閱 清乾隆三十五年（1770）刻本 二冊

110000－0102－0027545 己/538 集部/曲類/曲別集/傳奇

新琵琶二卷三十二出 （清）張錦填詞 （清）田采卿評定 清嘉慶四年（1799）刻本 四冊

110000－0102－0027546 （己）/539 集部/曲類/曲別集/傳奇

玉尺樓傳奇二卷四十出 （清）盧見曾著 清乾隆刻本 許守白跋 四冊

110000－0102－0027547 （己）/540 集部/曲類/曲別集/傳奇/清

如意緣傳奇二卷二十出 （清）信天齋臞道人編次 清乾隆抄本 二冊

110000－0102－0027548　（己）/541　集部/曲類/曲別集/傳奇/清

滕王閣填詞四卷三十四出　（清）梅花詞客撰
清乾隆六十年(1795)蔭槐堂刻本　四冊

110000－0102－0027549　己/542　集部/曲類/曲別集/傳奇

鳳棲亭傳奇二十四出　（清）儀徵休休居士編
清刻竹初樂府本　四冊

110000－0102－0027550　（己）/543　集部/曲類/曲別集/傳奇/清

義貞記二卷三十二出　（清）郁州山人撰　清乾隆五十八年(1793)鋤月山房刻本　二冊
存一卷(上)

110000－0102－0027551　（己）/544　集部/曲類/曲別集/傳奇

旗亭記二卷三十六齣　（清）金兆燕撰　（清）盧見曾改訂　清乾隆刻本　許守白跋　四冊

110000－0102－0027552　（己）/545　集部/曲類/曲別集/傳奇/清

芝龕記六卷六十出　（清）繁露樓居士填詞
清乾隆十六年(1751)刻本　四冊

110000－0102－0027553　（己）/546　集部/曲類/曲別集/傳奇/清

碧天霞傳奇二卷四十出　（清）徐昆填詞
(清)常庚辛評點　清乾隆刻本　二冊

110000－0102－0027554　（己）/547　集部/曲類/曲別集/傳奇/清

雨花臺傳奇二卷　（清）徐昆撰　（清）崔桂林評點　清乾隆平水劉育槐刻本　二冊

110000－0102－0027555　己/548　集部/曲類/曲別集/傳奇

點金丹二卷二十四出　（清）西泠詞客撰　清刻本　四冊

110000－0102－0027556　己/549　集部/曲類/曲別集/傳奇

紅雪樓十二種填詞　（清）蔣士銓撰　清乾隆江西鉛山紅雪樓刻本　八冊

110000－0102－0027557　（己）/550　集部/曲類/曲別集/傳奇/清

玉燕堂四種曲八卷　（清）張堅撰　清乾隆刻本　十二冊

110000－0102－0027558　己/551　集部/曲類/曲別集/傳奇/清

月中人拈花記二卷三十六折首一卷　（清）紫雲月鑒主人填詞　（清）梅澗雪尊山人印參　（清）碧琅臥雪居士句評　清乾隆刻本
八冊

110000－0102－0027559　（己）/552　集部/曲類/曲別集/傳奇/清

惺齋新曲六種　（清）夏綸撰　清乾隆十八年(1753)錢塘夏氏世光堂刻本　十二冊

110000－0102－0027560　（己）/553　集部/曲類/曲別集/傳奇

雙錘記二卷三十六出　（清）范希哲撰　清初刻傳奇十一種本　一冊　缺七出(一至二、三
十二至三十六)

110000－0102－0027561　己/554　集部/曲類/曲別集/傳奇

十醋記二卷三十六出　（清）范希哲撰　清刻本　四冊

110000－0102－0027562　（己）/555　集部/曲類/曲別集/傳奇/清

魚籃記二卷三十六出　（清）魚籃道人撰　清初刻本　四冊

110000－0102－0027563　（己）/556　集部/曲類/曲別集/傳奇/明

玉茗堂批評紅梅記二卷三十四出　（明）周朝俊撰　（明）湯顯祖評　明刻本　二冊

110000－0102－0027564　（己）/557　集部/曲類/曲別集/傳奇/明

醉鄉記二卷四十四出　（明）白雪樓主人編
明崇禎王克家刻本　二冊

110000－0102－0027565　己/558　集部/曲類/曲別集/傳奇

百寶箱二卷三十二出　（清）梅窗主人撰　清

光緒二十年(1894)袖海山房石印本　四冊

110000－0102－0027566　(己)/559　集部/
曲類/曲別集/傳奇/清

昇平寶筏二十一本一百七十四出　(清)張照
撰　清後期昇平署抄本　二十二冊

110000－0102－0027567　(己)/560　集部/
曲類/曲別集/傳奇

昭代蕭韶十本二十卷二百四十出首一卷
(清)王廷章　(清)范聞賢撰　清嘉慶十八年
(1813)内府刻朱墨套印本　二十九冊　缺一
卷(第十卷上一至十二齣),重第四本卷上
一至十齣

110000－0102－0027568　(己)/561　集部/
曲類/曲別集/傳奇/清

勸善金科十本二十卷二百四十出首一卷
(清)張照等撰　清乾隆武英殿刻五色套印本
二十冊

110000－0102－0027569　(己)/562　集部/
曲類/曲別集/傳奇/明

張玉娘閨房三清鸚鵡墓貞文記二卷三十五出
(明)孟稱舜著　明崇禎十六年(1643)刻本
二冊

110000－0102－0027570　(己)/563　集部/
曲類/曲別集/傳奇

桂花塔二卷十出首一卷　(清)筠亭山人論文
(清)古塘樵子填詞　(清)清河居士正譜
清嘉慶十八年(1813)刻本　二冊

110000－0102－0027571　(己)/564　集部/曲
類/曲別集/傳奇

藏園九種曲二卷四十一出　(清)蔣士銓撰
清刻本　八冊

110000－0102－0027572　(己)/565　集部/曲
類/曲別集/傳奇

玉節記傳奇二卷五十二出　(清)張衢填詞
清咸豐元年(1851)刻本　四冊

110000－0102－0027573　(己)/566　集部/曲
類/曲別集/傳奇

曇花記傳奇二卷　(明)屠隆撰　明刻本　二

冊　存殘本

110000－0102－0027574　己/567　集部/曲
類/曲別集/傳奇

合浦珠傳奇二卷十六出　(清)芙蓉山樵填詞
清道光十六年(1836)刻本　二冊

110000－0102－0027575　己/568　集部/曲
類/曲別集/傳奇

玉臺秋二卷十六出　(清)黃燮清填詞　清光
緒七年(1881)瓊笏仙館刻本　光緒七年楊葆
光跋及附錄多篇　一冊

110000－0102－0027576　己/569　集部/曲
類/曲別集/傳奇

嬌紅記二卷五十出　(明)孟稱舜著　(明)陳
洪綬點評　(明)劉啟胤訂正　明刻本　二冊
存殘本

110000－0102－0027577　己/570　集部/曲
類/曲別集/傳奇

蘭桂仙傳奇二卷二十出首一卷　(清)左潢填
詞　(清)程秉銓評點　清嘉慶七年(1802)刻
本　二冊

110000－0102－0027578　己/571　集部/曲
類/曲別集/傳奇/清

清容外集　(清)蔣士銓編次　清乾隆刻本
十冊

110000－0102－0027579　(己)/573　集部/
曲類/曲別集/傳奇

琵琶記三卷四十三出釋義一卷　(元)高明撰
明刻本　二冊

110000－0102－0027580　(己)/574　集部/
曲類/曲別集/傳奇

曲波園二種曲　(清)若耶野老填詞　清初徐
氏曲波園刻本　四冊

110000－0102－0027581　己/576　集部/曲
類/曲譜、曲韻

集成曲譜　(清)□□撰　清抄本　一冊

110000－0102－0027582　己/578　集部/曲
類/曲別集/傳奇

虎口餘生傳奇四十四出　（清）遺民外史撰
清抄本　封面題"虎口餘生傳奇，舊抄殘本，
直翁藏閱"　一冊　存二十四出（一至二十
四）

110000－0102－0027583　己/580　集部/曲
類/曲別集/清

拜針樓八折　（清）王墅填詞　（清）研露齋主
人批點　清康熙四十八年（1709）貴德堂刻本
二冊

110000－0102－0027584　己/581　集部/曲
類/曲別集/傳奇

玉獅堂十種曲附悲鳳曲　（清）陳烺著　清光
緒十一年至民國十八年（1885－1929）武林刻
本　十冊

110000－0102－0027585　己/582　集部/曲
類/曲別集/傳奇

六如亭二卷三十六出　（清）羅浮花農填詞
（清）雲門山樵評點　清道光七年（1827）杭州
刻本　四冊

110000－0102－0027586　己/583　集部/曲
類/曲別集/傳奇/明

題紅記二卷三十六出　（明）王驥德著　清抄
本　二冊　存二卷（缺上卷二十六至三十六
頁、下卷二十二至二十三頁）

110000－0102－0027587　己/584　集部/曲
類/曲別集/傳奇

支機石傳奇十回　（清）蔡榮蓮填詞　清光緒
十七年（1891）蔡希邠刻本　一冊

110000－0102－0027588　己/585　集部/曲
類/曲別集/傳奇

東海孝婦傳奇十六出　（□）□□撰　清抄本
一冊

110000－0102－0027589　己/586　集部/曲
類/曲別集/傳奇

紫釵記　（明）湯顯祖撰　清抄本　一冊

110000－0102－0027590　（己）/587　集部/
曲類/曲別集/傳奇

洛神廟傳奇二卷　（清）青要山樵編次　（清）

煙波釣徒批點　清康熙刻本　一冊　存一卷
（下）

110000－0102－0027591　（己）/588　集部/
曲類/曲別集/傳奇

晉春秋傳奇二卷　（清）蔡廷弼撰　（清）宛委
山人校訂　清嘉慶五年（1800）刻本　二冊

110000－0102－0027592　己/589　集部/曲
類/曲別集/傳奇

回春夢二卷二十四出　（清）顧森編　（清）王
元常評　清道光三十年（1850）三鱔堂刻本
二冊

110000－0102－0027593　己/590　集部/曲
類/曲別集/傳奇

繡圖金盒龍膏記二卷三十出　（明）楊珽撰
清末民國石印本　一冊　存一卷（下十六至
十九齣）

110000－0102－0027594　己/591　集部/曲
類/曲別集/傳奇

太守桑傳奇　（清）吳寶鎔填譜　清光緒二十
二年（1896）澧陽刻本　一冊

110000－0102－0027595　己/592　集部/曲
類/曲別集/傳奇

武陵春傳奇八出　（清）陳時泌著　清光緒二
十七年（1901）鉛印本　一冊

110000－0102－0027596　己/593　集部/曲
類/曲別集/傳奇

非熊夢傳奇八出　（清）陳時泌著　清光緒三
十年（1904）鉛印本　一冊

110000－0102－0027597　己/594　集部/戲
曲類/話劇

黑籍冤魂圖說十回　新舞臺編　清宣統三年
（1911）新舞臺鉛印本　一冊

110000－0102－0027598　己/596　集部/曲
類/曲別集/雜劇/清

後四聲猿　（清）老箬填詞　清怡蘭堂精抄本
一冊

110000－0102－0027599　己/597　集部/曲

類/曲別集/傳奇

洞庭緣傳奇十六出 （清）陸繼輅填詞　清光緒六年(1880)鴛湖刻本　一冊

110000－0102－0027600　己/598　集部/曲類/曲別集/傳奇

儒酸福傳奇二卷 （清）魏熙元填詞　（清）倪星垣評文　清光緒十年(1884)玉玲瓏館刻本　一冊

110000－0102－0027601　己/599　集部/曲類/曲別集/傳奇

生佛碑傳奇十二出 （清）陳學震填詞　清同治八年(1869)刻本　二冊

110000－0102－0027602　己/600　集部/曲類/曲別集/傳奇/清

梅花夢三十四折 （清）張道填詞　清光緒二十年(1894)長沙張預刻本　二冊

110000－0102－0027603　己/601　集部/曲類/曲別集/傳奇/清

西湖扇傳奇二卷三十二出 （清）紫陽道人著　清刻本　一冊

110000－0102－0027604　（己)/602　集部/曲類/曲別集/傳奇

新修楊忠湣蚰蛇膽表忠記二卷三十六出（清）丁耀亢著　清順治刻本　一冊　存一卷（下）

110000－0102－0027605　（己)/603　集部/曲類/曲別集/傳奇

詠懷堂新編十錯認春燈謎記二卷四十出（明）阮大鋮撰　明末玉夏齋刻本　一冊　存一卷（上）

110000－0102－0027606　（己)/604　集部/曲類/曲別集/雜劇/清

西堂樂府六種 （清）尤侗撰　清康熙刻本　二冊　缺一種（鈞天樂）

110000－0102－0027607　己/605　集部/曲類/曲別集/傳奇

鑑中天傳奇二卷三十六出 （清）姜玉潔撰　清刻本　一冊　存一卷（下）

110000－0102－0027608　（己)/606　集部/曲類/曲別集/傳奇/清

耆英會記二卷三十出 （清）畫川逸叟撰　清康熙寶應喬氏來鶴堂刻光緒二十七年(1901)寶應喬瑜重修本　吳曉鈴跋　二冊

110000－0102－0027609　己/607　集部/曲類/曲別集/傳奇

表忠記傳奇二卷三十六出 （清）丁耀亢撰　清同治十一年(1872)武昌崇文書局刻本　二冊

110000－0102－0027610　己/609　集部/曲類/曲別集/傳奇

鴛鴦鏡傳奇二十出 （清）傅玉書填詞　清光緒二十一年(1895)傅玉書刻本　二冊

110000－0102－0027611　己/610　集部/曲類/曲別集/傳奇

乘龍佳話八出 （清）高昌寒食生撰　清光緒十七年(1891)石印本　一冊

110000－0102－0027612　己/611　集部/曲類/曲別集/傳奇

梅花夢傳奇二卷十六出 （清）桃潭歌者填詞　清光緒十年(1884)成都龔氏刻本　二冊

110000－0102－0027613　（己)/612　集部/曲類/曲別集/傳奇/清

潛莊刪訂增補紫玉記二卷四十出 （清）清溪玉塵山人撰　清乾隆初年刻本　四冊

110000－0102－0027614　己/613　集部/曲類/曲別集/傳奇

雙星圖二卷三十出 （清）無聲謳者編　清樂餘園刻本　二冊

110000－0102－0027615　（己)/614　集部/曲類/曲別集/傳奇/清

元寶媒傳奇二卷二十八出 （清）可笑人填詞　清康熙刻本　二冊

110000－0102－0027616　（己)/615　集部/曲類/曲別集/傳奇/清

廣寒香傳奇二卷三十二出 （清）蒼山子編　（清）寒水生評　清康熙文治堂刻本　四冊

110000 – 0102 – 0027617　己/617　集部/曲類/曲別集/傳奇

揚州夢二卷三十二出　（清）抱犢山農填詞　清刻本　四冊

110000 – 0102 – 0027618　己/618　集部/曲類/曲別集/傳奇

四友堂里言十二折　（清）黃鉽撰　清抄本　二冊

110000 – 0102 – 0027619　己/619　集部/曲類/曲別集/傳奇

錫六環　（清）孫埏撰　清光緒四年(1878)孫學蘇抄本　吳曉鈴題跋　一冊

110000 – 0102 – 0027620　（己）/621　集部/曲類/曲別集/傳奇

迎天榜傳奇二卷三十四出　（清）黃祖顥編次　清康熙刻本　二冊

110000 – 0102 – 0027621　己/622　集部/小說類

小說林第七至十二期　小說林所編輯　清光緒三十三年至三十四年(1907–1908)上海小說林、宏文館有限合資會社鉛印本　六冊

110000 – 0102 – 0027622　己/623　集部/小說類

小說林光緒三十三年第一至六期　小說林所編輯　清光緒三十三年(1907)上海小說林、宏文館有限合資會社鉛印本　六冊

110000 – 0102 – 0027623　己/625　集部/小說類/章回

泰西歷史演義三十六回　中國商務印書館所編著編譯　清光緒三十二年(1906)上海中國商務印書館鉛印新小說本　一冊

110000 – 0102 – 0027624　己/626　集部/小說類/章回

玉佛緣八回　（清）嘿生編纂　清光緒三十四年(1908)上海商務印書館鉛印新小說本　一冊

110000 – 0102 – 0027625　己/627　集部/小說類/章回

新黨升官發財記十六回　（清）作新社撰　清光緒三十二年(1906)上海作新社刻本　一冊

110000 – 0102 – 0027626　己/628　集部/小說類/章回

女獄花十二回　（清）王妙如遺稿　羅景仁加批　清光緒三十年(1904)鉛印本　一冊

110000 – 0102 – 0027627　己/629　集部/小說類/章回

笏山記三卷六十九回　（清）東莞冷道人守白氏撰　清光緒三十四年(1908)上海廣智書局鉛印本　三冊

110000 – 0102 – 0027628　己/630　集部/小說類/章回

慘女界二卷三十回　（清）呂俠人編纂　清光緒三十四年(1908)上海商務印書館鉛印新小說本　二冊

110000 – 0102 – 0027629　己/631　集部/小說類/章回

黃繡球二卷三十回　（清）頤瑣著　清光緒三十三年(1907)上海新小說社刻本新版　二冊

110000 – 0102 – 0027630　己/632　集部/小說類/翻譯小說

拊掌錄　（美國）歐文著　林紓　魏易同譯　清光緒三十三年(1907)上海商務印書館印本　一冊

110000 – 0102 – 0027631　（己）/633　集部/曲類/曲總集/通代

六十種曲六十種　（明）毛晉編　明末毛氏汲古閣刻本　六十四冊

110000 – 0102 – 0027632　（己）/634　集部/小說類/章回

紅樓夢　（清）曹霑撰　清乾隆五十四年(1789)京師虎林舒元煒抄本　佚名批校　十六冊　存四十回(一至四十)

110000 – 0102 – 0027633　（己）/635　集部/小說類/章回

斬鬼傳十回　（清）煙霞散人撰　清乾隆五十年(1785)董顯宗抄本　吳曉鈴題記　四冊

110000－0102－0027634　己/637　叢部/彙編叢書/清中晚期

味塵軒雜錄　（清）李文瀚編　清道光二十六年至二十九年（1846－1849）宣城李文瀚味塵軒刻本　六冊

110000－0102－0027635　己/638　集部/曲類/曲別集/雜劇

西江祝嘏四種　（清）蔣士銓編　清乾隆十六年（1751）刻本　四冊

110000－0102－0027636　己/639　集部/曲類/曲別集/散曲

紅樓夢散套十六套　（清）荊石山民填詞（清）黃兆魁訂譜　清嘉慶二十年（1815）蟾波閣刻本　四冊

110000－0102－0027637　己/640　集部/曲類/曲別集/雜劇

恆娘傳雜劇　（□）□□撰　清抄本　一冊

110000－0102－0027638　己/641　集部/曲類/曲別集/雜劇

秋聲譜三種　（清）嚴廷中填詞　清咸豐四年（1854）刻本　一冊

110000－0102－0027639　己/642　集部/別集類/清

韞山六種曲　（清）朱鳳森撰　清嘉慶十九年至二十五年（1814－1820）晴雪山房刻本　六冊

110000－0102－0027640　己/643　集部/曲類/曲別集/雜劇

六觀樓北曲六種六卷　（清）許鴻磐著　清道光二十六年（1846）許鴻磐六觀樓刻本　六冊

110000－0102－0027641　己/644　集部/曲類/曲別集/傳奇

補天石傳奇八種　（清）練情子填詞　（清）吹鐵蕭人正譜　清道光十年（1830）清靜遠草堂刻本　六冊

110000－0102－0027642　（己）/645　集部/曲類/曲別集/雜劇/清

嘯夢軒新演楊狀元進諫謫滇南雜劇四出

（清）劉疊填詞　（清）方廷熹批評　清乾隆嘯夢軒刻本　一冊

110000－0102－0027643　己/646　集部/曲類/曲別集/雜劇

花間九奏九種　（清）花韻庵主人填詞　清花韻庵刻本　一冊

110000－0102－0027644　己/647　集部/曲類/曲別集/雜劇

孔荃溪二種曲　（清）孔昭虔撰　清抄本　吳曉鈴題跋　一冊

110000－0102－0027645　己/649　集部/曲類/曲別集/傳奇

酬紅記十出　（清）野航填詞　（清）小鶴正譜　清嘉慶金陵劉文奎刻本　二冊

110000－0102－0027646　己/650　集部/小說類/章回

新刻批評繡像後西遊記四十四回　（清）天花才子點評　清刻本　四冊

110000－0102－0027647　己/651　集部/曲類/曲別集/雜劇

龍舟會雜劇四折　（清）王夫之撰　清刻本　一冊

110000－0102－0027648　己/652　集部/曲類/曲別集/雜劇

康衢新樂府十出　（清）呂星垣填詞　清嘉慶二十四年（1819）乘楂亭刻本　一冊

110000－0102－0027649　（己）/653　集部/曲類/曲別集/雜劇

浙江迎鑾樂府九出　（清）王文治撰　清道光浙江刻本　一冊

110000－0102－0027650　（己）/654　集部/曲類/曲別集/雜劇

坦庵詞曲六種　（清）徐石麒撰　清初南湖享書堂刻本　二冊

110000－0102－0027651　己/655　集部/別集類/清

抱犢山房集六卷　（清）嵇永仁著　清同治元

年(1862)長沙刻本　二冊

110000－0102－0027652　己/656　集部/曲類/曲別集/雜劇

瞿園雜劇五種　(清)瞿園著　清光緒三十四年(1908)鉛印本　一冊

110000－0102－0027653　己/656－1　集部/曲類/曲別集/雜劇

瞿園雜劇五種　(清)瞿園著　清光緒三十四年(1908)鉛印本　一冊

110000－0102－0027654　己/657　集部/曲類/曲選

霜紅龕集詞曲不分卷　(清)劉霈雪輯　清咸豐六年(1856)劉瑞五刻本　一冊

110000－0102－0027655　(己)/659　集部/曲類/曲別集/雜劇/清

玉湖樓第三種傳奇明翠湖亭四種　(清)裘璉撰　清康熙降雲居刻本　一冊

110000－0102－0027656　(己)/660　集部/曲類/曲別集/雜劇/明

盛明雜劇二集　(明)朱有燉編　(明)徐翽(明)沈泰評閱　明崇禎刻本　二冊　存十一種(香囊怨四折、武陵春一折、蘭亭會一折、寫風情一折、午日吟一折、南樓月一折、赤壁遊一折、龍山宴一折、魚兒佛四出、雙鶯傳七折、不伏老五折)

110000－0102－0027657　己/661　集部/曲類/曲別集/雜劇

霜天碧六出　丁傳靖撰　清末民國鉛印本一冊

110000－0102－0027658　己/662　集部/曲類/曲別集/散曲

桃花聖解盦樂府一卷　(清)李慈銘撰　清咸豐崇實齋刻本　一冊

110000－0102－0027659　己/663　集部/曲類/曲別集/雜劇

桂香雲影樂府八出　(清)秋綠詞人填譜　清刻本　一冊

110000－0102－0027660　(己)/664　集部/曲類/曲別集/雜劇/清

寫心雜劇十八種　(清)徐爔撰　清乾隆五十四年(1789)吳江徐氏夢生堂刻本　四冊　存十二種(游湖一出、月色談禪一出、述夢一出、游梅遇仙一出、癡祝一出、青樓濟困一出、哭弟一出、湖山小隱一出、悼花一出、酬魂一出、醒鏡一出、祭牙一出)

110000－0102－0027661　己/665　集部/曲類/曲別集/雜劇

青溪笑二卷十六出　(清)蓉鷗漫叟填詞　清嘉慶刻本　二冊

110000－0102－0027662　己/666　集部/曲類/曲別集/雜劇/清

萬壽無疆昇平樂府十二出　(清)裘璉撰　清抄本　一冊

110000－0102－0027663　己/667　集部/曲類/曲別集/雜劇/清

環影一折　(□)□□撰　清抄本　一冊

110000－0102－0027664　己/668　集部/曲類/曲別集/傳奇/清

鉛山逸曲三種　(清)蔣士銓填詞　(清)江春正譜　(清)羅聘校閱　清竹節邊欄抄本一冊

110000－0102－0027665　己/669　集部/曲類/曲別集/傳奇

津雲小草二卷梨花夢四卷　(清)何佩珠撰清刻本　一冊

110000－0102－0027666　己/670　集部/曲類/曲別集/雜劇/明

四聲猿四種　(明)天池生著　澂道人評　清抄本　二冊

110000－0102－0027667　己/671　集部/曲類/曲別集/傳奇

避債台四折　(清)大翮山人填詞　(清)琴想居士題評　清刻本　一冊

110000－0102－0027668　己/675　集部/俗文學類/雜曲

另有一種情不分卷　（清）□□輯　清抄本
二冊

110000－0102－0027669　己/676　集部/別
集類/清

潯陽詩詞合稿一卷附三種　（清）戴德全撰
清嘉慶刻本　四冊

110000－0102－0027670　己/677　集部/俗
文學類/雜曲

詠畫炎涼圖便面　（□）□□撰　清抄本
一冊

110000－0102－0027671　（己）/678　集部/
俗文學類/雜曲

霓裳續譜八卷　（清）王廷紹輯　清乾隆六十
年（1795）集賢堂刻本　劉半農題封　吳曉鈴
題跋　十冊

110000－0102－0027672　（己）/679　子部/
宗教類/釋教

諸佛世尊菩薩如來尊者名稱歌曲二十卷
（明）朱棣撰　清康熙二年至五年（1663－
1666）餘杭徑山古梅庵刻徑山藏本　六冊

110000－0102－0027673　（己）/680　集部/
曲類/曲選

雍熙樂府二十卷　（明）郭勳輯　明嘉靖刻本
二十冊

110000－0102－0027674　（己）/681　集部/
曲類/曲選

新鐫古今大雅南宮詞紀六卷　（明）陳所聞選
（明）陳邦泰輯次　明萬曆三十三年（1605）
陳氏繼志齋刻本　八冊

110000－0102－0027675　（己）/682　集部/
曲類/曲選

新鐫古今大雅北宮詞紀六卷　（明）陳所聞粹
選　（明）陳邦泰輯次　明萬曆三十三年
（1605）陳氏繼志齋刻本　八冊

110000－0102－0027676　（己）/683　集部/
曲類/曲選

新鐫古今大雅北宮詞紀六卷　（明）陳所聞選
（明）陳邦泰輯次　清抄本　四冊

110000－0102－0027677　己/684　集部/曲
類/曲選

北九宮詞紀摘選七集　（清）王逸亭選　清抄
本　四冊

110000－0102－0027678　（己）/685　集部/
曲類/曲選

新鐫古今大雅北宮詞紀六卷　（明）陳所聞粹
選　（明）陳邦泰輯次　明萬曆三十三年
（1605）陳氏繼志齋刻本　三冊

110000－0102－0027679　（己）/686　集部/
曲類/曲選

新鐫古今大雅南宮詞紀六卷　（明）陳所聞選
（明）陳邦泰輯次　明萬曆三十三年（1605）
陳氏繼志齋刻本　三冊

110000－0102－0027680　己/687　集部/曲
類/曲選

摘抄北宮詞紀不分卷　［清］□□摘抄　清抄
本　二冊

110000－0102－0027681　己/688　集部/曲
類/曲選

康熙樂府二十卷　（明）郭勳輯　清抄本
一冊

110000－0102－0027682　（己）/690　集部/
曲類/曲選

詞林逸響四卷　（明）許宇輯　明天啟三年
（1623）萃錦堂刻本　八冊

110000－0102－0027683　己/691　集部/詞
類/詞別集

香消酒醒詞不分卷　（清）趙慶熺撰　吳蘋香
女士編　江亦顯校　清同治七年（1868）西泠
王崑圃刻本　一冊

110000－0102－0027684　己/692　集部/曲
類/曲總集

新編寡婦烈女詩曲　新編太平時賽賽駐雲飛
（清）金臺魯氏撰　明成化七年（1471）刻本
一冊

110000－0102－0027685　（己）/693　集部/
別集類/明

重刻渼陂王太史先生全集七種 （明）王九思撰　明嘉靖至崇禎刻本　四冊　存五種八卷（碧山樂府四卷、碧山詩余一卷、南曲次韵一卷、杜子美沽酒遊春記一卷、中山狼院本一卷）

110000－0102－0027686　己/695　集部/曲類/曲別集/散曲

桃芳菇園樂府一卷　（清）都散客著　（清）蓬丘道人　新周居士同校　清末刻本　一冊

110000－0102－0027687　己/696　集部/詞類/詞別集

香消酒醒詞一卷　（清）趙慶熺撰　清同治七年(1868)刻本　一冊

110000－0102－0027688　己/698　集部/總集類

敘德書情集一卷　（清）吳嵩梁選錄　清道光刻本　一冊

110000－0102－0027689　己/699　集部/曲類/曲別集/散曲

小令　（明）丁綵編著　（明）張惟揚閱校　清抄本　一冊

110000－0102－0027690　己/700　集部/詞類/詞別集

香銷酒醒詞　（清）趙慶熺撰　清光緒十一年(1885)仁和許氏碧聲吟館刻本　一冊

110000－0102－0027691　己/701　集部/曲類/曲選

新鐫出像點板怡春錦曲新詞清賞書集　（明）曲癡子輯　清抄本　一冊

110000－0102－0027692　（己）/704　集部/曲類/曲別集/散曲/明

雙溪樂府二卷　（明）張煉撰　明抄本　吳曉鈴題跋　二冊

110000－0102－0027693　己/705　集部/曲類/曲別集/散曲/明

中州草堂遺集　陳子升　清詩雪軒刻本

110000－0102－0027694　（己）/706　集部/

曲類/曲總集

樂府小令八種十二卷　（元）張可久等撰　清刻本　六冊

110000－0102－0027695　己/707　集部/詞類/詞別集

香消酒醒詞一卷　（清）趙慶熺撰　吳蘋香女士編　江亦顯校　清同治七年(1868)西泠王崑圃刻本　一冊

110000－0102－0027696　（己）/709　集部/詞類/詞別集/明

海浮山堂詞稿四卷　（明）馮惟敏撰　明嘉靖四十五年(1566)潤州馮惟敏刻本　一冊

110000－0102－0027697　己/710　集部/詞類/詞別集

微波詞四卷花韻庵詩餘一卷　（明）石韞玉撰　花間樂府一卷　（清）歸真子撰　清刻本　一冊

110000－0102－0027698　己/711　集部/曲類/曲別集/散曲/明

樓居樂府二卷　（明）常倫著　明嘉靖七年(1528)吳門章啟人抄本　一冊

110000－0102－0027699　己/712　集部/曲類/曲別集/散曲/明

賓華屋集　（□）□□撰　清光緒十六年(1890)晚香堂刻本　一冊

110000－0102－0027700　己/713　集部/別集類/清

會心內集二卷　（清）劉一明著　（清）張陽全校閱　清抄本　一冊

110000－0102－0027701　己/716　集部/曲類/曲總集/斷代

三家曲三種　（清）朱靜輯　清光緒朱靜刻本　一冊

110000－0102－0027702　己/717　集部/詞類/詞別集

紅雪詞甲集二卷乙集二卷詞餘一卷　（清）馮雲鵬填詞　（清）李兆榮選定　清嘉慶金陵陳映奎掃紅亭刻本　四冊

110000－0102－0027703　己/718　子部/類書類/類編

續太平廣記八卷　(清)陸壽名集　清嘉慶五年(1800)篤慶堂刻本　八冊

110000－0102－0027704　己/720　子部/類書類/類編

太平廣記五百卷　(宋)李昉編　清嘉慶十一年(1806)姑蘇聚文堂刻本　六四冊

110000－0102－0027705　(己)/721　集部/小說類/章回

四大奇書第一種六十卷一百二十回　(明)羅貫中撰　(清)毛宗崗評　(清)杭永年評定　清康熙刻本　十六冊　存三十二卷(一至四、八至十一、十五至十八、二十至二十一、二十三至二十八、三十一至三十八、四十四至四十五、五十五至五十六)

110000－0102－0027706　己/722　集部/小說類/話本

新刻按鑑演義三國英雄志傳二十卷　(晉)陳壽傳　(元)羅貫中演義　清嘉慶七年(1802)刻本　十冊

110000－0102－0027707　己/723　集部/小說類/話本

梁公九諫一卷　(宋)□□撰　清嘉慶十一年(1806)士禮居刻本　一冊

110000－0102－0027708　己/724　集部/小說類/章回

三國志像一百二十回　(□)□□撰　清刻本　二冊

110000－0102－0027709　己/726　集部/小說類/筆記小說

新刻京臺公餘勝覽國色天香十卷　(清)吳所敬編輯　清大梁周文煒刻本　十冊

110000－0102－0027710　己/727　集部/小說類/章回

新刻按鑑演義京本三國英雄志傳六卷　(晉)陳壽志傳　(明)羅貫中演義　清刻本　六冊

110000－0102－0027711　己/728　集部/小說類/章回

孫龐演義四卷二十回四卷十八回　(清)梅士鼎編　**新編批評繡像後七國樂田演義四卷十八回**　(清)邇世山人撰　清京都文和堂刻本　八冊

110000－0102－0027712　己/729　集部/小說類/章回

殘唐五代史演義傳十二卷六十回　(明)羅貫中編輯　(明)李贄批評　清光緒十三年(1887)京都老二酉堂刻本　六冊

110000－0102－0027713　己/730　集部/小說類/章回

續英列傳五卷三十四回　(明)空谷老人編次　清集古齋刻本　五冊

110000－0102－0027714　己/731　集部/小說類/章回

嶺南逸史二十八回　(清)花溪逸士編次　(清)醉園狂客評點　清裕德堂刻本　八冊

110000－0102－0027715　己/732　集部/小說類/章回

玉茗堂批點南北宋演義全傳　(明)研石山樵訂正　(明)織里畸人校閱　清集文堂刻本　八冊

110000－0102－0027716　己/733　集部/小說類/章回

四大奇書第一種一百二十回　(明)羅貫中撰　(清)金聖嘆批　(清)毛宗崗評　清刻本　一冊　存一卷(十七)

110000－0102－0027717　(己)/734　史部/別史、雜史類

臺灣外記三十卷　(清)江日昇撰　清康熙五十二年(1713)求無不獲齋木活字印本　十冊

110000－0102－0027718　(己)/735　集部/小說類/章回

新鐫重訂出像注釋通俗演義西晉志傳題評四卷東晉志傳題評八卷　(明)楊爾曾編　(明)陳氏尺蠖齋評釋　明書林周氏大業堂刻本　十一冊　缺一卷(西晉志傳一)

110000 - 0102 - 0027719　己/736　集部/小
說類/章回

四雪草堂重訂通俗隋唐演義二十卷一百回
(明)羅貫中原本　(清)褚人獲彙編　清道光
三十年(1850)刻本　二十冊

110000 - 0102 - 0027720　己/737　集部/小
說類/章回

新刻按鑑編纂開闢衍繹通俗志傳六卷八十回
　(清)周遊集　(清)王黌釋　清道光元年
(1821)刻本　六冊

110000 - 0102 - 0027721　己/738　集部/小
說類/章回

後七國樂田演義六卷十八回　(清)遯世老人
輯　清古吳文裕堂刻本　四冊

110000 - 0102 - 0027722　己/739　集部/小
說類/章回

後七國樂田演義四卷二十回　(清)煙水散人
輯　(清)游方外客閱　清嘯花軒刻本　四冊

110000 - 0102 - 0027723　己/740　集部/小
說類/章回

新世鴻勳二卷二十回　(清)蓬蒿子撰　清北
京成善堂刻本　二冊

110000 - 0102 - 0027724　己/741　集部/小
說類/章回

順治過江四卷二十回　(清)蓬蒿子編　清咸
豐十一年(1861)刻本　四冊

110000 - 0102 - 0027725　己/742　集部/小
說類/章回

遼天鶴唳記　(清)氣凌霄漢者話評　清同治
六年(1867)石印本　四冊

110000 - 0102 - 0027726　己/743　集部/小
說類/章回

繪圖平金川四卷三十二回　(清)張小山編次
　清光緒二十五年(1899)富文書局石印本
四冊

110000 - 0102 - 0027727　己/744　集部/小
說類/話本

新編五代史平話十卷　(宋)□□編　清宣統

三年(1911)毗陵董氏誦芬室影刻本　二冊
缺二卷(梁史平話下、漢史平話下)

110000 - 0102 - 0027728　己/745　集部/小
說類/章回

萬年青十二卷續三卷　(清)□□編　清末刻
本　九冊

110000 - 0102 - 0027729　己/746　集部/小
說類/章回

忠烈俠義傳一百二十回　(清)石玉昆述　清
光緒八年(1882)北京聚珍堂書坊木活字本
吳曉鈴題記　二十四冊

110000 - 0102 - 0027730　己/747　集部/小
說類/章回

小五義一百二十四回　(清)石玉昆編　清光
緒十六年(1890)北京文光樓書坊刻本　二十
四冊

110000 - 0102 - 0027731　己/748　集部/小
說類/章回

于少保萃忠全傳十卷四十傳　(明)孫高亮纂
述　清刻本　六冊

110000 - 0102 - 0027732　己/749　集部/俗
文學類/彈詞

忠烈俠義傳說唱本　(□)□□撰　清抄本
十二冊　存第一至二、五至九、十一、十三、二
十冊,另有二冊無冊次

110000 - 0102 - 0027733　己/750　集部/小
說類/章回

忠列俠義傳一百二十四回　(清)石玉昆編
清抄本　四十冊

110000 - 0102 - 0027734　(己)/751　集部/
小說類/短篇

新刻全像海剛峰先生居官公案四卷七十一回
　(明)李春芳編次　明萬曆三十四年(1606)
金陵萬卷樓刻本　四冊

110000 - 0102 - 0027735　己/752　集部/小
說類/章回

兒女英雄傳評話四十回　(清)文康撰　(清)
吾了翁重訂　清光緒四年(1878)北京聚珍堂

書坊木活字本　二十冊

110000－0102－0027736　己/753　集部/小說類/章回

續小五義一百二十四回　（清）石玉昆編　清光緒十七年(1891)北京文光樓書坊刻本　二十四冊

110000－0102－0027737　己/755　子部/雜家類/雜纂

法戒錄六卷　（清）夢覺子彙集　清光緒十七年(1891)勝陽明善堂刻本　五冊

110000－0102－0027738　己/758　集部/小說類/話本

新刻古今傳奇十四卷　（明）墨憨道人輯　清刻本　二冊　存三卷(一至三)

110000－0102－0027739　己/759　集部/小說類/筆記小說

花間笑語五卷　（清）釀花使者輯　清咸豐九年(1859)北京釀花使者刻本　四冊

110000－0102－0027740　己/760　集部/小說類/筆記小說

夢花雜誌五卷　（清）李澄述　清道光六年(1826)刻本　二冊

110000－0102－0027741　己/762　集部/小說類/話本

拍案驚奇十二卷　（明）馮夢龍輯　清刻本十二冊

110000－0102－0027742　（己）/763　集部/小說類/短篇小說

十二樓十二種　（清）覺世稗官編次　（清）睡鄉祭酒批評　清初刻本　十冊

110000－0102－0027743　己/764　集部/小說類/話本

石點頭十四卷　（明）天然癡叟著　（清）墨憨主人著評　清同人堂刻本　六冊

110000－0102－0027744　己/765　集部/小說類/話本

今古奇觀四十卷　（明）抱甕老人輯　清光緒

十四年(1888)經文堂刻本　八冊

110000－0102－0027745　己/766　集部/小說類/話本

豆棚閒話十二卷　（清）艾衲居士撰　（清）百懶道人重訂　清乾隆六十年(1795)三德堂刻本　四冊

110000－0102－0027746　己/767　集部/小說類/話本

肉蒲團小說(覺後禪)　（明）情癡反正道人編次　（明）情死還魂社友批評　清刻本　三冊

110000－0102－0027747　己/768　集部/小說類/章回

新鐫古本批評繡像三世報隔簾花影四十八回　（清）四橋居士撰　清刻本　八冊

110000－0102－0027748　己/769　集部/小說類/話本

新編覺世梧桐影十二回　（□）□□撰　清抄本　四冊

110000－0102－0027749　（己）/771　集部/小說類/章回

新鐫全像通俗演義隋煬帝豔史四十回　（明）齊東野人撰　（明）不經先生批評　明崇禎刻本　十一冊

110000－0102－0027750　己/772　集部/小說類/章回

杏花天四卷十四回　（清）天放道人編次（清）白雲山人批評　清刻本　四冊

110000－0102－0027751　己/773　集部/小說類/章回

新鐫繡像風流悟八回　（清）坐花散人編輯　清刻本　四冊

110000－0102－0027752　（己）/776　集部/小說類/話本

五金魚傳　（明）□□撰　明刻本　吳曉鈴跋　一冊　存一卷(下)

110000－0102－0027753　（己）/777　集部/小說類/章回

新編四才子二集兩交婚小傳十八回　（清）天
花主人撰藏　清刻本　八冊

110000－0102－0027754　（己）/778　集部/
小說類/章回

新刻癡婆子傳二卷　（清）芙蓉主人輯　（清）
情癡子批校　清乾隆刻本　二冊

110000－0102－0027755　己/779　集部/小
說類/章回

新鐫桃花影四卷十二回　（清）煙花散人編次
　清畹香齋刻本　二冊

110000－0102－0027756　己/780　集部/小
說類/章回

新鐫小說戀情人六卷十二回　（□）□□撰
清刻本　一冊

110000－0102－0027757　己/781　集部/小
說類/章回

新刻全像浪史四十回　（清）風月軒入玄子著
　清嘯風軒刻本　二冊

110000－0102－0027758　己/785　集部/小
說類/章回

第五才子書十二卷一百二十四回　（元）施耐
庵撰　清乾隆刻本　十二冊

110000－0102－0027759　己/786　集部/小
說類/章回

結水滸全傳七十回結子一卷　（清）俞萬春著
　清咸豐七年(1857)京都東籬山人刻本　二
十四冊

110000－0102－0027760　己/787　集部/小
說類/長篇小說

繡像漢宋奇書六十卷　（清）金聖嘆先生批點
　清英德堂刻本　二十四冊

110000－0102－0027761　（己）/788　集部/
小說類/章回

第五才子書施耐庵水滸傳七十回　（元）施耐
庵著　（清）金聖嘆評　清初貫華堂刻本　三
十二冊

110000－0102－0027762　己/789　集部/小

說類/章回

忠義水滸全書一百二十回　（元）施耐庵集撰
　（明）羅貫中纂修　清抄本　二十四冊

110000－0102－0027763　己/792　集部/小
說類/章回

第一才子書六十卷　（明）羅貫中撰　（清）毛
宗崗評　清咸豐三年(1853)常熟顧氏小石山
房刻本　十六冊

110000－0102－0027764　己/796　集部/小
說類/章回

新說西遊記八十回　（明）吳承恩著　（清）張
紳注書　清乾隆十四年(1749)刻本　二十
四冊

110000－0102－0027765　（己）/797　集部/
小說類/章回

西遊真詮一百回　（明）吳承恩撰　（清）陳士
斌詮解　清乾隆四十五年(1780)金閶書業堂
刻本　二十冊

110000－0102－0027766　（己）/798　集部/
小說類/章回

新鐫批評出像通俗演義禪真後史十卷六十回
　（明）清溪道人編次　（清）沖和居士評校
明崇禎刻本　八冊　存三十回(一至三十)

110000－0102－0027767　己/799　集部/小
說類/長篇小說

南海記一卷　（清）觀我道人撰　清同治七年
(1868)刻民國二十五年(1936)大慈宮白玉山
書局印本　二十冊

110000－0102－0027768　己/800　集部/小
說類/長篇小說

西遊記釋喻　顧道民脫稿　客夫人校字　清
刻本　三冊

110000－0102－0027769　（己）/801　集部/
小說類/章回

綠野仙蹤五十回　（清）李百川著　清抄本
五冊

110000－0102－0027770　己/802　集部/小
說類/章回

綠野仙蹤八十回　（清）李百川撰　清道光十年(1830)刻本　二十冊

110000－0102－0027771　己/803　集部/小說類/章回

鐵花仙史二十六回　（清）雲封山人編次（清）一嘯居士評點　清末刻本　八冊

110000－0102－0027772　己/804　集部/小說類/章回

濟顛大師醉菩提全傳二十回　（清）西湖墨浪子撰　清末刻本　六冊

110000－0102－0027773　己/805　集部/小說類/章回

新編玉蟾記六卷五十三回　（清）通訏黃石著　清道光十九年(1839)綠玉山房刻本　六冊

110000－0102－0027774　己/806　集部/小說類/章回

繡雲閣八卷一百四十三回　（清）魏文中編輯　清同治八年(1869)富順虛明子刻本　八冊

110000－0102－0027775　己/807　集部/小說類/章回

金蓮仙史二十四回　（清）潘昶撰　清光緒三十四年(1908)上海翼化堂刻本　四冊

110000－0102－0027776　己/808　集部/小說類/章回

濟顛大師醉菩提全傳二十回　（清）西湖墨浪子撰　清刻本　四冊

110000－0102－0027777　己/809　集部/小說類/章回

第九才子書平鬼傳四卷十回　（清）樵雲山人編次　清近文堂刻本　二冊

110000－0102－0027778　己/810　集部/小說類/章回

嶠霄館評定出像通俗演義魏忠賢小說斥奸書七卷三十四回　（清）吳越草莽臣撰　清抄本　五冊　缺九回(十三至二十一)

110000－0102－0027779　(己)/811　集部/小說類/章回

快心編初集五卷十回二集五卷十回三集六卷十二回　（清）天花才子編輯　（清）四橋居士評點　清初課花書屋刻本　十六冊

110000－0102－0027780　己/813　集部/小說類/章回

常言道四卷十六回　（清）落魄道人編　清光緒元年(1875)得成堂刻本　書皮手書“鶴年手訂”　四冊

110000－0102－0027781　己/814　集部/小說類/章回

儒林外史五十六回　（清）吳敬梓著　清嘉慶二十一年(1816)藝古堂刻本　十二冊

110000－0102－0027782　己/815　集部/小說類/章回

野叟曝言一百五十四回　（清）夏敬渠著　清光緒八年(1882)石印本　二十冊

110000－0102－0027783　己/816　集部/小說類/翻譯小說

巴黎茶花女遺事　（法國）小仲馬撰　曉齋述冷紅生筆記　清光緒二十七年(1901)玉晴瑤怨館石印本　一冊

110000－0102－0027784　己/817　集部/俗文學類/變文

福海無邊一卷　（清）□□輯　清刻本　一冊

110000－0102－0027785　己/818　集部/小說類/章回

警富新書四卷三十六回　（清）安和撰　清嘉慶十四年(1809)刻本　四冊

110000－0102－0027786　己/819　集部/小說類/章回

繪圖增注官場現形記六編七十六回　（清）李寶嘉撰　清光緒石印本　四冊　存一編十六回(第六編六十一至七十六回)

110000－0102－0027787　己/820　集部/小說類/章回

最新增注繪圖官場現形記七編九十二回　（清）李寶嘉撰　清宣統二年(1910)石印本　四冊　存一編十六回(七十七至九十二)

110000 - 0102 - 0027788　己/821　集部/小說類/章回

繪圖陰陽閨異說傳奇四卷十六回　（清）夢花主人撰　清光緒二十年(1894)上海書局石印本　二冊

110000 - 0102 - 0027789　己/822　集部/小說類/章回

新刻癡人福四卷八回　（□）□□撰　清光緒二十九年(1903)上海書局石印本　四冊

110000 - 0102 - 0027790　己/823　集部/小說類/短篇小說

二刻泉潮荔鏡奇逢二卷　（清）□□撰　清道光二十七年(1847)刻本　二冊

110000 - 0102 - 0027791　己/825　集部/小說類/章回

風月夢三十二回　（清）邗上蒙人撰　清光緒十二年(1886)刻本　六冊

110000 - 0102 - 0027792　己/826　集部/小說類/章回

新刻世途境　（清）□□撰　清刻本　一冊

110000 - 0102 - 0027793　己/827　集部/小說類/章回

繡像批點麟兒報四卷十六回　（□）□□撰　清咸豐二年(1852)刻本　四冊

110000 - 0102 - 0027794　己/828　集部/小說類/章回

繡戈袍真本八卷四十二回　（清）隨園主人著　（清）曾放翁校正　清刻本　八冊

110000 - 0102 - 0027795　（己）/829　集部/小說類/章回

金瓶梅一百回　（明）蘭陵笑笑生撰　清乾隆抄本　二十冊

110000 - 0102 - 0027796　己/830　集部/小說類/章回

雲鍾雁三鬧太平莊全傳五十四回　（□）□□撰　清道光二十九年(1849)一笑軒刻本　十二冊

110000 - 0102 - 0027797　己/831　集部/俗文學類/彈詞

再生緣全傳二十卷　（清）香葉閣主人撰　清道光三十年(1850)刻本　十五冊　缺五卷（一、十一至十三、十五）

110000 - 0102 - 0027798　己/832　集部/集評類/文評/專評

紅樓夢偶說二卷　（清）晶三蘆月草舍居士撰　清光緒二年(1876)賈覆山房刻本　二冊

110000 - 0102 - 0027799　己/833　集部/小說類/章回

新注綠牡丹全傳六十四回　（清）□□撰　清刻本　十二冊

110000 - 0102 - 0027800　己/834　集部/小說類/章回

紅樓夢八十回　（清）曹霑撰　清同治、光緒戩宜之抄本　二十冊

110000 - 0102 - 0027801　（己）/835　集部/小說類/章回

紅樓夢一百二十回　（清）曹霑撰　清抄本　四冊　存四十回（五十一至七十、八十一至一百）

110000 - 0102 - 0027802　己/836　集部/集評類/文評/專評

紅樓夢評贊　（清）王雪香撰　清光緒二年(1876)上海刻本　六冊

110000 - 0102 - 0027803　（己）/837　集部/小說類/章回

紅樓夢一百二十回　（清）曹霑撰　（清）高鶚續　清乾隆五十七年(1792)程偉元萃文書屋木活字本　二十四冊

110000 - 0102 - 0027804　己/838　集部/小說類/章回

紅樓夢一百二十回　（清）曹霑撰　（清）高鶚續　清抄本　二十四冊

110000 - 0102 - 0027805　己/839　集部/小說類/章回

紅樓夢一百二十回　（清）曹霑撰　（清）高鶚

續　清同治三年(1864)耘香閣刻本　二十四冊

110000－0102－0027806　己/840　集部/小說類/章回

花月痕全書五十二回　（清）眠鶴主人編次（清）棲霞居士評閱　清光緒十四年(1888)刻本　十六冊

110000－0102－0027807　己/841　集部/小說類/章回

續紅樓夢三十卷　（清）秦子忱撰　清嘉慶四年(1799)抱甕軒刻本　六冊　存十六卷(一至十六)

110000－0102－0027808　己/842　集部/小說類/章回/清

續金瓶梅六十四回　（清）紫陽道人編　清刻本　十二冊

110000－0102－0027809　（己）/843　集部/小說類/章回/明

新刻繡像批評金瓶梅二十卷一百回　（明）蘭陵笑笑生撰　明崇禎刻本　一冊　存五回(一至五)

110000－0102－0027810　己/844　集部/小說類/章回/明

歡喜冤家六卷二十四回　（明）西湖漁隱主人編　清嘉慶二十三年(1818)文秀堂刻本　十冊

110000－0102－0027811　己/845　集部/小說類/章回/清

紅樓復夢一百卷一百回　（清）小和山樵南陽氏編　清嬛嬛齋刻本　二十冊

110000－0102－0027812　己/847　集部/小說類/章回/清

紅樓真夢六十四回　（清）雲淙花隱撰　清光緒六年(1880)鉛印本　十六冊

110000－0102－0027813　己/848　集部/小說類/章回/清

鴛鴦影十八回　（清）□□撰　清道光二年(1822)刻本　四冊

110000－0102－0027814　己/849　集部/小說類/章回/清

比目魚七回　（清）松竹草廬愛月主人編次　清嘯花軒刻本　二冊

110000－0102－0027815　己/850　集部/小說類/章回/清

紅樓圓夢三十回　（清）□□撰　清嘉慶十九年(1814)紅薔閣刻本　六冊

110000－0102－0027816　己/851　集部/小說類/章回/清

後紅樓夢三十卷三十回首一卷附刻詩二卷　（清）逍遙子撰　清刻本　十二冊

110000－0102－0027817　己/852　集部/小說類/章回/清

品花寶鑑六十回　（清）陳森撰　清道光二十九年(1849)幻中了幻居士刻本　二十冊

110000－0102－0027818　己/853　集部/小說類/章回/清

清風閘四卷三十二回　（清）□□撰　清嘉慶二十四年(1819)刻本　四冊

110000－0102－0027819　己/854　集部/小說類/章回/清

雙奇夢傳四卷二十回　（清）青心才人撰　清談惜軒刻本　四冊

110000－0102－0027820　己/855　集部/小說類/章回/清

好逑傳四卷十八回　（清）名教中人編　清獨處軒刻本　四冊

110000－0102－0027821　己/856　集部/小說類/章回

春秋配四卷　（□）□□撰　清刻本　四冊　存四卷(卷四缺頁)

110000－0102－0027822　己/857　集部/小說類/章回/清

續紅樓夢三十卷　（清）秦子忱撰　清嘉慶四年(1799)抱甕軒刻本　十冊

110000－0102－0027823　己/858　集部/小

說類/章回

駐春園小史六卷二十四回 （清）吳航野客編次 （清）水箸散人評閱 清乾隆四十八年(1783)三餘堂刻本 四冊

110000－0102－0027824 己/859 集部/集評類/文評/專評

紅樓夢廣義紀略 （清）青山山農撰 清石印本 一冊

110000－0102－0027825 己/860 集部/小說類/章回/清

西湖小史四卷十六回首一卷 （清）蓉江著 清刻本 四冊

110000－0102－0027826 己/861 集部/小說類/章回/清

畫圖緣四卷十六回 （清）步月主人撰 清積經堂刻本 四冊

110000－0102－0027827 己/862 集部/小說類/章回/清

錦香亭四卷十六回 （清）素庵主人編 清經綸堂刻本 四冊

110000－0102－0027828 己/863 集部/小說類/章回

鳳凰池四卷十六回 （清）煙霞散人編 清鼎翰樓刻本 四冊 缺五回(十二至十六)

110000－0102－0027829 己/864 集部/小說類/章回/清

蝴蝶媒四卷十六回 （清）南嶽道人編 清刻本 四冊

110000－0102－0027830 己/865 集部/小說類/傳奇

天合良緣一卷 （清）墅史逸叟撰 清咸豐七年(1857)刻本 一冊

110000－0102－0027831 己/866 集部/小說類/章回

天花藏合刻七才子書五卷 （清）荑秋散人編次 清乾隆五年(1740)翼聖堂重刻本 二冊

110000－0102－0027832 己/866 集部/小

說類/章回/清

平山冷燕五卷二十回 （清）荑秋散人編次 清乾隆五年(1740)翼聖堂刻天花藏合刻七才子書本 二冊

110000－0102－0027833 己/866 集部/小說類/章回/清

玉嬌梨五卷二十回 （清）荑秋散人編次 清乾隆五年(1740)翼聖堂刻天花藏合刻七才子書本 二冊

110000－0102－0027834 己/867 集部/小說類/章回/清

三妙傳六卷 （清）養純子編集 清刻本 一冊

110000－0102－0027835 己/868 集部/小說類/章回/清

情夢柝二卷二十回 （清）蕙水安陽酒民著 （清）西心灌菊散人評 清刻本 二冊

110000－0102－0027836 己/869 集部/曲類/曲別集/雜劇

南華夢雜劇 （清）半粟填詞初稿 （清）蜎廬制譜訂定 清末民國精抄本 一冊

110000－0102－0027837 己/870 集部/曲類/曲譜、曲韻

自怡曲譜 （明）王鏊填詞 （清）王季烈曲作 清末民國精抄本 一冊

110000－0102－0027838 己/873 集部/戲曲類/昆曲

與眾曲譜八卷 （清）王季烈輯 清光緒六年(1880)長白延增竹南刻本 八冊

110000－0102－0027839 己/875 集部/曲類/曲譜、曲韻

燕子箋曲譜四十二出 （清）枕雷道士校定 大雷童嬛瑱如 小雷柳嬝琬如侍拍 清末劉氏賜書台刻雙忽雷閣匯訂曲譜本 二冊

110000－0102－0027840 己/876 集部/曲類/曲譜、曲韻

曲譜 （□）□□撰 清抄本 四冊

110000 – 0102 – 0027841　己/878　集部/俗文學類/子弟書

絮閣　（□）□□撰　清末百本張抄本　三冊

110000 – 0102 – 0027842　己/879　集部/俗文學類/子弟書

掃秦　（□）□□撰　清末百本張抄本　二冊

110000 – 0102 – 0027843　己/880　集部/俗文學類/子弟書

絮姬　（□）□□撰　清末百本張抄本　一冊

110000 – 0102 – 0027844　己/881　集部/俗文學類/子弟書

琴調　（□）□□撰　清末百本張抄本　一冊

110000 – 0102 – 0027845　己/882　集部/俗文學類/子弟書

幻化　（□）□□撰　清末百本張抄本　一冊

110000 – 0102 – 0027846　己/883　集部/俗文學類/子弟書

遙祭　（□）□□撰　清末百本張抄本　一冊

110000 – 0102 – 0027847　己/884　集部/俗文學類/子弟書

醉鳥　（□）□□撰　清末百本張抄本　一冊

110000 – 0102 – 0027848　己/885　集部/俗文學類/子弟書

請神　（□）□□撰　清末百本張抄本　一冊

110000 – 0102 – 0027849　己/886　集部/曲類/曲譜、曲韻

西廂記　荆釵記　牡丹亭還魂記　（□）□□撰　清抄本　四冊

110000 – 0102 – 0027850　己/887　集部/集評類/曲評

度曲須知二卷　（明）沈寵綏著　清末民初刻本　四冊

110000 – 0102 – 0027851　己/888　集部/曲類/曲譜、曲韻

瘞雲巖曲譜　（清）玉泉樵子填詞　（清）眾溪逸叟訂譜　清同治十年(1871)刻本　二冊

110000 – 0102 – 0027852　己/889　集部/曲類/曲譜

蘭桂仙曲譜二卷　（清）左潢考訂　清嘉慶八年(1803)藤花書舫刻本　一冊

110000 – 0102 – 0027853　己/890　集部/戲曲類

曲詞七十四種　（□）□□撰　清抄本　二十四冊

110000 – 0102 – 0027854　己/891　集部/戲曲類

崑弋集雅　（□）□□撰　清抄本　吳曉鈴手記　六冊

110000 – 0102 – 0027855　（己）/892　集部/曲類/曲譜、曲韻

曲律四卷　（明）王驥德撰　明天啟四年(1624)毛以遂刻本　四冊

110000 – 0102 – 0027856　己/893　經部/小學類/音韻

中州全韻二十二卷首一卷　（清）周昂輯　清集古堂刻本　十冊

110000 – 0102 – 0027857　己/894　叢部/彙編叢書/明

嘯餘譜十一卷　（明）程明善編輯　（清）張漢重訂　清康熙元年(1662)聖雨齋重刻本　八冊　缺四卷(二至三、七、九)

110000 – 0102 – 0027858　己/895　經部/小學類/音韻

韻學驪珠二卷　（清）沈乘麐輯　清嘉慶元年(1796)枕流居刻本　四冊

110000 – 0102 – 0027859　己/896　集部/集評類/曲評

南曲入聲客問　（清）毛先舒著　明何元朗徐陽初曲論　（明）何良俊　（明）徐復祚著　清精抄本　一冊

110000 – 0102 – 0027860　己/897　集部/曲類/曲譜、曲韻

彙纂元譜南曲九宮正始　（明）徐子室輯　（清）鈕少雅訂　清抄本　六冊

110000 – 0102 – 0027861　己/898　經部/小學類/音韻

中州全韻十九卷　（清）范善溙纂　清抄本四冊

110000 – 0102 – 0027862　己/899　經部/小學類/音韻

韻學驪珠二卷　（清）沈乘麐輯　清光緒十八年(1892)松江顧文善齋刻本　二冊

110000 – 0102 – 0027863　己/901　經部/小學類/音韻

三教經書文字根本　阿摩利諦等訂集　清抄精抄本　一冊

110000 – 0102 – 0027864　己/902　經部/小學類/音韻

音韻正訛四卷　（明）孫廷燦　（明）吳道生同輯　清吟香齋刻本　一冊　存一卷(一)

110000 – 0102 – 0027865　己/903　集部/曲類/曲譜、曲韻

彙纂元譜南曲九宮正始　（明）徐子室輯（清）鈕少雅訂　清朱墨藍三色抄本　有鳧翁印及手記　五冊

110000 – 0102 – 0027866　己/904　經部/小學類

問奇典注六卷　（清）唐英輯　清嘉慶二十三年(1818)武昌張昞刻本　六冊

110000 – 0102 – 0027867　己/905　經部/小學類/音韻

音韻輯要二十一卷　（清）王鵷纂　清刻本二冊

110000 – 0102 – 0027868　己/906　經部/小學類/音韻

韻白一卷　（清）毛先舒撰　清刻本　一冊

110000 – 0102 – 0027869　己/907　經部/小學類/音韻

中州音韻　（元）卓從之撰　（清）趙善達校清抄本　二冊

110000 – 0102 – 0027870　己/911　經部/小學類/音韻

圓音正考　（清）存之堂集　清道光十年(1830)北京三槐堂書坊刻本　一冊

110000 – 0102 – 0027871　己/912　集部/曲類/曲譜、曲韻

南曲譜　（清）張漢重校　清末民國石印本一冊

110000 – 0102 – 0027872　己/913　集部/曲類

曲學津逮　陳栩編　清光緒三十二年至三十三年(1906 – 1907)陳栩一粟園刻本　一冊

110000 – 0102 – 0027873　己/915　集部/曲類/曲譜、曲韻

絃索辨訛　（明）沈寵綏訂　明崇禎十二年(1639)刻本　一冊　存一卷(西廂上)

110000 – 0102 – 0027874　己/924　叢部/彙編叢書/清中晚期

硯緣集錄　（清）王壽邁輯　清咸豐六年(1856)大興王壽邁硯緣庵刻七年(1857)三次印本　四冊

110000 – 0102 – 0027875　己/925　集部/曲類/曲別集/傳奇

瀟湘怨　（清）萬玉卿填詞　清嘉慶五年(1800)聚生堂刻本　四冊

110000 – 0102 – 0027876　己/926　集部/曲類/曲別集/傳奇

玉茗堂四種　（明）湯顯祖撰　清嘉慶聚德堂刻本　八冊

110000 – 0102 – 0027877　己/927　集部/曲類/曲別集/傳奇

俠女記傳奇十二出　（□）□□撰　清同治十年(1871)刻本　二冊

110000 – 0102 – 0027878　己/928　集部/曲類/曲別集/傳奇

紅羊劫傳奇　（清）劫余道人撰　清同治元年(1862)影印本　一冊

110000 – 0102 – 0027879　己/929　集部/曲

類/曲別集/傳奇

紅梨記二卷三十出 （明）徐復祚著 清乾隆
刻本 一冊

110000－0102－0027880 己/930 集部/曲
類/曲別集/傳奇

繡襦記二卷四十一出 （明）徐霖著 清乾隆
刻本 二冊

110000－0102－0027881 己/931 集部/曲
類/曲別集/傳奇

繡襦記二卷四十一出 （明）徐霖著 清乾隆
刻本 二冊

110000－0102－0027882 己/932 集部/曲
類/曲別集/傳奇

桃花夢傳奇四卷十六出題詞一卷 （清）陳栩
填詞 （清）華諟評文 清光緒二十六年
（1900）杭州大觀報館鉛印本 四冊

110000－0102－0027883 己/934 集部/曲
類/曲別集/傳奇

東廂記四卷十六出首一卷 （清）湯世瀅填詞
（清）胡來照評點 清光緒上海申報館鉛印
本 四冊

110000－0102－0027884 己/935 集部/曲
類/曲別集/傳奇

紅樓夢傳奇八卷 （清）陳鍾麟填詞 清道光
二十六年（1846）長沙重刻本 四冊

110000－0102－0027885 己/936 集部/曲
類/曲別集/傳奇

紅樓夢傳奇二卷五十六出 （清）仲振奎填詞
清嘉慶四年（1799）綠雲紅雨樓刻本 五冊

110000－0102－0027886 己/937 集部/曲
類/曲別集/傳奇

返魂香傳奇四卷四十出 （清）香雪道人填詞
清光緒三年（1877）上海申報館鉛印本
四冊

110000－0102－0027887 己/938 集部/曲
類/曲別集/傳奇

砥石齋二種曲 （清）汪柱撰 清松月軒刻本
五冊

488

110000－0102－0027888 己/939 集部/曲
類/曲別集/傳奇

烏闌誓傳奇二卷三十六出首一卷釣渭間雜膾
五種 （清）潘炤撰 清嘉慶二十年（1815）小
百尺樓刻本 六冊

110000－0102－0027889 己/940 集部/曲
類/曲別集/傳奇

小蓬萊閣傳奇十種 （清）劉清韻填詞 清光
緒二十六年（1900）上海藻文石印本 六冊

110000－0102－0027890 己/941 集部/曲
類/曲別集/傳奇

芙蓉碣傳奇二卷十四出 （清）張雲驤填詞
（清）王以憼評點 清光緒九年（1883）刻本
吳曉鈴題記 二冊

110000－0102－0027891 己/942 集部/曲
類/曲別集/傳奇

新刻出相音注勸善目蓮救母行孝戲文三卷
（明）鄭之珍編 清聚星堂刻本 四冊

110000－0102－0027892 己/943 集部/曲
類/曲別集/傳奇

東郭記二卷四十四出 （明）夢漚居士填詞
清同治十一年（1872）古邵州經綸堂刻本
二冊

110000－0102－0027893 己/944 集部/曲
類/曲別集/傳奇

虎口餘生傳奇四卷四十出 （清）遺民外史著
清刻本 四冊

110000－0102－0027894 己/945 集部/曲
類/曲別集/傳奇

秋水堂雙翠圓傳奇二卷二十八出 （清）夏秉
衡填詞 清乾隆三十二年（1767）秋水堂刻本
四冊

110000－0102－0027895 己/946 集部/曲
類/曲別集/傳奇

雷峰塔傳奇四卷三十四出 （清）岫雲詞逸改
本 清乾隆五十五年（1790）玉錦樓刻本
四冊

110000－0102－0027896 己/947 集部/曲

類/曲別集/傳奇

誦荻齋曲二種　（清）徐鄂填詞　清光緒十二年至十三年(1886－1887)大同書局石印本　四冊

110000－0102－0027897　己/948　集部/曲類/曲別集/傳奇

西樓記四卷四十出　（清）袁于令撰　清乾隆五十五年(1790)刻本　二冊

110000－0102－0027898　己/949　集部/曲類/曲別集/傳奇

槐蔭堂繪像第七才子書琵琶記六卷　（元）高明撰　清雍正十三年(1735)程士任成裕堂刻本　六冊

110000－0102－0027899　己/952　集部/戲曲類

戲曲十六種　（□）□□撰　清郭春福等抄本　六冊

110000－0102－0027900　己/953　集部/戲曲類

梨園集成四十六種　（清）李世忠輯　清光緒六年(1880)李世忠刻獅竹友齋刷印本　十九冊　缺三種(沙陀頒兵、風雲會、斬黃袍)

110000－0102－0027901　己/954　集部/曲類/曲別集/傳奇

極樂世界傳奇十三卷八十二出　（清）觀劇道人撰　（清）試香女史參評　清光緒三十一年(1905)安雅書局鉛印安雅新小說本　六冊

110000－0102－0027902　己/955　集部/曲類/曲別集

庶幾堂今樂二十八卷弁言一卷　（清）余治撰　（清）望炊樓主人編次　清光緒六年(1880)鄭官應待鶴齋刻本　十冊

110000－0102－0027903　己/956　集部/戲曲類

改制皮黃新詞四卷　（清）遊戲主人改　（清）嘯月樵客評　清抄本　四冊

110000－0102－0027904　己/957　集部/曲類/曲別集/傳奇

錯中錯二卷三十六出　（清）瀛海勉癡子編　清道光九年(1829)懷清堂刻本　四冊

110000－0102－0027905　己/959　子部/藝術類/雜技

重訂宣和譜牙牌彙集二卷　（清）杏園輯　（清）雲庵氏重訂　清光緒十二年(1886)刻本　二冊

110000－0102－0027906　己/962　集部/曲類/曲別集/傳奇

兩世因十八出　（清）洗心道人撰　清抄本　一冊

110000－0102－0027907　己/963　集部/曲類/曲別集/傳奇

長生殿時劇八出　（清）四樂齋主人撰　清光緒二十三年(1897)亦囂囂齋主人鉛印本　一冊

110000－0102－0027908　己/964　集部/戲曲類

謔語奇緣　（□）□□撰　清抄本　一冊

110000－0102－0027909　己/967　集部/曲類/曲別集/傳奇

驪姬禍一百六十一場　（□）□□撰　清末民國永明印書局鉛印本　一冊

110000－0102－0027910　己/968　集部/曲類/曲別集/傳奇

海天嘯傳奇八出　（清）劉鈺著　清光緒三十二年(1906)上海小說林社鉛印本　一冊

110000－0102－0027911　己/969　集部/曲類/曲別集/傳奇

風洞山傳奇二十四出　（清）長洲呆道人著　清光緒三十二年(1906)上海小說林社鉛印本　一冊

110000－0102－0027912　己/971　集部/曲類/曲別集/傳奇

警黃鍾傳奇十出附錄二出　（清）祈黃樓主人著　清光緒三十二年(1906)上海新小說社鉛印本　一冊

110000 – 0102 – 0027913　己/973　集部/曲類/曲別集/傳奇

海僑春傳奇二卷十六出　（□）□□撰　清末民國鉛印本　一冊

110000 – 0102 – 0027914　己/974　集部/曲類/曲別集/傳奇

秦淮月傳奇五出　栩癡填詞　清末民國鉛印本　一冊

110000 – 0102 – 0027915　己/976　集部/戲曲類

五虎傳灤州影戲總講　（□）□□撰　清同治十三年（1874）志成堂抄本　吳曉鈴手記　十二冊

110000 – 0102 – 0027916　己/977　集部/戲曲類

鎮冤塔影戲　（□）□□撰　清道光十二年至二十七年（1832 – 1847）瑞祥堂吳記抄本　七冊

110000 – 0102 – 0027917　己/978　集部/戲曲類

小英傑影戲　（□）□□撰　清抄本　六冊

110000 – 0102 – 0027918　己/981　集部/俗文學類/彈詞

庚子國變彈詞四十回　（清）世界繁華報館編　清光緒二十九年（1903）上海世界繁華報館鉛印本　六冊

110000 – 0102 – 0027919　己/986　集部/戲曲類

普天樂八本　（□）□□撰　清光緒十三年（1887）世德堂姚記抄本　八冊

110000 – 0102 – 0027920　己/987　集部/戲曲類

施公新傳十二本　（清）史松泉撰　清抄本　一冊　缺一本（二）

110000 – 0102 – 0027921　己/989　集部/戲曲類

血手印　（□）□□撰　清朱墨二色抄本　一冊

110000 – 0102 – 0027922　（己）/991　集部/曲類/曲選

清音小集四卷三十二種　（□）□□撰　清乾隆四十八年（1783）敏修堂刻本　四冊

110000 – 0102 – 0027923　己/992　子部/儒家類/明

呂書四種合刻　（明）呂德勝　（明）呂坤著　（清）栗毓美纂　清道光七年（1827）開封府署刻本　一冊

110000 – 0102 – 0027924　己/993　史部/史評類

峴南道唱談　（清）樵隱先生授　清宣統三年（1911）刻本　一冊

110000 – 0102 – 0027925　己/994　集部/戲曲類

岔曲鈔存　（□）□□撰　清抄本　吳曉鈴手記　一冊

110000 – 0102 – 0027926　己/995　集部/戲曲類

樊江關　（□）□□撰　清抄本　一冊

110000 – 0102 – 0027927　己/996　集部/戲曲類

洛神□□場　（□）□□撰　清抄本　一冊　存三場（二至三、六）

110000 – 0102 – 0027928　己/997　集部/戲曲類

義和團皮簧　（□）□□撰　清抄本　一冊

110000 – 0102 – 0027929　己/999　集部/俗文學類

庵堂相會　繡荷包　（□）□□撰　清光緒二十七年（1901）巫進慶抄本　一冊　殘本

110000 – 0102 – 0027930　己/1004　集部/俗文學類

新刻玉釧緣全傳三十二卷二百三十四回　（□）□□撰　清道光二十二年（1842）北京善成堂刻本　三十一冊　缺一卷（二十八）

110000 – 0102 – 0027931　己/1005　史部/傳

記類/別傳

卹贈朝議大夫李公遺事録 （□）□□撰　清
嘉慶刻本　一冊

110000－0102－0027932　（己）/1006　史部/
史評類

重刻歴代史略辭話二卷 （明）楊慎纂　（清）
董世顯訂　（清）朱璣評　清初古吳德聚堂刻
本　二冊

110000－0102－0027933　己/1007　集部/俗
文學類/彈詞

二十世紀女界文明燈彈詞上卷 （清）鍾情著
　清宣統三年（1911）上海明明學社石印本
一冊　存一卷（上）

110000－0102－0027934　己/1008　集部/俗
文學類

聚卷堂李、百本張所抄雜曲 （□）□□撰
清末民國北京聚卷堂李、百本張抄本　吳曉
鈴手記　九冊

110000－0102－0027935　己/1009　集部/俗
文學類/鼓詞/清

憫忠碑鼓詞 （□）□□撰　清抄本　吳曉鈴
手記　四冊

110000－0102－0027936　己/1010　集部/俗
文學類/鼓詞/清

續慈雲走國六卷 （□）□□撰　清廣州醉經
堂刻本　一冊

110000－0102－0027937　己/1011　集部/俗
文學類

新刊琴腔曲十隻 （□）□□撰　清末民國峻
川徐記抄本　二冊

110000－0102－0027938　己/1012　集部/俗
文學類

岔曲選録 （□）□□撰　清光緒二十七年
（1901）厚田朱墨二色抄本　一冊

110000－0102－0027939　己/1013　集部/俗
文學類/鼓詞

二十四孝鼓詞 （□）□□撰　清道光十四年
（1834）濟南英華齋刻本　一冊

110000－0102－0027940　己/1014　集部/曲
類/曲別集

新編濃淡詞十卷 （清）張淡然編輯　清道光
十五年（1835）刻本　三冊

110000－0102－0027941　己/1015　集部/俗
文學類/民歌民謠

山歌幾十支 （□）□□撰　清末民國許鳳柏
抄本　一冊

110000－0102－0027942　己/1016　集部/俗
文學類/子弟書

幹鮮菜果名 （□）□□撰　清末百本張抄本
　一冊

110000－0102－0027943　己/1017　集部/俗
文學類

醉臥秋林下岔曲 （□）□□撰　清別埜堂抄
本　一冊

110000－0102－0027944　己/1018　集部/戲
曲類/京劇

石派通天河卷三 （□）□□撰　清抄本
一冊

110000－0102－0027945　己/1019　集部/曲
類/曲別集/傳奇

繪真記四卷四十回 （清）邀月樓主人手編
（清）素仙女史校　清光緒二十一年（1895）上
海書局石印本　四冊

110000－0102－0027946　己/1020　集部/俗
文學類

小曲摘抄 （清）遇素新編　清北京鴻文堂抄
本　一冊

110000－0102－0027947　己/1021　子部/儒
家類/明

小兒語歌 （明）呂坤撰　清朱桂林抄本
一冊

110000－0102－0027948　己/1022　集部/俗
文學類

曲辭 （□）□□撰　清末民國抄本　一冊

110000－0102－0027949　己/1023　集

部/俗文學類

山歌菜桑 （□）□□撰　清末民國抄本
一冊

110000－0102－0027950　己/1024　經部/小
學類

正音再華　紅樓夢摘華　（清）莎彝尊輯　清
同治七年(1868)塵談軒刻本　一冊

110000－0102－0027951　己/1025　集部/俗
文學類/民歌民謠

山歌　（□）□□撰　清末民國抄本　一冊

110000－0102－0027952　己/1026　集部/曲
類/曲譜

二十四番花信風　（□）□□撰　清陳玉春抄
本　一冊

110000－0102－0027953　己/1027　集部/曲
類/曲選

清音雜錄　（□）□□撰　清末民國抄本
一冊

110000－0102－0027954　己/1028　集部/俗
文學類/鼓詞

嘻笑怒罵鼓詞合刊　月月小說社編　清末上
海月月小說社鉛印本　一冊

110000－0102－0027955　己/1029　集部/曲
類/曲別集/雜劇

雜劇四種　清末民國抄本　一冊

110000－0102－0027956　己/1030　集部/俗
文學類/鼓詞

問天傳鼓詞　（清）蒲松齡著　清末民國抄本
一冊

110000－0102－0027957　己/1031　集部/俗
文學類/雜曲

小曲雜抄　江楷陞抄　清末民國江楷陞抄本
一冊

110000－0102－0027958　己/1032　集部/俗
文學類

羅狀元爲仙勸世詞　（□）□□撰　清光緒二
十年(1894)抄本　一冊

110000－0102－0027959　己/1033　集部/俗
文學類/雜曲

闔家歡樂　（□）□□撰　清別埜堂抄本
一冊

110000－0102－0027960　己/1034　集部/俗
文學類/雜曲

開篇抄存　（□）□□撰　清末民國抄本
一冊

110000－0102－0027961　己/1035　集部/俗
文學類/雜曲

雜抄　（□）□□撰　清抄本　一冊

110000－0102－0027962　己/1036　集部/俗
文學類/彈詞

慈生篇　王劭和撰　清末民國刻本　一冊

110000－0102－0027963　己/1038　集部/俗
文學類

進寺門　（□）□□撰　清末民國蔡本初抄本
一冊

110000－0102－0027964　己/1039　集部/俗
文學類

過會□卷　（□）□□撰　清末民國抄本　一
冊　存一卷(上)

110000－0102－0027965　己/1040　集部/俗
文學類/彈詞

彈詞鱗爪　（□）□□撰　清抄本　四冊

110000－0102－0027966　己/1041　集部/俗
文學類

橄欖蘆夢　（□）□□撰　清抄本　一冊

110000－0102－0027967　己/1042　經部/小
學類

正音咀華三卷續編一卷附儀略一卷　（清）莎
彝尊著　清咸豐三年(1853)廣州塵談軒刻本
二冊

110000－0102－0027968　己/1044　集部/俗
文學類/民歌民謠

山歌　（□）□□撰　清抄本　一冊

110000－0102－0027969　己/1045　集部/俗

文學類/雜曲

雜曲抄 （□）□□撰　清抄本　一冊

110000－0102－0027970　己/1047－21　集部/俗文學類

姑娘十二漂 （□）□□撰　清風雲山房刻本　一冊

110000－0102－0027971　己/1047－22　集部/俗文學類

老媽回家歎十聲 （□）□□撰　清刻本　一冊

110000－0102－0027972　己/1047－23　集部/俗文學類

姑娘二十四標 （□）□□撰　清刻本　一冊

110000－0102－0027973　己/1047－24　集部/俗文學類

十大姐 （□）□□撰　清刻本　一冊

110000－0102－0027974　己/1047－25　集部/俗文學類

江西賣雜貨 （□）□□撰　清末民國刻本　一冊

110000－0102－0027975　己/1047－26　集部/俗文學類

借笛笛 （□）□□撰　清刻本　一冊

110000－0102－0027976　己/1047－27　集部/俗文學類

紫金瓶 （□）□□撰　清益陽頭堡文元堂刻本　一冊

110000－0102－0027977　己/1048　史部/傳記類/總傳/專錄/藝術

鴻雪軒紀豔四種 （清）藝蘭生輯　清光緒上海申報館鉛印本　佚名批　一冊　存兩種（評花新譜、宣南雜組）

110000－0102－0027978　己/1051　集部/俗文學類/變文

萬寶真經二卷 （□）□□撰　清末刻本　一冊

110000－0102－0027979　己/1052　集部/俗

文學類/變文

萬寶真經二卷 （□）□□撰　清末刻本　一冊

110000－0102－0027980　己/1053　集部/俗文學類/變文

地盤真經一卷 （□）□□撰　清末刻本　一冊

110000－0102－0027981　己/1054　集部/俗文學類/變文

仙盤真經一卷 （□）□□撰　清末刻本　一冊

110000－0102－0027982　己/1055　集部/俗文學類/變文

東嶽泰山十王寶卷一卷 （□）□□撰　清末刻本　一冊

110000－0102－0027983　己/1056　集部/俗文學類/變文

銷釋混元大法明經三卷 （□）□□撰　明刻本　一冊　有殘缺

110000－0102－0027984　己/1057　子部/宗教類/道教

武帝寶翰考十卷首一卷末一卷 （清）徐謙纂述　清咸豐十年(1860)四香草堂刻本　四冊

110000－0102－0027985　（己）/1058　集部/俗文學類/變文

武當山玄天上帝經二卷二十四品 （□）□□撰　明嘉靖二年(1523)刻本　二冊

110000－0102－0027986　（己）/1059　子部/宗教類/釋教/經

銷釋金剛科儀會要註解九卷附原文一卷 (後秦)釋鳩摩羅什譯　（宋）宗鏡禪師述　(明)釋覺連重集　明萬曆七年(1579)北京衍法寺沙門本讚刻本　十冊

110000－0102－0027987　（己）/1060　集部/俗文學類/變文

正信除疑無修證自在經二十四品 （□）□□撰　明刻本　一冊

110000－0102－0027988 （己）/1061 集部/俗文學類/變文

姚秦三藏西天取經解論一卷 （□）□□撰 清康熙三十七年(1698)刻本 一冊

110000－0102－0027989 （己）/1062 集部/俗文學類/變文

巍巍不動太山深根結果經一卷 （□）□□撰 明刻本 一冊

110000－0102－0027990 己/1063 集部/俗文學類/變文

苦功悟道二卷二十四品 釋源静補注 釋覺蒼編録 清抄本 一冊

110000－0102－0027991 （己）/1065 集部/俗文學類/變文

觀音釋宗日北斗南經一卷 （□）□□撰 明刻本 一冊

110000－0102－0027992 己/1067 集部/俗文學類/變文

正信除疑無修證自在寶卷一卷 （□）□□撰 清光緒七年(1881)杭州瑪瑙經房刻本 一冊

110000－0102－0027993 己/1068 集部/俗文學類/變文

巍巍不動太山深根結果寶卷二十四品 （□）□□撰 清光緒七年(1881)杭州瑪瑙經房刻本 一冊

110000－0102－0027994 己/1069 集部/俗文學類/變文

大乘苦功悟道寶卷一卷 （□）□□撰 清光緒七年(1881)杭州瑪瑙經房刻本 一冊

110000－0102－0027995 己/1071 集部/俗文學類/變文

破邪顯鑰匙卷二卷二十四品 （□）□□撰 清光緒七年(1881)杭州瑪瑙經刻本 二冊

110000－0102－0027996 己/1072 子部/宗教類

破邪詳辯三卷續刻一卷首一卷 （清）黃育楩撰 清光緒八年(1882)荊州將軍署重刻本 二冊

110000－0102－0027997 己/1073 子部/宗教類

破邪詳辯三卷首一卷 （清）黃育楩撰 清道光十四年(1834)鉅鹿清慎勤齋刻本 一冊

110000－0102－0027998 己/1074 集部/俗文學類/變文

目蓮救母幽冥寶傳一卷 （清）青陽山人校 清光緒二十四年(1898)燕南胡思真刻民國七年(1918)王國安等重印本 二冊

110000－0102－0027999 己/1075 集部/俗文學類/變文

目蓮卷全集一卷 （□）□□撰 清光緒三年(1877)杭州瑪瑙寺經房刻本 一冊

110000－0102－0028000 己/1076 集部/俗文學類/變文

如如老祖化度衆生指往西方寶卷全集一卷 （□）□□撰 清末杭州瑪瑙寺經房刻本 一冊

110000－0102－0028001 （己）/1078 集部/俗文學類/變文

歎世無爲卷一卷附祖家慈悲警浮歎世道清詞一卷 （明）□□編 明刻本 一冊

110000－0102－0028002 （己）/1080 集部/俗文學類/變文

正信除疑無修證自在寶卷句解二卷 （明）王尚儒述注 明刻本 一冊 存一卷(下)

110000－0102－0028003 （己）/1081 子部/宗教類/釋教

銷釋金剛科儀録説記二卷 （後秦）釋鳩摩羅什譯 （宋）宗鏡禪師述 （明）成桂注釋 明刻本 二冊 書末殘缺

110000－0102－0028004 己/1082－1 集部/俗文學類/變文

無上圓明通正生蓮寶卷二卷 （清）無雲子撰 清末杭州瑪瑙明臺經房刻本 一冊

110000－0102－0028005 己/1082－2 集

部/俗文學類/變文

無上圓明通正生蓮寶卷二卷　（清）無雲子撰
清末杭州瑪瑙明臺經房刻本　一冊

110000－0102－0028006　（己）/1084　集部/
俗文學類/變文

護國佑民伏魔寶卷二卷　（□）□□撰　明刻
本　二冊

110000－0102－0028007　（己）/1085　集部/
俗文學類/變文

銷釋真空掃心寶卷二卷　（□）□□撰　明刻
本　一冊　存一卷（上）

110000－0102－0028008　（己）/1086　集部/
俗文學類/變文

銷釋准提復生寶卷二卷　（□）□□撰　明刻
本　一冊　存一卷（上）

110000－0102－0028009　己/1087　集部/俗
文學類/變文

銷釋金剛科儀　（後秦）釋鳩摩羅什譯　（宋）
宗鏡禪師述　明翟尚儒等刻本　一冊

110000－0102－0028010　己/1089　集部/俗
文學類/變文

紅燈寶卷一卷　（□）□□撰　清咸豐七年
（1857）承啟堂抄本（有抄配）　一冊

110000－0102－0028011　己/1091　集部/俗
文學類/變文

竈皇寶卷一卷　（□）□□撰　清末抄本
一冊

110000－0102－0028012　己/1093　集部/俗
文學類/變文

竈君經一卷　（□）□□撰　清末民國　刻本
一冊

110000－0102－0028013　己/1099　集部/俗
文學類/變文

三官寶卷一卷　（□）□□撰　清抄本　一冊

110000－0102－0028014　己/1100　集部/俗
文學類/變文

結義寶卷　（□）□□撰　清光緒二十四年

（1898）談湘卿抄本　一冊　存一卷（上）

110000－0102－0028015　己/1101　集部/俗
文學類/變文

落陽寶卷一卷　（□）□□撰　清抄本　一冊

110000－0102－0028016　己/1102　集部/俗
文學類/變文

山陽縣寶卷一卷　（□）□□撰　清光緒十九
年（1893）張耀德抄本　一冊

110000－0102－0028017　己/1103　集部/俗
文學類/變文

雙鶴寶卷一卷　（□）□□撰　清光緒二十七
年（1901）黃忠淥刻本　一冊

110000－0102－0028018　己/1105　集部/俗
文學類/變文

包公無頭案經卷一卷　（□）□□撰　清同治
七年（1868）貢協成刻本　一冊

110000－0102－0028019　己/1106　集部/俗
文學類/變文

財神寶卷一卷　（□）□□撰　清抄本　一冊

110000－0102－0028020　己/1108　集部/俗
文學類/變文

雞鳴寶卷二卷　（□）□□撰　清抄本　二冊

110000－0102－0028021　己/1109　集部/俗
文學類/變文

龍鳳金釵寶卷一卷　（□）□□撰　清光緒十
二年（1886）余慶堂王懿德抄本　一冊

110000－0102－0028022　己/1110　集部/俗
文學類/變文

雪梅寶卷一卷　（□）□□撰　清末民國抄本
一冊

110000－0102－0028023　己/1111　集部/俗
文學類/變文

十五貫寶卷一卷　（□）□□撰　清同治九年
（1870）抄本　書皮題"吉善堂郭"　一冊

110000－0102－0028024　（己）/1112　子部/
宗教類/釋教/贊

慈悲道場懺法十卷　（南朝梁）釋寶志　（南

朝梁）釋寶等制唱　清初杭州雲棲寺刻本
二冊　缺三卷（四至六）

110000－0102－0028025　己/1113　集部/俗
文學類/變文

元始天尊新演還鄉寶卷一卷　（□）□□撰
清光緒二十五年（1899）蘇州瑪瑙經房刻本
一冊

110000－0102－0028026　己/1114　集部/俗
文學類/變文

王文開齋傳一卷　（□）□□撰　清抄本
一冊

110000－0102－0028027　己/1115　集部/俗
文學類/變文

張三姐青書畫美人一卷　（□）□□撰　清光
緒十九年（1893）柴錦豐抄本　一冊

110000－0102－0028028　己/1116　集部/俗
文學類/變文

唐僧寶卷二卷　（□）□□撰　清咸豐十一年
（1861）黃尚安抄本　一冊

110000－0102－0028029　己/1117　集部/俗
文學類/變文

家堂卷一卷　（□）□□撰　清末抄本　一冊

110000－0102－0028030　己/1118　集部/俗
文學類/變文

獻暎橋一卷　（□）□□撰　清光緒二十五年
（1899）張春台抄本　一冊

110000－0102－0028031　己/1119　集部/俗
文學類/變文

受生寶卷一卷　（□）□□撰　清抄本　一冊

110000－0102－0028032　己/1120　集部/俗
文學類/變文

張賢文蘭英小姐黃糠寶卷一卷　（□）□□撰
清光緒九年（1883）黃鼎抄本　一冊

110000－0102－0028033　己/1121　集部/俗
文學類/變文

六神寶卷一卷　（□）□□撰　清弘農四知堂
記抄本　一冊

110000－0102－0028034　己/1122　集部/俗
文學類/變文

歷代祖師寶卷一卷　（□）□□撰　清同治四
年（1865）抄本　一冊

110000－0102－0028035　己/1123　集部/俗
文學類/變文

浙江嘉興府秀水縣刺心寶卷二卷　（□）□□
撰　清抄本　一冊　缺一卷（惻隱寶卷）

110000－0102－0028036　己/1124　集部/俗
文學類/變文

三官寶卷一卷　（□）□□撰　清同治元年
（1862）馬屺瞻記抄本　一冊

110000－0102－0028037　己/1125　集部/俗
文學類/變文

三娘寶卷一卷　（□）□□撰　清光緒二十八
年（1902）王雲峰抄本　一冊

110000－0102－0028038　己/1126　集部/俗
文學類/變文

白鶴寶卷一卷　（□）□□撰　清光緒二十七
年（1901）黃忠淠抄本　一冊

110000－0102－0028039　己/1127　集部/俗
文學類/變文

結義寶卷二集　（□）□□撰　清光緒二十五
年（1899）戴仲夫抄本　一冊　存一集（下）

110000－0102－0028040　己/1128　集部/俗
文學類/變文

姑嫂成親一卷　（□）□□撰　清光緒十五年
（1889）挺秀堂抄本　一冊

110000－0102－0028041　己/1129　集部/俗
文學類/變文

黃金印寶卷一卷　（□）□□撰　清光緒四年
（1878）劉新畬抄本　書皮題"張禎樣藏"
一冊

110000－0102－0028042　己/1130　集部/俗
文學類/變文

杏花寶卷一卷　（□）□□撰　清咸豐元年
（1851）程清瑞抄本　一冊

110000－0102－0028043　己/1131　集部/俗文學類/變文

家堂寶卷一卷 （□）□□撰　清抄本　一冊

110000－0102－0028044　己/1132　集部/俗文學類/變文

黃糠寶卷一卷 （□）□□撰　清同治九年(1870)孚本堂刻本　一冊

110000－0102－0028045　己/1133　集部/俗文學類/變文

奉勸警世人言一卷 （□）□□撰　清咸豐九年(1859)程惠泉抄本　一冊

110000－0102－0028046　己/1134　集部/俗文學類/變文

山陽縣寶卷二卷 （□）□□撰　清光緒三十二年(1906)抄本　常清儒題　二冊

110000－0102－0028047　己/1135　集部/俗文學類/變文

雙修寶卷一卷 （□）□□撰　清光緒二十年(1894)胡永平抄本　一冊

110000－0102－0028048　己/1137　集部/俗文學類/變文

貧富寶卷一卷 （□）□□撰　清光緒二十四年(1898)抄本　一冊

110000－0102－0028049　己/1138　集部/俗文學類/變文

慈雲寶卷一卷 （□）□□撰　清末抄本　一冊

110000－0102－0028050　己/1139　集部/俗文學類/變文

唐朝長生寶卷一卷 （□）□□撰　清光緒十年(1884)鶴洲抄本　一冊

110000－0102－0028051　己/1140　集部/俗文學類/變文

結緣偈一卷 （□）□□撰　清光緒三十年(1904)蔡炳元抄本　一冊

110000－0102－0028052　己/1141　集部/俗文學類/變文

結緣寶卷一卷 （□）□□撰　清光緒二十七年(1901)黃忠淶抄本　一冊

110000－0102－0028053　己/1142　集部/俗文學類/變文

拾遺彙錄一卷附結緣上壽 （□）□□撰　清光緒二十九年(1903)龔雲龍抄本　一冊

110000－0102－0028054　己/1143　集部/俗文學類/變文

絲綸寶卷二卷 （□）□□撰　清末韓寶林抄本　一冊　存一卷(上)

110000－0102－0028055　己/1144　集部/俗文學類/變文

珊瑚寶卷一卷 （□）□□撰　清道光二十八年(1848)陸圭抄本　書皮題"張春壽藏"　一冊

110000－0102－0028056　己/1145　集部/俗文學類/變文

正德寶卷一卷 （□）□□撰　清光緒二十七年(1901)黃忠淶抄本　一冊

110000－0102－0028057　己/1146　集部/俗文學類/變文

救饑寶卷一卷 （□）□□撰　清咸豐八年(1858)吳達齋抄本　一冊

110000－0102－0028058　己/1147　集部/俗文學類/變文

九蓮卷一卷 （□）□□撰　清嘉慶十九年(1814)抄本　一冊

110000－0102－0028059　己/1148　集部/俗文學類/變文

蘭香閣一卷 （□）□□撰　清闕耕海記抄本　一冊

110000－0102－0028060　己/1149　集部/俗文學類/變文

黃梅寶卷一卷 （□）□□撰　清抄本　一冊

110000－0102－0028061　（己）/1150　集部/俗文學類/變文

觀世音菩薩本行經一卷 （宋）釋普明編集

明戒壇經房刻本　一冊

110000－0102－0028062　己/1151　集部/俗文學類/變文

重刻觀世音菩薩本行經簡集二卷　（宋）釋普明編集　（明）淨宏簡行釋　清同治十年（1871）刻本　一冊

110000－0102－0028063　己/1152　集部/俗文學類/變文

普陀觀音寶卷一卷　（□）□□撰　清光緒二十年（1894）蘇州瑪瑙經房刻本　一冊

110000－0102－0028064　己/1153　集部/俗文學類/變文

手巾寶卷一卷　（□）□□撰　清積餘堂抄本　一冊

110000－0102－0028065　己/1154　集部/俗文學類/變文

龍圖寶卷二卷　（□）□□撰　清光緒二十七年（1901）黃忠涼抄本　一冊　存一卷（下）

110000－0102－0028066　己/1155　集部/俗文學類/變文

妙蓮寶卷一卷　（□）□□撰　清同治二年（1863）孟以記抄本　一冊

110000－0102－0028067　己/1156　集部/俗文學類/變文

大明成化淵江杭州府三元寶卷二卷　（□）□□撰　清光緒三十年（1904）山陰縣竹林書舍抄本　二冊

110000－0102－0028068　己/1157　集部/俗文學類/變文

玉釵寶卷一卷　（□）□□撰　清光緒三十二年（1906）抄本　一冊

110000－0102－0028069　己/1158　集部/俗文學類/變文

蝴蝶寶卷一卷　（□）□□撰　清光緒十四年（1888）周鴻德記抄本　一冊

110000－0102－0028070　己/1159　集部/俗文學類/變文

孝義寶卷一卷　（□）□□撰　清抄本　一冊

110000－0102－0028071　己/1160　集部/俗文學類/變文

蔴姑寶卷一卷　（□）□□撰　清李增華等刻本　一冊

110000－0102－0028072　己/1161　子部/宗教類/道教

修真入門一卷　（□）□□撰　清末牛得清刻本　一冊

110000－0102－0028073　己/1162　集部/俗文學類/變文

呂祖普度詞一卷　（□）□□撰　清末退掃閑軒刻本　一冊

110000－0102－0028074　己/1163　集部/俗文學類/變文

十個彌陀經一卷　（□）□□撰　清末武安郭廣聚刻本　一冊

110000－0102－0028075　己/1165　集部/俗文學類/變文

延生陰德修行寶卷一卷　（□）□□撰　清抄本　一冊

110000－0102－0028076　己/1166　集部/俗文學類/變文

戒訟篇一卷　（□）□□撰　清末刻本　一冊

110000－0102－0028077　己/1168　集部/俗文學類/變文

紅羅寶卷一卷　（□）□□撰　清宣統二年（1910）九思堂紹敏記抄本　一冊

110000－0102－0028078　己/1169　集部/俗文學類/變文

紅羅寶卷一卷　（□）□□撰　清光緒二十四年（1898）江潤卿抄本　一冊

110000－0102－0028079　己/1170　集部/俗文學類/變文

紅羅寶卷簡集一卷　（□）□□撰　清光緒退掃閑軒抄本　一冊

110000－0102－0028080　己/1171　集部/俗

文學類/變文

紅羅寶卷一卷 （□）□□撰 清光緒四年
(1878)黃源盛記抄本 一冊

110000－0102－0028081 己/1172 集部/俗
文學類/變文

一飡飯寶卷一卷 （□）□□撰 清咸豐二年
(1852)抄本 書衣題"戊寅年清和中浣重修，
培寶""李毓民記" 一冊

110000－0102－0028082 己/1173 集部/俗
文學類/變文

金鐲寶卷一卷 （□）□□撰 清光緒二十五
年(1899)張春台抄本 一冊

110000－0102－0028083 己/1174 集部/俗
文學類/變文

黃糠寶卷一卷 （□）□□撰 清咸豐十一年
(1861)太原王記浮悟居士抄本 一冊

110000－0102－0028084 己/1175 集部/俗
文學類/變文

西湖金子一卷 （□）□□撰 清同治七年
(1868)尤其俊抄本 一冊

110000－0102－0028085 己/1176 集部/俗
文學類/變文

猛將寶卷一卷 （□）□□撰 清咸豐九年
(1859)毛萬豐抄本 書衣題"余慶堂萬記"
一冊

110000－0102－0028086 己/1177 集部/俗
文學類/變文

孫臏度妻一卷 （□）□□撰 清李芳卿抄本
一冊

110000－0102－0028087 己/1178 集部/俗
文學類/變文

佛說紹興城救父還國慈雲登基寶卷一卷
（□）□□撰 清抄本 一冊 存一冊(下)

110000－0102－0028088 己/1180 集部/俗
文學類/變文

三祖行腳因由寶卷三卷 （清）釋普浩輯 清
光緒元年(1875)周丙、朱和刻本 一冊

110000－0102－0028089 己/1182 集部/俗
文學類/變文

新鐫七真天仙寶傳四卷三十二回 （□）□□
撰 清道光元年(1821)北京樂山子抄本
二冊

110000－0102－0028090 己/1183 集部/俗
文學類/變文

目連救母幽冥寶傳一卷 （□）□□撰 清光
緒七年(1881)夏雨麒等刻本 一冊

110000－0102－0028091 己/1184 集部/俗
文學類/變文

受生寶卷一卷 （□）□□撰 清光緒二十九
年(1903)陳本立抄本 一冊

110000－0102－0028092 己/1185 集部/俗
文學類/變文

傳真詞四卷 （清）三教子等記 清光緒二十
三年至民國六年(1897－1917)刻本 四冊

110000－0102－0028093 己/1186 集部/俗
文學類/變文

韓湘寶卷二卷十八回 （清）風月主人撰述
清光緒二十年(1894)上海翼化堂刻本 二冊

110000－0102－0028094 己/1187 集部/俗
文學類/變文

湖廣荊州府永慶縣修行梅氏花鞝寶卷二集
（□）□□撰 清光緒三十二年(1906)杭州慧
空經房刻本 二冊

110000－0102－0028095 己/1188 集部/俗
文學類/變文

節義寶卷一卷 （□）□□撰 清光緒二十六
年(1900)蘇州瑪瑙經房刻本 一冊

110000－0102－0028096 己/1189 集部/俗
文學類/變文

指真寶卷二卷 （□）□□撰 清光緒二十六
年(1900)蘇州瑪瑙經房刻本 一冊

110000－0102－0028097 己/1190 集部/俗
文學類/變文

妙英寶卷一卷 （□）□□撰 清光緒三年
(1877)蘇州元妙觀內得見齋刻本 一冊

110000 - 0102 - 0028098　己/1191　集部/俗文學類/變文

回文寶卷一卷　（□）□□撰　清光緒二十五年(1899)刻本　一冊

110000 - 0102 - 0028099　己/1192　集部/俗文學類/變文

三茅真君宣化度世寶卷二卷　（□）□□撰　清光緒三年(1877)蘇州元妙觀內得見齋刻本　一冊

110000 - 0102 - 0028100　己/1193　集部/俗文學類/變文

真修寶卷一卷　（□）□□撰　清道光十二年(1832)武進陳青雲刻本　一冊

110000 - 0102 - 0028101　己/1194　集部/俗文學類/變文

新鐫三世化生寶卷二卷　（□）□□撰　清光緒五年(1879)鎮江寶善堂善書坊刻本　一冊

110000 - 0102 - 0028102　己/1195　集部/俗文學類/變文

何仙姑寶卷二卷　（□）□□撰　清光緒三十年(1904)蘇州瑪瑙經房刻本　一冊

110000 - 0102 - 0028103　己/1196　集部/俗文學類/變文

張氏三娘賣花寶卷全集一卷　（□）□□撰　清蘇州瑪瑙經房刻本　一冊

110000 - 0102 - 0028104　己/1197　集部/俗文學類/變文

江南松江府華亭縣白沙村孝修回郎寶卷一卷　（□）□□撰　清光緒十九年(1893)蘇州瑪瑙經房刻本　一冊

110000 - 0102 - 0028105　己/1198　集部/俗文學類/變文

潘公免災救難寶卷三卷　（□）□□撰　清咸豐十年(1860)掃葉山房刻本陸良智印刷　一冊

110000 - 0102 - 0028106　己/1199　集部/俗文學類/變文

太華山紫金鎮兩世修行劉香寶卷全集二卷

（□）□□撰　清同治九年(1870)上海翼化堂刻本　一冊

110000 - 0102 - 0028107　己/1200　集部/俗文學類/變文

孫臏看桃一卷　（□）□□撰　清末京都如心堂惜字社刻本　一冊

110000 - 0102 - 0028108　己/1201　集部/俗文學類/變文

三茅真君宣化度世寶卷二卷　（□）□□撰　清光緒二十九年(1903)蘇州李鈫芳齋刻民國初年印本　二冊

110000 - 0102 - 0028109　己/1202　集部/俗文學類/變文

珍珠塔寶卷全集一卷　（□）□□撰　清末蘇州瑪瑙經房刻本　一冊

110000 - 0102 - 0028110　己/1203　集部/俗文學類/變文

呂祖師降諭遵信玉曆鈔傳閻王經一卷　（□）□□撰　清刻樹德堂洪道果印本　一冊

110000 - 0102 - 0028111　己/1204　集部/俗文學類/變文

重刻闢邪歸正消災延壽立願寶卷一卷　（□）□□撰　清同治元年(1862)刻本　一冊

110000 - 0102 - 0028112　己/1205　集部/俗文學類/變文

呂祖師度何仙姑因果卷二卷　（□）□□撰　清光緒六年(1880)常州培本堂善書局刻本　一冊

110000 - 0102 - 0028113　己/1206　集部/俗文學類/變文

重刻闢邪歸正消災延壽立願寶卷一卷　（□）□□撰　清光緒七年(1881)刻本　一冊

110000 - 0102 - 0028114　己/1207　集部/俗文學類/變文

山西平陽府平陽邨秀女寶卷全集一卷　（□）□□撰　清光緒三十四年(1908)杭州汪生記刻本　一冊

110000－0102－0028115　己/1208　集部/俗文學類/變文

龐公寶卷一卷　（□）□□撰　清光緒二十一年(1895)蘇州瑪瑙經房刻本　一冊

110000－0102－0028116　己/1209　集部/俗文學類/變文

達摩寶卷一卷　（□）□□撰　清光緒九年(1883)金陵一得齋刻本　一冊

110000－0102－0028117　己/1215　集部/俗文學類/變文

接庚偈一卷　（□）□□撰　清抄本　一冊

110000－0102－0028118　己/1216　集部/俗文學類/變文

忠義寶卷一卷　（□）□□撰　清光緒二十九年(1903)諸龍記抄本　一冊

110000－0102－0028119　己/1217　集部/俗文學類/變文

雙金錠寶卷一卷　（□）□□撰　清末抄本　一冊

110000－0102－0028120　己/1218　集部/俗文學類/變文

江南松江府上海縣太平邨蘭英寶卷二卷（□）□□撰　清光緒十年(1884)杭州陳春發、馮繼宗刻本　一冊

110000－0102－0028121　己/1219　集部/俗文學類/變文

太華山紫金嶺兩世修行劉香寶卷二卷　（□）□□撰　清光緒杭州瑪瑙經房刻本　二冊

110000－0102－0028122　己/1220　集部/俗文學類/變文

衆喜粗言五卷　（清）陳衆喜撰　清光緒六年(1880)杭州瑪瑙經房刻本　二冊

110000－0102－0028123　己/1221　集部/俗文學類/變文

河南開封府花柳良願龍圖寶卷二卷　（□）□□撰　清光緒杭州慧空經房刻本　二冊

110000－0102－0028124　己/1222　集部/俗

文學類/變文

真武菩薩得道寶卷一卷　（□）□□撰　清光緒四年(1878)鎮江寶善堂刻本　一冊

110000－0102－0028125　己/1223　集部/俗文學類/變文

宋氏女寶卷一卷　（□）□□撰　清光緒八年(1882)圖南張仲續三善堂刻本　一冊

110000－0102－0028126　己/1224　集部/俗文學類/變文

重刻觀世音菩薩本行經簡集二卷　（宋）釋普明編集　（清）釋淨宏簡行　清西湖瑪瑙明臺經房刻本　一冊

110000－0102－0028127　己/1225　集部/俗文學類/變文

觀世音菩薩本行經二卷　（宋）釋普明編集　釋寶峰流行　釋智公重修　清末刻本　二冊

110000－0102－0028128　己/1226　集部/俗文學類/變文

梁皇寶卷全集二卷　（□）□□撰　清光緒二年(1876)杭州瑪瑙經房刻本　一冊

110000－0102－0028129　己/1227　集部/俗文學類/變文

清淨寶卷一卷　（□）□□撰　清胡清泉、朱永泉刻本　一冊

110000－0102－0028130　己/1228　集部/俗文學類/變文

護國佑民伏魔寶卷四卷　（□）□□撰　清光緒二十五年(1899)刻本　四冊

110000－0102－0028131　己/1229　集部/俗文學類/變文

五祖黃梅寶卷二卷　（□）□□撰　清光緒元年(1875)杭州瑪瑙經房刻本　一冊

110000－0102－0028132　己/1230　集部/俗文學類/變文

三世修道黃氏寶卷二集　（□）□□撰　清光緒五年(1879)杭州瑪瑙經房刻本　一冊

110000－0102－0028133　己/1231　集部/俗

文學類/變文

新鐫三世化生寶卷二卷 （□）□□撰　清光緒十五年(1889)金陵一得齋書坊刻本　一冊

110000－0102－0028134　己/1233　集部/俗文學類/變文

三寶證盟寶卷一卷 （□）□□撰　清光緒十六年(1890)常州培本堂善書局刻本　一冊

110000－0102－0028135　己/1234　集部/俗文學類/變文

杏花寶卷 （□）□□撰　清光緒五年(1879)常郡樂善堂善書局刻本　一冊

110000－0102－0028136　己/1235　集部/俗文學類/變文

白雲香山寶傳 （□）□□撰　清京都如心堂惜字社刻本

110000－0102－0028137　己/1236　集部/俗文學類/變文

趙氏賢孝寶卷二集 （□）□□撰　清刻本一冊

110000－0102－0028138　己/1237　集部/俗文學類/變文

惜穀免災寶卷一卷 （□）□□撰　清光緒十三年(1887)蘇州元妙觀内得見齋刻本　一冊

110000－0102－0028139　己/1238　集部/俗文學類/變文

荷花寶卷三卷 （□）□□撰　清光緒二十四年(1898)蘇州瑪瑙經房刻本　三冊

110000－0102－0028140　己/1239　集部/俗文學類/變文

秀英寶卷一卷 （□）□□撰　清光緒十五年(1889)蘇州瑪瑙經房刻本　一冊

110000－0102－0028141　己/1240　集部/俗文學類/變文

延壽寶卷一卷 （□）□□撰　清宣統元年(1909)上海翼化堂刻本　一冊

110000－0102－0028142　己/1241　集部/俗文學類/變文

希奇寶卷一卷 （□）□□撰　清同治五年(1866)蘇州元妙觀内得見齋刻本　一冊

110000－0102－0028143　己/1242　集部/俗文學類/變文

協天大帝玉律經寶卷二卷二十六品 （□）□□撰　清光緒三十一年(1905)常州寶善書莊刻本　一冊

110000－0102－0028144　己/1243　史部/目錄類/著錄/學科專目/文學

曲錄六卷 （清）王國維撰　清宣統元年(1909)晨風閣刻本　許守白批　三冊

110000－0102－0028145　己/1244　史部/目錄類/著錄/學科專目/文學

戲曲考原一卷曲錄六卷 （清）王國維撰　清宣統元年(1909)晨風閣刻本　馬隅卿批註三冊

110000－0102－0028146　己/1245　史部/目錄類/著錄/學科專目/文學

戲曲考原一卷曲錄六卷 （清）王國維撰　清宣統元年(1909)晨風閣刻本　佚名校補四冊

110000－0102－0028147　己/1250　史部/政書類/學制/文化教育

錫山遊庠錄二卷首一卷 （清）邵涵初編　清光緒四年(1878)尚德書院刻本　二冊

110000－0102－0028148　己/1252　子部/藝術類/書畫/書畫史

甌缽羅室書畫過目考六卷 （清）李玉棻編輯　清光緒二十三年(1897)京都琉璃廠興盛齋刻本　四冊

110000－0102－0028149　己/1256　史部/目錄類/著錄/學科專目/文學

戲目一卷 （□）□□撰　清抄本　一冊

110000－0102－0028150　己/1262　經部/小學類/訓詁/其它

俗語指謬三卷 （清）醫俗道人撰　清光緒二十七年(1901)刻本　一冊

110000－0102－0028151　己/1263　集部/別集類/清

琴隱園詩集三十六卷詞集四卷　（清）湯貽汾撰　清光緒元年(1875)明州曹秉仁等刻本　八冊

110000－0102－0028152　己/1264　集部/別集類/清

滑疑集八卷　（清）韓錫胙著　（清）端木百祿校訂　清同治十三年(1874)刻本　四冊

110000－0102－0028153　己/1265　集部/詞類/詞別集

問紅軒詞一卷　（清）王鑒撰　清道光十六年(1836)刻本　一冊

110000－0102－0028154　己/1266　集部/別集類/清

浣青詩草八卷詩餘附　（清）錢孟鈿撰　清抄本　吳曉鈴題記　一冊

110000－0102－0028155　己/1267　集部/詞類/詞別集

藕湖詞一卷　（清）蔣學沂撰　清嘉慶二十一年(1816)木活字印本　吳氏題記　一冊

110000－0102－0028156　己/1268　集部/別集類/清

復莊駢儷文榷二編八卷　（清）姚燮撰　清咸豐六年至十一年(1856－1861)大梅山館姚氏刻本　四冊

110000－0102－0028157　己/1269　集部/別集類/清

靜遠草堂初稿不分卷　（清）周樂清撰　清道光刻本　八冊

110000－0102－0028158　（己）/1270　集部/別集類/清

忠雅堂文集三十卷　（清）蔣士銓撰　清乾隆刻本　吳曉鈴跋　六冊

110000－0102－0028159　己/1272　集部/詞類/詞別集

龍顧山房詩餘續集一卷　（清）郭則澐撰　清光緒二十年(1894)鉛印本　一冊

110000－0102－0028160　己/1273　集部/別集類/清

小羅浮館集　（清）趙對澂撰　清道光刻本　四冊

110000－0102－0028161　己/1274　集部/別集類/清

紅蕉吟館詩存十二卷　（清）嚴廷中撰　清道光十六年(1836)揚州嚴廷中刻本

110000－0102－0028162　己/1275　集部/詞類/詞總集/地方

明湖四客詞鈔四卷　（清）趙國華輯　清同治十三年(1874)濟南趙國華刻本　一冊

110000－0102－0028163　己/1276　集部/別集類/清

梧軒詩鈔六卷　（清）許達生撰　清道光稿本　四冊

110000－0102－0028164　己/1277　史部/政書類/職官/官箴

牧民忠告二卷　（元）張養浩著　清同治七年(1868)蘇州姑蘇書局刻本　一冊

110000－0102－0028165　己/1278　集部/集評類/曲評/曲話

曲話五卷　（清）梁廷楠撰　清道光四年(1824)刻本　二冊

110000－0102－0028166　己/1279　集部/別集類

葫頭集二卷　（唐）呂洞賓乩書　清刻本　四冊

110000－0102－0028167　（己）/1280　集部/詞類/詞譜、詞律、詞韻

笠翁詞韻四卷　（清）李漁輯　清康熙刻本　知堂(周作人)跋　三冊

110000－0102－0028168　己/1281　集部/詞類/詞別集

花簾詞一卷香南雪北詞一卷　（清）吳藻撰　清道光十年至三十年(1830－1850)吳藻刻本　二冊

110000－0102－0028169　己/1282　集部/別集類/清

瓶水齋詩集十七卷詩別集二卷　（清）舒位撰　清光緒十二年至十七年（1886－1891）刻本　八冊

110000－0102－0028170　己/1283　集部/別集類/清

復莊詩問三十四卷駢儷文榷八卷　（清）姚燮撰　清道光二十八年（1848）大梅山館重刻本　十一冊

110000－0102－0028171　己/1284　集部/詞類/詞別集

疏影樓詞五卷　（清）姚燮撰　清道光十三年（1833）上湖草堂抄本　二冊

110000－0102－0028172　（己）/1285　集部/總集類/文/斷代/清

四六初徵二十卷　（清）李漁輯　清康熙十年（1671）芥子園刻本　十二冊

110000－0102－0028173　（己）/1287　集部/別集類/清

夢月巖詩集二十卷詩餘一卷　（清）呂履恆撰　清雍正三年（1725）刻本　八冊

110000－0102－0028174　（己）/1288　集部/別集類/清

笠翁一家言全集初集十二卷二集十二卷別集四卷　（清）李漁著　清康熙翼聖堂刻本　八冊

110000－0102－0028175　己/1289　集部/總集類/詩/斷代/宋

張大家蘭雪集二卷　（宋）張玉若著　（明）孟思光校　**孟大家柏樓吟一卷**　（宋）孟蘊著　（明）孟思光校　清刻本　一冊

110000－0102－0028176　己/1290　集部/詞類/詞別集

疏影樓詞五卷　（清）姚燮撰　清同治九年（1870）抄本　一冊

110000－0102－0028177　（己）/1292　子部/雜家類/雜纂

110000－0102－0028178　己/1293　集部/別集類/明

明瞿忠宣公手劄及蠟丸書一卷　（明）瞿式耜撰　清光緒三十四年（1908）上海國學保存會石印本　一冊

110000－0102－0028179　己/1294　集部/別集類/清

秋影軒詩草四卷　（清）□□撰　清抄本　二冊

110000－0102－0028180　己/1295　子部/藝術類/書畫/畫法、畫帖/清

芥子園書畫　（清）李漁輯　清刻本　三冊　存殘本三冊

110000－0102－0028181　（己）/1296　集部/詞類/詞別集

耐歌詞四卷首一卷　（清）李漁著　清康熙刻本　二冊

110000－0102－0028182　己/1297　子部/醫家類/雜病方論

李笠翁先生試驗急救良方一卷　（清）李漁輯　清刻本　一冊

110000－0102－0028183　己/1298　子部/類書類/韻編

笠翁對韻四卷　（清）李漁輯　清光緒二十年（1894）同會齋刻本　一冊

110000－0102－0028184　己/1299　子部/醫家類/養生

貞祥堂鐫李笠翁先生彙纂養生卻病歌圖一卷　（清）李漁輯　清貞祥堂刻本　一冊

110000－0102－0028185　（己）/1300　集部/詞類/詞別集

耐歌詞四卷首一卷笠翁詞韻四卷　（清）李漁著　清康熙荊州將軍署刻本　四冊

110000－0102－0028186　己/1312　集部/小說類/長篇小說

閑情偶寄十六卷　（清）李漁著　清康熙翼聖堂刻笠翁秘書本　八冊

世界上傾國的尤物西施　（日本）宮崎來城作原著　江南垂虹亭長譯述　清光緒三十二年（1906）上海灌文編譯書社石印本　一冊

110000－0102－0028187　己/1315　史部/傳記類/總傳/專錄/列女

海上青樓花影大觀　（清）顧花常好樓輯（清）萬花同春館繪圖　清光緒二十年（1894）石印本　二冊

110000－0102－0028188　己/1316　史部/傳記類/總傳/專錄/列女

鑒湖女俠秋君墓表　（清）徐自華撰　（清）吳芝瑛書　清光緒三十四年（1908）上海悲秋閣影印本　一冊

110000－0102－0028189　己/1317　史部/傳記類/總傳/專錄/列女

柔鄉韻史二卷　（清）詹塏撰　清光緒上海寓言報館活字本　一冊

110000－0102－0028190　己/1318　集部/小說類/筆記小說

竹西花事小錄一卷　（清）芬利它行者編　清末寄齋抄本　一冊

110000－0102－0028191　己/1321　史部/傳記類/別傳

胡寶玉（三十年上海北里三怪歷史）　（清）老上海著　清光緒三十二年（1906）上海群益印刷編譯局鉛印本　一冊

110000－0102－0028192　己/1327　集部/小說類/筆記小說

十洲春語三卷首一卷補遺一卷　（清）二石生撰　清道光二十一年（1841）靈癹館主刻本二冊

110000－0102－0028193　己/1328　集部/小說類/筆記小說

白門新柳記一卷附記一卷　（清）許豫編（清）楊亨校　（清）花下解人寫豔　**秦淮豔品四卷**　（清）□□撰　清光緒元年（1875）上海刻本　六冊

110000－0102－0028194　己/1329　史部/傳記類/總傳/專錄/歌妓

豔粧新語二卷　（清）湖上笠翁編輯　（清）綠隱書樵校刊　清刻本　四冊

110000－0102－0028195　己/1330　史部/傳記類/日記

林黛玉被難始末記　（清）林顰著　清光緒二十七年（1901）刻本　一冊

110000－0102－0028196　己/1331　史部/傳記類/總傳/專錄/優伶

日下看花記四卷首一卷　（清）小鐵篴道人著（清）第園居士　（清）餐花小史全參訂　清嘉慶八年（1803）刻本　四冊

110000－0102－0028197　己/1335　史部/目錄類/著錄/學科專目/藝術

日下梨園詠　（清）醉薇居士著　（清）避塵庵主書　（清）沽上庸傭　（清）佩林逸史同校清光緒十七年（1891）天津石印書屋石印本一冊

110000－0102－0028198　己/1337　史部/傳記類/總傳/專錄/優伶

疊波　（清）四不頭陀著　清咸豐二年（1852）刻本　陳俊俊題字　一冊

110000－0102－0028199　己/1338　集部/別集類

悅容編十三篇　（□）□□撰　清綠絲欄抄本一冊

110000－0102－0028200　己/1339　史部/傳記類/總傳/專錄/其它

青樓小名錄四卷　（清）趙慶楨輯　清咸豐二年（1852）刻本　一冊

110000－0102－0028201　己/1340　集部/戲曲類

廣東唱盤　（□）□□撰　清末民國石印本吳曉鈴手記　一冊

110000－0102－0028202　己/1341　史部/傳記類/圖贊

秦淮八豔圖詠　（清）葉衍蘭編繪　清光緒十八年（1892）廣州越華書院刻本　一冊

110000 – 0102 – 0028203　己/1342　集部/小
說類/筆記小說

南浦秋波錄三卷附錄一卷　（清）華胥大夫著
　清刻本　一冊

110000 – 0102 – 0028204　己/1345 – 1　集
部/小說類/筆記小說

金臺殘淚記三卷　（清）華胥大夫著　清道光
三年(1823)刻本　一冊

110000 – 0102 – 0028205　己/1345 – 2　集
部/小說類/筆記小說

金臺殘淚記三卷　（清）華胥大夫著　清道光
三年(1823)刻本　一冊

110000 – 0102 – 0028206　己/1346　集部/小
說類/筆記小說

南浦秋波錄三卷附錄一卷　（清）華胥大夫著
　清道光三年(1823)刻本　一冊

110000 – 0102 – 0028207　己/1347　集部/別
集類/清

燕臺鴻爪集　（清）粟海庵居士著　清道光三
年(1823)刻本　一冊

110000 – 0102 – 0028208　己/1348　集部/別
集類/清

翠眉亭稿　（清）華胥大夫著　清道光三年
(1823)刻本　一冊

110000 – 0102 – 0028209　己/1349　集部/集
評類/雜評

靈臺小補　（清）白山悟夢子撰　清道光十二
年(1832)刻本　一冊

110000 – 0102 – 0028210　己/1350　集部/總
集類/詩/雜錄/題詠

滬上評花錄　（清）池蓮居士選　**滬上評花續
錄**　（清）半癡生集　清光緒九年(1883)朱欄
抄本　二冊

110000 – 0102 – 0028211　己/1351　集部/總
集類/詩/雜錄/題詠

重訂海上群芳譜四卷　（清）顧曲詞人評花
（清）懺情侍者寫豔　（清）賓紅閣外史參校
清光緒十二年(1886)刻本　二冊

110000 – 0102 – 0028212　己/1352　集部/總
集類/詩/雜錄/題詠

滬上評花錄　（清）池蓮居士選　清光緒八年
(1882)寄月軒朱欄刻本　二冊

110000 – 0102 – 0028213　己/1353　史部/傳
記類/總傳/專錄/優伶

海上青樓圖記四卷　（清）沁園主人繪圖
（清）燕蘭沅主豔輯　清光緒十八年(1892)上
海善雨小築木屋石印本　四冊

110000 – 0102 – 0028214　己/1354　史部/傳
記類/總傳/專錄/梨園

群芳譜二卷　（清）拈笑館定本　清刻本
二冊

110000 – 0102 – 0028215　己/1355　史部/地
理類/雜記

海上冶遊備覽四卷　（清）指迷生輯　清光緒
十七年(1891)上海寄月軒主刻本　二冊

110000 – 0102 – 0028216　己/1356　史部/地
理類/雜記

春江燈市錄二卷　（清）瀟湘館侍者編　清光
緒十年(1884)刻本　二冊

110000 – 0102 – 0028217　己/1357　史部/傳
記類/總傳/專錄/妓女

滄海遺珠錄二卷　（清）懺情侍者纂　（清）夢
畹生校　清光緒十二年(1886)刻本　一冊

110000 – 0102 – 0028218　己/1358　集部/別
集類/清

宣南夢憶二卷　（清）甘溪瘦腰生評花　清刻
本　一冊

110000 – 0102 – 0028219　己/1359　集部/總
集類/文/雜錄/楹聯

花間楹帖十卷　（清）抱玉生編　清咸豐十一
年(1861)上海擊缽庵刻本　一冊

110000 – 0102 – 0028220　己/1360　集部/別
集類/清

續刻滬上竹枝詞　（□）□□撰　清光緒六年
(1880)刻本　二冊

110000－0102－0028221　己/1361　集部/小說類/筆記小說

海上煙花瑣記四卷　（清）浪遊子輯　清光緒三年(1877)刻本　二冊

110000－0102－0028222　己/1364　史部/傳記類/總傳/專錄/妓女

春江花史二卷　（清）瀟湘館侍者編　清光緒十年(1884)刻本　二冊

110000－0102－0028223　己/1365　集部/總集類/詩/婦女

妝樓摘豔十卷首一卷　（清）錢三錫輯　清道光十三年(1833)刻本　四冊

110000－0102－0028224　己/1366　集部/小說類/筆記小說

豔跡編　（清）孫兆渷　（清）石室居士編　清光緒十一年(1885)滬上刻本　一冊

110000－0102－0028225　己/1367　集部/小說類/筆記小說

挑燈新錄六卷　（清）文溪荊園氏編次　清同治二年(1863)重刻本　四冊

110000－0102－0028226　己/1368　史部/傳記類/總傳/專錄/優伶

疊波　（清）四不頭陀著　清咸豐二年(1852)刻本　一冊

110000－0102－0028227　己/1370　史部/傳記類/圖贊

繪圖情天外史二卷　（清）情天外史著　清光緒二十一年(1895)天津石印本　二冊

110000－0102－0028228　己/1371　集部/別集類/清

宣南夢憶二卷　（清）甘溪瘦腰生評花　清光緒二十一年(1895)上海文宜書局石印本　二冊

110000－0102－0028229　己/1372　集部/小說類/筆記小說

吳門畫舫續錄內編一卷外編一卷紀事一卷首一卷畫舫續錄投贈三卷　（清）箇中生手編　清嘉慶十七年(1812)來青閣刻本　二冊

110000－0102－0028230　己/1378　集部/總集類/詩/雜錄/唱和

觀劇絕句三卷　（清）金德瑛作　葉德輝等輯　清光緒三十四年(1908)長沙葉氏觀古堂刻本　一冊

110000－0102－0028231　己/1381　集部/小說類/筆記小說

麗情集一卷續集一卷　（明）楊慎撰　（清）李調元校　李朝礎再校　清刻本　一冊

110000－0102－0028232　己/1382　集部/別集類/唐

洪度集一卷首一卷　（唐）薛濤著　陳矩校刊　清光緒三十二年(1906)貴陽靈峰草堂刻本　一冊

110000－0102－0028233　己/1383　集部/別集類/清

秦臺豔乘屬提別集　（□）□□撰　清石印本　一冊

110000－0102－0028234　己/1384　集部/小說類/筆記小說

明僮合錄小錄一卷續錄一卷　（清）餘不釣徒　（清）殿春生作　清同治六年(1867)擷芷館刻本　一冊

110000－0102－0028235　己/1385　集部/小說類/筆記小說

明僮合錄小錄一卷續錄一卷　（清）餘不釣徒　（清）殿春生著　清同治六年(1867)擷芷館刻本　一冊

110000－0102－0028236　己/1386　集部/小說類/筆記小說

三十六春小譜　（清）捧花生著　清刻本　一冊

110000－0102－0028237　己/1393　集部/曲類/曲別集/傳奇

朱景昭批評西廂記十六套　（元）王實甫原作　（清）朱璐批評　清抄本　二冊

110000－0102－0028238　（己)/1394　集部/曲類/曲別集/雜劇

新刻魏仲雪先生批點西廂記二卷首一卷

(元)王德信　(元)關漢卿撰　(明)魏浣初批評　(明)李裔蕃注釋　蒲東詩一卷新刻魏仲雪先生批評錢塘夢一卷園林午夢記一卷　清初古吳陳長卿刻本　二冊　存殘本(新刻魏仲雪先生批點西廂記一至十五出、蒲東詩有殘缺)

110000－0102－0028239　(己)/1395　集部/曲類/曲別集/雜劇

新刻李卓吾原評西廂記二卷首一卷　(元)王德信　(元)關漢卿撰　(明)李贄評點　明崇禎十三年(1640)刻本　一冊　存一卷(首：西廂摘句骰譜)

110000－0102－0028240　(己)/1396　集部/曲類/曲別集/雜劇

會真六幻十九卷　(明)閔齊伋編　明末刻本　黃裳跋　一冊　存殘本

110000－0102－0028241　(己)/1397　集部/曲類/曲別集/雜劇

新校注古本西廂記五卷考一卷首一卷　(元)王實甫編　(明)王驥德校注　(明)徐渭解　明萬曆四十二年(1614)王氏香雪居刻本　四冊

110000－0102－0028242　(己)/1398　集部/曲類/曲別集/雜劇

北西廂五卷首一卷　(元)王實甫編　(明)延閣主人　(元)關漢卿續訂正　明崇禎三年(1630)李廷謨刻本　二冊

110000－0102－0028243　己/1399　集部/曲類/曲別集/雜劇

西廂記五卷首一卷末一卷　(元)王實甫　(元)關漢卿撰　毛甡論定並參釋　清末據影香雪居刻本影印本　二冊

110000－0102－0028244　(己)/1400　集部/曲類/曲別集/雜劇

會真六幻十九卷　(明)閔齊伋編　明末刻本　黃裳跋　一冊

110000－0102－0028245　己/1401　集部/曲

類/曲別集/雜劇

西廂記總令二十六出　(元)王實甫作　清抄本　二冊

110000－0102－0028246　(己)/1402　集部/曲類/曲別集/雜劇

箋注繪像第六才子西廂釋解八卷首一卷附錄三卷　(元)王實甫作　(清)金聖嘆評　(清)吳吳山三婦評箋　清康熙鬱鬱堂刻本　八冊

110000－0102－0028247　己/1403　集部/曲類/曲別集/雜劇

西廂記十六出首一卷　(元)王實甫填詞　(清)金聖嘆評　(清)吳蘭校修　清道光二年(1822)白秀琨刻本　四冊

110000－0102－0028248　(己)/1407　集部/曲類/曲別集/雜劇/元

貫華堂第六才子書西廂記八卷　(元)王德信　(元)關漢卿撰　(清)金聖嘆批點　清初貫華堂刻聖歎外書本　六冊

110000－0102－0028249　己/1410　集部/曲類/曲別集/雜劇/元

此宜閣增訂金批西廂四卷首一卷末一卷　(元)王實甫作　(清)金聖嘆批　清刻聖歎外書本　六冊

110000－0102－0028250　己/1411　集部/曲類/曲別集/雜劇/元

貫華堂第六才子書八卷　(元)王德信　(元)關漢卿撰　(清)金聖嘆批點　清益和堂刻本　三冊

110000－0102－0028251　己/1413　集部/曲類/曲別集/雜劇/元

第六才子書西廂記八卷附一卷　(元)王德信　(元)關漢卿撰　(清)金聖嘆批點　清道光二十九年(1849)味蘭軒主人刻聖歎外書本　六冊

110000－0102－0028252　己/1414　集部/曲類/曲別集/傳奇

吳吳山三婦評箋注釋聖歎第六才子書八卷附

三卷　（元）王德信　（元）關漢卿撰　（清）金聖嘆　吳吳山三婦批點　清刻本　六冊

110000－0102－0028253　己/1415　集部/曲類/曲別集/雜劇/元

成裕堂繪像第六才子書八卷　（元）王實甫（元）關漢卿作　（清）金聖嘆評　清雍正十一年(1733)刻本　六冊

110000－0102－0028254　己/1416　集部/曲類/曲別集/雜劇/元

增像第六才子書五卷首一卷　（元）王德信（元）關漢卿撰　（清）金聖嘆評　清末石印本　六冊

110000－0102－0028255　（己)/1417　集部/曲類/曲別集/雜劇/元

新刊合併董解元西廂記二卷　（金）董解元作（明）屠隆校正　（明）周居易梓校　清影抄本　二冊

110000－0102－0028256　（己)/1418　集部/曲類/曲別集/雜劇/元

貫華堂批本西廂記八折　（元）王德信　（元）關漢卿作　（清）金聖嘆評　清抄本　吳曉鈴手記　一冊

110000－0102－0028257　（己)/1419　集部/曲類/曲別集/雜劇/元

貫華堂第六才子書西廂記八卷附一卷　（元）王德信　（元）關漢卿撰　（清）金聖嘆批點清刻本　四冊

110000－0102－0028258　（己)/1420　集部/曲類/曲別集/雜劇

雅趣藏書　（清）錢書訂　清刻本　二冊

110000－0102－0028259　（己)/1423　集部/總集類/文/雜錄/書牘表啟

新刻藝林尺一明珠七卷　（明）□□編　明刻本　二冊　存十二卷(缺卷一插圖)

110000－0102－0028260　（己)/1424　經部/小學類/音韻

正音攈言四卷　（明）王荔著　（明）王允嘉注明崇禎元年(1628)古項王氏刻本　四冊

110000－0102－0028261　己/1425　集部/小說類/筆記小說

唐人說薈二十卷　（清）蓮塘居士纂　清乾隆五十七年(1792)挹秀軒刻唐代叢書本　二十冊

110000－0102－0028262　己/1426　史部/傳記類/總傳/專錄/其它

情史類略二十四卷　（清）詹詹外史評輯　清道光二十八年(1848)三讓堂重刻本　十冊

110000－0102－0028263　己/1427　集部/總集類/文/雜錄/雜纂

文章遊戲初編八卷二編八卷三編八卷四編八卷　（清）繆艮選　清道光五年(1825)重刻本二十二冊

110000－0102－0028264　己/1429　集部/總集類/詩/雜錄/題詠

汲綆圖題跋　（清）潘慶齡選　（清）潘曜三編輯　清道光十九年(1839)刻本　一冊

110000－0102－0028265　（己)/1430　子部/譜錄類

山家清供山家清事　（宋）林洪撰　清順治四年(1647)宛委山堂刻說郛本　一冊

110000－0102－0028266　己/1432　經部/小學類/音韻/字母拼音

新鐫增補音郡音義百家姓　（清）李文登著清李文登刻本　一冊

110000－0102－0028267　己/1433　集部/別集類/清

曾文正公家書十卷家訓二卷大事記四卷榮哀錄一卷　（清）曾國藩作　清光緒十三年(1887)鴻文書局鉛印本　八冊

110000－0102－0028268　己/1434　史部/傳記類/總傳/通錄

名言類編三卷　（□）□□撰　清蔗餘書屋綠絲欄抄本　六冊

110000－0102－0028269　己/1435　集部/別集類/清

陶廬雜憶　（清）金武祥撰　清光緒二十五年

（1899）廣州江陰金氏刻本　一冊

110000－0102－0028270　己/1436　子部/醫
家類/醫案
救吞生煙筆記　（清）沈俊卿作　清光緒二十
三年（1897）沈俊卿刻本　一冊

110000－0102－0028271　己/1437　集部/別
集類/清
藤香館小品二卷續二卷　（清）楊曉嵐作
（清）醉歌叟輯　清末重刻本　一冊

110000－0102－0028272　己/1438　集部/小
說類/筆記小說
東都仙洞餘譚一卷附錄一卷　（清）愛花情仙
著　（清）此中生評　清光緒九年（1883）東京
紅夢樓刻本　一冊

110000－0102－0028273　己/1439　集部/別
集類/清
**重刻添補傳家寶初集八卷二集八卷三集八卷
四集八卷首一卷**　（清）石成金撰　清嘉慶十
年（1805）石基年等重刻本　三二冊

110000－0102－0028274　己/1440　史部/傳
記類/總傳/專錄/歌妓
海天餘話四卷首一卷　（清）芙蓉沜老漁編
清刻本　四冊

110000－0102－0028275　己/1441　集部/俗
文學類/迷語
擬猜隱謎四卷　（清）費源撰　清乾隆四十五
年（1780）刻本　四冊

110000－0102－0028276　己/1442　子部/宗
教類/道教/經論著作
武當全功課經　（□）□□撰　清康熙五十四
年（1715）趙守雯刻本　五冊

110000－0102－0028277　（己）/1443　集部/
詞類/詞總集/通代
**古香岑草堂詩餘正集六卷續集二集新集五卷
別集四卷**　（明）顧從敬選　（明）沈際飛評點
明末吳門童湧泉刻本　八冊

110000－0102－0028278　（己）/1444　集部/

詞類/詞總集/通代
新刻注釋草堂詩餘評林六卷　（明）李廷機批
評　（明）翁正春校正　明萬曆三十六年
（1608）起秀堂刻本　養拙軒主人跋　佚名圈
點　四冊

110000－0102－0028279　（己）/1445　集部/
俗文學類/民謠
古今風謠六卷　（明）楊慎輯　明刻本　一冊
存六卷（一至四有殘缺）

110000－0102－0028280　（己）/1446　史部/
地理類/外紀
殊域周咨錄二十四卷　（明）嚴從簡輯　明萬
曆刻本　八冊　存十三卷（一至十三）

110000－0102－0028281　（己）/1447　集部/
詞類/詞選/通代
彙選歷代名賢詞府全集九卷　（明）鱐溪逸史
選編　明刻本　三冊

110000－0102－0028282　（己）/1448　集部/
集評類/詩評
詩林辨體十六卷首一卷　（明）潘援編　明正
德七年（1512）新安書堂刻本　二冊　存七卷
（一至七）

110000－0102－0028283　（己）/1449　子部/
宗教類/釋教/律
敕修百丈清規二卷九章附一卷　（唐）釋懷海
垂訓　（元）釋德輝重編　（元）釋大訴校正
明刻本　一冊　存一卷（上）

110000－0102－0028284　（己）/1450　集部/
總集類/詩/通代
絕句博選五卷　（明）王朝雍輯　明嘉靖十五
年（1536）刻本　五冊

110000－0102－0028285　（己）/1451　集部/
總集類/詩/斷代/明
聯句私抄四卷　（明）毛紀輯　明嘉靖刻本
二冊

110000－0102－0028286　（己）/1452　子部/
宗教類/釋教
出三藏記集十七卷　（南朝梁）釋僧祐撰　明

崇禎十六年(1643)常熟虞山華嚴閣刻本　四冊　缺一卷(六)

110000－0102－0028287　(己)/1453　子部/譜錄類/草木

新鐫草本花詩譜　(明)黃鳳池撰並繪　明天啟元年(1621)刻本　周作人題識　二冊

110000－0102－0028288　(己)/1454　集部/小說類/筆記小說

山海經釋義十八卷　(晉)郭璞傳　(明)王崇慶釋義　(明)董漢儒校訂　明萬曆董漢儒刻本　六冊

110000－0102－0028289　(己)/1455　集部/總集類/文/斷代/明

媚幽閣文娛　(明)鄭元勳選　明崇禎刻本　馬廉題識　五冊

110000－0102－0028290　己/1459　集部/詞類/詞選/通代

詞選二卷續選二卷附錄一卷　(清)張惠言著　(清)張琦錄　清道光十年(1830)張琦重刻本　一冊

110000－0102－0028291　己/1462　史部/時令類

一歲貨聲　(□)□□撰　清光緒三十二年(1906)抄本　封面題"閒步庵藏"　知堂(周作人)題簽　一冊

110000－0102－0028292　己/1463　集部/小說類/筆記小說

實存四卷　(清)胡式鈺作　清道光二十一年(1841)雲琢如刻本　四冊

110000－0102－0028293　己/1464　子部/譜錄類/器物

蹶張心法　單刀法選　(明)程沖斗著　(明)程伯誠　(明)程侯民訂　(明)程君信校　清道光二十二年(1842)浙江侶仙氏施昇平刻本　三冊

110000－0102－0028294　己/1466　史部/地理類/專志/寺觀

潭柘山岫雲寺志　(清)神穆德輯　(清)釋義

庵續作　清光緒九年(1883)刻本　二冊

110000－0102－0028295　己/1467　子部/藝術類/雜技

象棋譜　(□)□□撰　清抄本　四冊

110000－0102－0028296　己/1468　集部/別集類/外國譯著

群學肄言　(英國)斯賓塞爾造論　嚴復譯　清光緒二十九年(1903)上海文明編譯書局鉛印本　四冊

110000－0102－0028297　己/1469　子部/譜錄類/回文

奚囊寸錦三卷　(清)張潮制　清嘉慶二十五年(1820)重刻本　六冊

110000－0102－0028298　己/1470　經部/小學類/訓詁/方言

燕說四卷　(清)史夢蘭著　清同治六年(1867)刻本　一冊

110000－0102－0028299　己/1471　史部/傳紀類/人表

疑年錄四卷續錄四卷　(清)錢大昕　(清)吳修編　清嘉慶二十三年(1818)吳思亭刻本　二冊

110000－0102－0028300　己/1473　史部/時令類

大清嘉慶十五年歲次庚午時憲書　(清)欽天監編　清嘉慶十四年(1809)北京順天府刻本　一冊

110000－0102－0028301　(己)/1474　子部/藝術類/雜技

新刻時尚華筵趣樂談笑酒令四卷　(明)□□撰　明種德堂刻本　吳曉鈴跋　四冊

110000－0102－0028302　己/1475　經部/小學類/訓詁/字詁

翻譯名義集二十卷　(宋)釋法雲編　清光緒四年(1878)合肥蒯氏帶耕草堂刻本　六冊

110000－0102－0028303　己/1476　集部/俗文學類/民歌民謠

莫包腳　（清）天足會編　清光緒二十八年（1902）上海商務印書館鉛印本　一冊

110000－0102－0028304　己/1477　史部/金石類/錢幣/雜著

吉金所見錄十六卷首一卷末一卷　（清）初尚齡纂輯　（清）初夏齡參訂　（清）初頊齡（清）初承煦校字　清道光二十一年（1841）初榮焜、初承煦續刻本　四冊　存十二卷（一至十二）

110000－0102－0028305　己/1478　集部/俗文學類/民歌民謠

越諺三卷附論二卷　（清）范寅輯稿　（清）黃以周審定　清光緒八年（1882）谷應山房刻本　吳曉鈴題記　三冊

110000－0102－0028306　己/1481　子部/兵家類

寧致堂增訂武經體註　（清）夏振翼纂訂（清）包國甸校定　清康熙五十九年（1720）三多齋重刻本　一冊

110000－0102－0028307　己/1483　史部/傳記類/宗譜

涅源集慶　（□）□□撰　清末朱絲欄抄本　吳曉鈴手記　一冊

110000－0102－0028308　（己）/1485　集部/小說類/筆記小說

續墨客揮犀十卷　（宋）彭乘撰　清志雅齋抄本　一冊

110000－0102－0028309　己/1486　史部/史抄類

佚名史書　（□）□□撰　清初抄本　佚名朱批　四冊　殘本

110000－0102－0028310　己/1487　經部/小學類/音韻/韻典

聲韻同然集四卷　（清）楊杞作選　清順治十六年（1659）稿本　四冊

110000－0102－0028311　己/1488　經部/小學類/音韻/字母拼音

悉曇十二返抄　（□）□□撰　清抄本　一冊

110000－0102－0028312　己/1490　集部/詞類/詞別集/清

綠春詞　（清）蟬齋次韻　清光緒二十七年（1901）王郎稿本　一冊

110000－0102－0028313　己/1495　史部/傳記類/日記/清

救濟日記　（清）陸樹藩著　清光緒二十六年（1900）上海石印本　一冊

110000－0102－0028314　己/1496　集部/詞類/詞選

姜母寄當歸賦　（明）黃吉元等作　清抄本佚名朱批　一冊

110000－0102－0028315　己/1497　集部/別集類/清

考槃室詩草六卷　（清）稚川居士稿　清末稿本紅格　吳曉鈴手記　二冊

110000－0102－0028316　己/1498　史部/政書類/職官/官制

八旗爵秩俸祿考　（清）錫廉等編　清光緒二十九年（1903）錫廉重刻本　一冊

110000－0102－0028317　己/1499　子部/術數類/雜術

袁天罡李淳風二先生所撰推背圖　（唐）袁天罡　（唐）李淳風作　清道光二十八年（1848）丹鳳抄本　一冊

110000－0102－0028318　己/1500　集部/總集類/文/雜錄/書牘表啟

傳家至寶二卷　（□）□□撰　清抄本　二冊

110000－0102－0028319　己/1501　子部/藝術類/雜著

奇書五十五種三卷續編一卷　（清）留香主人輯　（清）醉月問花客摹刊　奇書續編一卷（清）醉月問花客重編　清光緒二十年（1894）上海理文軒石印本　四冊

110000－0102－0028320　己/1504　史部/政書類/職官/官制

官場制度　（清）齋景編　清光緒十年（1884）齋景抄本　一冊

110000－0102－0028321　己/1505　集部/總集類/詩/雜錄/題詠

都門贅語　（清）韓又黎著　（清）吳東山校訂　清光緒六年(1880)吳家儒刻本　一冊

110000－0102－0028322　己/1506　史部/地理類/雜記

朝市叢載八卷　（清）楊靜亭原編　（清）李虹若重編　清光緒十二年(1886)刻本　八冊

110000－0102－0028323　己/1507　史部/地理類/雜記

朝市叢載八卷　（清）楊靜亭原編　（清）李虹若重編　清光緒二十四年(1898)北京榮寶齋刻本　八冊

110000－0102－0028324　己/1509　集部/總集類/詩/地方/北京

京華百二竹枝詞　（清）蘭陵憂患生著　清宣統二年(1910)北京益森公司鉛印遇園雜著本　一冊

110000－0102－0028325　己/1510　史部/史評類/詠史

都門竹枝詞　（□）□□撰　清光緒三十一年(1905)抄本　一冊

110000－0102－0028326　（己）/1514　集部/曲類/曲別集/傳奇/清

富貴神仙二卷　（清）影園灌者撰　（清）玉斧山樵校閱　清乾隆三十五年(1770)刻本　一冊　存一卷(上)

110000－0102－0028327　己/1549　集部/曲類/曲別集/傳奇

暖紅室橅明刊琵琶記原圖　（清）傅春姍摹　清末民國暖紅室石印本　一冊

110000－0102－0028328　己/1553　集部/曲類/曲別集/傳奇

玉茗堂還魂記二卷五十五出　（明）湯顯祖撰　王思任評校　夢鳳樓暖紅室校訂　清末暖紅室刻暖紅室雜劇傳奇彙刻本　二冊

110000－0102－0028329　己/1554　集部/曲類/曲別集/傳奇

格正還魂記詞調二卷　（清）鈕少雅格正（清）胡介祉核校　夢鳳樓暖紅室校訂　清末暖紅室刻本　二冊

110000－0102－0028330　己/1557　集部/曲類/曲別集/雜劇

紅拂記傳奇二卷附音釋　（□）□□撰　清末暖紅室刻本　三冊

110000－0102－0028331　己/1558　集部/曲類/曲別集/傳奇

白兔記二卷三十三出　（明）□□撰　夢鳳樓暖紅室校訂　清末暖紅室刻藍印本　二冊

110000－0102－0028332　己/1559　集部/曲類/曲別集/傳奇

金印合縱記二卷三十四出　（明）高一葦訂證　夢鳳樓暖紅室校訂　清末暖紅室刻暖紅室彙刻傳奇本　二冊

110000－0102－0028333　己/1560　集部/曲類/曲別集/傳奇

鐫刻新編全相霞箋記二卷二十七出　（明）秦淮墨客校正　夢鳳樓暖紅室校訂　清末暖紅室刻暖紅室彙刻傳奇本　二冊

110000－0102－0028334　己/1561　集部/曲類/曲別集/傳奇

新編十錯認春燈謎記二卷四十出　（明）百子山樵撰　夢鳳樓暖紅室校刊　清末暖紅室刻暖紅室彙刻傳奇本　二冊

110000－0102－0028335　己/1562　集部/曲類/曲別集/傳奇

批點燕子箋二卷四十二出　（明）百子山樵撰　夢鳳樓暖紅室校刊　清宣統二年(1910)暖紅室刻暖紅室彙刻傳奇本　二冊

110000－0102－0028336　己/1574　史部/目錄類/著錄/學科專目/文學

新編錄鬼簿二卷　（元）鍾嗣成撰　夢鳳樓暖紅室校訂　清宣統元年(1909)暖紅室刻暖紅室彙刻傳奇本　一冊

110000－0102－0028337　己/1575　集部/集評類/曲評/曲話

曲品二卷　（明）呂天成撰　（明）王驥德閱
夢鳳樓暖紅室校訂　清宣統暖紅室刻暖紅室
匯刻傳奇本　一冊

110000－0102－0028338　己/1580　集部/曲
類/曲別集/傳奇

錫六環二卷二十四回　（清）孫埏撰　清光緒
刻本　一冊

110000－0102－0028339　己/1597　集部/俗
文學類/子弟書

代數歎子弟書　煮雪山人手訂　耕煙子過目
　眠雲道士編輯　清末民國抄本　一冊

110000－0102－0028340　己/1598　集部/曲
類/曲譜

水門鑼鼓譜　（清）胡席庵著　清宣統二年
(1910)尚勛氏朱墨抄本　一冊

110000－0102－0028341　己/1600　子部/藝
術類/音樂舞蹈

軍樂稿四卷　（清）李映庚謹擬訂　曹澐　陳
嘉梁同校譜　清宣統元年(1909)上海開明書
店石印本　瘦公手記　章華名刺　一冊

110000－0102－0028342　己/1604　子部/藝
術類/音樂舞蹈

［歷代樂制］　（□）□□撰　清抄本　一冊

110000－0102－0028343　己/1605　子部/儒
家類

［歷代樂制］　（□）□□撰　清末民國抄本
一冊

110000－0102－0028344　己/1607　集部/曲
類/曲譜、曲韻

朱奴犯銀燈　（□）□□撰　清抄本　三冊
存朱奴犯銀燈、園林好、二犯江兒水、大開門
等幾支曲,有工尺譜

110000－0102－0028345　己/1608　集部/曲
類/曲譜

龍燈曲譜　（□）□□撰　清抄本　一冊

110000－0102－0028346　己/1609　集部/曲
類/曲譜、曲韻

霓裳羽衣　（□）□□撰　清末民國抄本
一冊

110000－0102－0028347　己/1612　經部/詩
類/其它

詩經古譜　（□）□□撰　清光緒三十四年
(1908)北京學部圖書局石印本　一冊

110000－0102－0028348　己/1614　子部/藝
術類/音樂舞蹈

樂典六編　（清）李燮義編譯　（清）高連科校
改　清宣統元年(1909)北京集成圖書公司石
印本　一冊

110000－0102－0028349　己/1622　集部/曲
類/曲別集/傳奇/清

古樂粹論　曹蔭棠著　胡珍鄧霖同參　清光
緒元年(1875)朱絲欄稿本　一冊

110000－0102－0028350　己/1638　集部/曲
類/曲別集/傳奇/清

青樓烈傳奇(黑海蓮)二卷十二出　（清）勺園
填詞　清末稿本　二冊

110000－0102－0028351　己/1643　集部/小
說類/翻譯小說

續譯華生包探案　警察學生譯　清光緒二十
八年(1902)上海文明編譯書局鉛印本　一冊
　缺一冊(下)

110000－0102－0028352　己/1725　集部/曲
類/曲別集/散曲

北征集散曲鈔　（□）□□撰　清同治八年
(1869)抄本　一冊

110000－0102－0028353　己/1744　集部/曲
類/曲別集/散曲/清

蕡華屋蛻稿一卷　（清）吳卿弼撰　清綠欄丝
抄本　一冊

110000－0102－0028354　己/1887　集部/戲
曲類/話劇/

大埠橋新戲十二齣　倜儻生著　清宣統三年
(1911)貴陽文通書局鉛印本　一冊

110000－0102－0028355　己/1891　集部/俗

文學類/鼓詞

歷代史略鼓詞引 （清）賈凫西著　之罘山人
輯注　清末民國鉛印本　一冊

110000－0102－0028356　己/1892　集部/戲
曲類

抄本劇本 （清）宋純選修　清宋純修抄本
一冊

110000－0102－0028357　己/1893　集部/戲
曲類

抄本劇本不分卷 （□）□□撰　清鑒泉等抄
本　一冊

110000－0102－0028358　己/1895　集部/曲
類/曲選

南詞小曲七段 （□）□□撰　清抄本　一冊

110000－0102－0028359　己/1908　集部/俗
文學類/民歌民謠

民謠六首 （□）□□撰　清末民國抄本
一冊

110000－0102－0028360　己/1923　集部/俗
文學類/寶卷

雙花寶卷一卷 （□）□□撰　清宣統元年
(1909)李春華抄本　一冊

110000－0102－0028361　己/1932　集部/俗
文學類/寶卷

芙蓉延壽寶卷全部一卷 （□）□□撰　清宣
統元年(1909)李春華抄本　一冊

110000－0102－0028362　己/1991　集部/俗
文學類/寶卷

**江南松江府華亭縣白沙村孝修回郎寶卷一卷
新刻七七寶卷** （□）□□撰　清宣統三年
(1911)上海文益書局石印本　一冊

110000－0102－0028363　己/1992　集部/俗
文學類/寶卷

**江南松江府華亭縣白沙村孝修回郎寶卷一卷
附七七寶卷、喫素經、花名寶卷、法船經**
（□）□□撰　清光緒十二年(1886)杭州昭慶
經房刻本　一冊

110000－0102－0028364　己/1996　集部/俗
文學類/寶卷

新鐫七真天仙寶傳四卷 （清）易南子記　清
宣統三年(1911)養真仙苑刻本　四冊

110000－0102－0028365　己/2051　史部/傳
記類/總傳/專錄/其它

秦淮豔品一卷 （清）張曦照撰　清光緒元年
(1875)刻本　一冊

110000－0102－0028366　（己）/2091　子部/
宗教類/釋教/贊

雜毒海四卷 （清）釋性音重編　清康熙六十
年(1721)北京大覺山佛泉寺沙門性音刻本
一冊

110000－0102－0028367　己/2093　集部/別
集類/清

居東集二卷 （清）蔣智由作　清宣統二年
(1910)上海文明書局鉛印本　一冊

110000－0102－0028368　（己）/2095　史部/
史評類/詠史

南宋雜事詩七卷 （清）沈嘉轍等撰　清雍正
(1723－1735)武林芹香齋刻乾隆印本　四冊

110000－0102－0028369　己/2096　集部/別
集類/清

翠巖室詩鈔四卷 （清）韓弼元撰　清光緒五
年(1879)刻本　二冊

110000－0102－0028370　己/2097　集部/別
集類/清

薊唐詩集八卷附錄三卷 （清）王瑋慶著　清
嘉慶二十五年(1820)刻本(後序及補注為補
配,由蕉葉山房刻印)　四冊

110000－0102－0028371　己/2098　集部/別
集類/清

江鄉節物詩 （清）吳存楷著　清丁丈刻本
一冊

110000－0102－0028372　（己）/2100　集部/
別集類/清

授研齋詩 （清）宋韋金作　清康熙刻本
一冊

110000－0102－0028373　(己)/2101　集部/別集類/清

榴南山房　(清)王蕙滋著　(清)王麟紱輯　清同治十三年(1874)王麟紱刻本　一冊

110000－0102－0028374　(己)/2102　集部/別集類/清

窺園詩鈔五卷末一卷附詞鈔一卷　(清)王夢篆撰　清乾隆五十八年(1793)刻本　二冊

110000－0102－0028375　己/2103　集部/別集類/清

姚鏡塘先生全集　(清)姚學塽著　清光緒九年(1883)東陽學之尊經閣重刻本　五冊

110000－0102－0028376　己/2104　集部/別集類/清

擬樂府辭二卷附一卷丹桂軒初稿　(清)彭光斗著　清刻本　一冊

110000－0102－0028377　(己)/2107　集部/別集類/清

御製避暑山莊詩二卷　(清)聖祖玄燁撰　(清)揆敘等注　(清)沈嵛繪圖　清康熙五十一年(1712)內府刻朱墨套印本　一冊

110000－0102－0028378　己/2108　集部/別集類/清

豳風詠　(清)奕訢著　清咸豐七年(1857)刻本　一冊

110000－0102－0028379　己/2109　集部/別集類/清

滇中宦場竹枝詞　(清)浣花溪主味蓮氏著　清光緒十七年(1891)刻本　一冊

110000－0102－0028380　己/2121　史部/史評類/詠史

長安宮詞　(清)胡延紀　清光緒二十八年(1902)刻本　一冊

110000－0102－0028381　己/2125　集部/別集類/清

心嚳往齋用陶韻詩集二卷　(清)孔繼鑅著　清道光五年(1825)繡水王相刻本　一冊

110000－0102－0028382　己/2126　集部/總集類/詩/雜錄/唱和

碧桐花館吟稿　(清)春江過客錄　綠麼韻語　(清)碧桐花館女郎錄　清刻本　一冊

110000－0102－0028383　己/2127　集部/總集類/詩/雜錄/題詠

山居詩書圖詩我我周旋圖詩　(□)□□撰　清刻本　一冊

110000－0102－0028384　己/2128　史部/史評類/詠史

桐華舸明季詠史詩鈔　(清)鮑瑞駿輯　清同治三年(1864)鮑瑞駿刻本　一冊

110000－0102－0028385　己/2129　集部/別集類/清

庚子花詩　(清)焦繼華著　清光緒二十八年(1902)刻本　一冊

110000－0102－0028386　己/2130　集部/總集類/詩/唱和/圖詠

勺湖蓮隱圖詠　(清)勺湖主人等作　清光緒八年(1882)並門石印本　一冊

110000－0102－0028387　己/2131　集部/總集類/詩/斷代/清

簡學齋清夜手書詩稿合印　(清)陳秋舫　(清)魏源著　清末民國影印本　一冊

110000－0102－0028388　己/2132　集部/別集類/清

越中百詠　(清)周晉鑅著　清道光二十九年(1849)蘇城湯晉苑局刻本　一冊

110000－0102－0028389　己/2133　子部/譜錄類/器物

七硯齋百物銘　(清)馮譽驄著　清光緒二十九年(1903)田亮勳刻本　一冊

110000－0102－0028390　己/2134　集部/總集類/詩/斷代/清

國朝繡像千家詩二卷　(清)李光明梓繪　清南京狀元閣刻本　一冊

110000－0102－0028391　己/2135－2137

集部/總集類/詩/斷代/唐至五代

唐詩三百首註疏六卷首一卷 （清）蘅塘退士編 （清）章燮註 （清）孫孝根校正 清道光十五年（1835）章燮刻本 七冊

110000－0102－0028392 己/2138 集部/別集類/清

瘦吟樓詩稿四卷 （清）金逸著 清北京陳雪蘭、楊蕊淵、李紉蘭刻本 一冊

110000－0102－0028393 （己）/2145 集部/總集類/詩/斷代/唐至五代

王荊公唐百家詩選二十卷 （宋）王安石輯 清康熙四十三年（1704）山陽丘迥刻本 十冊

110000－0102－0028394 己/2149 集部/總集類/詩/斷代/清

春帖子詞一卷 （清）徐用儀輯 清光緒十年（1884）木活字印本 一冊

110000－0102－0028395 己/2156 集部/別集類/清

寶綸堂集不分卷附拾遺一卷 （清）陳洪綬著 （清）陳字購輯 清光緒十四年（1888）會稽董氏取斯家塾木活字印本 六冊

110000－0102－0028396 己/2157 經部/詩類/傳說

詩毛氏傳疏三十卷 （清）陳奐疏 清道光二十七年（1847）長洲吳門南園刻掃葉山莊本 八冊

110000－0102－0028397 己/2158 集部/總集類/詩/斷代/唐至五代

全唐詩三十二卷 （清）曹寅等輯 清光緒十三年（1887）上海同文書局石印本 三二冊

110000－0102－0028398 （己）/2174 子部/類書類

王先生十七史蒙求十六卷 （宋）王令撰 清康熙四十九年（1710）海陽程宗珧影刻本 二冊

110000－0102－0028399 己/2177 子部/醫家類/雜錄

林文忠公戒煙斷癮良方並說 （清）林則徐撰

清末蔣存遠堂刻本 一冊

110000－0102－0028400 己/2180 經部/小學類/文字/訓蒙

寄傲山房塾課新增幼學故事瓊林五卷 （清）程允升撰 （清）鄒聖脉增補 清光緒善成堂刻本 二冊

110000－0102－0028401 己/2181 子部/雜家類/雜纂

龍文鞭影二卷 （明）蕭良有纂輯 （清）楊臣諍增訂 清末周村三益堂刻本 六冊

110000－0102－0028402 己/2187 子部/雜家類/學說

墨子閒詁十五卷目錄一卷附錄一卷後語二卷 （清）孫詒讓注 清宣統二年（1910）刻本 八冊

110000－0102－0028403 己/2188 子部/雜家類/學說

訄書 （清）章炳麟撰 清光緒刻本 二冊

110000－0102－0028404 己/2189 史部/地理類/雜記

杭俗遺風一卷 （清）范祖述著 清同治六年（1867）刻本 一冊

110000－0102－0028405 己/2197 史部/別史、雜史類

文昌雜錄六卷 （宋）龐元英撰 清乾隆二十一年（1756）雅雨堂刻雅雨堂叢書本 二冊

110000－0102－0028406 （己）/2199 集部/總集類/詩/通代

寫情集四集 （清）錢尚濠輯 清初刻本 四冊

110000－0102－0028407 （己）/2200 集部/別集類/清

名山藏副本初集二卷 （清）齊周華撰 清乾隆二十六年（1761）寄生草堂刻本 佚名批 二冊

110000－0102－0028408 己/2201 集部/別集類/清

思益堂集十九卷　（清）周壽昌撰　清光緒十四年（1888）刻本　六冊

110000－0102－0028409　己/2202　史部/地理類/遊記

遊山日記十二卷　（清）舒天香撰　清嘉慶九年（1804）蓮根詩社刻本　四冊

110000－0102－0028410　己/2211　集部/別集類/清

石室秘籙六卷　（清）陳士鐸撰　（清）金以謀訂定　（清）李祖詠考參　清末金以謀刻本　六冊

110000－0102－0028411　己/2217　子部/宗教類/道教

太上全真功課經二卷　（□）□□撰　清嘉慶三年（1798）龐洪智等重刻本　一冊

110000－0102－0028412　己/2218　子部/宗教類/道教

太上全真功課經二卷　（□）□□撰　清嘉慶三年（1798）龐洪智等重刻本　一冊

110000－0102－0028413　（己）/2219　子部/宗教類/釋教

一晝夜齋式　（明）吳沉　（明）釋文彬等纂修　明刻本　一冊

110000－0102－0028414　（己）/2220　子部/宗教類/道教

三天易髓一卷　（元）李清庵撰　（明）混然子校正　明正統十年（1445）刻本　一冊

110000－0102－0028415　己/2221　子部/宗教類/道教/經論著作

高上玉皇本行集三卷　（□）□□撰　清嘉慶十一年（1806）方緣重刻正統道藏本　三冊

110000－0102－0028416　（己）/2222　子部/宗教類/道教/經論著作

太上玄靈北斗本命延生真經　（□）□□撰　清刻本　一冊

110000－0102－0028417　（己）/2223　子部/宗教類/釋教/贊

圓覺道場修證禮懺文十八卷　（唐）釋宗密述　明萬曆四十年（1612）北京釋勝馥刻天啟五年（1625）太子太保武清侯李誠銘印本　一冊　存一卷（十八）

110000－0102－0028418　己/2224　子部/宗教類/道教

禮斗摘要一卷　（□）□□撰　明玄真七眷刻本　一冊

110000－0102－0028419　己/2225　集部/別集類/清

榠華館試帖彙鈔輯注十卷　（清）路德撰　（清）路慎莊等注　清道光十四年（1834）上海掃葉山房刻本　十冊

110000－0102－0028420　己/2226　史部/傳記類/總傳/專錄/其它

貳臣傳十二卷逆臣傳十二卷　（清）國史館編　清北京琉璃廠半松居士刻本　十冊

110000－0102－0028421　己/2229　集部/總集類/文/雜錄/酬贈慶吊

合肥相國七十賜壽圖　（清）羅豐祿等輯　清光緒海軍石印書局石印本　四冊

110000－0102－0028422　己/2232　史部/外國史類

猶太史　（日本）北村三郎編著　趙必振譯　清光緒二十八年（1902）上海廣智書局鉛印史學小叢書本　一冊

110000－0102－0028423　己/2233　史部/外國史類

飛獵濱獨立戰史　（飛獵濱）棒時著　（清）同是傷心人譯　清光緒二十八年（1902）上海商務印書館鉛印戰史叢書本　一冊

110000－0102－0028424　己/2237　叢部/彙編叢書/清中晚期

閒情小錄初集八種　（清）葛元煦輯　清光緒三年（1877）杭州仁和葛氏嘯園刻本　六冊

110000－0102－0028425　己/2245　子部/術數類/雜術

京本江湖博覽按摩修養淨髮須知二卷　（清）

吳鐸訂　清光緒三十年（1904）北京老二酉堂刻本　二冊

110000－0102－0028426　己/2247　子部/術數類/雜術

新刻秘藏異本奇巧戲法一卷　（清）中山秦叟積匯　清末禪山近文堂刻本　一冊

110000－0102－0028427　己/2248　集部/俗文學類/謎語及其他

燈社嬉春集二卷　（清）蓬道人戲編　清光緒長沙楊氏坦園刻坦園全集本　二冊

110000－0102－0028428　己/2260　集部/小說類

非律賓民黨起義記美利堅自立記檀香山華人受虐記波蘭國的故事　宣樊子演　獨頭山人說　清末刻本　一冊

110000－0102－0028429　己/2265　史部/地理類/雜記

粵西筆述一卷　（清）張祥河輯　清光緒二十二年（1896）北京謝光綺刻本　一冊

110000－0102－0028430　己/2272　史部/傳記類/別傳

李鴻章（中國四十年來大事記）　梁啟超著　清光緒石印本　一冊

110000－0102－0028431　己/2275　經部/小學類/訓詁/其它

訓蒙捷徑　（清）黃慶澄撰　清光緒二十五年（1899）刻本　一冊

110000－0102－0028432　己/2279　集部/小說類/筆記小說

嘻談錄二卷續錄二卷　（清）小石道人纂輯（清）粲然叟參訂　清光緒十年（1884）刻本　四冊

110000－0102－0028433　己/2280　集部/小說類/筆記小說

新選時興笑絕氣話一卷　（清）幽閒主人選　清廣州五桂堂刻本　吳曉鈴題識　一冊

110000－0102－0028434　（己）/2284　史部/

地理類/山川/山

清凉山志十卷　（明）釋鎮澄修　（清）釋阿王老藏重修　清乾隆二十年（1755）淮陰釋聚用刻光緒十三年（1887）印本　四冊

110000－0102－0028435　己/2285　史部/地理類/外紀

印度劄記二卷　（清）黃楙材述　清光緒刻得一齋雜著本　一冊

110000－0102－0028436　己/2286　史部/傳記類/別傳

勅封天后志二卷　（清）林清標輯　清乾隆刻清嘉慶十五年（1810）印本　一冊

110000－0102－0028437　己/2287　子部/宗教類/釋教/經

妙法蓮華經七卷　（後秦）釋鳩摩羅什譯　清末南京金陵刻經處刻本　三冊

110000－0102－0028438　己/2292　史部/傳記類/總傳/專錄/其它

明良志略一卷　（清）劉沅撰　清同治八年（1869）致福樓刻本　一冊

110000－0102－0028439　己/2294　集部/小說類/筆記小說

紙糊燈籠一卷　（清）不能道人手著　清光緒二十四年（1898）刻本　一冊

110000－0102－0028440　己/2299　集部/總集類/詩/雜錄/唱和

秋懷倡和詩一卷　（清）董文煥等撰　清咸豐十一年（1861）刻本　一冊

110000－0102－0028441　己/2301　經部/小學類/音韻

古韻標準四卷首詩韻舉例一卷　（清）江永編　清咸豐二年（1852）南海伍崇曜刻粵雅堂叢書本　一冊

110000－0102－0028442　己/2307　子部/宗教類/釋教/經

護身根本經咒全部一卷　（清）釋元亮編輯　清道光十一年（1831）北京萬善給孤寺住持元亮刻本　一冊

110000－0102－0028443　己/2308　子部/宗教類/釋教/經

金剛藥師觀音三經全部　（□）□□撰　清刻本　三冊

110000－0102－0028444　庚/701　史部/政書類/軍政

上諭軍令條約滿漢合璧　（清）世宗胤禛撰　清刻本　二冊

110000－0102－0028445　（甲三）/465　集部/曲類/曲別集/雜劇

滿漢西廂記四卷十六出　（元）王實甫撰　清文盛堂刻本　佚名圈點鈐"北平孔德學校之章"朱文印　四冊

110000－0102－0028446　（乙·一）/32　經部/小學類/文字/字典詞典

四體合璧文鑑三十二卷總綱八卷目錄一卷（清）高宗弘曆敕撰　清刻本　十一冊

110000－0102－0028447　（乙·一）/36　經部/小學類/文字/字典詞典

御製增訂清文鑑三十二卷補編四卷　（清）傅恆等撰　清乾隆三十六年(1771)武英殿刻本　佚名圈點、批註　四十八冊

110000－0102－0028448　（乙·一）/37　經部/小學類/文字/字典詞典

四體合璧文鑑三十二卷總綱八卷　（清）高宗弘曆敕撰　清刻本　十一冊

110000－0102－0028449　（乙·一）/38　經部/小學類/文字/字典詞典

御製四體清文鑑三十二卷補編四卷　（清）高宗弘曆敕撰　清乾隆三十七年(1772)武英殿刻本　三十六冊

110000－0102－0028450　（乙·一）/39　經部/小學類/文字/字典詞典

一學三貫清文鑑四卷十二字頭一卷　（清）屯圖撰　清乾隆十一年(1746)京都徐氏英華堂刻本　四冊

110000－0102－0028451　（乙·一）/40　經部/小學類/文字/字典詞典

一學三貫清文鑑四卷十二字頭一卷　（清）屯圖撰　清乾隆十一年(1746)京都徐氏英華堂刻本　佚名批點　四冊

110000－0102－0028452　（乙·一）/44　經部/小學類/訓詁/滿蒙語學

清文彙書十二卷　（清）李延基撰　清雍正二年(1724)刻本　十二冊

110000－0102－0028453　（乙·一）/50　經部/小學類/文字/字典詞典

增訂清文鑑四卷十二字頭一卷　（清）高宗弘曆敕譯　清朱絲欄抄本　鈐"臣昌"白文印、"松筠室藏書印"朱文印　十二冊

110000－0102－0028454　（乙·一）/53　經部/小學類/訓詁/滿蒙語學

清文補彙八卷　（清）宜興撰　清乾隆五十一年(1786)　刻本　八冊

110000－0102－0028455　（乙·一）/54　經部/小學類/文字/字典詞典

音漢清文鑑二十卷　（清）明鐸注　清乾隆二十二年(1757)繡谷中和堂刻本　四冊

110000－0102－0028456　（乙·一）/55　經部/小學類/文字/字典詞典

音漢清文鑑二十卷　（清）董佳氏明鐸注　清雍正十三年(1735)騎河樓文瑞堂刻本　佚名圈點、批鈐"鳳山藏書"白文印　四冊

110000－0102－0028457　（乙·一）/60　經部/小學類/訓詁/滿蒙語學

清文彙書十二卷　（清）李延基撰　清京都三槐堂書坊刻本　十二冊

110000－0102－0028458　（乙·一）/85　經部/小學類

蒙文輯要五十六卷首一卷　（清）佚名輯　清抄本　六冊

110000－0102－0028459　（乙·一）/98　經部/小學類/文字/字典詞典

滿漢典要大全　（清）明昌譯　清抄本　二十冊

110000－0102－0028460　（乙·一）/103　經部/小學類/文字/字典詞典

繙譯類編四卷　（清）冠景撰　清乾隆十四年(1749)周祖榮刻本　佚名批鈐"老二酉堂"朱文印　四冊

110000－0102－0028461　（乙·一）/109　經部/小學類/文字/字典詞典

同文彙集四卷　（清）劉順　（清）桑格編　清康熙三十二年(1693)天繪閣刻本　佚名圈點、批註　四冊

110000－0102－0028462　（乙·一）/111　經部/小學類/文字

欽定清漢對音字式不分卷　（清）高宗弘曆敕撰　清乾隆刻本　一冊

110000－0102－0028463　（乙·一）/114　經部/小學類/文字

欽定清漢對音字式不分卷　（清）高宗弘曆敕撰　清乾隆三十七年(1772)武英殿刻本　一冊

110000－0102－0028464　（乙·一）/120　經部/小學類/文字/字典詞典

三合便覽不分卷　（清）敬齋輯　清乾隆四十五年(1780)刻本　佚名圈點　十二冊

110000－0102－0028465　（乙·一）/121　經部/小學類/文字/字典詞典

三合便覽不分卷　（清）敬齋輯　清乾隆四十五年(1780)刻本　十二冊

110000－0102－0028466　（乙·二）/6　史部/編年類/通代

資治通鑑綱目五十九卷　（宋）朱熹撰　（清）和素翻譯　清康熙三十年(1691)武英殿刻本　佚名批、跋　九十一冊

110000－0102－0028467　（乙·二）/7　史部/政書類/詔令奏議/詔令

上諭八旗十三卷上諭旗務議覆十三卷諭行旗務奏議十三卷　（清）世宗胤禛撰　（清）允祿等編　清雍正九年(1731)京師內府刻乾隆六年(1741)武英殿續刻本　四十冊

110000－0102－0028468　（乙·二）/8　史部/政書類/詔令奏議/詔令

上諭八旗十三卷上諭旗務議覆十三卷諭行旗務奏議十三卷　（清）世宗胤禛撰　（清）允祿等編　清雍正九年(1731)京師內府刻乾隆六年(1741)武英殿續刻本　佚名圈點　三十八冊

110000－0102－0028469　（乙·二）/15　史部/政書類/儀制

滿文祭祀條例六卷　（清）允祿等撰　清乾隆刻本　六冊

110000－0102－0028470　（乙·三）/1　子部/雜家類/雜纂

御製勸善要言　（清）世祖福臨撰　清光緒甘肅新疆巡撫陶模等刻本　一冊

110000－0102－0028471　（乙·三）/2　子部/儒家類/清

性理精義十二卷　（清）李光地等校正　清刻本　八冊

110000－0102－0028472　（乙·三）/3　子部/儒家類/清

性理精義十二卷　（清）李光地等校正　清康熙五十六年(1717)北京武英殿刻本　八冊

110000－0102－0028473　（乙·三）/4　子部/儒家類

小學合解六卷　（清）古巴岱譯　清雍正三年(1725)武英殿刻本　八冊

110000－0102－0028474　（乙·三）/5　子部/儒家類

小學合解六卷　（清）古巴岱譯　清雍正三年(1725)武英殿刻本　八冊

110000－0102－0028475　（乙·三）/6　子部/儒家類

小學合解六卷　（清）古巴岱譯　清雍正三年(1725)武英殿刻本　八冊

110000－0102－0028476　（乙·三）/9　子部/儒家類/清

四本簡要四卷　（清）富公魯撰　（清）富明安

評　清光緒抄本　四冊

110000－0102－0028477　（乙・三）/10　子部/儒家類/清

四本簡要四卷　（清）富公魯撰　（清）富明安譯　清乾隆三十三年（1768）富翼刻本　四冊

110000－0102－0028478　（乙・三）/14　子部/儒家類/清

人臣儆心錄一卷　（清）世祖福臨撰　清順治十二年（1655）京師內府刻本　一冊

110000－0102－0028479　（乙・三）/27　子部/儒家類/清

三合聖諭廣訓不分卷　（清）世宗胤禛撰　清雍正二年（1724）刻本　四冊

110000－0102－0028480　（乙・三）/35　子部/儒家類/清

百二老人語錄八卷　（清）松筠輯　（清）富俊譯　清抄本　八冊

110000－0102－0028481　（乙・三）/36　子部/儒家類/明

薛文清公要語二卷　（明）薛瑄撰　（清）富達禮譯　清康熙刻本　四冊

110000－0102－0028482　（乙・四）/1　集部/總集類/文/通代

古文淵鑒六十四卷　（清）徐乾學等編注　清康熙二十四年（1685）武英殿刻本　五十八冊

110000－0102－0028483　（乙・四）/6　集部/曲類/曲別集/雜劇

滿漢西廂記四卷十六章　（元）王實甫撰　清刻本　佚名滿文批註　四冊

110000－0102－0028484　（乙・四）/10　集部/別集類/清

御製避暑山莊詩不分卷　（清）聖祖玄燁撰　（清）沈崳繪圖　清康熙五十一年（1712）京師內府刻本　一冊

110000－0102－0028485　（乙・四）/11　集部/別集類/清

御製避暑山莊詩不分卷　（清）聖祖玄燁撰

（清）沈崳繪圖　清康熙五十一年（1712）京師內府刻本　二冊

110000－0102－0028486　（乙・一）/32　經部/小學類/文字/字典詞典

四體合璧文鑑三十二卷總綱八卷目錄一卷　（清）高宗弘曆敕撰　清刻本　十一冊

110000－0102－0028487　（乙一）/128　經部/易類

御製繙譯易經四卷　（清）高宗弘曆敕譯　清乾隆三十年（1765）武英殿刻本　鈐"峰鶴草堂"朱文印、"潤亨"朱文印　四冊

110000－0102－0028488　（乙二）/2019　史部/政書類/詔令奏議

大清世宗憲皇帝聖訓三十六卷　（清）世宗胤禛撰　清乾隆武英殿刻本　三十六冊

110000－0102－0028489　（丙一）/592　經部/詩類

詩經講章一卷　（清）曹鑒倫撰　清康熙稿本　一冊

110000－0102－0028490　（丙一）/592　經部/詩類

詩經講章一卷　（清）曹鑒倫撰　清康熙稿本　一冊

110000－0102－0028491　（丙一）/593　經部/書類

書經講章一卷　（清）吳世桓撰　清康熙抄本　一冊

110000－0102－0028492　（丙一）/1527　經部/小學類/訓詁/滿蒙語學

藏蒙語彙　（□）□□撰　清刻本　一冊

110000－0102－0028493　（丙一）/1528　經部/小學類/訓詁/滿蒙語學

滿洲字類　（清）佚名編　清刻本　三十九冊

110000－0102－0028494　（丙三）/4181　經部/四書類/總義/傳說

日講四書　（□）□□撰　清初京師內府刻本　二十六冊

110000 – 0102 – 0028495 （丙四）/5013 集
部/小說類/章回

金瓶梅一百回 （明）蘭陵笑笑生撰 清刻本
佚名批註 二十八冊 存四十六卷（三十
一至四十五、五十一、五十三至五十六、六十
二至八十七）

110000 – 0102 – 0028496 （丁）/16289 子
部/宗教類/釋教

御製滿漢西番合璧大藏全咒 （□）□□撰
清乾隆二十四年(1759)京師内府刻本 七冊
存覆、悲、染、羔、羊、景、行、維、賢、克函

110000 – 0102 – 0028497 （丁）/16290 子
部/宗教類/釋教

御製滿漢西番合璧大藏全咒 （□）□□撰
清乾隆二十四年(1759)京師内府刻本 一冊
存實、公、輔、濟、弱、傾、綺、回、惠、說、寔、
馳、郡、遠、務、貢、其、祉、極、機函

110000 – 0102 – 0028498 （丁）/16291 子
部/宗教類/釋教

御製滿漢西番合璧大藏全咒 （□）□□撰
清乾隆二十四年(1759)京師内府刻本 十三
冊 存體、賓、鳴、鳳、白、食、場、化、彼、草、
賴、及、念、忠、則、盡、臨、深、不、淵、澄、取、
映、容函

110000 – 0102 – 0028499 （丁）/16292 子
部/宗教類/釋教

御製滿漢西番合璧大藏全咒 （□）□□撰
清乾隆二十四年(1759)京師内府刻本 五十
六冊 存裳、讓、國、有、體、賓、鳴、鳳、白、食、
場、化、彼、草、賴、及、五、恭、惟、鞠、養、敢、
傷、慕、貞、男、知、過、必、改、能、莫、忘、罔、
彼、長、信、使、可、行、清、似、斯、蘭、馨、之、
盛、川、流、不、息、淵、澄、取、映、容、止、若、
思、言、辭、安、慎、竟、睦、唱、孔、轉、疑、達、
既、亦、群、英、枉、杜、稾、鍾、隸、漆、驅、實、
勒、輔、濟、弱、傾、綺、廻、惠、說、寔、馳、郡、
遠、務、貢、其、祉、極、機函

110000 – 0102 – 0028500 （丁）/16293 子
部/宗教類/釋教

御製滿漢西番合璧大藏全咒 （□）□□撰
清乾隆二十四年(1759)京師内府刻本 十九
冊 存珍、羽、翔、龍、帝、文、裳、讓、國、有、
虞、陶、唐、吊、殷、慕、敢、五、恭、養、傷、毀、
惟、鞠、必、覆、悲、染、羔、羊、景、行、維、賢、
克、念、慶、璧、當、竭、力、臨、深、薄、夙、盡函

110000 – 0102 – 0028501 （丁）/4084 經部/
四書類/總義

三合四書 （□）□□撰 清乾隆二十年
(1755)刻本 二十冊

110000 – 0102 – 0028502 （丁）/6015 史部/
政書類/公牘檔冊

[滿漢合璧吳三桂戰書]不分卷 （清）吳三桂
撰 清抄本 一冊

110000 – 0102 – 0028503 （丁）/8460 經部/
小學類/訓詁/滿蒙語學

三合便覽 （清）敬齋輯 （清）富俊補 清道
光抄本 二十四冊

110000 – 0102 – 0028504 （丁）/12761 集
部/小說類/短篇小說

擇繙聊齋志異二十四卷 （清）蒲松齡撰
(清)劄克丹譯 清道光二十八年(1848)刻本
二十四冊

110000 – 0102 – 0028505 （丁）/13951 子
部/儒家類/清

百二老人語八卷 （清）松筠輯 （清）富俊譯
清抄本 十八冊

110000 – 0102 – 0028506 （丁）/16289 子
部/宗教類/釋教

御製滿漢西番合璧大藏全咒 （□）□□撰
清乾隆二十四年(1759)京師内府刻本 七冊
存覆、悲、染、羔、羊、景、行、維、賢、克函

110000 – 0102 – 0028507 （丁）/16290 子
部/宗教類/釋教

御製滿漢西番合璧大藏全咒 （□）□□撰
清乾隆二十四年(1759)京師内府刻本 一冊
存實、公、輔、濟、弱、傾、綺、回、惠、說、寔、
馳、郡、遠、務、貢、其、祉、極、機函

110000－0102－0028508　（丁）/16291　子部/宗教類/釋教

御製滿漢西番合璧大藏全咒　（□）□□撰
清乾隆二十四年(1759)京師內府刻本　十三冊　存體、賓、鳴、鳳、白、食、場、化、彼、草、賴、及、念、忠、則、盡、臨、深、不、淵、澄、取、映、容函

110000－0102－0028509　（丁）/16292　子部/宗教類/釋教

御製滿漢西番合璧大藏全咒　（□）□□撰
清乾隆二十四年(1759)京師內府刻本　五十六冊　存裳、讓、國、有、體、賓、鳴、鳳、白、食、場、化、彼、草、賴、及、五、恭、惟、鞠、養、敢、傷、慕、貞、男、知、過、必、改、能、莫、忘、罔、彼、長、信、使、可、行、清、似、斯、蘭、馨、之、盛、川、流、不、息、淵、澄、取、映、容、止、若、思、言、辭、安、慎、竟、睦、唱、孔、轉、疑、達、既、亦、群、英、枉、杜、橐、鍾、隸、漆、驅、實、勒、輔、濟、弱、傾、綺、廻、惠、說、寔、馳、郡、遠、務、貢、其、祗、極、機函

110000－0102－0028510　（丁）/16293　子部/宗教類/釋教

御製滿漢西番合璧大藏全咒　（□）□□撰
清乾隆二十四年(1759)京師內府刻本　十九冊　存珍、羽、翔、龍、帝、文、裳、讓、國、有、虞、陶、唐、吊、殷、慕、敢、五、恭、養、傷、毀、惟、鞠、必、覆、悲、染、羔、羊、景、行、維、賢、克、念、慶、璧、當、竭、力、臨、深、薄、夙、盡函

110000－0102－0028511　甲一/68　經部/四書類

滿漢四書　（□）□□撰　清刻本　六冊

110000－0102－0028512　甲一/110　經部/四書類

漢滿四書　（□）□□撰　清博古堂刻本　十三冊

110000－0102－0028513　甲一/127　史部/政書類/儀制

滿洲四禮集　（清）索甯安編　清嘉慶六年(1801)省非堂刻本　五冊

110000－0102－0028514　甲一/138　經部/小學類/訓詁/滿蒙語學

滿漢古文　（□）□□撰　清刻本　二冊　存二卷(五、七)

110000－0102－0028515　乙·一/5　經部/易類

易經四卷　（清）高宗弘曆敕譯　清乾隆三十年(1765)刻本　四冊

110000－0102－0028516　乙·一/9　經部/書類/傳說

書經六卷首一卷　（宋）蔡沈集傳　清乾隆二十五年(1760)刻本　四冊

110000－0102－0028517　乙·一/10　經部/書類/傳說

書經六卷首一卷　（宋）蔡沈集傳　清乾隆二十五年(1760)刻本　四冊

110000－0102－0028518　乙·一/11　經部/書類/傳說

書經六卷首一卷　（宋）蔡沈集傳　清乾隆二十五年(1760)刻本　四冊

110000－0102－0028519　乙·一/12　經部/書類/傳說

書經六卷首一卷　（宋）蔡沈集傳　清乾隆二十五年(1760)刻本　四冊

110000－0102－0028520　乙·一/20　經部/四書類

御製繙譯四書　（清）鄂爾泰等譯　清乾隆二十年(1755)刻本　二十冊

110000－0102－0028521　乙·一/21　經部/四書類

御製繙譯四書　（清）鄂爾泰等譯　清乾隆二十年(1755)刻本　二十冊

110000－0102－0028522　乙·一/22　經部/四書類

御製繙譯四書　（清）鄂爾泰等譯　清乾隆二十年(1755)刻本　二十冊

110000－0102－0028523　乙·一/23　經

部/四書類

御製繙譯四書 （清）鄂爾泰等譯 清乾隆二十年(1755)刻本 二十冊

110000－0102－0028524 乙·一/24 經部/四書類

御製繙譯四書 （清）鄂爾泰等譯 清光緒十六年(1890)荊州駐防翻譯總學刻本 六冊

110000－0102－0028525 乙·一/25 經部/四書類

御製繙譯四書 （清）鄂爾泰等譯 清光緒十四年(1888)京都聚珍堂刻本 六冊

110000－0102－0028526 乙·一/28 經部/四書類/總義/傳說

四書集註 （宋）朱熹註 清嘉慶京都文光堂刻本 十三冊

110000－0102－0028527 乙·一/29 經部/四書類/總義/傳說

四書集註 （宋）朱熹註 清雍正京都琉璃廠文光堂刻本 十三冊

110000－0102－0028528 乙·一/31 經部/四書類/大學中庸/傳說

大學衍義四十三卷 （宋）真德秀撰 （清）孟保譯 清咸豐六年(1856)刻本 六十冊

110000－0102－0028529 乙·一/41 經部/小學類/訓詁/滿蒙語學

清文啟蒙四卷 （清）舞格著 清雍正八年(1730)文寶堂刻本 四冊

110000－0102－0028530 乙·一/42 經部/小學類/訓詁/滿蒙語學

清文啟蒙四卷 （清）舞格著 清雍正八年(1730)老二酉堂刻本 四冊

110000－0102－0028531 乙·一/43 集部/總集類/文

清漢文海四十卷 （清）瓜爾佳巴尼琿編輯 清道光元年(1821)刻本 二十冊

110000－0102－0028532 乙·一/45 經部/小學類/訓詁/滿蒙語學

清文補彙八卷 （清）宜興撰 清乾隆五十一年(1786)刻本 八冊

110000－0102－0028533 乙·一/46 經部/小學類/訓詁/滿蒙語學

清文補彙八卷 （清）宜興撰 清乾隆五十一年(1786)刻本 八冊

110000－0102－0028534 乙·一/47 經部/小學類/文字/字典詞典

御製增訂清文鑑四卷 （清）高宗弘曆敕撰 清光緒抄本 十六冊

110000－0102－0028535 乙·一/48 經部/小學類/訓詁/滿蒙語學

清文典要四卷 （清）秋芳堂主人編 清光緒四年(1878)文淵堂刻本 四冊

110000－0102－0028536 乙·一/49 經部/小學類/訓詁/滿蒙語學

清文典要四卷 （清）秋芳堂主人編 清光緒四年(1878)文淵堂刻本 四冊

110000－0102－0028537 乙·一/51 經部/小學類/訓詁/滿蒙語學

清文補彙八卷 （清）宜興撰 清嘉慶七年(1802)刻本 八冊

110000－0102－0028538 乙·一/52 經部/小學類/訓詁/滿蒙語學

清文補彙八卷 （清）宜興撰 清嘉慶七年(1802)刻本 八冊

110000－0102－0028539 乙·一/56 經部/小學類/訓詁/滿蒙語學

清文啟蒙四卷 （清）舞格撰 清雍正八年(1730)同聲堂刻本 四冊

110000－0102－0028540 乙·一/57 經部/小學類/訓詁/滿蒙語學

清文啟蒙四卷 （清）舞格撰 清三槐堂刻本 四冊

110000－0102－0028541 乙·一/58 經部/小學類/訓詁/滿蒙語學

清文啟蒙四卷 （清）舞格撰 清三槐堂

刻本　四冊

110000 – 0102 – 0028542　乙·一/59　經部/
小學類/訓詁/滿蒙語學
清文啟蒙四卷　（清）舞格撰　清三槐堂刻本
四冊

110000 – 0102 – 0028543　乙·一/61　經部/
小學類/訓詁/滿蒙語學
清文彙書十二卷　（清）李延基撰　清三槐堂
刻本　十二冊

110000 – 0102 – 0028544　乙·一/62　經部/
小學類/訓詁/滿蒙語學
清文補彙八卷　（清）宜興撰　清嘉慶七年
(1802)刻本　八冊

110000 – 0102 – 0028545　乙·一/63　集部/
總集類/文/斷代/清
清文總彙十二卷　（清）李延基等撰　清光緒
二十三年(1897)荆州駐防翻譯總學刻本　十
二冊

110000 – 0102 – 0028546　乙·一/64　集部/
總集類/文/斷代/清
清文總彙十二卷　（清）李延基等撰　清光緒
二十三年(1897)荆州駐防翻譯總學刻本　十
二冊

110000 – 0102 – 0028547　乙·一/65　經部/
小學類/文字/其它
清文虛字指南編二卷　（清）萬福編　清光緒
二十年(1894)京都聚珍堂刻本　二冊

110000 – 0102 – 0028548　乙·一/66　經部/
小學類/文字/其它
清文虛字指南編二卷　（清）萬福編　清光緒
二十年(1894)京都聚珍堂刻本　二冊

110000 – 0102 – 0028549　乙·一/67　經部/
小學類/訓詁/滿蒙語學
清文典要四卷　（清）秋芳堂主人編　清光緒
四年(1878)文淵堂刻本　四冊

110000 – 0102 – 0028550　乙·一/68　經部/
小學類/文字

清文接字不分卷　（清）嵩洛峰撰　清同治五
年(1866)聚珍堂刻本　一冊

110000 – 0102 – 0028551　乙·一/69　經部/
小學類/文字/其它
清文虛字指南編二卷　（清）萬福編　清光緒
二十年(1894)京都聚珍堂刻本　二冊

110000 – 0102 – 0028552　乙·一/70　經部/
小學類/文字/其它
清文虛字指南編二卷　（清）萬福編　清光緒
二十年(1894)京都聚珍堂刻本　二冊

110000 – 0102 – 0028553　乙·一/71　經部/
四書類/總義/文字音義
四書字解　（□）□□撰　清刻本　四冊

110000 – 0102 – 0028554　乙·一/72　經部/
小學類/訓詁/滿蒙語學
蒙文彙書十六卷　（清）松森等編纂　清光緒
十七年(1891)刻本　十七冊

110000 – 0102 – 0028555　乙·一/73　經部/
小學類/訓詁/滿蒙語學
蒙文總彙　（清）李鋐等編　清光緒十七年
(1891)刻本　十二冊

110000 – 0102 – 0028556　乙·一/74　經部/
小學類/訓詁/滿蒙語學
蒙文總彙　（清）李鋐等編　清光緒十七年
(1891)刻本　十二冊

110000 – 0102 – 0028557　乙·一/75　經部/
小學類/訓詁/滿蒙語學
蒙文總彙　（清）李鋐等編　清光緒十七年
(1891)刻本　十二冊

110000 – 0102 – 0028558　乙·一/76　經部/
小學類/訓詁/滿蒙語學
蒙文總彙　（清）李鋐等編　清光緒十七年
(1891)刻本　十二冊

110000 – 0102 – 0028559　乙·一/77　經部/
小學類/訓詁/滿蒙語學
蒙文總彙　（清）李鋐等編　清光緒十七年
(1891)刻本　十二冊

110000－0102－0028560　乙·一/78　經部/小學類/訓詁/滿蒙語學

蒙文總彙　（清）李鋐等編　清光緒十七年(1891)刻本　十二冊

110000－0102－0028561　乙·一/79　經部/小學類/訓詁/滿蒙語學

蒙文總彙　（清）李鋐等編　清光緒十七年(1891)刻本　十二冊

110000－0102－0028562　乙·一/80　經部/小學類/訓詁/滿蒙語學

蒙文指要四種　（清）賽尚阿輯　清道光二十八年(1848)刻本　四冊

110000－0102－0028563　乙·一/81　經部/小學類/訓詁/滿蒙語學

蒙文指要四種　（清）賽尚阿輯　清道光二十八年(1848)刻本　四冊

110000－0102－0028564　乙·一/82　經部/小學類/訓詁/滿蒙語學

蒙文總彙　（清）李鋐等編　清光緒十七年(1891)刻本　十二冊

110000－0102－0028565　乙·一/83　經部/小學類/訓詁/滿蒙語學

蒙文晰義四卷　（清）賽尚阿纂輯　清道光二十八年(1848)刻本　四冊

110000－0102－0028566　乙·一/86　經部/小學類/文字/字典詞典等

蒙文字姆　劄松山編　清宣統元年(1909)北京蒙藏編譯局石印本　一冊

110000－0102－0028567　乙·一/89　經部/小學類/文字/字典詞典等

新譯蒙漢千字文　（□）□□撰　清光緒三十三年(1907)北京振北石印館石印本　一冊

110000－0102－0028568　乙·一/92　經部

滿漢文一百條四卷　（□）□□撰　清末刻本　四冊

110000－0102－0028569　乙·一/94　經部/小學類/文字/訓蒙

滿漢合璧三字經註解二卷　（清）陶格譯　清乾隆六十年(1795)北京二槐堂刻本　一冊

110000－0102－0028570　乙·一/95　經部/小學類/文字/訓蒙

滿漢合璧三字經註解二卷　（清）陶格譯　清乾隆六十年(1795)北京二槐堂刻本　二冊

110000－0102－0028571　乙·一/96　子部/儒家類/清

滿蒙合璧三字經注解二卷　（清）富俊輯　（清）英俊譯　清道光十二年(1832)京都三槐堂刻本　四冊

110000－0102－0028572　乙·一/97　子部/儒家類/清

滿蒙合璧三字經注解二卷　（清）富俊輯　（清）英俊譯　清道光十二年(1832)京都三槐堂刻本　四冊

110000－0102－0028573　乙·一/99　經部/小學類

上諭成語不分卷　不著編人　清抄本　十二冊

110000－0102－0028574　乙·一/100　經部

單清語八卷　（□）□□撰　清光緒十七年(1891)荊州駐防翻譯總學刻本　八冊

110000－0102－0028575　乙·一/101　經部

六部成語六卷　（□）□□撰　清京都文盛堂刻本　六冊

110000－0102－0028576　乙·一/104　經部

清語摘抄　（□）□□編　清光緒十五年(1889)京都三槐堂刻本　四冊

110000－0102－0028577　乙·一/105　經部

清語摘抄　（□）□□編　清光緒十五年(1889)京都三槐堂刻本　四冊

110000－0102－0028578　乙·一/106　經部/小學類/訓詁/滿蒙語學

滿蒙漢三文合璧教科書　榮德編譯　清宣統元年(1909)石印本　四冊

110000－0102－0028579　乙·一/107　經

部/小學類/音韻

音韻逢源 （清）裕恩撰 清道光二十年
(1840)刻本 四冊

110000－0102－0028580 乙·一/108 經
部/小學類/音韻/韻典

欽定同文韻統六卷 （清）允祿等撰 清宣統
二年(1910)理藩部刻本 五冊

110000－0102－0028581 乙·一/110 子
部/儒家類/清

初學必讀 （□）□□撰 清光緒十六年
(1890)聚珍堂刻本 六冊

110000－0102－0028582 乙·一/112 經
部/小學類/文字/字典詞典等

對音輯字二卷 （清）志寬 （清）培寬合編
清光緒十六年(1890)翻譯總學刻本 二冊

110000－0102－0028583 乙·一/113 經
部/小學類/文字/字典詞典等

對音輯字二卷 （清）志寬 （清）培寬合編
清光緒十六年(1890)翻譯總學刻本 二冊

110000－0102－0028584 乙·一/115 子
部/儒家類/清

庸言知旨二卷 （清）宜興撰 清嘉慶二十五
年(1820)刻本 二冊

110000－0102－0028585 乙·一/116 子
部/儒家類/清

庸言知旨二卷 （清）宜興撰 清嘉慶二十四
年(1819)刻本 二冊

110000－0102－0028586 乙·一/122 經
部/小學類/文字/字典詞典

三合便覽 （清）敬齋輯 清乾隆四十五年
(1780)刻本 十二冊

110000－0102－0028587 乙·一/123 經
部/小學類/文字/字典詞典

三合便覽 （清）敬齋輯 清乾隆四十五年
(1780)刻本 十二冊

110000－0102－0028588 乙·二/1 史部/
史料類

**河南道查刷在京各部院衙門壹應錢糧各省解
到各項銀兩滿漢清冊** （清）□□編 清光緒
二十九年(1903)抄本 一冊

110000－0102－0028589 乙·二/2 史部/
傳記類/人表

欽定續纂外藩蒙古回部王公表傳十二卷
（清）□□編 清道光刻本 十二冊

110000－0102－0028590 乙·二/9 史部/
政書類/法令/律例

欽定理藩院則例五十卷 （清）賽尚阿等撰
清道光北京武英殿刻本 五十冊

110000－0102－0028591 乙·二/10 史部/
史評類/論事

讀史論畧二卷 （清）杜詔撰 （清）慶敬齋譯
清道光二十九年(1849)京都三槐堂刻本
二冊

110000－0102－0028592 乙·二/11 史部/
史評類/論事

讀史論畧二卷 （清）杜詔撰 （清）慶敬齋譯
清道光二十九年(1849)京都三槐堂刻本
二冊

110000－0102－0028593 乙·二/12 史部/
史評類/論事

讀史論畧二卷 （清）杜詔撰 （清）慶敬齋譯
清道光二十九年(1849)京都三槐堂刻本
二冊

110000－0102－0028594 乙·二/13 史部/
政書類/儀制

滿文滿洲祭神祭天典禮六卷 （清）高宗弘曆
敕撰 清抄本 六冊

110000－0102－0028595 乙·二/19 史部/
政書類/儀制

滿洲四禮記 （清）索甯安編 清嘉慶二十年
(1815)省非堂刻本 五冊

110000－0102－0028596 乙·二/20 史部/
傳記類/總傳/通錄/地方

三合名賢集 （□）□□撰 清刻本 二冊

110000－0102－0028597　乙・二/21　史部/
傳記類/總傳/通錄/地方

三合名賢集　（□）□□撰　清刻本　二冊

110000－0102－0028598　乙・二/22　史部/
政書類/職官類

三合吏治輯要　（清）高鶚撰　（清）通瑞
（清）孟保譯　清咸豐七年(1857)刻本　二冊

110000－0102－0028599　乙・二/23　史部/
政書類/職官/官箴

吏治輯要　（清）高鶚撰　（清）通瑞譯　清光
緒十三年(1887)北京三槐堂刻本　一冊

110000－0102－0028600　乙・三/7　子部/
儒家類/宋

小學十二卷　（宋）朱熹撰　（清）孟保重譯
清咸豐元年(1851)刻本　六冊

110000－0102－0028601　乙・三/8　叢部/
彙編叢書

雜文十三種　（□）□□撰　清抄本　十二冊

110000－0102－0028602　乙・三/11　子部/
兵家類

兵書　（□）□□撰　清抄本　七冊

110000－0102－0028603　乙・三/12　子部/
兵家類

孫子兵法四卷　（春秋）孫武撰　（清）耆英譯
　清道光京都聚珍堂刻本　四冊

110000－0102－0028604　乙・三/15　子部/
儒家類/清

弟子規　（清）李子潛撰　清同治二年(1863)
刻本　一冊

110000－0102－0028605　乙・三/16　子部/
儒家類

六事箴言四卷　（清）孟保譯　清咸豐元年
(1851)京都文英堂刻本　四冊

110000－0102－0028606　乙・三/17　子部/
儒家類

六事箴言　（清）孟保譯　清咸豐元年(1851)
聚星堂刻本　四冊

110000－0102－0028607　乙・三/18　經部/
小學類/訓詁/滿蒙語學

三合語錄　（□）□□撰　清道光十年(1830)
五雲堂刻本　四冊

110000－0102－0028608　乙・三/19　子部/
宗教類/釋教/經

佛說阿彌陀經　（□）□□撰　清刻本　一冊

110000－0102－0028609　乙・三/20　經部/
小學類/訓詁/滿蒙語學

三合語錄　（□）□□撰　清道光二十六年
(1846)炳蔚堂刻本　六冊

110000－0102－0028610　乙・三/21　經部/
小學類/訓詁/滿蒙語學

三合語錄　（□）□□撰　清道光十年(1830)
五雲堂刻本　四冊

110000－0102－0028611　乙・三/22　子部/
儒家類/明

童諺(小兒語)　（明）呂得勝撰　（清）禧恩
譯　清道光二十五年(1845)刻本　二冊

110000－0102－0028612　乙・三/24　子部/
儒家類/清

聖祖仁皇帝庭訓格言十卷　（清）世宗胤禛編
　　清抄本　十冊

110000－0102－0028613　乙・三/25　子部/
儒家類/清

聖諭廣訓　（清）世宗胤禛撰　清光緒十六年
(1890)京都聚珍堂刻本　一冊

110000－0102－0028614　乙・三/26　子部/
儒家類/清

三合聖諭廣訓　（清）世宗胤禛撰　清道光十
七年(1837)抄本　三冊

110000－0102－0028615　乙・三/28　子部/
儒家類/清

三合聖諭廣訓　（清）世宗胤禛撰　清同治十
三年(1874)刻本　四冊

110000－0102－0028616　乙・三/29　史部/
政書類/詔令奏議/詔令

聖諭廣訓 （清）世宗胤禛撰　清刻本　二冊

110000－0102－0028617　乙·三/32　子部/術數類/陰陽五行

欽定萬全玉匣記 （□）□□撰　清光緒京都聚珍堂刻本　二冊

110000－0102－0028618　乙·三/33　子部/儒家類/清

醒世要言四卷 （清）和素輯　（清）孟保譯　清同治六年（1867）刻本　四冊

110000－0102－0028619　乙·三/34　子部/儒家類/清

醒世要言四卷 （清）和素輯　（清）孟保譯　清同治六年（1867）刻本　四冊

110000－0102－0028620　乙·三/37　子部/儒家類/宋

小學十二卷 （宋）朱熹撰　（清）孟保重譯　清咸豐元年（1851）刻本　十二冊

110000－0102－0028621　乙·三/39　子部/術數類/陰陽五行

欽定萬全玉匣記 （□）□□撰　清光緒京都聚珍堂刻本　二冊

110000－0102－0028622　乙·三/42　集部/小說類/筆記小說

聊齋志異 （清）蒲松齡撰　（清）紮克丹譯　清光緒三十三年（1907）二酉齋刻本　二十四冊

110000－0102－0028623　乙·三/43　集部/小說類/筆記小說

聊齋志異 （清）蒲松齡撰　（清）紮克丹譯　清光緒三十三年（1907）二酉齋刻本　二十四冊

110000－0102－0028624　乙·三/44　集部/小說類/筆記小說

聊齋志異 （清）蒲松齡撰　（清）紮克丹譯　清光緒三十三年（1907）二酉齋刻本　二十四冊

110000－0102－0028625　乙·三/45　子

部/術數類

擇吉金鑑 （□）□□撰　清刻本　一冊

110000－0102－0028626　乙·四/2　集部/總集類/文

古文十六卷 （清）孟保譯　清咸豐元年（1851）刻本　十六冊

110000－0102－0028627　乙·四/3　集部/總集類/文

古文十六卷 （清）孟保譯　清咸豐元年（1851）刻本　十六冊

110000－0102－0028628　乙·四/4　集部/總集類/文

古文十六卷 （清）孟保譯　清咸豐元年（1851）刻本　十六冊

110000－0102－0028629　乙·四/5　集部/總集類/文

古文十六卷 （清）孟保譯　清咸豐元年（1851）刻本　十六冊

110000－0102－0028630　乙·四/7　集部/曲類/曲別集/雜劇

西廂記四卷 （元）王實甫撰　清刻本　四冊

110000－0102－0028631　乙·四/8　集部/曲類/曲別集/雜劇

西廂記 （元）王實甫撰　清嘉慶元年（1796）抄本　四冊

110000－0102－0028632　乙·四/9　集部/曲類/曲別集/雜劇

西廂記 （元）王實甫撰　清抄本　四冊

110000－0102－0028633　乙·五/1　叢部/彙編叢書

七本頭 （清）和素編　清刻本　七冊

110000－0102－0028634　丙一/506　經部/小學類/文字/其它

清文虛字指南編 （清）萬福編　清光緒二十年（1894）京都聚珍堂書坊刻本　二冊

110000－0102－0028635　丙一/1360　經部/小學類/文字/訓蒙

滿漢合璧三字經註解二卷　（□）□□撰　清末刻本　一冊　缺一卷（上）

110000－0102－0028636　丙一/1526　經部/小學類/訓詁/滿蒙語學
滿漢對照彙書　（□）□□撰　清刻本　一冊

110000－0102－0028637　丙二/5902　經部/小學類/文字/字典詞典等
御製增訂清文鑑三十二卷　（□）□□編　清刻本　五冊

110000－0102－0028638　丙二/5900　史部/地理類/山川/山
漢蒙文清涼山志　（□）□□撰　清刻朱墨套印本　五冊

110000－0102－0028639　丙三/4250　史部/政書類/職官類
衙署名目　（□）□□編　清光緒十五年(1889)京都刻本　一冊

110000－0102－0028640　丙三/4251　史部/政書類/職官類
官衙名目　（□）□□編　清光緒十五年(1889)京都聚珍堂刻本　一冊

110000－0102－0028641　丙三/4252　經部/小學類/訓詁/滿蒙語學
摺奏成語　（□）□□編　清光緒十五年(1889)京都聚珍堂刻本　一冊

110000－0102－0028642　丙三/4253　經部/小學類/訓詁/滿蒙語學
公文成語　（□）□□編　清光緒十五年(1889)京都聚珍堂刻本　一冊

110000－0102－0028643　丙三/5626　經部/四書類/總義/白文讀本
滿漢合璧御製繙譯四書　（清)鄂爾泰等校譯　清光緒十四年(1888)京都聚珍堂刻本　六冊

110000－0102－0028644　丙三/5935　子部/雜家類/雜纂
漢滿對照御製勸善要言　（清)世祖福臨撰

清刻本　一冊

110000－0102－0028645　（丙三)/6414　經部/四書類
御製翻譯四書　（清)□□譯　清寶名堂刻本　五冊

110000－0102－0028646　（丙三)/6415　子部/儒家類/清
七訓須讀二卷　（清)□□編　清刻本　一冊

110000－0102－0028647　丙三/3095　子部/宗教類/釋教
蒙文烏呼特經　（□)□□撰　清寫本　一冊

110000－0102－0028648　丙三/3108　子部/宗教類/釋教/經
蒙文藏經　（□)□□撰　清寫本　一冊

110000－0102－0028649　丙三/3109　子部/宗教類/釋教/經
蒙文藏經　（□)□□撰　清寫本　一冊

110000－0102－0028650　丙三/3110　子部/宗教類/釋教/經
蒙文藏經　（□)□□撰　清寫本　一冊

110000－0102－0028651　丙四/6276　集部/小說類/章回
漢文注釋滿文金瓶梅　（□)□□撰　清刻本　五冊

110000－0102－0028652　（丁)/12582　史部/別史、雜史類
酌中志六卷　（明)劉若愚撰　明崇禎十年(1637)抄本　六冊

110000－0102－0028653　T82/37　子部/雜家類/學說
輟耕錄三十卷　（元)陶宗儀著　明汲古閣刻本　六冊

110000－0102－0028654　C46/9　史部/傳記/別傳
顧先生祠會祭題名第一卷子　（清)□□編　清宣統元年(1909)影印本　一冊

110000－0102－0028655　（丙二)/6005　史

部/地理類/方志/地方志

[雍正]畿輔通志一百二十卷 （清）唐執玉等纂修 清雍正十二年（1734）刻本 四十八冊

110000－0102－0028656 （丙二）/5940－1 史部/地理類/方志/地方志

[雍正]通州新志九卷 （清）黃成章纂修 清雍正二年（1724）刻本 八冊

110000－0102－0028657 （丙二）/5940/1 史部/地理類/方志/地方志

[雍正]通州新志九卷 （清）黃成章纂修 清雍正二年（1724）刻本 八冊

110000－0102－0028658 C71/3 史部/地理類/遊記/清

遊西山記 （清）曉齋書 清光緒二年（1876年）寫本 二冊

110000－0102－0028659 C8/4 史部/地理類/方志

燕都古迹古典雜記 清末民初抄本 一冊

110000－0102－0028660 D81/5；1 史部/金石類/總錄/通考

京畿金石考二卷 （清）孫星衍撰 清滂喜齋刻本 二冊

110000－0102－0028661 M51/6 史部/政書類/邦計/理財

北京自來水公司賬畧（光緒三十四年至民國二十五年） 北京自來水公司編 清末民國北京自來水公司鉛印本 四冊

110000－0102－0028662 F2/2 史部/政書類/雜錄

順天府宣統二年統計表 □□編 清宣統二年（1910）石印本 六冊

110000－0102－0028663 Q8/7 史部/政書類/學制

學部官制並改設國子監官缺章程 □□編 清光緒京師官書局鉛印本 一冊

110000－0102－0028664 D253/21 史部/紀事本末類/斷代

庚子拳變繫日要錄六卷 （清）陳陸輯 清末抄本 六冊

110000－0102－0028665 F5/9 經部/小學類/文字

北京官話詳解特別奇言解口語之笑談 馮氏編 清末民國北京抄本 一冊

110000－0102－0028666 P35/42 史部/目錄類/收藏/公藏/清

國子監南學存書目錄 （清）□□編 清光緒北京刻本 ［30×2］頁

110000－0102－0028667 Q521/40 史部/政書類

大學堂章程 梁啟超草擬 清光緒二十四年（1898）刻朱印本 一冊

110000－0102－0028668 D25/68 史部/別史、雜史類

嘯亭雜錄十卷續錄三卷 （清）昭槤撰 清宣統元年（1909）上海中國圖書公司鉛印本 四冊

110000－0102－0028669 D259/1 史部/政書類/法令/章例

憲政編查館奏核訂京師地方自治章程暨選舉章程摺 奕劻等編 清宣統元年（1909）北京憲政編查館鉛印本 一冊

110000－0102－0028670 M73/3 史部/政書類/法令/章例

京張鐵路局詳定張綏鐵路購地章程 京張鐵路局制訂 清宣統元年（1909）京師京華印書局鉛印本 一冊

110000－0102－0028671 L5/1/.1 子部/農家類/總錄

農工商部農事試驗場第一期報告 葉基楨總纂 清宣統元年（1909）北京鉛印本 一冊

110000－0102－0028672 G39/1 史部/政書類/文牘檔冊

宣統三年順直諮議局臨時會議案公布錄 諮議局編 清宣統三年（1911）北京諮議局鉛印本 一冊

110000 – 0102 – 0028673　G81/1　史部/政書類/詔令奏議

核議順天府奏陳各級審判制度暨現行清訟辦法摺　奕劻等奏　憲政編查館輯　清宣統三年(1911)北京憲政編查館鉛印本　一冊

110000 – 0102 – 0028674　E215/26/.2　史部/傳記類/總傳/專錄/仕宦

畿輔同官錄(宣統三年)　(清)□□編　清宣統三年(1911)鉛印本　六冊

110000 – 0102 – 0028675　C49/7　史部/地理類/遊記

盤山遊記　許同莘撰　清宣統三年(1911)簡素堂鉛印本　一冊

110000 – 0102 – 0028676　M73/2　史部/政書類/邦計/交通運輸

京漢鐵路載客運貨價章滙全　北京京漢總局車務處編　清宣統三年(1911)北京京漢總局車務處鉛印本　一冊

110000 – 0102 – 0028677　D64/4　史部/別史、雜史類

明宮史八卷　(明)劉若愚編述　清宣統二年(1910年)上海國學扶輪社鉛印本　二冊

110000 – 0102 – 0028678　S9/17　子部/醫家類/雜錄

同仁堂藥目　同仁堂樂家老藥鋪編　清宣統二年(1910)北京同仁堂樂家老藥鋪刻本　一冊

110000 – 0102 – 0028679　D25/77　子部/雜家類/雜述

人海記　(清)查初白著　清宣統二年(1910)埽葉山房石印本　一冊

110000 – 0102 – 0028680　D25/35　集部/小說類/筆記小說

郎潛紀聞初筆二筆三筆　(清)陳康祺著　清宣統二年(1910)上海掃葉山房石印本　十冊

110000 – 0102 – 0028681　S9/21　子部/醫家類/諸專科方論

京師藥行商會配方　[京師藥行商會編]　清

宣統二年(1910)北京京師藥行商會鉛印本　六冊

110000 – 0102 – 0028682　T42/14　集部/總集類/詩/地方/北京

京華百二竹枝詞　憂患生撰　清宣統二年(1910)北京崔祖培發行鉛印本　[18×2]頁

110000 – 0102 – 0028683　A1/1　史部/地理類/方志/地方志

[同治]畿輔通志三百卷　(清)黃彭年纂修　清宣統二年(1910)北京石印本　二百四十冊

110000 – 0102 – 0028684　A1/1 – 1　史部/地理類/方志/地方志

[同治]畿輔通志三百卷　(清)黃彭年纂修　清宣統二年(1910)北京石印本　二百四十冊

110000 – 0102 – 0028685　D25/13　史部/政書類/軍政

金吾事例　(清)多羅定郡王編　清咸豐元年(1851)刻本　十二冊

110000 – 0102 – 0028686　C4/2　史部/地理類/雜記

日下尊聞錄五卷　(清)□□編　清咸豐二年(1852)安和軒刻本　二冊

110000 – 0102 – 0028687　C8/7:1　史部/地理類/雜記

都門彙纂　(清)楊靜亭原編　(清)李靜山增補　清同治十一年(1872)刻本　六冊

110000 – 0102 – 0028688　C49/9　史部/地理類/山川/山

盤山志十卷補遺四卷　(清)釋智朴纂輯　(清)王士禎　(清)朱彝尊校訂　清同治十一年(1872)刻本　四冊

110000 – 0102 – 0028689　C46/3　史部/地理類/遊記/清

永寧祇謁筆記　(清)董恂撰　清同治十一年(1872)刻本　一冊

110000 – 0102 – 0028690　T42/2　集部/總集類/詩/雜錄/唱和

南苑唱和詩 （清）潘祖蔭編 清同治十三年
（1874）北京刻本 ［20×2］頁

110000－0102－0028691 C8/7：2 史部/地
理類/雜記

都門彙纂 （清）楊靜亭編 （清）李靜山增補
清同治十三年（1874）刻本 九冊

110000－0102－0028692 E52/1 史部/傳記
類/總傳/專錄/科舉

道光己酉科直省舉貢同年錄 （清）□□編
清同治十二年（1873）北京刻本 四冊

110000－0102－0028693 E52/9 史部/傳記
類/總傳/專錄/科舉

順天鄉試錄（同治六年丁卯科） （清）賈楨等
輯 清同治六年（1867）刻本 一冊

110000－0102－0028694 C46/2 史部/傳記
類/總傳/專錄/其它

鳳臺祇謁筆記 （清）董恂撰 清同治九年
（1870）刻本 一冊

110000－0102－0028695 C1/10：1 史部/地
理類/雜記

宸垣識略十六卷 （清）吳長元輯 清同治二
年（1863）文英堂刻本 八冊

110000－0102－0028696 E14/2 史部/傳記
類/總傳/通錄/地方

畿輔人物考八卷 （清）孫奇逢輯 清同治八
年（1869）兼山堂刻本 五冊

110000－0102－0028697 E14/1 史部/傳記
類/總傳/通錄/地方

畿輔人物志二十卷 （清）孫承澤撰 清順治
十五年（1658）北京刻本 四冊

110000－0102－0028698 H36/7 史部/政書
類/邦計

九卿議定物料價值四卷 （清）邁柱 （清）來
保等編 清乾隆元年（1736）北京刻本 八冊

110000－0102－0028699 C1/10 史部/地理
類/雜記

宸垣識略十六卷 （清）吳長元輯 清乾隆五

十三年（1788）池北草堂刻本 八冊

110000－0102－0028700 C1/8－1 史部/地
理類/雜記

欽定日下舊聞考一百六十卷 （清）于敏中等
編纂 清乾隆五十二年（1787）刻本 四十冊

110000－0102－0028701 C1/8－2 史部/地
理類/雜記

欽定日下舊聞考一百六十卷 （清）于敏中等
編纂 清乾隆五十二年（1787）刻本 四十冊

110000－0102－0028702 C1/8 史部/地理
類/雜記

欽定日下舊聞考一百六十卷 （清）于敏中等
編纂 清乾隆五十二年（1787）刻本 四十
八冊

110000－0102－0028703 E295/7 史部/傳
記類/總傳/專錄/其它

宗室王公表傳十二卷 （清）□□編 清乾隆
四十三年（1778）北京琉璃廠刻本 八冊

110000－0102－0028704 （丁）/16255 史
部/地理類/方志/地方志

[乾隆]通州志十卷首一卷末一卷 （清）高天
鳳 （清）金梅等纂修 清乾隆四十六年
（1781）刻本 八冊

110000－0102－0028705 （丁）/9067 史部/
地理類/專志/寺觀

潭柘山岫雲寺志二卷 （清）神穆德編 清乾
隆四年（1739）刻本 二冊

110000－0102－0028706 G43/2 史部/政書
類/邦計

畿輔義倉圖 （清）方觀承編 清乾隆十八年
（1753）北京刻本 一冊

110000－0102－0028707 C4/1 史部/地理
類/雜記

帝京景物略八卷 （明）劉侗 （明）于奕正修
（清）紀昀補編 清乾隆三十一年（1766）金
陵崇德堂刻本 四冊

110000－0102－0028708 C4/1－1 史部/地

理類/雜記

帝京景物略八卷　（明）劉侗　（明）于奕正修　（清）紀昀補編　清乾隆三十一年(1766)金陵崇德堂刻本　六冊

110000－0102－0028709　D81/13　史部/政書類/儀制

皇朝禮器圖式　（清）福隆安等纂修　清乾隆三十一年(1766)北京刻本　十六冊

110000－0102－0028710　P24/26　史部/目錄類/收藏/雜錄

琉璃廠書肆記　（清）李文藻撰　清乾隆三十四年(1769)海寧陳氏慎初堂抄本　一冊

110000－0102－0028711　（丙二）/759　史部/地理類/方志/地方志

[乾隆]延慶州志十卷首一卷　（清）李鐘伋（清）穆元肇等纂修　清乾隆七年(1742)刻本　六冊

110000－0102－0028712　H411/4　史部/政書類/邦計

督理崇文門商稅監法　拜戶　高恆豫編　清乾隆刻本　一冊

110000－0102－0028713　P35/6　史部/目錄類/收藏/公藏/清

文淵閣書目二十卷　（明）楊士奇等編　清乾隆北京刻本　十四冊

110000－0102－0028714　E42/4　史部/傳記類/家傳、宗譜

八旗滿洲氏族通譜八十卷首一卷　（清）呂熾等纂　清乾隆九年(1744)刻本　二十四冊

110000－0102－0028715　E42/4－1　史部/傳記類/家傳、宗譜

八旗滿洲氏族通譜八十卷首一卷　（清）呂熾等纂　清乾隆九年(1744)刻本　二十六冊

110000－0102－0028716　C49/8　史部/地理類/山川/山

盤山志十六卷首五卷　（清）蔣溥等纂　清乾隆二十年(1755)武英殿刻本　十六冊

110000－0102－0028717　C49/8－1　史部/地理類/山川/山

盤山志十六卷首五卷　（清）蔣溥等纂　清乾隆二十年(1755)武英殿刻本　十冊

110000－0102－0028718　（丁）/9102　史部/地理類/方志/地方志

[乾隆]直隸通州志二十二卷　（清）汪繼祖（清）夏之蓉纂修　清乾隆二十年(1755)刻本　十六冊

110000－0102－0028719　C49/11　史部/地理類/山川/山

[乾隆]上方山志五卷　（清）釋自如纂（清）吳仁敵校訂　清乾隆二十九年(1764)刻本　一冊

110000－0102－0028720　T42/15　集部/總集類/詩/地方/北京

京華慷慨竹枝詞　吾廬孺撰　清末民國北京開智石印書局石印本　[9×2]頁

110000－0102－0028721　C92/YZ/4　史部/地理類/地圖、圖志

北京內外詳細全圖　（清）□□編　清末民初北京石印本　一幅

110000－0102－0028722　Q529/56　史部/政書類

北京工業專門學校章程　北京工業專門學校編　清末北京工業專門學校鉛印本　[11×2]頁

110000－0102－0028723　K91/7　史部/政書類/考工

西陵各陵隆恩門內要工情形做法錢糧表（清）□□編　清末抄本　一冊

110000－0102－0028724　K91/6　史部/政書類/考工

西陵各陵各園寢廠商報效等工作法情形表（清）□□編　清末抄本　一冊

110000－0102－0028725　E51/2　史部/傳記類/總傳/專錄

大清直省同寅錄　（清）□□編　清末刻

本　一冊

110000－0102－0028726　D65/8　子部/雜家
類/雜述

皇室見聞錄　（清）富察敦崇輯　清末刻本
一冊

110000－0102－0028727　C1/9　史部/地理
類/雜記

春明夢餘錄七十卷　（清）孫承澤著　清刻本
二十四冊

110000－0102－0028728　P35/43　史部/目
錄類/收藏/公藏/清

國子監南學經籍備志光緒十五年第二次存目
（清）□□編　清刻本　[26×2] 頁

110000－0102－0028729　E215/6　史部/政
書類/儀制

萬壽盛典初集一百二十卷　（清）王原祁等纂
修　清康熙五十六年（1717）刻本　四十冊

110000－0102－0028730　C442/2　史部/地
理類/專志/寺觀

勅建弘慈廣濟寺新志　（清）釋湛佑撰　（清）
然叢輯　清康熙四十三年（1704）刻本　一冊

110000－0102－0028731　C71/4　集部/別集
類/清

西山紀遊詩　（清）汪文柏撰　清康熙四十年
（1701）刻本　一冊

110000－0102－0028732　（丙二）/5940　史
部/地理類/方志/地方志

[康熙]通州志十二卷　（清）吳存禮　（清）
陸茂騰纂修　清康熙三十六年（1697）刻本
十冊

110000－0102－0028733　丁/16256　史部/
地理類/方志/地方志

[康熙]懷柔縣新志八卷　（清）吳景果纂修
清康熙六十年（1721）刻本　4冊

110000－0102－0028734　（丁）/13948　史
部/地理類/方志/地方志

[康熙]大興縣志六卷　（清）張茂節纂　清康

熙二十四年（1685）刻本　四冊

110000－0102－0028735　C1/7　史部/地理
類/雜記

日下舊聞四十二卷　（清）朱彝尊編撰　（清）
朱昆田補遺　清康熙二十七年（1688）六峰閣
刻本　十四冊

110000－0102－0028736　C1/7－1　史部/地
理類/雜記

日下舊聞四十二卷　（清）朱彝尊編撰　（清）
朱昆田補遺　清康熙二十七年（1688）六峰閣
刻本　十六冊

110000－0102－0028737　B91/4　史部/地理
類/山川/川

畿輔安瀾志　（清）王履泰纂　清嘉慶十三年
（1808）武英殿木活字印本　三十六冊

110000－0102－0028738　E52/2　史部/傳記
類/總傳/專錄/科舉

順天鄉試題名錄（嘉慶戊寅恩科）　（清）□□
編　清嘉慶二十三年（1818）北京刻本　二冊

110000－0102－0028739　D25/24　史部/地
理類/雜記

燕都瑣記　善卿記　清光緒元年（1875）抄本
一冊

110000－0102－0028740　C433/10　集部/別
集類/清

御製避暑山莊圓明園圖詠　（清）高宗弘曆撰
清光緒北京香山徐氏石印本　二冊

110000－0102－0028741　C8/7：3　史部/地
理類/雜記

增補都門紀略　（清）楊靜亭編輯　（清）李靜
山增補　清光緒五年（1879）刻本　十冊

110000－0102－0028742　E215/7　史部/政
書類/儀制

萬壽盛典四卷　（清）趙弘燦等編　清光緒五
年（1879）點石齋石印本　四冊

110000－0102－0028743　A1：42/3　史部/地
理類/方志/地方志

[光緒]通州志十卷首一卷末一卷　（清）英良等纂修　清光緒五年(1879)刻本　十二冊

110000－0102－0028744　C447/1　史部/政書類/儀制

文廟祀典考五十卷首一卷　（清）龐鐘璐纂輯　清光緒四年(1878)刻本　十冊

110000－0102－0028745　C46/11　史部/地理類/專志/祠廟

越中先賢祠目序例　（清）李慈銘撰　清光緒十一年(1885)刻本　一冊

110000－0102－0028746　Q8/3　集部/總集類

順天鄉試闈墨（光緒乙酉科）　（清）□□編　清光緒十一年(1885)衡鑒堂刻本　一冊

110000－0102－0028747　E52/7　史部/傳記類/人表

順天鄉試同年齒錄（光緒十一年乙酉科）　（清）□□編　清光緒十一年(1885)北京刻本　四冊

110000－0102－0028748　X61/1：1　集部/曲類/曲譜

欽定各郊壇廟樂章　（清）張樂盛輯　清光緒十五年(1889)天壇神樂署刻本　二冊

110000－0102－0028749　E215/16　史部/政書類/儀制

光緒大婚典禮　（清）□□編　清光緒十四年(1888)木活字印本　三冊

110000－0102－0028750　C433/11　集部/別集類/清

御製圓明園圖詠　（清）高宗弘曆撰　清光緒十三年(1887)天津石印書屋石印本　二冊

110000－0102－0028751　C433/11－1　集部/別集類/清

御製圓明園圖詠　（清）高宗弘曆撰　清光緒十三年(1887)天津石印書屋石印本　四冊

110000－0102－0028752　C8/8：1　史部/地理類/雜記

朝市叢載八卷　（清）李虹若著　清光緒十三年(1887)京都懿文齋刻本　八冊

110000－0102－0028753　C4/2：1　史部/地理類/雜記

日下尊聞錄五卷　（清）□□編　清光緒十七年(1891)同文書局石印本　二冊

110000－0102－0028754　X7/11　集部/別集類/清

日下梨園百詠　（清）醉微居士撰　清光緒十七年(1891)天津石印本　一冊

110000－0102－0028755　E52/6　史部/傳記類/總傳/專錄/科舉

順天鄉試同年齒錄（光緒十七年辛卯科）　（清）□□編　清光緒十七年(1891)北京刻本　四冊

110000－0102－0028756　C8/9：1　史部/地理類/遊記/清

鴻雪因緣圖記　（清）麟慶著　（清）汪春泉等繪　清光緒十年(1884)上海點石齋石印本　六冊

110000－0102－0028757　D81/5　史部/金石類/總錄/通考

京畿金石考二卷　（清）孫星衍撰　清光緒十二年(1886)行素草堂刻本　一冊

110000－0102－0028758　X7/9　集部/小說類/筆記小說

京塵雜錄四卷　（清）楊掌生著　清光緒十二年(1886)同文書局上海石印本　四冊

110000－0102－0028759　X7/9－1　集部/小說類/筆記小說

京塵雜錄四卷　（清）楊掌生著　清光緒十二年(1886)上海同文書局石印本　二冊

110000－0102－0028760　A1：45/2　史部/地理類/方志/地方志/北京

[光緒]昌平州志十八卷　（清）吳履福　繆荃孫　（清）劉治平纂修　清光緒十二年(1886)刻本　八冊

110000－0102－0028761　A1/4－1　史部/地理類/方志/地方志

[光緒]順天府志一百三十卷　（清）周家楣（清）張之洞纂修　清光緒十二年（1886）刻本　六十三冊

110000－0102－0028762　A1/4　史部/地理類/方志/地方志

[光緒]順天府志一百三十卷　（清）周家楣（清）張之洞纂修　清光緒十二年（1886）刻本　六十四冊

110000－0102－0028763　A1:45/2－1　史部/地理類/方志/地方志

[光緒]昌平州志十八卷　（清）吳履福　繆荃孫　（清）劉治平纂修　清光緒十二年（1886）刻本　八冊

110000－0102－0028764　C8/8　史部/地理類/雜記

朝市叢載八卷　（清）李虹若著　清光緒十二年（1886）京都松竹齋刻本　八冊

110000－0102－0028765　G43/3　史部/地理類/地圖、圖志

畿輔賑溺全圖　（清）王鴻鈞纂　（清）張雲騰繪　清光緒十八年（1892）三善局刻本　一冊

110000－0102－0028766　A1:45/3　史部/地理類/方志/地方志/北京

[光緒]昌平外志六卷　（清）麻兆慶撰　清光緒十八年（1892）刻本　四冊

110000－0102－0028767　F84/2　子部/宗教類/其它

燕京開教畧　（法國）樊國樑撰　清光緒三十一年（1905）救世堂鉛印本　三冊

110000－0102－0028768　Q63/16　史部/政書類/學制

京師女子師範學堂暫行章程　京師女子師範學堂編　清光緒三十四年（1908）京師女子師範學堂鉛印本　[15×2]頁

110000－0102－0028769　Q421/51　史部/政書類/學制

京師公立願學堂章程　（清）□□編　清光緒三十四年（1908）京師公立願學堂　[38×2]頁

110000－0102－0028770　E224/2　集部/別集類/明

袁督師遺集三卷　張伯楨輯　清光緒三十四年（1908）刻滄海叢書本　一冊

110000－0102－0028771　E51/3　史部/傳記類/總傳/專錄

外城巡警廳區處所職員住址冊　（清）□□編　清光緒三十四年（1908）北京鉛印本　一冊

110000－0102－0028772　Q8/5:1　史部/政書類/學制

欽定國子監志八十二卷首二卷　（清）文慶等纂修　清光緒三十四年（1908）刻本　三十二冊

110000－0102－0028773　Q1/23　史部/政書類/學制

京師督學局一覽表（光緒三十二年分、宣統元年分）　（清）京師督學局編輯　清光緒三十三年至宣統二年（1907－1910）京師督學局鉛印本　二冊

110000－0102－0028774　K1/4　子部/譜錄類

直隸工藝志初編　周爾潤等編　清光緒三十三年（1907）工藝總局北京鉛印本　八冊

110000－0102－0028775　C1/3　史部/地理類/專志

天咫偶聞十卷　（清）震鈞著　清光緒三十三年（1907）甘棠轉舍刻本　八冊

110000－0102－0028776　D253/2　史部/史表類

庚辛之際月表　（清）王延釗著　清光緒三十三年（1907）北京鉛印本　一冊

110000－0102－0028777　C92/2　史部/地理類/地圖、圖志

直隸全省輿地全圖　徐志導編繪　清光緒三十年（1904）北京中東局石印本　一冊

110000－0102－0028778　F61/5　史部/地理類/雜記

燕京歲時記　（清）富察敦崇編　清光緒三十二年(1906)北京文奎堂刻本　一冊

110000－0102－0028779　D253/16　史部/政書類/文牘檔冊

直東勦匪電存四卷　林學瑊編　清光緒三十二年(1906)石印本　四冊

110000－0102－0028780　T82/3　史部/地理類/雜記

昌平遺記　（清）榮恆撰　清光緒三十二年(1906)北京石印本　一冊

110000－0102－0028781　T82/2　史部/地理類/雜記

藤陰襍記十二卷　（清）戴璐撰　清光緒三年(1877)吳興會館刻本　二冊

110000－0102－0028782　T82/2－1　史部/地理類/雜記

藤陰襍記十二卷　（清）戴璐撰　清光緒三年(1877)吳興會館刻本　二冊

110000－0102－0028783　K92/2:1　史部/地理類/水道/地方

畿輔水利議　（清）林則徐撰　清光緒三年(1877)三山林氏刻本　一冊

110000－0102－0028784　K91/5　史部/政書類/考工

惠陵工程備要六卷　（清）白延昌撰　清光緒七年(1881)抄本　六冊

110000－0102－0028785　H411/17　史部/政書類/邦計/捐稅

崇文門商稅則例　（清）□□編　清光緒北京抄本　一冊

110000－0102－0028786　K91/2　史部/政書類/考工

正陽門樓工程奏稿　袁世凱　陳璧編　清光緒工藝官局印書科鉛印本　四冊

110000－0102－0028787　D25/25　史部/

書類/法令/律例

欽定宮中現行則例四卷　（清）□□編　清光緒北京刻本　四冊

110000－0102－0028788　C442/1　史部/地理類/專志/寺觀

潭柘山岫雲寺志　（清）神穆德纂修　（清）釋義庵續修　清光緒九年(1883)增刻本　二冊

110000－0102－0028789　C442/1－1　史部/地理類/專志/寺觀

潭柘山岫雲寺志　（清）神穆德纂修　（清）釋義庵續修　清光緒九年(1883)增刻本　二冊

110000－0102－0028790　C8/7:4　史部/地理類/雜記

增補都門紀略　（清）楊靜亭編輯　（清）李靜山增補　清光緒九年(1883)刊本　十冊

110000－0102－0028791　T82/1　子部/雜家類/雜述

醉夢錄二卷　（清）退齡撰　清光緒九年(1883)北京石印本　二冊

110000－0102－0028792　K2/2　史部/政書類/法令/律例

欽定工部則例　（清）□□編　清光緒刊本　四十冊

110000－0102－0028793　E215/26/.1　史部/傳記類/總傳/專錄/仕宦

畿輔同官錄（光緒甲辰年）　北洋官報局編　清光緒三十年(1904)北洋官報局刻本　四冊

110000－0102－0028794　T57/2　集部/俗文學類/彈詞

庚子國變彈詞四十回　世界繁華報館編　清光緒二十九年(1903)世界繁華報館鉛印本　一函

110000－0102－0028795　K91/15　史部/政書類/邦計

萬壽山圓明園景山各項料件戶部現行等例　（清）□□編　清光緒二十一年(1895)抄本　一冊

110000－0102－0028796　F61/3　史部/地理類/雜記

京都風俗志　（清）讓廉著　清光緒二十五年（1899）北京抄本　一冊

110000－0102－0028797　D25/17　史部/政書類/文牘檔冊

光緒戊戌軍機處事由檔錄要　（清）□□編　清光緒二十四年（1898）稿本　一冊

110000－0102－0028798　C3/2　史部/地理類/雜記

京師坊巷志稿二卷　朱一新撰　清光緒二十三年（1897）葆真堂刻本　二冊

110000－0102－0028799　D253/6　史部/別史、雜史類

京津拳匪紀略　（清）僑析生　（清）縉雲氏輯錄　清光緒二十七年（1901）香港書局石印本　六冊

110000－0102－0028800　D253/6－1　史部/別史、雜史類

京津拳匪紀略　（清）僑析生　（清）縉雲氏輯錄　清光緒二十七年（1901）香港書局石印本　五冊

110000－0102－0028801　D253/6－2　史部/別史、雜史類

京津拳匪紀略　（清）僑析生　（清）縉雲氏輯錄　清光緒二十七年（1901）香港書局石印本　六冊

110000－0102－0028802　D25/75　史部/別史、雜史類

行素齋雜記二卷　（清）繼昌撰　清光緒二十七年（1901）湖南臬署刻本　二冊

110000－0102－0028803　C71/15　史部/地理類/遊記

房山終南華山西山遊記　（清）袁勵準撰　清光緒二十七年（1901）抄本　一冊

110000－0102－0028804　D253/7　史部/紀事本末類/斷代

庚子北京事變紀略　鹿完天撰　清光緒二十

七年（1901）刻本　一冊

110000－0102－0028805　D253/13　史部/別史、雜史類

庚子海外紀事四卷　（清）呂海寰撰　清光緒二十七年（1901）刻本暨鉛印本　四冊

110000－0102－0028806　C3/8　集部/總集類/文/雜錄/格言、語錄、楹聯

京師地名對二卷　（清）巴哩克杏芬輯　清光緒二十六年（1900）刻本　二冊

110000－0102－0028807　D253/17　史部/別史、雜史類

拳教析疑說　勞乃宣輯　清光緒二十六年（1900）刻本　一冊

110000－0102－0028808　D253/6：1　史部/別史、雜史類

拳匪紀略　（清）僑析生輯錄　清光緒二十九年（1903）上洋書局石印本　六冊

110000－0102－0028809　E52/8　史部/傳記類/總傳/專錄/科舉

順天鄉試同年齒錄（光緒二十九年癸卯恩科）　（清）□□編　清光緒二十九年（1903）刻本　二冊

110000－0102－0028810　Q8/4　集部/總集類

順天鄉試闈墨（光緒庚子辛丑恩正併科）　(清)□□編　清光緒二十八年（1902）河南闈文明堂刻本　一冊

110000－0102－0028811　D253/29　史部/別史、雜史類

西巡迴鑾始末記　（日本）吉田良太郎編譯　清光緒二十八年（1902）石印本　六冊

110000－0102－0028812　D25/11　史部/別史、雜史類

皇朝掌故彙編　（清）張壽鏞等編　清光緒二十八年（1902）求實書社鉛印本　六十冊

110000－0102－0028813　E51/4　史部/傳記類/人表

京察官員冊(光緒二十八年) （清）□□編
清光緒二十八年(1902)抄本 一冊

110000－0102－0028814 T42/60 史部/史
評類/詠史

庚子都門紀事詩 （清）延清撰 清光緒二十
八年(1902)北京刻本 一冊

110000－0102－0028815 C46/5 史部/政書
類/考工

惠陵隆恩殿全座做法錢糧表 （清）溥善
（清）陳璧編 清光緒二十八年(1902)鉛印本
一冊

110000－0102－0028816 X61/1 集部/曲
類/曲譜

欽定各郊壇廟樂章 （清）張樂盛輯 清光緒
二年(1876)北京天壇神樂署刻本 一冊

110000－0102－0028817 K92/2 史部/地理
類/水道/地方

畿輔水利議 （清）林則徐撰 清光緒二年
(1876)三山林氏刻本 一冊

110000－0102－0028818 C1/10：2 史部/地
理類/雜記

宸垣識略十六卷 （清）吳長元輯 清光緒二
年(1876)刻本 八冊

110000－0102－0028819 B91/6 史部/地理
類/山川/川

永定河續志十六卷 （清）蔣廷皋纂修 清光
緒八年(1882)刻本 十二冊

110000－0102－0028820 C1/9：1 子部/
雜家

古香齋春明夢餘錄七十卷 （清）孫承澤撰
清光緒八年(1882)孔氏刻本 二十冊

110000－0102－0028821 E52/10 史部/傳
記類/總傳/專錄/科舉

順天鄉試錄(光緒八年壬午科) （清）□□編
清光緒八年(1882)刻本 一冊

110000－0102－0028822 E52/5 史部/傳記
類/總傳/專錄/科舉

鄉試同年齒錄(光緒壬午科) （清）□□編
清光緒八年(1882)北京刻本 四冊

110000－0102－0028823 Q8/6 史部/政書
類/學制

欽定國子監則例四十五卷 （清）果齋斯歡等
增輯 （清）汪廷珍等改纂 清道光四年
(1824)北京刻本 八冊

110000－0102－0028824 K92/1 史部/地理
類/山川/川

畿輔河道水利叢書 （清）吳邦慶編 清道光
四年(1824)刻本 十冊

110000－0102－0028825 K92/1－1 史部/
地理類/山川/川

畿輔河道水利叢書 （清）吳邦慶編 清道光
四年(1824)刻本 十冊

110000－0102－0028826 Q8/2 集部/總
集類/

順天鄉試第十六房同門硃卷(道光乙未恩科)
（清）□□編 清道光十五年(1835)北京刻
本 一冊

110000－0102－0028827 Q8/5 史部/政書
類/學制

欽定國子監志八十二卷首二卷 （清）文慶等
纂修 清道光十四年(1834)刻本 三十一冊

110000－0102－0028828 C47/1 史部/政
書類

重續歙縣會館錄 （明）徐世寧等編 （清）徐
上鏞重錄 清道光十四年(1834)刻本 二冊

110000－0102－0028829 T42/22 集部/總
集類/詩/地方

國朝畿輔詩傳六十卷 （清）陶樑編 清道光
十九年(1839)紅豆樹刻本 十六冊

110000－0102－0028830 D25/85 史部/政
書類

欽定光祿寺則例一百〇四卷 （清）伊精額等
纂修 清道光十九年(1839)刻本 五十三冊

110000－0102－0028831 D25/89 史部/政

書類/通制

吾學錄初編二十四卷 （清）吳榮光撰　清道光十二年（1832）南海吳氏筠清館刻本　八冊

110000－0102－0028832　D25/18　史部/政書類/考工

琳貴太妃等儀仗等項工料冊 （清）□□編清道光三年至光緒三十年（1823－1904）稿本　二十冊

110000－0102－0028833　K92/3　史部/地理類/山川/川

畿輔水利四案 （清）李維鈞等撰　清道光刻本　六冊

110000－0102－0028834　C8/7　史部/地理類/雜記

都門紀畧都門雜咏 （清）楊靜亭編輯　清道光二十五年（1845）文富堂書坊刻本　二冊

110000－0102－0028835　E52/3　史部/傳記類/總傳/專錄/科舉

順天鄉試齒錄（道光二十年庚子恩科） 清道光二十年（1840）北京刻本　四冊

110000－0102－0028836　C8/9　史部/地理類/遊記/清

鴻雪因緣圖記 （清）麟慶著　（清）汪春泉等繪　清道光二十九年（1849）揚州刻本　六冊

110000－0102－0028837　C8/9－1　史部/地理類/遊記/清

鴻雪因緣圖記 （清）麟慶著　（清）汪春泉等繪　清道光二十九年（1849）揚州刻本　六冊

110000－0102－0028838　E52/4　史部/傳記類/總傳/專錄/科舉

順天鄉試同年齒錄（道光己酉科） （清）□□編　清道光二十九年（1849）北京刻本　四冊

110000－0102－0028839　E42/13　史部/傳記類/家傳、宗譜

清皇室宗譜 （清）□□編　清道光二年（1822）北京抄本　一冊

110000－0102－0028840　T64/1－1　子部/

雜家類/雜述

夢厂雜著十卷 （清）俞蛟撰　清道光八年（1828）北京刻本　八冊

110000－0102－0028841　T64/1　子部/雜家類/雜述

夢厂雜著十卷 （清）俞蛟撰　清道光八年（1828）北京刻本　十冊

110000－0102－0028842　D25/86　史部/政書類/儀制

慶典成案 （清）□□編　清鉛印本　五冊

110000－0102－0028843　T42/58　史部/史評類/詠史

明宮雜詠二十卷 （清）饒智元撰　清刻本六冊

110000－0102－0028844　D64/1　集部/小說類

爐宮遺錄二卷對客燕談 不著撰人　清稽瑞樓刻本　一冊

110000－0102－0028845　B91/5　史部/地理類/山川/川

永定河志三十二卷 （清）李逢亨纂修　清刻本　十六冊

110000－0102－0028846　D64/3　史部/別史、雜史類

酌中志略二十三卷 （明）劉若愚著　清初抄本　二冊

110000－0102－0028847　C433/12　集部/總集類

御製圓明園詩詞 （清）□□編　清抄本　一冊

110000－0102－0028848　（丙二）/569　史部/地理類/方志/地方志

[雍正]畿輔通志一百二十卷 （清）李衛纂修清內務府刻本　七十冊

110000－0102－0028849　D25/88　史部/政書類/詔令奏議/詔令

皇太后七八旬萬壽慶典條款 （清）□□編清乾隆木活字印本　一冊